한나라
역대 황제 평전

외척과 환관의 국정 농단으로 400년 제국이 무너지다

강정만 지음

한나라 역대 황제 평전

지은이 강정만
펴낸이 최병식
펴낸날 2022년 11월 1일 발행
펴낸곳 주류성출판사
서울특별시 서초구 강남대로 435 (서초동 1305-5)
TEL | 02-3481-1024 (대표전화) • FAX | 02-3482-0656
www.juluesung.co.kr | juluesung@daum.net

값 23,000원

ISBN 978-89-6246-489-4 03910

한나라

역대 황제 평전

외척과 환관의 국정 농단으로 400년 제국이 무너지다

강정만 지음

| 목차 |

중국 한족(漢族) 문명은 하나라와 상나라 시대에 발아하여 동주(춘추전국) 시대에 이르러 제자백가의 등장으로 사상적 다양성을 확보했다. 수많은 사상가들이 이 시기에 나타나 자신들만의 독창적인 사상을 설파함으로써 군주를 도와 혼란한 세상을 극복하고 천하 통일의 대업을 이룩하고자 노력했다. 백가쟁명이라는 격렬한 사상 투쟁은 결국 진시황제의 진나라에 이르러 법가의 승리로 끝났다. 법가 사상은 진나라가 중국을 최초로 통일하는 데 가장 실질적이고 효과적인 책략을 제공했다. 하지만 그것은 형법의 엄격함과 경직성 때문에 진나라가 중국을 통일한 지 겨우 15년 만에 망하게 했다. 진나라가 중국 최초로 중앙 집권 체제와 군현제를 완성한 것이 중국 역사에 남긴 유산이다.

그런데 중국 봉건 왕조의 본질과 특징을 규정하는 데 가장 적합한 나라는 주나라도, 진나라도 아닌 한고조 유방이 건국한 한(漢)나라이다. 오늘날 중국인의 대다수를 차지하는 민족을 한족(漢族), 중국인이 사용하는 문자를 한자(漢字)라고 칭하는 이유가 바로 여기에 있다. 그렇다면 한나라는 중국 역사에서 구체적으로 어떤 의미가 있을까. 여섯 가지로 나누어 분석해보자.

첫째, 유가 학술이 한나라 시대에 이르러 국가를 통치하는 사상으로 자리매김했으며 아울러 유가 선비들이 정치의 주도 세력으로 부상한 것이다. 한나라 이전에 유가는 제자백가의 일파에 불과했으며, 그것을 숭상한 선비들도 정치적으로 영향력이 크지 않았다. 한나라 건국 초기에는 황로 사상이 황제와 조정의 정치에 영향을 끼쳤다.

그런데 전한의 7대 황제인 한무제 유철이 백가(百家)를 배척하고 유가 학술을 존숭함으로써 유가에 의한 통치 철학과 질서가 완성되었으며, 유가 사상으로 무장한 선비들이 관리가 되어 국정을 다스렸다. 이는 청나라 말기까지 2,000년이 넘는 세월 동안 약간의 변화는 있을지언정 그 본질은 크게 변하지 않았다. 우리나라도 마찬가지라고 생각한다. 조선 500년 역사에서 유가 사상과 선비들이 차지하는 비중을 고려하면 쉽게 이해할 수 있다.

둘째, 중국은 한나라 시대에 들어와 최초로 서방 세계와 교류를 시작했다. 한나라 이전 시대에 한족은 서방 세계에 여러 나라가 있다는 소문을 들었지만 직접 가보지는 못했다. 한무제는 한나라의 숙적인 흉노를 견제할 목적으로 장건을 서역으로 파견하여 여러 나라를 방문하게 했다. 장건은 수많은 난관을 극복하고 13년 만에 도성 장안으로 돌아와 오늘날의 중앙아시아, 중동 지역, 인도 등지에서 번성한 많은 나라를 한나라에 소개했다.

한나라는 이 시기부터 인류의 또 다른 문명인 메소포타미아와 인더스 문명에 대한 초보적 인식을 가지게 되었다. 이른바 '비단길'로 표현하는 한나라의 서역 개척은 동서 문명 교류사에서 엄청난 영향을 끼쳤다.

셋째, 한나라는 북방의 최강국인 흉노와 끊임없는 전쟁을 벌였다. 흉노는 진시황제의 진나라 때부터 변경 지방을 유린하여 중원 지방의 한족에게 큰 피해를 입혔다. 한나라 건국 초기에 이르러서도 한나라에 가장 위협적인 세력은 흉노였다. 한고조는 흉노를 제압할 목적으로 친히 원정길에 나섰다가 참패를 당하는 수모를 겪었다. 흉노 황제 묵돌선우에게 해마다 막대한 세폐를 바치겠다고 약속하고 가까스로 사직을 보존할 수 있었다.

당시 동아시아의 패권 국가는 한나라가 아니라 흉노였다. 그 후 한나라와 흉노는 340여 년 동안 패권 다툼을 벌였다. 때로는 흉노가 중원 지방을 유린하기도 했으며, 때로는 한나라가 고비 사막 이북의 흉노 본영까지 진격하기도 했다. 후한 말기에 이르러 흉노는 망하여 역사 속으로 사라졌지만, 한나라의 대외 정책에 지대한 영향을 끼쳤다. 한나라는 흉노에게 침탈을 당할 때면 흉노의 선우를 황제로 인정하고 한나라 공주를 보내 혼인 동맹을 맺거나 엄청난 분량의 재화를 보내 화의를 청하고 위기를 모면했다.

이는 훗날 중원 왕조의 한족이 국력이 쇠약해졌을 때 혼인 동맹과 재화로 주변 강대국의 침략을 막는 외교 정책으로 굳어졌다. 한족은 장구한 세월 동안 이민족과의 갈등 속에서 이민족을 능수능란하게 다루는 기술을 터득했다. 오늘날 중국이 중화민족주의를 표방하면서 대외 정책에서는 내정 불간섭 원칙을 주장하는 원천은 한나라와 흉노 간의 역사적 경험과 교훈에서 나왔다고 생각한다.

넷째, 한나라 시대에 불교가 인도에서 처음으로 전래되었다. 후한의 2대 황제 한명제 유장은 낭중 채음 등 사신 12명을 서역으로 보내 불상과 불경을 구해오게 했다. 채음 일행은 대월지에서 천축의 고승 축법란과 가섭마등을 만나 한나라 황제의 뜻을 전했다. 영평 10년(67) 채음, 축법란, 가섭마등 등은 말 여러 필에 불경과 불상을 싣고 낙양으로 돌아왔다. 한명제는 낙양 부근에 백마사(白馬寺)를 건설하고 불경과 불상을 모시게 했다. 불경과 불상을 백마(白馬)에 싣고 왔다고 하여 사찰 이름을 백마사로 정했다.

불교는 이렇게 중국 황제의 요청에 의해 공식적으로 중국에 전래되었으므로 토착 종교와의 마찰을 빚지 않았다. 아울러 불교와 유사한 도교가 이미 성행하고 있었던 것도 불교가 쉽게 중국에서 뿌리를 내릴 수 있게 했다. 인도 불교는 중국에서 선종 등 대승불교로 발전하며 중국인의 사유 세계에 지대한 영향을 끼쳤다. 특히 사대부들은 유교와 불교 그리고 도교의 사상적 융합에 심혈을 기울였다. 이른바 '유불선 합일' 사상은 동아시아 지식인들이 추구해야 하는 사상적 덕목이었다.

다섯째, 한나라는 외척과 환관의 국정 농단으로 망한 왕조이다. 후한 시대에 이르러서는 외척과 환관 세력이 번갈아 가며 국정을 농단하여 끝내는 한나라를 망하게 했다. 황제가 어리면 황태후가 수렴청정을 하는 게 관례였다. 물론 황태후가 어린 황제를 대신하여 선정을 베풀고 그가 성년이 되면 그에게 환정(還政)하여 황태후의 책무를 다한 사례도 있었지만, 황태후의 일족이 어린 황제를 무시하고 조정의 요직을 독차지하여 국정을 농단한 사례가 더 많았다.

환관들은 황제의 그림자와 같은 존재이다. 그들은 황제를 수발하고 황제와 신하 사이의 매개체 역할을 하는 것이 그들 고유의 업무이다. 하지만 황제가 어리석고 주색잡기에 빠지면, 그들은 황제의 약점을 파고들어 농락했다. 그들은 성적 불구자의 한을 권력 남용과 재산 축적으로 해소했다. 한나라 이후 역대 왕조는 한나라의 패망 원인을 타산지석으로 삼았다고 했지만, 외척과 환관 때문에 국정을 망친 적이 한두 번이 아니었다. 오늘날에도 정치권에서 '십상시' 운운하는 것은 한나라 시대의 환관이 후세에 남긴 악영향이라고 할 수 있다.

여섯째, 한나라 시대에 활약한 다양한 인물들은 훗날 특정 인물의 유형을 결정하는 모델로 완성되었다. 사마천의 『사기』, 반고의 『한서』, 범엽의 『후한서』, 사마광의 『자치통감』 등 역사서에는 한나라 405년 역사의 주인공들이 적나라하게 묘사되어 있다. 유방은 학식은 부족했지만 인덕이 많고 도량이 넓으며 인간미가 철철 넘치고 용인술에 뛰어났던 까닭에 황제가 될 수 있었다고 묘사했다. 이는 훗날 황제가 되고자 하는 자가 반드시 갖추어야 할 자질이 되었다.

그리고 책사는 장량과 진평, 충신은 소하와 기신, 간신은 강충과 석현, 환관은 십상시 등으로 대표되는 인물들에 대한 묘사도 후세 사람들에게 특정 인물 유형의 전형으로 받아들이게 했다. 역사소설 『삼국지연의』가 불후의 명작이 된 것도 후한 시대를 배경으로 다양한 인물상을 핍진하게 묘사했기 때문이라고 생각한다.

이상의 여섯 가지 관점에서 한나라를 이해하면, 한나라가 중국 역사에서 어떻게 자리매김하며 아울러 오늘날 우리에게 어떤 역사적 교훈을 주는지 알 수 있을 것이다.

역사는 단절이 아니라 연속이며 때에 따라서는 반복이다. 오늘날 우리나라와 중국의 관계가 날로 불편해지고 있다. 중국의 개혁, 개방 이래 양국은 경제적인 면에서 밀접하게 협력하여 소기의 성과를 냈다. 하지만 미국과 중국이 패권 다툼을 벌이기 시작한 후부터는 우리나라의 입장과 외교가 고차방정식을 푸는 문제만큼이나 어려워졌다. 이른바 '안미경중(安美經中)'은 더 이상 약효를 발휘하지 못하는 것 같다.

대한민국은 중화인민공화국과 이념과 체제가 다르다. 그래서 더욱 중국을 상대하기가 어렵다고 생각한다. 그렇지만 중화인민공화국은 중국의 역대 왕조를 계승한 국가이다. 오늘날의 중국도 결국은 중국의 장구한 역사 속의 한 국가이다. 중국인이 아무리 사회주의 이념을 추구하여도 4,000여 년 역사 속에서 완성된 그들의 전통 문명에서 벗어날 수 있을까.

중국 역사를 이해하는 것은 오늘날 중국과 중국인을 보다 객관적인 시각으로 바라 볼 수 있는 방법 가운데 하나라고 생각한다. 본서가 독자들이 중국과 중국인을 이해하는 데 조금이라도 도움이 되기를 진심으로 바란다. 끝으로 주류성 최병식 사장님, 이준 이사님 등 주류성 출판사 관계자들의 협조 덕분에, 이번에도『중국 역대 황제 평전』시리즈 가운데 본서를 출간하게 되었다. 주류성 출판사의 무궁한 발전을 기원하며 머리말을 마친다.

2022. 10
저자 강정만(姜正萬)

전한
(서한)

1

제1장 | 한고조 유방

한고조 유방

1. 하나라, 상나라, 주나라 역사와 진나라 멸망

먼저 한나라 이전 왕조였던 하(夏)나라, 상(商)나라, 주(周)나라, 진(秦)나라의 역사를 간략하게 살펴보자. 중국 최초의 왕조는 오늘날의 하남성을 중심으로 하는 중원 지방에서 일어난 하나라이다. 하나라는 대략 기원전 2070년부터 기원전 1600년까지 471년 동안 존속한 노예제 왕조이다. 세계사의 관점에서 보면 신석기 후기부터 청동기 초기에 이르는 기간이다. 하나라의 존재 여부에 대하여 오랜 세월 동안 뜨거운 논쟁이 있었으나, 오늘날 유물 발굴과 고고학의 성과에 근거하여 하나라를 중국 최초의 왕조로 인정하고 있다. 하나라 최후의 군주는 폭군으로 유명한 걸(傑: 생졸년 미상)이다.

기원전 1600년 경 상족(商族) 출신의 부족장 탕(湯: 생졸년 미상)이 명조(鳴條: 지금의 하남성 봉구·封丘 동쪽. 이하 지명을 설명할 때 '지금의'는 생략함)에서 걸의 군대를 격파하고 하나라를 멸망시켰다. 그는 국명을 상(商)으로 정하고 박(亳: 하남성 상구·商丘 곡숙진·谷熟鎭)을 도성으로 삼았다. 훗날 상나라의 19대 왕 반경(盤庚: 생졸년 미상)이 도성을 은(殷: 하남성 안양·安陽)으로 천도했으므로 상나라를 은나라라고 부르기도 한다. 이 시기에 한자의 조상인 갑골문(甲骨文)이 출현했다. 이는 중국 역사가 이 시기부터 기록의 역사로 진입했음을 의미한다. 상나라 최후의 군주는 훗날 걸과 함께 폭군의 대명사가 된 주(紂: 생졸년 미상)이다.

기원전 1046년 기주(岐周: 섬서성 기산·岐山) 사람 희발(姬發: 생졸년 미상)이 목야(牧野: 하남성 신향·新鄕)에서 주의 군대를 격파하고 상나라를 멸망시켰다. 그는 기원전 1046년에 국명을 주(周)로 정하고 호경(鎬京: 섬서성 서안·西安)을 도성으로 삼았다. 그가 주무왕(周武王)이다. 주나라는 왕 37명, 790년 동안 왕조를 유지했다. 그런데 주나라는 주평왕(周平王) 원년인 기원전 770년에 도성을 성주(成周: 하남성 낙양·洛陽)로 옮긴다. 이 해를 기준으로 주나라 역사의 전반부를 서주(西周), 후반부를 동주(東周)라고 칭한다.

동주는 또 춘추(春秋)와 전국(戰國) 시대로 구분된다. 춘추 시대는 기원전 770년부터 주원왕(周元王) 원년(기원전 476)까지이다. 학자에 따라서는 기원전 403년에 진(晉)나라가 한(韓), 조(趙), 위(魏) 등 세 나라로 분리되고, 주나라 왕이 이 세 나라를 제후국으로 인정한 시기까지를 춘추 시대로 간주하기도 한다. 공자가 저술했다는 역사서 『춘추(春秋)』에서 '춘추'라는 명칭이 유래되었다. 춘추 시대에는 주나라 왕의 권위와 통치력이 약화되었으며 춘추오패(春秋五霸)가 패권 경쟁을 벌였다. 춘추오패는 제한공, 진문공, 송양공, 진목공, 초장왕 등 5명을 지칭한다. 제환공, 진문공, 초장왕, 오왕 합려, 월왕 구천을 춘추오패로 간주하는 학자들도 있다.

전국 시대는 춘추 시대가 끝난 때부터 기원전 221년에 진(秦)나라의 진시황제가 중국을 통일한 시기까지이다. 한(漢)나라 시대의 문인 유향(劉向)

이 편찬한 『전국책(戰國策)』에서 '전국'이라는 명칭이 유래되었다. 전국 시대에는 전국칠웅(戰國七雄)이 중국 통일의 원대한 야망을 품고 끊임없이 싸웠다. 전국칠웅은 진나라, 초나라, 제나라, 연나라, 조나라, 위나라, 한나라 등 7개 제후국을 지칭한다.

춘추 시대에는 주나라 왕의 권위와 통치력이 약화되었으나, 제후들은 주나라 왕실을 받들어 모신다는 명분과 기치를 내걸고 싸웠다. 반면에 전국 시대에 들어와서는 주나라 왕은 더 이상 천자로서 대우를 받지 못하고 한 지방의 왕으로 전락했으며, 전국칠웅은 서로 먹고 먹히는 약육강식의 쟁탈전을 벌였다.

대략 450여 년 동안 지속된 춘추전국 시대는 중국을 천하 대란의 소용돌이에 빠지게 했으나, 수많은 사상가들이 나타나 백가쟁명(百家爭鳴)의 시대를 열었다. 중국 역사상 대분열과 대변혁이 동시에 일어난 시기였다. 동아시아 문명의 원형이 이 시기에 형성되었다고 해도 지나친 표현은 아니다.

주나라의 제후국에 불과했던 진(秦 · 기원전 770~기원전 207)나라는 진효공(秦孝公) 시대에 법가 사상가 상앙(商鞅)의 변법(變法)을 채택하여 부국강병을 이루었다. 혜문왕(惠文王) 때에는 왕을 칭하고 전국 시대의 가장 강력한 패권 국가로 등장했다. 장양왕(莊襄王)의 아들 영정(嬴政 · 기원전 259~기원전 210)은 13세 때 왕위를 계승한 후, 기원전 230년부터 기원전 221년까지 한나라, 조나라, 위나라, 초나라, 연나라, 제나라 등 6국을 멸망시키고 마침내 중국 통일의 대업을 이루었다. 영정이 바로 진시황제(秦始皇帝)이다. 자기가 최초로 황제가 되었다고 하여 '시황제'라는 존호를 사용했다.

진나라가 중국 천하를 통일하여 최초의 제국이 될 수 있었던 원동력은 법가 사상에 기반을 둔 통치술이었다. 그런데 진나라의 법령과 통치 행위는 너무나 엄격하고 잔인했다. 더구나 북방 흉노족의 침략을 막는다는 명목으로 백성 수십만 명을 강제로 동원하여 장성(長城)을 축조하게 했다. 또 거대하고 호화로운 아방궁 공사에도 대규모 인력을 투입했다. 하루아침에 삶의 터전을 잃고 징집된 백성들은 강제 노역의 고통을 견디다 못해 관리들의 감시를 피해 달아나기 일쑤였다. 전국 각지에서 진나라 황제와 조정에 대한 원성이 자자했다.

진시황제가 사망하고 그의 아들 진이세(秦二世) 호해(胡亥 · 기원전 230~기원전 207)가 환관 조고(趙高)에 의하여 꼭두각시 황제로 추대된 직후인 기원전 209년 가을에, 진승(陳勝)과 오광(吳廣)이 기현(蘄縣: 안휘성 숙주 · 宿州) 대택향(大澤鄕)에서 농민 반란을 일으켰다. 이른바 '진승 · 오광의 난'이다. "왕후장상(王侯將相)의 종자가 어찌 따로 있겠는가?"라는 그 유명한 반란 구호가 이때 나왔다.

진승이 반란을 일으킨 지 한 달도 안 돼 장초(張楚)를 건국하고 왕을 칭했다. 전국 각지에서 진나라 관리들을 죽이고 장초에 호응하는 자들이 속출했다. 장초의 농민군은 일시에 중원 지방을 석권했다. 하지만 내부 분열로 인하여 오광과 진승이 연이어 부하들에게 피살된 후 진나라 장수 장한(章邯)에게 진압되었다.

진승 · 오광의 난은 중국 역사상 처음으로 일어난 대규모의 농민 봉기이다. 장초 정권은 6개월 만에 무너졌지만 기원전 207년에 제국 진나라가 망하는 결정적 계기가 되었다. 진시황제가 중국을 통일한 지 14년만이었다. 이때부터 중국은 또다시 천하 대란의 혼란기에 접어든다.

2. 농민 가정에서 태어나 정장이 된 후 여치를 아내로 삼다

한나라의 개국 황제 한고조(漢高祖) 유방(劉邦)은 패현(沛縣) 풍읍(豊邑: 강소성 서주·徐州 풍현·豊縣) 중양리(中陽里)의 한 농민 가정에서 태어났다. 오늘날 그가 언제 태어났는지는 정확히 알 수 없다. 서진(西晉) 시대에 활동한 의학자이자 역사학자 황보밀(皇甫謐)의 기록에 따르면, 유방은 진소왕(秦昭王) 51년(기원전 256)에 태어났으며 62세에 죽었다고 한다. 또 반고(班固)가 편찬한 『한서(漢書)』에 "황제는 42세에 즉위하여 12년 동안 재위하였고 53세에 세상을 떠났다."라는 기록이 있다. 그가 사망한 해인 기원전 195년을 기준으로 하면, 기원전 247년에 태어났음을 알 수 있다.

사마천이 저술한 『사기·고조본기』에 의하면 아버지는 태공(太公), 어머니는 유온(劉媼)이라고 한다. 태공은 어르신에 대한 존칭이며, 유온은 유씨 집안의 할머니라는 뜻이지 이름은 아니다. 아버지의 실제 이름은 유단(劉端), 자(字)는 집가(執嘉)이며, 어머니는 왕함시(王含始)라는 설이 있다. 유방의 부모가 평범한 농민이었음을 염두에 두면 무슨 고상한 이름과 자가 있었겠는가. 촌무지렁이처럼 살다가 아들이 출세함에 따라 이런 이름이 생겼는지도 모른다.

사실 유방의 원래 이름도 나라를 의미하는 '방(邦)'이 아니었을 가능성이 있다. 『사기』에는 성(姓)은 유씨(劉氏)이고 자(字)는 계(季)로, 『한서』에는 성은 유씨라고 기록되어 있을 뿐이다. 후한 말기의 역사학자 순열(荀悅·148~209)이 지은 『한기(漢紀)』에서 처음으로 유방이라는 이름이 등장한다. 유방에게는 유백(劉伯)과 유중(劉仲: 유희·劉喜라고 칭하기도 함), 두 친형과 이복동생 유교(劉交)가 있었다.

유방은 어린 시절에 공부에는 관심이 없었으며 또래 아이들과 어울려 노는 일에만 정신이 팔렸다. 그와 같은 날, 같은 마을에서 태어난 노관(盧

縮)과 가장 친하게 지냈다. 훗날 유방의 죽마고우 노관은 개국 공신이 되어 연왕(燕王)으로 책봉되었으나 모반을 획책한 일이 발각되자 흉노로 달아나 그곳에서 죽었다.

유방은 성격이 워낙 활달하고 낙천적이며 남을 도와주는 일을 좋아했다. 더구나 풍채가 의젓하고 위엄을 갖추고 있었으므로 학식은 부족했지만 그를 따르는 자들이 많았다. 그런데 그는 젊은 시절에 집안의 골칫덩어리였다. 아버지는 농사일은 내팽개치고 하루 종일 동네 건달들과 빈둥거리는 아들을 볼 때마다 화가 머리끝까지 치밀어 올라 쌍욕을 퍼붓기 일쑤였다. 유방은 아버지의 호된 꾸지람에도 아랑곳하지 않고 건달패거리들의 우두머리가 되어 쓸데없이 남의 일에 끼어들어 이러쿵저러쿵하는 일로 세월을 보냈다. 주색잡기가 그의 특기였다. 어쨌든 그는 '조직'을 거느리려면 돈이 있어야 했다. 하지만 그의 수중에는 동전 한 닢도 없었다. 몰려다니다가 배가 고프면 큰형 유백의 집으로 찾아가 형수에게 밥을 얻어먹곤 했다.

어느 날 유방은 또 친구 몇 명과 함께 형수에게 밥 좀 달라고 했다. 형수는 시도 때도 없이 찾아와 걸식하는 시동생이 너무 얄미운 나머지 국자로 빈 솥을 박박 긁었다. 시동생에게 밥을 줄 수 없다는 말은 차마 할 수 없었으므로 그렇게 행동했다. 유방은 친구들이 보는 앞에서 형수에게 모욕을 당한 것이다.

훗날 유방이 황제가 된 후 이 일을 얼마나 굴욕적이고 서운하게 생각했던지, 친족에게 관작을 하사할 때 큰형의 아들 유신(劉信)에게만 아무런 관작도 내리지 않았다. 몇 년 후 아버지의 간곡한 부탁을 거절할 수 없어서 마지못해 조카 유신을 갱힐후(羹詰侯)로 봉했다. '국자로 국그릇을 긁으며 힐난하는 제후'라는 뜻이다. 자신을 구박한 형수에게 서운한 감정을 나타내기 위해 그런 치욕적인 작위를 하사했다.

진나라가 중국 천하를 통일한 후 유방은 사수(泗水: 강소성 서주 패현에 있는 사수정·泗水亭)의 정장(亭長)이 되었다. 정장은 오늘날 경찰의 지구대 소장에 해당한다. 지방의 말단 관리였지만 자기가 살고 있는 동네에서 '작은 권력'을 쥘 수 있었다. 그는 타고난 처세술로 지방 관리들과 어울리면서 세상이 어떻게 돌아가는지 귀동냥했다. 그의 호쾌하고 의리를 중시하는 성격에 매료된 자들이 주변에 몰려들었다. 그는 호걸이라고 소문이 난 자가 있으면, 격식을 따지지 않고 친구로 삼는 비상한 재주가 있었다.

정장의 주요 업무는 지역의 치안 유지였다. 그런데 진시황제가 장대한 만리장성과 호화로운 아방궁을 축조하기 위하여 전국 각지에서 수많은 역부들을 농사철에 관계없이 강제로 동원하게 했다. 유방도 사수의 장정들을 도성 함양(咸陽)으로 보내는 일로 골머리를 앓았다. 할당된 인원을 채우지 못하거나 이탈자가 생기면 잔혹한 형벌이 뒤따랐다.

어느 날 유방은 역부들을 인솔하고 함양으로 가던 길에 우연히 먼발치에서 진시황제의 거대하고 호화로운 순행 모습을 목격하고 경탄을 금치 못했다.

"아, 정말 대단하구나! 대장부라면 모름지기 저래야지."

사내대장부로서 천하에 이름을 날리고자 하는 원대한 야망이 그의 마음속에 조금씩 싹텄음을 알 수 있다.

유방의 아내 여치(呂雉·?~기원전 180)는 선보(單父: 산동성 선현·單縣) 사람 여공(呂公: 여문·呂文이라고 칭하기도 함)의 딸이다. 여공은 고향 사람과 불구대천의 원수가 된 일이 있었다. 고향에서 더 이상 살 수 없는 처지가 되자 친한 친구가 현령으로 있는 패현으로 이주했다. 현령은 멀리서 자기에게 의지하러 온 여공에게 저택을 내주고 융숭하게 대접했다.

한나라 역대 황제 평전

패현 사람들은 여공과 현령이 절친한 관계임을 알고 앞을 다투어 여공을 만나러 갔다. 여공과 친분을 쌓아 현령에게 잘 보일 기회를 얻고자 할 속셈이었다. 여공을 만나러 온 손님들로 문전성시를 이루었다. 호기심 많은 유방도 소문을 듣고 서둘러 여공을 만나러 갔다. 당시 손님을 여공에게 소개한 자는 패현에서 주박(主簿: 지방 관서에서 문서를 관장하는 직책)을 맡았던 소하(蕭何)였다. 그는 손님들에게 이런 규정을 알려주었다.

"일천 냥 이하의 축의금을 내는 자는 모두 당하(堂下)에 앉아야 하오."

손님을 당하에 앉게 한다는 것은 여공을 배알할 수 있도록 배려하겠지만 정중한 대우를 하지 않겠다는 뜻이다. 일천 냥 이상의 축의금을 내는 자는 여공과 함께 당상(堂上)에 앉아 주연을 즐기게 하겠다는 뜻이기도 했다. 축하금의 액수에 따라 사람을 차별하겠다는 것이다. 푼돈이라도 생기면 술을 사먹기에 급급했던 유방은 땡전 한 푼도 없었다. 하지만 그는 여공의 하인에게 호기롭게 말했다.

"축의금 일만 냥을 내겠소."

여공은 하인의 말을 듣고 황급히 대문 앞으로 나와 유방을 맞이했다. 그는 관상이 좋은 사람을 만나면 정중하게 모시는 습관이 있었다. 유방의 골상과 풍재가 범상지 않음을 알아차리고 즉시 그를 상석에 앉게 했다. 소하가 여공에게 귓속말로 속삭였다.

"저 젊은 놈은 허풍쟁이입니다. 하는 일도 없이 허송세월을 보내고 있습니다."

여공은 언짢은 표정을 지으며 대꾸하지 않았다. 유방은 소하의 싸늘한 눈길에도 아랑곳하지 않고 상석에 앉아 호탕하게 웃으며 담소를 나누었다. 이윽고 연회가 시작되었다. 다들 술에 거나하게 취하여 왁자지껄했다. 연회가 끝날 무렵 여공은 유방에게 슬며시 눈짓을 보냈다. 손님들이 모두 돌아간 후에 할 얘기가 있으니 남아있으라는 의미였다. 잠시 후 여공은 유방을 따로 불러 말했다.

　　"나는 젊었을 적에 다른 사람의 관상을 보는 일을 좋아했다네. 지금까지 나에게 관상을 본 사람들이 많이 있지. 그런데 자네처럼 관상이 좋은 사람은 아무도 없었어. 자네는 앞으로 큰일을 할 사람이니 매사에 자중자애하기 바라네. 나에게 딸이 하나 있는데 자네가 데리고 가서 청소나 하는 첩으로 삼게나."

　　유방은 여공의 느닷없는 제안에 흥분하여 얼굴이 벌게졌다. 일부 주변 사람들에게 무위도식하는 건달이라고 놀림을 당했던 그는 자기를 알아 준 여공에게 감동하여 큰절을 올렸다. 한평생 여공을 친아버지처럼 극진히 모시겠다는 약속도 빼놓지 않았다. 유방이 돌아간 후 여공의 아내가 여공에게 벌컥 화를 냈다.

　　"당신은 딸아이가 보기 드문 귀상이어서 귀인에게 시집을 보내야겠다고 하지 않았소? 예전에 당신 친구 현령이 딸아이를 달라고 했을 때도 거절하더니만, 어째서 오늘은 별 볼 일 없는 그 녀석에게 딸아이를 준다고 약속했소?"

　　여공이 껄껄 웃으며 말했다.

"이는 아녀자가 이해할 수 있는 일이 아니야."

결국 여공의 딸 여치는 유방에게 시집갔다. 그녀가 훗날 한나라 개국 초기에 여씨(呂氏) 천하를 이루고 국정을 좌지우지한 여태후(呂太后)이다.

3. 패현에서 반란을 일으켜 현령으로 추대되다

진시황제가 불로장생을 추구했다지만 그 자신도 사람은 태어나면 반 드시 죽는다는 불변의 진리를 알고 있었을 것이다. 그렇지만 사후에 저승 세계에서도 살아생전처럼 황제로 군림할 목적으로 죄수들을 동원하여 여 산(驪山: 섬서성 서안·西安에 위치한 산) 부근에 거대한 황릉을 조성했다.

유방은 현령의 명령을 받고 죄수들을 여산까지 압송하는 임무를 맡았 다. 패현에서 여산까지는 대략 1,000㎞ 정도 되는 머나먼 거리였다. 길 이 험난하고 교통수단이 발달하지 못했던 당시에, 유방이 죄수들을 압송 하는 일이 얼마나 힘들었을지 짐작이 간다. 도중에 하룻밤을 자고나면 달 아난 죄수가 속출했다. 매일 밤 달아난 죄수들이 늘어나자 유방은 고민에 빠졌다.

'여산에 도착할 때면 남아있는 죄수들이 거의 없을 것이다. 어차피 압 송 실패로 형벌을 받고 개죽음을 당할 바에는 나도 도망가는 게 낫겠다.'

유방은 죄수들이 달아나도 일부러 모르는 척했다. 풍읍 서쪽 늪지대 에 이르렀을 때 죄수들에게 이렇게 말했다.

"이제 너희들을 풀어주겠다. 각자도생하기 바란다. 나도 내 갈 길을 가
겠다."

 죄수들은 눈물을 흘리며 기뻐했다. 그들 가운데 여남은 명은 유방을
따라가겠다고 했다. 유방은 그들과 생사를 함께 하자고 했다. 이제 그는
더 이상 지방의 하급 관리가 아니라, 패현 현령의 명령을 거부한 반역자
가 되었다. 패현 현령은 유방을 생포하게 했다. 유방은 자신을 따르는 무
리와 함께 망탕산(芒碭山) 골짜기로 숨어들어갔다. 망탕산은 높은 산은 아
니지만 오늘날의 하남성, 안휘성, 강소성, 산동성 등과 연결되는 하남성
영성시(永城市) 망상진(芒山鎭)에 위치한다. 유방이 이곳으로 숨어든 이유는
관군의 추격을 피해 다른 지방으로 달아나기가 용이했기 때문이다.
 당시 적제(赤帝)의 아들 유방이 뱀으로 변한 백제(白帝)의 아들을 죽였다
는 소문이 퍼졌다. 또 진시황제는 동남쪽에 천자의 기운이 있다고 여기고
그 기운을 누르고자 동쪽으로 순행한 적이 있었다. 패현의 젊은이들은 이
런 소문을 듣고 유방의 수하로 몰려들었다. 사실 유방이 뱀을 죽인 이야
기는 사실 여부를 떠나 그가 천자가 될 팔자를 타고났다는 것을 강조하기
위해 나왔다. 그렇지만 분명한 사실은 그가 패현 지방에서 꽤 유명한 인
물이었고 인기가 있었다는 것이다. 지식은 부족했지만 타고난 리더십과
포용력이 대단히 뛰어나 그를 추종한 사람들이 많았다.
 기원전 209년 진승·오광의 난이 폭발했다. 진승은 장초를 건국하고
진나라 타도를 외쳤다. 진나라의 폭정에 시달린 백성들이 전국 각지에서
관리들을 죽이고 호응했다. 패현 지방에서도 반란의 조짐이 나타났다. 현
령을 살해하고 장초에 투항하자는 여론이 들끓었다. 민심을 얻지 못한 현
령은 서둘러 진나라에 반기를 들고 진승에게 호응해야 살아남을 수 있다
고 판단했다.

한나라 역대 황제 평전

패현의 관리 소하와 조참(曹参)은 현령에게 달아난 유방을 패현으로 불러들이면 민심을 사로잡을 수 있을 거라고 주장했다. 패현에 유방을 따르는 자들이 많았기 때문이다. 두 사람의 주장에 공감한 현령은 번쾌(樊噲)에게 유방을 성안으로 데리고 오게 했다. 유방은 현령의 제안을 흔쾌히 받아들이고 패현으로 떠났다. 그를 따르는 자들이 이미 수천여 명이나 되었다.

유방의 무리가 성 밖에 이르렀다. 현령은 젊은이들이 그에게 몰려드는 모습을 보고 깜짝 놀랐다. 유방을 자기 수하에서 통제할 자신이 없었다. 성문을 굳게 걸어 잠그고 유방을 끌어들인 소하와 조참을 죽이려고 했다. 두 사람은 야음을 틈타 유방 진영으로 달아났다. 유방은 그들을 통해 성안의 사정을 소상하게 파악했다. 민심이 이반했음을 확인하고 서신을 매단 화살을 성안으로 날렸다. 현령을 죽이고 패현을 우리 힘으로 지키자는 포고문이었다.

성안의 노인과 젊은이들은 평소에 유방이 어떤 인물인지 잘 알고 있었다. 유방이라면 혼란에 빠진 패현의 백성을 구할 수 있을 거라는 확신이 섰다. 그들은 현령을 죽이고 성문을 열어 유방을 맞이했다. 유방의 무리가 지나가는 길마다 환호성이 그치질 않았다. 사람들은 너 나 할 것 없이 유방을 현령으로 추대해야 한다고 주장했다.

유방은 능력 부족을 이유로 들어 사양했다. 자기보다 학식이 뛰어난 소하, 조참 등 문관들이 현령이 되는 게 순리라고 말했다. 그런데 소하 등은 지식인 특유의 겁쟁이들이었다. 현령이 되어 진나라에 대항했다가 실패하면 멸족을 당하지 않을까 두려웠다. 유방을 현령으로 추대하여 전면에 내세우고, 자기들은 그의 수하에서 활로를 모색하고 싶었다. 그들은 유방을 만나 말했다.

"지금 천하가 대란의 소용돌이에 빠져 있소. 패현을 지키고 백성을 구할 수 있는 영웅은 오직 당신뿐이오. 하루빨리 현령이 되어 난국을 타개하기 바라오. 우리는 당신을 지도자로 모시고 견마지로의 공을 아끼지 않겠소."

유방은 선택의 여지가 없었다. 마침내 패현 관리와 백성들의 추대를 받아 현령이 되었다. 그는 붉은 깃발을 세우고 황제(黃帝)와 치우(蚩尤)에게 제사를 지낸 후 적제(赤帝)의 아들이라고 자칭했다. 적제는 남쪽을 지키는 전설상의 신이다. 유방은 자신의 세력 근거지인 패현이 중원의 동남쪽에 위치하므로 적제의 아들 행세를 한 것이다. 또 초나라의 관제(官制)에 따라 자신을 패공(沛公)으로 칭하기도 했다. 망한 초나라를 그리워하는 유민들의 마음을 얻기 위해서였다. 패현은 진시황제가 중국을 통일하기 전에는 초나라 땅이었다.

유방은 이 시기부터 패현 지방을 다스리는 권력자가 되었을 뿐만 아니라 농민군의 우두머리도 되었다. 병력은 몇 천 명에 불과했지만, 그가 직접 지휘할 수 있는 부하들이 생겼다. 아울러 훗날 한나라의 건국과정에서 개국 공신이 된 소하, 조참, 번쾌 등 뛰어난 인재들을 참모로 거느리게 되었다.

이 시기에 연나라, 조나라, 제나라, 위나라 등의 제후들도 진나라에 반기를 들고 왕으로 독립했다. 또 전국 각지에서 일어난 농민 봉기의 와중에 초나라 귀족의 후예 항량(項梁)과 항우(項羽)가 오(吳: 강소성 소주 · 蘇州) 지방을 거점으로 군사를 일으켰는데 병사가 1만여 명에 이르렀다.

유방은 병사들을 이끌고 호릉(胡陵), 방여(方與) 등 패현과 인접한 군현을 공격하고 돌아와 풍읍을 수비했다. 진이세(秦二世) 2년(기원전 209) 10월 진나라의 사수군(泗水郡) 군감(郡監) 평(平)이 풍읍을 공격했다. 유방은 평의 군대를 격파하고 옹치(雍齒)에게 풍읍을 지키게 한 후 설현(薛縣: 산동성 등주 · 滕州)으로 진격했다. 사수군수 장(壯)이 거느린 진나라 군대를 격파했다. 호릉, 방여, 설현 등에서의 전투는 유방이 최초로 부하들을 거느리고 승리한 싸움이자, 자신의 세력을 패현 밖의 지역으로 확장한 성과를 거두게 했다.

하지만 풍읍을 지키고 있었던 옹치는 위(魏)나라 사람 주불(周市)의 협박에 굴복하여 유방을 배반하고 위나라에 투항했다. 유방은 옹치와 풍읍의 젊은이들의 배신에 치를 떨고 풍읍을 공격했으나 공략하지 못했다. 이때 얼마나 분노했던지 병이 들어 패현으로 돌아가 울분을 삭이는 수밖에 없었다.

어느 날 동양현(東陽縣)의 영군(寧君)과 농민군 장수 진가(秦嘉)가 초나라 왕족의 후예 경구(景駒)를 초나라의 임시 왕으로 추대하고 유현(留縣)에 머물고 있다는 소식이 유방의 귀에 들어왔다. 유현은 패현과 인접한 현이었다. 유방은 경구에게 투항한 후 병사를 빌려 풍읍을 탈환하려고 했다.

유방이 유현으로 가는 도중에 우연히 장량(張良)이라는 인물을 만났다. 장량은 한(韓)나라의 귀족 출신이었다. 그도 천하 대란의 시대에 경구에게 의탁하여 웅지를 펴고 싶었다. 유방과 장량 두 사람은 대화를 나누자마자 의기투합했다. 유방은 장량의 깊은 식견에 매료되었으며, 장량은 유방이야말로 천하를 다시 통일할 진정한 영웅이라는 확신이 섰다. 두 사람은 서로 너무 늦게 만난 것을 한탄할 정도였다. "영웅은 영웅을 알아본다."고 했던가. 이때부터 두 사람은 군주와 신하 간의 수많은 이야깃거리를 남긴다.

4. 초나라 장수가 되어 관중으로 진격하여 진나라를 멸망시키다

한편 진나라 장수 장한(章邯)의 부하 장수인 사마이(司馬夷)가 초(楚) 지방을 공략하고 상현(相縣)을 유린한 후 탕현(碭縣)에 이르렀다. 유방은 영군과 함께 서쪽으로 진격하여 소현(蕭縣) 서쪽에서 사마이와 싸웠는데 전황이 불리하게 돌아가자 유현(留縣)으로 퇴각했다. 전마와 군량을 보충한 후 다시 사마이를 공격하여 탕현을 취하고 병졸 6천여 명을 얻었다. 유방은 승리의 여세를 몰아 하읍(下邑)을 공략했다.

유방의 다음 목표는 배반한 옹치가 지키고 있는 풍읍을 탈환하는 것이었다. 유방은 풍읍을 포위하고 공격했지만 함락하지 못했다. 이때 그는 초나라 귀족 출신의 장수인 항량(項梁)이 설현에 머무르고 있다는 소식을 들었다. 항량은 초 지방의 농민군 장수들 가운데 가장 많은 병력을 거느리고 있었다. 유방은 자기에게 꼭 필요한 인물이라면 반드시 상대방의 환심을 사는 비상한 재주가 있었다. 기병 100여 기를 거느리고 항량을 만나러 설현으로 갔다. 항량은 패현에서 명성을 떨치고 있는 유방의 갑작스러운 방문을 의아하게 생각했지만, 그가 자발적으로 자기 부하가 되겠다는 말을 듣고 크게 기뻐했다. 유방은 항량에게 충성을 맹세했다.

항량은 즉시 유방에게 병졸 5천여 명과 오대부(五大夫) 장수 열 명을 거느리게 했다. 오대부는 진한(秦漢) 시대에 20등급 작위 가운데 9등급에 해당한다. 항량이 유방을 파격적으로 대우했음을 알 수 있다. 이렇게 항량의 부하가 되어 병력을 보충한 유방은 풍읍으로 진군하여 세 차례에 걸쳐 맹공을 퍼부었다. 마침내 풍읍이 함락되었으며, 옹치는 위(魏)나라로 달아났다. 훗날 옹치는 조(趙)나라의 장수로 있다가 유방에게 다시 항복했다. 배신자였지만 한나라의 건국 과정에서 많은 전공을 세워 개국 공신이 되었다.

유방이 항량에게 복종한 지 한 달쯤 지났을 때 항량의 조카 항우(項羽·기원전 232~기원전 202)도 양읍(襄邑: 하남성 휴현·睢縣)을 취하고 설현으로 돌아왔다. 당시 장초를 건국한 진승이 사망했다는 유언비어가 사실로 드러났다.

진승의 사망은 일시에 농민군의 구심점을 잃게 했다. 항량은 자신이 패권을 쥘 수 있는 절호의 기회로 생각하고 수하 별장(別將)들을 모두 설현으로 불러들였다.

책사 범증(范增)은 항량에게 초나라 왕족의 후예를 왕으로 추대하여 초나라 유민들의 지지를 얻어야 막후에서 패권을 장악할 수 있다고 충고했다. 항량은 수소문 끝에 초나라가 망한 후 신분을 숨기고 민간에 숨어들어 사는 양치기 웅심(熊心)을 찾아냈다. 웅심은 전국 시대에 초나라 37대 국군(國君)이었던 초회왕(楚懷王)의 손자이다. 항량은 그를 초나라 왕으로 추대하고 여전히 초회왕(훗날 초의제·楚義帝로 추존됨)으로 불렀다. 아울러 우이(盱眙: 강소성 회안·淮安)를 도성으로 정했으며, 자신은 무신군(武信君)이라고 칭했다.

항량은 웅심을 초나라 왕으로 추대한 후 제나라와 조나라를 구원할 목적으로 군대를 거느리고 북상하여 항부(亢父)와 동아(東阿)에서 진나라 군대를 격파했다. 이 시기에 유방도 진나라 장수 장한과 싸워 대승을 거두었으며 몽읍(蒙邑), 우현(虞縣) 등 진나라 군대가 점령하고 있었던 위(魏)나라의 성읍을 차지했다. 진나라 군대를 격파한 항량은 자신감이 넘쳤다. 유방과 항우에게 초나라 군대를 이끌고 성양(城陽: 산동성 하택·菏澤)을 공격하게 했다. 두 사람은 합동 작전으로 성양을 유린하고 서쪽으로 진군하여 옹구(雍丘)를 수중에 넣었다. 항량은 연이은 승전보를 듣고 교만해졌다. 대장군 송의(宋義)가 항량에게 충고했다.

"싸움에 승리한 후 장수들이 교만하고 병사들이 나태해지면 반드시 실패하는 법입니다. 지금 병사들은 군기가 문란해지기 시작했습니다. 반면에 진나라 군대는 날로 병사들을 증원하고 있습니다. 앞날이 심히 우려됩니다."

항량은 송의의 충고를 받아들이지 않고 그를 제나라에 사신으로 보냈다. 곁에서 이러쿵저러쿵하는 송의가 불편했기 때문이다. 송의는 제나라로 가는 길에 제나라 사신 고릉군(高陵君) 현(顯)을 우연히 만나 물어보았다.

"당신은 무신군을 만나러 가는 길이오?"

현이 그렇다고 말하자 송의가 말했다.

"무신군은 대업을 이루지 못하고 조만간에 죽을 것이오. 당신이 천천히 가면 죽음을 면할 수 있겠지만, 빨리 가면 불행을 피할 수 없을 것이오."

한편 진나라 조정은 유방에게 패한 장한에게 증원 병력을 급파했다. 진이세 2년(기원전 208) 장한은 야음을 틈타 정도(定陶: 산동성 정도)에서 항량의 군영을 기습했다. 송의의 예측은 빗나가지 않았다. 항량은 불의의 일격을 당하고 전사했다. 당시 유방과 항우는 진류(陳留: 하남성 개봉·開封)를 공격하고 있었다. 항량이 죽었다는 소식을 듣고 깜짝 놀랐다. 초나라의 실권자 항량의 갑작스러운 죽음은 두 사람이 훗날 중국 천하의 패권을 놓고 다투는 서막이 되었다. 두 사람은 일단 진류 공격을 포기하고 동쪽으로 퇴각했다.

항량을 죽인 장한은 초나라가 더 이상 위협이 안 된다고 판단했다. 황하를 건너 북상하여 조나라의 도성 한단(邯鄲: 하북성 한단)을 함락했다. 조나라 왕 조헐(趙歇)과 승상 장이(張耳)는 거록(巨鹿: 하북성 거록현)으로 달아났다. 장한은 거록성을 포위하고 공격했다.

한편 초회왕은 항량이 거느린 주력군이 대패했다는 소식을 듣고 기겁했다. 서둘러 우이에서 팽성(彭城: 강소성 서주·徐州)으로 도성을 옮기고, 여신

(呂臣)의 군대와 항우의 군대를 통합하여 자기 휘하에 두었다. 이때 유방은 무안후(武安侯)로 책봉되고 탕군(碭郡)의 군대를 거느렸다. 항우도 장안후(長安侯)로 책봉되고 노공(魯公)이라는 호칭을 얻었다.

거록성에서 독 안에 든 쥐 신세가 된 조나라 왕 조헐과 승상 장이는 초회왕에게 여러 차례 사신을 보내 구원병을 요청했다. 초회왕은 조나라가 망하면 진나라의 예봉이 자신을 향하지 않을까 두려웠다. 송의와 항우 그리고 범증에게 북쪽으로 진격하여 조나라를 돕게 했다. 이와 동시에 유방에게는 서쪽으로 진격하여 함곡관(函谷關: 하남성 영보·靈寶)으로 들어가게 했다. 함곡관은 중원과 관중으로 진출하려면 반드시 지나야 하는 험준하기 그지없는 관문이다. 중국 천하가 대란에 빠졌을 때마다 전략적으로 대단히 중요했으므로 수많은 전투가 이곳에서 벌어졌다.

초회왕은 장수들에게 제일 먼저 함곡관을 지나 관중을 평정한 자를 관중의 왕으로 삼겠다고 공언했다. 장수들은 대부분 용기가 부족하여 감히 나서지 않았다. 오직 항우만이 숙부 항량을 죽인 진나라에 복수하겠다는 일념으로 유방과 함께 관중을 평정하겠다고 호언장담했다. 원로 장수들이 초회왕에게 이구동성으로 말했다.

"항우는 성질이 급하고 표독하므로 보내지 말아야 합니다. 유방만이 관대하고 덕망이 있으므로 보내야 합니다."

사실이 그랬다. 항우가 양읍을 공략했을 때 포로들을 생매장하여 살아남은 사람은 거의 없었다. 그가 진격한 곳은 모두 폐허로 변했다. 진나라 백성들은 조정의 폭정에 신음하고 있으면서 느닷없이 나타난 항우의 잔악무도한 만행에 이를 갈고 있었다. 초회왕은 원로 장수들의 의견을 받아들였다. 유방에게는 서쪽 함곡관으로, 항우에게는 북쪽 거록성으로 진격하게 했다.

항우는 싸우면 반드시 승리하는 맹장이었으나 인품과 도량에서 유방에게 크게 미치지 못했음을 당시의 여론을 통해 짐작할 수 있다. 더구나 항우는 초나라의 귀족 출신이라는 자부심이 강하여 백수건달 출신 유방을 우습게 여기고 민심의 향방을 정확하게 예측하지 못한 실수를 저질렀다. 이는 훗날 두 사람이 중국 천하의 패권을 놓고 다툴 때 항우에게 불리하게 작용했다.

유방이 서쪽으로 진격하여 탕군의 고양(高陽)에 이르렀을 때의 일이다. 그는 새로운 인재를 찾아 자기 휘하에 두려는 욕심이 강했다. 고양에 머무르면서 어진 선비를 구한다는 소문을 냈다. 마침 고향이 고양인 병사 한 명이 있었다. 그는 시간을 내어 오랫동안 만나지 못한 친척들을 찾아보았다. 고향 사람 역이기(酈食其)가 소문을 듣고 그 병사를 찾아와 말했다.

"무안후가 오만하여 사람을 무시하지만 원대한 포부와 책략이 있는 영웅이라는 얘기를 들었네. 나는 오랜 세월 동안 그런 인물을 만나기를 갈구했지. 자네가 추천할 마땅한 인재가 없으면 무안후에게 나를 추천해주는 게 어떻겠는가? 그를 만나면 '우리 고향에 여 선생이라는 분이 있는데 나이는 60여 세 되었습니다. 키가 팔척장신인데 사람들은 그를 미친놈이라고 하지만, 그는 자기가 결코 미친놈이 아니다'고 말한다고 전해주기 바라네."

자기가 자기를 추천하는 이른바 '모수자천(毛遂自薦)'이었다. 병사가 말했다.

"무안후는 유생을 좋아하지 않아요. 유생들이 갓을 쓰고 그를 만나면,

그는 즉시 갓을 벗기고 거기에 오줌을 싸지요. 어르신이 유생이라는 신분을 감추고 유세하는 게 좋겠습니다."

유방은 말만 번지르르하게 늘어놓고 실천을 못하는 지식인을 멸시했음을 짐작할 수 있다. 역이기가 말했다.

"자네는 내가 말한 대로 그에게 전해주기만 하면 된다네."

역이기는 그 병사의 추천으로 급기야 유방을 만날 수 있었다. 유방이 그를 불러들였을 때 침상에 앉아 있었는데 두 하녀가 그의 발을 씻겨 주고 있었다. 역이기는 기분이 무척 상했다. 두 사람이 나눈 대화는 이러했다.

"당신은 진나라를 도와 제후들은 타도하겠다는 생각인가요, 아니면 제후들을 거느리고 진나라를 멸망시키겠다는 뜻을 품고 있는지요?"

"이 썩어빠진 유생 놈아! 천하의 백성들이 얼마나 오랜 세월 동안 진나라의 폭정에 시달린 지 알고나 있느냐. 제후들이 군사를 일으켜 필사적으로 진나라와 싸우고 있는데도, 너는 어찌하여 내가 진나라를 도와 제후들을 타도하고 있냐는 헛소리를 지껄이는가?"

"당신이 백성의 뜻을 한마음으로 보으고 의병을 소십하여 산학무노한 진나라를 타도하려면, 나이 많은 사람을 이처럼 오만방자하게 대하는 게 아니지 않소?"

유방은 뜨끔했다. 얼른 의관을 갖추고 역이기를 정중하게 모셨다. 정말로 그는 눈치가 아주 빠른 사람이다. 평소에 지식인을 멸시했지만 옳은 말을 하는 자에게는 자신을 낮추고 그를 우대하는 태도를 보였다. 유방의 가장 큰 강점은 사람을 잘 알아보고 그를 활용하는 비상한 재주가 있었다는 것이다. 사과도 아주 잘하는 인물이다.

역이기의 동생 여상(酈商)은 형이 유방의 책사가 되었다는 얘기를 듣고 농민군 4천여 명을 이끌고 귀부했다. 유방이 역이기를 자기 사람으로 만든 덕분이었다. 훗날 역이기는 세치의 혀로 여러 나라의 군주들을 설득함으로써 유방이 중국 천하를 통일하는 데 공훈을 세웠다.

한(漢)나라 4년(기원전 203) 대장군 한신(韓信)이 제나라를 멸망시켰을 때 역이기는 제나라 왕 전광(田廣)에게 살해당했다. 전광은 역이기가 자기를 속인 것에 분노하여 그를 끓는 물에 삶아 죽인 것이다. 유방은 영포(英布)의 반란을 평정한 후에 관례를 깨고 파격적으로 역이기의 아들 역개(酈疥)를 고량후(高粱侯)로 책봉했다. 역이기가 자기에게 충성을 다하다가 비참하게 죽은 일에 대한 보답이었다.

유방은 진나라 장수 양웅(楊熊)의 군대를 백마(白馬)와 곡우(曲遇)에서 크게 무찔렀다. 양웅은 형양(滎陽: 하남성 정주·鄭州)으로 달아났다. 진이세 호해가 사자를 보내 그를 참수형으로 다스렸다. 싸움에서 패한 장수는 절대 용서하지 않겠다는 뜻이었다.

이보다 앞서 장량은 한(韓)나라 종실의 후예인 한성(韓成)을 한나라 왕으로 추대하고 군대를 거느렸다. 유방이 영양(穎陽: 하남성 등봉·쯍封)에 있다는 소식을 접하고 군대를 거느리고 영양으로 갔다. 유방은 천군만마를 얻은 기분이었다. 장량의 도움을 받아 환원(轘轅: 하남성 환원산에 있는 관명·關名)을 점령한 후 한(韓)나라 땅을 평정했다.

유방과 장량은 연이어 남양태수(南陽太守) 여의(呂齮)가 지키고 있었던 남양군을 점령했다. 여의는 완성(宛城: 하남성 남양·南陽)으로 달아나 성문을 굳게 걸어 잠그고 수성했다. 유방은 관중의 왕이 될 욕심에 완성 공략을 포기하고 서둘러 함곡관으로 진격하려고 했다. 장량이 충고했다.

"주군께서는 서둘러 입관(入關)하려고 하시지만, 진나라 병사는 여전히 많으며 길 또한 험난하기 그지없습니다. 지금 완성을 함락하지 않고 서쪽으로 진격하면 완성의 진나라 병사가 뒤에서 공격하고 강한 진나라 군대가 앞에서 공격할 것입니다. 우리가 협공을 당하여 대패하지 않을까 두렵습니다."

장량은 유방의 들뜬 마음을 가라앉히게 하고 완성을 먼저 공략해야 한다고 했다. 유방은 장량의 계책에 따라 완성을 겹겹이 포위했다. 절망에 빠진 여의는 자살하여 충신이 되고자 했지만 그의 문객인 진회(陳恢)의 만류로 이러지도 저러지도 못하는 처지가 되었다. 진회가 성 밖으로 나가 유방을 만났다. 여의를 완성의 태수로 책봉하고 백성들을 어루만지면 싸우지 않고 완성을 수중에 넣을 수 있다고 유방에게 말했다.

유방은 즉시 여의를 은후(殷侯)로 삼고 진회를 천호(千戶)로 봉했다. 유방이 항복한 진나라 장수들을 절대 죽이지 않고 오히려 우대한다는 소문이 삽시간에 퍼졌다. 그가 함곡관으로 진격하는 길마다 성주들은 성문을 열고 복종했다.

이처럼 유방이 승승장구할 때 상장군(上將軍) 송의와 차장(次將) 항우도 초회왕의 명령을 빈들고 조나라를 구원하러 갔나. 송의는 항우를 坑함한 별장들을 모두 휘하에 두고 거느렸다. 그런데 그는 안양(安陽)에서 46일 동안 머물고 있으면서 북상하지 않았다. 항우가 송의에게 따졌다.

"진나라 군대가 거록성에서 조나라 왕을 포위하고 있소. 하루빨리 황하를 건너 조나라 왕을 구해야 하오. 초나라 군대가 성 밖에서 공격하고 조나라 군대가 성 안에서 호응하면 반드시 진나라 군대를 무찌를 수 있을 것이오."

송의가 말했다.

"진나라와 조나라가 치고 박고 싸우도록 놓아두는 게 우리에게 유리하오. 무장을 하고 적진으로 달려가 싸우는 일은 내가 당신보다 못하오. 하지만 군영에서 계책을 세워 운영하는 일은 당신이 나보다 못하오."

송의는 노골적으로 항우를 견제했다. 자존심이 상한 항우는 그를 죽이기로 결심했다. 마침 그의 아들 송양(宋襄)이 제나라 승상으로 임명되었다. 송의는 추위와 굶주림에 지친 병사들을 동원하여 제나라로 떠나는 아들을 위해 성대한 주연을 베풀었다. 병사들의 불만이 터져 나왔다. 항우가 그들을 선동했다.

"상장군은 굶주림에 시달리는 병사들을 구휼하지 않고 오로지 자기 자식을 위해 호화판 연회를 베풀었다. 그는 종묘사직을 수호하려는 신하가 아니다."

진이세 3년(기원전 207) 11월 어느 날 새벽 항우는 송의의 막사를 기습했다. 이윽고 송의의 수급(首級)을 장대에 매달고 나타나 부하 장수들에게 소리쳤다.

"송의 이놈은 제나라와 음모를 꾸미며 초나라를 배신했다. 나는 왕의 밀명을 받들어 역적 놈을 처단했다."

부하 장수들은 모두 초회왕이 그에게 송의를 죽이라고 밀명을 내린 것이 아니라는 사실을 알고 있었지만 항우의 위세에 눌려 감히 혀를 놀리지 못했다. 그들은 오히려 항우에게 이렇게 아부했다.

"가장 먼저 초나라를 부흥시킨 영웅은 장군의 가문에서 나왔습니다. 간신을 처단한 장군을 상장군으로 추대하겠습니다."

이 시기부터 항우가 초나라의 실권을 장악했으며 초회왕은 꼭두각시 왕으로 전락했다. 그 후 항우는 일당백의 강군을 거느리고 황하를 건너 진나라 장수 장한의 군대를 섬멸했다. 진나라 최고의 명장 장한이 항우에게 항복했다는 소식이 전국의 제후들을 놀라게 했다. 진나라의 명장 왕리(王離)도 포로로 잡혔다. 항우는 원문(轅門: 군영의 문)에서 제후와 장수들을 소집했다. 그들 가운데 항우 앞에서 무릎을 꿇지 않은 자는 아무도 없었으며 그의 얼굴조차 똑바로 쳐다보지 못했다. 항우는 상장군으로 추대되었다.

진이세 3년(기원전 207) 환관이자 승상인 조고(趙高)가 진이세 호해를 시해한 후 유방에게 사자를 보내 관중 지방을 분할하여 각자 왕이 되자고 제안했다. 유방은 그의 제안에 흉계가 있음을 간파했다. 장량의 책략에 따라 진나라 장수들을 뇌물로 매수하여 방심하게 만든 후 부관(武關: 섬서성 단봉현·丹鳳縣 있는 관문)을 공략했다. 유방은 병사들에게 점령한 지역에서 어떤 약탈 행위도 못하게 했다. 백성들은 유방의 어진 인품을 칭송하며 그를 따랐다. 진나라 장졸들도 다투어 그의 수하로 몰려들었다. 유방은 함곡관으로 진격하면서 여상에게 한중(漢中), 파(巴), 촉(蜀) 등 지역을 점령하게 했다. 유방은 도성 함양 부근의 남전(藍田: 섬서성 서안 남전현)에서 진나라 군대와 최후의 결전을 벌였다. 진나라 군대가 완전히 붕괴했다.

진이세 3년(기원전 207) 10월 유방은 항우보다 먼저 함양 근교의 패상(霸上)에 도착했다. 패상은 도성 함양으로 들어가는 군사적 요충지이다. 진나라왕 자영(子嬰)은 소복을 입고 목에 밧줄을 매고서 지도(軹道: 섬서성 서안·西安)에서 유방에게 황제의 옥새를 바치고 항복했다. 진나라는 진시황제가 천하를 통일한 지 겨우 15년 만에 역사 속으로 사라졌다. 자영을 죽여 분노한 민심을 달래자는 건의가 빗발쳤다. 유방이 말했다.

"초회왕이 나를 관중으로 보낸 이유는 내가 관용을 베풀 거라고 생각했기 때문이오. 더구나 이미 항복한 사람을 죽이는 행위는 상서롭지 못한 일이오."

자영은 진나라를 망친 조고에 의해 왕으로 추대된 직후에 조고를 살해했으나 재위 46일 만에 망국의 군주가 되었다. 유방은 그를 살려주었지만, 얼마 후 함양을 점령한 항우에게 피살되었다. 유방과 항우의 그릇 차이가 얼마나 컸는지 짐작할 수 있다.

유방은 함양성에 입성하자마자 궁전의 웅장함과 화려함에 눈이 휘둥그레졌다. 더구나 진나라 천하의 미인들이 시중을 들 때면 정신이 몽롱할 정도였다. 따지고 보면 그는 젊은 시절에 놀고먹기를 좋아하는 시골뜨기 건달이 아니었던가. 우여곡절 끝에 관중의 왕이 되었으니 함양성에 머물고 있으면서 마음껏 본능을 발산하고 싶었다. 번쾌가 얼굴을 붉히며 말했다.

"궁궐에서 향락을 즐길 생각을 단념하고 당장 패상으로 회군해야 합니다."

번쾌는 유방이 '부잣집 늙은이' 행세를 한다고 비난했다. 유방은 기분이 무척 상했다. 관중의 왕이 되었으니 어느 정도 위세는 부려야 하지 않겠냐고 반문했다. 장량이 나섰다.

"진나라 왕이 폭정을 일삼았기 때문에 주군께서 그를 타도하고 함양성에 입성할 수 있었습니다. 이미 천하의 백성들을 위하여 해악을 제거하였으니 몸소 근검절약을 실천하여 백성들에게 모범을 보여야 합니다. 우리 군대가 입성한지 얼마 되지 않았는데 주군께서 향락에 빠진다면, 이는 폭군 걸왕을 도와 잔학한 짓을 하는 것과 다를 바 없습니다. 양약은 입에 쓰지만 병 치료에는 유리하며, 충언은 귀에 거슬리지만 행동거지에는 유리합니다. 번쾌의 충언을 받아들여야 합니다."

장량의 충고는 유방의 마음을 움직였다. 유방은 즉시 번쾌의 충심을 높이 평가하고 두 사람의 충고를 받아들였다. 번쾌는 성격이 급하고 직선적이어서 내뱉은 말이 유방의 마음을 상하게 했을 것이다. 하지만 장량은 침착하게 이치를 설명함으로써 상대방을 감복시키는 능력이 있었다.

유방은 함양 궁궐에 있는 모든 보물과 재물을 창고에 보관하게 한 후 패상으로 회군했다. 패상에서 여러 현의 관리와 원로들을 소집하고 말했다.

"여러분들은 오랫동안 진나라의 가혹한 법령에 시달려 왔습니다. 나는 관중의 왕으로서 법령 세 가지만 약조하겠습니다. 첫째, 사람을 죽인 자는 사형에 처하겠습니다. 둘째, 사람을 다치게 한 자나 물건을 훔친 자는 죄의 경중에 따라 처벌하겠습니다. 셋째, 진나라의 가혹한 법령은 일률적으로 폐지하겠습니다."

유방은 관리와 장졸들에게 자신의 뜻을 널리 알리게 했다. 백성들은 유방 군대의 질서정연하고 민폐를 조금도 끼치지 않는 모습을 보고 환호했다. 고기, 술 등 먹을거리를 가지고 와서 병사들의 노고를 치하하려고 했다. 하지만 유방은 그들에게 민폐를 끼치고 싶지 않다고 말하며 거절했다. 백성들은 유방이 진나라 왕이 되지 않을까 걱정할 정도로 그를 따랐다.

5. 홍문지연: 죽음의 잔치에서 극적으로 탈출하다

한편 항우도 장한의 진나라 주력군을 섬멸한 후 관중으로 진격했다. 함곡관에 이르렀을 때 유방의 병사들이 성문을 굳게 걸어 잠그고 열어주지 않았다. 항우는 유방에게 심한 배신감을 느꼈다.

유방의 좌사마 조무상(曹無傷)은 항우가 유방을 공격하면 유방은 끝장날 거라고 확신했다. 주군 유방을 배신하고 항우에게 귀부하여 영달을 꾀하고자 했다. 그는 몰래 항우 진영으로 사람을 보내 이런 말을 전하게 했다.

> "패공(유방)이 관중왕(關中王)이 되려는 욕심에 자영을 승상으로 삼고 금은보화를 모두 차지했습니다."

항우는 분노가 폭발했다. 그렇지 않아도 유방이 자기보다 먼저 함양을 점령했다는 소식을 듣고 그의 진의를 의심하고 있었던 터였다. 항우는 즉시 영포(英布) 등 장수들에게 함곡관을 공격하게 했다. 항우의 장졸들은 순식간에 함곡관을 때려 부수고 희수(戲水: 섬서성 여산에서 위수·渭水로 흘러들어가는 하천)의 서쪽까지 진격했다. 유방은 겁에 질려 어찌할 바를 몰랐다. 당시 항우는 40만 정예병을 거느리고 있었으며, 유방은 10만 병사에 불과했다. 책사 범증이 항우에게 말했다.

"패공이 산동에 살고 있을 때 재물을 탐하고 여색을 밝혔지요. 그런데 관중으로 들어간 후에는 재물을 털끝만큼도 취하지 않을 뿐만 아니라 여인 한 명도 품지 않는다고 들었습니다. 이는 그가 원대한 야망을 품고 있음을 보여주는 것입니다. 내가 몰래 사람을 보내 그의 관상을 보게 했는데 그는 천자의 기상을 타고 났습니다. 하루빨리 그를 제거해야 합니다."

항우는 범증의 충고에 따라 장졸들에게 출전 준비를 명령했다. 초나라의 좌윤(佐尹)이자 항우의 숙부인 항백(項伯)은 진나라 때 살인죄를 저질러 이곳저곳으로 도망 다니다가 장량의 도움으로 하비(下邳)에서 몸을 숨긴 적이 있었다. 항우의 40만 대군이 유방을 공격하면, 유방은 말할 것도 없고 장량도 살아남을 수 없었다. 은인이자 친구인 장량만은 살리고 싶었다. 밤중에 장량이 머물고 있는 군영으로 찾아가 도피를 권했다. 하지만 장량은 주군을 절대 배신할 수 없다고 말했다. 장량은 항백을 잠시 군영에 머물게 하고 황급히 유방을 만나 항백의 말을 전했다. 유방은 벌벌 떨며 어찌하면 좋겠냐고 물었다. 장량이 말했다.

"지금 당장 항백을 만나서 나는 아무런 야심도 없으며 항우와 왕위를 다투지 않겠다고 말해야 합니다. 아울러 그에게 사돈 관계를 맺자고 해야 합니다."

얼마 후 유방의 현란한 말솜씨와 뛰어난 연기에 홀린 항백은 항우 진영으로 돌아와 항우에게 말했다.

"패공이 먼저 관중에 들어온 것은 우리 군대의 입관(入關)에 방해되는 요소를 미리 제거하기 위해서였다네. 그가 진나라 군대를 물리친 덕분에 우리가 쉽게 입관하지 않았는가? 패공은 공로를 세운 사람이야. 그를 의심하지 말게나."

의외로 항우는 단순한 사람이었다. 숙부의 말을 액면 그대로 믿고 출정을 멈추었다. 범증은 통탄했다. 유방이 궁지에 몰려있을 때 그를 죽이지 않으면 천하의 대권은 그의 수중에 들어갈 게 명약관화했다. 사실 중국 천하의 주인 자리를 놓고 항우와 유방만이 맞서 싸운 것은 아니었다. 항우의 책사 범증과 유방의 책사 장량의 치열한 수 싸움이기도 했다.

항우는 평소에 범증을 아부(亞父)라고 불렀다. 아부란 아버지 다음 가는 사람이라는 뜻이다. 항우가 범증을 진심으로 존경했다는 뜻이다. 범증은 다시 항우를 설득했다. 유방을 항우의 군대가 진을 치고 있는 홍문(鴻門: 섬서성 임동·臨潼 홍문)으로 불러들여 연회석상에서 기회를 틈타 살해하라고 충고했다. 항우가 고개를 끄덕였다.

기원전 206년 12월 유방은 번쾌, 장량 등 기병 100여 기를 이끌고 무거운 마음으로 홍문으로 향했다. 항우를 만나 사죄하고 그 동안의 오해를 풀 생각이었다. 만약 항우의 마음을 얻지 못하면 불귀의 객이 될 수밖에 없는 황천길을 가는 것이었다. 유방의 목숨은 오로지 항우의 말 한 마디에 달려있다고 해도 과언은 아니었다. 유방은 항우를 만나자마자 넙죽 절을 하고 사과했다.

"저와 장군께서는 힘을 합해 진나라를 공격하라는 초회왕의 명령을 받았습니다. 그 동안 장군께서는 황하 이북에서 싸웠으며, 저는 황하 이남에서 싸웠습니다. 예기치 않게 제가 먼저 관중에 진입하여 진나라를 멸망시키고 이곳에서 상장군(항우)을 배알하게 되었습니다. 지금 어떤 소인이 퍼뜨린 유언비어 때문에 오해가 생겼습니다."

항우가 말했다.

"패공의 좌사마 조무상이 나에게 이상한 말을 전했소. 그가 그런 말을 하지 않았다면 내가 왜 이처럼 화가 났겠소?"

항우의 단순한 성격이 또 유방의 흑심을 가리게 했다. 항우는 연회를 열어 유방 일행을 참석하게 했다. 항우와 항백은 동쪽을, 범증은 남쪽을 향해 앉았다. 유방은 북쪽을 향해 앉았고 장량은 유방 옆에 앉아 서쪽을 바라보았다. 술잔이 몇 순배 돌자 분위기가 무르익었다. 범증은 항우에게 여러 차례 눈빛을 보내며 허리에 차고 있었던 패옥을 만지작거렸다. 유방을 살해하라는 암시였다. 하지만 항우는 침묵으로 일관할 뿐 아무런 반응도 보이지 않았다. 범증이 직접 나서는 수밖에 없었다. 자리에서 일어나 항우의 종제(從弟) 항장(項莊)을 불러 은밀히 말했다.

"군왕께서는 사람을 인자하게 대우하신다네. 자네가 연회석 앞으로 나가 패공에게 술 한 잔 따른 후 검무를 추겠다고 요청하게나. 검무를 추다가 기회를 봐서 패공을 찔러 죽여야 하네. 실패하면 훗날 항씨 일족은 모두 그에게 포로로 잡혀 죽을 거야."

항장은 즉시 연회장으로 나가 유방에게 술 한 잔 따른 후 말했다.

"군왕과 패공, 두 분이 음주를 즐기시는 데 군영에서는 주흥을 돋울만

한 오락거리가 없습니다. 제가 검무를 추어 주흥을 돕겠습니다.

항우가 말했다.

"좋다!"

항장은 검무에 능한 장수였다. 처음에는 현란한 묘기를 보이더니 점차 유방 쪽으로 접근하여 번뜩이는 칼날을 휘둘렀다. 연회장이 순식간에 얼어붙었다. 유방은 항장의 칼날이 자기를 향하고 있음을 직감했지만 체면상 자리를 박차고 나갈 수는 없었다. 마침 그때 항백도 칼을 들고 나와 검무를 추기 시작했다. 두 사람은 서로 칼을 휘두르며 어울렸다. 항장이 유방을 찌르려고 하면, 항백은 능숙한 검무로 막아냈다. 장량은 슬며시 연회장에서 빠져나와 밖에서 대기하고 있었던 번쾌를 만나 말했다.

"큰일 났소! 지금 항장이 검무를 추면서 패공을 죽이려고 하고 있소. 빨리 손을 써야겠소."

번쾌가 말했다.

"제가 당장 들어가 주군과 생사를 함께 하겠소."

번쾌는 창과 방패를 들고 연회장으로 달려갔다. 연회장 주변을 지키고 있는 근위병들이 접근을 막았다. 방패로 몇 명을 때려눕히고 들어가 항우를 노려보았다. 번쾌의 꼿꼿이 선 머리카락과 핏발이 선 눈을 본 항우는 칼집을 잡고 일어나 말했다.

"저 자는 뭐하는 사람인가?"

장량이 대답했다.

"패공의 참승(參乘) 번쾌라는 자입니다."

항우가 말했다.

"장사로구나, 저 자에게 술 한 사발 하사하라!"

번쾌는 항우에게 예의를 갖춘 후 선 채로 술을 단숨에 벌컥벌컥 들이켰다. 항우가 또 말했다.

"번쾌에게 돼지 앞다리를 하사하라!

한 병사가 번쾌에게 설익은 것을 가져다주었다. 번쾌는 땅바닥에 내려놓은 방패에 그것을 올려놓고 칼로 잘라 우적우적 씹어 먹었다. 항우는 그의 사내대장부다운 거침없는 태도에 호감을 보이고 말했다.

"역시 장사로구나. 술 한 사발 더 마실 수 있겠는가?"

번쾌가 말했다.

"저는 죽음도 두렵지 않은데 어찌 대왕께서 내리신 술을 사양하겠습니까? 그런데 진나라 왕은 흉악한 마음을 품고 있어서 사람을 죽일 때면 오로지 다 죽이지 못할까 걱정하고, 형벌을 내릴 때면 가장 잔혹한 형벌을 내리지 못할까 근심했습니다. 그래서 천하의 모든 사람들이 그를 타도하고자 일어났지요. 초나라 왕은 일찍이 여러 장수들에게 이런 약속을 했습니다. '진나라 군대를 무찌르고 먼저 함양으로 들어간 자를 관중의 왕으로 삼겠다.' 지금 패공은 함양성에 입성한 이래 장졸들에게 어떤 재물도 함부로 건드리지 못하게 했으며 아울러 궁궐을 봉쇄한 후 패상으로 회군했습니다."

"패공이 장졸들을 함곡관으로 보내 관문을 지키게 한 일도 도적떼의 난입을 방지하고 불의의 사고에 대비하기 위해서였지 결코 대왕의 군대를 막으려고 한 행동이 아니었습니다. 패공의 공로가 이처럼 높은데도 그에게 제후로 책봉하는 상을 내리지는 못할망정 오히려 소인의 참언을 듣고 그를 죽이려고 합니다. 이는 이미 망한 진나라의 악법을 계승하는 것이나 다름이 없다고 저는 생각합니다. 저는 대왕께서 결코 진나라의 악법을 따르지 않을 거라고 확신합니다."

항우는 아무런 대꾸도 하지 못했다. 번쾌에게 설복당한 것이다. 잠시 후 항우는 단 한 마디 말을 했다.

"자리에 앉아라!"

번쾌는 장량 옆에 앉았다. 다시 술잔이 돌았다. 다들 술에 거나하게 취하자 유방은 변소에 간다는 핑계를 대고 살짝 빠져나와 번쾌를 나오게 했다. 번쾌의 호위를 받으며 달아날 속셈이었다. 낌새를 맡은 항우는 도위 진평(陳平)에게 유방을 불러오게 했다. 유방이 번쾌에게 말했다.

한나라 역대 황제 평전

"항 장군에게 물러가겠다는 인사도 하지 않고 나왔는데 어찌하면 좋겠소?"

번쾌가 말했다.

"대사(大事)를 이루려면 사소한 예절에 얽매일 필요가 없으며, 대례(大禮)를 행하려면 사소한 책망을 피할 필요가 없습니다. 지금 저들은 식칼과 도마이며, 우리는 도마에 오른 어육(魚肉) 신세인데 무슨 하직 인사 예절을 따진답니까?"

유방은 장량에게 먼저 떠나겠으니 남아서 항우에게 자초지종 설명하고 대신 사과하라고 했다. 장량이 말했다.

"대왕께서는 오실 때 어떤 물건을 가지고 오셨습니까?"

유방이 말했다.

"항 장군에게 바칠 옥벽(玉璧: 둥그런 옥) 한 쌍과 범증에게 줄 옥두(玉斗: 옥으로 만든 술잔) 한 쌍을 가지고 왔소. 항 장군의 진노를 두려워하여 감히 바치지 못했소. 내가 떠난 후 당신이 그것들을 바치기 바라오."

홍문에서 패상까지의 거리는 40여 리였다. 말을 타고 황급히 도망가면 금방 도착할 수 있는 거리였다. 유방은 단기필마로 정신없이 달아났다. 번쾌 등 장수 4명이 도보로 그의 뒤를 따랐다. 장량은 유방이 안전하게 패상으로 돌아간 것을 확인한 후 다시 연회장에 들어가 항우에게 말했다.

"패공은 술에 잔뜩 취하여 실수하지 않을까 두려워하여 저에게 옥벽한 쌍은 대왕에게, 옥두 한 쌍은 대장군에게 바치라고 부탁했습니다.

항우가 말했다.

"지금 패공은 어디에 있는가?"

장량이 침착하게 대답했다.

"패공은 대왕의 꾸지람을 들을까 걱정하여 혼자서 말을 타고 군영으로 돌아갔다고 합니다."

항우는 별다른 의심을 하지 않고 옥벽을 만지작거리며 좋아했다. 장량도 무사히 돌아가고 연회가 끝난 후, 범증은 분노하여 칼로 옥두를 산산조각을 내며 중얼거렸다.

"저 어리석은 젊은 놈하고는 천하의 대사를 도모할 수 없구나. 훗날 항왕(項王)의 천하를 빼앗을 사람은 반드시 패왕일거야. 우리들은 모두 그의 포로가 될 것이다."

유방은 군영으로 돌아오자마자 양봉음위(陽奉陰違)한 조무상을 살해했다. 이상의 내용이 사마천이 『사기』에서 유방의 일대기를 묘사하면서 가장 극적이고 결정적 장면인 '홍문지연'이다. 항우와 유방의 운명은 이 생사의 운명이 달린 연회에서 뒤바뀌었다. 역사에는 가정이 없다고 하지만, 항우가 범증의 계책을 따랐다면 중국 역사에서 유씨(劉氏)의 한나라는 탄생하지 못했을 것이다.

6. 항우에 의해 한왕으로 책봉되다

항우는 홍문에서 연회를 끝낸 후 함양으로 들어갔다. 항우의 군대는 난폭했다. 아방궁을 불태우고 자영을 죽였으며 관리들을 닥치는 대로 죽였다. 아방궁은 석 달 동안 화마에 휩싸였는데도 불길이 잡히지 않았을 정도로 잿더미로 변했다. 백성들은 유방의 군대와는 너무나 다른 그들의 만행에 치를 떨었지만 보복이 두려워서 감히 복종하지 않을 수 없었다. 원래 초회왕은 관중을 먼저 평정한 장수에게 관중의 왕으로 삼겠다고 약속했다. 유방이 관중의 왕으로 책봉되어야 했다.

하지만 항우는 왕명을 무시하고 자기 뜻대로 각 지방을 장수들에게 분봉(分封)했다. 유방은 한왕(漢王)으로 책봉되었으며 파(巴), 촉(蜀), 한중(漢中) 등의 41개 현을 다스리게 하고 남정(南鄭: 섬서성 남정)을 도읍으로 정하게 했다. 항우는 또 항복한 진나라 장수 장한(章邯), 사마흔(司馬欣), 동예(董翳)를 각각 옹왕(雍王), 새왕(塞王), 적왕(翟王)으로 책봉한 후 관중을 삼등분하여 다스리게 했다. 세 왕이 다스리는 지역을 삼진(三秦)이라고 부르기도 한다.

관중 지방은 오늘날 섬서성 중부 지역에 해당한다. 동관(潼關: 동쪽), 산관(散關: 서쪽), 무관(武關: 남쪽), 소관(蕭關: 북쪽)의 4개 관문 안에 있다. 땅이 넓고 비옥하며 물산이 풍부할 뿐만 아니라 외침을 막는 데 유리한 천혜의 지역이기도 하다. 따라서 옛날부터 이 지역에 도읍을 세워 중국 천하를 통일하려는 영웅들이 적지 않았다.

항우가 전략적으로 대단히 중요한 이 지역을 유방에게 할양하지 않고 휘하 장수들에게 다스리게 한 것은 유방이 관중과 중원으로 진출하는 것을 미리 차단하기 위한 술책이었다. 유방은 항우의 일방적인 분봉(分封)에 분노하여 항우를 공격하려고 했으나 항우의 수하 장수들이 전국 각지의 왕으로 책봉된 상황에서 중과부적임을 자인하고 눈물을 머금고 한중의 남정으로 들어가는 수밖에 없었다. 장량의 건의에 따라 도중에 험준한 산에 있는 잔도(棧道)를 모두 불태우게 했다. 항우 군대의 추격을 피하고 아울러 한중으로 들어간 후에 더 이상 관중으로 진출하지 않겠다는 뜻이었다. 항우의 의심을 피하기 위한 불가피한 조치였다.

항우는 서초패왕(西楚霸王)을 자칭하고 최고 권력자의 지위에 올랐다. 책사 한생(韓生)이 항우에게 권했다.

"관중은 땅이 비옥하여 풍요로움이 넘치며 사방이 천혜의 요새로 둘러
싸인 지방입니다. 대왕께서 이곳에 도읍을 정하시고 천하를 호령하시면
패왕(霸王)의 위업을 이루실 수 있을 것입니다."

하지만 항우는 하루라도 빨리 자기 고향인 사수군(泗水郡) 하상현(下相縣: 강소성 숙천·宿遷)으로 돌아가 고향 사람들에게 자기가 얼마나 위대한 업적을 쌓았는지 자랑하고 싶었다. 그가 말했다.

"사람이 부귀해지고 난 후에 고향으로 돌아가지 않는 것은 비단옷을
입고 밤길을 걷는 것과 같으니 누가 나를 알아주겠느냐?"

항우의 어리석음에 실망한 한생은 주위 사람들에게 이런 말을 했다.

"초나라 사람은 원숭이가 모자를 쓰고 사람 흉내를 내는 어리석은 놈
이라 들었는데 정말로 그러네."

항우는 한생의 말을 전해 듣고 그를 뜨거운 물에 삶아 죽였다. 그가 얼마나 옹졸하고 잔인한 인물이었는지 알 수 있는 내용이다. 그는 약탈한 금은보화와 미녀들을 거느리고 고향으로 떠났다. 천하 패권의 승패는 관중과 중원에서 결정되는데도, 그가 관중을 부하들에게 다스리게 하고 초나라 땅으로 들어가 팽성(彭城: 강소성 서주·徐州)을 도읍으로 정한 것은 전략적 실수였다. 반면에 유방은 관중과 인접한 한중에서 기회를 호시탐탐 노릴 수 있었다.

한편 초회왕은 항우에 의해 의제(義帝)로 추존되었으나 허수아비 왕 노릇을 하다가 침현(郴縣)에서 살해당했다. 사실상 이 시기에 항우는 중국 천하의 진정한 주인이 된다. 따라서 사마천이 『사기』를 저술할 때 그의 일대기를 황제의 기록인 본기(本紀)에 수록한 것이다.

7. 초나라와 한나라가 4년 동안 패권 전쟁을 벌이다

한나라 원년(206) 4월 항우에게 왕으로 책봉된 장수들은 모두 각자의 영지로 돌아갔다. 잠시 불안한 평화가 찾아왔으나 오래 가지 못했다. 제나라의 귀족 출신인 전영(田榮)은 항우가 자신을 왕으로 책봉하지 않은 것에 불만을 품고 제나라 왕 전도(田都)를 몰아내고 교동왕(胶東王) 전불(田市)을 살해한 후 제나라 왕으로 자립했다. 전도와 전불은 항우가 왕으로 세웠으므로 전영의 항우에 대한 명백한 도전이었다.

조나라 대장군이었던 진여(陳餘)도 항우의 분봉에 불만을 품고 조헐(趙歇)을 다시 조나라 왕으로 추대한 후 대왕(代王)으로 자립했다. 항우가 관중으로 들어간 후에 자기에게 복종하고 공을 세운 장수 18명을 제후와 왕으로 세워 자신의 세력을 구축한 것이 불과 몇 달 만에 붕괴의 조짐을 보이기 시작했다.

유방은 관중으로 진격할 절호의 기회가 왔다고 판단했다. 한신(韓信)을 대장군으로 임명하고 한중으로 들어올 때 불태운 잔도를 다시 복구하게 했다. 한나라 원년(206) 11월 유방과 한신은 진창(陳倉: 섬서성 보계·寶鷄)에서 옹왕 장한의 군대를 격파하고 함양으로 진격했다. 한나라 2년(207) 7월 장한은 패구성(廢丘城)으로 달아나 끝까지 저항했지만 성이 함락되자 자살했다. 진나라 말기의 명장이었던 그는 항우에게 복종하여 옹왕으로 책봉되었으나, 유방의 공격을 받고 이렇게 비참하게 생을 마감했다. 그가 유방의 수하로 들어갔더라면 개국 공신이 되었을 것이다. 주군을 잘못 선택한 것이 화근이었다. 새왕 사마흔과 적왕 동예는 연이어 유방에게 투항했다.

항우는 유방이 삼진(三秦)을 차지했고 제나라와 조나라가 반란을 일으켰다는 소식을 듣고 분노했다. 그는 유방뿐만 아니라 제나라와 조나라도 정벌해야 하는 절박한 상황에 빠졌다. 당시 한(韓)나라에 머물고 있었던 장량은 항우가 어떻게 대응할지 미리 짐작하고 있었다. 항우에게 서신을 보내 말했다.

"한왕(漢王)은 공적에 비해 합당한 직위를 얻지 못했기 때문에 관중을 차지하려는 것이오. 대왕께서 한왕을 관중왕(關中王)으로 삼겠다는 초회왕의 약속을 지키면, 한왕은 더 이상 동쪽으로 진출하지 않을 것이오."

장량은 또 항우에게 제나라가 조나라와 연합하여 초나라를 공격할 음모를 꾸미고 있다는 얘기를 전했다. 그의 반간계에 걸려든 항우는 관중 공격을 포기하고 제나라로 진격했다. 제나라 땅 성양(城陽)에서 항우에게 대패한 전영은 평원(平原)으로 달아났으나 현지 백성들에게 살해당했다. 항우는 제나라의 성곽과 민가를 초토화했다. 항복한 병졸들은 생매장을 당했으며 노약자, 아녀자들은 초나라로 끌려가 노예가 되었다. 살아남은 백성들은 초나라 군대의 만행에 치를 떨었다.

한나라 2년(기원전 205) 유방은 항우가 제나라를 유린하는 틈을 타서 항우와의 약속을 어기고 동쪽으로 진격했다. 유방의 군대가 낙양(洛陽)에 이르렀을 때 신성(新城)에서 교화(教化)를 관장하는 관리 동공(董公)이 유방에게 항우가 초의제를 시해한 이야기를 전해주었다. 유방은 대성통곡하고 3일 동안 초의제의 죽음을 애도하는 장례를 치렀다. 당시 초의제는 허수아비왕에 불과했으나 유방은 그의 죽음을 항우를 공격하는 명분으로 삼았다. 전국의 왕, 제후들에게 사자를 보내 말했다.

> "우리는 의제를 왕으로 추대하고 신하의 본분을 다했다. 하지만 항우가 그를 강남으로 쫓아내고 시해했다. 이는 참으로 극악무도한 행위이다. 왕, 제후들은 모두 소복을 입고 의제를 애도하라! 과인은 관중의 군대와 삼군(三郡: 하동군, 하내군, 하남군)의 장졸들을 소집하여 너희들과 함께 항우를 징벌하겠다."

유방은 실리를 얻기 위해 민심의 동향을 정확하게 파악하고 명분을 앞세우는 일에 능숙했다. 유방에게 호응하는 자들이 구름떼처럼 몰려들었다. 이 시기부터 초나라와 한나라 간의 4년 전쟁이 시작된다. 한나라 2년(기원전 205) 5월 유방은 연합군 56만여 명을 거느리고 초나라의 도성 팽성을 공격했다. 당시 항우가 수력군을 이끌고 제나라를 정벌하러 갔기 때문에 팽성은 쉽게 함락되었다. 유방은 승리에 도취되어 연일 왕, 제후들과 질펀하게 연회를 즐겼다. 또 그의 향락을 추구하는 본능이 폭발한 것이다.

제나라를 평정한 항우는 즉시 정예 기병 3만여 기를 이끌고 팽성으로 진격했다. 팽성 근교의 수수(睢水) 강가에서 방심한 유방의 연합군을 기습하여 궤멸시켰다. 일시에 10여만 명이 피살되었으며, 물에 빠져 죽은 병사가 또 10여만 명에 달했다. 강물에 쌓인 시체가 얼마나 많았던지 물길을 막을 정도였다. 유방은 겨우 기병 수십 기만 대동한 채 극적으로 탈출했다. 유방이 결성한 반초(反楚) 동맹은 와해되었다. 이때 패현에 거주하고 있었던 유방의 부모, 아내, 자식이 항우의 포로가 되는 치욕을 겪었다. 항우는 그들을 죽이지 않고 유방을 협박하는 수단으로 이용하려고 했다.

유방이 항우에게 대패하자 유방을 추종한 왕, 제후들은 모두 초나라로 달아나 복종했다. 항우의 위력과 명성은 다시 한 번 온 천하를 덮었으며, 유방은 물에 빠진 생쥐 꼴이 되고 말았다. 하지만 한신이 경색(京索: 하남성 형양·榮陽 부근)에서 초나라의 추격병을 물리친 덕분에, 유방은 형양으로 퇴각하여 패잔병을 수습하고 다시 전열을 정비할 수 있었다.

유방은 구강왕(九江王) 영포(英布)를 끌어들여 다시 항우와 싸우고 싶었다. 구강군 육현(六縣: 안휘성 육안·六安) 사람 영포가 젊었을 때의 일이다. 어느 날 어떤 사람이 우연히 그의 관상을 보고 말했다.

"형벌을 받고 왕이 될 관상이구나."

영포가 장년이 되었을 때 죄를 범해 경형(黥刑: 죄인의 이마나 팔뚝 따위에 먹줄로 죄명을 써넣은 형벌)을 받았다. 그래서 그를 경포(黥布)라고 부르기도 한다. 원래 영포는 항우의 부하 장수였다. 여러 차례 전공을 세워 항우에 의해 구강왕으로 책봉되었다. 유방이 팽성을 공격할 때 병을 핑계로 출전하지 않아 항우의 의심을 받고 있었다. 유방은 형양으로 퇴각하기 전에 알자(謁者: 왕명을 전달하는 관직명) 수하(隨何)를 구강으로 보내 영포를 설득하게 했다. 수하가 영포에게 말했다.

"지금 대왕께서는 민심을 얻은 한나라와 우호 관계를 맺지 않고 민심을 잃어 언제 망할지 모르는 초나라에 몸을 의탁하고 있습니다. 저는 진심으로 대왕을 위해 이 점을 걱정하고 있습니다. 대왕께서는 구강의 병사들로는 초나라를 멸망시킬 수 없음을 감히 말씀드립니다. 병사들을 이끌고 초나라에 등을 돌린다면, 항왕(項王: 항우)은 군대를 동원하여 한나라를 공격하지 못할 것입니다. 대왕께서 이렇게 항왕의 발목을 몇 개월 동안 잡고 있으면, 한왕(漢王: 유방)이 그 틈을 타서 천하를 통일할 것입니다. 제가 대왕을 모시고 한나라로 돌아가기를 간절히 바랍니다. 대왕께서 귀부하면 한왕께서는 반드시 대왕에게 구강의 땅은 말할 것도 없고 별도의 땅을 떼어주고 왕으로 책봉할 것입니다."

영포도 평소에 천하의 인심이 유방에게 기울고 있음을 직감하고 있었다. 더구나 인색한 항우보다는 인정이 넘치는 유방에게 귀부하는 편이 자신의 지위를 확실하게 지킬 수 있는 길이었다. 그는 수하에게 항우를 배신하겠다고 은밀히 약속했다.

얼마 후 영포가 회남(淮南) 지방에서 반란을 일으켰다. 항우는 용저(龍且)에게 반란군을 토벌하게 했다. 영포는 용저의 적수가 되지 못했다. 패잔병을 이끌고 유방 진영으로 달아났다. 그가 유방을 배알하러 들어갔을 때 마침 시종들이 침상에 앉아 있는 유방의 발을 씻겨 주고 있었다. 유방은 아무런 예의도 갖추지 않고 그를 맞이했다. 영포는 그의 무례한 행동에 크게 실망하여 자살하려고 했다. 그런데 유방이 자신을 위해 마련한 숙소에 들어가 보니 시종들과 모든 시설 그리고 음식이 유방의 거처와 똑같았다. 영포는 비로소 유방의 진심을 이해하고 그에게 충성을 맹세했다. 훗날 그는 한신, 팽월(彭越)과 더불어 한나라 초기의 3대 명장으로 자리매김한다.

유방은 형양에서 병사들을 조련하며 권토중래를 노렸다. 한나라 3년

(기원전 204) 위(魏)나라 왕 위표(魏豹)가 한나라를 배신하고 초나라로 달아났다. 유방은 한신을 보내 위나라를 평정하게 했다. 한신은 승리의 여세를 몰아 조나라를 공략하여 대왕(代王) 진여와 조나라 왕 조헐을 잡아 참수했다. 유방은 진여에게 핍박을 받은 장이(張耳)를 조나라 왕으로 세웠다.

항우는 위나라와 조나라가 한나라의 수중에 들어갔다는 소식을 듣고 경악했다. 친히 정예병을 이끌고 진격하여 형양성을 겹겹이 포위했다. 유방은 성문을 열고 나와 항우와 싸울 용기가 나지 않았다. 농성(籠城) 작전으로 버티는 수밖에 없었다. 근 1년여의 시간이 흐르자 성안의 양식이 바닥나기 시작했다. 유방은 항우에게 사자를 보내 잘못을 빌고 화친을 제의했으나 거절당했다. 항우의 곁에는 신출귀몰한 책략을 부리는 천하의 책사 범증이 있었다. 유방에게는 오히려 항우보다 범증이 더 무서운 존재였다. 책사 진평이 계책을 냈다.

"창고에 보관하고 있는 황금 4만 근을 풀어 초나라 장수들을 매수하십시오. 뇌물을 받은 장수들에게 이런 소문을 내게 하시기 바랍니다. '항왕(項王)의 부하들 가운데 아부(범증)와 종리매(鍾離昧)가 가장 큰 공훈을 세웠는데도 두 사람은 왕이나 제후로 책봉 받지 못했지. 두 사람은 항왕을 타도하고 그의 영토를 나누어 갖기로 유방과 은밀히 약속했다네.' 성격이 단순한 항우가 이런 소문을 들으면 반드시 두 사람을 의심할 것입니다."

유방은 즉시 반간계를 펴게 했다. 아니나 다를까, 항우는 종리매를 의심하기 시작했다. 종리매가 어떤 좋은 계책을 내도 듣지 않았다. 심지어 항우는 아버지처럼 섬기는 범증에게도 의심의 눈초리를 거두지 않았다. 진평은 또 항우와 범증 사이를 이간질할 묘책을 세웠다. 어느 날 항우가 유방 진영으로 사자를 보냈다. 진평은 사자를 극진하게 접대하며 그에게 귓속말로 말했다.

"아부께서 무슨 당부의 말씀이라도 있었는지요?"

당황한 사자는 정색을 하고 말했다.

"저는 아부가 보낸 사자가 아니라 패왕께서 보낸 사자입니다.

진평은 흠칫 놀라는 척하면서 말했다.

"뭐라고! 나는 아부께서 보내신 사자인 줄만 알았네."

진평은 시중을 들고 있는 병졸들에게 사자를 위해서 차린 진수성찬을 거두게 한 후 그를 누추한 방으로 안내하고 소찬(素饌)으로 대접하게 했다. 그는 사자에게 조소하는 낯빛을 보이고 자리를 박차고 나갔다. 사자는 화가 머리끝까지 치솟았다. 초나라 진영으로 돌아와 항우에게 고자질했다. 항우는 범증이 유방과 내통하고 있다고 확신했으나 물증이 없는 상황에서 그를 내치기가 쉽지 않았다. 범증은 항우가 자신을 의심하고 있음을 알고 괴로워했다. 항우를 주군으로 섬김으로써 천하의 안정을 도모하고 싶었으나, 항우는 제왕이 될 만한 그릇이 아니었다. 자신의 책략이 더이상 받아들여지지 않자 항우의 곁을 떠나기로 결심하고 그에게 밀했다.

"천하의 대사는 이미 결정되었습니다. 이제 대왕께서는 혼자의 힘으로도 얼마든지 대업을 이루실 수 있습니다. 저는 나이가 많고 몸도 좋지 않습니다. 고향으로 돌아가 요양하면서 여생을 마치고자 하오니 대왕께서 윤허해주시기 바랍니다."

항우는 각박한 사람이었다. 조금도 주저하지 않고 범증의 요청을 들어주었다. 범증은 고향 팽성으로 돌아가는 길에 울분을 품은 채 향년 75세를 일기로 세상을 떠났다. 항우에게 충성을 다했던 범증은 이렇게 진평의 반간계에 걸려들어 제거되었다.

어쨌든 형양성에서 독 안에 든 쥐 신세가 된 유방은 병사들이 굶주리는 모습을 보고 어찌할 바를 몰랐다. 하루하루 피를 말리는 시간의 연속이었다. 장수 기신(紀信)이 피골이 상접해진 유방에게 말했다.

"지금 최악의 상황입니다. 하지만 신에게 대왕을 탈출시킬 계책이 있습니다. 대왕께서는 신이 초나라 군대를 속이는 틈을 타서 성 밖으로 빠져나가시기 바랍니다."

평소에 기신은 풍채와 외모가 유방과 너무 닮았다는 얘기를 많이 들었다. 기신과 진평은 이런 위계를 짰다.

"오늘 밤 기신을 한왕으로 변장하고 동문 밖으로 나가 거짓으로 투항하게 한다. 아울러 아녀자 2천여 명에게 갑옷을 입혀 병사로 위장하고 그를 수행하게 한다. 진짜 한왕은 초나라 병사들이 동문으로 몰려드는 틈을 타서 서문을 통해 탈출한다."

유방은 기신의 충성심에 감읍했다. 진평은 항우에게 항복하겠다는 의사를 전했다. 이윽고 밤이 되자 가짜 한왕은 2천여 명의 가짜 병사들을 거느리고 동문 밖으로 나갔다. 초나라 병사들이 만세를 부르며 동문으로 몰려들었을 때 유방은 서문을 통해 극적으로 달아났다. 항우는 용거(龍車)에 앉아 있는 인물이 유방이 아니라는 사실을 확인하고 기신에게 물었다.

"너는 누구인가? 감히 한왕 흉내를 내고 있구나."

기신이 대답했다.

"나는 한나라 장수 기신이오."

항우가 또 물었다.

"한왕은 지금 어디에 있느냐?"

기신이 대답했다.

"한왕은 이미 이곳을 떠났소."

그제야 비로소 유방에게 또 속은 사실을 깨닫게 된 항우는 허탈했다. 그물 안에 들어온 물고기를 놓친 격이었다. 왜 자기에게는 기신과 같은 충신이 없을까 고민했다. 기신을 부하 장수로 삼으려고 했지만 거절을 당했다. 항우는 극도로 분노히여 기신을 산 채로 태워죽이게 했다.

사실 유방은 참으로 비겁한 군주였다. 기신은 장수로서 주군을 위해 희생을 감수한 것은 이해할 수 있다. 하지만 자기 혼자 살고자 아녀자 2천여 명을 방패막이로 삼은 만행을 저질렀다. 과연 아녀자들 가운데 초나라 병사의 칼날을 피해 달아난 자가 몇 명이나 되었을까. 대부분 도륙을 당했을 것이다.

항우는 완성(宛城: 하남성 남양·南陽)으로 달아난 유방을 공격했다. 유방은 성문을 굳게 걸어 잠그고 싸우지 않았다. 마침 그 시기에 유방의 부하 건성후(建成侯) 팽월이 초나라 땅 하비(下邳: 강소성 서주·徐州)에서 항우의 아들인 항성(項城)의 군대를 크게 무찔렀다. 항우는 즉시 군대를 이끌고 동쪽으로 진격하여 팽월의 군대를 무찔렀다. 유방은 항우가 팽월을 정벌하러 동쪽으로 진격한 틈을 타서 성고(成皐: 하남성 형양 사수진·氾水鎭)를 탈환했다.

한나라 3년(기원전 204) 7월 항우는 유방이 성고성에 주둔하고 있다는 소식을 듣고 다시 서쪽으로 진격하여 형양성을 함락한 후 성고성을 포위했다. 유방의 목숨은 또 경각에 달렸다. 성고성이 함락되기 직전에 가까스로 빠져나와 황하를 건너 북쪽으로 달아났다. 항우에게 연패를 당한 유방은 친히 지휘하는 장졸들이 크게 줄자 당황하지 않을 수 없었다.

아무리 일국의 왕이라도 친병(親兵)이 적으면 무슨 일을 당할지 모르는 상황이었다. 유방은 장이와 한신의 군영으로 들어가 그들의 병권을 회수했다. 그리고 장이에게는 북쪽 조나라로 들어가 병사를 모으게 하고, 한신에게는 일부 병사들을 거느리고 동쪽 제나라로 진격하게 했다. 또 노관(盧棺) 등 장수들에게 초나라 땅으로 진격하여 팽월과 연합 작전을 펴게 했다. 한나라 군대는 초나라의 후방인 양나라 땅에서 초나라 군대를 격파하고 성읍 10여 개를 함락했다.

황하를 사이에 두고 유방과 대치하고 있었던 항우는 동쪽 양나라 땅에서 초나라를 끈질기게 괴롭히는 한나라 군대를 섬멸한 후 다시 유방을 공격하기로 결심했다. 성고성을 떠나기 전에 대사마 조구(曹咎)에게 명령했다.

"내가 없는 동안 유방이 싸움을 걸어도 응하지 말고 성안에서 농성전을 펴라! 네가 유방의 동진을 막으면 나는 보름 안에 반드시 양나라 땅을 평정하고 돌아와 너와 합류하겠다."

항우가 성고성을 떠나자 유방은 성고성으로 달려와 조구에게 여러 차례 싸움을 걸었다. 하지만 조구는 항우의 명령대로 출전하지 않았다. 유방은 병사들에게 성고성 아래에 돈대를 쌓고 그곳에 올라가 조구에게 온갖 쌍욕을 퍼붓게 했다. 조구는 처음에는 못들은 척했으나 대엿새 동안 쏟아진 쌍소리에 그만 이성을 잃고 말았다. 병사들을 거느리고 출전하여 사수(汜水)를 건널 때 한나라 군대의 기습을 받아 대패했다. 성고성을 다시 점령한 유방은 초나라 군대가 남긴 막대한 군수품을 노획했다. 조구는 자신의 경솔한 행동이 원망스러웠다. 사수의 강가에서 새왕 사마흔과 함께 자살함으로써 항우에게 속죄했다.

한편 조구가 패했다는 소식을 들은 항우는 팽월의 군대를 격퇴한 후 성고성으로 진격해 왔다. 유방은 항우와 싸워 이길 자신이 없었다. 서둘러 군대를 이끌고 황하 유역의 광무(廣武: 하남성 형양·滎陽 광무진·廣武鎭)로 달아났다. 유방과 항우는 광무를 사이에 두고 대치하면서 설전을 벌였다.

양군의 대치 상태가 지속되고 초나라 병사들이 계속된 원정(遠征)으로 지쳐가자 항우는 마음이 초조해지기 시작했다. 양군 병사들의 더 이상의 희생을 막기 위해 두 사람만이 직접 싸워 승패를 결정하자고 유방에게 먼 발치에서 제안했다. 하지만 유방은 항우의 열 가지 대죄를 일일이 나열하고 친하의 도둑놈인 그를 반드시 죽이겠다고 공언했다. 분노한 항우는 유방을 향해 쇠뇌를 쏘았다. 유방은 가슴에 상처를 입었으나 대수롭지 않은 듯 말했다.

"저 역적 놈이 내 발가락을 맞혔구나."

유방은 장졸들이 동요하지 않을까 우려하여 천연덕스럽게 거짓말을 했다. 장량의 계책에 따라 아픈 몸을 추스르고 군영을 돌며 장졸들을 독려했다. 유방과 항우가 서로 대치하고 있는 동안에 유방에 의해 제나라 왕으로 책봉된 한신은 유수(濰水: 산동성에서 발해만으로 흘러가는 하천)에서 초나라와 제나라의 연합군을 격파했다. 한나라 장수 관영(灌嬰)은 항우가 초나라의 도성 팽성을 비운 틈을 타서 팽성으로 진격했다.

항우는 졸지에 전후방에서 한나라 군대의 공격을 받는 처지가 되었다. 일단 유방과 동맹을 맺어 위기를 벗어나야 했다. 홍구(鴻溝: 하남성 형양에 있는 운하)를 경계로 하여 동쪽 지역은 초나라, 서쪽 지역은 한나라의 영토로 삼자고 유방에게 제안했다. 유방도 지루한 대치 상태를 끝내기 위하여 항우의 제안을 받아들였다. 항우는 인질로 잡고 있었던 유방의 부모와 처자식을 돌려보냈다.

한나라 4년(기원전 203) 10월 항우는 마침내 군사를 이끌고 동쪽으로 퇴각했다. 유방도 서쪽으로 돌아가 병력을 보충하고 군대를 재정비하고 싶었다. 그런데 장량과 진평은 퇴각하는 초나라 군대의 군량미가 거의 바닥을 드러내고 병사들이 몹시 지쳐있는 상황을 간파했다. 유방에게 초나라 군대를 추격하여 섬멸하자고 건의했다. 유방은 한신과 팽월의 지원 약속을 믿고 항우를 추격하기로 결정했다. 하지만 한신과 팽월의 군대가 도착하기 전에 고릉(固陵)에서 항우에게 일격을 당했다.

유방은 다시 수비를 강화하고 한신, 팽월, 영포, 유고(劉賈), 공총(孔藂) 진하(陳賀) 등 여러 지역에서 주둔하고 있는 장수들의 군대에게 총동원령을 내렸다. 유방의 수하에 70만 대군이 집결했다. 해하(垓下: 안휘성 영벽·靈璧)에서 항우의 10만 군대와 대혈전을 벌였다. 항우의 군대가 대패했다. 항우는 패잔병 2만여 명과 해하성에서 최후의 결사 항전을 시도했다. 한나라 군대는 해하성을 겹겹이 포위했다. 유방은 밤이 되면 병사들에게 초나라 노래를 부르게 했다. 초나라 병사들의 향수병을 일으켜 저항 의지를 꺾는 심리전이었다. 항우는 노랫소리를 듣고 깜짝 놀라 말했다.

"한나라가 이미 초나라를 점령했단 말인가. 어찌 한나라 군대에 초나라 노래를 부르는 사람들이 이렇게 많은가?"

항우는 한밤중에 일어나 술을 마시고 사랑하는 우미인(虞美人)과 한평생 타고 다닌 오추마(烏騅馬) 앞에서 비통한 심정으로 시를 읊조렸다.

"힘은 산을 뽑을 수 있고 기개는 세상을 덮을 만한데 때가 불리하여 오추마가 달리지 않는구나. 오추마가 달리지 않으니 나는 어찌 해야 하는가. 우미인이여, 우미인이여, 그대를 어찌해야 하는가!"

항우의 얼굴에 눈물이 주르륵 흘렀다. 그를 따라서 울지 않은 자가 없었다. 우미인은 정절을 지키고자 자살했다. 항우는 결사대 8백여 명과 함께 포위망을 뚫고 달아났다. 관영이 기병 5천여 기를 이끌고 그를 추격했다. 항우는 음릉(陰陵: 안휘성 정원·定遠 서북쪽)에 이르러 길을 잃고 말았다. 한 농부에게 길을 물었다. 왼쪽으로 가라는 얘기를 듣고 가다가 그만 늪지대에 빠졌다. 항우는 평범한 농부마저도 자기에게 거짓말을 하는 것을 보고 민심 이반을 한탄했다. 그를 끝까지 보위하는 기병도 28기에 불과했다.

항우는 달아나다가 오강(烏江: 안휘성 화현·和縣)에서 우연히 오강의 정장(亭長)을 만났다. 오강의 정장은 미리 준비한 배로 항우를 탈출시키려고 했다. 항우가 세력 근거지인 강동(江東) 지방으로 들어가면 권토중래할 수 있다고 말했다. 하지만 항우는 하늘이 자신을 버렸음을 자인하고 오강에서 최후까지 싸우다가 죽을 결심을 했다. 혼자서 한나라 병사 수백 명을 상대로 닥치는 대로 죽였으나 온몸이 상처투성이였다. 더 이상의 싸움은 불가능했다. 자신을 포위한 한나라의 기사마(騎司馬) 여마동(呂馬童)을 보고 말했다.

"너는 옛날에 내 부하가 아니었더냐?"

여마동은 아무 말도 하지 못하고 옆에 서있는 낭중령 왕예(王翳)에게 말했다.

"저 사람이 항우이오."

항우가 왕예에게 소리쳤다.

"유방이 내 머리를 잘라 가지고 오는 자에게는 천금(千金)과 식읍 1만호를 하사하겠다고 들었다. 내가 너에게 덕을 베풀어주겠다."

마침내 항우는 스스로 칼로 목을 찔러 죽었다. 왕예가 항우의 수급을 차지했다. 순식간에 항우의 시신을 차지하려고 서로 싸우다가 죽은 한나라 병사가 수십 명이나 되었다. 항우의 시신은 갈기갈기 찢겼다. 얼마 후 유방은 찢긴 시신을 맞추어보게 한 후 비로소 항우가 비참하게 죽었음을 확인했다.

중국 천하의 패권을 놓고 4년 동안 벌인 유방과 항우, 두 사람의 싸움은 이렇게 막을 내렸다. 유방은 항우의 장례식을 정중하게 치르게 했다. 항(項)씨 일족을 죽이지 않았으며 항씨 성을 가진 제후들에게는 유(劉)씨 성을 하사했다. 또 홍문의 연회에서 자기 목숨을 구해준 항백을 사양후(射陽

侯)로 책봉하고 우대했다. 유방은 정도(定陶)로 돌아 온 직후에 초나라 정벌에 가장 큰 공을 세운 제나라 왕 한신의 병권을 회수했다. 항우 사후에 그에게 가장 위협적인 인물이 한신이라고 생각했기 때문이다.

8. 제후들의 반란을 평정하고 흉노의 침략에 대항하다

한나라 5년(기원전 202) 1월 왕, 제후, 신하들이 유방을 황제로 추대하겠다는 뜻을 밝혔다. 유방은 손을 가로저으며 말했다.

"황제라는 존칭은 어질고 능력이 있는 자만이 가질 수 있다고 들었소. 나는 그처럼 고귀한 황제의 지위를 감당할 수 없소."

물론 그의 속마음은 당장 황제로 등극하고 싶었을 것이다. 그렇지만 그는 연기의 달인이었다. 속마음을 감추고 양보와 겸손의 모습을 보임으로써 신하들을 감동시켜야 했다. 한신, 팽월 등 여러 왕들이 이구동성으로 말했다.

"대왕께서는 가난하고 미천한 평민의 신분으로 병사를 일으켜 포악한 진나라를 멸망시키고 반역의 무리를 주살하여 천하를 평정했습니다. 또 공적이 있는 사에는 땅을 나누어 주고 왕후로 책봉했습니다. 내왕께서 이처럼 위대한 업적을 쌓았는데도 황제로 등극하지 않는다면 천하의 백성들은 대왕을 의심하여 복종하지 않을 것입니다. 저희들은 삼가 목숨을 걸고 간청을 드립니다."

유방은 신하들의 거듭된 간청을 마지못해 승낙했다.

"내가 황제로 등극하는 것이 천하의 백성들에게 이익이 된다면 경들의
청을 받아들이겠소."

한나라 5년(기원전 202) 정월 28일 유방은 범수(氾水: 산동성 하택·荷澤 지역을 흐
르는 하천)의 양지(陽地)에서 개국 황제로 등극했다. 국호는 한(漢)으로 정하고
도성은 처음에는 낙양으로 정했다가 나중에는 장안으로 천도했다. 진나
라 말기의 천하 대란을 평정하고 한나라를 건국한 유방이 바로 한고조(漢
高祖)이다. 한고조가 건국한 한나라를 전한(前漢) 또는 서한(西漢)이라고 칭하
기도 한다. 전한 건국 초기에는 연호가 없었으며 전한의 7대 황제 한무제
유철의 통치 시기부터 연호가 생겼다.

한고조가 중국 천하를 통일한 직후에 전국 각지의 제후들은 낙양으로
달려와 그에게 복종했다. 그런데 임강왕(臨江王) 공환(共驩: 공위·共尉라고 칭하기
도 함)만큼은 귀의하지 않았다. 원래 공환 아버지 공오(共敖)는 항우에 의해
임강왕으로 책봉되었다. 공오 사후에 아들 공환이 임강왕의 지위를 승계
했다. 공환은 주군 항우가 사망한 후에 강릉(江陵: 호북성 사시·沙市)에서 초나
라의 부흥을 내걸고 반격을 시도했다.

한고조는 유고(劉賈)와 노관(盧綰)에게 강릉을 공격하게 했다. 한나라 군
대가 강릉성을 함락하지 못하자 근흡(靳歙)을 별장(別將)으로 삼고 다시 공
격하게 했다. 공환은 한나라 군대의 공격을 막아내지 못했다. 성이 함락
된 후 낙양으로 끌려와 참수형을 당했다.

연나라 왕 장도(臧荼)는 전국 시대 말기에 연나라 장수였다. 항우의 수
하로 들어가 혁혁한 전공을 쌓은 후 연나라 왕으로 책봉되었다. 한나라 3
년(기원전 204) 천하의 대세가 유방에게 기울고 있음을 간파하고 유방에게

투항했다. 한고조는 황제로 즉위한 직후에 한신을 초나라 왕, 신(信)을 한(韓)나라 왕, 영포를 회남왕, 팽월을 양나라 왕, 오예(吳芮)를 장사왕(長沙王), 장이를 조나라 왕, 장도를 연나라 왕, 장이 사후에는 그의 아들 장오(張敖)를 조나라 왕으로 각각 봉했다. 이른바 8왕은 모두 유씨 성이 아닌 이성(異姓)의 개국 공신이었다.

한고조는 겉으로는 8왕의 공훈을 높이 평가하고 왕으로 책봉했지만 속으로는 병권을 쥐고 지역 패자로 군림하고 있는 그들이 반란을 일으키지 않을까 두려워하여 수시로 그들의 일거수일투족을 감시하게 했다. 적당한 기회에 트집을 잡아 8왕을 제거하고 싶었다. 특히 항우의 초나라 군대를 무찌르는 데 가장 큰 전공을 세운 초나라 왕 한신과 한때 항우의 부하 장수였던 연나라 왕 장도, 회남왕 영포 등에게 의심의 눈초리를 거두지 않았다.

한나라 5년(기원전 202) 10월 연나라 왕 장도가 예전에 항우의 부하 장수였던 자들이 한고조에게 숙청을 당하는 모습을 보고 반란을 일으켰다. 한고조는 친히 군대를 거느리고 연나라 땅으로 진격하여 반란을 진압했다. 생포된 장도는 피살당했다. 자신의 주마고우이자 장안후인 노관을 연나라 왕으로 삼았다. 훗날 노관도 모반을 획책한 일이 발각되어 흉노로 달아나 그곳에서 죽었다.

몇 달 후 한고조는 제후들을 모두 낙양 도성으로 들어오게 했다. 그들에게 충성의 맹세를 받기 위해서였다. 항우의 부하 장수였던 영천후(潁川侯) 이기(李幾)는 한고조가 자기를 죽이려고 불러들이는 것으로 오해하고 반란을 일으켰다. 한고조가 친히 토벌하러 온다는 소식을 듣고 산중으로 달아났다.

훗날 조나라 왕 장오는 조나라 승상 관고(貫高)의 모반 사건에 연루되었다. 얼마 후 혐의를 벗었으나 선평후(宣平侯)로 강등되었다. 양나라 왕 팽월과 회음후(淮陰侯)로 강등된 한신도 한고조의 조강지처 여후(呂后)에게 걸려들어 비참하게 죽었다.

한왕 신(信)은 한고조를 도와 한(韓)나라의 옛날 영토를 평정한 공로로 한나라 왕으로 책봉되었다. 당시 흉노(匈奴) 황제는 묵돌선우(冒頓單于·?~기원전 174)였다. 그는 아버지 두만선우(頭曼單于·?~기원전 209) 시대에 장남으로서 황위를 계승할 태자였다. 묵돌은 아버지 수하에서 수많은 전공을 쌓은 맹장(猛將)이기도 했다. 그런데 두만선우는 애첩 알씨(閼氏)가 낳은 어린 아들에게 황위를 물려주려고 했다. 고의로 태자 묵돌을 당시 흉노와 대립 관계였던 월지(月支: 중앙아시아 일대에서 유목 민족이 세운 국가)에 인질로 보냈다. 두만선우는 월지를 공격하여 월지가 인질로 삼은 아들을 살해하도록 유도했다.

그러나 묵돌은 오히려 월지의 명마를 빼앗아 흉노로 돌아왔다. 두만선우는 아들을 장하게 여기고 좌현왕(左賢王)으로 삼았다. 묵돌은 아버지와 알씨를 죽이고 선우(單于: 중국의 황제와 같은 의미)가 되고 싶었다. 명적(鳴鏑: 소리나는 화살)을 만들어 부하들에게 이렇게 말했다.

"내가 이것으로 표적을 쏘면 너희들도 반드시 그 표적을 향해 쏘아야 한다."

묵돌은 먼저 명적으로 애지중지하는 명마와 애첩을 쏘았다. 부하 장수들은 깜짝 놀랐다. 감히 쏘지 못한 자는 현장에서 참수를 당했다. 묵돌은 이렇게 해서 부하들의 절대 복종과 충성심을 이끌어냈다. 어느 날 아버지 두만선우를 사냥터로 유인해 그를 향해 명적을 날렸다. 두만선우는 화살 수십 발을 맞고 즉사했다. 마침내 선우로 등극한 묵돌선우는 북방의 사막과 초원 지대에서 여러 부족 국가들을 정복하고 강대한 제국을 건설

했다.

한고조는 중국 천하를 통일했지만 호전적인 흉노의 남진을 너무나 두려워했다. 한왕 신에게 태원(太原) 이북 지역을 수비하여 흉노의 침략을 막게 했다. 한나라 6년(기원전 201) 가을 묵돌선우가 기병들을 이끌고 한(韓)나라의 도성 마읍(馬邑: 산서성 삭주·朔州)을 포위 공격했다. 한왕 신은 맹수보다 사납고 전광석화처럼 빠른 흉노의 기병들을 보고 넋이 나갔다. 결사항전을 해도 도저히 이길 자신이 없었다. 전멸을 당하느니 차라리 묵돌선우에게 투항하여 일신의 영달을 추구하는 게 유리했다. 흉노 군영에 사신을 보내 투항 의사를 밝혔다. 묵돌선우는 한왕 신에게 유방을 버리고 자기에게 복종하면 왕의 지위를 그대로 유지시켜주겠다고 약조했다.

한왕 신의 변심을 눈치 챈 한고조는 사신을 보내 그를 호되게 책망했다. 만약 배신하면 친히 대군을 이끌고 와서 도륙하겠다고 위협했다. 한왕 신은 선택의 여지가 없었다. 반란을 일으켜 묵돌선우에게 도성 마읍을 바쳤다. 묵돌선우와 한왕 신은 북방의 요충지 태원(太原)을 유린했다. 한고조는 태원성이 함락되었다는 첩보를 받고 기겁했다. 흉노와 한왕 신의 군대가 관중과 중원으로 진격하는 것은 시간 문제였다.

한나라 7년(기원전 200) 겨울 한고조는 친히 30만 대군을 이끌고 북진했다. 동제(銅鞮)에서 한왕 신의 군대를 격파하고 그의 부하 장수 왕희(王喜)를 참살했다. 한왕 신은 흉노 군영으로 달아나 가까스로 목숨을 건졌다. 이때 그의 부하 장수였던 백토현(白土縣) 출신 만구신(曼丘臣), 왕황(王黃) 등이 조나라 왕의 후예인 조리(趙利)를 왕으로 추대하고 한나라에 반기를 들었다. 묵돌선우와 한왕 신 그리고 만구신 세력이 연합하여 한나라를 정벌하기로 결정했다.

한나라 군대는 진양(晉陽), 이석(離石), 누번(樓煩) 등에서 흉노를 연이어 격퇴하는 전과를 올렸다. 당시 진양에 머무르고 있었던 한고조는 연패를 당한 묵돌선우의 군대가 대곡(代穀: 산서성 번치·繁峙 및 구곽현·舊崞縣 일대)에 주둔하고 있다는 첩보를 받고 정찰병을 보내 흉노 군영의 동태를 염탐하게 했다. 궁지에 몰린 묵돌선우에게 일격을 가할 속셈이었다.

예전에 사신으로 흉노 진영에 다녀온 적이 있는 낭중 누경(婁敬)은 북풍한설이 몰아치는 계절에 계속 북진하는 것은 지극히 위험하므로 진격을 멈추어야 한다고 주장했다. 한고조는 그의 주장을 받아들이지 않고 그를 광무(廣武)로 압송하게 했다. 마침 정찰을 나간 병사가 돌아와 '흉노를 공격할 절호의 기회'라고 한고조에게 아뢰었다. 한고조는 그의 말만 믿고서 평성(平城: 산서성 대동·大同)으로 진격하여 백등산(白登山)에 올라갔다.

사실 묵돌선우는 한나라 대군을 북방의 춥고 황량한 불모지로 유인하기 위하여 일부러 싸움에 지는 척 했다. 묵돌선우는 흉노의 모든 기병들에게 백등산을 겹겹이 포위하고 반격하게 했다. 7일 동안 밤낮을 가리지 않고 치열한 전투가 벌어졌다. 흉노 군대는 살을 에는 추위에 익숙했지만, 중원과 남방의 병사들이 주축인 한나라 군대는 그렇지 않았다. 동상에 걸려 손가락이 떨어져나간 병사들이 부지기수였다. 더구나 군량미가 바닥을 드러내고 마실 물조차 구할 수 없는 절박한 상황에 빠졌다.

묵돌선우의 유인책에 걸려든 한고조는 졸지에 독 안에 든 쥐 신세로 전락했다. 성 안에서 계속 버티고 있으면 전멸을 당할 게 자명했다. 승상 진평에게 어떻게 하면 좋겠냐고 물었다. 진평은 묵돌선우가 첩 알씨(閼氏)에게 홀딱 빠져있음을 알아냈다. 묵돌선우는 전투 중에도 그녀의 곁을 떠나지 않았다. 한고조는 알씨에게 금은보화를 바쳐 위기를 벗어나자는 진평의 계책을 받아들였다. 진평은 안개가 자욱한 틈을 타서 사자를 은밀히 알씨가 머무르고 있는 곳에 보냈다. 사자는 그녀에게 진귀한 금은보화를 바치고 말했다.

"한나라 장수 주발과 번쾌가 군사를 이끌고 황제를 구원하러 온다고 합니다. 대왕께서 앞뒤에서 협공을 당하면 크게 불리할 것입니다. 차라리 포위를 풀고 한나라와 협상하는 게 대왕에게 더 큰 이익을 안겨줄 것입니다."

알씨는 고개를 끄덕였다. 한나라 군대의 퇴로를 열어주자고 묵돌선우에게 건의했다. 묵돌선우는 한고조가 해마다 막대한 세폐를 바치겠다는 약속을 믿고 포위를 풀었다. 한고조는 진평의 계책 덕분에 가까스로 사지에서 빠져나올 수 있었다.

한고조는 낙양으로 돌아온 후 자신의 실책을 감추기 위하여 흉노 정벌을 주장한 신하들을 참수형으로 다스렸다. 아울러 누경을 사면하고 관내후(關內侯)로 책봉하고 식읍 2천 호를 하사했다.

한편 한나라 왕 신은 한나라 11년(기원전 196)에 흉노의 기병과 함께 한나라를 공격했다가 한나라 장수 시무(柴武)에게 패하여 살해되었다. 같은 해 가을 회남왕 영포가 한신과 팽월이 토사구팽을 당한 것을 보고 반란을 일으켰으나 패배하여 살해당했다. 유방을 황제로 만든 8왕 가운데 장사왕(長沙王) 오예(吳芮)만이 한고조의 의심을 피하고 편안한 삶을 마감할 수 있었다.

한고조는 왜 7왕을 제거했을까. 황제를 중심으로 하는 중앙 집권 체제를 구축하기 위해서였다. 아울러 유씨 성이 아닌 자를 왕으로 두면 그가 언젠가는 반란을 일으킬지 모른다는 불안 심리 때문이었다. 한나라 12년(기원전 195) 한고조와 장수들은 백마를 죽여 제단에 바치고 맹약을 맺었다.

"유씨(劉氏)가 아닌데도 왕을 참칭하는 자가 있으면 천하의 모든 사람들이 그를 토벌한다."

이른바 '백마의 동맹'이다. 이로써 한고조의 중국 통일 전쟁과 황제 중심의 지배 체제가 완성되었다. 그렇지만 한고조는 흉노 제국의 세력을 제압하지 못하여 조공을 바치는 수모를 당하기도 했다.

한나라 12년(기원전 195) 한고조는 영포를 토벌할 때 입은 부상이 악화되어 병석에서 일어나지 못했다. 여후가 급히 명의를 불러 한고조의 병세를 살피게 했다. 명의는 한고조에게 병을 치료할 수 있다고 말했다. 하지만 한고조가 말했다.

"나는 평민의 신분으로 석 자 길이의 칼을 들고 일어나 천하를 쟁취했다. 이는 천명이 아니라면 또 무엇이겠느냐. 사람의 목숨은 하늘에 달려 있으니 천하의 명의라는 편작(扁鵲)도 어찌 내 병을 고칠 수 있겠느냐?"

한고조는 자신의 수명이 거의 다했음을 직감했다. 하늘의 명령에 의하여 황제가 되었듯이 또 하늘의 뜻에 따라 죽을 수밖에 없는 운명을 순순히 받아들였다. 연명 치료를 원치 않았으며 명의에게 50 금(金)을 하사하고 물러가게 했다. 같은 해 4월 25일 장안의 장락궁에서 향년 62세(또는 53세)를 일기로 붕어했다.

9. 천박하고 게으르며 거만했지만 중국 천하를 통일한 이유

중국 역대 황제의 역사에서 유방만큼 다양한 분야에서 연구 대상이 되는 인물은 드물 것이다. 그의 성격과 인품 그리고 지도력은 카멜레온처럼 다채로운 색깔을 띠고 있기 때문에 그가 어떤 황제였다고 단정적으로 평가하기가 쉽지 않다. 그는 빈농 출신이었으며 별다른 학식도 없었고 젊어서는 매일 빈둥빈둥 놀 궁리만 하는 게으름뱅이였다. 심지어 그가 항우에게 패하여 황급히 달아날 때 자기만 살겠다고 적장자 유영(劉盈: 훗날의 2대 황제 한혜제·漢惠帝)과 딸 노원공주(魯元公主)를 마차에서 밀어낸 비정하고 비겁한 아버지였다. 이처럼 결점이 많은 그가 어떻게 개국 황제가 되었을까. 중국 천하를 통일한 후 연회석에서 신하들에게 이런 질문을 했다.

"내가 천하를 쟁취하고 항우가 천하를 잃은 까닭은 무엇인지 경들의 솔직한 의견을 듣고 싶소."

고기(高起)와 왕릉(王陵)이 말했다.

"폐하께서는 오만하고 남을 업신여겼지만, 항우는 인자하고 남을 사랑했습니다. 하지만 폐하께서는 성읍을 공략하여 토지를 점령하면 그 지역을 공로를 세운 자들에게 나누어줌으로써 천하의 사람들과 함께 이익을 향유했습니다. 그런데 항우는 시기심이 많아 공로를 세운 자를 해치고 재능이 뛰어난 자를 의심했으며 싸움에 이겨 빼앗은 토지를 부하들에게 나누어주지도 않았습니다. 이것이 항우가 천하를 잃은 원인입니다."

틀린 말이 아니었다. 그런데 유방은 고개를 가로저으며 말했다.

"경들은 하나만 알고 둘은 모르는구려. 군영에서 전략과 작전을 수립하여 천리 밖에서 승패를 결정하는 일은 내가 장자방(張子房: 장량)만 못하오. 나라의 살림을 잘 꾸리고 백성들을 위로하며 군량을 때에 맞게 조달하고 보급로가 끊어지지 않게 하는 일은 내가 소하만 못하오. 백만 대군을 거느리고 싸우면 반드시 이기고 성읍을 공격하면 어김없이 점령하는 일은 내가 한신만 못하오. 이 세 사람은 모두 빼어난 인재들이오. 내가 그들을 활용할 수 있었기에 천하를 쟁취할 수 있었소. 하지만 항우는 뛰어난 책략가인 범증을 곁에 두고 있었는데도 그를 의심하고 활용하지 못했기 때문에 결국은 포로로 잡혀 죽은 것이오."

사람이 신이 아닌 이상, 혼자만의 힘으로 천하의 대권을 거머쥐는 자는 아무도 없다. 본인이 탁월한 능력과 지도력을 발휘해야 하는 것은 더 말할 나위가 없으며 다른 사람의 도움과 희생이 절대적으로 필요하다. 유방은 이 점을 정확하게 꿰뚫고 있었다. 자기보다 능력이 뛰어난 자들을 알아보고 적재적소에 중용하는 용인술이 그를 황제로 만든 결정적인 요인이 되었다.

유방은 또 충신들의 간언을 수용하는 능력이 대단히 뛰어났다. 그가 항우보다 먼저 진나라의 도성 함양의 아방궁을 점령했을 때 수많은 금은보화와 천하의 미녀들을 보고 넋이 나갔다. 시골 정장 출신이 하루아침에 진시황제가 남긴 아방궁을 차지했으니 얼마나 흥분했겠는가. 당장 미희들을 끼고 천하를 얻은 즐거움을 만끽하고 싶었다. 하지만 번쾌와 장량의 간언을 받아들이고 보물과 재화로 가득한 창고를 봉쇄한 후 패상으로 회군했다. 만약 이때 그가 아방궁에서 주지육림에 빠져 지냈다면 백성들의 마음을 얻지 못했을 것이다.

한나라 4년(기원전 203) 유방이 형양성에서 항우에게 포위당했을 때의 일이다. 한신이 제나라 땅을 평정한 후 유방에게 사자를 보내 말했다.

"제나라는 간교하여 배신을 밥 먹듯 합니다. 남쪽으로는 초나라와 국경을 접하고 있어서 언제, 어떻게 초나라와 연합하여 한나라를 공격할지 모릅니다. 임시로 왕을 세우고 진무하지 않으면 정세를 안정시키기 어렵습니다. 저를 제나라의 임시 왕으로 세워주소서."

한신은 유방의 주력군을 능가하는 병력을 보유하고 있었다. 자신의 힘으로 제나라를 평정한 후 제나라 왕으로 자립하고 싶었다. 형식상이나마 유방의 동의를 얻을 목적으로 사신을 보낸 것이다. 만약 유방이 거부하면 실력을 행사할 생각이었다. 유방은 자신이 곤경에 빠진 틈을 타서 한신이 구원하러 오기는커녕 딴 마음을 품고 있다는 생각에 분노가 치밀어 사자를 꾸짖었다.

"나는 여기서 심한 고초를 당하고 있다. 한신 장군이 밤낮을 가리지 않고 달려와 도와줄 것을 기대하고 있는데도 왕으로 자립하겠다는 말인가?"

장량과 진평이 유방에게 귓속말로 말했다.

"우리는 아직 불리한 입장에 있습니다. 한신 장군이 왕으로 자립하겠다고 나서면 막을 방법이 없습니다. 차라리 이번 기회에 그를 왕으로 책봉하여 제나라 땅을 잘 지키게 하는 것이 유리합니다. 그렇게 하지 않으면 변란이 일어날지도 모릅니다."

유방은 뇌 회전이 무척 빨랐다. 한술 더 떠서 사자에게 말했다.

"대장부가 제후들을 평정했으면 왕이 되는 법이다. 임시 왕은 격에 맞지 않는다. 한신 장군을 제나라 왕으로 책봉하겠다."

유방은 장량을 한신 군영으로 보내 한신을 제나라 왕으로 책봉했다.

한신은 유방의 배려에 감동하여 그를 구원하러 왔다. 유방은 장량과 진평의 계책을 받아들였기에 사지에서 탈출할 수 있었다.

유방이 황제로 등극한 후 어느 날 낙양 남궁의 구름다리 위에서 사방을 내려다보았다. 마침 한쪽에서 장수 몇 명이 모여앉아 대화하는 모습을 보고 장량에게 물어보았다.

"지금 저들은 무슨 얘기를 나누고 있는가?"

장량이 대답했다.

"저들은 모반을 꾀하고 있습니다."

한고조가 깜짝 놀라 말했다.

"천하가 이제 막 안정되었는데 무슨 까닭으로 모반을 획책하려고 한단 말인가?"

"폐하께서는 평민의 신분으로 일어나 저들에게 의지하여 천하를 차지했습니다. 그런데 소하나 조참 같은 옛 친구들만 열후로 책봉하고 은혜를 베푼 반면에 평소에 원한이 있었던 자들은 모두 죽였습니다. 지금 천하의 땅을 다 차지했는데도 공훈을 세운 자들에게 골고루 나누어주기에 부족하다고 합니다. 저들은 폐하의 은혜를 입지 못하고 오히려 의심을 받아 죽게 되지 않을까 두려워하여 모반을 꾀하는 것입니다."

한고조는 이미 공신들에게 포상을 했는데 아직도 불만을 품은 장수들이 있다는 얘기를 듣고 아연실색했다.

"그러면 내가 어떻게 하면 좋겠는가?"

"폐하께서 가장 미워하는 신하가 누구인지요?"

"예전에 옹치(雍齒), 그 놈이 나를 곤경에 빠뜨린 적이 한두 번이 아니었소. 그 놈을 죽이려고 했으나 그의 공적이 많기 때문에 차마 죽이지 못하고 참고 있소."

"그렇다면 지금 당장 옹치를 후(侯)로 책봉하십시오. 아직 책봉되지 못한 장수들이 옹치가 후로 책봉된 사실을 알면 자기들도 조만간에 폐하의 은총을 입으리라고 생각하고 크게 안심할 것입니다."

반대파를 처단하지 않고 오히려 우대하여 정국의 안정을 도모해야 한다는 장량의 놀라운 정치적 식견이다. 한고조는 즉시 옹치를 십방후(什方侯)로 책봉했다. 그가 장량의 충고를 받아들였기에 공신 책봉을 둘러싼 갈등이 일시에 해소되었다. 한나라의 건국 과정에서 공적을 인정받아 후(侯)로 책봉된 개국 공신이 143명이다. 그들 가운데 소하 등 18명은 한고조가 친히 선정했다.

한고조는 민심의 본질을 꿰뚫고 있었다. '이민위천(以民爲天: 백성을 하늘로 섬긴다)' 사상을 기본으로 삼고, '민이식위천(民以食爲天: 백성은 먹는 것을 하늘로 삼는다)'의 현실적 문제를 해결하고자 노력했다. 성읍을 점령할 때마다 장졸들에게 백성들의 가산은 털끝 하나 건드리지 못하게 했으며 관부의 창고에 비축된 양식을 기아에 허덕이고 있는 사람들에게 나누어주었다. 진나라 때의 잔혹한 형벌을 폐지하고 지역 원로들을 우대하며 노약자와 아녀자를 보호하는 일도 그의 주요 업무였다. 물론 그의 이러한 일련의 백성에 대한 어진 정치는 장량, 진평 등 책사들의 충고와 건의에서 나왔지만, 그가 기민하게 대처했기 때문에 가능했다.

한고조는 감성이 풍부하고 인정이 많았을 뿐만 아니라 인간적인 매력도 철철 넘치는 사람이었다. 사수의 정장 시절에 죄수들을 여산까지 압송하는 임무를 맡았을 때 그들에게 도망가라고 종용한 일이 있었다. 측은지심이 없었다면 불가능한 일이었을 것이다. 그에게 인간적인 매력이 없었다면 어찌 죄수들 대부분이 그와 생사고락을 함께 하겠다고 맹세했겠는가.

소하, 장량, 진평, 한신, 팽월 등 유방을 황제로 만든 책사, 장수들은 출신 성분이나 학식 또는 능력 면에서 한고조보다 뛰어났지만, 철이 자석에 자연스럽게 끌리듯 한고조에게 매료되어 부하가 되었다. 후대의 호사가들은 천자의 자질을 타고난 한고조가 어떠한 고난을 겪어도 결국 천명에 따라 황제가 될 수밖에 없었다고 주장하기도 했다. 서양에서 말하는 '왕권신수설(王權神授說)'과 비슷한 논리이다.

훗날 한고조 유방은 중국 황제의 표본이 되었다. 용인술, 리더십, 포용력 등에서 탁월한 능력을 발휘하고 어진 덕과 애민 사상을 가지고 있으면서 인간적인 매력을 물씬 풍기는 사람이라면, 학식이 부족하고 귀족 출신이 아니더라도 천하의 주인이 될 수 있다는 당위성을 천명사상(天命思想)으로 포장했다. 중국 역사에서 지식인은 책사로서 언제나 천명에 의해 황제가 될 수밖에 없는 운명을 타고난 한고조 유방과 같은 영웅을 보필하는 역할을 충실히 수행했을 뿐 결코 그 자신이 천하의 대권을 차지하려고 하지 않았다. 그래서 건달, 걸식 승려 출신의 황제는 있을지언정 지식인 출신의 황제는 한 명도 없었다.

제2장 | 한혜제 유영

한혜제 유영

1. 성장 과정과 황위 계승

2대 황제 한혜제(漢惠帝) 유영(劉盈·기원전 210~기원전 188)은 한고조 유방의 8명의 아들 가운데 둘째아들로 태어났다. 생모는 유방의 적처 여치(呂雉)이다. 유방과 여치가 어떻게 부부의 인연을 맺게 되었는지는 앞 장에서 설명한 바와 같다.

유방의 장남은 유비(劉肥·?~기원전 189)이다. 그는 유방이 정부(情婦) 조씨(曹氏)와 사통하여 낳은 서자이다. 적자(嫡子)와 서자(庶子)의 구별이 엄격했던 시대에 서장자(庶長子) 유비는 애당초부터 황위 계승자가 될 수 없었다. 당연하게도 유영이 적장자(嫡長子)의 신분으로서 황위 계승의 영순위였다. 유방은 한나라를 건국한 후에 유비를 제나라 왕으로 책봉했다.

유영은 어렸을 적에 아버지 유방이 반란을 일으켜 이곳저곳을 떠돌아다녔기 때문에 언제 죽을지 모르는 운명이었다. 여치는 고향 패현에서 시

부모와 자식의 목숨을 지키기 위해 모진 고생을 했다. 유영은 아버지와는 다르게 천성이 지나치게 선량하고 유약했다. 유방이 어쩌다가 집에 들러 자기를 조금도 닮지 않은 아들을 볼 때면 걱정이 이만저만이 아니었다.

한나라 2년(기원전 205) 4월 유방이 팽성(彭城)에서 항우에게 대패하여 마차를 타고 달아나는 도중에 유영과 딸 노원공주를 우연히 만났다. 두 어린 자식도 전란에 쫓겨 정처 없이 떠돌아다니는 중이었다. 유방의 부하 장수 하후영(夏侯嬰)이 황급히 두 사람을 마차에 태웠다. 유방은 초나라 병사들의 추격을 따돌리고자 마차를 최대한 빨리 몰게 했으나 자식들과 동승했기 때문에 좀처럼 속도가 나지 않았다. 자기만 살겠다고 어린 자식들에게 발길질하여 마차 밖으로 여러 번 밀어내었다. 그럴 때마다 하후영이 그들을 다시 마차에 태웠다. 유방은 분노하여 하후영을 죽이고 싶었으나 사지에서 빠져나온 후에야 그를 용서했다. 만약 이때 하후영의 목숨을 건 구조가 없었다면 2대 황제 유영과 노원공주는 비참하게 죽었을 것이다. 훗날 하후영이 여태후가 개국 공신들에게 피의 숙청을 단행할 때에도 승승장구할 수 있었던 배경에는 이런 사연이 있었던 것이다.

한나라 5년(기원전 202) 1월 유방이 황제로 즉위한 직후에 조강지처 여치가 황후로 책봉되고, 적장자 유영이 태자로 책봉되었다. 지극히 합당한 결정이었다. 더구나 여치는 남편 못지않은 강인한 권력 의지와 냉철한 판단력을 가진 여걸이었다. 그녀가 막후에서 남편의 권력 장악을 위해 헌신한 덕분에 유방은 황제로 등극할 수 있었다.

그런데 유방에게는 한왕(漢王) 시절에 소첩으로 삼은 젊고 아름다운 척부인(戚夫人)이 있었다. 그녀는 빼어난 미모와 간드러진 웃음소리로 유방의 애간장을 녹였다. 더구나 초나라의 가무와 악기에도 능통하여 그의 총애를 독차지했다. 한나라 2년(기원전 205) 유방이 항우와 쫓고 쫓기는 싸움을 벌일 때 척부인이 유방의 셋째아들 유여의(劉如意 · 기원전 205~기원전 194)를 낳았다.

　유방은 황제로 즉위한 후에는 자신과 함께 모진 풍파를 겪은 여후(呂后)를 점차 멀리했다. 반면에 척부인을 하루라도 만나지 못하면 안달이 날 정도로 그녀에게 매료되었다. 첩을 사랑하면 그 첩이 낳은 아들도 사랑을 받게 마련이다. 한고조는 두 모자를 유독 총애했다. 여후는 눈에 살기의 핏발이 섰지만 남편이 그토록 애지중지하는 척부인을 제거할 수는 없었다. 척부인은 한고조를 '사랑의 노예'로 만든 이상 두려울 게 없었다. 언젠가는 친아들 유여의를 황제로 만들고 자신은 황태후가 되겠다는 야심을 품었다.

　한고조 7년(기원전 200) 유여의는 대왕(代王)으로 책봉되었다. 한고조 9년(기원전 198) 조왕(趙王) 장오(張敖)가 조나라 승상 관고(貫高)의 모반 사건에 연루되었다. 얼마 후 그는 혐의를 벗었으나 선평후(宣平侯)로 강등된 일이 있었다. 한고조는 즉시 유여의를 조왕으로 책봉하고 장안에 머물게 했다. 유여의의 나이 7세 때였다.

　척부인은 매일 밤낮을 가리지 않고 한고조에게 유여의를 태자로 책봉해달라고 울면서 호소했다. 유여의를 태자로 책봉하려면 태자 유영을 폐위해야 하는 엄청난 정치적 파장을 겪어야 했다. 한고조는 평소에 태자 유영이 자신을 닮지 않아 나약하기 그지없다고 생각했다. 반면에 조왕 유여의는 자신을 쏙 빼닮았다고 신하들에게 자랑한 적이 한두 번이 아니었다. 척부인은 한고조를 조금만 더 설득하면 친아들을 태자로 책봉할 수 있다고 확신했다. 한고조의 마음은 갈대처럼 흔들리기 시작했다.

　한고조 10년(기원전 197) 마침내 한고조는 대신들에게 태자 폐위 문제를 상의하게 했다. 대신들 대부분은 마음속으로는 반대했지만 감히 나서서 직언하지 못했다. 어사대부 주창(周昌)은 성격이 강직하고 직언을 서슴지 않는 충신이었다. 소하, 조참 등 개국 공신마저도 그의 강직한 성품에 경외감을 품고 있었다.

이런 일화가 있다. 어느 날 주창은 상주문을 아뢰고자 대전(大殿)으로 들어갔다. 마침 한고조와 척부인은 서로 껴안고 음란한 짓을 하고 있었다. 그 모습을 본 주창은 불쾌한 표정을 지으며 대전 밖으로 나가버렸다. 당황한 한고조가 쫓아와 그의 목을 발로 누르고 말했다.

"너는 짐이 어떤 황제라고 생각하느냐?"

주창은 고개를 꼿꼿이 들고 말했다.

"폐하는 걸주(桀紂)와 같은 폭군입니다."

하나라의 걸임금과 상나라의 주임금은 나라를 망친 폭군의 상징이다. 뜻밖에도 한고조는 호탕하게 웃으며 물러났다. 그의 도량이 넓지 않았다면 주창은 능지처참의 형벌을 면하지 못했을 것이다. 이번에는 태자 폐위 문제를 놓고 주창이 한고조에게 격렬하게 항의했다. 주창은 흥분하거나 분노하면 말을 심하게 더듬는 결점이 있었다.

"폐하께서 태자를 폐위하는 행위는 절대 안 되고 ……, 신은 절대 어명을 따르지 않겠으며 ……."

한고조는 주창이 분기탱천하여 말을 심하게 더듬는 모습을 보고 웃음이 터져 나왔다. 태자 폐위 여부는 더 이상 거론하지 않겠다고 약속했다. 그때 여후가 옆방에서 두 사람의 대화를 몰래 엿듣고 있었다. 얼마 후 주창을 만났을 때 예의를 갖추고 절을 하며 감사의 말을 했다.

"경(卿)이 법도에 근거하여 목숨을 걸고 폐하와 논쟁을 벌이지 않았다면, 태자가 하마터면 폐위될 뻔했습니다."

하지만 한고조는 척부인을 만나고 나면 또 생각이 바뀌었다. 여후는 남편을 만나 따지고 싶었으나 한고조는 그녀를 회피했다. 그녀는 매일 불안하고 초조한 마음을 떨칠 수 없었다. 어떤 사람이 그녀에게 한고조가 가장 신임하는 유후(留侯) 장량(張良)이라면 활로를 찾아줄 거라고 말했다. 당시 장량은 도성 장안을 떠나 천하를 주유하고 있었다. 여후는 친오빠 건성후(建成侯) 여석지(呂釋之)에게 장량을 찾아 계책을 묻게 했다. 여석지는 수소문 끝에 장량을 만나 말했다.

"당신은 폐하가 총애하는 모신(謀臣)이 아닌가요. 지금 폐하께서 태자를 바꾸려고 하는데 당신은 어찌하여 모른 척하고 편안하게 유람이나 다니고 있소?"

장량이 말했다.

"예전에 황제께서 위급한 상황에 처할 때마다 저의 계책을 받아들였지요. 하지만 지금은 천하가 안정된 상황에서 황제께서 조왕을 편애하여 태자를 바꾸려고 합니다. 이는 유씨 황실 골육 간의 일이 아니겠습니까. 신하 100여 명이 반대해도 소용이 없는데 어찌 나 혼자 무엇을 할 수 있겠습니까?"

황제 집안의 일은 황제가 알아서 결정하는 것이지, 신하가 이러쿵저러쿵 간섭할 수 없다는 얘기였다. 하지만 여석지는 그에게 계책을 세워달라고 거듭 간청했다. 장량은 그에게 '상산사호(商山四皓)'를 추천했다. 상산사호란 동원공(東園公) 당병(唐秉), 하황공(夏黃公) 최광(崔廣), 기리계(綺里季) 오실(吳實), 녹리선생(甪里先生) 주술(周術)을 가리킨다.

원래 이 네 사람은 진시황제 시대에 학식이 높은 박사관(博士官)이었다. 분서갱유를 피해 상산(商山)에서 은거하며 학문에 몰두하면서 제자들을 양성했다. 모두 나이 80세를 넘긴 원로였는데 그들의 명성이 민간에 자자했다. 예전에 한고조가 그들에게 고위 관작을 하사하여 장안으로 불러들이고 싶었으나 거절을 당한 일이 있었다. 한고조마저도 그들을 마음대로 할 수 없을 정도로 그들의 명망이 높았다.

장량은 여석지에게 태자의 명의로 상산사호를 장안으로 극진하게 모시고 갈 수 있으면 반드시 태자에게 큰 도움이 될 수 있을 거라고 말했다. 여석지는 장량의 계책을 여후에게 보고했다. 여후는 즉시 태자에게 서신을 쓰게 했을 뿐만 아니라 많은 금옥과 비단도 상산사호에게 보내게 했다. 얼마 후 상산사호는 호화로운 마차를 타고 장안으로 와서 여석지가 마련한 대저택에 머무르게 되었다.

한고조 11년(기원전 196) 회남왕 영포가 반란을 일으켰다. 마침 한고조는 병에 걸려 태자 유영에게 장졸들을 이끌고 가서 영포를 토벌하게 할 생각이었다. 상산사호는 여석지를 만나 황제께서 태자를 폐위할 생각을 아직도 포기하고 있지 않는데도 양처럼 순한 태자가 늑대처럼 사나운 장수들을 친히 거느리고 토벌에 나서는 것은 태자에게 지극히 위험한 일이라고 말했다. 민약 태자기 토벌에 실패하면 황제가 그에게 책임을 물어 그를 폐위할지 모른다는 걱정스러운 심경을 토로했다.

여석지를 통해 상산사호의 말을 전해들은 여후는 한고조를 만나 눈물로 호소했다. 오로지 황상만이 영포의 반란을 진압할 수 있으므로 유씨 천하를 위해 친히 토벌해야 한다고 말했다. 한고조가 말했다.

"짐도 심성이 유약한 태자가 과연 장졸들을 제대로 거느릴 수 있을까 우려하고 있소. 좋소, 짐이 친정하겠소."

상산사호 덕분에 태자는 또 위기를 모면했다. 한고조가 동쪽으로 토벌을 떠난 동안 태자는 관중 지방에서 군대를 통솔하는 일을 맡았다. 한고조는 숙손통(叔孫通)에게는 태자태부, 장량에게는 태자소부 벼슬을 내리고 태자를 보필하게 했다.

한고조는 영포의 반란을 진압하고 장안으로 돌아왔지만 병세가 더욱 악화되었다. 살날이 얼마 남지 않음을 직감한 그는 하루라도 빨리 태자를 폐위하고 자신을 닮은 조왕 유비를 새로운 태자로 책봉하고 싶었다. 장량과 숙손통이 목숨을 걸고 반대했지만 황제의 뜻을 꺾을 수 없었다.

어느 날 한고조가 연회를 열었을 때 태자 유영이 그를 모시게 되었다. 상산사호가 태자를 수행했다. 한고조는 수염과 눈썹이 희고 신선처럼 생긴 네 노인을 보고 깜작 놀랐다. 그들이 상산사호임을 알고 말했다.

"짐은 오랫동안 그대들을 찾아 초청하고 싶었는데 그대들은 산속으로 숨어들어가 응하지 않았소. 그런데 지금은 무슨 연유로 태자의 곁에 있는가?"

상산사호가 대답했다.

"폐하께서는 선비를 멸시하고 툭하면 선비에게 욕을 하지 않으셨습니까? 저희들은 의리를 지키고 모욕을 당하고 싶지 않았으므로 은거할 수밖에 없었습니다. 하지만 태자는 인품이 고결하고 인자하며 또 효성이 지극하고 선비를 공경하는데도 태자를 위해 희생하려는 자가 없다고 들었습니다. 그래서 저희들이 태자를 돕고자 이렇게 온 것입니다."

한고조는 비로소 대오각성하고 그들에게 당부했다.

"짐이 그대들을 힘들게 했구려. 아무쪼록 그대들이 태자를 잘 보필해 주기 바라오."

태자 유영의 지위가 확고해지는 순간이었다. 한고조는 태자를 폐위하려는 생각을 완전히 접었다. 애첩 척부인과 조왕 유비는 결코 여후의 적수가 될 수 없었다. 그는 척부인을 위로하기 위하여 친히 초나라 노래 「홍곡가(鴻鵠歌)」를 불렀다.

큰 고니 높이 비상하는데	鴻鵠高飛
한 번에 천리를 나는구나	一擧千里
날개가 다 자라났으니	羽翼以就
온 세상을 날 수 있구나	橫絶四海
온 세상을 날 수 있으니	橫絶四海
그대는 달리 방법이 없네	又可奈何
화살이 있다한들	雖有繒繳
어찌 쏠 수 있겠는가	尚安所施

태자 유영이 이미 큰 고니처럼 사해(四海)를 종횡하는 황제의 재목으로 성장했으므로 척부인이 아무리 그를 제거하려고 해도 소용없는 일이라는 의미이다. 척부인은 한고조의 노랫가락에 맞추어 눈물을 흘리면서 춤을 추었다.

한고조 12년(기원전 195) 4월 한고조 유방은 파란만장한 삶을 마감했다. 마침내 태자 유영이 16세의 나이에 2대 황제로 등극했다. 그가 한혜제이다. 유영의 생모 여후는 중국 역사상 최초로 황태후로 추대되었다.

2. 여태후가 척부인과 조왕 유여의를 살해하다

한고조는 인생 말년에 이르러 자기가 세상을 떠나면 척부인과 조왕 유여의가 살해당하지 않을까 노심초사했다. 어느 날 그는 울적한 기분에 사로잡혀 연이어 슬픈 노래를 불렀다. 대신들은 황제가 왜 그렇게 슬픔에 잠겨있는지 알지 못한 채 전전긍긍했다. 강읍후(江邑侯) 조요(趙堯)만이 그의 마음을 헤아리고 조심스럽게 물어보았다.

"조왕이 나이가 어리고 황후와 척부인이 화목하게 지내지 못함을 폐하께서 근심하고 있는지요. 더불어 폐하께서 천수를 누리신 후에 조왕이 자신을 지키지 못하지 않을까, 우려하고 있는지요?"

한고조가 대답했다.

"그렇소. 짐은 근심하고 있지만 어떻게 해야 할지 모르겠소."

조요가 말했다.

"폐하께서 신분이 높고 성품이 강직하며 능력이 뛰어난 대신을 조나라 승상으로 보내 조왕을 보필하게 해야 합니다. 황후와 태자 그리고 신하

들이 모두 평소에 공경하면서 두려워하는 대신이어야 합니다. 그렇게 하
면 누구도 감히 조왕을 해치지 못할 것입니다."

어사대부 주창이 적임자였다. 한고조는 즉시 그를 조나라 승상으로
보내 조왕 유여의를 보좌하게 했다. 그런데도 여전히 불안한 마음을 떨칠
수가 없었던 한고조는 태자에게 황제로 등극하면 척부인과 유여의를 보
살펴야 한다고 신신당부했다. 태자는 눈물을 흘리며 두 사람을 진심으로
모시겠다고 맹세했다.

한고조의 병세가 날로 악화되었다. 황제가 붕어하면 좌승상 번쾌와
여후가 권력을 장악하고 척부인과 유여의를 살해할 음모를 꾸미고 있다
는 소문이 한고조의 귀에 들어왔다. 번쾌야말로 한고조의 진정한 충신이
자, 의리의 화신이 아닌가. 더구나 번쾌의 아내는 여후의 여동생 여수(呂
婆)였으므로 번쾌와 한고조는 동서지간이었다. 그럼에도 불구하고 한고조
는 여후가 번쾌와 작당하고 있다고 오해하여 진평에게 번쾌를 죽이게 했
다. 그가 세상을 떠나기 전에 얼마나 척부인과 유여의의 안전을 걱정했는
지 짐작할 수 있다. 하지만 한고조가 먼저 세상을 떠나는 바람에 유야무
야되었다.

한혜제는 모후 여태후가 만든 '작품'이었다. 온갖 우여곡절 끝에 황제
로 등극했지만 성품이 지나치게 선량하고 권력 의지가 약했을 뿐만 아니
라 나이도 어렸으므로 혼자의 힘으로 한나라 천하를 다스리기에는 역부
족이었다. 여대후가 전면에 나섰다. 무소불위의 권력을 행사했던 남편은
이미 저 세상 사람이 되었고, 자신이 친아들을 황제로 추대했으니 그녀
의 앞길을 가로막을 사람은 아무도 없었다. 더구나 그녀는 남편보다 권
력욕이 강하여 여자 황제를 꿈꾼 여걸 중의 여걸이었다. 정치적 수완과
모략을 꾸미는 일에도 대단히 뛰어나 한때 유방조차도 두려워했던 회음

후 한신을 장안의 장락궁으로 유인했다. '병가의 신(神)'이라는 극찬을 받았던 한신은 여태후에게 속은 한을 품은 채 허리가 잘리는 형벌을 당하고 죽었다.

여태후가 가장 증오한 인물은 당연하게도 남편의 사랑을 빼앗아 간 척부인과 조왕 유여의였다. 두 사람을 씹어 먹어도 시원치 않을 정도로 원한이 뼛속까지 사무쳤다. 먼저 척부인을 영항(永巷: 죄를 지은 비빈들을 가두어 놓은 궁실)에 감금하고 노비로 부렸다. 척부인은 언제 죽을지 모르는 신세를 한탄하며 용가(春歌)를 불렀다.

아들은 왕이 되었는데	子爲王
어미는 노비가 되었네	母爲虜
하루 종일 해 저물 때까지 쌀을 찧으면서	終日春薄暮
언제나 죽음의 공포에 시달리고 있다네	常與死爲伍
우리 모자 서로 삼천리 밖에 떨어져 있으니	相離三千里
누가 아들에게 어미의 처지를 알릴 수 있을까	當誰使告女

척부인은 아들 조왕이 자신을 구하러 오기를 간절히 바랐지만 부질없는 희망임을 깨닫고 더욱 비통했다. 여태후는 사자를 조나라의 도성 한단(邯鄲)으로 보내 조왕 유여의를 장안으로 불러들이게 했다. 승상 주창이 사자에게 말했다.

"고황제께서 나이 어린 조왕을 나에게 맡겼소. 태후께서 척부인을 증오하여 조왕을 소환하여 함께 죽이려고 한다는 얘기를 들었소. 나는 고황제의 유지를 받든 몸이오. 결코 조왕을 장안으로 보낼 수 없소. 더구나 조왕은 병이 들어 길을 나설 수 없소."

여태후는 주창의 말을 전해 듣고 분노했다. 먼저 주창을 소환하고 난 후 다시 조왕을 불러들이게 했다. 주창은 여태후를 배알하고 한고조의 유지를 밝혔지만 그녀의 마음을 돌릴 수 없었다. 얼마 후 조왕은 입조하는 수밖에 없었다. 한혜제는 이복동생 조왕이 장안으로 오고 있다는 얘기를 듣고 친히 패상(霸上)으로 가서 조왕을 영접한 후 함께 환궁했다. 그는 진작부터 생모 여태후가 조왕을 죽이려고 한다는 것을 알고 있었다. 조왕을 보호하기 위하여 함께 기거했다. 함께 잠자리에 들 때면 호위병들에게 침전을 물샐틈없이 지키게 했으며, 음식을 먹을 때면 똑같은 음식을 먹었다. 여태후가 그를 죽일 틈을 주지 않기 위해서였다.

한혜제 원년(기원전 194) 12월 한혜제가 아침 일찍 수렵을 나갔다. 여태후는 조왕이 나이가 어려 일찍 일어나지 못해 황제를 따라가지 않았다는 사실을 알고 그를 독살하게 했다. 한혜제가 수렵을 마치고 돌아와 보니 조왕은 이미 싸늘한 시체로 변해 있었다.

다음은 척부인 차례였다. 여태후는 척부인의 사지를 절단하고 눈알을 파냈으며 귀를 불로 지지고 벙어리로 만드는 약을 먹여서 돼지우리에 처넣었다. 그리고 그녀를 '인체(人彘)'라고 부르게 했는데 '사람돼지'라는 뜻이다. 며칠 후 여태후는 한혜제에게 사람돼지를 보게 했다. 한혜제는 그것이 척부인임을 알고 대성통곡했다. 어머니의 상상을 초월하는 잔인한 만행에 충격을 받아 혼절했다. 얼마 후 겨우 깨어났지만 정신 이상 증세가 나타나기 시작했다. 정신적 충격이 얼마나 심했던지 병을 얻어 1년 여 동안 병석에서 일어나지 못했다. 어머니에게 환관을 보내 말했다.

"이는 사람이 할 수 있는 일이 아닙니다. 나는 태후의 아들로서 천하를 다스릴 수 없습니다."

한혜제는 일체의 통치 활동을 중지하고 매일 술을 마시고 음락에 빠져 지냈다. 여태후는 아들의 병세가 심각해져 가는데도 아들을 방치하고 자신의 권력 강화에만 몰두했다. 훗날 주창은 조왕 유여의를 지키지 못한 죄책감에 시달리다가 죽었다.

한혜제 2년(기원전 193) 10월 제나라 왕 유비가 황제를 배알하러 장안으로 갔다. 유비는 한고조의 서장자이자 한혜제의 이복형이다. 한혜제는 여태후를 모시고 유비의 입조를 환영하는 연회를 열었다. 어쨌든 유비가 형이었으므로 일반 백성의 관습에 따라 그에게 상석을 양보했다. 그 모습을 지켜 본 여태후가 진노했다. 연회석상에서 은밀히 독이 든 술잔으로 유비를 독살하려고 했다. 한혜제는 얼른 유비 앞에 놓인 술잔을 들어 마시려고 했다. 여태후가 깜작 놀라 황급히 손으로 술잔을 엎었다.

연회가 끝난 후 유비는 여태후가 자기를 죽이려는 음모를 꾸미고 있다는 사실을 알고 공포에 떨었다. 여태후의 환심을 사지 않으면 언제 피살될지 모르는 운명이었다. 제나라의 내사(內史) 사(士)가 유비에게 말했다.

"태후께서는 황제와 노원공주만을 낳았습니다. 지금 대왕께서는 성읍 70여 개를 가지고 있지만 노원공주는 몇 개뿐입니다. 대왕께서 제나라의 군(郡) 한 개를 태후에게 바쳐 노원공주의 탕목읍(湯沐邑)으로 삼게 하면 태후께서 기뻐할 것입니다. 그러면 대왕께서도 무사히 제나라로 돌아갈 수 있을 것입니다."

탕목읍이란 천자가 제후, 황후, 공주 등 책봉을 받은 자들에게 목욕과 거주 비용으로 사용하라고 특별히 하사한 사읍(私邑)이다. 사읍을 하사받은 자는 그곳에서 거두어들인 조세를 조정에 보내지 않고 개인 용도로 마음대로 쓸 수 있다. 식읍(食邑)과 비슷한 제도이다. 유비가 내사 사의 계책대로 하자 여태후는 크게 기뻐하고 유비를 제나라로 돌아가게 했다.

3. 우울증에 시달리다가 재위 7년 만에 요절하다

한혜제 7년(기원전 188) 한혜제는 23세의 나이에 요절했다. 어머니에 대한 분노와 두려움이 심약한 그를 폐인으로 만들었다. 그는 재위 7년 동안 별다른 업적을 남기지 못했다. 다만 집권 초기에 소하, 조참 등 승상들의 보필을 받고 어느 정도 정국의 안정을 이루었다. 한혜제 4년(기원전 191) 협서율(挾書律)을 폐지하고, 다음 해에 웅장하고 화려한 장안성을 완공한 일은 어쨌든 그의 통치 기간에 있었다. 협서율이란 진시황제 시대에 분서(焚書)를 단행할 때 관부에서 서적을 소장하는 것 이외에는 민간에서 어떤 서적도 소유하지 못하게 하는 법령이다. 한나라 초기에 이 악법이 폐지됨으로써 어느 정도 지식인들에게 자유롭게 독서하고 글을 쓸 수 있는 자유를 보장해주었다. 아울러 공맹(孔孟)의 유가 사상이 한나라의 통치 이념으로 자리매김할 수 있게 했다.

여태후는 친아들이 죽었는데도 장례 절차상 형식적으로 곡소리만 낼 뿐 눈물을 흘리며 비통해하지 않았다. 사실 친아들의 영구 앞에서 그녀의 심정은 착잡했다. 더 이상 후계자로 내세울 친아들이 없었기 때문이다. 노회한 대신들을 통제하고 각 지역 유씨 왕들의 반란을 막으려면 여씨 일족을 중용하는 수밖에 없었다. 장량의 아들이자 시중 장벽강(張辟强)은 나이가 15세에 불과했지만 아버지를 닮아서인지 권력의 향배에 동물적 감각을 가지고 있었다.

'냉혹한 여태후가 친아들이 죽었는데도 비통해하지 않는 이유가 무엇

일까. 권력을 장악하기 위하여 은밀히 여씨 일족을 끌어들이고 있을 것이다. 그렇다면 조만간에 피바람이 몰아치지 않겠는가.'

장벽강은 어차피 여태후의 천하가 될 바에야 하루빨리 그녀에게 자발적으로 아부하는 것이 부귀영화를 누리는 길이라고 생각했다. 승상 진평을 만나 이런 대화를 나누었다.

"황후께서는 한 명뿐인 친아들이 세상을 떠났는데도 비통해하지 않는 이유를 승상은 알고 계십니까?"

"모르겠네."

"황제께서는 장성한 아들이 없이 붕어했습니다. 태후께서는 황위를 계승할 친아들이 없으므로 원로 대신들이 딴마음을 품지 않을까 걱정하고 있습니다. 여태(呂台), 여산(呂産), 여록(呂祿) 등을 장수로 임명하여 황궁의 남북 금위군을 거느리게 하고 또 여씨 일족을 모두 황궁으로 불러들여 조정의 권력을 장악하라고 태후에게 건의하기 바랍니다. 그렇게 하면 태후께서 크게 기뻐할 것이며, 원로 대신들도 멸족을 당하는 불행을 피할 수 있을 것입니다."

장벽강의 말에 공감한 진평은 여태후에게 여씨들을 중용해야 한다고 아뢰었다. 여태후는 그의 충정을 치하하고 비로소 한혜제의 영정 앞에서 눈물을 흘렸다. 이때부터 조정의 모든 권력과 명령은 여태후로부터 나왔으며, 한나라는 점차 그녀의 천하가 되기 시작했다.

4. 여태후가 유씨 왕족을 죽이고 여씨 천하를 이룩하다

한혜제 유영의 황후는 장언(張嫣)이다. 그녀는 선평후(宣平侯) 장오(張敖)와 여태후의 친딸인 노원공주(魯元公主) 사이에서 태어났다. 그녀에게 한혜제는 외삼촌, 여태후는 외할머니가 된다. 그녀의 나이 11세 때 외할머니의 뜻에 따라 외삼촌의 아내가 되었다. 고대 왕조 시대에 동서양을 막론하고 근친혼은 흔한 일이었다. 여태후는 장언이 한혜제의 아들을 낳아주기를 간절히 바랐다.

하지만 장언은 끝내 아들을 낳지 못했다. 여태후는 은밀히 씨받이로 쓸 궁녀 한 명을 골라 한혜제와 잠자리를 함께 하게 했다. 그 후 궁녀가 낳은 아들을 장언이 낳은 아들로 속이고 비밀리에 궁녀를 살해했다. 그 궁녀가 낳은 아들이 전한의 전소제(前少帝) 유공(劉恭·?~기원전 184)이다. 그는 여태후에 의해 태자로 책봉되었으며 한혜제가 붕어한 직후에 황제로 추대되었다.

전소제는 여태후가 만든 꼭두각시 황제였다. 여태후는 전소제가 너무 어리다는 이유를 들어 임조칭제(臨朝稱制)했다. 임조칭제란 황제가 너무 어리거나 또는 다른 이유로 국가를 다스릴 수 없을 때 황태후가 황제를 대신하여 조회(朝會)에 임석하여 황제의 명령을 대신하는 제(制)를 칭한다는 뜻이다. 수렴청정(垂簾聽政)과 표현은 다르지만 의미는 같다.

한고후(漢高后) 원년(기원전 187) 여태후는 임조칭제를 시작하자마자 조정 중신들을 소집하여 여씨를 왕으로 책봉하는 일을 의논하게 했다. 우승상 왕릉(王陵)이 말했다.

"옛날에 고황제와 대신들이 '유씨(劉氏)가 아닌데도 왕을 참칭하는 자가 있으면 천하의 모든 사람들이 그를 토벌한다.'고 맹세했습니다. 지금 여

제2장 | 한혜제 유영

101

씨를 왕으로 책봉하면 이는 고황제의 성지를 위반하는 행위입니다."

여태후가 불쾌한 표정을 짓자 우승상 진평과 강후(絳侯) 주발이 나섰다.

"고황제께서는 천하를 평정한 직후에 천하의 안정을 위하여 불가피하게 유씨의 자제를 왕으로 책봉했을 뿐입니다. 그런데 지금은 태후께서 천자를 대신하여 천하를 다스리고 있으므로 여씨 형제를 왕으로 책봉해도 문제될 것이 없다고 생각합니다."

여태후가 기쁨을 감추지 못하고 퇴청하자 왕릉이 분개하여 진평과 주발을 나무랐다.

"고황제와 대신들이 백마를 죽이고 피로써 맹약을 맺었을 당시에, 당신들도 참여하지 않았는가. 고황제께서 붕어하신 후 권력을 장악한 태후가 여씨 일족을 왕으로 책봉하고자 하는데 당신들은 반대는커녕 오히려 태후에게 아부하여 맹약을 저버리고 있소. 장차 죽은 후에 지하에서 고황제를 무슨 면목으로 배알할 수 있겠는가?"

진평과 주발이 조용히 말했다.

"지금 조정에서 이치를 따지고 논쟁을 벌이는 일은 우리가 당신만 못하오. 하지만 한나라의 종묘사직을 보존하고 유씨 후손의 안정을 담보하는 일은 당신이 우리만 못하오."

두 사람은 이미 권력을 장악한 여태후를 지지해야 현실적으로 천하

대란이 일어나는 비극을 막고 유씨 종실을 지킬 수 있다고 강변했다. 자기들의 변절 행위를 그럴듯하게 넘기려는 견강부회일 뿐이었다. 왕릉은 그들의 억지 주장에 말문을 닫았다. 여태후는 왕릉을 황제의 태부(太傅)로 임명하고 우승상의 실권을 박탈했다. 왕릉은 개국 공신들마저도 여태후에게 순종하는 모습을 보고 한탄했다. 얼마 후 병을 핑계로 사직하고 낙향했다.

여태후는 벽양후(辟陽侯) 심이기(審食其)를 좌승상으로 중용했다. 원래 심이기는 여태후가 항우에게 인질로 잡혔을 때 목숨을 걸고 그녀를 보살핀 가신이었다. 그는 여태후의 총애를 업고 조정에서 전권을 행사했다. 여태후의 뜻에 조금이라도 어긋나는 행동을 하는 신하는 가차 없이 처벌되었다.

여태후는 이미 세상을 떠난 아버지 여문(呂文)은 여선왕(呂宣王), 큰오빠 여택(呂澤)은 도무왕(悼武王), 작은오빠 여석지(呂釋之)는 조소왕(趙昭王)으로 추존(追尊)한 일부터 시작하여 본격적으로 여씨 친인척을 왕후로 책봉했다.

여태후의 여동생이자 번쾌의 아내 여수(呂嬃)는 임광후(臨光侯), 여택의 장남 여태(呂台)는 여왕(呂王), 여택의 차남 여산(呂産)은 양왕(梁王), 여석지의 셋째아들 여록(呂祿)은 조왕(趙王), 여태의 아들 여통(呂通)은 연왕(燕王), 여석지의 아들 여종(呂種)은 패후(沛侯), 여태후 언니 여장후(呂長姁)의 아들 여평(呂平)은 부류후(扶柳侯)로 책봉되었다.

성이 다르더라도 여씨와 혈연이나 혼인 관계를 맺고 있는 귀족, 이를테면 노원공주의 아들 장언(張偃)은 노왕(魯王), 여수의 아들 번항(樊伉)은 무양후(舞陽侯), 여록의 사위 유장(劉章)은 주허후(朱虛侯)로 책봉되었다. 여태후가 통치한 14년 동안 그녀에 의해 왕후로 책봉된 자가 수십 명이나 되었다. 그녀가 얼마나 무소불위의 절대 권력을 휘둘렀으며, 여씨 일족이 가히 한나라의 천하를 독차지했음을 알 수 있다.

여씨 일족의 천하는 유씨 왕족의 몰락을 의미했다. 한혜제 원년(기원전 194) 여태후가 조왕 유여의를 독살한 후 한고조의 여섯 번째 아들 유우(劉友)를 조왕으로 책봉한 일이 있었다. 한고후 7년(기원전 181) 유우의 아내 여씨가 남편이 첩을 총애하는 것에 질투를 느꼈다. 그런데 여씨는 여태후의 조카였다. 조왕이 모반을 꾸미고 있다고 모함했다. 진노한 여태후는 도성으로 끌려온 유우를 감옥에 가두고 굶겨 죽였다.

여태후는 유여의와 유우가 다스린 적이 있는 조나라를 배역(背逆)의 땅으로 생각할 정도로 싫어했다. 유우를 굶겨 죽인 후에 원래 양왕(梁王)이었던 한고조의 다섯 번째 아들 유회(劉恢)를 조왕으로 책봉하고 조나라의 도성 한단으로 보냈다. 그런데 조나라는 양나라에 비해 땅이 척박하고 궁벽한 지방이었다. 전임 조왕들이 비참하게 죽은 사실을 알고 있었던 유회는 여태후의 명령에 의해 어쩔 수 없이 조왕으로 책봉되어 한단으로 갔으나 불안한 마음을 떨칠 수 없었다. 여태후가 자기를 미워하여 일부러 조왕으로 몰아내지 않았을까 라는 의구심이 들었다.

여태후도 유회가 반란을 일으키지 않을까 두려웠다. 그렇다고 해서 아무런 증거도 없이 그를 제거할 수 없었다. 고심 끝에 조카 여산의 딸을 유회의 왕후(王后)로 삼게 했다. 여왕후(呂王后)를 통해 유회의 일거수일투족을 감시할 속셈이었다. 여왕후는 여태후의 비호 아래 남편을 하인 부리듯 했다. 남편이 자기 이외에는 어떤 첩이나 궁녀의 근처에도 가지 못하게 했다. 조나라 조정도 그녀에 의해 좌지우지되었다.

유회는 왕으로서 누려야 할 특권을 누리지 못한 채 우울한 나날을 보냈다. 그에게는 여왕후와 강제로 혼인을 맺기 전에 총애한 비빈이 있었다. 몰래 그녀와 운우지정을 나누는 일이 그의 유일한 즐거움이었다. 하지만 여왕후의 감시의 눈을 피할 수는 없었다. 여왕후는 독주로 비빈을 독살했다. 유회는 아내를 증오하고 원망했으나 그녀와 맞서 싸울 용기가 나지 않았다. 다만 매일 통곡을 하며 비빈을 그리워하는 시를 지어 비통하게 읊조렸다. 그는 비빈이 살해된 지 4개월만인 한고후 7년(기원전 181) 6월에 자살했다.

한편 꼭두각시 황제 전소제 유공은 점차 어린 티를 벗고 세상 물정을 어느 정도 이해하는 청소년으로 성장했다. 어느 날 우연한 기회에 생모는 독살을 당했으며 자기가 한혜제의 황후 장언(張嫣)의 친아들이 아니라는 사실을 알고 큰 충격을 받았다. 측근 신하에게 이런 말을 했다.

"장황후가 어찌하여 짐의 생모를 죽이고 짐을 자기 아들로 삼은 패륜을 저질렀단 말인가? 지금은 짐이 어려서 감히 행동을 못하겠지만 어른이 되면 반드시 잘못을 바로잡겠다."

전소제가 원한을 품고 있다는 소문이 여태후의 귀에 들어갔다. 여태후는 그가 반란을 일으키지 않을까 두려워하여 즉시 그를 영항(永巷)에 가두었다. 원래 영항은 궁녀들이 거처하는 곳이었는데 황제의 총애를 잃거나 죄를 지은 비빈들을 유폐하는 감옥으로 활용했다. 조정 중신들에게는 황제가 중병에 걸려 신하들을 접견할 수 없다고 속였다. 조정 중신들은 진실을 알고 있었지만 누구도 감히 황제를 위해 진상을 파악하려는 자가 없었다. 여태후는 황제가 심신이 극도로 쇠약해져서 더 이상 정무를 돌볼 수 없으므로 그를 물러나게 하고 새 황제를 추대해야 한다고 말했다. 조정 중신들은 모두 엎드려 머리를 조아리고 말했다.

"황태후께서는 천하의 백성들을 위하여 결단을 내리셨으며 아울러 종묘사직을 지키기 위하여 심사숙고하셨습니다. 저희들은 삼가 황태후의 조칙을 받들겠습니다."

한고후 4년(기원전 184) 전소제는 폐위를 당한 직후에 피살되었다. 이번에는 한혜제의 넷째아들인 상산왕(常山王) 유홍(劉弘·?~기원전 180)이 여태후에 의해 꼭두각시 황제로 추대되었다. 그가 전한의 후소제(後少帝)이다. 그는 여태후를 하늘처럼 섬기고 죽은 듯이 지내야만이 목숨을 부지할 수 있었다. 여태후는 바보처럼 행동하는 그를 보고 안심했다.

개국 공신들과 유씨 왕들을 닥치는 대로 살해하고 여씨 천하를 연 여태후도 생로병사의 운명에서 벗어날 수 없었다. 한고후 8년(기원전 180) 그녀는 중병에 걸려 일어나지 못했다. 자기가 죽으면 여씨 일족이 몰살당하지 않을까 두려웠다. 서둘러 대책을 세워야 했다. 조카 조왕 여록을 상장군(上將軍)으로 임명하고 황궁의 북군을, 또 다른 조카 양왕 여산에게는 남군을 거느리게 한 후, 두 사람에게 특별히 당부했다.

"옛날에 고황제께서 천하를 평정한 후 대신들과 함께 '유씨(劉氏)가 아닌데도 왕을 참칭하는 자가 있으면 천하의 모든 사람들이 그를 토벌한다.'고 맹세한 일이 있었다. 지금 우리 여씨 집안사람들이 왕으로 군림하고 있다. 필시 대신들이 불만을 품고 있을 것이다. 내가 죽으면 황제가 너무 어려서 그들이 반란을 일으키지 않을까 두렵다. 너희들은 병권을 장악하고 황궁을 철저하게 지켜야 한다. 내 장례를 치른다고 황궁을 벗어났다가 그들에게 제압을 당하면 절대 안 된다."

같은 해 8월 여태후는 향년 62세를 일기로 세상을 떠났다. 한고조의 황릉인 장릉(長陵)에 합장되었다. 그녀가 임종 전에 남긴 유지에 따라 여산은 승상이 되었으며 여록의 딸은 후소제의 황후로 책봉되었다. 여태후는 또 왕들에게는 황금 1천 근(斤), 제후, 장수, 승상, 낭중, 관리 등에게는 서열에 따라 황금을 하사하고 천하에 대사면을 반포했다. 자기가 죽고 난 후에도 계속 여씨 천하가 유지되기를 바라는 마음으로 신민들에게 파격적인 포상을 한 것이다. 『한서·오행지』에 이런 흥미로운 기록이 있다.

"한고후 8년(기원전 180) 3월 여태후가 패상(霸上)에서 제사를 지내고 환궁하는 길에 지도(枳道: 섬서성 서안에 있는 정자·亭子)에서 잠시 휴식을 취하고 있었다. 그런데 몸집이 큰 검둥개 한 마리가 갑자기 달려들어 그녀의 겨드랑이를 물고 사라졌다. 그녀가 점쟁이를 불러 점을 쳐보니 조왕 유여의가 그 검둥개를 보내 그녀를 해코지했다는 것이다. 결국 그녀는 겨드랑이에 난 상처가 악화되어 죽었다."

척부인과 그녀의 아들 조왕 유여의는 여태후에 의해 비참하게 죽었지 않은가. 유여의가 검둥개를 보냈다는 것은 유여의의 그녀에 대한 원한을 강조하기 위하여 지어낸 이야기이겠지만, 여태후가 미친개에 물려 광견병에 걸려 죽은 게 아닌가 한다.

오늘날 여태후는 당나라의 무측천, 청나라의 서태후와 함께 '중국의 3대 악녀'로 악명이 높다. 그녀는 남편 한고조를 개국 황제로 만드는 데 일정한 공적을 쌓은 여걸이었다. 한고조도 조강지처인 그녀를 중국 최초의 황후로 책봉하여 그녀의 헌신에 보답했다. 하지만 점차 여태후를 멀리하고 젊고 아름다운 척부인에게 매료되어 여태후의 소생인 태자 유영을 폐위하려고 했다. 이는 여태후의 분노를 촉발하는 계기가 되었다.

여태후는 권력욕의 화신이었다. 남편의 불공정한 처사에 이를 갈고 있으면서 언젠가 남편이 죽으면 유씨 왕들을 살해하고 자신이 한나라 천하를 다스리겠다는 야망을 품고 있었다. 한고조 사후에 척부인을 그처럼 잔인하게 죽이고 유씨 왕들을 살해한 후 마침내 여씨 천하를 이룩했다. 그녀의 냉혹한 성격과 잔악무도한 행위는 그녀를 악녀의 대명사로 만들었다. 또 그녀가 자신의 권력을 강화하기 위하여 반대파를 무자비하게 숙청하고 무능한 여씨 일족을 대거 왕후로 중용한 일도 역사에 오점을 남겼다.

하지만 여태후는 나라를 다스리는 일에서는 여느 황제 못지않은 업적을 남겼다. 그녀는 '무위이치(無爲而治)'와 '여민휴식(與民休息)'을 통치 사상으로 삼았다. 무위이치란 인위를 가하지 않고 자연의 순리에 맡겨 천하를 다스린다는 도가의 통치 사상이다. 여민휴식이란 오랜 전란 끝에 피폐해진 백성의 삶과 경제를 회복하기 위하여 국가가 백성과 더불어 쉰다는 뜻이다.

여태후는 가급적이면 백성들을 동원하는 일은 하지 않았으며 조세를 감면하고 농사를 장려하며 형벌을 완화함으로써 백성들의 삶을 윤택하게 했다. 외교적인 면에서도 흉노와 우호 관계를 유지함으로써 더 이상 백성들을 전쟁터로 내몰지 않았다.

역사학자 사마천은 『사기』에서 그녀를 황제의 기록인 본기(本紀)에 수록했다. 그녀가 신분은 황태후였지만 실질적으로 한나라를 14년 동안 통치한 역사적 사실을 인정하여 그녀를 황제의 반열에 올려놓았다. 사마천은 그녀를 이렇게 평가했다.

"여태후는 여주(女主)로서 정사를 주재하여 정치가 태후전 밖까지 미치지 못했지만 천하는 오히려 평온했다. 형벌은 드물게 시행되었으며 죄인도 드물었다. 백성들은 농사에 전념했기에 의식은 풍족해졌다."

3

제3장 | 한문제 유항

한문제 유항

1. 성장 과정과 황위 계승

항우의 초나라와 유방의 한나라가 패권을 다투고 있을 때 위(魏)나라의 공자(公子) 출신인 위표(魏豹)는 항우에 의해 위왕(魏王)으로 책봉되었다. 그 후 위표는 유방이 삼진(三秦)을 평정했을 때 항우를 배신하고 유방에게 투항했다. 한고조 2년(기원전 205) 항우가 팽성에서 유방의 군대를 궤멸시켰다. 위표는 유방이 궁지에 몰린 것을 보고 부모의 병환을 핑계로 자신의 영지인 하동(河東: 산서성 운성 · 運城)으로 돌아가 형세를 관망했다.

박희(薄姬)는 위표의 첩이었다. 그녀가 어렸을 때인 어느 날 그녀의 어머니 위온(魏媼)이 점쟁이 허부(許負)를 불러 딸의 관상을 보게 했다. 허부가 말했다.

"이 딸아이는 장차 천자가 될 아들을 낳을 팔자를 타고났네요."

위온은 허부의 말을 듣고 딸을 위나라의 궁궐로 들여보냈다. 어느덧 세월이 흘러 박희는 위표의 첩이 되었다. 어느 날 허부의 말을 전해들은 위표는 기쁨을 감추지 못하고 중얼거렸다.

"그렇다면 내가 개국 황제가 된단 말인가."

위표는 점쟁이의 말만 믿고 유방에게 반기를 들었다. 유방은 역이기를 보내 그를 설득하게 했지만 실패하자 한신, 조참 등 장수들에게 토벌하게 했다. 싸움에 패하여 포로로 잡힌 위표는 다시 유방에게 투항하여 형양성(滎陽城)을 수비하는 임무를 맡았다. 그 후 형양성이 초나라 군대의 공격을 받았다. 위표와 함께 형양성을 수비하고 있었던 주가(周苛)는 툭하면 변절하는 위표가 반란을 일으키지 않을까 두려워하여 그를 살해했다.

이 시기에 위표의 첩 박희는 한나라로 끌려와 직실(織室)에서 베를 짜는 궁녀로 전락했다. 직실은 한나라 때 황실에서 필요한 비단을 짜고 염색을 하는 공방이다. 유방은 몇 차례 직실에 드나들면서 우연히 자태가 고운 그녀를 보고 후궁으로 삼았다. 하지만 1년여 동안 그녀를 침전으로 불러들이지 않았다. 그런데 박희에게는 어렸을 적에 사귄 친구인 관부인(管夫人)과 조자아(趙子兒)가 있었다. 예전에 세 사람은 이런 약속을 했다.

"우리 세 사람 중에 누구라도 먼저 부귀영화를 누리게 되면 서로를 잊지 말고 도와주자."

그 후 관부인과 조자아가 유방의 첩이 되어 총애를 받았다. 어느 날 유방은 두 첩을 거느리고 하남궁(河南宮)의 성고대(成皐臺)에 앉아 풍경을 감상하고 있었다. 두 첩은 예전에 박희와 했던 약속을 회상하며 키득거렸다. 그 모습을 지켜본 유방은 무슨 일로 그렇게 즐거워하느냐고 물었다. 두 사람은 예전에 한 약속을 사실대로 아뢰었다. 유방은 그제야 1년 전에 후궁으로 들인 박희가 생각났다. 측은한 생각이 들어 그 날 밤에 박희에게 시중을 들게 했다. 박희는 곱게 단장하고 유방의 침전으로 들어가 말했다.

"어젯밤 소첩은 창룡(蒼龍)이 소첩의 배 위에 드러누워 있는 꿈을 꾸었습니다."

유방이 말했다.

"네가 귀하게 될 징조이구나. 내가 너를 도와서 일을 이루게 하겠다."

한고조 4년(기원전 203) 박희가 마침내 한고조 유방의 넷째아들 유항(劉恒·기원전 203~기원전 157)을 낳았다. 그런데 박희는 유항을 낳은 후에 한고조를 거의 배알하지 못했다. 한고조가 척부인에게 푹 빠져있었고 또 박희보다 미모가 빼어난 비빈들이 넘쳐났기 때문이다. 박희는 오로지 아들 유항이 조금씩 커가는 모습을 보고 외로움을 달랬다. 그런데 그녀가 한고조의 총애를 받지 못한 것이 나중에 전화위복이 될지 어찌 알았겠는가.

한고조 10년(기원전 197) 조나라와 대(代)나라 땅에서 군사를 거느리고 있었던 양하후(陽夏侯) 진희(陳豨)가 반란을 일으켜 대왕(代王)으로 자립했다. 진희는 한왕(韓王) 신(信), 흉노와 연합하여 한나라를 공격했다. 연합군의 위세에 놀란 한고조는 친히 대군을 이끌고 진희를 토벌했다. 영구(靈丘)에서 대패한 진희는 달아나는 길에 낭중(郎中) 공손이(公孫耳)에게 잡혀 참살을 당했다.

대나라는 흉노와 국경을 맞대고 있었으므로 항상 흉노의 침략 위협에 시달리는 위험한 지역이었다. 한고조 11년(기원전 196) 한고조는 여러 황자들 가운데 당시 8세의 나이인 유항을 대왕으로 책봉하고 진양(晉陽: 산서성 태원·太原)을 도성으로 삼게 했다. 유항을 그다지 총애하지 않았던 까닭에 험지의 왕으로 책봉한 것이다.

한고조 12년(기원전 195) 4월 한고조 유방이 세상을 떠나고 태자 유영이 16세의 나이에 2대 황제로 등극했다. 한혜제 유영을 대신하여 한나라 천하를 다스리게 된 여태후는 황궁에서 살육의 피바람을 일으켰다. 그녀가 평소에 증오한 척부인 등 한고조의 비빈들을 출궁하지 못하게 하고 잔인하게 살해했을 때 박희와 유항은 출궁하여 무사히 대나라로 갈 수 있었다. 두 사람은 여태후와 어떤 원한 관계도 없었으며 오히려 여태후가 한고조의 총애를 받지 못한 박희를 동정했다. 박희가 척부인처럼 한고조의 총애를 받았다면 여태후에게 걸려들어 아들과 함께 비참하게 죽었을 것이다.

대왕 유항은 대나라에서 어머니 박희를 극진하게 모셨다. 대왕의 태후로 추대된 박희는 아들이 성군이 될 수 있도록 세심하게 보살피고 지도했다. 유항은 어머니의 뜻에 조금도 어긋나지 않게 매사에 근검절약하고 솔선수범을 보였으며 아울러 백성들이 편안하게 생업에 종사할 수 있도록 선정을 베풀었다. 한나라는 이미 여씨의 천하가 되었으나, 유항과 박희는 여태후와 여씨 일족에게 철저하게 복종의 자세를 취함으로써 살아남을 수 있었다.

한고후 8년(기원전 180) 8월 한고조 사후에 한나라를 15년 동안 대리 통치한 여태후가 허수아비 황제 후소제 유홍을 남겨두고 세상을 떠났다. 절대 권력을 행사했던 그녀의 죽음은 한나라 조정에 엄청난 정치적 파장을 일으켰다. 상장군이자 후소제 유홍의 장인 여록이 상국(相國) 여산 등 여씨 일족을 은밀히 소집하고 말했다.

"태후께서 붕어하신 후 조정의 분위기가 심상치 않게 돌아가고 있소. 우리 여씨가 먼저 거사를 일으키지 않으면 멸족을 당할 수 있소. 이번 기회에 아예 유씨 왕족과 그들을 따르는 신하들을 모조리 도륙하고 명실상부한 여씨의 나라를 세워야 하오"

그런데 여록의 사위인 주허후(朱虛侯) 유장(劉章)은 아내를 통해 장인이 반란을 꾸미고 있음을 알았다. 여씨 일족의 반란이 성공하면 유씨 왕족은 씨가 마를 게 명약관화했다. 즉시 한고조 유방의 장손인 제왕(齊王) 유양(劉襄)에게 사자를 보내 여씨 일족이 반란을 일으켰으니 빨리 군대를 이끌고 장안으로 와서 그들을 토벌하라고 했다.

유양은 여씨 일족 타도를 기치로 내걸고 장안성을 향해 진격했다. 상국 여상은 대장군 관영(灌嬰)에게 맞서 싸우게 했다. 원래 관영은 한나라의 개국 공신이었다. 자기가 여씨의 앞잡이가 된 것을 부끄럽게 여겼다. 군대를 이끌고 형양성(滎陽城)에 도착한 후 유양과 연합했다.

한편 여태후가 대리 통치할 때 그녀에게 빌붙어 권세를 유지했던 승상 진평(陳平)이 태위 주발(周勃)을 만나 여씨 일족을 주살하고 유씨 왕을 새로운 황제로 추대하자고 제안했다. 주허후 유장과 그의 동생 동모후(東牟侯) 유흥거(劉興居)도 진평과 뜻을 같이 했다.

주발은 병사들을 이끌고 황궁의 북군을 장악하려고 했는데 부절(符節)이 없이는 북군으로 들어갈 수 없었다. 마침 개국 공신 양평후(襄平侯) 기통(紀通)이 황제의 명의로 발행하는 부절을 관장하고 있었다. 그도 여씨 일족 타도에 뜻을 같이하고 주발에게 가짜 부절을 만들어 주었다.

"황제께서 태위 주발에게 북군을 지휘하라는 칙령을 내리셨다."

북군 진영으로 진입한 주발은 소리를 질렀다.

"여씨를 지지하는 자는 오른쪽 어깨를 드러내고, 유씨를 지지하는 자는 왼쪽 어깨를 드러내라!"

북군 병사들은 모두 왼쪽 어깨를 드러내고 주발에 호응했다. 북군이 주발의 수중에 들어가자 남군도 유장에 의해 장악되었다. 진평과 주발은 황궁의 안팎을 물샐틈없이 장악하고 유장에게 상국 여산을 살해하게 했다. 또 상장군 여록을 생포하여 참수했으며 여태후의 여동생 여수를 가죽채찍으로 때려죽였다. 여씨라면 남녀노소를 불문하고 모두 살해되었다. 여씨 일족은 결국 여태후 사후에 멸문의 화를 당하고 말았다.

궁중 정변을 일으켜 성공한 진평, 주발 등은 허수아비 황제 후소제 유홍을 폐위하고 유씨 왕들 가운데 누구를 새로운 황제로 추대해야 할지 은밀히 의논했다.

"소제(少帝) 유홍, 여왕(呂王) 유태(劉太), 회양왕(淮陽王) 유무(劉武), 상산왕(常山王) 유조(劉朝)는 사실은 한혜제의 친아들들이 아니오. 여태후가 다른 사람의 갓난아이를 황제의 아들로 속이고 그 아이의 생모를 살해한 후 후궁에서 기르게 했소. 한혜제는 여태후가 시키는 대로 그들을 자기 아들로 받아들이고 후계자로 삼았소. 여태후는 나중에 그들이 장성하면 허수아비 왕으로 책봉하여 자신의 권력을 강화하는 도구로 쓰고자 음모를 꾸몄던 것이오. 우리는 이미 여씨 일족을 모조리 주살했는데도 여태후가 왕으로 세운 자들을 남겨두는 것은 아주 위험한 일이오. 만약 그들이

장성하여 권력을 장악하면 우리는 멸족을 당할 것이오. 한고조의 혈통을
이어받은 유씨 왕들 중에서 가장 어질고 현명한 왕을 새로운 황제로 추
대해야 하오."

한혜제는 공식적으로 전소제 유공(劉恭) 등 아들 여섯 명을 두었다. 그
런데 그는 23세의 나이에 요절했다. 이 젊은 나이에 아들을 여섯 명이나
둔 것은 물리적으로 불가능한 일은 아니지만 의심할 여지가 있다. 더구나
그는 몸이 허약하고 건강하지 못했으므로 위에서 언급한 아들 네 명은 진
평 등이 말했듯이 가짜 아들일 가능성이 있다. 대신들은 이 네 명을 모두
제거하기로 결정했다. 한 대신이 말했다.

"제나라 도혜왕(悼惠王) 유비(劉肥)가 한고조의 장자가 아닌가요? 지금
그의 적장자 유양(劉襄)이 제왕(齊王)이지요. 근본을 따지면 유양이 한고조
의 적장손이므로 마땅히 그를 천자로 추대해야 합니다.

하지만 다른 대신들은 그와 다른 의견을 피력했다.

"여씨는 천자의 외척으로서 수많은 악행을 저질러 한나라의 종묘사직
을 거의 망하게 하고 공신들을 죽였소. 지금 제왕의 외가에 사균(駟鈞)이
란 악인이 있소. 우리가 제왕을 황제로 추대하면 다시 사균 일족이 여씨
처럼 전횡을 부릴 것이오."

사균은 제왕 유양의 외삼촌이다. 유양을 도와 여씨 일족을 주살하는
데 공을 세웠지만 성격이 난폭했다. 대신들은 유양을 황제로 추대하면 사
균이 여태후처럼 국정을 농단하지 않을까 두려워한 것이다. 한고조의 일

곱 번째 아들 회남왕(淮南王) 유장(劉長)을 추대하자는 의견도 있었으나, 나이가 어리고 생모 조희(趙姬)가 자살한 일이 문제가 되어 배제되었다. 대신들은 격론 끝에 이런 결론을 냈다.

"대왕 유항이 지금 남아있는 한고조의 아들들 중에서 가장 연장자인데다 성품이 어질고 관대하며 효성이 지극하다. 태후의 집안 박씨(薄氏)도 신중하고 선량하므로 국정을 간섭하는 일은 절대 없을 것이다. 또 가장 나이가 많은 아들을 추대하면 순리에 맞다. 더구나 대왕의 어진 성품과 지극한 효성은 이미 천하에 널리 알려져 있으므로 그를 추대하는 것이 옳다."

이에 따라 승상 진평, 태위 주발 등 대신들이 대왕 유항에게 사자를 보내 그를 새로운 황제로 추대하겠다는 뜻을 밝혔다. 도성 장안에서 무슨 일이 일어났는지 정확히 모르고 있었던 유항은 조정 대신들이 느닷없이 자신을 황제로 추대하겠다는 얘기를 듣고 크게 놀랐다. 낭중령(郎中令) 장무(張武) 등 대나라 신하들은 유항에게 대왕을 죽이려는 음모가 도사리고 있을지 모르므로 병이 들었다는 핑계로 장안으로 들어가지 말고 형세를 관망해야 한다고 주장했다. 하지만 중위(中尉) 송창(宋昌)은 유항에게 이렇게 말했다.

"지금 한고조의 아드님은 회남왕과 대왕, 두 분 뿐입니다. 대왕께서는 회남왕보다 나이가 많고 현명하고 인자하며 효성이 지극하여 백성들의 인심을 얻었습니다. 그래서 조정 중신들이 대왕을 천자로 추대하고자 하오니 의심을 거두기 바랍니다."

유항은 송창의 의견을 받아들였지만 그래도 불안했던지 외삼촌 박소(薄昭)를 먼저 장안으로 보내 황궁의 사정을 정탐하게 했다. 박소는 주발을 만나 조정 중신들의 진의를 확인한 후 대나라로 돌아와 유항에게 말했다.

"대왕께서는 의심하지 않아도 됩니다. 조정 중신들이 한마음으로 대왕
의 황위 계승을 바라고 있습니다."

마침내 유항은 대왕(代王) 시절에 자신을 보필했던 송창 등 심복 6명을 대동하고 도성 장안으로 입성했다. 이렇게 우여곡절 끝에 유항은 23세의 나이에 5대 황제로 추대되었다. 그가 한문제(漢文帝)이다.

오늘날 3대 황제 전소제 유공과 4대 황제 후소제 유홍은 꼭두각시 황제였을 뿐이며 두 사람의 재위 기간에 실질적으로 한나라를 통치한 황제는 여태후였으므로, 두 사람을 정식 황제로 인정하지 않기도 한다. 이런 논리에 의하면 한문제는 전한의 3대 황제가 된다.

한편 후소제 유홍은 한문제 유항이 즉위한 직후에 그의 형제 4명과 함께 살해되었다. 한나라의 정통성을 확보하고 '잔가지'를 정리하는 차원에서 그를 죽일 수밖에 없었던 것이다.

2. 황제의 권력을 강화하고 왕들의 반란을 진압하다

변방 대나라에서 15년 동안 은인자중하고 있었던 한문제 유항에게 권모술수가 난무하는 장안의 미앙궁(未央宮)은 너무나 두렵고 낯선 곳이었다. 하루빨리 황제의 권력을 강화하는 길만이 자신의 안정된 미래를 담보할 수 있었다. 그는 즉위한 당일 밤에 송창을 위장군(衛將軍)으로 임명하고 황

궁을 장악하게 했다. 또 다른 심복 장무(張武)를 낭중령으로 임명하고 황궁 안팎을 순시하게 했다.

한문제는 심복들에게 자신의 신변 안전을 책임지게 한 후 여씨 일족을 주살하고 자신을 황제로 추대한 공신들을 논공행상하게 했다. 주발은 자기가 가장 큰 공로를 세웠다고 생각한 반면에 진평은 병을 핑계로 사직하려고 했다. 한문제가 진평에게 어째서 모든 공로를 주발에게 돌리고 사직을 원하는지 물었다. 진평은 이렇게 대답했다.

"저희 두 사람이 한고조를 모시고 있었을 때 주발의 공로는 저보다 못했습니다. 하지만 여씨 일족을 주살하고 폐하를 천자로 추대한 일에서는 저의 공로가 주발만 못했습니다. 그래서 주발이 우승상으로 임용되어야 합니다."

한문제는 진평의 솔직한 의견을 높이 평가했다. 그의 건의에 따라 주발을 우승상으로 임명했으며 그에게는 사직을 만류하며 좌승상 벼슬을 하사했다. 또 주발에게는 황금 5천 근을 하사하고 식읍을 1만 호까지 늘려주었고, 진평에게는 황금 1천 근을 하사하고 식읍 3천 호를 더해 주었다. 두 공신에 대한 최고의 포상이었다. 이 시기부터 우승상 주발과 좌승상 진평이 본격적으로 한문제를 보필하면서 정국을 주도했다. 어느 날 한문제가 조회에서 우승상 주발이 업무를 제대로 관장하고 있는지 알아보고자 그에게 이런 질문을 했다.

"온 나라에서 옥사(獄事)를 판결하는 건수가 얼마나 되는가?"

주발이 쩔쩔매며 답변을 못하자 한문제가 또 물어보았다.

"온 나라의 재정 수입과 지출이 얼마나 되는가?"

주발은 이번에도 식은땀을 흘리며 아무런 대답도 하지 못했다. 짜증이 난 한문제가 진평에게도 똑같은 질문을 했다. 진평은 "주관하는 관리가 있습니다."라고 말하자, 한문제가 또 "주관하는 관리가 누구인가?"라고 되물었다. 진평이 침착하게 대답했다.

"폐하께서 옥사 판결에 대하여 궁금하시면 옥사를 관장하는 정위(廷尉)에게 물어보시면 되며, 국가의 재정에 대해서 궁금하시면 재정을 담당하는 치속내사(治粟內史)에게 물어보시면 됩니다."

한문제가 버럭 화를 내며 물었다.

"각 부서마다 주관하는 자가 있다면, 재상이라는 당신이 하는 일은 도대체 무엇이오?"

진평은 평소에 관리들은 각자 맡은 바 소임을 다하면 된다고 생각했다. 재상은 관리들로 하여금 그들의 직책을 제대로 수행하게 감독하는 것이 직분이지 업무의 세부 내용까지 알 필요가 없다고 한문제에게 아뢰었다. 진평의 직책에 따른 업무 분담과 책임에 대한 인식은 참으로 놀랍다. 지금의 관점으로 생각해도 조금도 틀리지 않다. 한문제는 멋쩍은 표정을 지으며 진평을 칭찬했다. 주발은 조정에서 나온 후 진평에게 따지듯 물었다.

"당신은 어찌하여 평소에 나에게 그런 얘기를 해주지 않았소?"

진평이 웃으며 대답했다.

"당신은 우승상의 자리에 있으면서도 승상의 임무조차 몰랐단 말이오? 만약 폐하께서 장안의 도적 숫자를 물어보셨다면 당신은 억지로라도 대답할 생각이었소?"

주발과 진평의 생각의 깊이와 능력의 차이가 어떠했는지 짐작할 수 있는 일화이다. 진평은 도가(道家)에 심취한 책사였다. 한고조 유방이 한나라를 건국하는 과정에서 많은 장수와 책사들의 도움을 받았는데 진평만큼 결정적인 공훈을 세운 인물은 없다고 말해도 과언은 아니다.

후대 사람들은 유후(留侯) 장량(張良)이 한고조에게 가장 많은 영향을 끼친 책사라고 평가하고 있다. 그런데 장량은 한나라 건국 초기에 조용히 은거의 길을 걸어 역사의 무대에서 사라졌다. 반면에 진평은 여태후의 잔혹한 통치 시절에도 살아남았으며 끝내 대왕 유항을 황제로 추대함으로써 망하기 일보 직전까지 간 한나라의 종묘사직을 다시 반석 위에 올려놓았다. 그는 죽을 때까지 재상의 지위를 유지하면서 부귀영화를 누렸다. 책략을 세우고 권모술수를 부리며 은인자중하면서 때를 기다려 끝내는 자신이 원하는 것을 쟁취하는 능력에서는 진평이 장량보다 한 수 위였다고 생각한다.

주발은 젊었을 적에 누에치기와 남의 상갓집에서 심부름하는 하찮은 일로 생계를 유지하다가 고향 사람 유방의 수하에 들어가 전공을 쌓아 강후(絳侯)로 책봉된 인물이다. 그는 싸움만 잘했을 뿐 무식하고 오만했다. 한문제가 자신을 우승상으로 임명하자 더욱 오만방자했다. 황제의 면전에서도 신하의 예를 갖추지 않는 무례함을 보이기도 했다. 한문제는 처음에는 자신을 황제로 만들어 준 주발을 우대했지만 안하무인으로 행동하는 그를 보고 점차 멀리하기 시작했다. 어느 날 주발의 한 측근이 그에게 충고했다.

"승상께서는 여씨 일족을 제거하고 대왕을 황제로 추대했을 때 명망과 위세가 온 천하를 덮었습니다. 게다가 막대한 포상과 황제의 총애도 한 몸에 받았습니다. 부귀가 극에 달하면 언제 재난이 닥칠지 모르는 게 세상의 이치입니다."

주발은 그때서야 비로소 자신이 오만방자했음을 자각하고 서둘러 한문제에게 사직을 청원했다. 한문제는 즉시 그를 승상 직책에서 물러나게 했다. 1년 후 진평이 세상을 떠나자 한문제는 다시 주발을 승상으로 임명했다. 주발은 황제가 자신을 절대적으로 신임한다고 여기고 다시 조정에서 독선을 부리기 시작했다. 대신들과의 마찰이 심해지자 한문제는 주발을 강현(絳縣)으로 돌아가게 했다.

주발은 자신의 영지인 강현에서 지내면서 황제가 사자를 보내 자신을 해치지 않을까 두려워했다. 하동군 군수와 군위가 강현을 순시할 때마다 항상 갑옷으로 무장하고 집안사람들에게도 병기를 지니게 했다. 주발의 이런 행동은 그가 모반을 획책하고 있는 게 아니냐는 의심을 받게 했다. 얼마 후 그는 모반죄의 혐의를 쓰고 장안으로 압송되어 옥리에게 심한 문초를 당했다. 사실 그는 반역의 뜻이 전혀 없었으며 단지 모함을 받았을 뿐이었다. 옥리에게 황금 1천 근을 뇌물로 주고 살길을 알려달라고 애원했다.

옥리는 그에게 창평공주(昌平公主)를 증인으로 삼으라고 충고했다. 창평공주는 주발의 아들 주승지(周勝之)의 아내이다. 따지고 보면 한문제와 주발은 사돈 관계였다. 주발은 또 옥리의 계책에 따라 한문제에게 받았던

금은보화를 모두 한문제의 외삼촌 박소에게 보냈다. 주발은 박소와 한문제의 생모 박태후의 비호 덕분에 살아남았다. 출옥한 직후에 이런 말을 남겼다.

"나는 일찍이 백만 군대를 거느린 장수였는데 옥리 한 사람의 위세가
이처럼 막강한 줄은 미처 몰랐다."

한문제는 너그러운 군주였다. 황제를 능멸한 주발을 죽이자는 상소가 빗발쳤으나 다시 영지로 돌아가 편안한 여생을 마치게 했다. 한편 여씨 일족의 몰락은 유씨 왕족의 부활을 의미했다. 조유왕(趙幽王) 유우(劉友)의 아들 유수(劉遂)는 조왕(趙王), 종실 유택(劉澤)은 연왕(燕王), 주허후(朱虛侯) 유장(劉章)은 성양왕(城陽王), 동모후(東牟侯) 유흥거(劉興居)는 제북왕(濟北王)으로 책봉되었다.

한문제는 즉위한 지 3개월 후에 대신들의 건의에 따라 적장자 유계(劉啟)를 태자로 책봉하고 유계의 생모 두씨(竇氏)를 황후로 책봉했다. 이때부터 한나라는 적장자를 태자로 책봉하며 적장자를 낳은 생모를 황후로 책봉하는 전통을 수립하게 되었다. 한문제가 집권하자마자 공신을 우대하고 유씨 왕족을 각 지방의 왕으로 책봉했으며 태자와 황후를 책봉한 일련의 정치적 조치는 정통성을 확보하기 위한 수단이자 자신의 권력을 강화하기 위한 목적이었다.

한문제가 논공행상을 끝낸 후 황제 중심의 통치 권력이 완성되었지만 그에게 불만을 품은 왕이 있었다. 제북왕 유흥거가 동모후였을 때 여태후가 사망하자, 그의 둘째형 주허후 유장과 짜고 큰형 제왕(齊王) 유양을 황제로 추대하려고 했다. 유양은 한고조 유방의 장손이므로 당연히 그가 황위를 계승해야 한다고 생각했다. 하지만 주발, 진평 등 대신들은 여씨 일

족을 모조리 주살한 후 대왕(代王) 유항을 황제로 추대했다.

유흥거와 유장은 자신들의 계획이 수포로 돌아가자 새 황제를 위하여 공을 세워야 논공행상을 벌일 때 유리한 위치를 차지할 수 있다고 생각했다. 유흥거가 한문제 유항에게 말했다.

"신은 여씨 일족을 토벌하는 데 공을 세우지 못했으므로 황궁을 청소하겠습니다."

황궁을 청소하겠다는 얘기는 아직 황궁 안에 있는 후소제 유홍과 그를 따르는 자들을 모조리 죽이겠다는 뜻이었다. 한문제는 암묵적으로 동의했다. 유흥거는 여음후(汝陰侯) 하후영(夏侯嬰)과 함께 입궁하여 후소제를 협박했다.

"당신은 가짜 유씨이므로 천자의 자리에 앉을 수 없소."

후소제를 보위하고 있었던 자들은 모두 무기를 버리고 달아났다. 졸지에 고립무원의 처지가 된 후소제는 황궁 밖으로 끌려 나왔다. 한문제가 입궁한 직후에 후소제는 그의 형제와 함께 살해되었다. 어쨌든 유흥거와 유장도 한문제를 위해 공을 세웠다. 두 사람은 조왕(趙王)과 양왕(梁王)으로 책봉되기를 바랐다. 그런데 한문제는 그들이 원래 제왕 유양을 황제로 추대하려고 시도한 사실을 알고 있었다. 그들의 세력을 억제할 목적으로 제나라 땅을 성양군과 제북군, 두 군으로 나눈 후 유장은 성양왕, 유흥거는 제북왕으로 책봉한 것이다.

성양왕과 제북왕이 다스리는 봉지(封地)는 조왕과 양왕의 봉지에 비해 면적이 훨씬 작았으며 인구도 많지 않았다. 얼마 후 유양과 유장이 연이어 사망했다. 유흥거는 한문제가 두 형을 은밀히 살해한 게 아니냐는 의심을 품었다. 자기도 언제 살해당할지 모른다는 불안감에 시달렸다.

한문제 3년(기원전 177) 북방의 흉노가 대거 남침했다. 한문제는 승상 관영(灌嬰)에게 흉노의 공격을 막게 하고, 자신도 친히 군대를 거느리고 고노(高奴: 섬서성 연장현·延長縣)로 가던 중에 잠시 태원(太原)에 들렀다. 태원은 예전에 한문제가 다스린 대나라 땅이었다. 그는 태원에서 열흘 남짓 머물면서 대왕 시절의 신하들을 만나 후한 상을 내리고 백성들에게는 부역을 3년 동안 면제해주는 특혜를 베풀었다.

유흥거는 한문제가 장안을 비우고 흉노를 정벌하러 북상했다는 소식을 듣고 반란을 일으켰다. 한나라 역사에서 유씨 왕족이 일으킨 최초의 반란이었다. 그는 반란군을 이끌고 형양(滎陽: 하남성 정주·鄭州)으로 진격했다. 형양을 점령한 후 장안으로 진격할 속셈이었다.

한문제는 남도 아닌 조카의 반란에 무척 당황했다. 숙부와 조카의 싸움은 천하의 웃음거리가 될 게 분명했으므로 한시라도 빨리 토벌해야 했다. 승상 관영에게 흉노와의 싸움을 멈추게 한 후, 극포후(棘蒲侯) 진무(陳武)를 대장군으로 임명하고 10만 대군을 이끌고 가서 유흥거를 토벌하게 했다. 또 기후(祁侯) 증하(繪賀)를 장군으로 임명하고 형양을 지키게 했다. 한문제는 태원에서 황급히 장안으로 돌아오자마자 조서를 반포했다.

"제북왕은 덕을 저버리고 천자를 배반했으며 관리와 백성들을 잘못 인도한 대역죄를 지질렀다. 제북의 관리와 백성들 중에서 토벌군이 도착하기 전에 먼저 스스로 잘못을 뉘우치고 올바른 길을 선택한 자, 군대와 성읍을 바치고 투항하는 자들은 모두 용서해 주고 관작도 회복시켜 주겠다. 제북왕 흥거의 진영에서 탈출해 오는 자들도 용서해 주겠다."

반란군을 와해시키기 위한 선무 공작이었다. 유흥거는 젊은 혈기만 있었을 뿐 지략도, 전략도 주도면밀하지 못했다. 대장군 진무에게 대패하여 포로로 잡히자 스스로 목숨을 끊었다. 한문제는 약속대로 투항한 반란군 장졸들을 모두 사면했다. 유씨 왕족 내부의 갈등이 반란으로 증폭된 사건이었으나 오히려 한문제의 권력이 강화되는 계기가 되었다.

회남왕(淮南王) 유장(劉長)은 한문제의 이복동생이다. 그의 생모 조희(趙姬)는 원래 조왕(趙王) 장오(張敖)의 첩이었는데 미인(美人) 품계를 받았다. 한고조 8년(기원전 199) 한고조가 조나라에 갔을 때 장오가 조미인을 한고조에게 바쳤다. 한고조는 그녀를 총애하여 자주 운우지정을 나누었다.

한고조 9년(기원전 198) 조나라 승상 관고(貫高) 등이 백인현(柏人縣)에서 한고조를 시해하려는 음모가 발각되었다. 조왕 장오 일족도 연루되어 감옥에 갇혔다. 조미인은 옥리에게 눈물로 호소했다.

"나는 폐하의 성은을 입어 임신한 몸이오. 관고의 시해 음모와 아무런 관련이 없는데도 억울하게 감옥에 갇혔소."

옥리가 한고조에게 사실대로 아뢰었으나, 한고조는 그녀의 억울한 누명을 벗겨주지 않았다. 조미인의 동생 조겸(趙兼)은 누나를 살리고자 벽양후(辟陽侯) 심이기(審食其)를 통해 여후(呂后)에게 구명 운동을 펼쳤지만 심이기와 여후의 소극적인 대응으로 뜻을 이루지 못했다. 결국 조미인은 유장을 출산한 직후에 자살했다. 옥리는 갓난아이를 안고 한고조의 면전에 와서 갓난아이가 황제의 아들이라고 아뢰었다. 한고조는 그제야 그녀를 동정하여 일곱 번째 아들 유장을 여후에게 맡겨 키우게 했다.

그 후 유장은 한고조에 의해 회남왕으로 책봉된 후 생모의 억울한 죽음을 알고 심이기를 증오했다. 한문제는 태어나자마자 생모를 잃은 유장을 동정하여 각별하게 챙겼다. 유장이 무례한 행동을 해도 한문제는 언제나 너그럽게 대했다. 심지어 그가 자신을 '형님'이라고 불러도 웃어넘겼다. 군신 관계가 엄격했던 봉건 왕조 시대에는 도저히 있을 수 없는 일이었는데도 말이다.

한문제 3년(기원전 177) 장안에 입조한 유장은 심이기의 저택을 찾아가 심이기를 철퇴로 때려죽였다. 심이기는 유방과 여후가 곤경에 처해 있을 때 목숨을 걸고 유씨 집안을 지킨 가신이 아니었던가. 한문제도 심이기를 함부로 대할 수 없었을 정도로 그의 권세가 높았다. 유장은 한문제에게 생모의 원한을 갚고자 그를 죽였다고 아뢰었다. 사적인 감정으로 개국 공신을 죽인 행위는 결코 용서할 수 없었지만, 한문제는 그를 처벌하지 않았다. 중랑(中郞) 원앙(袁盎)은 한문제에게 쓴소리를 아끼지 않는 신하로 유명했다. 그가 한문제에게 간했다.

"제후가 지나치게 교만하면 반드시 재앙을 일으키는 법입니다. 적당한 기회에 그의 봉지(封地)를 삭감해야 합니다."

회남왕 유장을 통제하지 않으면 장차 변고가 일어날 것이라는 충고였으나, 한문제는 듣지 않았다. 이런 일이 있고 난 후에 유장은 더욱 기고만장해졌다. 한문제의 생모인 박태후(薄太后), 태자, 대신들 모두 그를 두려워하여 우연히 만나기라도 하면 피하기에 바빴다. 그가 회남의 도성 수춘(壽春: 안휘성 수현·壽縣)으로 돌아간 후에는 왕으로서 지켜야 할 법도를 준수하지 않고 감히 천자 흉내를 냈다. 이를테면 천자의 어명을 따르지 않았으며 한나라의 법률을 멋대로 고쳤고 천자만이 쓸 수 있는 물건을 사용했다. 한문제는 그가 천자를 참칭한다는 얘기를 듣고 그를 꾸짖는 서찰을 보냈는데도, 그는 오히려 불쾌하게 여겼다.

한문제 6년(기원전 174) 유장은 극포후(棘蒲侯) 진무(陳武)의 아들 진기(陳奇)와 모반을 획책하면서 민월(閩越)과 흉노에 사자를 파견하여 병력 지원을 요청했다. 하지만 모반 음모가 발각되어 유장은 장안으로 끌려와 문초를 받았다. 승상 장창(張蒼) 등 대신들은 유장의 대역죄를 일일이 열거하며 그를 참수형으로 다스려야 한다고 상주했다. 한문제는 차마 그를 죽이지 못하고 회남왕 작위를 박탈한 후 죄수 호송 수레에 태워 촉군(蜀郡)으로 유배를 보내게 했다. 원앙이 한문제에게 아뢰었다.

"폐하께서 오만방자한 회남왕을 올바르게 지도하기 않았기 때문에 이런 지경까지 이르게 되었습니다. 회남왕은 사람됨이 고지식하여 유배를 가는 도중에 고난을 겪으면 수치심을 이기지 못하고 자살할지도 모릅니다. 만약 그렇게 된다면 폐하께서는 동생을 죽였다는 오명을 쓰지 않겠습니까?"

한문제는 유장이 반성하면 다시 관작을 회복시켜주겠다고 말했다. 하지만 유장은 유배 길에 이런 말을 남기고 스스로 굶어 죽었다.

"내가 용감한 자라고 말한 자가 누구냐? 나는 용감하기는커녕 어리석은 사람이구나. 오만방자하여 신세를 망쳤구나! 수레에 갇혀 어찌 이런 치욕을 견딜 수 있겠는가."

한문제는 유장이 굶어죽었다는 소식을 듣고 비통했다. 유장을 호송한 자들에게 책임을 물어 그들을 참수했다. 유장의 시신은 제후의 장례 예법에 따라 장중하게 장례를 치르게 했다. 훗날 한문제는 또 유장의 어린 네 아들을 모두 후(侯)로 책봉함으로써 회남왕의 가문을 이어가게 했다. 사실 한문제가 죽은 유장의 아들들에게도 은혜를 베푼 것은 유씨 왕족 내부의 반목을 해소하고 자신이 어진 군주임을 백성들에게 보임으로써 황제 중심의 강한 통치 권력을 확보하기 위해서였다.

3. 태평성대의 서막을 열다

한문제는 한고조의 적장자가 아닌 넷째아들로 태어났으며 생모 박희가 신분이 미천하고 황제의 총애를 받지 못했던 까닭에 어렸을 적부터 크게 주목을 받는 황자가 아니었다. 그가 8세 때 대왕(代王)으로 책봉되어 대나라의 도성 진양(晉陽)에서 15년 동안 거주한 것은 그에게는 천우신조였다. 여태후와 여씨 일족이 장안 황궁에서 살육의 피바람을 일으킬 때 진양과 장안의 물리적인 거리로 인하여 화를 피할 수 있었다.

박희는 아들에게 어떤 야망도 드러내지 않고 근신하면서 오로지 백성들에게 선정을 베풀어 민심을 얻는 길만이 살아남는 방법이라고 끊임없이 충고했다. 유항은 생모의 가르침과 충고를 통해 자기가 어떻게 처신해야 살아남을 수 있을지 터득했다. 그녀는 또 아들을 지키기 위해 여태후에게 철저하게 복종하며 숨을 죽이고 살았다. 여태후도 한고조의 총애를 받지 못한 그녀를 제거의 대상으로 생각하지 않았다. 만약 그녀가 한고조의 총애를 받았다면 아들과 함께 척부인과 그녀의 아들 조왕 유여의처럼 여태후에 의해 비참하게 죽었을 것이다.

유항은 여태후 사후에 자신의 의지와 역량에 의해서가 아니라 진평, 주발 등 대신들의 추대로 황제가 되었다. 어째서 그들은 유항을 황제로 추대했을까. 유항은 성품이 어질고 온화하여 원만한 군신 관계를 이끌어 갈 적임자이며 아울러 장차 태후가 될 박희도 권력욕이 없다고 판단했기 때문이다. 게다가 유항이 대나라에서 선정을 베풀어 백성들의 지지를 받고 있었던 것도 그들이 유항을 차기 황제로 낙점한 이유였다.

한문제는 황제로 즉위한 직후에 백성들이 연좌제로 고통 받고 있음을 안타깝게 생각했다. 당장 연좌제를 폐지하려고 했으나 관리들이 반대하자 이렇게 말했다.

"법이 공정하면 백성이 성실해지고 처벌이 합당하면 백성이 순종한다고 들었소. 게다가 백성을 다스리고 선으로 인도하는 자는 관리요. 만약 그가 백성을 제대로 인도하지 못할 뿐만 아니라 악법으로 그들을 처벌한다면, 그것은 오히려 백성에게 해를 끼치는 난폭한 행위이므로 어떻게 범죄를 근절시킬 수 있단 말인가? 짐은 아직 연좌제의 장점을 파악하지 못했소. 경들은 그것의 문제점을 깊이 헤아려보기 바라오."

사법을 주관하는 관리들이 이구동성으로 말했다.

"폐하께서 널리 베풀어 주신 은혜와 대덕은 참으로 성대하시어 신들은 폐하의 성은을 도저히 따라갈 수 없습니다. 삼가 폐하의 조칙을 받들어 무고한 가족을 함께 잡아 노예로 삼는 제도와 연좌와 관련된 법령을 폐지하겠으니 윤허해주시기 바랍니다."

한문제는 또 신하들에게 이런 말을 했다.

"오늘날 남을 비방하거나 요사스러운 말을 하는 자를 처벌하는 법이 있소. 이것은 신하들에게 하고 싶은 말을 다 못하게 하는 단점이 있소. 그래서 나는 무슨 과실이 있는지 알지 못하게 되는 것이오. 내가 무엇을 잘못했는지도 모르고 있는 상황에서 어떻게 먼 곳에 있는 현명하고 선량한 인재들을 장안으로 초청할 수 있단 말이오? 언로를 가로막는 법을 폐지하시오."

남을 비방하거나 유언비어를 퍼뜨리는 자를 처벌하면 오히려 언로가 막혀 신하들이 진심을 털어놓지 않아서 결국은 황제인 자신에게 손해가 된다는 인식이다. 한문제가 얼마나 '언론의 자유'를 중시했으며 아울러 신하들의 직언을 바랐는지 알 수 있다.

제나라의 태창령(太倉令: 국가의 양식 저장창고를 관리하는 관직) 순우공(淳于公)이 죄를 지어 장안으로 끌려가게 되었다. 그는 아들은 없었고 딸만 다섯 명이 있었다. 끌려가기 전에 딸들에게 서운한 감정을 내비쳤다.

"자식을 낳았지만 아들을 두지 못했기 때문에 급박한 일을 당해서도 아무런 도움이 못 되는구나."

아들이 있으면 목숨을 걸고 아버지를 지켜줄 텐데 딸은 아무리 많아도 쓸모없다는 원망이었다. 그의 어린 딸 제영(緹縈)은 아버지의 말을 듣고 너무 상심한 나머지 아버지를 따라 장안으로 와서 황제에게 상소했다.

"소첩이 관아의 노비가 되어 아비가 지은 죄를 갚겠습니다. 부디 아비가 개과천선할 수 있도록 성은을 내려주옵소서."

한문제가 비답(批答)했다.

"오늘날 어떤 자가 잘못을 저지르면 먼저 그에게 교화를 베풀지 않고 형벌만을 가하는 일이 옳은 일인가. 간혹 과오를 뉘우치고 선행을 하려는 자가 있는데도 그에게 잔혹한 형벌을 내리면 개과천선하고 싶어도 할 수 없다. 짐은 이 점을 참으로 가련하게 생각한다. 사지를 자르고 피부를 도려내는 형벌을 당한 자는 죽을 때까지 괴로울 것이다. 이는 얼마나 고통스럽고 부덕한 일인가. 어찌 백성의 부모 된 자의 뜻에 맞는 일이겠는가. 당장 육형(肉刑)을 폐지하라!"

오늘날에도 육형 즉, 신체형을 가하는 국가가 아직도 남아있는데 한문제가 2,200여 년 전에 이런 결정을 내렸다는 게 정말로 믿기지 않을 정도이다. 그는 형벌이 아무리 엄해도 범죄가 끊이질 않는 이유를 "짐의 덕이 박하고 교화가 제대로 행해지지 않는다."에 있다고 보았다. 백성들이 범죄를 저지르면 그들을 형벌로 다스릴 게 아니라 먼저 황제 자신의 덕이 부족하여 그런 일이 일어났음을 반성하고 백성을 교화해야 한다는 것이다. 그는 백성들의 잘못을 자기 과오로 돌리는 파격적 인식이 있었기에 민생에 도움이 되지 않는 일은 결코 하지 않았다. 어느 날 야외에 누각을 짓고 싶어서 목수를 불러 건축 비용이 얼마나 드는지 물었다. 목수가 황금 1백 근이 든다고 하자 한문제가 말했다.

"황금 1백 근이면 중류층 백성 열 가구의 재산에 해당하는 거액이구나. 나는 선대의 황제들이 지어놓은 궁실에서 거주하면서 덕을 베풀지 못하고 사치하여 그들의 높은 덕망을 훼손하지 않을까 항상 걱정하고 있다. 그러니 무엇 때문에 그처럼 많은 돈을 들여 누각을 지을 필요가 있겠는가."

한문제는 언제나 명주실로 느슨하게 짠 옷을 입었다. 그가 총애한 신부인(愼夫人)에게는 치마가 길어 바닥에 질질 끌리는 일이 없도록 했다. 또 황궁에서 사용하는 휘장에는 자수를 놓지 못하게 하고 검소하게 살게 하여 천하의 모범이 되게 했다. 자신의 능묘인 패릉(霸陵)을 소박하고 작은 규모로 짓게 한 일도 비용을 줄여 가급적이면 민폐를 끼치지 않으려는 목적이었다. 또 흉노가 변방을 침입하면 관리들에게 수비만 하고 군대를 파병하여 적진 깊숙이 들어가 반격하지 못하게 했다. 백성을 아끼는 마음이 없이는 이런 결정을 내리지 못했을 것이다.

한문제는 농사가 천하의 근본임을 인식했다. 농민이야말로 농업 생산 활동의 주체이자 가장 고생하는 계층이므로 그들이 경작하는 농지에 조세를 부과하지 못하게 했다. 백성의 절대다수를 차지하는 농민이 부역과 조세의 압박에서 벗어나 열심히 농사지어 의식주가 풍부해지면 국가도 저절로 부강해진다는 파격적인 생각에서 나온 조치였다. 한문제 자신도 적전(籍田: 고대에 천자가 친히 경작하는 밭)을 개간하여 농사를 지어 종묘에 필요한 제수를 공급했을 정도로 농사에 모범을 보였다.

후원(後元) 7년(기원전 157) 한문제는 재위 23년, 향년 46세를 일기로 미앙궁에서 붕어했다. 임종 전에 이런 유조(遺詔)를 남겼다.

"천하의 만물 중에 싹이 난 후에 죽지 않는 것은 없다고 짐은 들었다. 죽음은 천지의 이치이며 생물(生物)의 자연스러운 현상인데도 어찌하여 죽음에 이르러 유달리 슬퍼할 일이 있겠는가. …… 짐은 미천한 몸으로 종묘(宗廟)를 수호할 기회를 얻어 천자의 지위에 오른 지 이미 20여 년의 세월이 흘렀다. 천지의 신령과 사직(社稷)의 보호 덕분에 온 나라가 평온하고 전란이 드물었다. 짐은 본래 영민하지 못하여 그릇된 행실로 인해 선황제들이 남기신 덕을 욕되게 하지 않을까 항상 걱정했다. 또한 나이가 들고 세월이 흐를수록 덕망을 잃어 편안한 죽음을 맞이하지 못할까 전전긍긍했다."

"다행하게도 지금 짐은 타고난 수명을 편안히 누리고 종묘에서 공양을 받을 수 있게 되었으니 이것이 어찌 슬퍼할 일인가. 짐이 세상을 떠나면 천하의 관리와 백성들은 사흘만 장례를 치르고 모두 상복을 벗기 바란다. 또 짐을 추도한다고 해서 백성들이 장가들고 시집가는 일, 조상에게 제사를 지내는 일, 술을 마시고 고기를 먹는 일 등 백성들의 일상생활을 멈추게 해서는 절대 안 된다."

한문제도 사람인지라 왜 죽음에 대한 공포가 없었겠는가. 하지만 그는 생명의 탄생과 죽음은 자연의 이치임을 자각하고 죽음을 기꺼이 받아들였다. 그의 이러한 생사관은 죽는 순간까지도 행여 자신의 상사(喪事) 때문에 백성들이 일상생활에 제약을 조금이라도 받지 않을까 걱정해서 밝힌 것이다. 그는 황제로서 지나칠 정도로 겸손하여 천지신명과 조상들의 보호와 도움 덕분에 태평성대를 이룩했다고 했다. 또 그는 만백성의 어버이로서 백성들에 대한 무한한 사랑과 책임 의식을 가지고 있었다. "어떻게 하면 백성들이 생업에 종사하면서 의식주가 풍족한 삶을 누릴 수 있을까."라는 고민이 23년 동안 그의 머릿속을 떠나지 않았다. 그의 사후에 황위를 계승한 적장자 한경제 유계는 선친을 이렇게 회고했다.

"비방죄(誹謗罪)와 육형(肉刑)을 제거했으며 노인들에게는 상을 내리고 의지할 곳이 없는 외로운 자들을 불쌍히 여기고 거두어들임으로써 백성들을 길렀다. 또 향락을 줄이고 사치를 멀리했으며 진상품을 받지 않았으며 이익을 사사로이 취하지 않았다. 죄인이라도 그의 죄를 처자식에게 연좌시키지 않았으며 죄가 없는 자들을 잘못 죽이지 않았다."

사마천도 한문제를 이렇게 평가했다.

"공자께서 '반드시 한 세대가 지난 후에야 어진 정치가 이루어지며, 선한 사람이 나라를 다스린 지 백년이 지나야 잔혹한 사람을 교화시키고 사형 제도를 없앨 수 있다.'고 말씀하셨다. 참으로 옳은 말이구나! 한나라가 일어나 효문황제(한문제)에 이르기까지 40여 년의 세월이 흐르니 덕이 지극히 성대해졌다."

역사적 관점에서 보면 한고조 유방은 수많은 난관을 극복하고 한나라를 건국했지만 개국 초기의 혼란함은 피할 수 없었다. 여태후에 이르러 한나라는 비로소 어느 정도 안정을 찾기 시작했다. 그녀는 무위이치(無爲而治)와 여민휴식(與民休息)을 통해 오랜 전란 중에 삶의 터전을 잃은 백성들이 숨을 쉴 수 있는 공간을 마련해주었다. 한문제는 그녀가 닦아 놓은 기반 위에서 백성들에게 선정을 베풀고 태평성대의 서막을 열 수 있었다.

봉건 왕조의 역사를 살펴보면 창업 군주를 기준으로 대체적으로 3~5대에 이르러 태평성대에 이르게 된다. 한문제 유항 개인의 뛰어난 자질과 능력이 한나라를 태평성대로 이끈 직접적인 원인이었지만, 한편으로는 이 역사의 법칙에서 벗어나지 않았다고 생각한다.

4

제4장 | 한경제 유계

제4장

한경제 유계

1. 성장 과정과 황위 계승

6대 황제 한경제(漢景帝) 유계(劉啓 · 기원전 188~기원전 141)는 한문제 유항의 적장자로 태어났다. 그의 생모 두의방(竇猗房)은 여태후가 한나라를 다스릴 때 양가자(良家子: 집안이 좋거나 청빈한 선비의 자녀) 출신으로서 입궁하여 여태후를 섬겼다. 궁궐에서는 그녀를 두희(竇姬)라고 불렀다.

훗날 여태후가 제후국 왕들의 충성을 이끌어 낼 목적으로 그들에게 궁녀를 하사한 적이 있었다. 두희는 어차피 도성 장안을 떠나 왕의 후궁이 될 바에는 차라리 고향 관진현(觀津縣: 하북성 무읍현 · 武邑縣)이 있는 조나라로 가고 싶었다. 궁녀를 보내는 일을 담당하는 환관에게 간청했다.

"저의 명부(名簿)는 꼭 조나라로 가는 궁녀의 대오 가운데 놓아주십시오."

얼마 후 환관은 그녀의 간청을 잊고 명부를 대(代)나라로 가는 궁녀의 대오 가운데 놓았다. 두희는 환관을 원망했으나 어명에 따라 어쩔 수 없이 다른 궁녀 네 명과 함께 대나라로 가서 대왕(代王) 유항(劉恒)의 후궁이 되었다. 당시 유항에게는 본부인 왕후(王后: 이름과 생졸년 미상)가 있었다. 왕후는 유항의 아들 네 명을 낳았다. 유항은 왕후와 후궁들 중에서 유독 두희만을 총애했다.

두희는 유항의 사랑에 보답이라도 하듯 딸 유표(劉嫖)와 유계, 유무(劉武: 훗날의 양왕·梁王) 두 아들을 낳았다. 그런데 유항이 아직 황제로 추대되지 않았을 때 왕후가 죽었다. 불행하게도 유항이 황제가 된 직후에 왕후가 낳은 네 아들도 모두 연이어 사망했다. 역사서에서는 왕후가 누구이며 그녀와 네 아들이 왜 죽었는지 어떤 설명도 없다.

여태후는 집권 기간에 유씨 왕후(王侯)들을 통제할 목적으로 여씨 일족의 딸을 그들과 혼인하게 했다. 이를테면 여태후의 여동생 여수(呂嬃)의 딸은 영릉후(營陵侯) 유택(劉澤), 그녀의 조카 여산(呂產)의 딸은 조왕(趙王) 유회(劉恢), 또 다른 조카 여록(呂祿)의 딸은 주허후(朱虛侯) 주장(劉章)에게 시집가게 했다. 조왕 유우(劉友)의 왕후와 후소제(後少帝) 유홍(劉弘)의 황후도 모두 여씨였다.

여씨와 유씨의 이런 혼인 관계로 볼 때 유항의 왕후도 여씨일 가능성이 높다. 유항의 왕후는 남편이 황제가 되기 전인 여씨 일족의 기세가 등등했을 때 사망했다. 이는 그녀가 여씨와 유씨의 권력 투쟁에 희생양이 되어 죽은 게 아니라 젊은 나이에 병으로 사망했음을 짐작하게 한다. 하지만 그녀가 낳은 네 아들의 연이은 죽음은 필시 곡절이 있었을 것이다.

유항을 황제로 추대한 대신들은 여태후와 여씨 일족의 전횡에 이를 갈았다. 여씨 일족이라면 남녀노소를 가리지 않고 모조리 살해했다. 아마 이 시기에 유항과 왕후 사이에서 태어난 네 아들도 외가가 여씨라는 이유로 살해된 게 아닌가 한다. 물론 유항이 친아들들을 죽이라고는 하지 않았을 것이다. 주발, 진평 등 신하들이 여씨 피가 섞인 그들을 비밀리에 살해했는지도 모른다.

유계는 한문제의 다섯 번째 아들이었으나 어쨌든 이복형 네 명이 모두 죽었으므로 적장자로 인정을 받았다. 한문제 원년(기원전 179) 대신들은 한문제에게 하루빨리 태자를 책봉하여 종묘사직을 안정시켜야 한다고 아뢰었다. 태자 책봉은 '국본(國本)'을 세우는 중차대한 일이었다.

한문제는 자신이 아직 공덕을 쌓지 못했고 백성들의 삶이 나아지지 않은 상황에서 아들을 태자로 책봉하는 일은 부끄러운 일이라고 말하며 사양했다. 게다가 유씨 왕족 가운데 현명하고 인덕을 갖추어 제왕의 도를 널리 행할 수 있는 사람을 찾을 수 있으면 그를 후계자로 삼아 한나라 천하를 넘겨주고 싶다는 생각을 밝히기도 했다.

하지만 대신들은 유씨 제후나 종실 중에서 태자를 선택하는 것은 한고조의 뜻이 아니라고 말하며 한문제의 적장자를 태자로 책봉해야 한다고 주장했다.

"황자 모(某: 유계를 지칭함)는 황자들 가운데 나이가 가장 많고 순박하며 인정도 많고 인자하므로 그를 태자로 세워야 합니다."

한문제는 왜 아들을 태자로 책봉하는 일을 주저했을까. 정말로 그의 말대로 아들이 아닌 다른 사람을 후계자로 삼으려고 했을까. 진심이 아니었다고 생각한다. 그는 집권한 지 3개월 만에 태자 책봉 문제가 거론되자 몹시 당황했다. 아직 권력을 강화하지 못했고 민심을 얻지 못한 상황에서 아들을 태자로 책봉한다면 권력 강화에만 마음을 두고 천하의 일을 걱정하지 않는다는 비난을 듣지 않을까 걱정했기 때문이다. 게다가 그는 다른 유씨 왕들의 눈치를 보아야 하는 처지였다. 대신들은 황제의 마음을 읽고 거듭 간청했다. 한문제는 마지못해 그들의 간청을 받아들이는 형식을 취하고 태자 책봉을 결정했다.

이에 따라 한문제 원년(기원전 179) 유계는 9세의 나이에 태자로 책봉되었다. 또 3개월이 지난 후 대신들은 황후 책봉을 건의했다. 한문제의 생모 박태후(薄太后)가 말했다.

"제후들은 모두 같은 성씨이므로 태자의 생모를 황후로 책봉해야 하오."

한문제는 박태후의 결정에 따라 태자 유계의 생모인 두희를 황후로 책봉했다. 두황후는 법가와 도가가 융합한 황로(黃老) 사상에 심취했다. 황(黃)은 전설상의 황제(黃帝)를 지칭한다. 그가 법률을 최초로 제정했다고 하여 그를 법가(法家)의 시조로 추앙하고 있다. 노(老)는 노자를 지칭하며 도가(道家)의 창시자이다. 황로 사상이 황제와 노자의 사상을 융합한 것이지만, 세월이 흐를수록 청정무위(淸靜無爲), 순응천도(順應天道), 무위자연(無爲自然) 소요제물(逍遙齊物) 등 노장(老莊) 사상의 색채를 강하게 나타냈다. 유계도 생모의 영향을 받아 어렸을 적부터 황제(黃帝), 노자(老子), 장자(莊子) 등에 관한 책을 읽지 않을 수 없었으며 그 학술을 공경하여 받들었다.

훗날 두황후는 중병을 앓아 두 눈이 실명했다. 한문제는 점차 그녀를 멀리하고 신부인(愼夫人)과 윤희(尹姬)를 총애했다. 남편의 사랑을 잃은 두황후는 쓸쓸한 세월을 보냈지만 아들 유계가 황제가 된 후에 황태후로 추존되었다. 아들이 사망하고 손자 한무제 유철이 즉위한 후에는 태황태후로 추존되어 부귀영화를 누리다가 한무제 건원(建元) 6년(기원전 135)에 세상을 떠났다.

한편 한문제는 태자 유계를 문무를 겸비한 미래의 황제로 키우고 싶었다. 동양후(東陽侯) 장상여(張相如)는 한나라의 건국 과정에서 수많은 전공을 세운 개국 공신이었을 뿐만 아니라 유가 경전과 제자백가의 서적을 박람하여 학술과 의례에도 정통했다. 더구나 사람됨이 충후하여 한고조, 한혜제, 여태후, 한문제로 이어지는 통치 기간에 '사조원로(四朝元老)'로 존경을 받았다. 한문제는 장상여를 태자태부(太子太傅)로 임명하여 태자의 교육을 전담하게 했다. 장상여는 어린 태자의 교육에 심혈을 기울였다.

유계가 태자였을 때의 일이다. 오왕(吳王) 유비(劉濞)의 아들 유현(劉賢)이 오나라 세자의 신분으로 장안에 입조했다. 한문제를 알현한 후 황태자 유계와 함께 술을 마시며 장기를 두었다. 두 사람은 장군 멍군하다가 언쟁을 벌였다. 유현이 오만불손한 태도를 보이자 유계가 분노하여 장기판으로 그의 머리를 가격했다. 술에 취한 상태에서 순간적으로 벌어진 다툼이었는데 뜻밖에도 유현이 사망하고 말았다. 유계는 아버지에게 유현이 자기를 능멸하여 분노를 참지 못해서 그런 일이 벌어졌다고 말하며 용서를 빌었다. 한문제는 태자의 죄를 묻지 않고 유현의 시신을 오나라로 보내 장례를 치르게 했다.

오왕 유비는 한고조 유방의 둘째형 대경왕(代頃王) 유중(劉仲)의 아들이다. 아들의 시신이 오나라에 이르자 유비가 분노하여 말했다.

"천하는 모두 유씨(劉氏) 집안인데 장안에서 죽었으면 장안에서 장사지내야지 하필이면 오나라에 와서 장사지내야 하는가?"

유비는 한문제와 태자에게 불만을 표시할 속셈으로 시신을 장안으로 돌려보내 장사지내게 했다. 이런 일이 있고 난 후 한문제와 태자에게 원한을 품기 시작했다. 후원(後元) 7년(기원전 157) 한문제가 붕어한 직후에 유계는 적장자 계승의 원칙에 따라 31세의 나이에 황제로 추대되었다. 그는 태자로 책봉된 지 20여 년 동안 미래의 황제로서 제왕학을 충분히 학습했으며 선황제 한문제가 어떻게 선정을 폈는지 지켜보았다. 황제로 등극한 직후에 천하에 대사면령을 내리고 백성들에게 작위를 한 등급씩 하사했으며 전답의 조세를 반으로 감면해 주었다.

2. 7국의 반란을 평정하고 황제의 권력을 강화하다

한고조 유방이 한나라를 건국한 직후부터 제후국 왕후(王侯)들은 겉으로는 중앙의 황제에게 복종했지만 직접 군대를 거느리고 지역 백성들을 다스리면서 사실상 독립 국가 왕 노릇을 했다. 그들 대부분은 한고조를 도와 한나라를 건국한 개국 공신이자 군부 실력자였다. 언제라도 딴마음을 품으면 자립할 수 있는 역량이 있었다. 따라서 황제 중심의 중앙 권력과 지방 왕후 중심의 지방 권력 간의 갈등과 충돌이 빈번하게 일어날 수밖에 없는 상황이었다.

한고조는 유씨(劉氏)가 아닌 이성(異姓) 왕후들을 제압한 후 오로지 유씨만이 제후국의 왕후가 될 수 있게 했다. 유씨 일족이 한나라 천하를 다스리는 형세가 되자 중앙과 지방의 대립 관계가 어느 정도 해소되었다. 하지만 여태후의 집권 기간에 이르러 유씨가 몰락하고 여씨가 득세하는 형국이 되었다. 유씨 왕후들 가운데 여태후와 여씨 일족에게 원한을 사지 않은 자만이 살아남을 수 있었다. 여태후 사후에 한문제 유항이 황제로 추대됨으로써 한나라는 다시 유씨 천하로 바뀌었다.

한문제는 즉위 직후에 황제 중심의 권력을 강화하기 위하여 적장자 유계를 태자로 책봉했다. 또 둘째아들 유무(劉武)를 대왕(代王)으로 책봉했다. 후원(後元) 11년(기원전 169) 한문제가 가장 총애한 넷째아들 양왕(梁王) 유읍(劉揖)이 말에서 떨어져 사망한 사고가 일어났다. 양나라는 성읍이 40여 개나 되는 대국이며 지리적으로는 동부 지역의 제후국들을 견제하고 도성 장안의 병풍 역할을 했다. 한문제는 대왕 유무를 서둘러 양왕으로 책봉했다. 아들이 가장 믿을만했기 때문에 그를 양나라처럼 중요한 제후국의 왕으로 삼은 것이다.

태중대부(太中大夫) 가의(賈誼)는 한문제에게 제후국의 영지가 너무 넓고 인구가 많으면 반드시 반란이 일어난다고 주장했다. 규모가 거대한 제후국을 작은 제후국들로 분할하고 동시에 왕후들을 많이 세움으로써 그들의 힘을 분산시키는 정책을 펴야 한다고 했다.

한문제는 가의의 건의를 수용했다. 당시 제후국 중에서 가장 강대했던 제나라는 제(齊), 성양(城陽), 제북(濟北), 제남(濟南), 치천(淄川), 교서(膠西), 교동(膠東) 등 7개 나라로 분할되었다. 각 나라의 왕은 이미 고인이 된 제왕(齊王) 유비(劉肥)의 아들들로 책봉되었다. 그들은 한나라 조정에 불만이 있더라도 세력이 분할된 상황에서 함께 행동하기가 쉽지 않았다.

한편 오왕(吳王) 유비(劉濞)는 아들 유현(劉賢)이 태자 유계에게 장기판으로 맞아 죽은 사건을 계기로 종종 조정의 명령을 거역했다. 정기적으로 입조하여 황제에게 하례를 올리는 일도 병을 핑계로 하지 않았다. 한문제와 조정 대신들은 그가 아들을 잃은 슬픔에 병이 들어 입조하지 못한다고 여기고 그의 처지를 이해했다. 그 후에도 국가의 중요한 의례를 거행할 때마다 유비는 계속 병을 핑계로 입조하지 않고 사자만을 장안으로 보냈다. 조정에서 그의 처신을 수상하게 여기고 그가 정말로 병에 걸렸는지 조사했다.

사실이 아닌 걸로 드러나자 오나라에서 온 사자들을 모조리 구금했다. 하루는 한문제가 사자에게 오왕이 입조하지 않는 이유를 물었다. 사자의 대답은 이러했다.

"사실 오왕은 병이 난 게 아닙니다. 조정에서 오나라 사자들을 모두 구금했기 때문에 오왕이 두려워하여 병을 핑계로 입조하지 않을 따름입니다. 폐하께서 그에 대한 의심을 거두시고 그가 개과천선할 수 있게 성은을 내려주시기 바랍니다."

한문제는 아들을 잃은 오왕에 대한 측은한 생각이 들었다. 즉시 오나라 사자들을 풀어주고 오나라로 돌아가게 했다. 또 특별히 오왕에게는 안석(安席)과 지팡이를 하사하고 입조를 면제해주었으며 노년을 편안하게 보내게 했다. 오왕 유비는 황제가 자기를 통제할 자신이 없어서 그런 특혜를 베풀었다고 생각하고 더욱 교만해졌다. 한경제 유계가 등극한 후에는 그를 얕잡아 보기 시작했다.

한경제의 집권 초기에 제후국의 왕후들은 대부분 유씨였으나 황제와의 혈연 관계가 한문제 시대보다는 느슨해졌다. 황제와 왕후들 사이에 미묘한 긴장감이 흘렀다. 한경제 2년(기원전 155) 어사대부 조조(晁錯)가 한경제에게 「삭번책(削藩策)」을 올렸다. 그 일부 내용은 이렇다.

"지금 오왕은 예전에 아들 유현의 죽음에 원한을 품고 거짓으로 병이 들었다는 핑계를 대고 입조를 거부하고 있습니다. 옛날의 법도에 의하면 그는 진작 참수형을 당해야 했습니다. 하지만 선황제께서는 차마 그렇게 하지 못했으며 오히려 그에게 안석과 지팡이를 하사하고 노후를 편안하게 보내게 했습니다. 이는 그에게 베푼 성총과 인덕이 더 할 수 없이 극진했음을 의미합니다."

"하지만 오왕은 개과천선은커녕 더욱 오만하고 전횡을 부리고 있습니다. 또 근래에는 산에서 구리를 캐어 동전을 주고하고 바닷물을 끓여 소금을 생산하고 있으며 천하의 무뢰배를 끌어 모아 반란을 획책하고 있습니다. 지금 그를 삭번해도 그는 반란을 일으킬 것이며, 삭번하지 않아도 역시 반란을 일으킬 것입니다. 또 삭번하면 반란이 빨리 일어나지만 상대적으로 그 재앙은 적을 것이며, 삭번하지 않으면 반란이 늦게 일어나지만 그 재앙은 더욱 커질 것입니다."

"동전을 주조하고 소금을 생산한다."는 것은 제후의 나라에서 벗어나 독립 왕조를 이루겠다는 뜻이다. 삭번이란 왕후들의 영지와 권력을 강제로 회수하는 것이다. 제후국의 권력이 비대해져서 황제와 조정에 위협이 되었을 때 흔히 취하는 조치이다. 오왕 유비는 이미 반역의 마음을 품고 있으므로 삭번 여부와 관계없이 반드시 반란을 일으킬 것이다. 어차피 그가 반란을 일으킬 수밖에 없는 상황이라면 하루라도 빨리 그의 영지와 권력을 빼앗아야 만이 그나마 재앙을 줄일 수 있다는 주장이다.

조조는 또 다른 왕후들의 과오를 들추어내어 삭번해야 한다고 주장했다. 한경제는 조조의 삭번 주장을 수용했다. 초왕(楚王) 유무(劉戊)는 한문제의 생모 박태후(薄太后)의 대상(大喪)을 치르는 동안 상복(喪服)을 입지 않고 음란한 짓을 한 적이 있었다. 한경제는 그의 잘못을 용서하는 대가로 초나라 땅 동해군(東海郡)을 회수했다. 조왕(趙王) 유수(劉遂)는 예전에 저지른 과오 때문에 영지 하간군(河間郡)을, 교서왕(膠西王) 유앙(劉卬)은 매관매직의 죄명으로 영지 6개 현(縣)을 빼앗겼다.

유씨 왕들은 자신들의 영지를 빼앗길 만큼 중죄를 저지르지 않았지만, 한경제와 조조는 그들의 세력을 억제하기 위한 수단으로 삭번한 것이다. 오왕 유비는 머지않아 자기도 영지를 빼앗기지 않을까 두려웠다. 더구나 한경제는 그의 아들을 죽인 불구대천의 원수가 아닌가. 영지를 빼앗기고 제거될 바에는 차라리 반란을 일으켜 일국의 왕으로 독립하는 게 살길이라고 생각했다.

유비는 교서왕 유앙을 만나 한나라를 타도하고 천하를 양분하여 다스리자고 했다. 유앙도 한나라에 불만을 품고 있었으므로 그의 은밀한 제안에 찬동했다. 유비는 또 초나라, 조나라 등 제후국에 사자를 보내 함께 병사를 일으켜 한나라를 공격하자고 했다. 초왕 유무와 조왕 유수는 오왕 유비와 행동을 함께 하기로 모의했다.

이렇게 유비를 중심으로 반한(反漢) 동맹이 결성될 무렵에 한경제는 유비의 영지인 예장군(豫章郡)과 회계군(會稽郡)을 회수하겠다는 조서를 오나라에 보냈다. 유비는 오나라 경내에서 한나라 조정이 임명한 녹봉 2천 석(石) 이하의 관리들을 살해한 후 초왕 유무, 조왕 유수, 제남왕 유벽광, 치천왕 유현, 교서왕 유앙, 교동왕 유웅거 등 6왕과 공개적으로 한나라 조정에 반기를 들었다. 그는 오나라에 징집령을 내렸다.

> "과인은 올해 62세이다. 친히 장수가 되어 출전할 것이다. 과인의 막
> 내아들은 14세이다. 그도 병사가 되어 앞장서서 싸울 것이다. 따라서 위
> 로는 과인과 나이가 같은 사람부터 아래로는 막내아들과 나이가 같은 사
> 람까지 모두 무기를 들고 싸워야 한다."

유비는 이렇게 오나라의 14세 이상, 62세 이하의 남자들을 모두 징집하여 20만 대군을 결성했다. 그런데 그는 유씨 왕들과의 반한 동맹만으로는 한나라와 싸워 이길 자신이 없었다. 흉노, 동월(東越), 민월(閩越) 등 주변 국가에 사신을 보내 지원을 요청했다.

한경제 3년(기원전 154) 마침내 오나라와 초나라가 중심이 된 7국의 반란

이 일어났다. 오나라와 초나라의 연합군은 회수(淮水)를 건너 서쪽으로 진격했다. 제왕(齊王) 유장려(劉將閭)는 교서왕 유앙 등 그의 형제들이 일으킨 반란에 가담하지 않았다. 유앙 등은 제나라의 도성 임치(臨淄)로 진격하여 유장려를 압박했다. 유장려는 한나라 조정과 반란군 사이에서 모호한 태도를 취하면서 형세를 관망했다. 조왕 유수는 흉노와 연합하여 한나라의 변방을 공격했다.

한경제는 유씨 왕들의 조직적인 반란에 크게 당황하여 어찌할 줄 몰랐다. 조조는 그에게 황제의 친정(親征)을 건의했다. 황제가 친히 토벌에 나서면 자기는 도성 장안을 굳건히 지키겠다고 했다.

예전에 오나라 승상이었던 원앙(袁盎)은 평소에 조조와 사이가 아주 나빴다. 두 사람은 정치적으로 경쟁자 관계였는데 서로 미워하여 조정에서 함께 앉아 정사를 의논하는 일조차도 거부했다. 반란이 일어나기 전에 조조는 원앙이 오왕 유비의 뇌물을 받았다고 한경제에게 아뢴 적이 있었다. 한경제는 원앙을 평민으로 강등하고 고향으로 돌아가게 했다. 7국의 반란이 일어나자 조조는 원앙이 오왕의 뇌물을 받고 역모 음모를 숨겼기 때문에 반란이 일어났으므로 원앙을 죽여야 한다고 주장했다. 하지만 다른 대신들은 성품이 강직한 원앙이 절대 그럴 리가 없다며 그를 두둔했다.

대장군 두영(竇嬰)은 두태후의 조카이다. 평소에 원앙과 친분이 있었다. 그는 원앙을 조정으로 불러들여 그에게 반란군을 토벌할 계책을 세우게 해야 한다고 한경제에게 아뢰었다. 황제의 부름을 받은 원앙은 장안으로 달려와 입조했다. 마침 한경제와 조조가 대화를 나누고 있었다. 한경제가 원앙을 반기며 그에게 계책을 물었다. 원앙은 다른 사람이 옆에 있으면 계책을 낼 수 없으므로 그를 물러 나가게 해달라고 요청했다. 다른 사람은 조조를 의미했다. 한경제가 조조를 물러 나가게 하자 원앙이 아뢰었다.

"오왕과 초왕은 간신 조조를 죽이고 원래 그들의 봉지(封地)였던 땅을 다시 차지하기 위해서 반란을 일으켰을 뿐 다른 목적은 없습니다. 폐하 께서 조조를 죽이고 그들의 반란죄를 사면한 후 그들에게 봉지를 돌려주 면 병화(兵禍)는 저절로 종식될 것입니다."

이른바 "군주 주변의 간신들을 제거하고 조조를 주살한다(淸君側, 誅晁 錯)."라는 반란의 명분을 없애기 위해서라도 반드시 조조를 죽여야 한다고 원앙은 주장했다. 한경제는 조조와 원앙 중 한 명을 선택해야 했다. 반란 을 종식시키기 위해서는 태자 시절부터 총애한 조조를 희생양으로 삼을 수밖에 없었다. 한나라 초기 농업 발전에 혁혁한 공을 세우고 황제와 조 정 중심의 중앙 권력의 강화를 위해 제후국의 세력을 억제하고자 했던 조 조는 결국 동시(東市)에서 허리가 잘리는 형벌을 당하고 죽었다.

한경제는 원앙을 태상(太常), 오왕 유비의 조카인 덕후(德侯) 유광(劉光)을 종정(宗正)으로 임명했다. 아울러 두 사람을 오나라로 보내 오왕 유비를 설 득하게 했다. 유광이 먼저 유비를 만나 말했다.

"오왕은 신하로서 예의를 갖추고 천자의 칙령을 받드시오."

유비는 원앙과 유광이 자신을 설득하러 왔음을 눈치채고 웃으면서 말 했다.

"나는 이미 동쪽의 천자가 되었는데 또 누구에게 예의를 갖추겠는가?"

유비는 예전에 자신의 신하였던 원앙을 장수로 삼아 다시 부리고자 했다. 하지만 원앙이 말을 듣지 않자 그를 죽이려고 했다. 원앙은 가까스로 오나라에서 양나라로 탈출하여 한경제에게 오왕이 황제를 참칭한 소식을 알렸다.

진노한 한경제는 대규모 병력을 동원하여 반란군을 진압하기로 결심했다. 태위 주아부(周亞夫)에게는 장수 36명을 이끌고 가서 오나라와 초나라의 연합군과 맞서 싸우게 했다. 곡주후(曲周侯) 역기(酈寄)에게는 조나라, 장군 난포(欒布)에게는 제나라를 공격하게 하고, 대장군 두영에게는 형양에 주둔하면서 제나라와 조나라 군사의 동태를 감시하게 했다.

오나라와 초나라의 연합군은 양나라 땅으로 진격하여 한경제의 동생 양왕(梁王) 유무(劉武)의 영지인 극벽(棘壁: 하남성 영성·永城)을 빼앗았다. 양나라를 점령한 후 서쪽 낙양과 장안으로 진격할 전략이었다. 양왕 유무가 한경제에게 구원을 요청했다. 한경제는 주아부에게 군사를 이끌고 양나라로 진격하여 양왕을 구원하게 했다. 하지만 주아부는 반란군에 직접 맞서 싸우면 승산이 없다고 판단하고 한경제에게 계책을 냈다.

"초나라 군사는 민첩하고 용맹하며 전투력도 아주 강하므로 정면으로 승부하면 승리하기가 어렵습니다. 먼저 양나라를 포기하고 배후에서 반란군의 보급로를 차단한 후 기회를 엿보아 공격하면 섬멸할 수 있습니다."

한경제는 주아부에게 그의 계책대로 작전을 펴게 했다. 주아부는 한나라 주력군을 양나라 이북의 창읍(昌邑: 산동성 거야·巨野)에 주둔시킨 후 궁고후(弓高侯) 한퇴당(韓頹當)에게 경기병(輕騎兵)을 이끌고 남쪽으로 진격하여 오나라와 초나라 연합군의 보급로를 차단하게 했다. 오나라와 초나라의 연합군은 양나라의 도성 수양성(睢陽城: 하남성 상구·商丘)에서 양왕 유무의 거센 저항을 받아 더 이상 서쪽으로 진격할 수 없으며 아울러 후방의 보급로가 차단되자 주아부가 이끄는 한나라 주력군을 공격했다.

한나라 역대 황제 평전

한나라 주력군과 오나라와 초나라의 연합군은 회북(淮北) 평원에서 교전을 벌였다. 그런데 한나라 주력군은 병거(兵車)와 기마(騎馬) 위주로 편성되었고, 오나라와 초나라의 연합군은 보병 위주의 군대였다. 평원에서의 전투는 한나라 군대에 유리했다. 더구나 오나라와 초나라의 연합군은 보급로가 차단되어 병사들이 굶주리고 있었다. 양군은 접전을 벌이자마자 한나라 군대의 승리로 끝났다.

오왕 유비는 가까스로 회수(淮水)를 건너 동맹국 동월로 달아나 재기를 노렸다. 한경제는 동월에 사신을 파견하여 오왕을 죽이면 동월왕에게 막대한 이익을 챙겨주겠다고 약속했다. 한경제의 회유에 넘어간 동월왕은 유비의 목을 잘라 한나라로 보냈다. 초왕 유무도 싸움에 패하여 자살했다. 7국 반란군의 양대 세력이었던 오나라와 초나라가 한경제 전원(前元) 3년(기원전 154) 정월에 반란을 일으킨 지 3개월 만에 망하자 나머지 왕들도 모두 자살하거나 투항했다.

한경제는 초나라에 새로운 왕을 책봉한 것 이외에 나머지 6국의 왕위는 모두 폐지했다. 이는 한나라가 황제와 조정 중심의 중앙 집권 체제의 기틀을 이루는 결정적 계기가 되었다. 그 후에도 지방의 왕후들은 여전히 존재했지만 그들은 더 이상 관리를 임용하거나 조세를 징수하는 권한을 갖지 못했다. 사법권, 행정권 등 정치 권력을 빼앗긴 그들은 황제와 조정의 명령을 충실히 따를 수밖에 없었으며 그들의 지위는 조정에서 임명하고 파견한 군(郡)의 우두머리와 크게 다르지 않았다.

3. 흉노와의 화친 정책을 유지하고 국가 발전을 이루다

흉노(匈奴)는 기원전 3세기말부터 서기 1세기말까지 오늘날의 중앙아시아, 북몽골 등의 광활한 지역에서 번창한 북아시아 최초의 유목 국가이다. 흉노의 지배 세력은 튀르크(Türk)족이며 세력 확장에 따라 몽골족도 주요 세력으로 편입되었다. 흉노는 중국 천하를 최초로 통일한 진시황제 때부터 중원의 한족 왕조를 끊임없이 침략했다. 진시황제가 얼마나 흉노를 두려워했으면 전국의 수많은 장정들을 동원하여 만리장성을 쌓게 했겠는가. 한고조 유방도 백등산(白登山: 산서성 대동·大同에 있는 마포산·馬鋪山)에서 흉노왕 묵돌선우(冒頓單于)에게 포위되어 목숨이 경각에 달리자 막대한 공물과 공녀를 바치고 겨우 살아남을 수 있었다.

한경제의 통치 시대에 이르러 북아시아의 최강국은 흉노였다. 흉노는 오늘날의 몽골 지역에 대한 지배권을 확립한 후 수시로 남하하여 한나라의 변방 지역을 유린했다. 흉노의 맹수처럼 사납고 날랜 기병이 변방을 유린할 때마다 한경제는 소극적인 방어 전략을 폈으며 싸움보다는 협상으로 일관했다. 해마다 막대한 공물을 흉노에 바쳤을 뿐만 아니라 한나라 종실의 처녀를 공주로 속이고 흉노 왕에게 시집보내 혼인 동맹을 결성함으로써 병화를 피했다. 한경제와 조정 대신들은 자존심이 무척 상했지만 한나라의 군사력이 흉노에 비해 크게 뒤졌으며 아울러 7국의 반란을 진압하는 와중에서 민생 경제가 피폐했기 때문에 어쩔 수 없는 선택이었다.

어느 날 유허로(唯許盧) 등 흉노 장수 5명이 한나라에 귀순했다. 한경제는 뛸 듯이 기뻤다. 한나라의 군사력이 흉노보다 약하여 굴욕을 당했지만 '오랑캐 나라'의 장수들이 천자의 위엄과 덕행에 감읍하여 귀부했다고 생각했다. 그는 그들을 제후로 책봉하여 더 많은 흉노의 장수들이 귀부하기를 바랐다. 하지만 승상 주아부가 반대했다.

"자기 나라를 배신하고 귀부한 자들을 제후로 책봉한다면 앞으로 한나라에서 지조를 지키지 못하고 변절한 신하들을 어떻게 처벌할 수 있겠습니까?"

주아부는 평소에 흉노에 대해 강경책을 주장한 대신이었다. 7국의 반란을 진압하는 데 결정적인 공훈을 세워 한경제의 총애를 받아 승상의 지위에 올랐다. 한경제가 불쾌한 표정을 지으며 단호하게 말했다.

"승상의 말은 헛소리이오. 조금도 쓸모가 없소."

주아부도 얼굴을 붉히며 물러났다. 얼마 후 한경제는 흉노 장수 5명을 제후로 책봉했다. 주아부는 병을 핑계로 사직을 청원했다. 한경제는 즉시 그의 청원을 윤허했다. 이때부터 주아부는 황제의 총애를 잃고 지내다가 그의 아들이 관가의 물건을 훔친 일에 연루되어 5일 동안 단식 끝에 피를 토하고 죽었다. 한경제는 총신 주아부마저도 내쳤을 정도로 귀순한 흉노 장수들을 파격적으로 대우하고 흉노에 대한 유화 정책을 폈다. 그의 이러한 정책은 그가 내치에 전념할 수 있는 계기가 되었다. 한경제는 7국의 난을 평정한 직후에 이런 조서를 반포했다.

"궁전의 누각에 화려한 문양을 새기는 일은 농사를 해치는 행위이며, 비단에 수를 놓는 일은 길쌈을 해치는 행위이다. 농사를 해치면 굶주림의 근본이 되며 길쌈을 해치면 추위에 떠는 근본이 된다. 굶주림과 추위가 동시에 닥쳤는데도 고난을 극복할 수 있는 사람은 드물다. 짐은 몸소 밭을 갈고 황후는 뽕을 따서 종묘에 올릴 제수(祭需)와 상복(喪服)을 직접 마련하는 일에 앞장 설 것이다."

한경제 자신이 먼저 사치를 배격하고 농사에 솔선수범하겠다는 다짐이다. 그의 중농 정책은 다음의 조서에서도 나온다.

"농사는 천하의 근본이다. 황금과 주옥은 굶주려도 먹을 수 없고 추워도 입을 수 없다. 설사 그것들을 화폐로 사용한다고 해도 그 효능의 끝과 시작을 알 수 없다. 근년에 이르러 풍년이 들지 않았는데도 상업에 뜻을 두는 자는 많고 농민은 적다. 여러 군(郡)과 번국(蕃國)에 명을 내려 농사에 힘쓰게 하고 뽕나무를 더 많이 심게 한다면, 백성들은 풍족한 음식과 옷감을 얻을 수 있을 것이다. 만약 관리들 중에서 백성을 징발하여 고용인처럼 부리면서 황금과 주옥을 채취하게 하는 자가 있으면, 그를 도적으로 간주하고 처벌할 것이다. 아울러 녹봉 2천 석(石)을 받는 관리들 중에서 황금과 주옥을 채취하는 일을 허락하는 자가 있으면, 그도 도적으로 간주하고 처벌할 것이다."

한경제가 얼마나 농업을 중시했는지 알 수 있다. 한나라와 같은 거대한 농업 국가에서 풍족한 양식과 옷감은 왕조를 지탱하는 절대적 힘과 부의 원천이었다. 선량한 백성들이라도 여러 해 동안 흉년이 들어 기아에 허덕이고 추위에 떨면 군주의 실정을 비난하며 폭민(暴民)으로 변하여 반란을 일으키는 법이다. 그래서 역대 중국 중원 왕조의 군주들 가운데 정상적 사고를 하는 군주라면 "백성은 먹을 것을 하늘로 삼는다.(民以食爲天)"라는 인식을 가지고 있었다.

한경제도 마찬가지였다. 그는 황금과 주옥은 배고픔을 해결하고 옷을 만들어 입는 데 아무런 가치가 없는 사치품으로 간주했다. 또 상인이 늘어나고 농민이 줄어드는 사회 현상을 크게 우려했다. 농업을 숭상하고 상업을 억제하는 정책을 폈음을 알 수 있다. 한나라 시대에 지방 군수(郡守)의 1년 녹봉은 2천 석이었다. 조정에서 임명하여 파견한 군수는 군(郡)의 실질적 통치자이다. 군의 말단 관리들이 백성들을 강제로 동원하여 농사는 내팽개치고 황금과 주옥을 캐는 일에만 몰두한다면 군수에게도 엄중한 책임을 묻겠다는 뜻을 밝혔다.

한경제는 백성들이 농사에 전념하고 풍족한 생활을 영위하기 위해서는 조세를 대폭 줄여야 한다고 생각했다. 한경제 이전 시대에 농민은 수확한 곡식의 15분의 1을 전조(田租)로 냈다. 한경제는 이것을 반으로 줄여 30분의 1만 내게 했다.

당시 성인 남자는 진나라 시대부터 내려온 요역(徭役)의 의무가 있었다. 나이 17세가 되면 고향의 군영에서 1년 동안 복무한 후 도성이나 변방으로 가서 또 1년을 복무해야 했다. 2년의 복무 기간을 마친 후에도 수시로 성곽과 제방을 수리하거나 도로를 넓히는 일 등 건설 현장에 투입되어 노동을 해야 했다. 60세가 되어야 비로소 요역의 의무에서 해방되었다.

한경제는 생산 활동의 주체인 성인 남자들에게 부과된 요역의 의무가 백성의 삶을 피폐하게 하며 궁극적으로는 국가 발전을 저해한다고 보았다. 그가 굴욕을 참고 흉노와의 화친 정책을 밀고 나간 이유도 가능한 한 백성들을 징집하지 않고 생산 활동에 전념할 수 있게 하기 위해서였다. 그는 요역 개시의 나이를 20세로 늦추었으며 복무 기간을 대폭 줄였을 뿐만 아니라 대규모의 노동 인력을 필요로 하는 토목 공사도 일으키지 않았다. 또 잔혹한 형벌을 폐지하고 무고한 백성이 억울한 옥살이를 하는 일이 없게 했다. 흉년이 든 지방이 있으면 관부에서 보관한 곡식을 보내주어 굶주리는 백성을 구휼하게 했다. 흉년이 들었는데도 곡식을 말의 사료로 쓰는 자가 있으면 그를 처벌하고 말을 몰수했다.

한경제는 흉노와의 화친 정책을 유지하면서 국방력 강화에 전력을 다했다. 옛날부터 중원 지방은 언제나 전마(戰馬)가 부족했다. 그는 흉노의 침략에 대항하기 위해서는 무엇보다도 먼저 전마를 많이 기르고 기병을 양성해야 했다. 말은 또 생산과 교통의 유용한 수단이기도 했다. 한경제는 서쪽 변방의 북지군(北地郡), 북쪽 변방의 상군(上郡) 등지에서 말을 대규모로 기르게 했다. 일정한 기간이 지나자 관부에서 기르는 말만 세어 보아도 무려 40여만 필이나 되었으며 민간에서 기르는 말은 그 수를 헤아릴 수 없을 정도로 많았다. 이에 따라 한나라는 말을 활용하여 기병을 보강하고 생산과 교통에 혁신을 이루었다.

한경제의 통치술과 정책은 대체적으로 선친 한문제의 유업을 계승한 것에서 나왔다. 그의 통치 기간에 한나라는 눈부신 발전을 이룩했다. 인구는 폭발적으로 늘어나 3천여만 명에 달했고 창고에 쌓아 놓은 재화는 산처럼 거대했으며 비축한 양식은 넘쳐나 썩어 문드러지기도 했다.

사마천과 쌍벽을 이루는 역사학자 반고는 한문제와 한경제의 통치 기간을 '문경(文景)의 치(治)'로 명명(命名)했다. 한문제가 즉위한 기원전 180년부터 한경제가 세상을 떠난 기원전 141년까지 대략 40여 년 동안 한나라가 태평성대를 구가했다는 평가이다. 한경제의 아들 한무제 유철이 한나라를 진정한 제국으로 발전시킬 수 있었던 원동력은 바로 이 '문경의 치'에서 나왔다.

5

제5장 | 한무제 유철

한무제 유철

1. 성장 과정과 황위 계승

한경제 유계는 태자 시절에 한문제 유항의 생모이자 유계의 조모인 박태후(薄太后: 박희·薄姬를 지칭)의 결정에 따라 박태후 집안의 처녀 박씨(薄氏)를 태자비로 맞이했다. 그런데 유계는 태자비를 좋아하지 않았기 때문에 그녀와 잠자리를 거의 하지 않았다. 박씨는 유계의 자식을 낳지 못하고 쓸쓸한 세월을 보냈다. 유계가 황제로 등극한 후 황궁의 법도에 따라 그녀도 황후가 되었으나 여전히 남편의 사랑을 받지 못했다. 훗날 그녀의 든든한 후원자였던 박태후가 서거한 후 폐위되어 별궁에서 지내다가 죽었다.

유계는 태자 시절에 동궁의 후궁으로 간택된 제나라 출신 율희(栗姬)를 총애했다. 율희는 유계의 서장자(庶長子: 첩이 낳은 장남) 유영(劉榮), 둘째아들 유덕(劉德), 셋째아들 유알우(劉閼于) 등 세 아들을 낳았다.

한나라 역대 황제 평전

한편 괴리(槐里: 섬서성 흥현·興縣) 사람 왕지(王娡)라는 여자가 있었다. 원래 그녀는 김왕손(金王孫)의 아내였다. 그녀의 어머니 장아(藏兒)는 딸이 귀부인이 될 거라는 점쟁이의 말을 믿고 사위에게 딸을 빼앗아 동궁의 시녀로 보냈다. 유계는 왕지를 보자마자 한눈에 반했다. 왕지는 태자의 총애를 받아 미인(美人)으로 책봉되었다.

어느 날 왕미인은 태양이 자기 품속으로 들어오는 태몽을 꾸었다. 유계는 그 이야기를 듣고 '귀한 아들이 태어날 징조'라고 말하며 기뻐했다. 왕미인은 유계가 황제로 즉위한 직후에 유계의 열 번째 아들 유철(劉徹·기원전 156~기원전 87)을 낳았다. 품계가 부인(夫人)으로 승격되었다. 그녀가 유철 이외에도 평양공주(平陽公主), 남궁공주(南宮公主), 융려공주(隆慮公主) 등 한경제 유계의 세 딸을 연이어 낳은 것을 보면 유계와 왕지의 부부 관계가 무척 좋았던 것 같다.

유철의 아명은 유체(劉彘)이다. 이름에 '돼지 체(彘) 자'를 쓴 이유는 여러 가지 이야기가 전해 내려오고 있으나, 중국 고대인들은 갓 태어난 아이에게 비천한 이름을 지어주면 오래 산다는 미신 때문이었을 것이다. 옛날에 우리나라에서도 그랬다. 유체는 천성이 영민한 아이였다. 세 살 때 한경제가 그를 무릎에 앉혀 놓고 "너는 천자가 되고 싶으냐?"라고 묻자 유체의 대답은 이러했다.

"천자가 되는 일은 하늘에서 결정하지 제가 결정하는 게 아니지요. 저는 다만 매일 궁중에서 거주하면서 폐하 앞에서 재롱이나 부리고 싶어요."

한경제는 어린 아들의 나이에 걸맞지 않은 대답을 듣고 그가 필시 큰 인물이 될 거라고 생각했다. 유체는 또 기억력이 비상하고 독서를 좋아했다. 성현들의 언행을 기록한 경전들을 한 글자도 빠짐없이 암송하여 한경제를 기쁘게 했다. 한경제는 유체가 일곱 살 때 아들이 지혜가 충만하고 덕망이 높으며 세상의 이치를 환하게 꿰뚫었다고 생각하여 그의 이름을 '통달할 철(徹) 자'로 바꾸었다.

한경제는 즉위 초부터 몸이 건강하지 못했다. 사직을 안정시키기 위해서는 태자 책봉을 서둘러야 했다. 당시 그의 아들들은 모두 나이가 어렸다. 한경제의 생모 두태후는 막내아들 양왕(梁王) 유무(劉武)를 유별나게 사랑하여 그에게 엄청난 재물을 아낌없이 하사했다. 양왕은 황제에 버금가는 호화로운 생활을 했다. 영지(領地)를 순행할 때면 황제의 순행처럼 거창했다. 한경제는 양왕이 분수에 넘치는 행동을 해도 모른 척했다. 그가 친동생이자 두태후가 그를 끔찍이 아꼈기 때문이다. 두태후는 평소에 막내아들이 태자로 책봉되기를 바랐다.

7국의 난이 일어나기 직전인 전원(前元) 3년(기원전 154) 어느 날 양왕이 입조했다. 한경제는 두태후를 모시고 양왕의 입조를 축하하는 연회를 열었다. 연회석에서 술에 취한 김에 먼 훗날 자기가 죽을 때가 되면 황위를 양왕에게 물려주겠다고 농담했다. 유무는 천부당만부당한 일이라고 말하며 사양했지만, 생모 두태후가 자기를 워낙 총애했으므로 마음속으로는 생모의 지지를 받으면 황위를 계승할 수 있지 않을까 은근히 기대했다. 두태후도 한경제의 말을 듣고 기뻐했다. 그런데 두태후의 조카이자 첨사(詹事) 두영(竇嬰)이 한경제에게 술잔을 올리며 아뢰었다.

"한나라 천하는 한고조께서 세우셨습니다. 한고조께서는 신하들과 함께 황위는 반드시 적장자나 적손에게 물려주어야 한다는 법률을 제정했습니다. 그런데도 어찌하여 폐하께서는 동생에게 황위를 전해주어 법통을 훼손하시려고 합니까?"

한경제는 술이 깬 후 자신의 실언을 후회하고 양왕을 태자로 책봉하겠다는 생각을 지웠다. 7국의 난을 평정한 후인 전원 4년(기원전 153)에 다시 태자 책봉 문제가 거론되었다. 한경제는 서장자 유영(劉榮)을 태자로 책봉했다. 유영의 생모 율희를 유달리 총애한 까닭에 그녀가 낳은 유영을 태자로 책봉한 것이다. 이때 세 살배기 유철도 교동왕(膠東王)으로 책봉되었다.

한경제의 친누나 관도장공주(館陶長公主) 유표(劉嫖)는 황실에서 생모 두태후의 총애와 황제의 비호 아래 부귀영화를 누리고 있었다. 그런데 그녀는 정치적 야심도 대단했다. 수시로 황제에게 미인들을 바침으로써 황제의 환심을 샀다. 그녀는 자신의 어린 딸 진씨(陳氏)를 아직 혼인하지 않은 태자 유영의 태자비로 삼으려고 했다. 훗날 유영이 황제로 등극하면 딸은 자연스럽게 황후로 책봉되고 자신도 황제의 장모로서 정치적 영향력을 발휘할 수 있었다.

유표는 자신의 뜻을 한경제와 유영의 생모 율희에게 밝혔다. 한경제는 수긍했지만 율희는 반대했다. 율희는 평소에 시누이 유표가 한경제에게 미인들을 바치는 모습을 보고 그녀를 증오하고 있었다. 그녀는 한경제에게 유표의 요청을 들어주지 말라고 눈물로 호소했다.

결국 혼사가 깨지자 유표는 분노했다. 그녀도 다른 방법을 찾아야 했다. 유철의 생모 왕부인에게 유철을 사위로 삼고 싶다고 말했다. 왕부인은 유표의 의중을 간파하고 흔쾌히 동의했다. 유표와 왕부인은 태자 유영을 폐위시킬 음모를 꾸몄다. 유표는 한경제를 만날 때마다 율희를 모함했다.

"율희는 여러 귀부인이나 총희(寵姬)들과 어울리면서 남몰래 시녀들에게 그들을 저주하게 합니다."

한경제는 처음에는 반신반의했으나 유표의 계속된 모함에 점차 율희를 싫어하게 되었다. 그는 몸이 허약했기 때문에 가끔 우울한 마음을 떨칠 수 없었다. 하루는 율희에게 자기가 죽으면 왕으로 책봉된 아들들을 잘 보살펴달라고 당부했다. 하지만 율희는 짜증을 내며 귀에 거슬리는 말을 했다. 한경제는 진노했지만 그녀를 내치지는 않았다.

유표는 또 수시로 교동왕 유철이 진정한 태자의 재목감이라고 칭찬했다. 왕부인도 한경제가 율희를 미워하는 틈을 타서 간계를 냈다. 어느 날 대행(大行)에게 태자의 생모 율희를 황후로 책봉해야 한다는 주청을 한경제에게 하게 했다. 대행은 한경제에게 업무를 아뢴 후 이런 말을 했다.

"자식은 어머니를 귀하게 여기고 어머니는 자식을 귀하게 여긴다는 옛
말이 있습니다. 지금 태자의 생모는 봉호가 없으므로 황후로 책봉해야
합니다."

대행은 외국 손님을 접대하는 일을 맡은 관직이다. 한경제는 벌컥 화를 내며 말했다.

"대행 따위가 본분을 망각하고 감히 황후 책봉 문제를 거론하다니!"

한경제는 당장 대행을 주살하게 했다. 그리고 율희와 태자 유영이 그에게 이런 주청을 하게 한 것으로 오해하고 유영을 폐위한 후 임강왕(臨江王)으로 강등시켰다. 이때 두태후가 또 막내아들 양왕을 태자로 옹립할 계획을 포기하지 않고 한경제에게 말했다.

"옛날에 은(殷)나라의 법률에 의하면 형이 죽으면 동생이 후계자가 되

한나라 역대 황제 평전

었으며, 주(周)나라의 법률에 의하면 아버지가 죽으면 적장자가 후계자가 되었다고 들었소. 사실 두 나라의 법도는 이치가 다르지 않고 한 가지일 뿐이오. 먼 훗날 양왕을 후계자로 삼는 게 어떻겠소?"

초나라의 승상 원앙이 두태후가 양왕을 태자로 옹립하려고 한다는 소식을 듣고 한경제에게 상소하여 그 부당함을 호소했다. 두태후의 계획은 또 좌절되고 말았다. 그 후 원앙은 양왕이 보낸 자객에게 살해되었다.

이처럼 태자 책봉을 둘러싼 온갖 갈등 끝에 한경제 7년(기원전 150), 교동왕 유철이 7세의 나이에 태자로, 왕부인은 황후로 책봉했다. 유표와 왕부인의 치밀한 공모(共謀)가 마침내 성공한 것이다. 그 후 율희는 원한을 품고 죽었으며 유영은 자살로 생을 마감했다.

후원(後元) 3년(기원전 141) 1월 한경제는 병석에서 일어나지 못했다. 자신의 운명이 다했음을 직감하고 태자의 성년 의식을 치르게 했다. 얼마 후 향년 47세를 일기로 붕어했다. 태자 유철이 15세의 나이에 황위를 계승했다. 그가 7대 황제 한무제(漢武帝)이다.

2. 백가를 배척하고 유가 학술을 존숭하다

무위자연(無爲自然)을 기본 인식으로 하는 도가의 색채가 강한 황로(黃老) 사상이 한나라 건국 초기부터 황실과 조정에서 유행한 까닭은 중국을 최초로 통일한 진(秦)나라처럼 가혹한 형벌로 국가를 다스리면 빨리 망할 수밖에 없다는 공포 심리 때문이었다. 더구나 오랜 전란에 따라 백성들의 삶이 더욱 피폐해진 국가적 위기를 극복해야 하는 절박함이 있었다.

한나라 초기의 통치자들은 붕괴된 민생 경제를 회복하기 위하여 무위

이치(無爲而治), 여민휴식(與民休息) 등 백성들에게 어느 정도 자유와 여유를 허용하는 정책을 실시했다. 또 가혹한 형벌이 폐지되고 막중한 조세 부담과 부역의 고통이 경감되자, 한나라는 빠르게 안정을 찾았으며 이에 따라 백성들의 삶도 대폭 개선되었다.

한무제 유철이 태자 시절에 동궁에서 스승들의 가르침을 받을 때부터 유가 학술에 깊은 관심을 가지기 시작했다. 황제 중심의 중앙 권력을 강화하고 군주와 신하의 상하 관계를 공고히 하며 백성들을 삼강오륜의 규범에 순응시키기 위해서는 유가(儒家) 사상보다 더 나은 사상은 없었다.

사실 한무제 이전에 유가 선비들은 정치적으로 엄청난 핍박을 받았다. 진시황제는 선비들이 실질을 중시하지 않고 공리공담만 늘어놓는다고 비난하여 그 유명한 분서갱유(焚書坑儒)의 만행을 저질렀다. 한고조 유방도 선비를 '개' 취급했다. 한문제, 한경제 시대에 들어와 사회 변화에 따라 선비들이 전면에 나섰지만 제자백가의 일개 학파로서 학술 활동에 전념했을 뿐이지 조정과 지방 관아에서 정치적 영향력을 발휘하지 못했다. 조정의 요직과 제후국의 왕후(王侯)는 대부분 개국 공신이나 유씨 종친이 차지했으며 선비들은 그들의 참모 역할에 만족해야 했다.

한무제가 15세의 나이에 황제로 등극한 직후에 조모 두의방(竇猗房)은 태황태후, 생모 왕지(王娡)는 황태후로 승격되었다. 한때 두태황태후는 막내아들 양왕 유무를 황제로 추대하려고 했으나 뜻을 이루지 못했다. 새로운 황제로 등극한 한무제가 그녀의 손자가 아니었다면 그녀의 집안은 멸족을 당했을 것이다. 어쨌든 그녀의 입장에서는 손자의 황제 등극도 불리하지 않았다. 오히려 그녀는 황실의 최고 어른으로서 막강한 권력을 행사했다.

한무제는 즉위 직후 정사(政事)를 돌볼 때마다 두태황태후의 지시를 받아야 했다. 사실상 두태황태후가 수렴청정을 했다. 한무제는 조모의 간섭에서 벗어나기 위해서는 자기 세력이 필요했다. 천하의 어질고 직언을 하는 선비들을 구한다는 조서를 반포했다. 승상 위관(衛綰)이 아뢰었다.

"천거된 현량(賢良)들 중에서 신불해, 상앙, 한비자, 소진, 장의 등이 설파한 학문을 익혀 국정을 혼란하게 할 수 있는 자들은 모두 임용하지 않겠습니다."

신불해, 상앙, 한비자 등은 법가를, 소진, 장의 등은 종횡가를 대표하는 사상가이자 정치가이다. 그들은 주로 형벌과 권모술수로 천하를 다스려야 한다고 주장했다. 위관은 이러한 학문을 배우는 자들은 도태시키겠다고 했다. 한무제는 그의 주장을 수용했다. 이는 그가 유가의 선비를 중용하겠다는 뜻을 간접적으로 밝힌 것이다. 하지만 황로 사상에 심취한 두태황태후는 유가 학술을 싫어하여 한무제의 이런 생각에 불만을 품고 위관을 파직하게 했다. 한무제는 조모의 뜻을 받들지 않을 수 없었다.

한무제가 즉위한지 다음 해인 건원(建元) 원년(기원전 140)에 위기후(魏其侯) 두영(竇嬰)은 승상, 무안후(武安侯) 전분(田蚡)은 태위에 임명되었다. 건원은 중국 최초의 연호이다. 이때부터 중국은 공식적으로 연호를 사용하기 시작했다. 두영은 두태후의 조카인데 두씨 외척을 대표하는 실권자였다. 전분은 한무제의 외삼촌이다. 왕태후 왕지의 생모 장아(臧兒)는 남편 왕중(王仲)이 사망한 후에 장릉(長陵)에 거주하는 전씨(田氏)와 재혼하여 두 아들 전분(田蚡)과 전승(田勝)을 낳았다. 따라서 전분은 왕태후와 어머니가 같았으며 그녀의 남동생이 된다. 두영과 전분이 조정의 핵심 요직을 차지한 것은 한무제 집권 초기에 외척이 득세했음을 의미한다.

한무제는 두태황태후의 엄격한 통제를 받았지만 유가 선비를 중용할 계획을 포기하지 않았다. 조관(趙綰)과 왕장(王臧), 두 선비를 조정으로 불러들였다. 두 사람은 유가 경전에 정통한 거유 신배(申培)의 제자이다. 한문제 시대에 한문제는 신배가 『시경(詩經)』에 정통한 학자라는 얘기를 듣고 그를 박사(博士)에 제수했다. 그를 스승으로 섬기는 유생들이 무려 1천여 명이나 되었을 정도로 명성이 높았다.

한무제는 조관을 어사대부, 왕장을 낭중령으로 임명했다. 조관과 왕장은 한무제의 비호 아래 백가(百家)를 배척하고 유가 학술만을 존숭하는 정책을 폈다. 두 사람은 또 한무제에게 조정의 대소사를 더 이상 두태황태후에게 아뢰지 말게 했다. 이제 성년이 되었으니 태황태후로부터 독립하여 자기 뜻대로 정사를 돌보라는 충고였다.

두태황태후는 진노하여 측근에게 조관과 왕장의 뒤를 캐게 했다. 두 사람은 뇌물죄를 뒤집어쓰고 감옥에서 모진 고문을 당한 끝에 자살했다. 한무제는 그들이 억울한 누명을 쓰고 자살한 사실을 알고 있었지만 조모에게 항의조차 못했다.

건원 6년(기원전 135) 한혜제 시대에 궁녀로 입궁하여 한문제의 황후로 책봉되었고 한경제 시대에는 황태후로, 한무제 시대에는 태황태후로 추존된 두의방이 붕어했다. 그녀의 죽음은 한무제에게는 정치적으로 완전히 독립할 수 있는 계기가 되었다. 당시 한무제의 나이는 21세였다.

원광(元光) 원년(기원전 134) 한무제는 전국의 군(郡)과 제후국에 조서를 반포하여 효행이 뛰어나고 청렴한 선비들을 천거하고 국가를 다스리는 올바른 계책을 올리게 했다.

광천(廣川: 하북성 경현·景縣) 사람 동중서(董仲舒)는 유가 경전, 특히『춘추공양전(春秋公羊傳)』에 정통한 석학이다. 한경제 시대에 박사(博士)에 제수되었다. 실내에서 장막을 치고 앉아 제자들을 가르쳤는데 먼저 배운 제자들이 나중에 들어온 제자들에게 스승의 가르침을 전수했다. 스승의 얼굴을 한 번도 보지 못한 제자도 있었다. 그는 3년이나 자기 집 정원을 구경하지 않았을 정도로 강학(講學)에 몰두했다. 행동거지 또한 단정하고 예의에 부합하지 않는 일은 행하지 않았으므로 그를 스승으로 받드는 학생들이 아주 많았다.

동중서는 한무제의 세 번에 걸친 치국(治國)에 대한 하문(下問)에 「천인삼책(天人三策)」이라는 책문(策問)을 상주했다. 그는 먼저 "도(道)는 국가를 다스리는 길이며 인(仁), 의(義), 예(禮), 악(樂)은 모두 도를 실현하기 위한 도구이다."라고 주장했다. 이는 도(道)가 노장 사상에서 말하는 우주 만물의 근원이 아니라 유가적 관점에서 현실 정치를 올바르게 이끌어 가는 과정으로 본 것이다. 그는 유가의 삼강오상(三綱五常)을 도덕 강목으로 삼아야 한다고 했다. 아울러 유가 이외의 사상은 모두 배척의 대상으로 간주했다.

"유가의 대의명분으로 천하를 통일하는 것이 세상의 영원한 법칙입니다. 그런데 요즘 사람들은 이상한 주장을 펴고 있으며 제자백가도 방법과 의도가 모두 다릅니다. 따라서 통치자는 통일을 유지할 수 없으며, 백성들은 법과 제도가 자주 바뀌기 때문에 무엇을 지켜야 할지 모릅니다. 신이 생각하건대 육예(六藝: 고대 중국의 예·禮, 악·樂, 사·射, 어·御, 서·書, 수·數 등 여섯 가지 재능과 기예)와 공자의 사상에 맞지 않는 것을 모두 없애버리면, 사악하고 치우친 주장들은 모두 사라질 것입니다. 그런 다음에야 기강이 하나로 통일되고 법률과 제도가 분명해져서 백성들이 지키고 따라야 하는 바를 알게 될 것입니다."

동중서는 또 "제왕은 천명(天命)을 받은 자이므로 천자(天子)라고 칭한다."라고 하여 한무제에게 왕권신수설의 정당성을 강조했다. 그런데 천자는 천명에 따라 백성들을 다스리는 절대 권력을 가지고 있지만 "하늘과 사람은 서로 감정이 통한다.(天人感應)"라는 전제 아래, 천의(天意)를 위배하고 제왕의 도를 제대로 행하지 않으면 국가를 파멸로 몰고 간다는 경고도 했다.

한무제는 동중서의 책문에 크게 만족했다. 동중서를 자신의 이복형 역왕(易王) 유비(劉非)가 다스리는 강도국(江都国)의 승상으로 파견하여 역왕을 보좌하게 했다. 그리고 황로 사상 등 백가(百家)의 사상을 배격하고 동중서의 건의에 따라 『시경』, 『상서』, 『예기』, 『주역』, 『춘추』 등 유가의 다섯 가지 경전을 전문적으로 가르치는 오경박사(五經博士)를 설치했다. 동중서는 또 한무제에게 이런 건의를 했다.

"폐하께서 태학(太學)을 일으키고 현명한 스승을 두어 천하의 선비들을 양성하기를 신은 간절히 바라옵니다."

태학은 주(周)나라 시대부터 있었던 국가의 최고 교육 기관이었으나 한나라 초기까지만 해도 제 기능을 발휘하지 못하고 있었다. 원삭(元朔) 5년(기원전 124) 한무제는 동중서의 건의를 받아들여 도성 장안에 태학을 설치하고 오경박사들에게 제자들을 양성하게 했다. 교과목은 오경(五經)이었다. 이 시기부터 유가 경전을 공부한 유생들이 본격적으로 조정과 지방의 관리로 임용되어 국가의 중추가 되었다. 물론 불교와 도교가 특정 시대를 지배한 적도 있었지만, 유가 사상은 2천여 년 동안 중국 역대 왕조의 통치 이념으로 자리매김했다. 우리나라도 이와 크게 다르지 않았다.

3. 흉노와 44년 동안 전쟁을 벌이다

한나라가 건국된 이래 흉노는 한나라의 숙적이었다. 한무제 이전의 황제들은 대결보다는 화친 정책을 통해 흉노의 침략을 막았다. 그들은 중원의 지배자로서 문명적 우위를 점하고 흉노를 야만인 취급했지만 군사력에서는 흉노에 현저하게 뒤졌으므로 어쩔 수 없이 굴욕을 감내하며 흉노의 요구를 들어주었다.

하지만 한무제는 달랐다. 남부 지방의 속국들을 병탄한 후 서역 진출의 야망을 숨기지 않았다. 서역으로 진출하여 대외 무역을 확대하기 위해서는 흉노와의 일전이 불가피했다. 한나라가 한무제 시대에 이르러 부국강병을 달성한 것도 한무제에게 정복 군주로서 자신감을 가지게 했다.

건원 2년(기원전 139) 한무제는 장건(張騫·대략 기원전 164~기원전 114)을 서역의 대월지(大月支: 기원전 2세기 중앙아시아 지역에서 번창한 유목 국가)로 보내 동맹을 맺기를 원했다. 당시 대월지는 흉노에게 패배하여 오늘날의 우즈베키스탄과 타지키스탄 지역인 소그디아나(Sogdiana)를 다스리고 있었다. 한무제는 흉노와 적대 관계인 대월지를 끌어들여 흉노의 침략을 저지하고 싶었다.

장건 일행 1백여 명이 대월지로 들어가려면 반드시 하서회랑(河西回廊: 감숙성 난주에서 돈황까지 동서로 길게 이어진 약 1천㎞의 통로)을 통과해야 했다. 하서회랑은 흉노가 장악하고 있었다. 장건 일행은 하서회랑에서 흉노 병사들에게 잡혀 흉노 황제 군신선우(軍臣單于·?~기원전 127)의 문책을 당했다.

"월지(月支)는 우리나라의 북쪽에 있는데 한나라가 어찌하여 우리나라를 지나 월지로 가려고 하는가? 만약 내가 우리나라 사신을 한나라의 남쪽에 있는 월(越)나라로 보낸다면 한나라에서 흔쾌히 허용하겠는가?"

군신선우는 한나라가 대월지와 동맹을 맺으려는 의도를 간파했지만 장건에게 호감을 느끼고 그를 신하로 삼았다. 그 후 장건은 흉노에서 아내를 얻어 자식을 낳고 살다가 감시가 소홀해진 틈을 타서 달아나 서역의 여러 국가를 여행한 후 장안을 떠난 지 13년 만에 귀국했다. 한무제는 죽은 줄만 알았던 장건이 살아 돌아오자 그를 박망후(博望侯)로 책봉하고 우대했다. 훗날 장건은 중국 역사상 최초로 서역의 여러 국가를 방문하고 실크로드를 개척한 인물로 평가를 받았다.

장건이 흉노에서 지내고 있을 때인 원광(元光) 원년(기원전 134)에 군신선우가 한나라가 예전의 나약한 한나라가 아님을 인식하고 사신을 보내 화친을 제의했다. 한무제는 대신들에게 흉노의 화친 제의에 대하여 의견을 내게 했다. 대행령(大行令) 왕회(王恢)가 말했다.

"한나라와 흉노는 화목하게 지낼 수 없습니다. 설사 화친을 맺더라도 몇 년 후에 흉노는 또 맹약을 저버리고 침략할 것입니다. 제의에 응하기 보다는 정벌하는 게 낫습니다."

왕회는 연(燕)나라 출신으로 북쪽 변방에서 관리를 지낸 적이 있었다. 누구보다도 흉노의 호전성을 잘 알고 있었기에 화친을 반대했다. 반면에 어사대부 한안국(韓安國)은 흉노와의 화친을 주장했다.

"군대를 천리 밖으로 파견하여 싸우게 하면 승리를 장담할 수 없습니다. 지금 흉노는 군마가 넘쳐나고 사나운 짐승처럼 흉측한 마음을 품고 있으며 이동 속도가 하늘을 나는 새처럼 빨라서 통제하기가 어렵습니다. …… 따라서 흉노 정벌은 아주 힘든 일이므로 화친하는 게 낫다고 생각합니다."

처음에는 찬반양론이 분분했으나 화친을 주장하는 대신들이 많았다. 한무제는 심사숙고 끝에 화친을 결정했다. 그런데 변경 지방의 마읍(馬邑:

산서성 삭주·朔州)에 거주하는 섭옹일(聶翁壹)이라는 거상이 있었다. 그는 흉노와의 무역을 통해 많은 돈을 벌었다. 하지만 항상 흉노의 침입에 시달렸다. 원광 2년(기원전 133) 그는 왕회를 찾아와 흉노를 마읍으로 유인하여 공격하면 대승을 거둘 수 있다고 말했다. 왕회는 그의 말이 일리가 있다고 여기고 한무제에게 아뢰었다.

"이제 흉노가 한나라와 화친을 맺었는데 흉노 왕이 변경 지방에 사는 섭옹일이라는 자를 신임한다고 합니다. 그를 통해 재화(財貨)로 흉노 왕을 마읍으로 유인하여 공격하면 대승을 거둘 수 있습니다."

귀가 솔깃해진 한무제는 섭옹일의 계책을 시행하게 했다. 섭옹일은 변경 무역을 구실로 흉노 땅에 들어가 군신선우에게 아뢰었다.

"제가 마읍의 관리들을 참수한 후 마읍을 폐하에게 바치고 투항하겠습니다. 폐하께서는 엄청난 재물을 취하실 수 있을 것입니다."

섭옹일은 또 군신선우가 마읍을 취하면 한나라의 반격이 우려되므로 반드시 10만 대군을 이끌고 와서 대비해야 한다고 아뢰었다. 그는 흉노 사람들과 오랫동안 무역을 하며 친분을 쌓은 덕분에 군신선우의 신임을 얻을 수 있었다.

군신선우는 싸우지 않고 엄청난 재화를 취할 수 있다는 섭옹일의 말에 속아 10만 기병을 이끌고 마읍을 향해 떠났다. 무주새(武州塞: 산서성 좌운·左雲과 대동·大同 일대)에 이르렀을 때 진군을 멈추고 섭옹일과 사자를 마읍으로 보내 정황을 파악하게 했다. 섭옹일은 몰래 현령을 만나 음모를 꾸몄다. 이미 죽은 죄수의 머리를 잘라 성곽에 걸어 놓았다. 사자에게 마읍 현령의 머리라고 속이고 말했다.

"보시오, 마읍의 우두머리를 참수하지 않았소? 빨리 황제에게 소식을
전하여 마읍을 취하게 하시오."

군신선우는 사자의 보고를 받고 흥분을 감추지 못하고 마읍을 향해
진격했다. 한편 한무제는 한안국, 이광(李廣), 공손하(公孫賀) 등 장수들에게
30만 대군을 이끌고 마읍 부근의 산악 지대에 매복하게 했다. 군신선우
가 엄청난 재화에 눈이 멀어 경계심을 풀고 마읍으로 입성할 때를 기다려
일거에 퇴로를 차단하고 섬멸할 계획이었다.

흉노 군대가 마읍에서 1백여 리 떨어진 곳에 이르렀다. 흉노는 언제나
점령지 백성들의 가축을 약탈하여 군량으로 삼는 습성이 있었다. 어느 들
판에 이르자 가축 떼가 무리를 지어 있는데 그것을 돌보는 사람이 보이지
않았다. 군신선우는 순간 위계에 걸려든 게 아닐까 의심했다. 다시 진군
을 멈추고 주변 지역의 요새를 공격하여 안문군(雁門郡)의 위사(尉史)를 포로
로 잡았다. 군신선우가 그를 죽이려고 했다. 위사는 살기 위해 한나라 대
군이 잠복하고 있다는 사실을 실토하지 않을 수 없었다. 군신선우는 깜짝
놀라 부하들에게 말했다.

"하마터면 한나라의 위계에 걸려들 뻔했구나."

그는 즉시 군대를 변경 밖으로 철수하게 했다. 한나라 군대의 매복에
서 벗어난 후 위사에게 말했다.

"내가 너를 얻은 것은 하늘의 뜻이다. 하늘이 나를 도와주고자 너에게

사실을 말하게 했구나. 너를 천왕(天王)으로 칭하겠다."

당시 왕회는 별동대 3만 명을 거느리고 대군(代郡)에서 출발하여 후방에서 흉노의 군수품 부대를 기습할 계획이었다. 하지만 흉노 군대가 이미 철수한 사실을 알고 망연자실했다. 흉노 군대를 추격할 용기가 나지 않아 장안으로 돌아왔다. 한무제는 진노하여 그를 죽이려고 했다. 왕회는 스스로 목숨을 끊었다. 한안국 등 장수들은 마읍 근처에서 며칠을 매복해도 흉노 군대가 나타나지 않자 비로소 마읍 포위 작전이 실패한 사실을 알게 되었다. 한안국은 원래 흉노와의 화친을 주장했기 때문에 작전 실패에 책임을 지지 않았지만 우울증을 앓다가 죽었다.

한무제가 섭옹일과 왕회의 말만 믿고 대군을 동원하여 흉노를 공격하려다가 실패한 이른바 '마읍 포위 작전'은 두 나라를 원수지간으로 만들었다. 이 시기부터 흉노는 더 이상 화친을 제의하지 않고 끊임없이 변경 지방을 침입하여 살인과 약탈을 자행했다. 한나라는 흉노의 호전성을 두려워했다. 변경 무역을 확대하여 흉노를 달래는 수밖에 없었다. 그렇지만 한무제는 흉노를 토벌하지 못한 게 천추의 한이 되어 다시 전쟁 준비에 박차를 가했다.

원광 5년(기원전 130) 한무제는 위청(衛青), 공손하, 공손오(公孫敖), 이광 등 장수들에게 각자 정예 기병 1만여 기를 이끌고 네 갈래 길로 진격하여 흉노를 공격하게 했다. 하지만 한나라 군대는 바람처럼 나타나 맹호처럼 공격하고 사라지는 흉노 군대에 농락을 당했다. 공손하는 제대로 한 번 싸워보지도 못하고 철군했다. 공손오는 병사 7천여 명을 잃는 참패를 당하고 가까스로 살아 돌아와 참수형에 처해질 위기에 빠졌는데 속죄금을 내고 평민으로 강등되었다. 훗날 그는 복권되어 또 흉노 정벌에 나섰지만 또 패전의 장수가 되어 민간에서 숨어 지내다가 체포되었다. 태시(太始) 원년(기원전 96) 그의 아내가 무술(巫術)로 남을 속인 죄에 연루되어 허리가 잘리는 형벌을 당하고 죽었다.

이광도 대패를 당하고 포로로 잡히는 신세가 되었으나 극적으로 탈출하여 장안으로 돌아왔다. 그도 공손오처럼 속죄금을 내고 평민으로 강등되었다. 훗날 그는 우북평군(右北平郡) 태수로 복권되어 흉노 침입을 막았다. 흉노는 그를 '비장군(飛將軍)'이라고 부르며 감히 공격하지 못했다. 원수(元狩) 4년(기원전 119) 다시 흉노 정벌에 나섰지만 사막에서 길을 잃고 헤매다가 아무런 전과도 올리지 못하고 돌아온 후 자살했다.

네 장수 중에서 그나마 위청만이 흉노가 하늘에 제사를 지내는 장소인 농성(龍城)을 공격하여 흉노 병사 수백 명의 머리를 베고 돌아왔다. 그가 올린 전과는 크지 않았지만 한나라가 흉노와 싸워 승리한 최초의 전투였다. 이는 한무제에게 북진하여 흉노와 싸우면 승리할 수 있다는 자신감을 가지게 했다.

원삭 2년(기원전 127) 흉노의 보복이 시작되었다. 흉노 기병이 상곡(上谷), 어양(漁陽) 등지를 습격했다. 요서(遼西) 태수가 맞서 싸웠으나 참패를 당하고 죽었다. 요서 지역의 성읍은 초토화되고 수많은 백성들이 흉노 땅으로 끌려갔다.

한무제는 "흉노 기병이 동진(東進)하면 한나라 군대는 서쪽을 공격한다."라는 전략을 세웠다. 위청에게 흉노의 침입에 대항하지 말고 우회하여 흉노의 근거지 하남(河南) 지역을 공격하게 했다. 하남 지역은 지금의 내몽골과 영하회족자치구에 위치한 하투평원(河套平原)이다. 원래 진(秦)나라의 영역이었는데 진나라가 망할 무렵에 흉노에게 빼앗겼다.

위청은 대군을 이끌고 흉노 군대의 주력을 피해 황하 서안을 따라 고궐(高闕: 내몽골 항금후기·杭錦後旗)을 점령한 후 하남 지역에 주둔하고 있는 흉노 백양왕(白羊王)과 누번왕(樓煩王)을 포위 공격했다. 두 왕은 흉노 황제와의 연락이 끊겨 지원을 받지 못한 채 악전고투했다. 양군의 치열한 접전 끝에 한나라 군대가 대승을 거두었다.

한무제는 물자가 풍부하고 전략적으로 중요한 하남 지역에 삭방군(朔方郡)과 오원군(五原郡)을 설치한 후 내지의 백성 십여만 명을 그 지역으로 옮겨 살게 했다. 한나라는 하남 지역을 수복한 후부터 흉노가 도성 장안을 침략하는 위험에서 벗어나 서역으로 진출할 수 있었다. 한무제는 위청의 공적을 인정하여 그를 장평후(長平侯)로 책봉하고 식읍 3천8백호를 하사했다.

한나라가 하남 지역을 수복한 지 몇 개월 후에 흉노 황제 군신선우가 사망했다. 태자 어단(於單)이 황위 계승자였는데 군신선우의 동생 좌곡려왕(左谷蠡王) 이치사(伊稚斜·?~기원전 114년)가 반란을 일으켜 조카의 군대를 격파하고 황제가 되었다. 어단은 한나라로 달아났다. 한무제는 흉노를 회유할 목적으로 그를 섭안후(涉安侯)로 책봉했다. 하지만 어단은 불과 몇 개월 후에 한나라에서 사망하고 말았다.

이치사선우는 즉위 직후에 대군(代郡), 안문(雁門) 등 한나라의 변방을 여러 차례 습격하여 약탈했다. 흉노의 우현왕(右賢王)도 빼앗긴 하남 지역을 되찾기 위해 삭방성(朔方城)을 공격했다.

한무제는 흉노와 국경을 맞대고 있는 북방 지역에서 흉노의 침입에 시달리자, 원삭 5년(기원전 124)에 다시 위청 등 장수들에게 흉노를 정벌하게 했다. 위청은 기병 3만여 기를 이끌고 북진하여 막남(漠南: 내몽골 지역)의 왕정(王庭: 몽골 최남단에 위치한 움누고비 · Ummugovi)에서 웅거하고 있는 우현왕을 포위 공격했다. 우현왕은 한나라 군대가 국경에서 멀리 떨어진 왕정까지 진격해 올 줄은 상상도 못했다. 아무런 방비도 하지 않고 술에 취해 있다가 기습에 놀라 달아났다. 위청은 우현왕이 거느린 부족민 1만5천여 명과 비왕(裨王: 흉노의 소왕 · 小王, 비장 · 裨將과 같은 뜻) 10여 명을 사로잡고 가축 수십만 마리를 노획하는 대승을 거두었다.

한무제는 위청의 대승에 감격하여 그를 대장군에 제수하고 식읍 6천호를 더해주었다. 또 그의 어린 세 아들인, 위항(衛伉)은 의춘후(宜春侯), 위불의(衛不疑)는 음안후(陰安侯), 위등(衛登)은 발간후(發干侯)로 책봉하고 그들에게 각각 식읍 1천3백호를 하사했다. 위청은 자식들이 아직 포대기에 쌓여 있는 젖먹이인데도 그들을 열후로 책봉하는 일은 천부당만부당하다고 아뢰었으나 한무제의 결정을 바꿀 수 없었다. 한무제가 얼마나 위청의 대승을 기뻐했으면 이런 결정을 내렸겠는가.

하지만 한무제의 기쁨은 오래가지 못했다. 흉노 기병 1만여 기가 대군(代郡)을 기습하여 도위 주영(朱英)을 죽이고 군민 1천여 명을 잡아갔다. 원삭 6년(기원전 123) 봄 한무제는 대장군 위청에게 장수 6명과 기병 10만여 기를 이끌고 흉노를 정벌하게 했다. 양군은 정양(定襄: 산서성 흔주·忻州) 이북 지역에서 여러 차례 혈전을 벌였다. 한나라 군대는 수급(首級)과 포로 1만9천여 명을 노획했으나 피해도 적지 않았다. 우장군(右將軍) 소건(蘇建)과 전장군(前將軍) 조신(趙信)이 거느린 기병 3천여 기가 전멸을 당했다. 소건은 달아났지만 조신은 투항했다.

조신은 예전에 흉노의 소왕이었는데 한나라에 투항하여 흡후(翕侯)로 책봉된 인물이었다. 흉노의 입장에서 볼 때 그는 변절자였으나, 이치사선우는 한나라의 내부 사정을 잘 알고 있는 그를 죽이지 않고 오히려 자차왕(自次王)으로 책봉했으며 그에게 자기 누이를 아내로 삼게 했다.

당시 한나라에는 곽거병(霍去病·기원전 140~기원전 117)이라는 젊은 장수가 있었다. 그는 한무제의 두 번째 황후 위자부(衛子夫)의 조카이다. 대장군 위청은 위자부의 남동생이므로 곽거병의 외삼촌이기도 하다. 곽거병은 어렸을 때부터 영특했을 뿐만 아니라 말을 타면서 화살을 쏘는 솜씨도 대단히 뛰어나 한무제의 총애를 받았다. 한무제가 그에게 손자(孫子)와 오기(吳

起)의 병법을 가르치려고 하자 그가 이렇게 아뢰었다.

　　"적과 싸울 때는 상황에 따라 어떻게 전략과 전술을 효과적으로 짜느
　　냐가 중요하지 굳이 옛날의 병법을 배울 필요가 없습니다."

　　어느 날 한무제가 곽거병에게 저택을 하사하려고 했다. 곽거병이 아
뢰었다.

　　"아직 흉노를 멸망시키지 못했습니다. 저택 따위는 필요 없습니다."

　　원삭 6년(기원전 123) 봄 대장군 위청이 흉노 정벌을 떠났을 때 나이 17세
에 불과한 곽거병도 표요교위(剽姚校尉)로 임명되어 참전했다. 그는 기병 8
백여 기를 이끌고 적진 깊숙이 들어가 흉노 백성 2천여 명을 죽이거나 사
로잡았다. 그가 이치사선우의 할아버지뻘 되는 적약후(籍若侯) 산(産)을 참
수하고 이치사선우의 막내숙부 나고비(羅姑比)를 생포한 전공이 전군(全軍)
의 으뜸이라고 한무제는 치하했다. 그를 관군후(冠軍侯)로 책봉하고 그에게
식읍 1천6백호를 하사했다.

　　원수(元狩) 2년(기원전 121) 봄 한무제는 곽거병을 표기장군(驃騎將軍)으로 임
명하고 하서(河西: 하서회랑 및 황수·湟水 유역) 지역 동부에 웅거하고 있는 흉노
의 혼야왕(渾邪王)과 휴저왕(休屠王)을 공격하게 했다. 곽거병은 기병 1만여
기를 이끌고 연지산(焉支山)을 지나 천리 길을 행군한 끝에 고란산(皋蘭山: 감
숙성 남부에 있는 산) 기슭에서 절란왕(折蘭王), 노호왕(盧胡王) 등이 거느린 흉노
군대를 대파했다. 이 싸움에서 한나라 군대는 적군 8천여 명의 머리를 베
었으며 휴저왕이 하늘에 제사를 지낼 때 사용하는 금인(金人: 황금으로 만든 사
람 모양의 형상)을 노획했다.

원수(元狩) 2년(기원전 121) 여름 한무제는 또 곽거병 등 장수들에게 흉노를 공격하게 했다. 합기후(合騎侯) 공손오(公孫敖) 등 장수들은 별다른 전과를 올리지 못했으나, 곽거병만이 거연수(居延水: 영하회족자치구 북서부에 있는 호수)를 지나 기련산(祁連山: 청해성 동북부와 감숙성 서부 지역에 있는 산맥)까지 진격하여 혼야왕과 휴저왕을 공격하여 대승을 거두었다. 흉노의 추도왕(酋涂王), 비왕, 왕비, 왕자, 상국(相國), 당호(當號), 도위(都尉) 등 흉노의 귀족 100여 명을 포로로 잡았으며 3만여 명이나 되는 흉노 병사의 목을 베었다. 한무제는 곽거병의 대승 소식을 듣고 그에게 식읍 5천호를 추가로 하사했다. 이때부터 표기장군 곽거병은 대장군 위청과 함께 한나라 전군을 지휘하는 양대 장군이 되었다.

한편 흉노 황제 이치사선우는 서부 지역 방위를 책임지고 있는 혼야왕과 휴저왕이 곽거병의 한나라 군대에 대패했다는 소식을 듣고 진노하여 두 왕에게 패배의 책임을 물어 죽이려고 했다. 곽거병은 두 왕이 필시 궁지에 몰려있을 거라고 판단하고 그들에게 사신을 보내 투항을 종용했다. 혼야왕은 곽거병의 설득에 넘어갔다. 휴저왕을 죽인 후 부족민 4만여 명을 이끌고 곽거병에게 투항했다. 한무제는 혼야왕을 탑음후(漯陰侯)로 책봉하고 그에게 식읍 1만호를 하사했다.

한무제는 하서 지역을 수중에 넣은 후 무위군(武威郡), 장액군(張掖郡), 주천군(酒泉郡), 돈황군(敦煌郡) 등 이른바 하서사군(河西四郡)을 설치하여 그 지역에 대한 지배권을 강화했다. 한무제의 다음 목표는 고비 사막을 건너 이치사선우가 있는 흉노의 본진을 공격하는 것이었다.

원수 4년(기원전 119) 봄 한무제는 대장군 위청과 표기장군 곽거병에게 각각 기병 5만 기와 보병 수십만 명을 이끌고 고비 사막 지역으로 진군하여 이치사선우를 공격하게 했다. 자차왕 조신은 이치사선우에게 계책을 냈다.

한나라 역대 황제 평전

"한나라 군대는 이미 사막을 지나 내지 깊숙이 들어왔습니다. 필시 저들의 병사와 군마는 모두 피로에 지쳐있을 것입니다. 그 틈을 타서 기습하면 저들을 손쉽게 포로로 사로잡을 수 있습니다."

막북(漠北: 고비 사막 이북의 몽골) 지역으로 철수한 후 한나라 군대를 유인하여 섬멸하자는 주장이다. 이치사선우는 그의 계책에 따라 막북 지역으로 철수하고 한나라 군대가 오기를 기다렸다. 위청의 군대는 정양(定襄)의 관문을 나와 1천여 리를 행군한 끝에 이치사선우의 본진과 조우했다. 위청은 무강거(武剛車: 한나라 시대의 전차)로 고리 형태의 진을 치게 하고 기병들에게 적진으로 돌격하게 했다. 날이 어두워지고 거센 모래 바람이 일어났다. 양군은 피아를 구분하지 못하고 우왕좌왕했다. 이치사선우는 한나라 군대가 수적으로 우세하다고 판단하여 기병 수백 기를 이끌고 황급히 달아났다. 흉노 병사들은 황제가 달아난 사실을 눈치채고 후퇴하기 시작했다.

다음 날 동틀 무렵 한나라 군대는 이치사선우를 추격했지만 놓치고 말았다. 하지만 흉노 병사 1만여 명의 목을 베거나 사로잡았으며 진안산(寘顏山)의 조신성(趙信城)에서 흉노가 비축한 양식을 노획한 전과를 올렸다.

곽거병의 군대도 대군(代郡)과 우북평군(右北平郡)에서 1천여 리를 북진하여 흉노왕 비거기(比車耆)를 주살하고 흉노 좌현왕(左賢王)의 군대를 대파했다. 또 이후산(離侯山)을 넘고 궁려(弓閭)를 건너 흉노의 둔두왕(屯頭王), 한왕(韓王) 등 왕 세 사람과 장군, 상국, 당호, 도위 등 83명을 사로잡았다. 곽거병은 낭거서산(狼居胥山)에서 천신(天神)에게, 고연산(姑衍山)에서 지신(地神)에게 각각 제사를 지낸 후 한해(翰海: 북해·北海라고 칭하기도 하는데 오늘날 러시아의 바이칼 호수) 부근의 산에 올랐다. 곽거병의 군대는 대략 10분의 3 정도 손실을 입었지만 무려 적병 7만여 명을 죽이거나 포로로 잡는 대승을 거두었다.

한무제는 곽거병에게 식읍 5,800호를 추가로 하사했지만 위청에게는 더 이상 식읍을 하사하지 않았다. 한무제가 곽거병이 위청보다 더 많은 전공을 세운 장수라고 여겼기 때문이다. 그런데 한무제가 그토록 총애한 곽거병은 원수 6년(기원전 117) 23세의 나이에 병으로 요절했다. 한무제는 그의 죽음을 너무 애통하게 생각했다. 마침 그가 사후에 안장될 황릉 무릉(茂陵)이 조성 중이었는데 특별히 무릉 옆에 곽거병의 무덤을 조성하게 했다. 한무제는 죽은 후에도 곽거병이 자신을 지켜주기를 바라는 마음에서였을 것이다. 한나라는 곽거병 사후에 더 이상 고비사막 이북 지역으로 사라진 흉노를 공격하지 못했지만, 하서 지역을 장악함으로써 서역으로 진출할 수 있는 통로를 확보했다.

한편 곽거병에게 참패를 당한 이치사선우는 원정 3년(기원전 114)에 사망했다. 그의 아들 오유선우(烏維單于·?~기원전 105)가 황위를 계승했다. 오유선우를 얕잡아 본 한무제는 흉노를 복종시킬 절호의 기회가 왔다고 판단했다. 원봉(元封) 원년(기원전 110) 친히 18만 대군을 거느리고 북방으로 순행을 나갔다. 곽길(郭吉)을 흉노에 사신으로 보냈다. 곽길이 오유선우를 만나 말했다.

"남월 왕의 목은 이미 장안 북문에 걸려 있습니다. 지금 선우께서 싸우고 싶으면 나오십시오. 한나라 천자가 변경에서 기다리고 있습니다. 만약 싸울 자신이 없으면 남쪽을 향해 예의를 갖추고 한나라의 신하가 되십시오. 어찌하여 멀리까지 달아나 사막 북쪽의 불모지대에서 추위에 떨며 숨어 지내십니까?"

한나라에 굴복하지 않으면 공격하겠다는 명백한 협박이었다. 오유선우는 진노했다. 당장 곽길을 죽이고 싶었으나 한나라가 사신을 죽였다는 것을 구실로 삼아 쳐들어오지 않을까 두려워하여 죽이지 않고 구금했다. 오유선우도 한나라에 사신을 파견하여 화친을 요구했다. 한나라 사신 양신(楊信)이 그를 만나 말했다.

"화친을 원한다면 선우의 태자를 한나라에 인질로 보내시오."

오유선우가 말했다.

"그렇게 요구하는 것은 옛날에 두 나라가 맺었던 약속과는 다르오. 옛날에는 한나라가 언제나 우리나라에 공주를 시집보내고 비단, 무명, 먹을거리 등을 보내 화친을 원했소. 우리나라도 한나라의 변방을 침입하지 않겠다고 약속하고 화친하지 않았소? 그런데 지금 한나라는 옛날의 약속을 파기하고 태자를 인질로 보내라고 요구하고 있소. 이렇게 이치에 맞지 않는 조건을 제시하면, 두 나라 간의 화친은 거의 불가능하오."

일리가 없는 주장이 아니었다. 한나라는 한고조 유방 이래 언제나 흉노에 공주와 온갖 공물을 바치고 화친했다. 하지만 한나라는 한무제 시대에 이르러 마음만 먹으면 언제든지 흉노를 궁지에 몰아넣을 수 있는 역량이 있었으므로 흉노에게 무리한 요구를 한 것이다. 그 후에도 양국은 서로 사신을 파견하여 화친을 논했으나 성사되지 않았다.

원봉 6년(기원전 105) 오유선우가 재위 10년 만에 죽었다. 그의 아들 오사려(烏師廬 · ?~기원전 102)가 황위를 계승했다. 나이가 어렸으므로 그를 아선우(兒單于)라고 불렀다. 다음 해 겨울 흉노 땅에 강추위가 몰아닥치고 대설이 내려 수많은 가축이 얼어 죽었다. 민심이 흉흉했는데도 아선우는 백성들을 돌보지 않고 툭하면 사람을 죽이고 전쟁을 좋아했다. 백성들의 아선우에 대한 불만이 고조되었다. 흉노의 좌대도위(左大都尉)는 아선우를 죽이려고 은밀히 한나라에 사자를 보내 이렇게 말했다.

"나는 선우를 죽이고 한나라로 가서 투항하고 싶습니다. 그렇지만 한나라로 가는 길이 너무 멀고 험난합니다. 한나라 군대가 이곳까지 와서나를 맞이한다면 나는 즉시 반란을 일으키겠습니다."

한무제는 사자의 말을 듣고 고비사막 이북의 초원 지대에서 흉노의항복을 받아내기 위해 인우장군(因杅將軍) 공손오에게 수항성(受降城)을 쌓게했다. 태초(太初) 2년(기원전 103) 봄 한무제는 착야후(浞野侯) 조파노(趙破奴)에게기병 2만여 기를 이끌고 삭방군 북서쪽으로 2천여 리 떨어진 준계산(浚稽山)까지 진출하여 흉노의 내정을 살피고 돌아오게 했다.

그런데 이때 좌대도위의 모반 음모가 발각되었다. 아선우는 좌대도위를 죽이고 좌현왕에게 조파노를 공격하게 했다. 양군은 수항성에서 400여 리 떨어진 곳에서 혈전을 벌였다. 한나라 군대가 전멸했다. 조파노는포로로 잡혀 3년 동안 흉노의 땅에서 지내다가 탈출하여 장안으로 돌아왔다. 훗날 그는 멸문의 화를 당했다.

태초 3년(기원전 102) 아선우는 친히 기병을 이끌고 수항성 공격에 나섰지만 원정 도중에 병으로 사망했다. 흉노의 귀족들은 아선우의 아들이 너무 어렸기 때문에 그의 동생 우현왕 구리호(呴犂湖·?~기원전 101)를 새 황제로추대했다. 그런데 구리호선우는 재위 1년 만에 병으로 사망했다. 흉노의귀족들은 또 그의 동생 저제후(且鞮侯·?~기원전 96년)를 새 황제로 추대했다.저제후선우는 즉위 직후에 한나라의 침입을 두려워하여 이렇게 말했다.

"나 같은 어린아이가 어찌 감히 한나라 천자와 동급이기를 바라겠는가. 한나라 천자는 나의 연장자뻘 되는 항렬이다."

저제후선우는 한나라와의 우호 관계를 쌓기 위하여 그 동안 흉노에 사신으로 왔다가 감금된 노충국(路充國) 등 사신들을 모두 한나라로 돌아가게 했다. 한무제는 자신에게 굴종의 태도를 보인 저제후선우에게 대만족했다. 중랑장 소무(蘇武)를 사신으로 보내 저제후선우에게 후한 예물을 주게 했다. 아울러 흉노와 마찬가지로 억류하고 있었던 흉노 사신들을 돌아가게 했다.

소무 일행이 사신 업무를 마치고 귀국을 준비하고 있을 때 흉노 혼야왕(渾邪王) 누나의 아들인 구왕(緱王)이 모반을 꾸며 한나라에 투항하려고 했다. 그는 저제후선우가 사냥을 나간 틈을 타서 소무와 함께 사신으로 온 부중랑장 장승(張勝), 그리고 흉노에 투항한 한나라 장수 출신이자 위율(衛律)의 부하인 우상(虞常) 등 70여 명을 동원하여 거사를 일으키려고 했으나 사전에 발각되는 바람에 실패했다.

구왕 등은 참수를 당했으며 소무도 이 모반 사건에 연루되어 감옥에 갇혔다. 소무는 사신의 업무를 완수하지 못한 책임을 지고 자살하려고 했으나 위율의 도움으로 살아남았다. 저제후선우는 소무가 한나라의 신하이지만 그의 충절을 높이 평가하여 자기 신하로 삼으려고 했다. 하지만 소무가 끝내 말을 듣지 않자 북해(北海)로 유배를 보냈다. 훗날 소무는 북해에서 19년 동안 유배 생활 끝에 귀국하여 향년 80여 세를 일기로 사망했다.

구왕의 모반 사건이 끝난 후 저제후선우는 한나라에 강한 적개심을 품었다. 다시 두 나라 사이에 전운이 감돌았다. 천한(天漢) 2년(기원전 99) 한무제는 이사장군(貳師將軍) 이광리(李廣利)에게 기병 3만 기를 이끌고 천산(天

山)으로 진격하여 흉노의 우현왕(右賢王)을 공격하게 했다. 개전 초기에는 한나라 군대가 승기를 잡았으나 우현왕에게 포위되어 거의 전멸을 당했으며 이광리는 겨우 살아 돌아왔다.

이 시기에 기도위(騎都尉) 이릉(李陵)도 보병과 기병 5천여 명을 이끌고 저제후선우의 본진을 공격하여 적군 1만여 명을 죽이는 대승을 거두었다. 하지만 군량미가 바닥나자 공격을 멈추고 회군하는 도중에 포위되어 전멸을 당했다. 이릉은 투항했으며 한나라로 살아 돌아 온 병사는 겨우 400여 명이었다. 저제후선우는 이릉을 사위로 삼고 우대했다.

한무제는 이릉이 항복했다는 소식을 듣고 진노했다. 대신들도 황제의 감정에 편승하여 이릉 일족을 모조리 죽여야 한다고 아뢰었다. 그런데 단 한 사람 태사령(太史令) 사마천(司馬遷)만이 목숨을 걸고 이릉을 변호했다. 보병과 기병 5천여 명을 이끌고 흉노 땅 천리 깊숙이 진격하여 대승을 거둔 공로를 인정해야 한다고 주장했다. 아울러 그가 아직 살아있는 이유는 기필코 황제의 은혜에 보답하기 위해서라고 했다. 하지만 그의 주장은 불난 집에 부채질한 격이 되고 말았다.

한무제는 분노하여 그에게 사형 선고를 내리게 했다. 사형을 피하려면 속죄금을 내거나 거세를 당하여 내시가 되어야 했다. 올곧은 선비이자 역사 학자였던 사마천에게는 속죄금을 낼 수 있는 돈이 없었다. 그렇다고 해서 선비에게 가장 치욕적인 형벌인 궁형(宮刑)을 당하자니 차라리 자결하는 게 나았다. 하지만 그에게는 아버지 사마담(司馬談) 때부터 저술하기 시작한 동아시아의 위대한 역사서『사기』를 완성하지 않고서는 도저히 죽을 수 없었다. 결국 그는 궁형을 당한 후 전설 중의 황제(黃帝) 시대부터 한무제에 이르기까지 중국 한족 3천여 년의 역사를 기전체(紀傳體)의 통사(通事)로 완성하고 죽었다. 그가『사기』의 내용을 역사적 사실에 근거하여 객관적 관점으로 기술할 수 있었던 원동력은 한무제에게 당한 치욕에서 나왔다고 본다. 이른바 '발분저서(發憤著書)'라는 고사성어가 이런 역사적 배경에서 나왔다.

천한 4년(기원전 97) 한무제는 흉노에게 당한 패배를 만회하기 위하여 이사장군 이광리, 유격장군 한열(韓說), 인우장군 공손오 등에게 10만 대군을 이끌고 가서 흉노를 정벌하게 했다. 저제후선우도 처자식, 노약자, 재물 등을 여오수(余吾水: 몽골 토올강. 한자음으로는 토라하·土剌河) 북쪽으로 대피시킨 후 10만 기병을 이끌고 여오수 남쪽에서 이광리의 한나라 주력군과 대치했다.

다음 해 저제후선우가 병으로 사망했다. 흉노는 한나라 군대와의 대치를 풀고 새로운 선우를 추대해야 했다. 한나라 군대도 한나라 땅으로 회군했다. 저제후선우의 장남 호록고(狐鹿姑·?~기원전 85)가 황위를 계승했다. 정화(征和) 3년(기원전 90) 그는 한나라의 오원(五原)과 주천(酒泉)을 습격하여 두 도위(都尉)를 죽이고 약탈을 자행했다.

한무제도 흉노의 공격을 좌시할 수 없었다. 다시 이광리 등 장수들에게 대군을 이끌고 세 갈래 길로 진격하게 했다. 이광리는 오원에서 7만 군사를 이끌고 서북 방향으로 진격했다. 호록고선우는 한나라의 주력군인 이광리 부대와 전면 승부를 펼치고 싶었다. 우대도위 위율에게 기병 5천 기를 주고 부양구산(夫羊句山)의 협곡으로 진격하여 이광리 부대를 공격하게 했다. 하지만 위율은 패배하여 달아났다. 이광리는 승기를 잡고 흉노 군대를 범부인성(范夫人城: 몽골 달란자드가드·Dalanzadgad)까지 추격했다.

마침 이 시기에 이광리에게 불행한 소식이 전해졌다. 그의 아내가 위태자(衛太子)의 무고(巫蠱) 사건에 연루되어 감옥에 감금되었다는 것이다. 이광리는 가족이 몰살될 위기에 처하자 전공을 세워 속죄할 목적으로 위험을 무릅쓰고 북진했다. 이광리의 부대가 연연산(燕然山: 몽골 항아이산)에 이르렀을 때 흉노 군대에게 전멸을 당했다. 이광리는 자결하려고 했으나 가족이 몰살당했다는 소식을 듣고 흉노에 투항했다. 호록고선우는 이광리를 사위로 삼고 우대했다. 하지만 이광리는 몇 년 후 자기보다 먼저 흉노에 투항한 위율의 모함에 걸려들어 제사의 인신 제물로 희생되었다.

연연산 전투는 중요한 의미를 지닌다. 한나라가 이 전투에서 대패한 후 한무제는 더 이상 흉노를 공격하지 못했다. 한무제 시대인 원광 2년(기원전 133)부터 정화 4년(기원전 89)까지 44년 동안 벌어진 한나라와 흉노의 전쟁은 마침내 마침표를 찍었다. 단순하게 싸움의 승패만을 따지면 한나라가 언제나 이긴 것도 아니고, 흉노가 언제나 패배한 것도 아니었다. 두 나라는 44년 동안 일진일퇴의 공방전을 벌인 것이다.

그런데 싸움의 결과를 따지면 양국에 엄청난 변화가 있었다. 한나라는 민생 경제가 무너지는 지경까지 이르렀으나 중국 역사상 최초로 서역을 개척하여 중국 문명사와 동서 교류 역사에 획기적인 전환점이 되었다. 반면에 흉노는 인구와 가축이 급감하여 점차 역사의 무대에서 사라졌다.

4. 서역으로 진출하여 실크로드를 개척하다

건원 3년(기원전 138) 한무제가 장건을 서역의 대월지에 사신으로 파견했다. 장건은 사신의 신분으로서 중국 역사상 최초로 서역으로 들어갔다. 그가 대월지로 가다가 흉노의 포로가 되어 흉노 땅에서 아내를 얻어 자식을 낳고 살았다는 얘기는 앞 단원에서 간단히 소개했다.

장건은 흉노 땅에서 가정을 이루고 10여 년 동안 거주하면서도 자신의 책무를 한시도 잊지 않았다. 흉노에서는 그가 완전히 흉노 사람으로 동화되었다고 여기고 그에 대한 감시를 소홀히 했다. 원광 6년(기원전 129) 장건은 가족, 시종 감보(甘父) 등과 함께 흉노를 탈출하여 대월지로 가는 도중에 대완(大宛: 우즈베키스탄의 페르가나·Fergana)이라는 낯선 나라에 도착했다.

대완 왕은 오래전부터 한나라가 강대하고 부유한 국가라는 소문을 듣고 있었다. 한나라와 교류하고 싶었지만 뜻을 이루지 못하고 있었다. 장건을 만나자마자 행선지와 방문 목적을 물었다. 장건이 대답했다.

"저는 한나라에서 대월지로 파견한 사신입니다. 도중에 흉노에게 잡혀 오랜 세월 동안 감금되어 있다가 가까스로 탈출하여 우연히 이곳에 오게 되었습니다. 제가 무사히 대월지로 갈 수 있도록 도와주시기를 간절히 바랍니다. 제가 대월지에서 사명을 완수하고 한나라로 돌아간다면, 한나라 황제께서는 왕에게 엄청난 재물을 보내주실 것입니다."

대완 왕은 장건의 말에 공감했다. 대완의 호위 병사와 역관에게 장건 일행을 안전하게 대월지로 데려다 주게 했다. 장건 일행은 강거(康居: 우즈베키스탄과 카자흐스탄 남부)라는 나라를 거쳐 대월지에 도착했다. 장건은 대월지 왕을 만나 두 나라가 동맹을 맺어 흉노에 대항하자는 한무제의 뜻을 전했다.

하지만 대월지는 장건이 예전에 알고 있었던 그런 나라가 아니었다. 대월지는 흉노가 대월지 왕을 죽이자 태자를 새로운 왕으로 추대한 후 대하(大夏: 우즈베키스탄, 타지키스탄, 아프가니스탄 등의 국가에 걸쳐있는 박트리아·Bactria 지역)를 정복했다. 흉노에 대한 원한을 잊고 대하의 풍요로운 대지에서 번창하고 있었다. 대월지 왕은 너무 멀리 떨어진 한나라와 동맹을 맺어 강대국 흉노에 굳이 보복할 생각이 없었다.

장건은 대월지에서 1년여 동안 머물러 있다가 사명을 완수하지 못하고 귀국길에 오르는 수밖에 없었다. 그런데 돌아오는 길에 또 흉노에게 붙잡히고 말았다. 그가 흉노에 억류되어 있을 때인 원삭 3년(기원전 126)에 흉노 황제 군신선우가 사망했다. 군신선우의 동생 좌곡려왕 이치사가 반란을 일으켜 태자 어단을 죽이고 황제가 되었다.

장건은 이때 반란이 일어난 틈을 타서 또 탈출에 성공했다. 한나라를 떠난 지 13년만인 원삭 3년(기원전 126)에 마침내 도성 장안으로 돌아왔다. 일행 100여 명 가운데 장건과 그의 흉노인 아내 그리고 감보, 단 세 사람만이 살아 돌아왔다. 한무제와 신하들은 모두 죽은 줄만 알았던 장건이 살아 돌아오자 대성통곡했다.

한무제는 서역에 대한 호기심이 강렬했다. 장건에게 13년 동안 어떤 나라들을 방문하고 무슨 일을 겪었는지 자세히 보고하게 했다. 장건은 직접 방문한 대완, 강거, 대월지, 대하 등 네 나라는 말할 것도 없고 방문하지 않은 오손(烏孫: 키르기스스탄), 엄채(奄蔡: 카스피해와 아랄해 이북 지역), 안식(安息: 이란), 조지(條支: 이라크), 신독(身毒: 인도) 등 나라들에 대하여 들은 얘기도 아뢰었다.

오늘날의 중앙아시아, 중동 지역, 인도 등지에서 번성한 많은 나라들의 위치, 자연 환경, 인구, 도시, 풍습, 토산품 등이 중국 역사상 최초로 장건에 의하여 한나라에 소개된 것이다. 한나라는 이 시기부터 인류의 또 다른 문명인 메소포타미아와 인더스 문명에 대한 초보적 인식을 가지게 되었다.

한무제는 장건의 보고를 받고 흥분해마지 않았다. 서역의 여러 나라들에게 한나라의 귀중품들을 보내주어 회유하면 그 나라들을 복종시킬 수 있다고 보았다.

"북방의 대월지, 강거 등 나라는 군사는 강대하다고 하지만 저들에게 진귀한 물건들을 보내주어 회유한다면 입조시킬 수 있을 것이다. 게다가 우리가 저들에게 인의를 베풀어 속국으로 만든다면 영토를 1만 리 더 넓힐 수 있으며, 다중 번역을 통해 의사를 소통하며 나라마다 각기 다른 풍습을 지키게 할 수 있다면 천자의 위엄과 은덕이 온 세상에 두루 미칠 것이다."

사실 한무제가 서역의 여러 나라들과 교역을 하고 싶었던 현실적인 이유는 흉노의 끊임없는 침략에 대항하기 위해서였다. 원수 4년(기원전 119) 한무제는 장건을 중랑장(中郎將)으로 임명하고 흉노와 적대 관계였던 오손(烏孫)에 사신으로 보냈다.

장건은 수행원 300여 명과 황금과 비단을 가득 실은 마차를 이끌고 오손에 도착했다. 당시 한나라에서만 생산되는 비단은 그 가치가 황금에 버금갔다. 서역의 여러 왕, 심지어 한나라와는 너무나 멀리 떨어진 로마 제국의 황제도 비단옷을 몸에 걸치는 게 소원이었다. 오손 왕 곤막(昆莫)은 비단과 황금을 받기 위하여 장건의 요구대로 이역만리에 있는 한나라 황제를 향해 신하의 예를 갖추었다.

하지만 곤막과 신하들은 한나라와 동맹을 맺으면 흉노가 침략하지 않을까 두려웠다. 흉노는 이웃나라였지만 한나라는 거리가 멀고 교역을 한 적이 없어서 정말로 강대국인지도 몰랐다. 더구나 오손은 후계자 문제로 내홍을 겪고 있었다.

장건은 곤막을 한나라로 끌어들일 방법이 없었다. 황제의 명을 받고 천신만고 끝에 머나먼 서역으로 왔는데 아무런 소득도 없이 돌아갈 수는 없었다. 그는 데리고 온 부사(副使)들을 대완, 강거, 대월지 등 여러 나라에 파견했다. 오손 왕 곤막도 장건에게 명마 수십 필을 하사하고 한나라로 무사히 돌아가게 했다.

원정 2년(기원전 115) 장건은 오손의 사자 수십 명과 함께 장안으로 돌아왔다. 한무제는 그의 노고를 치하하고 그를 대행령(大行令)으로 임명하여 구경(九卿)의 대열에 서게 했다. 다음 해 장건은 장안에서 병으로 세상을 떠났다. 그가 사신으로서 서역 각국을 두 차례 방문한 일은 훗날 '실크로드'라는 비단길을 열었으며 동서 문명 교류의 초석이 되었다. 장건 사후에 한나라와 서역 각국의 교류가 활발하게 이루어졌다. 한나라 사신들이 서역의 왕들을 배알할 때면 언제나 박망후(博望侯) 장건 이야기를 꺼냈다. 장건은 그들에게 보증 수표나 다름이 없었다. 서역의 왕들은 장건을 신의의 표상으로 생각했다.

서역에 누란(樓蘭: 신강성 로프누르 호수 서안)과 고사(姑師: 신강성 투루판 서북쪽)라는 작은 나라가 있었다. 한나라와 서역 국가가 서로 사신을 보내거나 교역을 하려면 반드시 누란과 고사를 통과해야 했다. 그런데 이 두 나라는 흉노의 지배를 받고 있었다. 수시로 한나라 사신들을 죽이고 재물을 약탈했다.

원봉 3년(기원전 108) 한무제는 서역으로 가는 통로를 확보하기 위하여 흉하장군(匈河將軍) 조파노(趙破奴)에게 두 나라를 공격하게 했다. 조파노는 누란왕을 사로잡고 고사를 격파한 후 주천(酒泉)에서 옥문관(玉門關)에 이르는 400여 리, 곳곳에 관문을 지어 서역으로 가는 통로를 확보했다. 그는 이 공로로 착야후(浞野侯)로 책봉되었다.

원정 2년(기원전 115) 장건을 따라 한나라에 왔던 오손의 사신들이 본국으로 돌아가 오손 왕 곤막에게 한나라가 얼마나 강대하고 부유한 국가인지 알렸다. 곤막은 비로소 한나라와 화친을 맺으면 자기에게 유리하다는 사실을 깨달았다. 한나라에 사신을 보내 말 1천여 필을 바치고 한나라의 사위가 되기를 바랐다. 원봉 6년(기원전 105) 한무제는 강도왕(江都王) 유건(劉建)의 딸을 오손으로 보내 곤막의 아내가 되게 했다. 그 후에도 또 초왕(楚王) 유무(劉戊)의 딸을 곤막의 손자 잠추(岑陬)에게 시집보냈다. 한나라와 오손은 이 두 차례의 혼인 동맹을 통해 결속을 다졌다. 한나라는 오손에게 경제적 이득을 챙겨주었으며, 오손은 한나라를 위해 흉노를 견제하는 역할을 했다.

한무제는 진작부터 장건을 통해 안식(安息: 이란)이 부유한 나라임을 알고 있었다. 원봉 6년(기원전 105) 안식에 사절단을 보냈다. 안식 왕은 한나라 사절단이 국경에 이르렀다는 소식을 들었다. 친히 기병 2만여 기를 거느리고 와서 사절단을 성대하게 맞이했다. 안식 왕은 한나라 사신이 바친 비단과 온갖 진귀한 물건들을 보고 기쁨을 감추지 못했다. 그 후 안식의 사절단도 한무제를 배알하고 타조알과 마술을 부리는 예술단을 바쳤다.

당시 한나라가 서역의 여러 나라와 교역하면서 가장 탐을 낸 것은 천마(天馬)였다. 한나라는 흉노와의 끊임없는 전쟁 중에서 병력과 무기가 흉노보다 우세했지만 신출귀몰하는 흉노의 기병을 도저히 당해낼 수 없었다. 한나라는 보병 위주의 군대를 기병 중심으로 바꾸어 흉노와 싸웠다. 하지만 중원 지방의 말은 힘이 달리고 속도가 느려서 전마로 쓰기에는 부족했다. 한무제는 서역의 천마를 손에 넣기를 간절히 바랐다. 대완에 피땀을 흘리는 한혈마(汗血馬)가 천마라는 이야기를 들었다. 대완의 도성 이사성(貳師城)으로 사신을 보내 한나라의 진귀한 물건들을 주고 한혈마를 가지고 오게 했다.

하지만 대완 왕 모과(母寡)는 대완의 보물인 한혈마를 감추고 주지 않았을 뿐만 아니라 한나라 사절단이 귀국길에 올랐을 때 대완의 욱성성(郁成城: 우즈베키스탄 국경 지대에 있는 성) 성주에게 한나라 사신을 죽이고 재물을 빼앗게 했다. 한무제는 분노하여 태초 원년(기원전 104)에 이사성을 정벌하라는 의미로 이사장군(貳師將軍)이라는 호칭을 이광리에게 부여하고 대완을 정벌하게 했다. 이광리는 속국의 기병 6천여 기와 불량배 수만 명을 이끌고 가서 욱성성을 공격했지만 대패했다. 이광리는 패잔병을 이끌고 돈황(燉煌)으로 회군하여 병력을 보충하려고 했다. 하지만 한무제는 이런 조서를 내렸다.

"원정을 떠난 장졸들 중에서 감히 옥문관(玉門關: 감숙성 둔황) 안으로 들어오는 자가 있으면 참수형으로 다스릴 것이다."

한무제의 분노를 산 이광리는 옥문관 밖에서 이러지도 저러지도 못하는 처지가 되었다. 태초 2년(기원전 103) 한무제는 이광리에게 재기의 기회를 주었다. 죄수, 불량배, 변방의 기병 등 6만여 명을 동원하여 다시 대완을 공격하게 했다. 장거리 원정을 떠나면 언제나 식량 보급이 문제였다. 한무제는 이 문제를 해결하기 위하여 소, 말 등 가축 수십만 마리를 이끌고 가게 했다.

이광리는 욱성성을 우회하여 이사성으로 진격했다. 그런데 이사성 안에는 우물이 없었다. 성 밖의 물을 수로로 끌어들여 사용했다. 한나라 군대는 수로를 끊고 이사성을 포위 공격했다. 이사성은 혼란의 도가니에 빠졌다. 이사성을 공격한 지 40여일 만에 외성(外城)을 격파하고 대완의 귀족이자 용장 전미(煎靡)를 사로잡았다. 대완의 귀족들은 이사성이 함락될 위기에 처하자 예전에 한나라 사신들을 죽이게 한 대완 왕 모과를 죽이고 한나라와 협상을 시도했다. 이광리에게 한나라 군대가 공격을 멈추면 한혈마를 주겠다고 했다. 만약 거부하면 한혈마를 모조리 죽이고 강거의 군대와 연합하여 끝까지 싸우겠다고 했다. 이광리는 이사성 안에 거주하고 있는 한나라 사람들이 우물을 파고 있다는 소문을 들었다. 또 강거의 군대가 협공하면 전세가 역전되지 않을까 두려웠다. 마침 대완의 사신이 가지고 온 모과의 수급을 보고 대완의 제의를 받아들였다. 대완은 한나라 군대에게 군량미를 제공하고 좋은 말들을 골라 가져가게 했다. 이광리는 예전부터 한나라 사신에게 호의를 베푼 매채(昧蔡)를 속국의 왕으로 삼고 회군했다.

이때 이광리는 명마 수십 필과 중등 이하의 말 암수 3천여 필을 몰고 귀국했다. 한무제는 마침내 그토록 바라던 천마를 얻었다. 이광리는 이 공로로 해서후(海西侯)로 책봉되었다.

한나라 군대가 철군한 후 대완의 귀족들은 매채가 한나라에 굴종한 것에 분노하여 그를 죽이고 모과의 아우 선봉(蟬封)을 왕으로 세웠다. 하지만 한나라의 보복을 두려워하여 선봉의 아들을 한나라로 보내 인질로 삼게 했다. 한무제는 대완과의 갈등을 피하고 싶었다. 사신을 보내 선봉에게 많은 예물을 하사하고 위로했다.

후원(後元) 2년(기원전 87) 봄 한무제 유철이 향년 69세를 일기로 붕어할 때까지 한나라와 서역 각국은 전대미문의 교역을 했다. 서역에서 한나라로 들어온 물건으로는 온갖 악기, 염료, 모직물, 천마, 포도, 호두, 석류, 홍당무 등 그 종류를 이루 다 헤아릴 수 없을 정도로 많았다. 한나라에서 서역으로 나간 물건으로는 비단, 황금, 옥기, 철기, 공예품, 일상용품 등이었다. 한무제는 평생 정복 군주로서 수많은 백성들을 전장에서 죽게 했지만, 역사적인 관점에서 보면 동서 문명을 최초로 연결하여 융합하게 한 위대한 업적을 세웠다.

5. 동남부, 서남부 지방의 국가들과 위만 조선을 복속시키다

오늘날의 절강성, 복건성, 광동성 등 중국 동남부와 서남부 지역은 진시황제의 진나라 시대에 군현(郡縣)으로 편입되었다. 진나라가 망하고 한나라가 건국되는 과정에서 이 광대한 지역에 동구(東甌: 동월·東越이라고 칭하기도 하며 절강성 온주·溫州 일대), 민월(閩越: 복건성 민후현·閩侯縣 일대), 남월(南越: 광동성 광주·廣州와 베트남 북부 지방) 등 3개 왕조가 등장했다. 이 세 나라는 '삼월(三越)'이라고 칭하기도 하는데 한나라의 속국이었으나 직접 지배를 받지는 않았다.

특히 진(秦)나라 장수 출신 조타(趙佗)가 건국한 남월은 지금의 광동성 중심의 중국 남부지방과 베트남 북부지방을 다스린 강국이었다. 조타는 스스로 황제를 칭하고 중원 왕조와 교류하면서 독립 국가의 지위를 확보했다.

건원(建元) 6년(기원전 135) 민월 왕 추영(騶郢)이 군사를 일으켜 남월을 침공했다. 남월 왕 조호(趙胡)는 한나라에 구원병 파견을 간청했다. 한무제는 예전에 자기에게 충성을 맹세한 조호의 간청을 외면할 수 없었다. 왕회(王恢), 한안국(韓安国) 등 장수들에게 민월을 토벌하게 했다. 민월 왕의 동생 여선(餘善)은 천자의 군대가 민월을 정벌하러 왔다는 첩보를 듣고 기겁했다. 천자의 군대와 싸워서 이길 자신이 없었던 그는 신하들에게 말했다.

"왕은 천자에게 주청하지도 않고 멋대로 군사를 일으켜 남월을 공격했소. 그래서 천자의 군대가 우리를 정벌하러 온 것이오. 지금 한나라 군대는 병사가 많고 막강하오. 천만다행으로 우리가 싸워 잠시 이긴다고 해도 더 많은 군대가 쳐들어오면 결국 우리는 망하고 말 것이오. 지금 왕을 죽이고 천자에게 사죄하여 그의 마음을 돌리게 하는 게 우리의 살길이오."

여선의 말에 공감한 신하들은 추영을 살해한 후 그의 수급을 왕회에게 보내 용서를 구했다. 한무제는 사자가 가지고 온 추영의 수급을 보고 크게 기뻐했다. 즉시 토벌을 멈추게 한 후 남월 침공에 가담하지 않은 요군(繇君) 축(丑)을 요왕(繇王)으로 세워 민월의 사직을 보존하게 했다.

그런데 형을 죽이고 실권을 장악한 여선은 요왕의 통제에서 벗어나 은밀히 왕 노릇을 했다. 한무제는 여선이 왕을 참칭한다는 소식을 듣고 군대를 파견하여 그를 제거하고 싶었다. 하지만 다시 군사를 일으키는 일이 쉽지 않자 그를 동월왕(東越王)으로 세워 요왕과 함께 동남 지방을 분할 통치하게 했다.

원정(元鼎) 4년(기원전 113) 한무제는 대신 안국소계(安國少季)를 남월에 보내 남월의 4대 왕 조흥(趙興)에게 한나라 귀부를 종용했다. 조흥은 나이가 어렸기 때문에 그의 생모 규태후(樛太后)가 막후에서 조흥을 조종했다. 당시 남월의 실권자는 승상 여가(呂嘉)였다. 그는 남월의 건국 초기부터 막강한 영향력을 행사했으며 토착 세력의 우두머리였다.

규태후는 안국소계를 만난 후 한나라에 귀부하는 것이 국가 발전에 도움이 될 거라고 판단했다. 적당한 날을 선택하여 왕과 함께 도성 장안으로 가서 한무제를 배알하겠다고 안국소계에게 말했다. 여가는 규태후의 결정에 강한 불만을 품고 이런 소문을 냈다.

"왕은 어리고 태후는 원래 한나라 사람이다. 태후가 은밀히 한나라 사신과 음란한 짓을 벌이면서 진귀한 보물들을 한나라 황제에게 바쳐서 환심을 사려고 수작을 부리고 있다. 만약 한나라에 귀부하면 우리는 모두 한나라의 노예로 전락할 것이다."

규태후도 평소에 여가가 딴마음을 품지 않을까 두려웠다. 안국소계 등 한나라 사신들과 짜고 여가를 살해하기로 결정했다. 한나라 사신을 위해 베푼 연회에서 규태후가 여가에게 물었다.

"우리나라가 한나라에 귀부하면 많은 이익을 얻을 수 있는데 경은 승상의 막중한 책무를 맡고 있으면서 그렇게 반대하는 이유가 무엇이오?"

여가는 한나라 사신들이 지켜보는 가운데 귀순의 문제점을 조목조목

지적했다. 규태후는 한나라 사신에게 여가를 죽이라고 눈짓했다. 하지만 병권을 장악한 여가의 동생이 병사들을 풀어 연회석 주변을 지키게 했기 때문에 감히 행동하지 못했다. 분노한 규태후는 기회를 틈타 친히 장검을 뽑아 여가를 찔러 죽이려고 했지만 조흥의 만류로 그만두었다.

규태후와 여가는 불구대천의 원수가 되었다. 규태후를 중심으로 하는 친한파(親漢派)와 여가를 중심으로 하는 반한파(反漢派)의 갈등이 격화되었다. 토착민의 지지를 받고 군권을 장악한 여가가 원정(元鼎) 5년(기원전 112)에 조흥과 규태후 그리고 한나라 사신들을 죽이고 반란을 일으켰다. 술양후(術陽侯) 조건덕(趙建德)을 허수아비 왕으로 세우고 한나라에 반기를 들었다. 한무제는 한나라 사신이 살해된 일을 구실로 삼아 남월을 정벌했다.

원정 6년(기원전 111) 겨울 누선장군(樓船將軍) 양복(楊僕)과 복파장군(伏波將軍) 노박덕(路博德)이 이끈 수군과 육군이 남월의 도성 번우(番禺: 광동성 광주)를 점령했다. 여가와 조건덕은 해상으로 달아났지만 생포되어 참수를 당했다. 이로써 남월 왕조는 건국한 지 5명의 국왕, 93년 만에 망했다. 한무제는 남월의 땅에 남해(南海), 창오(蒼梧), 교지(交趾) 등 7개 군(郡)을 설치함으로서 오늘날의 베트남 북부 지방까지 한나라의 강토를 확장했다.

한편 남월이 반란을 일으켰다는 소식을 들은 동월 왕 여선은 병사 8천여 명을 이끌고 한나라 군대와 함께 남월을 정벌하겠다는 뜻을 한나라 조정에 알렸다. 한무제는 그에게 누선장군 양복의 휘하로 들어가 남월 정벌에 참여하게 했다. 그런데 여선은 게양(揭陽: 광동성 게양)에 이르렀을 때 진군을 멈추고 형세를 관망하면서 남월과 은밀히 내통했다. 남월이 한나라 군대를 무찌르면 자기도 기회를 엿보아 황제를 칭할 계획이었다.

양복은 남월을 멸망시킨 후 언제 배신할지 모르는 여선을 토벌해야 한다고 한무제에게 주청했다. 원정 6년(기원전 111) 여선은 한나라 군대가 동월을 토벌하러 올 것이라는 소문을 들었다. 반란을 일으켜 황제를 칭한 후 한나라를 선제공격하기로 결정했다. 추력(騶力) 등을 '한나라를 병탄한 장군'이라는 뜻을 지닌 탄한장군(吞漢將軍)으로 임명하고 백사(白沙), 무림(武林) 등 지역으로 쳐들어가게 하여 한나라 교위(校尉) 세 명을 죽였다.

여선의 황제 참칭과 도발에 진노한 한무제는 횡해장군(橫海將軍) 한열(韓說) 등이 이끄는 한나라 군대를 네 갈래 길로 진격하여 동월을 토벌하게 했다. 한나라 대군이 동월의 국경 지대에 이르자, 여선은 천산(泉山)에서 방어 전선을 구축했다. 원래 월나라의 연후(衍侯)였던 오양(吳陽)은 여선을 만나 한나라와 싸우는 것은 중과부적이니 하루라도 빨리 투항하여 황제에게 사죄해야 목숨이라도 부지할 수 있다고 말했다. 여선은 이미 옥새에 무제(武帝)라는 글자를 새겨 황제 노릇을 했다. 그에게 투항은 곧 멸문의 화를 당할 수밖에 없었으므로 결사항전을 선택했다.

오양은 자기 고향 사람 7백여 명을 이끌고 동월의 한양(漢陽)을 공략했다. 그리고 건성후(建成侯) 오(敖)와 요왕(繇王) 거고(居股)를 만나 이렇게 말했다.

"여선이 반란을 일으켜 우리를 위협하고 있소. 지금 한나라 대군이 진격해오고 있는데 병사들이 많고 세력도 막강하오. 우리가 여선을 죽이고 스스로 한나라 장수들에게 귀순하면 다행히 죽음은 면할 수 있을 것이오."

오와 거고는 오양과 뜻을 함께 하기로 결정했다. 그들은 마침내 여선을 살해한 후 횡해장군 한열에게 투항했다. 한무제는 요왕 거고는 작위를 한 단계 낮추어 동성후(東成侯)에 봉했고, 건성후 오는 개릉후(開陵侯), 오양은 북석후(北石侯)로 책봉했다. 그리고 이런 조서를 내렸다.

"동월은 땅이 좁고 산세가 험한 곳이 많으며, 민월은 사람들이 사납고

교활하여 변절을 일삼는다. 그곳 백성들을 모두 장강(長江)과 회수(淮水)

사이로 옮겨 살게 하라!"

이 시기부터 민월(동월)은 한나라 강토로 편입되었지만 무인 지대로 남게 되었다. 건원(建元) 6년(기원전 135) 왕회가 민월을 공격할 때 파양현령 당몽(唐蒙)을 남월로 보내 귀부를 종용했다. 남월이 한나라에 귀부하면 막대한 재물을 주겠다고 했다. 남월 왕은 그에게 구장(枸醬: 뽕나무 열매로 빚은 걸쭉한 술)을 맛보게 했다. 당몽은 그 맛에 감탄하여 어디서 생산한 술이냐고 물었다. 남월 왕은 촉나라 땅 장가강(牂柯江)에서 가지고 왔다고 했다.

당몽은 귀국 후에 촉나라 장사꾼에게 구장에 대해서 물어보았다. 촉나라 장사꾼은 구장은 촉나라에서만 생산되는데 사람들이 몰래 그것을 장가강 근처에 있는 야랑(夜郞)이라는 나라에 팔아넘긴다고 했다. 아울러 야랑이 남월의 속국이라는 얘기도 했다. 당몽은 아랑을 복속시킨 후 장가강 물길을 따라 남월을 공격하면 쉽게 멸망시킬 수 있다고 한무제에게 아뢰었다.

한무제는 당몽을 낭중장으로 삼고 병사 1천여 명을 이끌고 야랑으로 가게 했다. 당몽은 야랑후 다동(多同)을 만나 후한 선물을 주고 천자의 뜻을 전했다. 다동은 한나라에 귀부하여 비단, 명주 등 중원의 진귀한 물건들을 얻을 수 있었다. 당몽은 그의 아들을 현령으로 임명하고 장안으로 돌아왔다. 한무제는 야랑에 건위군(犍爲郡)을 설치한 후 남월을 정벌할 목적으로 파촉(巴蜀) 지방의 병사들을 동원하여 북도현(僰道縣)부터 장가강까지 길을 닦게 했다.

이 시기에 제왕의 광대한 원림(園林)과 성대한 수렵 활동을 묘사한 「자허부(子虛賦)」를 지어 한무제의 총애를 받은 사마상여(司馬相如)가 서이(西夷) 지방의 부족 국가인 공(邛: 사천성 서창·西昌)과 작(筰: 사천성 한원현·漢源縣)에 군(郡)

을 설치할 수 있다고 한무제에게 아뢰었다. 한무제는 사마상여를 낭중랑으로 삼고 두 나라로 가게 했다. 사마상여는 두 나라의 왕을 설득하여 한나라에 복속하게 했다.

서남 지방에 전(滇: 운남성 곤명·昆明)이라는 나라가 있었다. 전나라는 초나라 장수였던 장교(莊蹻)가 진나라 말기의 혼란한 틈을 타서 세운 왕조였다. 중원에서 멀리 떨어진 산악 지대에 위치하고 있었으므로 중원 왕조의 통제를 받지 않는 독립 국가였다. 원봉 2년(기원전 109) 한무제는 군대를 파견하여 전나라를 정복하게 했다. 전나라 왕은 중과부적임을 깨닫고 항복했다. 한무제는 전나라를 익주군(益州郡)으로 삼고 전나라 왕에게 진왕금인(滇王金印)을 하사했다. 한나라 천자를 대신하여 익주군을 다스리라는 뜻이었다.

건원(建元) 6년(기원전 135)부터 원봉 2년(기원전 109)에 이르는 26년 동안 중국의 동남부와 서남부의 국가들은 대부분 한나라의 군현으로 편입되거나 속국으로 전락했다.

한무제의 대외 원정은 우리나라의 고대사와도 밀접한 관계가 있다. 사마천의 『사기·조선열전』에 의하면 주(周)나라 때 무왕(武王)이 상(商)나라 주왕(紂王)의 숙부인 기자(箕子)를 지금의 대동강 유역과 평양 일대에 조선의 왕으로 책봉했다고 한다. 그런데 기자 조선은 주나라에 복종하지 않고 왕의 계보를 40대(代)에 걸쳐 이어 내려왔다.

한고조(漢高祖) 12년(기원전 195) 한고조 유방의 죽마고우였던 연왕(燕王) 노관(盧綰)이 모반을 획책했다가 발각되자 흉노로 달아난 일이 있었다. 이 시기에 연나라 출신 위만(衛滿)은 한나라의 연나라 정벌을 두려워하여 자신을 따르는 무리를 이끌고 한반도로 들어와 기자 조선에 귀부했다. 기자 조선 왕 기준(箕準)은 위만에게 서쪽 수백 리 땅을 봉토로 주고 변방 지방을 다스리게 했다.

그 후 위만은 한나라에서 망명해 온 자들을 규합하여 기준을 몰아낸 후 왕검성(王儉城)을 도성으로 정하고 왕으로 자립했다. 위만은 한나라와의 우호 관계를 유지하면서 진번(眞蕃), 임둔(臨屯) 등 주변 소국들을 병탄함으로써 위만 조선의 영토를 사방 수천 리까지 넓혔다.

그런데 위만 사후에 그의 손자 위우거(衛右渠)는 왕이 된 후 당시 한반도 남부에 있었던 진한(辰韓) 등 소국들이 한나라와 교역하는 일을 막아버렸다. 한나라와의 중계 무역을 독점하기 위해서였다.

원봉 2년(기원전 109) 한무제는 섭하(涉河)를 위만 조선에 보내 위우거를 회유했다. 하지만 위우거는 한무제의 조칙을 받아들이지 않고 섭하를 한나라로 돌아가게 했다. 섭하는 국경 패수(浿水)에 이르렀을 때 자신을 전송하러 나온 위만 조선의 비왕(裨王) 장(長)을 죽이고 한나라로 달아났다. 아무런 성과도 없이 돌아가면 한무제에게 문책을 당하지 않을까 두려워하여 그렇게 한 것이다.

한무제는 섭하를 요동의 동부도위(東部都尉)로 삼고 위만 조선을 견제하게 했다. 위우거는 비왕 장이 살해되었다는 소식을 듣고 분노했다. 별동대를 요동으로 파견하여 섭하를 죽였다. 한무제는 위산(衛山)을 위만 조선으로 보내 위우거를 회유하려고 했으나 실패했다.

원봉 2년(기원전 109) 가을 한무제는 누선장군 양복에게는 발해만에서, 좌장군 순체(荀彘)에게는 요동에서 출발하여 위만 조선을 공격하게 했다. 두 장군은 해상과 육지에서 공격했지만 위우거의 결사항전으로 참패를 당하고 퇴각했다. 양복과 순체의 불화도 패배의 원인이었다. 한무제는 제남태수(濟南太守) 공손수(公孫遂)를 보내 두 사람의 갈등을 바로잡게 했다. 공손수는 순체가 양복을 비난하는 말을 듣고 그의 말이 옳다고 생각했다. 양복을 구금하고 지휘권을 순체에게 넘기게 했다.

원봉 3년(기원전 108) 순체가 다시 왕검성을 공격했다. 이때 왕검성에서 내분이 일어났다. 위만 조선의 재상 노인(路人), 니계(尼谿)의 재상 삼(參) 등이 위우거를 죽이고 순체에게 투항하자고 했다. 노인은 한나라로 달아나는 길에 죽었으며, 삼은 위우거를 죽이고 투항했다. 하지만 순체는 위우거의 대신 성기(成己)가 성안에서 끝까지 저항하는 바람에 왕검성을 함락하지 못했다.

순체는 위우거의 아들 위장(衛長)과 노인의 아들 최(最)를 회유했다. 두 사람이 성기를 죽이고 성안의 백성들을 복종하게 하면 한나라 천자에게 아뢰어 후(侯)로 봉하겠다고 했다. 마침내 위장과 최는 성기를 죽이고 투항했다. 이로써 위만 조선은 3대 86년 만에 멸망했다. 한무제는 위만 조선에 진번(眞番) 임둔(臨屯), 낙랑(樂浪), 현토(玄菟) 등 사군(四郡)을 설치했다. 대체적으로 사군은 오늘날의 북한 지방에 위치했다고 본다. 그리고 위장은 기후(幾侯), 최는 온양후(溫陽侯)로 책봉했다.

한나라로 돌아온 좌장군 순체는 위만 조선을 멸망시켰음에도 불구하고 누선장군 양복과 공적을 다투고 서로 시기하여 계책을 망쳤다는 죄명으로 기시(棄市)의 형벌을 받고 죽었다. 양복은 사형을 언도받았으나 속죄금을 내고 평민으로 강등되었다. 또 위산과 공손수도 참형을 당했다. 이처럼 한무제가 위만 조선 침략에 관련된 장수와 신하들을 이런저런 구실을 붙여 무자비하게 죽이거나 평민으로 강등한 이유는 위만 조선 원정이 자기 뜻대로 되지 않았음을 반증한다. 더구나 망한 위만 조선을 완전히 통제할 수 없었기 때문에 토착 세력의 우두머리들을 제후로 임명하고 다스리게 할 수밖에 없었다.

이상은 『사기·조선열전』의 내용에 의해 기술한 것이다. 오늘날 「조선열전」의 내용은 북한을 포함한 우리나라와 중국 간의 역사 논쟁거리이다. 중국의 역사학자들은 낙랑군이 대동강 유역에 있었으며, 북한의 평양이 왕검성이라고 주장하고 있다. 반면에 우리나라의 민족주의 역사학자들은 사군이 요동 또는 요서 지방에 있었다고 본다.

어쨌든 4군 가운데 낙랑군을 제외한 3군은 설치된 지 30년도 못되어 폐지되었다. 낙랑군은 서기 313년에 고구려에 멸망당할 때까지 약 400여 년 동안 존속되었다. 사군의 정확한 위치가 어디든 우리나라는 한무제 시대부터 중국과 본격적으로 교류를 했으며 그리고 정치와 경제 그리고 문화적 측면에서 큰 영향을 받았음은 부인할 수 없는 사실이다.

6. 거대하고 화려한 원림을 조성하고 불로장생을 추구하다

한무제는 정복 욕망뿐만 아니라 사치와 불로장생의 욕구도 대단히 강한 군주였다. 건원 3년(기원전 138) 진시황제 시대에 있었던 아방궁(阿房宮) 남쪽에 거대한 원림(園林)을 조성하게 했다. 조성 초기에 상시랑(常侍郎) 동방삭(東方朔)이 "위로는 국가의 재정을 고갈하고, 아래로는 농민의 생업을 빼앗는다."라고 간언했다. 한무제는 그의 충정을 높이 평가하고 그에게 황금 100근을 하사했지만 원림 공사를 중지하지는 않았다.

몇 년 후 모습을 드러낸 상림원(上林苑)은 그 둘레가 무려 100여㎞에 달했으며 그 안에는 별궁(別宮)이 70여 곳이나 되었다. 또 위수(渭水), 경수(涇水) 등 장안 주변을 흐르는 8개 하천의 물줄기를 끌어들여 강과 호수가 어우러지는 풍경을 연출했다. 그 안에는 전국 각지와 여러 나라에서 바친 진귀한 동물, 식물, 기석, 보석 등이 넘쳐났다. 상림원은 한무제 개인의 정원이자 수렵장이었다. 황제가 수렵을 나가고자 하면 네 필의 말이 이끄는 마차 1천여 대와 기병 1만여 기가 상림원 안에서 대기하고 있었다.

원수 3년(기원전 120)에 축조한 인공 호수 곤명지(昆明池)는 원래 수군 훈련장으로 사용되었지만 한무제가 배를 띄우고 궁녀들과 질퍽한 유희를 즐긴 장소였다. 태초 원년(기원전 104) 정궁(正宮)인 미앙궁(未央宮) 서쪽에 별도로 건축한 건장궁(建章宮)은 그 규모가 얼마나 컸던지 '문(門)이 1천 개, 호(戶)가 1만호'라는 호칭이 있었다. 태초 4년(기원전 101)에 완공한 명광궁(明光宮)은 한무제가 신선이 강림하기를 바라는 마음에서 건축한 것이다. 그는 연나라와 조나라에서 선발한 미녀 2천여 명을 명광궁에서 살게 했는데 자신의 성적 쾌락을 충족시키기 위한 목적이었다. 그들은 나이가 40세가 되면 모두 출궁시키고 다시 어린 처녀들로 궁을 채웠다.

한무제는 인생 말년에 이르러 진시황제처럼 불로장생을 꿈꾸었다. 한평생 오늘날의 중국 산동성 등 동해안 지역을 일곱 번이나 순행하면서 신선을 만나기를 갈구했다. 나이가 이른 남짓 되어 보이는 이소군(李少君)이라는 방술사가 있었다. 귀신을 부리고 사람을 영원히 늙지 않게 하는 도술을 부린다는 소문이 방방곡곡에 퍼졌다. 제후와 귀족들은 그에게 많은 재물을 바치고 무병장수의 비법을 알려 달라고 했다. 신기하게도 그는 옛날의 일을 손금 보듯 환하게 알고 있었다. 한무제는 그를 황궁으로 불러들여 예전부터 가지고 있었던 청동기를 꺼내 그에게 물어보았다.

"이 동기(銅器)는 언제 만들어진 것이오?"

이소군이 대답했다.

"제나라 환공(桓公) 10년에 건축한 백침대(栢寢臺)에 진열했던 물건입니다."

한무제는 청동기에 새겨진 글자를 조사하게 했다. 아니나 다를까, 이소군의 말이 맞았다. 제나라 환공 10년은 기원전 676년에 해당한다. 한무제가 태어나기 520년 전에 만들어진 그릇이라는 얘기이다. 한무제는 깜작 놀랐다. 이소군이 수백 년을 살고 있는 신선이라고 생각했다. 이소군이 한무제에게 아뢰었다.

"부엌신에게 제사를 지내면 신령스러운 물건을 얻을 수 있으며 그것을 얻으면 단사(丹沙)를 황금으로 변하게 할 수 있습니다. 또 그것을 제련하여 음식을 담는 그릇을 만들어 사용하면 장수할 수 있으며, 장수하면 봉래(蓬萊)에 사는 신선을 만날 수 있습니다. 신선을 만나서 봉선을 거행하면 영원히 살게 됩니다."

한무제는 영원히 살 수 있다는 말에 귀가 솔깃하여 그가 시키는 대로 단약을 제조하여 복용하고, 신선들만 산다는 봉래로 사람을 보내 신선 안기생(安期生)을 찾게 했다. 몇 년 후 이소군이 죽었는데도 한무제는 그가 죽은 게 아니라 신선이 되었다고 여기고 신하들에게 그의 방술을 이어받게 했다. 그리고 신선 안기생을 끝내 찾지 못했는데도 연나라와 제나라의 바닷가에서 황제의 환심을 사서 부귀영화를 누리기 위하여 도사나 신선을 자처하는 자들이 부지기수였다.

또 제나라 사람 이소옹(李少翁)이라는 방술사가 있었다. 그는 한무제가 죽은 총비(寵妃) 왕부인(王夫人)을 그리워한다는 얘기를 들었다. 한무제를 배알하고 방술로 죽은 왕부인을 잠시 불러내겠다고 했다. 한무제가 그렇게 할 수 있다면 그에게 관작을 하사하겠다고 약속했다. 이소옹은 오색의 연기를 피우고 장막을 드리우고 난 후 방술로 왕부인의 형상을 만들어 냈다. 한무제는 정말로 왕부인이 환생한 것으로 착각하고 기쁨의 눈물을 흘렸다. 이소옹은 문성장군(文成將軍)으로 책봉되었으며 많은 재물을 하사받았다.

이소옹은 또 한무제에게 방술로 신선을 불러올 수 있다고 했다. 한무제는 그에게 많은 재물을 주고 신선을 불러오게 했다. 하지만 1년여의 시간이 지났는데도 신선은 오지 않았다. 이소옹은 황제의 추궁을 두려워하여 황제를 속이기로 결심했다. 비단으로 만든 부적을 몰래 소에게 먹인 후 소의 뱃속에 기이한 물건이 있다고 말했다. 소를 죽여서 보니 이상한 글씨로 기괴한 내용을 쓴 부적이 나왔다.

한무제는 이소옹을 의심하기 시작했다. 마침 이소옹의 필적을 아는 자가 있었다. 그가 부적의 글씨는 이소옹이 쓴 것이라고 아뢰었다. 한무제는 당장 그를 죽이고 이 사건을 덮어버렸다. 백성들이 황제가 황당무계한 도술에 빠졌다는 비난을 피하기 위해서였다. 그런데 얼마 후 그는 이소옹의 도술을 다 활용하지 못한 것을 후회하고 그를 너무 빨리 죽였다고 생각했다. 황제가 다시 신묘한 힘을 지닌 방술사를 찾는다는 소문이 돌았다.

방술사 난대(欒大)는 이소옹과 같은 스승을 모시고 방술을 배운 자이다. 원정 4년(기원전 113) 낙성후(樂成侯) 정의(丁義)의 추천으로 한무제를 배알할 수 있었다. 난대는 한무제에게 이렇게 말했다.

"신의 스승은 저에게 이런 말을 했습니다. '도술을 익히면 황금을 만들 수 있으며 황하의 터진 제방을 막을 수 있고 불사약을 구할 수 있으며 신선도 불러 올 수 있도다.' 하지만 신은 문성장군처럼 주살을 당하지 않을까 두렵습니다. 신도 죽으면 천하의 도사들은 모두 입을 닫을 것입니다. 그러면 어찌 감히 방술에 대하여 이야기할 수 있겠습니까?"

난대는 아주 교활한 자였다. 한무제를 속이기 위해서는 먼저 그에게 자신의 목숨을 담보하는 약속을 받아내야 했다. 한무제는 본의 아니게 거짓말을 했다.

"문성장군은 말의 간을 먹고 죽었지 짐이 죽인 게 아니오. 그대가 신선의 방술을 보여준다면 짐은 무엇을 아끼겠는가?"

　난대는 짐짓 난처한 표정을 지으며 한무제에게 신선의 사자인 자신을 대우해주어야 신선을 모셔올 수 있다고 말했다. 한무제는 그에게 하찮은 방술로라도 영험을 보여 달라고 간청했다. 난대는 바둑돌 두 개를 바둑판에 올려놓았다. 한무제는 그것들이 서로 튕기며 밀려나는 모습을 보고 그가 정말로 신묘한 도술을 부리는 방술사라고 생각했다. 사실은 난대가 같은 극끼리 서로 밀치는 자석의 성질을 이용하여 황제를 속인 것이다.

　한무제는 즉시 난대를 오리장군(五利將軍)으로 임명했다. 또 한달 후에는 그에게 천사장군(天士將軍), 지사장군(地士將軍), 대통장군(大通將軍), 천도장군(天道將軍) 등 장군 인장을 수여했다. 이뿐만이 아니었는데 얼마 후 그를 낙통후(樂通侯)로 책봉하고 황제의 장녀 위장공주(衛長公主)를 그에게 시집보냈다.

　난대는 하루아침에 황제에 버금가는 권력과 부귀영화를 누리게 되었다. 하지만 난대가 부린 방술은 한무제의 기대와는 다르게 아무런 효험이 없었으며 동해로 가서 신선을 모시고 오지도 못했다. 한무제는 비로소 난대에게 속았음을 깨닫고 그를 요참(腰斬)의 형벌로 다스렸다. 난대를 추천한 낙성후 정의도 기시(棄市)의 형벌을 받고 죽었다.

　한무제는 이소군, 이소옹, 난대 등 가짜 방술사들에게 현혹되어 정사를 그르쳤는데도 정신을 차리지 못했다. 그는 전설상의 황제(黃帝)처럼 신선이 되어 영원히 살고 싶었다. 황제(黃帝)를 만나기 위하여 태산(泰山) 등 여러 곳에서 제사를 지내고 방술사들에게 신선의 발자취를 찾게 했다.

　원봉 원년(기원전 110)에는 이런 일도 있었다. 한무제가 봉선(封禪) 의식을 거행하기 위하여 오악(五岳) 가운데 중악(中岳)에 해당하는 숭산(崇山)의 동쪽

산봉우리에 오를 때 그를 수행한 관리들이 '만세(萬歲)'를 세 번 외치는 소리를 들었다. 그들은 한무제에게 이렇게 아뢰었다.

"이는 중악의 산신이 폐하를 영접하는 소리입니다."

중악의 신령스러운 산신조차도 한무제의 온 세상을 덮는 위세와 절대권위에 복종하여 만세삼창을 했다는 것이다. 관리들이 한무제의 허영심을 채우고 아부하기 위해 꾸민 이야기였지만, 한무제는 크게 기뻐하여 그 산봉우리를 만세봉(萬世峯)으로 명명했다. 어쨌든 이때부터 '만세'라는 호칭이 나왔으며 그것은 황제를 의미했다.

한무제가 세상을 떠나기 2년 전인 정화(征和) 4년(기원전 89)에 방술사 공손경(公孫卿)을 동래(東萊: 산동성 용구·龍口)로 보내 신선을 찾게 했지만 끝내 성공하지 못했다. 그도 신선을 찾는 일을 그만둘 수밖에 없었다. 그의 인생 말년은 오로지 불노장생의 추구로 점철되었다. 그는 중국 역사상 보기 드문 정복 군주로서 위세를 떨치고 상상을 초월하는 부귀영화를 누렸지만, 신선이 되어 영생하겠다는 허황된 욕망이 그의 심신을 피폐하게 하고 국정 혼란을 일으킨 것이다.

7. 무고지화: 수만 명을 죽음으로 몰고 간 최악의 궁정 저주 사건

정화 2년(기원전 91)에 이런 일이 있었다. 승상 공손하(公孫賀)의 아내 위군유(衛君孺)는 한무제 위황후(衛皇后)의 언니이다. 공손하가 한무제의 동서였으므로 황제의 총애를 받았다. 공손하의 아들 공손경성(公孫敬聲)은 아버지의 후임으로 태복(太僕)이 되었다. 그는 오만방자하고 사치를 일삼고 권력을 남용하다가 북군(北軍)의 군비 1천9백만 전을 횡령한 죄로 감옥에 갇혔다.

당시 장안에서 대도(大盜) 주안세(朱安世)가 관부의 재화와 권문세가의 재물을 닥치는 대로 훔쳐 달아났다. 한무제는 도성의 민심이 흉흉해지자 관리들에게 그를 잡아오게 했다. 그런데 그가 신출귀몰하여 쉽사리 잡지 못했다. 공손하는 한무제에게 주안세를 잡아오겠으니 아들의 죄를 용서해 달라고 간청했다. 한무제는 그의 간청을 들어주었다.

얼마 후 공손하는 주안세를 생포하여 감옥에 가두었다. 그런데 주안세는 영악한 자였다. 위황후가 이미 황제의 총애를 잃고 쓸쓸하게 지내고 있으며 황제도 처가의 세력을 억누르려고 한다는 소문을 듣고 음모를 꾸몄다. 옥중에서 조정에 이런 서신을 보냈다.

"공손경성이 양석공주(陽石公主)와 은밀히 간통하고 있습니다. 폐하께서 장차 감천궁(甘泉宮)으로 행차하실 것을 미리 알고 무당에게 폐하께서 지나가는 길에 나무 인형을 매장하게 한 후 폐하를 저주하는 악담을 하게 했습니다."

양석공주는 한무제의 딸이 아닌가. 조정이 발칵 뒤집혔다. 한무제는 시시비비를 제대로 가리지 않고 공손하 부자와 공손씨 일족을 모조리 살해했다. 무술(巫術)로 황제를 저주했다는 이 사건은 여기에서 그치지 않았다. 양석공주, 위황후가 낳은 제읍공주(諸邑公主), 한무제 시대 명장(名將)이자 위황후의 남동생 위청의 장남인 위항(衛伉) 등도 연루되어 죽었다. 한무제는 이 사건을 빌미로 처가 위씨를 짓밟아 버린 것이다. 위황후는 철저하게 고립된 채 눈물로 세월을 보냈다. 그녀의 유일한 희망은 자기가 낳은 태자 유거(劉據)가 황위를 계승하는 일이었다. 하지만 유거도 생모 위황후가 아버지의 총애를 잃은 상황에서 폐위되지 않을까 전전긍긍했다.

흉노에 사신으로 가서 사명을 완수하고 돌아 온 강충(江充)은 직지수의 사자(直指繡衣使者)에 제수되었다. 그는 귀족과 대신들 가운데 사치가 심한 자는 모조리 탄핵하고 북군(北軍)으로 편입시켜 흉노 정벌에 나서게 했다. 탄핵을 당한 자들은 조정에 속죄금을 바치고 종군을 피했다. 속죄금으로 들어온 재화가 수천만 전에 달했다. 한무제는 강충이 정직하고 법을 준수하는 충신이라고 여기고 그를 총애했다. 공경대부들은 강충을 만나기만 해도 오금이 저릴 정도로 무서워했다.

어느 날 강충이 한무제의 어가를 따라 감천궁으로 가는 치도(馳道)에서 태자의 가신과 마주쳤다. 치도는 황제의 전용 도로였으므로 태자의 가신 따위가 감히 다닐 수 없었다. 강충은 즉시 그를 잡아 감옥에 가두고 문초했다. 태자 유거는 강충에게 사람을 보내 자기가 가신을 잘못 다스린 것을 사과하고 황제에게는 비밀로 해달라고 신신당부했다.

하지만 강충은 한무제에게 사실대로 아뢰었다. 한무제는 "남의 신하 된 자는 마땅히 강충처럼 정직해야 한다."고 칭찬하고 그를 수형도위(水衡都尉)로 임명한 후 더욱 총애했다. 유거는 이 사건으로 강충에게 원한을 품었다. 강충도 늙고 병든 한무제가 죽으면 태자가 황제가 된 후 보복하지 않을까 두려웠다.

당시 한무제는 심각한 정신 질환에 시달리고 있었다. 어느 날 낮잠을 자고 있었는데 나무 인형 수천 명이 몽둥이를 휘두르면서 자기에게 달려오는 악몽을 꾸었다. 그 후 자주 실성을 하다가 몸져눕고 말았다. 강충은 태자를 제거할 절호의 기회가 왔다고 판단했다. 한무제에게 간악한 무리가 무고(巫蠱: 나무 등으로 만든 인형에 칼이나 바늘을 꽂아 남을 저주하는 무술·巫術)로 황제를 저주하고 있다고 아뢰었다.

한무제는 강충에게 무고 사건을 철저히 조사하게 했다. 강충은 사전에 나무 인형 수천 개를 땅에 묻은 후 호인(胡人) 출신 무당들을 동원하여 찾게 했다. 또 곳곳에 피를 뿌리고 황제를 저주하는 굿판을 벌인 흔적을 날조했다. 강충은 무당, 죄인, 관리, 일반 백성 등을 닥치는 대로 잡아들이고 모진 고문을 가했다. 무고한 백성 수만 명이 희생되었다. 강충의 사주를 받은 호인 출신인 무당 단하(檀何)가 별궁 감천궁에서 요양하고 있던 한무제에게 아뢰었다.

"황궁에는 독기가 퍼져있습니다. 독기를 제거하지 않으면 황상 폐하의 병은 낫지 않을 것입니다."

한무제는 또 강충에게 정궁 미앙궁의 내부를 샅샅이 뒤지게 했다. 안도후(岸道侯) 한열(韓說), 어사 장공(章贛), 환관 소문(蘇文) 등 신하들에게도 강충을 도와 무고 사건을 파헤치게 했다. 태자 유거가 거주하는 동궁(東宮)과 위황후가 거주하는 중궁(中宮)이 집중적으로 조사를 받았다. 강충은 동궁의 바닥을 파헤친 끝에 황제를 저주하려고 만든 나무 인형을 찾아냈다고 떠들어댔다.

그것은 강충이 조작한 것이었으나 유거는 감천궁에서 요양하고 있는 아버지 한무제에게 결백을 호소할 방법이 없었다. 자신의 스승인 석덕(石德)에게 어찌하면 좋겠냐고 물었다. 석덕도 강충이 태자를 죽이려는 음모임을 알아차렸다. 태자가 모함에 걸려들어 죽으면 자신도 목숨을 부지할 수 없는 상황이었다. 차라리 황제의 조서를 위조하여 간악한 강충의 무리를 일망타진하고 황제에게 진실을 밝히는 것이 살길이라고 태자에게 말했다. 그렇게 하지 않으면 진시황제 시대의 태자 부소(扶蘇)처럼 억울한 누명을 쓰고 비참하게 죽을 거라고 충고했다.

정화 2년(기원전 91) 가을 유거는 비장한 마음으로 가짜 조서를 만들어 강충 일당을 체포하게 했다. 한열이 조서가 가짜가 아닐까 의심하자 그를 살해했다. 장공과 소문은 가까스로 장안을 빠져나와 감천궁으로 달아났다. 유거는 감천궁에서 어떤 일이 벌어지고 있는지 몰랐다. 혹시 늙은 아버지가 중병에 걸려 누워있는 게 아닐까 의심했다. 병사를 일으켜 예기치 않은 상황에 대처해야 했다. 그런데 그가 거느린 병사는 많지 않았다. 황급히 태자사인(太子舍人)을 생모 위황후에게 보내 도움을 요청했다.

위황후는 지지를 표명하고 중궁의 말과 수레를 모두 태자에게 보냈다. 유거는 장락궁 등 황궁을 지키고 있는 금위군을 장악하고 문무백관에게 강충의 무리가 반란을 일으켰다고 선포했다. 강충은 독 안에 든 쥐 신세가 되었다. 유거는 그를 사로잡아 목을 베었다. 또 상림원에서 호인 출신 무당들을 불에 태워 죽였다. 한편 감천궁으로 달아난 환관 소문은 한무제에게 태자가 정변을 일으켰다고 아뢰었다. 한무제가 말했다.

"태자가 필시 두려워하고 있을 것이다. 강충 등에게 원한을 품었기 때문에 이런 변고가 생긴 것이다."

한무제는 태자가 강충에게 원한을 품고 정변을 일으킨 것이지 결코 반란을 일으킨 게 아니라고 생각했다. 그를 달랠 요량으로 사신을 태자에게 보내 감천궁으로 오게 했다. 그런데 사신은 감히 장안으로 들어가지 못하고 돌아와서 한무제에게 아뢰었다.

"태자가 이미 반란을 일으켰습니다. 신을 죽이려고 하여 어쩔 수 없이 돌아왔습니다."

사실 사신은 태자가 반란을 일으켰다는 소문만 듣고 돌아와 그렇게 아뢴 것이다. 한무제는 정말로 태자가 반란을 일으켰다고 생각하여 대노했다. 마침 그때 승상 유굴리(劉屈氂)가 궁정 변란을 피해 도성 밖으로 빠져나왔다. 그런데 그가 얼마나 다급하게 승상부에서 도망 나왔는지 승상의 관인을 분실하고 말았다. 그는 장사(長史)를 감천궁으로 보내 한무제에게 변고를 알렸다. 한무제가 장사에게 물었다.

"승상은 지금 어디서 무슨 일을 하고 있는가?"

장사가 대답했다.

"승상은 변고 소식을 철저하게 차단하고 아직 군사를 동원하지 않고 있습니다."

한무제가 버럭 화를 내며 말했다.

"태자가 변란을 일으켰다는 소문이 떠들썩하게 퍼졌는데도 무슨 비밀을 지킨다는 말이냐? 승상은 주공(周公)의 패기가 없구나. 주공은 관숙(管叔)과 채숙(蔡叔)을 죽였지 않았는가?"

주(周)나라 건국 초기에 어린 주성왕(周成王)을 보필한 주공 단(旦)이 관숙과 채숙이 일으킨 반란을 진압하여 주나라를 안정시킨 일을 한무제가 거론한 것은, 승상 유굴리에게 태자의 반란을 진압하라는 뜻이었다. 그가 유굴리에게 내린 명령은 이러했다.

"반란을 일으킨 자들을 주살한 자에게는 짐이 상벌을 분명하게 가려

포상하겠다. 소가 끄는 수레로 장벽을 쌓아 수비를 견고하게 하라! 반란의 무리와 백병전을 피해야 만이 많은 병사들이 죽는 것을 막을 수 있다. 또 성문을 굳게 닫아 반란을 일으킨 자들이 달아나지 못하게 하라!"

한무제는 감천궁에서 건장궁으로 돌아와 삼포(三輔: 도성 장안을 둘러싼 경기 지역)의 병사들을 총동원하여 도성으로 진격하게 했다. 유거도 간신들이 일으킨 반란을 진압하고 황제를 보위한다는 대의명분을 내걸고 감옥에 갇혀 있는 죄수들을 모두 석방했다. 태자소부 석덕, 문객 장광(張光) 등에게 그들을 지휘하게 했다.

유거가 관병과 싸우기에는 병력이 중과부적이었다. 죄수 여후(如侯)에게 위조한 부절을 주고 그를 장수(長水)와 선곡(宣曲)으로 보내 호인(胡人)의 기병들을 끌어들이고자 했다. 하지만 여후는 한무제가 파견한 시랑 마통(馬通)에게 사로잡혔다. 마통은 호인들에게 말했다.

"여후가 가지고 온 부절은 가짜이오. 그의 말을 따르지 마오."

호인들은 황제의 명의로 발급한 부절이 아님을 알고 마통에게 복종했다. 마통은 여후를 죽인 후 호인의 기병들을 이끌고 장안으로 진격했다. 당시 한나라의 부절은 붉은색이었다. 유거도 붉은색 부절을 사용하자, 조정에서는 도용을 방지하기 위하여 부절에 노란색의 끈을 달아 가짜 부절과 구별하게 했다. 승상 유굴리가 거느린 관군이 장안성을 포위했다. 유거는 북군을 지휘하는 장수 임안(任安)에게 부절을 보내 금위군을 동원하게 했다. 임안은 그것이 가짜임을 알고 응하지 않았다.

당황한 유거는 병사들을 이끌고 성 밖으로 나와 유굴리의 관군과 치열한 접전을 벌였다. 양군의 혈전은 5일 동안 지속되었다. 수만 명이 죽었으며 주변의 하천과 호수는 피바다를 이루었다. 당시 민간에는 태자가 모반을 일으켰다는 소문이 파다했다. 유거의 진영을 이탈하여 관군에 투항하는 자가 속출했다. 유거의 군대는 궤멸했다.

유거는 장안성의 복앙문(覆盎門)으로 달아나 숨었다. 마침 사직(司直) 전인(田仁)이 북앙문을 지키고 있었다. 그는 태자를 차마 체포하지 못했다. 태자의 억울한 사정을 알고 있었고 설마하니 황제가 태자를 죽이겠냐고 생각했기 때문이다. 유거는 그의 도움으로 도성을 빠져나와 장안에서 300리 떨어진 호현(湖縣)으로 달아나 천구리(泉鳩里)의 어느 짚신장수 집에 은신했다.

한무제는 진노하여 전인에게 허리를 자르는 형벌을 내려 죽게 하고 태자를 추종한 무리를 모조리 색출하여 살해하게 했다. 또 위황후에게 책서(策書)를 보내 그녀를 폐위했다. 위황후는 살아남아도 살아있는 목숨이 아니었다. 한때 한무제의 사랑을 독차지했던 그녀는 스스로 목숨을 끊었다.

한무제의 광기 어린 살인에 수많은 사람들이 희생되었다. 조정 대신들은 황제의 분노가 자신들에게 미치지 않을까 두려워했다. 말 한 마디라도 실수하면 참형을 피할 수 없는 상황이었다. 호관(壺關)의 삼노(三老: 나이가 많고 학식과 덕망이 있는 원로에게 주는 관직) 무(茂)가 목숨을 걸고 진언했다.

"강충은 본래 남의 집에서 종살이한 천민입니다. 지존의 어명을 구실로 삼아 태자를 협박하고 간계를 꾸몄습니다. 태자는 앞으로 나가면 황상을 배알할 수 없고, 뒤로 물러나면 간신배의 협박에 시달렸습니다. 태자가 너무 원통해도 황상께 사실을 아뢸 방법이 없어 분한 마음을 참지 못하여 강충을 죽인 것입니다. 이는 자식이 아버지의 병기를 훔쳐 재난을 막고 악인의 음해에서 벗어난 일입니다. 신이 생각하건대 태자는 결코 간사한 마음이 있어 그렇게 행동한 것이 아닙니다."

한무제는 무의 간언에 깨달은 바가 있었으나 끝내 태자를 사면하지 않았다. 유거는 짚신장수의 도움으로 숨어 지내다가 관군에게 위치가 발각되었다. 유거는 생포되어 수모를 당하고 싶지 않았다. 스스로 목을 매어 자살했다. 그의 아내 사량제(史良娣), 장남 유진(劉進), 딸 황여손(皇女孫) 그리고 그를 끝까지 보살핀 짚신장수 가족 모두 살해되었다.

태자와 황후를 죽게 하고 수만 명을 죽음으로 몰아간 이 궁정 변란을 '무고지화(巫蠱之禍)'라고 칭한다. 얼마 후 한무제는 아들이 억울하게 죽은 것을 슬퍼하여 사자궁(思子宮)을 건립하고 아들을 추모했다. 강충은 이미 죽었지만 한무제는 강충에게 농락을 당한 것이 분하여 그의 일족을 도륙했다.

유거가 정말로 반란을 일으켜 아버지 한무제를 시해하고 황제가 되려고 했는지, 아니면 강충 일당을 일망타진하여 위기에 빠진 국가를 구하려고 했는지 알 수 없는 일이다. 하지만 한무제가 인생 말년에 초심을 잃고 국정을 제대로 돌보지 못한 것이 가장 큰 문제였다. 한무제는 세상을 떠나기 2년 전인 정화 4년(기원전 89)에 이런 말을 했다.

"짐이 즉위한 이래 하는 바가 정도에 어긋나 천하의 백성들에게 근심과 괴로움을 안겨주었다. 참으로 후회막급이구나! 지금 백성을 해치는 일과 천하의 재물을 낭비하는 자들은 모두 망하고 말 것이다."

한무제가 이룬 업적은 위대했지만 인생 말년에 저지른 과오를 진심으로 반성했던 것 같다. 그는 임종하기 직전까지 자주 신하들에게 이런 말을 했다.

"짐은 지난 날 어리석게도 미혹함에 빠져 방술사들에게 속임을 당했다. 천하에 어찌 신선이 있겠는가. 모두 요망한 짓이었다. 음식을 조절하고 약을 먹으면 당연히 병이 적을 따름이다."

후원(後元) 2년(기원전 87)년 봄 한무제는 재위 54년, 향년 69세를 일기로 붕어했다. 후세 사람들의 한무제에 대한 평가는 다양하다. 그가 유가의 학술을 존숭한 것은 훗날 중국의 역대 왕조가 2천여 년 동안 기본적으로 유가의 통치 철학에서 벗어나지 못하게 했다. 그는 실크로드를 개척한 위대한 정복 군주였으나 그에 따른 백성들의 희생과 고통도 상상을 초월할 정도로 심각했다. 오늘날 그를 진시황제와 비슷한 군주였다고 평가한다. 정복 전쟁을 일삼았으며 대규모 토목 공사를 일으켰고 사치가 심하고 방탕한 생활을 했으며 불노장생을 추구한 것은 두 사람의 공통점이다.

그런데 진나라는 진시황제 사후에 망했는데 한나라는 왜 한무제 사후에도 전성기를 이어나갔을까. 그가 진시황제와 다른 점은 인생 말년에 지난날의 과오를 반성하고 충신들의 간언을 새겨듣고 조정에 혁신의 바람을 일으킬 수 있게 했기 때문이다.

6

제6장 | 한소제 유불릉

한소제 유불릉

1. 성장 과정과 황위 계승

한무제 유철의 첫 번째 황후는 진아교(陳阿嬌)이다. 그녀의 아버지는 당읍후(堂邑侯) 진오(陳午), 어머니는 관도장공주(館陶長公主) 유표(劉嫖)이다. 유표는 한경제 유계의 누나이자 한무제 유철의 고모가 된다. 한경제 시대에 유표와 유철의 생모 왕부인이 혼인 관계를 맺기로 약속하고 음모를 꾸며 태자 유영을 폐위하려고 했다는 얘기는 앞 단원에서 소개했다.

한경제 7년(기원전 150) 태자 유영이 폐위되어 임강왕으로 강등된 후에 유철의 생모 왕부인은 황후로, 유철은 태자로 책봉되었다. 얼마 후 진아교는 태자비로 책봉되었다. 건원 원년(기원전 140) 유철이 황제로 즉위한 후에 진아교도 황후로 책봉되었다. 관도장공주 유표가 사위는 황제로, 딸은 황후로 만들어 권세와 부귀영화를 누리겠다는 욕망이 마침내 실현된 것이다.

한무제는 자신의 고모이자 장모인 관도장공주 유표를 두태주(竇太主)로 존숭하고 극진히 모셨다. 유표를 유태주라고 칭하지 않고 두태주라고 칭한 것에는 이유가 있다. 유표의 생모 두의방(竇猗房)은 한문제 유항의 황후이다. 그녀는 한무제 시대에 이르러 태황태후로 추존(推尊)되어 황실 최고의 어른으로 대접을 받았다. 한무제는 두태황태후를 존경한다는 의미를 담아 그녀의 딸 유표를 두태주라고 칭한 것이다. 한나라 시대에는 모계의 성씨를 존중하는 경우가 종종 있었다.

두태주는 여자 황제처럼 군림했다. 황제만이 다니는 길인 치도(馳道)를 거리낌 없이 이용했으며 천하의 모든 진귀한 물건들을 그녀에게 바치지 않으면 불같이 화를 냈다. 한무제는 두태주의 권력 남용에 심한 염증을 느꼈지만 자신을 황제로 추대한 그녀를 통제할 수 없었다.

진황후(陳皇后)도 크게 다르지 않았다. 어머니의 위세를 믿고 오만방자하기 그지없었다. 한무제는 그녀를 좋아하지 않았지만 두태주와 생모 왕태후의 강권에 못 이겨 어쩔 수 없이 진황후와 잠자리를 함께 했다. 그런데 진황후에게는 임신의 기미조차 보이지 않았다. 진황후는 불임증을 고치려고 9천만 전이나 썼지만 효과가 없었다.

건원 2년(기원전 139) 한무제의 누나 평양공주(平陽公主)가 평양후(平陽侯) 집안의 가녀(歌女)인 위자부(衛子夫)를 한무제에게 바쳤다. 한무제는 그녀를 보자마자 사랑에 빠졌다. 진황후는 노발대발하여 위자부를 해코지하려고 했지만 뜻대로 되지 않았다. 한무제는 진황후의 투기가 날로 심해지자 그녀를 더욱 멀리했다.

한무제의 총애를 독차지한 위자부는 한무제의 장남 유거와 위장공주, 제읍공주, 석읍공주 등 세 공주를 낳았다. 진황후는 눈이 뒤집혔다. 남편의 사랑을 받으려면 위자부를 죽여야 했다. 원광 5년(기원전 130) 무녀 초복(楚服)에게 위자부를 저주하여 죽이는 굿판을 은밀히 벌이게 했다. 황후가 굿판을 벌인다는 소문이 한무제의 귀에 들어왔다. 한무제는 대노하여 철저하게 진상을 파악하게 했다. 시어사 장탕(張湯)이 사건의 전모를 밝혔다. 초복은 저자거리에서 참수를 당했으며 무술(巫術)에 관련된 자, 300여 명이 주살을 당했다. 이때 한무제가 진황후에게 내린 책서(策書)의 내용은 이러했다.

"황후는 예법을 준수하지 않고 다른 사람에게 재앙을 내려달라고 귀신에게 애걸했으니 천명을 계승할 자격이 없도다. 황후의 옥새를 반납하고 장문궁(長門宮)에서 은거하라!"

이렇게 진황후는 황후로 책봉된 지 10년 만에 폐위되어 두태주의 개인 별장을 확장하여 만든 장문궁으로 쫓겨났다. 두태주는 딸이 폐위되었다는 소식을 듣고 깜작 놀랐다. 한무제는 더 이상 그녀의 말에 순응하는 어린 황제가 아니었다. 자칫하다간 불행이 자신에게 미치지 않을까 두려웠다. 한무제에게 머리를 조아리고 사죄했다. 한무제는 그녀에게 이렇게 말했다.

"황후의 행동거지가 대의에 부합하지 않아 어쩔 수 없이 폐출했소. 두태주께서는 도의(道義)를 믿고 마음을 편안하게 해야지 망언(妄言)을 믿고 의심하거나 두려워하는 마음을 품으면 안 되오. 황후가 폐위되었지만 예법에 따라 그녀를 대우하고 있소. 장문궁에서의 생활이 상궁(上宮)에서의 생활과 다르지 않소."

한무제는 진황후를 폐출했지만 두태주와의 혈연 관계를 고려하여 차마 박대하지 못하고 장문궁에서 편안하게 살도록 배려했다. 훗날 진황후

한나라 역대 황제 평전

의 아버지 당읍후 진오와 어머니 두태주가 연이어 사망한 후 진황후도 장문궁에서 별세했다. 그녀의 든든한 버팀목이었던 부모의 사망이 그녀를 충격에 빠지게 하여 죽음에 이르게 한 것이 아닌가 한다.

진황후가 폐위된 후 황후의 자리를 마냥 비워둘 수 없었다. 원삭(元朔) 원년(기원전 128) 한무제의 총애를 받은 위자부가 황제의 장남 유거를 낳은 직후에 황후로 책봉되었다. 당시 그녀의 남동생 위청은 흉노의 침략을 격퇴한 공로로 대장군의 직위에 올랐으며, 그녀의 생질 곽거병도 흉노를 정벌한 공로로 표기장군으로 승진했다. 위황후의 친인척 중에서 한무제의 총애를 받아 후(侯)로 책봉된 자가 5명이나 되었다. 한무제가 얼마나 위황후와 그녀의 일족을 우대했는지 짐작할 수 있다.

원수(元狩) 원년(기원전 122) 조정에서 태자 책봉 문제가 거론되었다. 위자부가 낳은 한무제의 장남 유거가 6세의 나이에 태자로 책봉되었다. 생모 위황후는 한무제의 총애를 받았고 유거는 장남이었으므로 당연한 결과였다. 유거는 성품이 인자하고 조심성이 많은 태자였다. 한무제는 당대 최고의 석학들에게 태자를 가르치게 했다. 유거는 유가 경전 가운데 하나인 『춘추공양전(春秋公羊傳)』에 능통하여 아버지를 기쁘게 했다.

한무제는 수렵을 나갈 때마다 성년이 된 유거에게 조정의 대소사를 처리하게 했다. 유거는 아버지와는 다르게 가혹한 법 집행을 좋아하지 않았다. 설령 죄를 지은 자가 있더라도 죄의 경중을 따져서 잔인한 형벌을 내리는 일을 피했다. 또 이미 판결이 난 사건을 다시 조사하게 하여 무고한 사람이 처벌을 받는 일이 없도록 했다. 한무제는 태자가 자기를 닮지 않은 모습에 가끔 실망한 적도 있었으나 그의 선량하고 어진 성품을 좋아했다.

백성들이 태자를 칭송하는 소리가 끊이질 않았다. 하지만 혹독한 형벌로 백성들을 다스리고 있는 관리들은 태자의 형벌을 완화하는 정책에 불만을 품었다. 그들은 태자가 황제로 등극하는 날에는 자신들의 입지가 좁아질 것을 우려하여 은밀히 태자를 모함하기 시작했다. 원봉 5년(기원전 106) 태자의 든든한 후원자였던 외삼촌 위청이 세상을 떠난 후에는 태자를 노골적으로 모함하는 무리가 생겨났다. 그들과 결탁한 소문(蘇文), 상용(常融), 왕필(王弼) 등 환관들은 틈만 나면 한무제에게 태자를 헐뜯었다. 위황후는 분노하여 태자에게 그들을 제거해야 만이 태자의 자리를 지킬 수 있다고 말했다. 유거는 이렇게 말했다.

"제가 잘못을 저지르지 않았는데도 그들을 무서워할 이유가 있겠습니까? 황상께서는 영명하시어 사악한 중상모략을 믿지 않으실 것입니다. 그러니 어머님께서는 걱정하실 필요 없습니다."

그런데 문제는 한무제가 인생 말년에 이르러 젊었을 때의 총기가 사라지고 불로장생을 추구하면서 태자를 의심하기 시작한 것이다. 더구나 위황후 일족의 득세에 대한 의구심이 아버지와 아들 사이의 관계를 더욱 멀어지게 했다. 정화 2년(기원전 91)에 일어난 '무고지화'는 바로 한무제의 이런 의심에서 시작되어 결국은 위황후 일족의 몰락과 태자의 자살로 끝났다.

후원(后元) 원년(기원전 88) 한무제는 고희에 가까운 68세가 되었다. 그도 사람은 영원히 살 수 없다는 평범한 진리를 깨닫고 황위를 계승할 태자를 책봉해야 했다. 원래 그에게는 장남 유거이외에도 둘째아들 유굉(劉閎), 셋째아들 유단(劉旦), 넷째아들 유서(劉胥), 다섯째아들 유박(劉髆), 여섯째아들 유불능(劉弗陵·기원전 94~기원전 74) 등 다섯 아들이 있었다.

둘째아들 유굉은 어린 나이에 제왕(齊王)으로 책봉되었지만 요절했다. 셋째아들 유단은 연왕(燕王)으로 책봉되어 장안에서 멀리 떨어진 연나라를 다스리고 있었다. 그는 협객, 기인, 예인 등과 어울려 노는 일을 좋아했다. 자못 웅대한 뜻을 품고 있었기에 그를 추종하는 자들이 적지 않았다.

그는 태자 유거가 자살했다는 소식을 듣고 형제의 서열을 따지면 마땅히 황제의 셋째아들인 자신이 태자로 책봉되어야 한다고 생각했다. 아버지에게 사자를 보내 자기가 궁정 시위(侍衛)가 되어 연로한 아버지의 곁을 지키겠다고 했다. 쉽게 말해서 태자로 책봉해달라는 얘기였다.

뜻밖에도 한무제가 진노했다. 연나라에서 온 사자를 참수하고 유단이 연나라에서 죄를 짓고 달아난 자들을 숨겨주고 한나라의 법률을 위반했다는 죄명으로 그의 봉지(封地) 가운데 3개 현(縣)을 박탈했다. 유단의 생모 이희(李姬)가 한무제의 총애를 받지 못한 것도 한무제가 유단을 태자로 책봉하지 않은 이유였을 것이다. 넷째아들 유서의 생모도 이희였다. 광릉왕(光陵王)으로 책봉되었는데 힘이 얼마나 셌던지 맨손으로 곰, 멧돼지 등 야수와 격투하는 것을 좋아했다. 무식하고 거친 성격 탓에 오래전부터 아버지의 눈 밖에 났다.

다섯째아들 유박은 한무제가 총애한 이부인(李夫人)이 낳았다. 이사장군 이광리가 이부인의 오빠이므로 유박의 외삼촌이 된다. 그런데 이광리의 딸이 승상 유굴리의 며느리가 된다. 태자 유거가 자살한 후인 정화(征和) 3년(기원전 90)에 이광리는 흉노 원정을 떠나기 직전에 외종질 창읍왕(昌邑王) 유박을 태자로 추대하기 위해 유굴리와 밀담을 나누었다. 그런데 유굴리의 아내가 한무제를 저주하는 굿판을 벌인 일이 발각되어 유굴리는 허리가 잘리는 형벌을 당하고 죽었으며 그의 일족은 몰살을 당했다. 이광리는 흉노 원정 중에 소식을 듣고 흉노에 투항했다. 이 사건의 여파로 유박은 한무제보다 1년 먼저 세상을 떠났다.

여섯째아들 유불능은 한무제의 막내아들이다. 생모는 조첩여(趙婕妤)이다. 한무제가 하간(河間) 지방으로 순행을 나갔을 때 현지에서 점쟁이의 말을 듣고 취한 미녀이다. 그녀가 구익궁(鉤弋宮)에서 거주했으므로 그녀를 구익부인(鉤弋夫人)이라고 칭하기도 한다. 태시(太始) 3년(기원전 94) 그녀는 한무제의 여섯 번째 아들 유불능을 낳았다.

유불능은 총명했을 뿐만 아니라 체격도 건장했다. 한무제는 막내아들이 어린 시절의 자신을 닮았다고 여기고 그를 총애했다. 어느 날 그는 궁정 화공(畵工)에게 주공(周公)이 주(周)나라 성왕(成王)을 보필한 모습을 그리게 했다. 그리고 그 그림을 봉거도위(奉車都尉) 곽광(霍光)에게 하사했다. 자기가 죽으면 곽광 등 대신들에게 주공이 어린 주성왕(周成王)을 충심으로 보필했던 것처럼 어린 유불능을 황제로 추대하고 보필하라는 암시였다.

얼마 후 유불능의 생모 조첩여가 황제에게 무슨 잘못을 저질렀다는 이유로 감옥에 갇혔다. 조첩여는 영문도 모른 채 한무제에게 용서해달라고 빌었다. 한무제가 말했다.

"얼른 떠나라! 너는 살아서는 안 될 운명이야."

결국 조첩여는 사약을 마시고 죽었다. 도성의 백성들은 황제가 왜 무고한 조첩여를 죽였는지 모르고 통곡했다. 조정에서는 백성들의 반발을 우려하여 한밤중에 상여를 나가게 했다. 조첩여의 장례를 치른 후 한무제는 측근들에게 백성들의 반응이 어떤지 물었다. 그들이 대답했다.

"그녀의 아들을 태자로 세우기 위하여 아들의 생모를 죽인 이유를 모르겠다고 말하고 있습니다."

한무제가 대답했다.

"백성들의 심정은 짐도 이해한다. 하지만 이는 우매한 백성들은 이해할 수 없는 일이다. 자고이래로 국가가 대란의 소용돌이에 빠진 이유는

한나라 역대 황제 평전

군주가 어리고 군주의 생모가 혈기 왕성했기 때문이야. 여자 주인이 나타나 국정을 농단하고 음란한 짓을 하면 누구도 그녀를 제어할 수 없을 것이다. 너희들은 여태후의 이야기를 듣지 못했느냐?"

조첩여가 여태후처럼 어린 황제를 농락하여 국정을 망치지 않을까 걱정하여 그녀를 죽였다는 얘기이다. 황당하지 그지없는 주장이다. 한무제의 잔인한 성격을 엿볼 수 있는 사건이다. 후원 2년(기원전 87) 봄 한무제가 중병에 걸려 일어나지 못했다. 곽광이 눈물을 흘리며 말했다.

"만약 예측할 수 없는 일이 생기면 누구에게 황위를 계승하게 해야 합니까?"

한무제는 가쁜 숨을 몰아쉬며 말했다.

"지난번에 짐이 경에게 준 그림의 의미를 모르는가? 어린 아들을 천자로 추대하여 주공이 주성왕을 보필했던 것처럼 그를 잘 보필하기 바라네."

이때 유불능은 7세의 나이에 태자로 책봉되었다. 한무제는 곽광에게는 대사마와 대장군, 김일제(金日磾)에게는 거기장군(車騎將軍), 상관걸(上官桀)에게는 좌장군, 상홍양(桑弘羊)에게는 어사대부 벼슬을 하사하고 네 사람이 함께 유불능을 보좌하게 했다. 이 네 명은 한무제가 가장 신임한 고명대신(顧命大臣)이었다.

며칠 후 한무제가 붕어하자 유불능이 황위를 계승했다. 그가 8대 황제 한소제(漢昭帝)이다. 한소제는 즉위하자마자 억울하게 죽은 생모 조첩여를 태후로 추증하고 인부 2만여 명을 동원하여 생모의 능인 운릉(雲陵)을 축조하게 했다. 조첩여는 억울하게 죽었지만 아들이 황제가 된 덕분에 저승에서 편안히 잠들었을 것이다.

2. 고명대신들끼리 권력 다툼을 벌이다

거기장군 김일제는 원래 한나라 사람이 아니었다. 흉노의 번왕인 휴저왕(休屠王)의 장남으로 태어났다. 휴저왕이 표기장군 곽거병에게 대패했을 때 김일제는 어린 나이에 포로로 잡혀 한나라 도성에서 말을 기르는 노예가 되었다. 성품이 충직하고 일을 성실히 수행한 까닭에 노예의 신분에서 해방되어 마감(馬監)으로 임명되었다. 그 후 한무제의 총애를 받아 시중, 부마도위, 광록대부 등의 관직에 올랐다.

김일제는 한무제를 조금의 빈틈도 없이 모셨다. 한무제는 궁전 안에서나 출궁할 때나 곁에 그가 없으면 불안을 느낄 정도로 그를 총애했다. 하루는 종친 귀족들이 한무제에게 원망 섞인 말을 했다.

"폐하께서는 족보도 없는 흉노의 하찮은 놈을 어찌 그처럼 우대하시는지요?"

한무제는 그들의 말에 개의하지 않고 오히려 더욱 김일제를 총애했다. 김일제에게는 두 어린 아들이 있었다. 한무제가 그들을 무척 예뻐했다. 심심할 때마다 그들이 재롱을 부리는 모습을 보고 즐거워했다. 마치 할아버지와 손자가 장난을 치며 노는 모습과 같았다. 어느 날 김일제의 장남이 그가 보는 앞에서 한무제의 목을 뒤에서 손으로 감고 매달렸다.

김일제가 화가 나서 어찌할 줄을 몰랐다. 한무제는 오히려 웃으면서 철부지 아이가 무슨 잘못을 했냐고 말했다.

얼마 후 김일제는 장남이 궁녀를 희롱하고 음란한 행동을 했다는 이유를 들어 그를 죽여 버렸다. 한무제는 깜짝 놀라 왜 자기가 예뻐한 아이를 죽였냐고 책망했다. 김일제는 눈물을 흘리며 그 아이가 황제에게 불손했고 음란한 행동을 했기 때문에 어쩔 수 없이 죽였다고 아뢰었다. 한무제는 그의 충성심에 감동하여 할 말을 잊었다.

후원(後元) 원년(기원전 88) 김일제는 중합후(重合侯) 마통(馬通)과 그의 형 마하라(馬何羅)가 꾸민 한무제 암살 시도를 막아 황제의 성은에 보답했다. 한무제는 그에게 궁녀를 하사했는데도 그는 궁녀를 가까이 하지 않았다. 또 황제의 딸을 후궁으로 삼으라고 했는데도 김일제는 신하로서 황제의 장인이 되는 것은 분에 넘치는 일이라고 생각하고 응하지 않았다. 한무제는 그의 이러한 충직하고 과분한 행동을 극도로 꺼리는 성품을 높이 샀기 때문에 그를 고명대신으로 임명한 것이다.

한무제가 인생 말년에 가장 신임한 곽광은 한무제 시대에 흉노 정벌에 혁혁한 전공을 세운 곽거병의 이복동생이다. 원수(元狩) 6년(기원전 117) 표기장군 곽거병은 23세의 나이에 병으로 요절했다. 한무제는 곽광을 봉거도위, 광록대부 등의 관직을 하사했다. 곽광은 한무제를 20여 년 동안 모시면서 단 한 번도 잘못을 저지르지 않았다. 한무제는 그를 진정한 충신으로 여기고 총애했다. 한무제가 임종을 앞두고 그에게 대사마와 대장군의 최고위 관직을 수여한 것은 고명대신들이 그를 중심으로 어린 황제를 보필하라는 뜻이었다.

상관걸은 힘이 장사였다. 젊었을 적에 우림(羽林)의 기문랑(期門郞: 황제의 수렵 활동을 관장하는 관직)이 되어 한무제를 모시고 감천궁으로 갈 때의 일이다. 갑자기 거센 바람이 어가의 휘장에 몰아쳐 어가가 전진하지 못했다. 휘장을 어가에서 분리하여 상관걸에게 들고 가게 했다. 거대한 우산처럼 생긴 휘장은 여러 사람이 힘을 합쳐야 겨우 들을 수 있을 정도로 무거웠다. 하지만 상관걸은 혼자의 힘으로 그것을 들고 갔다. 마침 비가 내리자 그는 휘장을 황제의 머리 위로 번쩍 들어올려 황제가 비를 맞지 않게 했다.

한무제는 그의 괴력에 감탄하여 그를 미앙구령(未央廐令: 황제의 어가와 말을 관리하는 관직)으로 임명했다. 한무제가 몸이 아파 몇 달 동안 궁궐 밖으로 순행하지 못한 일이 있었다. 어느 날 병이 완쾌되어 출궁하려고 어가를 끄는 말들을 살펴보았다. 말들이 수척하고 생기가 없음을 알고 진노하여 상관걸에게 소리쳤다.

"네놈은 내가 말들을 다시 볼 일이 없을 거라고 생각했느냐?"

상관걸은 머리를 조아리고 말했다.

"신은 황상께서 옥체가 불편하시다는 얘기를 듣고 밤낮을 가리지 않고 걱정했습니다. 황상께서 하루빨리 쾌차하시기를 바라는 마음에서 말들을 돌볼 겨를이 없었습니다."

한무제는 그가 말하면서 눈물을 뚝뚝 흘리는 모습을 보고 감동했다. 그 후 상관걸은 시중, 태복 등의 고위 관직에 임명되었다.

상홍양은 상인 집안 출신으로 숫자 계산에 밝아 13세 때 입궁하여 한나라의 재정을 담당하는 일을 했다. 한무제 시대에 추진되었던 균수(均輸), 평준(平準), 염철(鹽鐵), 주류(酒類), 화폐(貨幣) 등에 관한 각종 법률과 제도는 대부분 그의 손에 의해 완성되었다고 해도 과언이 아닐 정도로, 그는 재정 분야의 전문가였다. 특히 역부 60여 만 명을 동원하여 변방에 둔전을 개척한 일은 흉노 침략을 막는 토대가 되었다.

한소제가 즉위한 직후에 한무제의 유지에 따라 이 고명대신 네 명은 대장군 곽광을 중심으로 어린 황제를 보필하기 시작했다. 그런데 그들이 황제를 보필한 지 1년여 만인 시원(始元) 원년(기원전 86)에 김일제가 병으로 사망했다. 당시 상관걸의 아들 상관안(上官安)은 곽광의 장녀를 아내로 맞이하여 딸 상관씨(上官氏)를 낳았다. 곽광과 상관걸은 일종의 혼인 동맹을 통하여 양가의 결속을 다졌다. 조정의 권력은 사실상 두 사람의 손에 들어갔다.

한소제의 나이 11세 때인 시원 4년(기원전 83)에 황실과 조정에서 황제의 대혼(大婚)을 거론하기 시작했다. 황제가 어리다고 하여 마냥 황후의 자리를 비워 둘 수 없었다.

한소제에게는 이복누나 악읍장공주(鄂邑長公主)가 있었다. 그녀는 한무제 시대에 개후(蓋侯) 왕충이(王充耳)에게 시집갔다. 한소제는 어렸을 때부터 그녀의 극진한 보살핌을 받고 자랐다. 이런 이유로 남동생과 누나 사이가 아주 좋았다. 악읍장공주는 황제의 비호 아래 오만방자하고 사치를 일삼았다. 남편이 살아있는데도 정부(情夫) 정외인(丁外人)과 밀회를 즐겼다. 한소제와 곽광은 악읍장공주와 정외인의 불륜을 알고 있었지만 말리지 않고 오히려 그를 궁중으로 불러들여 그녀를 섬기게 했다.

상관안은 악읍장공주가 주양씨(周陽氏)의 딸을 입궁시켜 황제의 배필로 삼으려고 한다는 소식을 들었다. 그는 대장군 곽광을 설득하여 어린 딸 상관씨를 황후로 만들고 싶었다. 곽광은 자신의 장인이자 딸의 외할아버지이기도 했다. 상관안은 곽광에게 상관씨를 궁궐로 보내 황제의 배필로 삼게 하자고 했다. 뜻밖에도 곽광은 외손녀가 너무 어리다는 이유를 들어 거절했다. 상관안은 장인을 설득할 방법이 없자 다른 방법을 찾아야 했다. 그는 평소에 정외인과 사이가 좋았다. 정외인을 통해 악읍장공주의 허락을 받고자 정외인에게 이렇게 말했다.

"공주께서 어린 처녀를 선발하여 입궁하게 한다는 소식을 들었소. 내 여식은 용모가 단정하오. 이번에 여식이 공주의 추천으로 입궁하여 황후로 책봉된다면 나와 내 아버지는 조정에서 황후의 권세에 의지하여 고관대작이 될 것이오. 이 일의 성패는 오로지 그대의 도움에 달려 있소. 한나라의 관례에 따르면 공주는 보통 열후(列侯)에게 시집가요. 따라서 공주의 총애를 받고 있는 당신이 열후로 책봉되지 않을까 걱정할 필요가 있겠소?"

공주가 당신을 사랑하여 남편으로 삼으려고 하는데 공주의 남편은 반드시 열후여야 하므로, 당신은 열후로 책봉될 거라는 얘기였다. 정외인은 기쁜 마음을 감추지 못하고 악읍장공주에게 그의 말을 전했다. 그녀도 일리가 있다고 생각하여 상관안의 딸을 입궁시켰다. 상관씨는 첩여(婕妤)로 책봉된 후 겨우 5세의 나이에 황후로 책봉되었다.

황제의 장인이 된 상관안은 상락후(桑樂侯)로 책봉되고 식읍 1,500호를 하사받았으며 거기장군(車騎將軍)으로 승진했다. 그는 세상에 무서울 게 없는 권신(權臣)이 되어 안하무인으로 행동했다. 궁전에서 황제를 배알하고 나와 빈객에게 이런 말을 한 적도 있다.

"내 사위와 화끈하게 술 한 잔 마셨지. 정말로 기분 좋았어."

상관안은 황제를 사위라고 부른 불경죄를 저질렀지만, 사람들은 그의 위세에 눌려 감히 말하지 못했다. 어느 날 집에서 만취하여 알몸으로 돌아다니다가 계모, 아버지 첩의 하녀 등과 엉켜서 음란한 짓을 벌이기도

했다. 그는 곽광에게 정외인을 후(侯)로 추천해달라고 여러 차례 부탁했다. 그의 아버지 상관걸도 곽광에게 정외인의 관작을 올려주어야 한다고 주장했다. 두 부자는 악읍장공주의 총애를 받고 있는 정외인을 포섭하여 권력을 한층 더 강화하고 싶었다. 하지만 곽광은 상관걸과 상관안 부자의 권력 농단을 막기 위하여 두 사람의 요구를 들어주지 않았다. 상관걸 부자는 곽광에게 원한을 품기 시작했다.

한소제가 즉위한지 1년이 지난 후의 일이다. 시원 원년(기원전 86) 8월 한무제의 셋째아들 연왕(燕王) 유단(劉旦)은 이복동생 한소제 유불능의 즉위에 강한 불만을 품었다. 황자들의 서열을 따지면 가장 연장자인 자기가 황위를 계승해야 하는데 막냇동생 유불능이 황제로 추대되었다는 원망이었다. 유단은 은밀히 중산애왕(中山哀王)의 아들 유장(劉長), 제효왕(齊孝王)의 손자 유택(劉澤) 등 종실과 결탁하여 유불능이 한무제의 친아들이 아니라는 소문을 내고 반란을 획책했다. 하지만 모반 음모가 사전에 발각되었다.

한소제는 유장 등 종실은 처형하게 했지만, 이복형 유단의 모반죄는 형제의 정을 고려하여 불문에 부치게 했다. 유단은 성은을 입고 살아났는데도 여전히 황제와 조정 대신들에게 원한을 품었다. 상관걸 부자는 유단을 이용하여 곽광을 제거하기로 결심했다. 곽광의 비리를 적은 서찰을 연나라에 있는 유단에게 보냈다. 아울러 정외인을 후(侯)로 추천해달라는 부탁도 했다. 유단은 그 서찰을 읽어본 후 한소제에게 상소했다.

"공자의 제자 자로(子路)는 친누나가 세상을 떠나자 상복을 입었는데 1년이 지난 후에도 상복을 벗지 않았습니다. 공자는 자로가 상례(喪禮)에 맞지 않게 행동하는 모습을 보고 그를 나무랐습니다. 그런데 자로가 공자에게 이런 말을 했지요. '저는 불행하게도 형제가 없고 오로지 누님 한 명뿐입니다. 한 명밖에 없는 혈육이 세상을 떠난 슬픔에 차마 상복을 벗을 수 없습니다.' 그래서 사람의 과오를 살펴보면 그가 어진 사람인지 아닌지 알 수 있다고 말하는 것입니다. 지금 폐하와 신(臣)에게는 누님 악읍장공주 한 명만 있습니다. 폐하께서 정외인에게 성은을 베풀어 누님을 모시게 하고 그의 관작을 높여주기를 바랍니다."

한소제는 혼자 판단을 내릴 수 있는 나이가 아니었다. 곽광에게 의견을 구하자 곽광은 정외인이 아무런 공을 세우지도 않았는데 그를 후로 책봉해서는 절대 안 된다고 주장했다. 한소제가 곽광의 말을 따르자 유단은 또 곽광을 비난하는 상소를 올렸다. 한소제는 상관걸 부자와 유단에 대해 의구심을 품고 곽광만이 자신을 지켜주는 충신이라고 생각했다.

한편 고명대신 중의 한 명인 어사대부 상홍양도 곽광과 갈등을 빚고 있었다. 그는 한나라의 재정을 안정시키고 엄청난 재화를 비축한 공로가 있었다. 곽광보다 더 많은 공적을 쌓았는데도 한소제가 곽광만을 편애하고 아울러 조정의 권력이 곽광의 수중으로 들어간 것에 불만을 품었다. 더구나 자기 아들들에게 높은 관작을 내려달라고 곽광에게 여러 차례 부탁했지만 거절을 당하자 곽광을 음해할 기회만 노리고 있었다.

시원 6년(기원전 81) 상관걸 부자와 유단은 악읍장공주, 정외인, 상홍양 등 평소에 곽광에게 원한을 품은 자들에게 뇌물을 보내 자기편으로 끌어들였다. 그들은 정변을 일으켜 연왕 유단을 새로운 황제로 추대하기로 결정했다. 한소제를 퇴위시키려면 먼저 곽광을 제거해야 했다. 유단이 한소제에게 상소했다.

"효무제(한무제) 시대에 흉노에 사신으로 갔던 중랑장 소무가 흉노 땅에서 20년 동안 구금되어 있으면서 끝내 항복하지 않고 한나라로 돌아와 전속국(典屬國: 주변 속국과의 외교를 관장하는 관직)에 임명되었다는 소식을 신은 들었습니다. 지금 대장군 곽광의 장사(長史)인 양창(楊敞)은 어떤 공로도 없는데 치속도위(治粟都尉: 군대에서 군량미 등을 관장하는 관직)에 임명되었습니다. 이뿐만이 아닙니다. 곽광은 금군의 훈련 상태를 사열하러 나갈 때면 마치 천자의 행차처럼 거리에 있는 사람들을 모두 물러가게 하고, 태관(太官: 황제가 먹는 음식과 연회를 관장하는 관직)을 먼저 보내 자기를 기다리게 합니다. 신하 유단은 연왕의 옥새를 반환하고 입궁하여 폐하의 곁을 지키면서 간신들의 반란 음모를 분쇄하고 싶습니다."

당시 한소제는 나이가 14세에 불과했으나 시시비비를 가릴 줄 알았다. 상관걸에게 지금 곽광이 어디에 있냐고 물었다. 상관걸은 곽광을 음해할 속셈으로 그가 죄를 지어 감히 황궁으로 들어오지 못하고 있다고 말했다. 한소제는 즉시 곽광을 불러들였다. 관모를 벗고 머리를 조아리고 있는 곽광에게 말했다.

"장군은 관모를 쓰시오. 짐은 연왕의 상소가 거짓임을 알고 있소. 장군에게는 죄가 없소."

그 후에도 상관걸 일당은 한소제에게 곽광을 끊임없이 모함했다. 한소제가 진노했다.

"대장군은 충신이다. 선황제께서 짐을 보필하라고 지명한 고명대신이다. 앞으로 그를 모함하는 자가 있으면 중벌로 다스리겠다."

상관걸 부자는 한소제에게 엄한 질책을 당했지만 여전히 야욕을 꺾지 않았다. 원봉(元鳳) 원년(기원전 80) 또 모반을 획책했다. 그들은 악읍장공주가 베푼 연회에 곽광을 유인하여 살해한 후 한소제를 폐위하려고 했다. 상관안은 일단 연왕 유단을 황제로 옹립한 후 기회를 보아 그도 제거하여 아버지 상관걸을 황제로 추대할 복안도 가지고 있었다. 그의 측근이 물었다.

"황제를 폐위하면 황후는 어떻게 처리해야 하는지요?"

상관황후는 상관안의 딸이 아닌가. 상관안이 대답했다.

"사슴을 쫓는 사냥개가 토끼 한 마리를 돌볼 겨를이 있겠느냐? 더구나 내 딸은 황후이기 때문에 존귀한 지위를 얻었지만 황상이 딴마음을 품고 폐출한다면 평범한 집안의 여자가 되려고 해도 불가능하다. 이는 어느 왕조에서나 마찬가지이다."

상관안은 궁중 정변을 성공시키기 위해서는 딸의 안위 따위는 조금도 고려하지 않은 잔인한 자였다. 그런데 악읍장공주 가문에서 농지세를 거두어들이는 일을 담당한 도전사자(稻田使者) 연창(燕倉)이 사전에 그들의 음모를 알아차리고 대사농(大司農: 국가의 재정을 담당하는 최고위 관직) 양창(楊敞)에게 고발했다.

하지만 양창은 황실과 조정 내부에서 일어난 권력 다툼에 섣불리 개입했다가 패가망신하지 않을까 두려워하여 병을 핑계로 두문불출했다. 연창은 또 간대부(諫大夫) 두연년(杜延年)에게 고발했다. 두연년은 상소하여 상관걸 일당의 모반 음모를 파헤쳤다. 한소제와 곽광은 즉시 금위군을 동원하여 상관걸 일당을 체포하게 했다. 모반을 주도한 상관걸 부자, 상홍양 등은 멸문의 화를 당했다. 악읍장공주와 연왕 유단도 모반에 가담한 행위가 도저히 용서받을 수 없는 대역죄임을 알고 있었기 때문에 스스로 목숨을 끊었다. 상관황후는 상관씨 가문이 멸족을 당했음에도 나이가 어리고 아울러 곽광의 외손녀라는 이유로 폐출되지 않았다. 한소제는 연창과 두연년의 공훈을 치하하고 연창에게는 의성후(宜城侯), 두연년에게는 건평후(建平侯) 작위를 하사했다.

결국 고명대신들 간의 권력 투쟁은 대장군 곽광의 승리로 끝났다. 한소제는 곽광을 더욱 총애했으며 곽광은 조정의 권력을 완벽하게 장악했다. 그의 아들 곽우(霍禹)와 질손 곽운(霍雲)은 황제의 근위병을 통솔하는 중랑장이 되어 한소제의 신변을 지켰다. 곽운의 아우 곽산(霍山)은 봉거도위(奉車都尉), 시중(侍中) 등을 역임했다. 곽광의 두 사위는 동궁과 서궁을 지키는 위위(衛尉)가 되어 황궁의 경비를 맡았다. 곽광의 당형제, 친척들도 조정의 요직에 임명되었다.

곽광은 한소제의 극진한 총애를 받고 명실상부한 최고 실권자가 되었다. 한소제가 그에게 국정을 위임하다시피 한 까닭은 그가 황제와 사직을 위해 충성을 다하는 신하라고 여겼기 때문이다. 곽광은 어린 황제를 성심성의껏 보필했으며 공사(公私)를 엄격하게 구분하여 처리했다. 한나라가 한소제가 통치한 13년 동안 잔혹한 형벌과 과도한 세금을 폐지하고 민생경제를 회복할 수 있었던 것은 곽광이 권력 투쟁에 승리하여 자신의 의도대로 국정을 운영했기 때문이다.

3. 민생 안정을 위해 노력했으나 20세의 나이에 요절하다

한무제 집권 말기에 이르러 한나라는 오랜 정복 전쟁으로 인해 민생경제가 피폐해졌다. 어린 한소제가 즉위한 직후에 곽광은 백성들에게 조세와 부역의 부담을 줄여주었으며 아울러 중농 정책을 실시하여 민생 경제의 회복을 도모했다.

시원 원년(기원전 86) 곽광은 한소제에게 구순(鉤盾: 황제의 원림·園林을 관리하는 관청)의 농전(弄田: 미앙궁에 있는 황제의 연회와 사냥을 위한 전답)에서 밭을 갈게 했다. 나이 8세에 불과한 어린 황제도 친히 경작한다는 모습을 백성들에게 보여줌으로써 농사의 중요성을 강조할 목적이었다. 한소제는 시원 2년(기원전 85) 흉년이 들어 기아에 허덕이는 백성들을 구휼하고자 조서를 반포했다.

> "지난해에는 재해가 빈번했으며 올해는 누에치기와 보리농사를 망쳤다. 이에 따라 백성들에게 빌려 준 종자와 양식을 거둬들이지 말고 올해 징수해야 할 전조(田租)도 면제해주어라!"

한소제와 곽광은 백성들의 피폐해진 삶을 획기적으로 개선할 방법에 대하여 고민했다. 한무제 시대인 원수(元狩) 3년(기원전 120)에 한무제는 상홍양을 재정 대신으로 발탁하여 소금, 철, 술 등에 대하여 국가에서 독점 판매하는 정책을 실시하게 했다. 상홍양의 전매 정책은 한나라의 재정을 풍족하게 했다. 하지만 백성들은 하루아침에 소금 등 생활에 반드시 필요한 물건들을 매매할 수 없어 곤궁한 처지에 빠지자 황제와 조정을 원망했다.

시원 6년(기원전 81) 2월 곽광은 한소제의 명의로 승상 전천추(田千秋), 어사대부 상홍양 그리고 전국에서 현량(賢良: 품행이 단정하고 인덕이 있는 사람)과 문학(文學: 유가 경전에 정통한 사람)으로 천거된 60여 명을 소집하여 한무제 시대의 각종 경제 정책에 대하여 토론을 벌였다.

이른바 '염철회의(鹽鐵會議)'가 열린 것이다. 현량과 문학들은 농업이 천하의 근본이므로 상공업을 억제하고 중농 정책을 실시해야 한다고 주장했다. 아울러 소금, 철 등 상공업에 해당하는 것들은 산업의 말단이므로 국가에서 이익을 독점하고자 전매하지 말고 백성들이 자유롭게 매매할 수 있도록 해야 한다고 주장했다. 곽광은 그들의 주장을 적극적으로 옹호했다.

하지만 상홍양 등은 전매 제도, 균수법 등은 사방의 오랑캐를 제압하여 변방을 안정시키는 데 필요한 재정의 바탕이기 때문에 철폐할 수 없다고 주장했다. 같은 해 7월 염철회의는 유야무야로 끝났다. 어느 쪽도 그들의 주장을 철저하게 관철하지 못했다. 다만 한소제는 민심을 달래기 위하여 전국적으로 술 전매 제도를 폐지하고 장안 일대에서 백성들의 철기 매매를 허용했다.

사실 염철회의의 이면에는 곽광과 상홍양의 권력 다툼이 있었다. 곽광은 농업을 중시하는 유가 사상에 충실한 현량과 문학들을 끌어들여 법가주의자 상홍양의 세력을 약화시켰다. 그 결과 상홍양은 정치적 타격을 입었으며 곽광은 황제의 신임을 바탕으로 더욱 자기 세력을 확장했다. 원평(元平) 원년(기원전 74) 한소제는 세상을 떠나기 전에 이런 조서를 반포했다.

"천하는 농사와 누에치기를 근본으로 삼는다. 예전에 씀씀이를 줄이고 불필요한 관직을 폐지했으며 요역(徭役)을 줄인 적이 있었다. 그 결과 농사와 누에치기에 종사하는 자들이 더욱 많아졌지만, 백성들은 아직도 생계에 필요한 것들을 제때 얻지 못하고 있다. 짐은 이를 안타깝게 생각하여 인두세를 감면하노라."

한소제는 진정으로 백성을 사랑한 군주였다. 통치 기간 중 천재지변이 발생하여 백성들이 굶주리면 서슴지 않고 구휼미를 방출하고 각종 조세와 부역을 면제했다. 언제나 근검절약에 솔선수범하면서 백성이 사직의 근본임을 잊지 않았다. 또 한나라의 숙적인 흉노와의 화친 정책을 유지하여 백성들을 전쟁터로 내몰지 않았다. 원평 원년(기원전 74) 한소제는 재위 13년, 향년 20세를 일기로 요절했다.

한소제가 젊은 나이에 요절했지만 재위 기간에 어진 정치를 펼 수 있었던 것은 무엇보다도 그 자신의 심성이 선량하고 제왕이 추구해야 하는 도리를 알고 실천했기 때문이다. 아울러 곽광이라는 충신을 끝까지 믿고 지지해준 것도 그를 성공한 군주로 만들었다.

한나라 역대 황제 평전

7

제7장 | 한선제 유순

한선제 유순

1. 유하가 황제로 추대되었으나 재위 27일 만에 폐출되다

한소제 유불능의 본처는 상관황후(上官皇后·기원전 88~기원전 37)이다. 그녀의 아버지 상관안과 할아버지 상관걸은 원풍 원년(기원전 80)에 역모를 획책하여 멸문의 화를 당했지만, 그녀는 세상 물정을 모르는 나이인 8세였으며 외할아버지가 상관씨 일당의 모반 사건을 진압한 곽광이었으므로 폐출되지 않았다. 한소제에게는 상관황후이외에도 이복누나 악읍장공주의 천거로 입궁한 후궁 주양씨(周陽氏)가 있었다는 얘기가 있으나 그녀에 대한 기록이 없다.

대장군 곽광은 한소제의 사생활을 은밀히 감시했다. 외손녀 상관황후와 운우지정을 나누는 일 이외에는 황제가 병약하다는 이유를 들어 어떤 비빈과의 통정(通情)도 교묘하게 방해했다. 심지어 황궁에서 시중을 드는 궁녀들에게 치마 대신 바지를 입게 하고 남자의 시선을 자극하는 옷을 입지 못하게 했다. 이는 젊은 황제의 성충동을 막기 위한 조치였다. 곽광은 외손녀가 황자를 낳아주기를 학수고대했다. 황자가 태어나면 그를 차기 황제로 추대할 계획이었다.

하지만 한소제는 끝내 후사를 남기지 못하고 갑자기 요절했다. 그가 너무 젊은 나이에 요절한 일을 두고, 후대의 호사가들은 곽광이 황제를 은밀히 시해하지 않았을까 의심하기도 한다. 한소제가 세상을 떠나기 전에 황제의 절대 권력을 행사한 자가 곽광이었기 때문이다.

조정 대신들은 황위를 계승할 황자가 없자 크게 당황하지 않을 수 없었다. 한무제의 넷째아들이자 한소제의 이복형인 광릉왕(光陵王) 유서(劉胥)를 추대하자는 의견이 나왔다. 유서는 평소에 초나라 출신 무녀 이여수(李女須)에게 한소제를 저주하는 굿판을 벌이게 했다. 아들이 없는 한소제가 죽으면 자기가 황위를 계승할 수 있다고 생각했다. 아닌 게 아니라, 한소제가 붕어했다는 소식을 듣고 노골적으로 야심을 드러내기 시작했다. 하지만 대장군 곽광은 그가 야심을 품고 있음을 간파하고 그를 배제했다. 조정의 실권을 장악한 곽광의 결정에 이의를 제기할 사람은 아무도 없었다. 훗날 유서는 한선제 유순을 저주한 일이 발각되어 자살했다.

곽광은 형식상이나마 상관황후의 뜻을 받들어 한무제 유철의 손자이자 창읍애왕 유박의 아들인 창읍왕(昌邑王) 유하(劉賀·기원전 92~기원전 59)를 한나라의 9대 황제로 추대하기로 결정했다. 당시 상관황후의 나이는 13세, 유하의 나이는 18세였다. 곽광은 한소제가 붕어한 직후에 소부(少府) 사악성(史樂成), 종정(宗正) 유덕(劉德), 광록대부(光祿大夫) 병길(丙吉) 등 대신들에게 창읍(昌邑: 산동성 하택·菏澤 거야현·巨野縣)으로 가서 유하를 장안의 황궁으로 모셔오게 했다.

유하는 사냥을 좋아하고 향락에 젖어 지내는 왕이었다. 한번 말을 타고 사냥을 나가면 수개월 동안 영지를 휩쓸고 다녔다. 말을 타는 모습이 마치 비호(飛虎)와 같았다. 조부 한무제가 붕어했을 때에도 근신하지 않고 사냥과 낚시를 즐겼을 정도로 방종에 빠졌다. 곽광이 그를 황제로 추대한 목적은 분명했다. 그를 허수아비 황제로 만들어 자기 뜻대로 부릴 생각이었다.

유하는 상관황후와 조정 중신들이 자기를 새 황제로 추대하겠다는 소식을 듣고 한순간에 천하를 다 얻은 듯 기뻤다. 즉시 황제의 순행에 버금가는 호화로운 수행단을 조직하고 도성을 향해 출발했다. 그는 시종들에게 한시가 급하므로 잠시도 쉬지 말고 어가를 몰게 했다. 어가를 끄는 말들을 얼마나 빨리 달리게 했는지 반나절 만에 135리(里)를 달려 정도(定陶)에 이르렀을 때 지쳐 죽은 말들이 속출했다.

창읍(昌邑)의 신하 왕길(王吉)은 마음이 들떠있는 유하에게 절대 경거망동해서는 안 된다고 충고했지만 유하는 듣지 않았다. 제양(濟陽)에 이르렀을 때에는 시종에게 길게 우는 닭과 대나무로 만든 지팡이를 사오게 했으며, 홍농(弘農)에 이르렀을 때에는 이름이 선(善)이라는 노복에게 비밀리에 민가에서 데리고 온 미녀들을 의복을 실은 수레에 숨기게 했다. 장안에 도착하면 미녀들을 끼고 질펀한 연회를 열고 싶어서 그런 황당한 행동을 했다.

마중을 나온 사자가 수레에 숨어있는 미녀들을 발견하고 창읍의 승상 안락(安樂)에게 창읍왕이 국상(國喪) 기간에 어떻게 그런 무도한 행위를 할 수 있냐고 책망했다. 안락은 낭중령 공수(龔遂)에게 사자의 말을 전했다. 공수는 유하에게 그런 일이 있었냐고 물었다. 유하는 없었다고 딱 잡아떼었다. 공수가 말했다.

"그런 일이 없었다면 대왕께서는 하필이면 하찮은 노복 한 명을 살리기 위하여 의례를 훼손하시려고 합니까? 당장 그 노복을 생포하여 처벌을 받게 해야 대왕의 명성에 손상이 없을 것입니다."

노복 선(善)은 유하가 시키는 대로 했을 뿐이었는데도 희생양이 되고 말았다. 유하는 장안 근교의 패상(覇上)에 도착하여 황궁에서 보낸 황제의 어가에 올랐다. 장안의 동도문(東都門)에 이르렀을 때 공수가 말했다.

"예법에 따라 국상을 치르러 가는 사람은 도성에 이르렀을 때에는 곡 (哭)을 해야 합니다. 저기 앞에 보이는 대문이 황궁의 동곽문(東郭門)입니 다."

유하가 말했다.

"내가 인후통을 앓고 있어서 곡을 할 수 없구나."

아무리 인후통을 앓고 있어도 곡을 하지 않는 행위는 불경죄였다. 그 는 미앙궁에 도착하여 어가에서 내리고 난 뒤에야 비로소 마지못해 곡을 했다. 원평(元平) 원년(기원전 74) 유월 초하루 유하는 마침내 황제의 옥새를 받고 황제로 등극했으며 상관황후를 황태후로 추대했다.

유하는 등극하자마자 매일 주지육림에 빠져 지냈다. 한소제의 영구(靈 柩)가 아직 황궁에 있는데도 악사들에게 풍악을 울리게 하고 광대들에게 기예를 연기하게 했다. 그도 황제의 권력을 강화해야 영원토록 천하의 진 귀한 보물들을 향유하고 쾌락을 즐길 수 있다고 생각했다. 창읍왕 시절에 부렸던 신하들을 장안으로 불러들여 요직에 배치했다. 창읍의 승상이었 던 안락을 장락궁의 위위(衛尉)로 발탁하여 자신의 신변을 지키게 했다. 낭 중령 공수가 눈물을 흘리며 안락에게 말했다.

"대왕께서 천자로 등극하신 직후부터 날로 방종하고 교만해졌을 뿐만 아니라 저의 충고도 듣지 않습니다. 지금 대상(大喪) 기간인데도 날마다 측근들과 함께 음주가무를 즐기며 맹수의 싸움을 즐기고 있습니다. 또 툭하면 피헌거(皮軒車: 호랑이 가죽으로 장식한 마차)와 구류(九旒: 천자를 상징하는 깃발)를 준비하게 하여 순행을 나갑니다. 삼가 근심하면서 선황제를 애도해야 하는데 이렇게 행동하는 것은 예법에 크게 어긋납니다."

조정 중신들은 유하의 황음무도한 생활이 사직을 망치지 않을까 두려웠다. 그를 황제로 추대한 곽광도 마찬가지였다. 유하가 그처럼 지나치게 향락을 추구하고 무능한 자인 줄은 예전에 미처 몰랐다. 방관하고 있다가는 대신들이 자기에게 책임을 추궁하지 않을까 걱정했다. 측근 전연년(田延年)에게 어떻게 하면 좋겠냐고 물었다. 전연년이 대답했다.

"장군께서는 국가의 기둥이십니다. 지금 천자의 행실이 바르지 못하다고 판단했다면, 어찌하여 태후에게 건의하여 다시 어진 사람을 골라 천자로 세우지 않습니까?"

곽광은 자신의 심복인 거기장군 장안세(張安世)와 함께 유하를 폐위하기로 결정했다. 곽광은 대신들을 거느리고 상관태후를 알현하러 갔다. 실권은 곽광이 쥐고 있었지만 어쨌든 황제를 폐위하려면 상관태후의 윤허를 받아야 했다. 곽광은 상관태후에게 유하가 저지른 잘못을 낱낱이 고하고 그를 폐위해야 한다고 주장했다. 상관태후는 외할아버지 곽광의 결정에 이의를 달지 않았다.

상관태후는 유하를 미앙궁의 승명전(承明殿)으로 불러들이고 유하의 신하들은 한 사람도 들어오지 못하게 했다. 유하는 졸지에 승명전에서 감금되었다. 곽광은 유하의 신하들을 모두 금마문(金馬門) 밖으로 쫓아내고 장안세에게 황궁을 장악하게 했다. 장안세는 유하의 측근 200여 명을 생포하여 감옥에 가두었다. 곽광은 유하를 감시하고 있는 환관들에게 신신당부했다.

"창읍왕을 철저하게 보호해야 한다. 그가 해코지를 당하거나 자살하는 일은 절대 없어야 한다. 만약 그에게 불행이 닥치면, 나는 백성들 앞에서 군주를 배신하고 시해했다는 오명을 뒤집어 쓸 것이다."

곽광은 유하를 폐위하되 죽일 생각은 없었다. 이때 유하는 조만간에 폐출되는 운명에 부딪치는 줄도 모르고 환관들에게 말했다.

"짐의 예전 신하들이 무슨 잘못을 저질렀다고, 대장군이 그들을 모조리 가두었는지 모르겠구나."

며칠 후 상관태후는 황제 유하를 폐출한다는 조서를 반포했다. 곽광은 유하에게 무릎을 꿇고 조서를 받들게 했다. 유하가 깜짝 놀라 말했다.

"천자에게 충직한 신하 7명만 있으면 설사 황음무도한 짓을 했더라도 천하를 빼앗기지 않는다는 얘기를 들었소."

지금 조정에는 곽광 당신 같은 충신들이 많으므로 제발 나를 폐출시키지 말라는 호소였다. 곽광은 얼굴을 찡그리며 말했다.

"황후께서 이미 당신을 폐출했는데 당신은 또 무슨 천자 타령이오?"

곽광은 상관태후의 조서를 받들어 유하를 다시 창읍왕으로 강등한 후 창읍으로 돌아가게 했다. 유하는 서쪽을 향해 무릎을 꿇고 절하며 말했다.

"내가 너무 우매하여 국가의 대사를 감당할 능력이 없구나!"

유하는 재위 27일 만에 쫓겨나 전한(前漢) 역사에서 가장 짧은 재위 기간을 기록한 비운의 군주가 되었다. 그를 한폐제(漢廢帝)라고 칭하기도 한다. 한나라의 폐위된 황제라는 뜻이다. 하지만 곽광은 유하 일족을 죽이지 않고 우대했다. 창읍의 신하 200여 명은 창읍왕 유하를 잘못 보필한 죄로 살해되었다. 훗날 창읍국(昌邑國)은 산양군(山陽郡)으로, 유하는 해혼후(海昏侯)로 강등되었다. 곽광은 다시 새 황제를 추대해야 했다.

2. 성장 과정과 황위 계승

한무제 정화 2년(기원전 91) 태자 유거가 수만 명을 죽음으로 몰고 간 최악의 궁정 저주 사건인 무고지화의 유혈 참극에 희생되었다는 얘기는 「제5장 한무제 유철」에서 이미 소개했다. 당시 유거의 장남 유진(劉進)은 아들 유병이(劉病已 · 기원전 91~기원전 48)를 낳았다. 유병이의 생모는 왕옹수(王翁須)이다. 태자 유거가 반란에 실패하여 자살한 후, 유진과 왕옹수는 연좌제에 걸려 사형을 당했다. 태자 유거의 가족이 멸문의 화를 당했을 때 태어난 지 불과 몇 개월 밖에 안 된 유병이는 극적으로 살아남았다. 그는 한무제의 증손자이며 포대기에 쌓인 갓난아이였으므로 참혹한 죽음을 피할 수 있었다. 그렇지만 그는 태어난 지 불과 몇 개월 만에 부모를 잃고 감옥에 갇힌 채 언제 어떻게 될지 모르는 운명의 소용돌이에 빠졌다. 태어날 때부터 몸이 허약하고 병치레가 잦았던 까닭에 하루빨리 질병의 고통에서 벗어나게 해달라는 바람으로 이름을 '병이(病己)'라고 지었다.

한무제는 원래 정위우감(廷尉右監) 관직을 맡았다가 해직된 병길(丙吉)을 조정으로 불러들여 무고지화에 연루된 자들을 조사하게 했다. 병길은 태자 유거가 강충 일당의 모함에 걸려들어 억울하게 죽었다고 한무제에게 아뢰었다. 병길은 또 젖먹이 황증손(皇曾孫) 유병이가 영문도 모른 채 감옥에 갇혀있는 모습을 보고 그를 동정했다. 어떻게 해서라도 그를 살리고 싶었다.

병길은 여자 죄수들 중에서 호조(胡組)와 곽징경(郭徵卿) 두 사람을 유모(乳母)로 선발하여 유병이에게 젖을 먹이고 돌보게 했다. 여자 죄수에게 이런 일을 시키는 것은 명백한 불법이었으나, 그는 개의치 않고 오히려 수시로 옷과 음식을 제공했을 뿐만 아니라 감옥 안에 깨끗하고 한적한 방을 만들어 유병이를 키우게 했다. 호조와 곽징경은 젖먹이 유병이를 지극정성으로 키웠다.

후원 2년(기원전 87) 봄 유병이의 나이 4세 때의 일이다. 중병에 걸린 한무제가 장양궁(長楊宮)과 오작궁(五柞宮)을 오가며 병을 치료했다. 운기(雲氣)를 관찰하여 길흉을 예측하는 점쟁이가 장안의 감옥에 천자의 기운이 서려있다고 한무제에게 아뢰었다. 한무제는 내알자령(內謁者令: 황제의 조서를 전달하는 환관의 관직) 곽양(郭穰)에게 죄의 경중을 따지지 말고 감옥에 있는 죄인들을 모조리 죽이게 했다. 곽양은 한밤중에 유병이의 거처로 찾아와 그를 죽이려고 했다. 병길은 대문을 굳게 걸어 잠그고 곽양에게 소리쳤다.

"여기는 황증손께서 계시는 곳이오. 보통 사람도 죄를 짓지 않으면 함부로 죽일 수 없는 법이오. 하물며 천자의 증손자는 더 말할 나위가 있겠소?"

병길은 다음 날 아침까지도 끝내 대문을 열어주지 않았다. 곽양은 황궁으로 돌아와 한무제에게 병길이 어명을 거역했다고 비난하며 그를 탄핵했다. 한무제는 자기 증손자가 아직도 살아있음을 알아차리고 탄식했다.

"아, 이는 하늘의 뜻이구나!"

한무제는 유병이를 살려주게 했다. 며칠 후 천하에 대사면을 반포하고 붕어했다. 한소제 유불능이 황위를 계승한 직후에 유병이는 비로소 풀려나 자유의 몸이 되었다. 그 동안 유병이를 돌보았던 호조와 곽징경도 감옥에서 풀려나 고향으로 돌아갔다. 병길은 소내(少內: 황궁의 작은 창고)를 관리하는 색부(嗇夫: 궁정의 잡일을 맡은 관직)에게 유병이를 잘 보살피라고 신신당부하자 색부가 말했다.

"저도 황증손에게 가장 좋은 물건을 제공하고 싶습니다. 하지만 황제의 조서가 없으므로 그를 보살필 방법이 없습니다."

병길은 봉록을 받을 때마다 의복, 고기 등을 자비로 구입하여 색부에게 보내 유병이를 돌보게 했다. 그렇지만 색부가 언제까지나 유병이를 돌볼 수는 없었다. 병길은 천애고아가 된 유병이를 유병이의 할머니 사량제(史良娣: 태자 유거의 본처) 집안으로 보내 키우게 했다. 사량제는 이미 젊은 나이에 무고의 화에 연루되어 죽었다. 사량제의 모친 정군(貞君)은 이 오갈 데 없는 어린아이를 동정하여 연로한 몸에도 불구하고 몸소 돌보았다.

한소제 시대인 시원 2년(기원전 85)에 대장군 곽광은 박륙후(博陸侯)로 책봉되었다. 조정의 정치는 사실상 그가 좌지우지했다. 곽광은 병길을 신임하여 광록대부급사중으로 발탁했다. 병길은 곽광에게 황증손 유병이의 복권을 간청했다. 곽광은 유병이를 사씨(史氏) 집안에서 황궁으로 데리고 오게 한 뒤 액정(掖庭: 궁중에서 비빈들이 거주하는 곳)에서 자라게 했다. 아울러 그의 이름을 황실 족보에 기재함으로써 종실의 지위를 회복하게 했다. 정말로 병길의 헌신적인 도움이 없었다면 어린아이 유병이는 무고지화의 와중에서 희생되거나 일개 천민으로 전락하여 사라졌을 것이다.

유병이는 재능이 출중하고 배우기를 좋아했지만 닭싸움, 경마 등 오락거리를 즐기기도 했다. 또 수시로 출궁하여 장안 일대를 돌아다니면서 백성들의 생활을 살피고 관리들이 어떻게 그들을 다스리고 있는지 소상하게 파악했다. 그는 사람들을 격의 없이 대하였다. 그를 따르는 일반 백성, 사대부, 협객들이 적지 않았다.

원봉 6년(기원전 75) 유병이는 포실(暴室: 궁궐에 있는 감옥)을 관리하는 색부 허광한(許廣漢)의 딸 허평군(許平君)을 아내로 맞이했다. 장안의 미앙궁과 장락궁 사이에 있는 상관리(尙冠里)에 거주할 때 자주 저자거리로 나가 떡을 사먹었다. 그가 다닌 떡집마다 갑자기 떼돈을 벌었다. 사람들은 그 현상을 신기하게 생각하여 유병이의 초상화를 점포에 걸어놓고 부자를 만들어주는 재물신으로 섬겼다. 그는 머리부터 발끝까지 긴 털이 나 있었으며 누워있으면 몸에서 광채가 났다. 사람들은 그 모습을 보고 신기하게 생각했다.

원평 원년(기원전 74) 창읍왕 유하가 황위를 계승한지 27일 만에 폐출되었다. 대장군 곽광은 또 누구를 새 황제로 추대해야 좋을지 고민했다. 병길이 곽광에게 유병이를 추천했다.

"한무제의 증손 유병이는 나이가 18~9세쯤 되었습니다. 경술(經術)에 능통하고 자질이 뛰어날 뿐만 아니라 행실도 바르고 매사에 절도를 잃지 않습니다. 장군께서 그를 추대하여 황위 계승 문제를 해결하시기를 진심으로 바랍니다."

곽광도 이미 유병이를 차기 황제로 점지해 두고 있었다. 상관태후에게 아뢰었다.

"한소제께서 후사를 남기시지 못하고 붕어하셨기 때문에 종실 서자의 자손들 가운데 어질고 인덕이 있는 자를 선발하여 황위를 계승하게 해야 합니다. 한무제의 증손 유병이는 어명에 의하여 액정(掖庭)에서 자랐는데 지금 나이가 18세입니다. 어렸을 적부터 스승에게 『시경』, 『논어』, 『효경』 등 경전을 배웠으며 행실이 바르고 근검절약하며 자애롭고 백성을 사랑합니다. 그가 한소제의 후계자가 되면 조종(朝宗)의 대업을 받들고 천하의 백성들을 자식처럼 돌볼 수 있을 것입니다."

원평 원년(기원전 74) 7월 상관태후는 외할아버지 곽광의 결정에 따라 유병이를 새 황제로 추대하게 했다. 유병이가 10대 황제 한선제(漢宣帝)이다. 훗날 한선제의 이름이 천박하다는 이유를 들어 유순(劉詢)으로 개명했다. 몇 개월 후 그의 아내 허평군은 황후로 책봉되었으며, 상관태후는 태황태후로 추대된 후 거처를 미앙궁에서 장락궁으로 옮겼다. 이때 상관태황태후는 나이가 겨우 14세였는데 중국 역사에서 가장 어린 나이에 태황태후로 추대되었다.

유순은 18세의 나이에 권신(權臣) 곽광에 의하여 일사천리로 황제의 옥좌에 앉았다. 곽광의 눈치를 보지 않을 수 없었다. 조정 대신들 대부분 곽광의 결정에 이의를 제기하지 못했다. 시어사 엄연년(嚴延年)만이 목숨을 걸고 곽광을 탄핵했다.

"대장군 곽광이 제멋대로 임금을 쫓아내기도 하고 추대하기도 합니다.
이는 신하된 자의 도리가 아닙니다. 그는 무도하지 그지없는 자입니다."

한선제와 대신들 모두 꿀 먹은 벙어리가 되었다. 황제도 곽광의 위세
에 눌려 말 한마디 제대로 못하는데 누가 감히 그에게 시비를 따질 수 있
었겠는가. 훗날 엄연년은 목에 칼이 들어와도 바른 말을 했으며 법령을
엄격하게 집행한 관리로 유명했지만 조정의 정치를 비방한 죄로 기시(棄
市)의 형벌을 받고 죽었다.

3. 한무제를 찬양하는 종묘 음악을 제작하여 정통성을 확보하다

한선제가 즉위한 직후에 대장군 곽광은 그에게 황제의 권력을 돌려주
었다. 그런데 한선제는 그것이 곽광의 본심이 아님을 간파했다. 아직 친위
세력을 구축하지 못한 상태에서 서둘러 권력을 이양받았다가 창읍왕 유하
처럼 쫓겨나지 않을까 두려웠다. 오히려 곽광에게 황제의 권력을 위임하
고 식읍 1만7000호를 더해줌으로써 그의 환심을 사는 방법을 선택했다.
한선제는 조회 때마다 비굴할 정도로 자신을 낮추고 곽광을 추켜세웠다.
곽광 일족은 조정의 요직을 독차지하고 전횡을 일삼았다. 조정 대신
들은 생사여탈권을 쥐고 있는 곽광에게 충성하지 않으면 언제 쫓겨날지
모르는 운명이었다. 반면에 신분이 미천한 자라도 곽광의 눈에 들면 하루
아침에 고위 관리로 발탁되어 위세를 부렸다. 곽광 집안의 가노 풍자도(馮
子都)는 곽광의 총애를 등에 업고 조정의 정치를 좌지우지했다. 조정 대신

들은 일자무식인 풍자도의 비위를 맞추기에 급급했다. 한선제는 은인자중하면서 황제의 권력을 되찾을 수 있는 방안을 심사숙고했다. 본시(本始) 2년(기원전 72) 이런 조칙을 반포했다.

"효무황제(한무제)께서는 몸소 인의를 행하셨고 온 세상에 널리 무위(武威)를 선양하여 공덕이 높으셨는데 아직도 그의 공덕을 찬양하는 종묘 음악이 제작되지 않았다. 짐은 이에 대하여 매우 송구한 마음을 금할 수 없다. 조정 대신들은 열후(列侯), 녹봉 2,000석을 받는 태수, 박사들과 함께 이 문제를 논의하라!"

한무제가 세상을 떠난 지 15년이 지난 시점에 그의 공덕을 찬양하는 종묘 음악을 제작하라는 어명에 조정 대신들은 찬동의 뜻을 표시했다. 하지만 장신소부(長信少府) 하후승(夏侯勝)이 반대 의견을 냈다.

"효무황제께서는 사방의 오랑캐들을 물리치고 영토를 확장시킨 공로가 있습니다. 하지만 정복 전쟁을 끊임없이 일으켰기 때문에 수많은 병졸들이 죽었으며 백성들의 가산을 탕진하게 했습니다. 또 효무황제께서는 사치가 심하여 백성들에게 아무런 혜택도 주지 못했습니다. 따라서 그를 위하여 사당을 짓고 종묘 음악을 제작하는 것은 잘못된 일입니다."

하후승은 유가의 경전에 정통하고 올곧은 선비로 유명했다. 한무제를 위대한 정복 군주로 떠받들고 있는 한나라에서 그가 한무제의 과오를 지적한 것은 정말로 놀라운 일이다. 죽음을 두려워하지 않고 진실을 말한 것이다. 승상장사(丞相長史) 황패(黃霸)도 그의 의견에 동조했다. 조정 대신들이 벌떼처럼 일어나 두 사람을 탄핵했다. 두 사람은 파직을 당하고 감옥에 갇히는 신세가 되었다.

조정 대신들은 한무제의 묘호(廟號)를 세종묘(世宗廟)로 정하고 종묘에서 제사를 지낼 때 「성덕(盛德)」, 「문시(文始)」, 「오행(五行)」 등 종묘 음악을 연주하게 했다. 또 한무제가 순행한 적이 있는 49개 지방에 세종묘를 건립하고 제사를 지냈다. 그 세종묘의 규모가 한고조 유방, 한문제 유항의 종묘와 같았다.

한선제가 증조부 한무제를 떠받든 이유는 자명했다. 적장자나 적장손만이 선황제의 종묘에서 제사를 지낼 수 있는 자격이 있었다. 그의 할아버지 유거는 자살로 생애를 마감했고 아버지 유진도 무고의 화에 연루되어 비참하게 죽었지만, 어쨌든 그는 한무제의 적증손이었다. 한무제, 한무제의 적장자 유거, 유거의 적장자 유진 그리고 유진의 적장자 유순 자신으로 이어져 내려오는 황통(皇統)의 적법한 계승자라는 사실을 백성들에게 인식시킴으로써 황제의 권력을 강화하고자 했다. 아울러 한무제의 유지를 받들어 주변 국가들에 대한 정복 전쟁을 다시 시작하겠다는 의지를 표명한 것이다. 한선제가 이처럼 정통성을 확보함으로써 황제의 권력을 강화했지만 여전히 곽광의 손아귀에서 벗어날 수 없었다.

4. 반란을 모의한 곽씨 일족을 제거하고 친정을 단행하다

본시 3년(기원전 71) 곽광의 아내 곽현(霍顯)은 막내딸 곽성군(霍成君)을 황후로 만들고 싶었다. 마침 한선제의 본처 허황후(許皇后)가 임신하여 몸이 불편하다는 소문을 들었다. 곽현은 무서운 음모를 꾸미기 시작했다. 궁중의 여자 시의(侍醫)인 순우연(淳于衍)에게 은밀히 말했다.

"대장군께서 막내딸 곽성군을 총애하여 귀인으로 만들고 싶어 하는데 너의 도움이 필요하구나."

순우연이 어떻게 도와드리면 좋겠냐고 물었다. 곽현이 대답했다.

"임산부는 구사일생의 고비를 넘겨야 아이를 낳는 법이다. 황후가 분만을 앞두고 있다는 얘기를 들었다. 기회를 틈타 그녀를 독살하면 곽성군은 황후가 될 수 있을 거야. 일이 성공하면 너는 나와 함께 부귀영화를 누릴 수 있다."

옛날에는 임산부가 아이를 출산할 때 사망하는 경우가 종종 있었다. 곽현은 허황후를 독살한 후 그녀가 아이를 낳다가 죽었다고 둘러댈 생각이었다. 순우연이 그녀의 사주를 받고 허황후를 독살했다. 한소제는 황후의 급작스러운 죽음에 의심을 품었으나 출산 중에 죽었다는 순우연의 얘기를 듣고 하염없이 눈물을 흘릴 뿐이었다. 조정 중신들도 곽광의 보복이 두려워 감히 혀를 놀리지 못했다.

허황후가 독살된 직후에 곽광의 막내딸 곽성군은 입궁하여 첩여(婕妤)로 책봉되었다. 그 다음 해인 본시 4년(기원전 70)에 황후로 책봉되었다. 당시 육궁의 어른인 상관태황태후는 곽광의 외손녀이고 황후는 막내딸이었으니 곽광이 얼마나 막강한 권력을 휘둘렀는지 짐작할 수 있다. 한선제는 황제임에도 불구하고 곽광의 위세에 눌려 곽황후를 총애하는 척했다. 그녀가 분에 넘치는 행동을 해도 모르쇠로 일관했다.

지절(地節) 2년(기원전 68) 20여 년 동안 황제를 대신하여 권력을 행사한 곽광이 사망했다. 그런데 곽광은 권신이었지 간신은 아니었다. 한무제 사후 한소제와 한선제로 이어지는 권력 교체기에 그가 뛰어난 정치적 리더

십을 발휘한 덕분에 한나라는 안정을 찾고 발전할 수 있었다. 다만 인생 후반부에 이르러서는 권력을 남용한 오점을 남겼다.

한선제는 뛸 듯이 기뻤지만 속마음을 감추고 곽광의 장례를 극진하게 치르게 했다. 그리고 곽광의 위덕을 기린다는 명목으로 곽광의 형인 곽거병의 손자 곽산(霍山)을 낙평후(樂平侯)로 책봉하고 봉거도위와 상서(尚書)의 일을 겸임하게 했다. 황궁을 지키는 금위군은 여전히 곽씨 일족이 지휘하게 했다. 하지만 한선제는 조정의 요직을 장악하고 있는 곽씨 일족을 제거하지 않고서는 자기 뜻대로 정사를 펼 수 없었다. 기회를 보아 곽씨 일족을 제거할 결심을 했다. 어사대부 위상(魏相)은 한선제의 속마음을 꿰뚫고 상소했다.

"곽광은 이미 죽었는데도 그의 아들은 또 우장군 지위에 올랐으며 그 형의 아들은 상서가 되어 국가의 중요한 업무를 관장하고 있습니다. 곽광 형제의 사위들도 모두 병권을 장악하고 권세를 누리고 있습니다. 더구나 그들 모두 교만에 빠지고 사치를 일삼으며 향락을 즐기고 있습니다. 폐하께서 그들의 권세를 약화시켜 음모를 꾸미지 못하게 해야 공신들의 자손들이 오래도록 폐하의 홍복을 누릴 수 있을 것입니다."

요컨대 곽씨 일족을 모조리 제거하라는 상소였다. 한선제는 위상을 급사중으로 임명하고 곽씨 일족의 권력을 회수하게 했다. 위상은 허황후가 독살된 일을 밝히고 곽씨 일족을 탄핵했다. 이에 따라 금위군의 병권은 곽씨 일족으로부터 한선제의 처가 허씨(許氏)와 외가 사씨(史氏)로 넘어갔다.

한선제는 곽광의 아들 우장군 곽우(霍禹)를 대사마(大司馬)로 승진시켰다. 대사마는 오늘날의 국방부장관에 해당하는 관직이다. 군사를 거느리고 있는 우장군보다 직위가 높지만 직접 병사를 지휘할 권한이 없었다. 한선제는 곽우의 병권을 회수할 목적으로 그를 대사마로 임명한 것이다. 또 국정 현안은 대신들에게 상서를 거치지 않고 직접 자기에게 상주하게 했다. 상서의 일을 관장하고 있던 곽산의 권력을 회수하기 위한 조치였다.

지절 4년(기원전 66) 한선제는 위상을 승상으로 발탁하고 고평후(高平侯)로 책봉했다. 곽씨 일족은 한선제가 위상을 앞세워 그들의 권력을 빼앗으려는 시도에 공포를 느꼈다. 그들은 상관태황태후의 조서를 위조하여 위상을 살해한 후 한선제를 폐위시킬 음모를 꾸몄다. 하지만 그들의 음모는 발각되고 말았다.

곽운과 곽산은 자살했으며, 곽우는 체포되어 허리가 잘리는 형벌을 당하고 죽었다. 곽광의 아내 곽현과 그의 일족 모두 주살을 당했다. 한선제의 두 번째 황후 곽황후도 폐출되어 소대궁(昭臺宮)에 유폐되었다. 훗날 그녀는 자살로 생을 마감했다. 이때 곽씨 일족의 모반 사건에 관련되어 형벌을 받고 죽은 자가 수천 명에 달했다. 상관태황태후는 역사의 격변기에 부계 상관씨와 모계 곽씨가 멸족을 당하는 비극을 겪었다. 그녀도 죽어야 할 운명이었으나 한선제는 그녀를 보호했다. 그녀는 곽씨 일족이 멸문의 화를 당한 후 더 이상 정치에 관여하지 않고 황궁에서 편히 지내다가 향년 51세를 일기로 세상을 떠났다. 한선제는 곽광 일족을 모조리 척결한 후에야 비로소 명실상부한 황제가 되었다. 이때 그의 나이는 25세였다.

5. 효도를 중요한 통치 덕목으로 삼고 어진 정치를 펴다

한선제는 한무제 유철의 '정통(正統)'이라는 자부심이 아주 강했다. 오랜 세월 동안 권신 곽광의 위세에 눌려 지낼 때도 품위를 잃지 않고 절제 있는 생활을 하면서 황제의 권력을 되찾으려고 노력한 역량은 그의 이러한 자부심에서 나왔다.

한선제는 즉위 직후에 21세의 나이에 무고의 화에 연루되어 억울하게 죽은 아버지 유진(劉進)의 시호(諡號)를 도(悼)로 정하고 아버지를 추모했다. 즉위한 지 8년이 지난 원강(元康) 원년(기원전 65)에는 아버지의 제사를 천자의 의례로 지내고 황고(皇考)의 사당을 세웠다. 생모 왕옹수(王翁須)도 왕도후(王悼后)로 추존되었다. 한선제는 백성들에게 자기가 돌아가신 부모에게 얼마나 효도하는지 보여주고 싶었다. 지절 4년(기원전 66) 다음과 같은 조서를 반포했다.

"효도로 백성을 인도하면 천하는 저절로 다스려진다. 그런데 지금 백성들은 상복을 입어야 하는 불행을 당했는데도 관리들이 그들에게 요역을 시키기 때문에 제대로 장례를 치르지 못하게 하여 효자들을 애통하게 한다. 짐은 이를 참으로 안타깝게 여기고 있다. 앞으로는 조부모와 부모의 상을 당한 사람에게는 요역을 면제해주고 시신을 수습하여 장례를 잘 치르게 함으로써 자식 된 도리를 다하게 하라!"

예나 지금이나 자식이 부모의 장례를 치르는 일은 가장 큰 슬픔이자 적지 않은 장례비용이 든다. 한선제는 부모를 여의고 실의에 빠진 백성들의 마음을 정확하게 읽었다. 얼마 후 또 이런 조서를 반포했다.

"지금부터는 아들이 부모의 죄를 숨겨주고 아내가 남편의 죄를 숨겨주고 손자가 조부모의 죄를 숨겨 준 잘못은 엄한 형벌로 다스리지 말라! 그리고 부모가 자식을 숨겨주고 남편이 아내를 숨겨주고 조부모가 손자를 숨겨 준 잘못 가운데 사형에 해당하는 중죄도 하급 관리가 바로 처리하지 말고 정위(廷尉: 사법 기관의 최고위직)에게 보고하여 사형 집행에 신중을 기하게 하라!"

설사 범죄를 저질렀더라도 가족 간에 숨겨준 잘못은 선처하며 극형에 해당하는 사형도 함부로 집행하지 말라는 뜻이다. 한선제는 태어나자마자 부모를 잃고 남의 손에서 자랐다. 성장하면서 한 번도 보지 못하고 기억조차 없는 부모가 얼마나 보고 싶었을까. 부모에 대한 그리움은 가슴속의 한으로 맺혔다. 그래서 그는 인륜이 법령보다 더 중요하다고 생각하여 이런 조서를 반포했을 것이다. 원상(元康) 4년(기원전 62)에는 나이가 80세 이상인 노인은 무고죄나 살인죄 또는 상해죄가 아닌 다른 범죄에 대해서는 죄를 묻지 말게 했다. 80세가 넘은 노인이 무슨 범죄를 저지르겠는가. 노인을 공경하겠다는 상징적 조치였다.

한무제 시대부터 유가 사상은 국가의 통치 철학으로 자리매김했다. 유가 사상의 가장 중요한 실천적 덕목은 충효였다. 부모에게 효도하는 사람은 반드시 국가에 충성한다는 당위성이 있었다. 황제에 대한 충성을 이끌어내려면 부모에 대한 효도를 강조하지 않을 수 없었다. 그래서 한선제는 유별나게 효도를 중시했다.

한선제는 젊은 시절에 자유롭게 저자거리로 나가 서민들과 접촉했다. 자신이 훗날 황제로 등극하게 될 거라고는 꿈에도 생각하지 못했으며 그를 만난 사람들도 마찬가지였다. 그는 농민, 상인, 관리, 시정잡배 등과 격의 없이 어울리면서 민생고를 이해했을 뿐만 아니라 관리들의 부정부패도 속속들이 파악했다. 만약 그가 어린 시절부터 태자로 책봉되어 구중궁궐에서 후계자 수업을 받았다면 결코 민생의 생생한 현장을 체험하지 못했을 것이다. 그가 불행한 어린 시절을 보낸 것이 오히려 등극 후에 백성들에게 선정을 펼 수 있는 계기가 되었다.

한선제는 백성들을 직접 다스리는 관리를 잘 통솔해야 만이 치세(治世)를 누릴 수 있다고 확신했다. 곽광 사후에 친정을 시작한 때부터 조정 중신들에게 5일에 한 번씩 정사를 보고하게 했다. 조칙을 반포하면 반드시 그것이 제대로 실행되었는지 꼼꼼하게 점검했다. 그는 지방 관리의 우두머리인 태수(太守)를 백성을 다스리는 핵심 인물로 보고 그의 역할을 특별히 강조했다. 녹봉 2,000석을 받는 태수가 정치를 잘해야 백성들이 편안하게 살 수 있다고 보았다. 한선제는 전국의 태수들에게 이런 조서를 내렸다.

> "짐은 홀아비, 과부, 고아, 노인, 가난한 사람들을 생각할 때마다 마음이 아프다. 짐은 예전에 그들에게 공전(公田)을 빌려주고 종자와 식량을 대주게 했는데 아직도 그들의 형편이 좋아지지 않았다. 이번에는 그들에게 비단을 내려주도록 하라! 2,000석을 받는 태수들은 하급 관리들을 엄하게 지도하여 그들의 형편을 꼼꼼하게 살피게 함으로써 업무 태만이 없게 해야 한다."

한선제는 일을 잘하여 백성들의 칭송을 받는 태수에게는 옥새를 찍은 표창장을 수여하고 봉록을 늘려주었다. 그는 또 관리들을 통솔하면서 신상필벌의 원칙을 철저하게 지켰다.

> "공로가 있는데 상을 주지 않고 죄가 있는데 벌을 주지 않으면, 요순임금일지라도 천하를 교화시킬 수 없다."

영천태수(穎川太守) 황패(黃霸)는 법집행을 공정하게 하고 청렴하기 이를 데 없었다. 언제나 백성들을 친자식처럼 돌보았다. 해마다 영천 지방은 호구가 늘어나고 산물이 풍부해졌다. 한선제는 그를 경조윤(京兆尹: 경기 지방을 다스리는 관직)으로 발탁하여 중책을 맡겼다. 훗날 한선제는 그에게 다시 관내후(關內侯), 태자태부, 어사대부 등 고위 관직을 내렸다. 백성들의 신망을 얻은 관리는 반드시 우대하겠다는 황제의 뜻이었다.

대사농(大司農: 국가의 재정을 담당하는 최고위 관직) 전연년(田延年)은 한선제를 추대하는 데 공을 세워 양성후(陽城侯)로 책봉된 총신이었다. 그런데 그는 한소제의 평릉(平陵)을 축조하면서 민간의 우마차 수만 량을 임대하여 동원할 때 3천만 전을 횡령한 죄로 감옥에 갔혔다. 어사대부 전광명(田廣明)은 전연년의 공적이 과오를 덮고도 남으므로 그를 용서해주어야 한다고 한선제에게 아뢰었다. 한선제는 황실의 내탕고에 보관한 수형전(水衡錢)을 풀어 황릉 공사를 계속 진행하게 한 뒤 전연년의 죄를 물었다. 전연년은 칼로 목을 찔러 자살했다. 한선제는 아무리 총애하는 신하라도 범법 행위를 하면 용서하지 않았다. 지방 하급 관리들이 백성들의 재산을 갈취하는 원인에 대해서도 정확하게 인식했다.

"관리에게 청렴과 공정이 없으면 국가는 제대로 다스려지지 않는다. 지금 하급 관리들이 부지런히 일을 하고 있지만 녹봉이 얼마 되지 않기 때문에 백성들의 재물에 눈독을 들이고 있다. 이 문제를 해결하기 위하여 100석 이하의 봉록을 받는 하급 관리에게는 10말 당 5되를 더 주도록 하라!"

하급 관리들에게 월급을 올려주어서 그들을 부정부패에 빠지지 않게 하라는 것이다. 이는 오늘날에도 마찬가지이다. 한선제는 천재지변을 만나면 언제나 자신의 덕이 부족해서 백성들이 고난을 겪고 있다고 생각했다. 재난을 입은 지방에는 관부의 곡식을 풀어 이재민을 구휼했다. 흉년이 들면 태관(太官: 황제가 먹는 음식과 연회를 관장하는 관직)에게는 음식 가짓수와 도살을 줄이게 했으며, 음악을 관장하는 악부(樂府)에게는 악공의 인원을 줄이게 했다.

한선제는 항상 백성들의 안위를 걱정했다. 황제 혼자만의 힘으로는 국가를 잘 다스릴 수 없었다. 전국의 초야에 묻혀 사는 효자, 유생, 의인 등을 관리로 천거하게 했다. 그의 이러한 인재 등용 정책은 유달리 그의 시대에 훌륭한 관리들이 많이 배출된 원인이 되었다.

6. 주변국들을 복속시키고 변방의 안정을 이루다

한나라 7년(기원전 200) 한고조 유방이 평성(平城: 산서성 대동·大同)의 백등산(白登山)에서 흉노 황제 묵돌선우에게 포위되어 참패를 당한 후 한선제 유순에 이르는 130여 년의 장구한 세월 동안, 한나라와 흉노는 끊임없이 전쟁을 벌였다. 한무제 유철의 통치 후반기에 이르러 흉노의 세력이 약화되었으나, 흉노는 여전히 한나라의 변경을 침입하여 유린했다. 당시 한나라에 가장 위협적인 국가는 역시 흉노였다.

한나라와 흉노 사이에는 오손(烏孫: 지금의 키르기스스탄 일대)이라는 유목국가가 있었다. 오손 왕 곤막(昆莫)은 한나라와 흉노, 두 강대국 사이에서 등거리 외교를 통해 실리를 추구했다. 한소제의 통치 후반기에 흉노가 오손을 침략했다. 한무제 시대에 한나라에서 오손과 혼인 동맹을 맺기 위하여 오손 왕에게 시집을 보낸 해우공주(解憂公主)와 오손 왕 옹귀미(翁歸靡)가 한나라에 구원병을 요청했다. 한나라는 군대를 파견하여 오손을 도와주려고 했으나 마침 한소제가 붕어하는 바람에 실현되지 못했다. 한선제가 즉위한 지 2년째인 본시 2년(기원전 72)에 흉노가 또 오손을 침략했다. 오손 왕 옹귀미는 다시 한나라에 구원병을 요청했다.

"저희 나라는 흉노에게 계속 침탈을 당하고 있습니다. 저는 국중(國中)의 정예 기병 10만 기 중에서 5만 기를 선발하여 사력을 다해 흉노와 싸우겠습니다. 천자께서 출병하시어 공주를 구원해주시기를 간절히 바랍니다."

대장군 곽광은 한선제에게 오손과 연합하여 흉노를 선제공격하면 승산이 있다고 주장했다. 한선제도 흉노를 완전히 제압하여 선황제들이 이루지 못한 위업을 이루고 싶었다.

한선제는 교위 상혜(常惠)를 오손에 사신으로 보내 출병을 약속했다. 본시 3년(기원전 71) 한나라 15만 대군과 오손 5만 기병의 연합군이 흉노 우곡려왕(右谷蠡王)의 왕정(王庭)을 공격하여 대승을 거두었다. 상혜는 이 대첩으로 장라후(長羅侯)로 책봉되었다.

이 해 겨울 흉노 군대는 오손을 기습했으나 대설과 혹한을 만나 병사 대부분이 얼어 죽었다. 아울러 오손 그리고 또 다른 유목국가이자 흉노의 속국이었던 오환(烏桓)과 정령(丁令)의 협공을 당하여 흉노 인구 10분의 3이 죽고 가축의 10분 5를 빼앗겼다. 한나라 기병도 흉노를 공격하여 흉노 병사 수천 명을 포로로 잡았다. 흉노는 더 이상 보복할 여력이 없었으며 설상가상으로 내분이 격화되었다.

흉노의 일축왕(日逐王) 선현탄(先賢撣)과 우현왕 도기당(屠耆堂)은 황제의 자리를 놓고 쟁탈전을 벌였다. 신작(神爵) 2년(기원전 60) 도기당이 승리하여 악연구제(握衍朐鞮) 선우로 즉위하자마자, 선현탄은 한나라의 변방 거리(渠犂)로 사신을 보내 투항 의사를 밝혔다.

한선제는 기쁨을 감추지 못했다. 그 동안 흉노의 침략을 막기 위하여 얼마나 많은 병사들이 희생되었고 또 얼마나 많은 물자가 소모되었던가. 그런데 흉노의 왕이 제 발로 찾아와서 항복하겠다고 했으니 이보다 더 기쁜 일은 없었다. 한선제는 거리를 지키고 있었던 위사마(衛司馬) 정길(鄭吉)에게 선현탄을 극진히 영접하게 했다. 정길의 융숭한 환대를 받고 장안으로 들어온 선현탄은 귀덕후(歸德侯)로 책봉되었다. 이 시기부터 한나라는 오루성(烏壘城: 신강성 윤대현·輪臺縣)에 서역도호부(西域都護府)를 설치하고 서역 지방을 본격적으로 관리하기 시작했다.

한편 흉노는 내분이 한층 더 격화되어 선우 다섯 명이 대립했다. 호한야선우(呼韓邪單于)가 흉노를 다시 통일했지만 그의 형 좌현왕 호도오사(呼屠吾斯)와 갈등을 빚었다. 호도오사는 질지선우(郅支單于)로 자립한 후 호한야선우를 공격하여 남쪽으로 몰아냈다. 호한야선우는 아들 우현왕을 한나라로 보내 원조를 요청했다. 호한야선우의 부하들이 말했다.

"우리는 말을 타고 용감하게 싸우면서 나라를 다스리고 있습니다. 나약하지 그지없는 한나라에 복종하는 것은 참으로 수치스러운 일이며, 다른 나라들이 우리를 깔보게 될 것입니다. 오늘날 우리의 힘이 약해졌다고는 하지만 한나라에 신하의 예를 갖추는 일은 과거의 영광에 상처를 입힐 뿐입니다."

말위에서 천하를 다스린다는 흉노인다운 생각이었다. 하지만 그들은 호한야선우의 결정을 바꿀 수 없었다. 감로(甘露) 3년(기원전 51) 호한야선우는 친히 장안의 감천궁으로 찾아와 한선제를 배알했다. 그의 입조(入朝)는 중국 역사상 일대 사건이었다. 진시황제 시대부터 중원의 왕조를 궁지에 몰아넣은 흉노가 마침내 무릎을 꿇은 것이다.

한선제는 호한야선우를 특별히 예우하여 제후왕상(諸侯王上)으로 책봉하고 천자를 배알할 때는 신(臣)이라 칭하되 이름을 말하지 않아도 되는 특권을 부여했다. 한선제는 호한야선우를 흉노로 돌려보내 그곳의 백성을 다스리게 했다. 훗날 호한야선우는 다시 입조하여 한원제(漢元帝)가 하사한 왕소군(王昭君)을 아내로 맞이하고 한나라에 충성했다. 왕소군은 중국 4대 미인 중의 한 명이라고 한다.

서역에 구자(龜茲: 신강성 고차·庫車)라는 도시 국가가 있었다. 동서 교역의 갈림길에 위치하여 중계 무역으로 번성했다. 때에 따라 흉노에 의지하기도 하고 한나라에 빌붙기도 했다. 구자의 귀족 고익(姑翼)이 한나라의 속국이었던 우미(扜彌: 신강성 우전현·于田縣)의 태자 뇌단(賴丹)을 살해한 일이 있었다. 뇌단은 한나라에서 임명한 최초의 한나라 지방 관리였다. 고익은 한나라가 뇌단을 통해 구자로 세력을 확장하지 않을까 두려워하여 그를 죽인 것이다.

본시 3년(기원전 71) 상혜는 흉노를 대파하고 귀국하는 길에 고익이 뇌단을 살해한 일을 구실로 삼아 구자를 공격했다. 구자 왕은 상혜에게 고익을 넘겨주고 병화를 피했다. 상혜는 고익을 참수한 후 다시 귀국길에 올랐다. 이 시기부터 구자 왕은 한나라에 입조하여 신하를 칭했다.

한나라의 북도(北道: 신강성 중부 천산산맥과 타림강 사이에 있는 도로)에 고사(車師)라는 소국이 있었다. 한나라가 서역으로 나가려면 고사를 지나야 했다. 고사는 흉노의 속국이었으므로 한나라에 적대 정책을 폈다. 지절 2년(기원전 68) 한선제는 거리(渠犁)에서 둔전을 개척하고 있었던 정길에게 고사를 정벌하게 했다. 정길은 고사의 도성 교하성(交河城: 신강성 투루판 교하성)을 점령한 후 둔전을 개척하여 서역으로 진출하는 통로를 확보했다.

한나라 남도(南道: 서역 남쪽으로 통하는 길)에 사차(莎車: 신강성, 맥개제현·麥蓋提縣 일대)라는 소국이 있었다. 북도와 마찬가지로 서역으로 나가는 통로였다. 지절 4년(기원전 66) 사차의 왕족 호도징(呼屠徵)이 사차 왕 만년(萬年)을 시해하고 왕으로 자립했다. 그는 또 한나라에서 온 사신 해충국(奚充國)을 죽이고 남도의 소국들과 연합하여 한나라에 반기를 들었다. 원강 원년(기원전 65) 대완(大宛)의 사신을 호송하는 임무를 맡은 풍봉세(馮奉世)가 사차의 도성을 함락했다. 자살한 호도징의 수급은 장안으로 보내졌다.

한나라는 한선제 시대에 이르러 서역으로 통하는 북도와 남도를 안정적으로 관리함으로써 서역의 여러 나라들과 교역을 활발하게 할 수 있었다. 당시 서역에는 크고 작은 나라 36개가 있었다. 그 나라들 모두 한나라를 '천조(天朝)'로 섬기지는 않았지만 한나라의 영향력 아래 동서 교역을 담당했다. 한나라는 오루성에 서역도호부를 설치하고 그 나라들을 관리했다. 서역을 개척한 황제는 한무제 유철이었지만, 한선제 유순에 이르러 서역은 비로소 안정적으로 관리되었다.

황룡(黃龍) 원년(기원전 48) 한선제는 재위 26년, 향년 43세를 일기로 붕어했다. 그의 통치 기간에 한나라는 정치, 경제, 문화, 외교 등에서 비약적인 발전을 이루었다. 그가 통치한 기간을 '효선(孝宣)의 치' 또는 '효선중흥(孝宣中興)'이라고 칭한다.

8

한원제 유석

1. 성장 과정과 황위 계승

한무제 유철의 시대에 창읍애왕 유박(劉髆)을 모시던 시종관(侍從官) 허광한(許廣漢)이라는 자가 있었다. 그는 유박이 사망한 후 창읍왕 유하(劉賀)를 따라 장안에 입조하여 한무제의 어가를 끄는 일을 담당했다. 어느 날 한무제를 모시고 수렵을 나갔을 때 다른 사람의 말안장을 자신의 말에 올리고 탄 잘못을 저질렀다. 졸지에 남의 물건을 훔친 도적으로 몰려 사형을 선고받았다.

당시 한나라에는 사형을 선고받은 자가 궁형(宮刑: 남자의 생식기를 자르는 형벌)을 받고 내시가 되면 사형을 면제받는 제도가 있었다. 허광한은 치욕을 감수하고 내시가 되었다. 그 후 그는 포실(暴室: 궁궐에 있는 감옥)을 관리하는 색부가 되었다. 그에게는 나이가 14~5세쯤 되는 딸 허군평(許平君)이 있었다. 허군평은 내자령(內者令) 구우씨(歐侯氏)의 아들과 혼인하기로 약속되어 있었다. 그런데 구우씨의 아들이 세상을 떠나는 바람에 혼인 약속이 취소되었다.

원봉 6년(기원전 75) 허광한은 당시 궁궐의 액정에서 거주하고 있었던 한무제의 증손자 유병이(훗날의 한선제 유순)를 사위로 맞이했다. 허군평이 유병이의 본처가 된 것이다. 두 사람이 부부의 인연을 맺은 지 1년 후인 원평 원년(기원전 74)에, 허군평은 유병이의 장남 유석(劉奭·기원전 75년~기원전 33)을 낳았다. 유석이 태어난 지 몇 개월 후에 유병이는 재위 27일 만에 쫓겨난 한폐제 유하의 뒤를 이어 황제로 등극했다. 허군평도 황후로 책봉되었다.

한선제 유순은 실권자인 대장군 곽광의 결정에 따라 등극했으므로 집권 초기에 아무런 힘도 발휘하지 못했다. 본시 3년(기원전 71) 곽광의 아내 곽현(霍顯)은 막내딸 곽성군(霍成君)을 황후로 만들고 싶었다. 궁중의 여자 시의(侍醫) 순우연(淳于衍)을 사주하여 허황후를 독살하게 했다. 유석의 나이 4세 때의 일이었다.

한선제의 두 번째 황후로 책봉된 곽성군은 황제의 아들을 잉태하기를 학수고대했으나 뜻대로 되지 않았다. 그녀와 그녀의 어머니 곽현에게는 어린 황자 유석이 눈엣가시였다. 지절 2년(기원전 68) 곽광이 사망한 직후부터 한선제는 비로소 친정을 시작했다. 다음 해 한선제는 나이 8세인 유석을 태자로, 장인 허광한을 평은후(平恩侯)로 책봉했다. 곽현은 소식을 듣고 피를 토하며 분개했다.

"유석은 한선제가 민간에 거주할 때 낳은 아이인데 어찌 태자가 될 수 있단 말이냐. 만약 내 딸 곽황후(霍皇后)가 황자를 낳으면, 내 외손자는 왕이 되어야 한단 말이냐?"

곽현과 곽황후는 태자 유석을 독살하기로 결심했다. 곽황후는 유석을 불러 독이 들어있는 음식을 몇 차례 먹게 했지만 유석의 유모가 기지를 발휘하여 그를 살렸다.

지절 4년(기원전 66) 곽씨 일족의 모반 음모가 발각되었다. 한무제 사후에 20여 년 동안 국정을 좌지우지했던 곽씨 일족은 이때 멸문의 화를 당했다. 한선제의 두 번째 황후 곽황후도 폐출된 후 자살했다. 한선제는 젊었을 적에 장안 일대를 돌아다니며 사람 사귀기를 좋아했다. 귀족 출신 왕봉광(王奉光)과 닭싸움을 즐기며 놀았다. 왕봉광에게는 딸이 한 명 있었다. 왕씨(王氏)는 정혼한 남자가 요절하는 바람에 혼기를 놓쳤다. 한선제는 등극한 후에 그녀의 처지를 동정하여 후궁으로 삼았다. 그 후 그녀는 첩여(婕妤)로 책봉되었지만 황자를 낳지 못했다. 한선제는 황자를 낳지 못한 왕첩여에게 어린 유석을 키우게 했다. 왕첩여는 유석을 극진하게 돌보았으며, 유석도 그녀를 친어머니처럼 여기고 따랐다.

원광 2년(기원전 64) 한선제는 왕첩여를 세 번째 황후로 책봉했다. 왕황후는 황제의 총애를 받지 못했으나 태자 유석의 적모(嫡母)로서 자신의 역할에 충실했다. 유석은 성품이 유약하고 인자했으며 유가 경전을 탐독했다. 유가의 선비들과 담론을 즐기는 일을 좋아했다.

통후(通侯) 양운(楊惲)과 사례교위(司隸校尉) 개관요(蓋寬饒)는 청렴하고 강직한 대신으로 유명했다. 특히 개관요는 위로는 황후와 태자, 아래로는 문무백관에 이르기까지 비리가 드러나면 발본색원했다. 고위 관리들은 그를 '호랑이 신하'라고 부르며 두려워했다. 두 사람의 노력 덕분에 조정의 기강이 바로섰다. 그런데 두 사람은 지나치게 남의 결점을 파헤쳤으며 심지어 황제의 실정을 적나라하게 비판했다가 황제의 노여움을 사서 비참하게 죽었다.

태자 유석은 아버지가 올곧은 대신들에게 엄격한 형벌을 적용하여 죽인 일에 불만을 품었다. 어느 날 유석이 연회석에서 아버지에게 조심스럽게 말했다.

"폐하께서는 형벌을 과도하게 사용하십니다. 유생들을 중용하시기 바랍니다."

형벌만을 따지는 법가의 관리들 보다는 인의를 숭상하는 유학자들을 중용하면 좋겠다는 뜻이었다. 한선제는 안색을 붉히며 말했다.

"한나라 황실은 원래 왕도(王道)와 패도(霸道)를 겸용하는 제도를 가지고 있다. 어찌 주(周)나라처럼 단순하게 인덕으로만 천하를 다스릴 수 있겠느냐. 더구나 세속에 물든 유학자들은 세상의 변화를 알아차리지 못하고 오로지 옛것은 옳고 지금은 그르다고 떠들어대며 명분과 실리를 구분하지 못하고 있는데 어찌 그들에게 국가를 다스리는 중임을 맡길 수 있겠느냐?"

이른바 '왕도'는 유가의 인도(仁道)이며, '패도'는 법가에서 말하는 국가를 다스리는 치국의 도(道)를 지칭한다. 유가 이상주의와 법가 현실주의 조화가 정치의 요체라는 얘기이다. 한선제는 태자가 유가의 이상적 사상과 탁상공론에 빠진 유학자들에게 경도되어 국정을 제대로 이끌지 못하지 않을까 걱정했다. 어느 날 그는 이렇게 탄식했다.

"우리 유씨 집안을 혼란에 빠지게 할 사람은 태자일 것이다."

한선제는 태자 폐위 문제를 심각하게 고민하기 시작했다. 장첩여(張婕妤)가 낳은 둘째아들 회양헌왕(淮陽憲王) 유흠(劉欽·?~기원전 28)이 떠올랐다.

한선제는 비빈들 중에서 유독 장첩여를 총애했다. 황제가 어떤 여인을 총애하면 그녀가 낳은 아들도 황제의 사랑을 받는 법이다. 한선제는 측근에게 이런 말을 한 적이 있었다.

"회양헌왕은 사물의 이치를 밝게 살피고 법률을 좋아하므로 진정한 내 아들이다."

한선제는 태자 유석을 폐위하고 회양헌왕 유흠을 태자로 책봉하려고 했다. 하지만 태자는 조강지처 허군평이 낳은 장남이 아닌가. 더구나 그가 성격과 행동에서 무슨 중대한 결함이 있는 게 아니었다. 만약 황위 계승권을 가진 태자를 폐위하면 대의명분을 목숨처럼 중시하는 대신들의 거센 반발을 피할 수 없었다. 한선제는 결국 태자의 지위를 인정하지 않을 수 없었다. 황룡 원년(기원전 48) 한선제가 붕어한 직후에 태자 유석은 27세의 나이에 11대 황제로 추대되었다. 그가 한원제(漢元帝)이다.

2. 석현의 국정 농단을 막지 못하고 황제의 권위를 잃다

한선제는 어렸을 적에 조모 사량제(史良娣) 집안의 보살핌을 받고 자랐다. 황제로 등극한 후에 사량제 오빠 사공(史恭)의 장남인 사고(史高)를 총애하여 낙릉후(樂陵侯)로 책봉했다. 한선제가 불우한 처지에 빠져 있었을 때 외가 사씨(史氏) 집안이 자기에게 베푼 은혜에 대한 보답이기도 했다. 한선제는 임종 직전에 태자 유석을 가장 잘 보필할 수 있는 대신이 사고라고 여기고 그를 고명대신으로 임명했다. 아울러 유석의 두 스승인 태자태부 소망지(蕭望之)와 소부 주감(周堪)도 고명대신으로 임명되어 사고와 함께 유석을 보필하게 되었다.

한원제 유석이 즉위한 직후에 공자의 13대 손 공패(孔覇)가 공자를 받들어 제사를 지내게 해달라고 청원했다. 한원제는 그에게 관내후(關內侯) 작위와 포성군(褒成君) 칭호 그리고 식읍 800호, 황금 200근을 하사했다. 이는 한원제가 공자 사상을 통치 철학으로 삼고 유가 경전에 능통한 유학자들을 중용하여 국정을 살피겠다는 의지를 표현한 것이다. 관료가 되어 입신양명을 바라는 젊은이들은 스승의 문하에서 유가 경전을 통달해야 했다. 유학(儒學)을 숭배하고 배우는 사회 풍조는 급기야 "아들에게 황금 한 바구니를 남겨 주는 것보다, 유가 경전 한 권을 제대로 가르치는 것이 낫다."라는 말을 유행하게 했다.

한원제는 즉위 직후부터 아버지의 외척 사고보다는 자기에게 유가 경전을 가르친 소망지와 주감을 더 신임했다. 소망지와 주감은 조정에서 연회가 있을 때마다 한원제에게 제왕의 도와 역대 왕조 흥망성쇠의 원인을 진언하고 어질고 능력 있는 선비를 중용해야 치세를 이룰 수 있다고 아뢰었다.

초원(初元) 2년(기원전 47) 소망지와 주감은 유가 경전에 능통하고 행실이 뛰어난 종실 유갱생(劉更生: 훗날 유향·劉向으로 개명)을 천거하여 시중 김창(金敞)과 함께 황제를 보필하게 했다. 한원제는 유갱생을 종정경(宗正卿)으로 임명했다. 소망지, 주감, 김창, 유갱생 등 네 사람은 황제의 신임 아래 유가의 통치 사상을 바탕으로 정치를 혁신하고자 했다. 당시 상서(尙書)의 일을 맡고 있었던 사고는 권력의 중추에서 밀려나자 소망지 등을 원망하기 시작했다.

한원제는 몸이 건강하지 못해 자주 병석에 누웠다. 아플 때마다 홍공(弘恭)과 석현(石顯), 두 환관에게 정사를 위임하는 일이 많았다. 홍공은 젊어서 연좌제에 걸려 궁형을 당한 후 내시가 되었다. 한선제의 총애를 받아 중서령(中書令)에 임명되었다. 석현도 젊어서 죄를 지어 궁형을 당한 후 내시가 되었으며 한선제 시대에 복야(僕射)에 임명되었다.

홍공과 석현은 생식기가 손상된 울분이 있었다. 한원제의 심중을 꿰뚫어 보고 그의 비위를 기가 막히게 맞추었다. 환관들은 자식을 낳지 못하고 정상적인 가정을 이룰 수 없었다. 한원제는 그들이 재물에 욕심을 부릴 필요가 없으며 오로지 황제에게 충성할 수밖에 없다고 착각했다. 점차 환관들에게 의지하기 시작했다.

사고는 홍공과 석현에게 은밀히 접근하여 소망지 등 유학자 출신의 대신들을 제거하려고 했다. 또 한원제의 외가 허씨(許氏)를 끌어들여 환관들과 함께 당파를 결성했다. 특히 석현은 한선제 시대부터 형벌을 남용하여 반대파를 숙청하는 데 능수능란한 자였다. 홍공이 사망한 후에는 중서령에 임용되어 권력의 중추가 되었다. 소망지는 석현 일당의 득세에 위기를 느끼고 상소했다.

"중서령은 정치의 근본이며 국가의 막중한 기관입니다. 따라서 모든 일에 정통하고 공명정대한 인물에게 중서령 직책을 맡겨야 합니다. 옛날에 한무제께서는 궁궐 후원에서 연회를 베풀기 위하여 환관을 두었을 뿐입니다. 결코 중서령 같은 요직에는 환관을 임용하지 않았습니다. 더구나 훌륭한 제왕들은 죄를 지어 환관이 된 불구자들을 가까이 하지 않았습니다. 폐하께서는 이 도리를 따르셔야 합니다."

환관들이 요직을 맡으면 사직이 위태로워질 수 있으므로 그들을 배격하고 올곧은 유학자들을 중용해야 한다는 충언이었다. 하지만 한원제는 석현 등이 진정한 충신이라고 여기고 소망지의 간언을 받아들이지 않았다. 석현은 기회를 틈타 한원제에게 소망지 등을 탄핵했다.

"소망지, 주감, 유갱생 등은 당파를 결성하여 황제의 친척을 이간시키고 권력을 농단하려고 합니다. 그들을 정위(廷尉)에게 넘겨 형벌로 다스려야 합니다."

한원제는 스승 소망지가 얼마나 강직한 성품의 인물인 지 잘 알고 있었다. 형리에게 스승을 소환하여 문초하게 했다가 자칫하면 스승이 자살하지 않을까 우려했다. 석현이 아뢰었다.

"참으로 사람의 목숨은 소중합니다. 소망지에게 가벼운 죄를 묻고자 소환하겠다고 하면 문제가 없을 것입니다."

하지만 소망지는 형리가 찾아오자 스스로 독주를 마시고 자살했다. 한원제는 스승이 자살했다는 소식을 듣고 깜짝 놀라 말했다.

"짐은 스승이 소환에 응하지 않을 거라는 것을 이미 알고 있었는데 그를 소환하여 죽게 했구나. 짐은 어진 스승을 잃었으니 참으로 애통하구나!"

한원제는 석현 때문에 스승이 자살했는데도 그에게 책임을 묻지 않았다. 그의 나약하고 결단력이 없는 성품이 문제였다. 한원제는 그의 또 다른 스승 주감을 신뢰했다. 하지만 석현이 주감을 끊임없이 모함하자 한원제는 시비를 가리지 않고 주감을 하동태수로 좌천시켰다. 몇 년 후 주감은 다시 광록대부에 제수되어 조정으로 돌아왔다. 그는 석현의 전횡에 맞서 싸웠지만 한원제가 우유부단한 태도로 일관하자 우울증을 앓다가 사망했다. 유갱생도 석현을 탄핵했다가 그의 음모에 걸려들어 서인으로 강등되었다.

　건소(建昭) 2년(기원전 37) 어느 날 유학자로 유명했던 경방(京房)이 연회석에서 한원제와 이런 대화를 나누었다.

　"폐하께서는 주나라 유왕(幽王)과 여왕(厲王)이 어떻게 나라를 위태롭게 했으며, 그 당시 벼슬한 신하들이 누구였는지 알고 계신지요?"

　"임금은 정사에 어두웠고 벼슬아치들은 남을 비방하기를 좋아하고 임금에게 아첨했기 때문이 아니겠는가?"

　"폐하께서는 지금이 태평성대, 아니면 혼란한 시대라고 생각하시는지요?"

　"혼란한 시대라고 생각하오. 그런데 오늘날 혼란을 조장하는 자는 누구라고 생각하는가?"

　"폐하께서 누구보다도 잘 알고 계실 줄 압니다."

　"짐이 알고 있다면 왜 그런 자를 중용하겠는가?"

　경방은 석현이 간신임을 간접적으로 아뢰었다. 또 능력이 뛰어난 인재를 적재적소에 임명해야 난세를 극복할 수 있다고 아뢰었다. 한원제는 그의 간언에 귀를 기울였지만 석현을 내쫓지 못했다. 석현 일당의 반발이 두려웠기 때문이다. 다만 경방을 위군태수(魏郡太守)에 임명하여 정치적 식견을 펴게 했다.

석현은 경방을 증오했다. 경방이 조정의 정치를 비난하고 황제에게 잘못을 뒤집어 씌웠다는 것을 구실로 삼아 그를 탄핵했다. 경방은 기시(棄 市)의 형벌을 받고 죽었다. 태중대부 장맹(張猛), 어사중승 진함(陳咸), 대조(待 詔) 가연지(賈捐之) 등 대신들도 석현의 국정 농단을 지적했다가 그에게 살해되거나 처벌을 받았다. 그 후 조정 대신들은 모두 석현을 두려워하여 말문을 닫았다.

석현은 중서복야 뇌량(牢梁), 소부 오록충종(五鹿充宗: 오록은 복성·複姓)과 당 파를 결성하여 조정의 권력을 장악했다. 관리들은 그들에게 빌붙지 않고서는 고관대작이 될 수 없었다. 당시 민간에는 이런 민요가 유행했다.

"뇌량, 석현, 오록충종의 저택을 드나드는 손님들아! 너희들이 가진 관 인(官印)은 어쩜 그렇게도 많고, 몸에 찬 인끈은 어쩜 그렇게도 길더냐?"

석현 일당이 고위 관직을 독차지한 것을 풍자한 노래이다. 석현도 백성들이 자기를 증오하고 있음을 알았다. 자기가 저지른 잘못을 누가 고발하면 한원제의 총애를 잃지 않을까 두려워했다. 먼저 자발적으로 한원제에게 이실직고함으로써 남의 비난을 차단하고 싶었다. 그 후 사소한 잘못을 저지르기라도 하면 언제나 한원제에게 낱낱이 아뢰었다. 한원제는 석현이 진실로 잘못을 반성하는 충신이라고 생각했다.

어느 날 석현은 궁궐 밖의 관서로 가서 인력과 물자를 징발하는 업무를 맡았다. 밤에는 궁궐의 대문이 굳게 닫혀있으므로 누구도 입궁할 수 없었다. 그는 업무를 핑계로 밤중에도 궁궐을 출입하게 해달라고 한원제에게 부탁했다. 한원제는 그의 노고를 치하하고 그가 자유롭게 입출궁할 수 있게 했다. 어떤 관리가 석현이 황제의 조서를 위조하여 멋대로 궁궐을 출입한다고 상소했다. 한원제는 웃으면서 상소문을 석현에게 보여주었다. 석현은 눈물을 흘리며 말했다.

"폐하께서는 하찮은 저를 총애하시어 저에게 국정을 위임하셨습니다. 신하들은 모두 제가 환관인 주제에 대임을 맡았다고 질투하여 저를 해치려고 합니다. 저를 모함한 상소는 이번 한 번뿐이 아닙니다. 오로지 영명하신 폐하께서만이 저의 처지를 이해하실 수 있을 것입니다. 저는 어리석고 미천하여 혼자의 몸으로는 모든 사람들을 만족시킬 능력이 없으며 천하의 원망을 감당할 수 없습니다. 차라리 저는 조정의 요직을 반납하고 후궁의 계단에서 청소나 하는 잡역부가 되면 죽어서도 여한이 없겠습니다. 폐하께서 저를 불쌍히 여기시고 제가 구차한 목숨을 부지할 수 있게 해주시기 바랍니다."

석현은 한밤중에도 궁궐을 출입할 수 있는 자격을 한원제에게 부여받은 후 그 사실을 모르는 관리들로 하여금 자신을 탄핵하게 유도함으로써 오히려 그들에게 역공을 폈다. 그리고 자기가 사람 취급을 못 받는 내시라는 신분을 이용하여 관리들의 탄압을 받고 있다고 눈물로 호소함으로써 한원제의 동정심을 불러일으켰다. 그의 교활한 술수가 엿보이는 호소였다. 아니나 다를까, 한원제는 그를 동정하고 그에게 많은 재물을 하사했다. 관직을 얻고자 하는 자들이 그에게 뇌물로 바친 돈이 무려 1억 전이나 달했다.

한원제는 원래 몸이 건강하지 못했다. 병고에 시달리는 날이 계속되자 아예 국정을 석현에게 위임했다. 석현은 동당벌이(同黨伐異)와 국정 농단을 일삼았다. 조정의 기강이 무너지고 매관매직의 풍조가 성행했다. 조정의 관리들은 한원제의 어명보다도 석현의 명령을 더 두려워했다. 한원제는 명목상의 황제였을 뿐이었다. 지방 관리들도 백성들의 가산을 빼앗아 치부했다.

경녕(竟寧) 원년(기원전 33) 한원제는 향년 41세, 재위 16년 만에 병으로 붕어했다. 그는 전형적인 유가의 선비와 같은 군주였다. 성품이 인자하고 학문을 숭상했으며 백성들의 조세와 노역 부담을 줄여주고자 노력했다. 강직하고 청렴하며 유능한 선비들을 발탁하여 그들과 함께 국정을 펴고자 했다. 하지만 그는 그의 아버지 한선제가 걱정했던 것처럼 이상과 현실을 구분하지 못했다. 유가의 이상적 정치사상은 법가의 현실주의에 바탕을 두지 않고서는 성공할 수 없는 법이다.

한원제는 또 환관 석현에게 국정을 위임한 과오를 범했다. 환관은 내시(內侍), 중관(中官), 엄인(閹人), 형인(刑人), 형여(刑餘) 등으로 칭하기도 한다. 그들은 선천적으로 남자의 생식기에 문제가 있거나 죄를 지어 거세를 당한 불행한 자들이다. 그들의 책무는 오로지 천자와 신하들 사이에서 천자의 일거수일투족을 보필하고 어명을 전달하는 일이었다. 그들은 천자의 성격과 행동을 누구보다도 정확하게 알고 있었다. 그들이 천자의 총애를 등에 업고 정치에 간여하면 국정이 혼란에 빠지는 것은 명약관화했다.

한원제는 병약했기 때문에 지나치게 환관들에게 의지했는지도 모른다. 어쨌든 석현의 국정 농단은 한원제가 그를 제대로 통제하지 못했기 때문에 생겼다. 오늘날 역사학자들은 전한(前漢)이 한원제 시대에 이르러 점차 쇠퇴하기 시작했다고 평가하고 있다.

훗날 석현은 한원제 시대에 황제에 버금가는 권력과 부귀영화를 누리다가 한성제(漢成帝) 유오(劉驁)가 즉위한 직후에 파면되어 고향으로 돌아가는 길에 곡기를 끊고 죽었다.

3. 후궁 왕소군을 흉노로 보내 혼인 동맹을 맺다

한선제 시대인 감로(甘露) 3년(기원전 51)에 질지선우에게 패한 호한야선우가 장안으로 입조하여 황제를 배알하고 신하를 칭했다. 한선제는 그를 특별히 예우하여 제후왕상(諸侯王上)으로 책봉하고 그에게 흉노의 백성을 다스리게 했다. 질지선우도 호한야선우와 맞서기 위해서는 한나라와의 화의가 절실했다. 한나라에 자기 아들을 인질로 보내 화의를 요청했다.

그 후 호한야선우가 한나라의 세력을 등에 업고 흉노의 동쪽 지방을 장악하자, 질지선우는 서쪽 지방으로 세력을 확장했다. 호한야선우의 흉노를 동흉노, 질지선우의 흉노를 서흉노라고 칭한다. 질지선우는 서역의 대완, 오손, 강거 등 국가를 침략하여 굴복시켰으며 오걸, 견곤, 정령 등 소국을 병합했다. 서흉노는 다시 서역의 강력한 패권 국가로 부상했다.

한원제 시대에 이르러 질지선우는 한나라에 사자를 보내 예전에 인질로 보낸 아들을 돌려달라고 요구했다. 한원제는 그의 요구를 들어주지 않으면 또 변방에서 전쟁이 일어나지 않을까 두려웠다. 곡길(谷吉)을 사신으로 파견하여 많은 예물과 질지선우의 아들을 질지선우에게 보내게 했다.

곡길 일행이 견곤에 이르렀을 때 뜻밖에도 질지선우가 곡길과 그의 수행원들을 모조리 죽여 버렸다. 한나라와의 화친을 파기하겠다는 뜻이었다. 한원제는 진노하여 서흉노 정벌을 결심했다. 건소(建昭) 3년(기원전 36)에 서역도위 감연수(甘延壽)와 부도위 진탕(陳湯)은 한나라에 복종한 흉노 부족의 병사들을 거느리고 질지선우를 공격하여 대승을 거두었다.

질지선우가 사망한 후인 경녕(竟寧) 원년(기원전 33)에 호한야선우는 또 장안으로 입조하여 한원제에게 한나라 황실의 사위가 되고 싶다고 했다. 한나라와 혼인 동맹을 맺어 한나라의 위협을 피하고 자신의 권력 기반을 강화하려는 목적이었다. 한원제는 흉노와의 혼인 동맹이 변방을 안정시킬 수 있는 절호의 기회로 보았다. 당시 한원제와 조정 대신들이 얼마나 기뻤으면 연호를 변방이 편안해졌다는 뜻의 '경녕(境寧)'으로 바꾸었겠는가.

한원제는 후궁들 중에서 누구를 호한야선우의 알씨(閼氏: 흉노 황제 선우의 부인을 가리키는 호칭)로 보내야할 지 고민했다. 그가 대신들에게 말했다.

"흉노에 가서 선우의 알씨가 되기를 원하는 후궁은 공주처럼 대해주겠다."

하지만 이역만리 황량한 흉노의 땅으로 시집을 가려는 후궁은 아무도 없었다. 한원제는 궁정 화가 모연수(毛延壽)에게 후궁들을 그린 초상화를 가지고 오게 했다. 가장 못생긴 후궁을 선발하여 보낼 생각이었다. 후궁들은 모연수에게 뇌물을 주고 자기 모습을 예쁘게 그려달라고 부탁했다. 왕소군(王昭君)이라는 후궁은 뇌물을 주지 않아 초상화가 가장 못생기게 그려졌기 때문에 선발되었다.

한원제는 호한야선우의 혼례식을 치르는 날에 초상화와는 다르게 너무나 아름다운 왕소군을 보고 깜짝 놀랐다. 당장 혼례식을 중지하게 하고 싶었으나 호한야선우가 너무 기뻐하는 모습을 보고 어쩔 수 없었다. 호한야선우가 왕소군을 취하여 흉노로 떠난 후, 한원제는 그 모연수를 죽였다고 한다.

왕소군은 흉노 땅에 도착한 후 녕호알씨(寧胡閼氏)로 책봉되었으며 호한야선우의 아들 좌현왕 이도지아사(伊屠知牙師)를 낳았다. 호한야선우가 사망한 후에 그녀의 행적에 대해서는 여러 가지 이설이 있지만, 흉노의 관습에 따라서 호한야선우의 장남 복주루약제선우(復株累若鞮單于)의 아내가 되어 두 딸을 낳았다고 한다. 복주루선우가 세상을 떠난 후에는 그의 동생 수해야제선우(搜諧若鞮單于)의 아내가 되었다.

중국 사대 미인 중의 한 명이라는 왕소군은 참으로 기구한 운명을 타고난 여인이었다. 흉노인들은 그녀를 존경하고 우대했으나, 그녀는 정략결혼에 희생된 자신의 운명을 원망하며 조국 한나라로 돌아갈 날만을 기다리다가 사망했다.

훗날 시인, 묵객들은 그녀의 애절한 삶을 문학작품으로 남겼다. 당나라 시인 동방규(東方虯)가 지은 시 「소군원삼수(昭君怨三首)」 가운데 "봄은 왔지만 봄 같지가 않구나(春來不似春)"라는 시구가 그녀의 처지를 대변하는 명구이다.

동서고금을 막론하고 혼인 동맹은 전쟁을 피하고 권력과 부를 나누는 수단이다. 한나라와 흉노의 혼인 동맹은 왕소군 개인에게는 비극이었으나, 향후 두 나라는 60여 년 동안 평화를 유지할 수 있었다.

9

제9장 | 한성제 유오

한성제 유오

1. 성장 과정과 황위 계승

한원제 유석은 태자 시절에 역사학자 사마천의 후손인 사마양제(司馬良娣·기원전 73년~기원전 54)를 본부인으로 맞이했다. 그는 여러 첩들은 거들떠보지도 않고 오로지 사마양제만을 끔찍이 아끼고 사랑했다. 한선제 오봉 4년(기원전 54) 사마양제가 갑자기 중병에 걸렸다. 백방으로 약을 써도 효험이 없었다. 그녀는 임종 직전에 비통한 심정으로 유석에게 말했다.

"태자의 첩들이 저를 질투하여 번갈아가며 저주를 퍼부었기 때문에 제가 제명을 다하지 못하고 죽게 되었네요."

정말로 태자의 첩들이 사마양제를 질투하여 그녀에게 죽음의 저주를 퍼부었는지는 모르겠지만, 왕조 시대에 궁중의 여인들이 임금의 총애를 독차지하기 위하여 은밀히 무당을 동원하여 저주의 굿판을 벌이거나 나무 인형, 부적 등 저주를 담은 물건으로 죽이고 싶은 여자에게 해코지한 것은 드문 일이 아니었다.

사마양제는 19세의 꽃다운 나이에 세상을 떠났다. 유석은 그녀가 정말로 첩들의 저주를 받고 죽었다고 생각했다. 그녀가 세상을 떠난 후에 유석은 하루도 그녀를 그리워하지 않은 날이 없었다. 그에게는 일종의 아내 사랑에 대한 결벽증이 있었다. 어떤 소첩들의 수청도 거부하고 오로지 죽은 아내만 생각했다.

한선제는 태자가 소첩들을 증오하면서 우울한 나날을 보내고 있다는 얘기를 듣고 근심하지 않을 수 없었다. '국본(國本)'인 태자의 심신 상태가 좋지 못하면 사직에 악영향을 끼칠 수 있었다. 어느 날 왕황후(王皇后·한선제의 세 번째 황후)에게 가문이 좋고 미모가 뛰어난 처녀 몇 명을 간택하여 그 중의 한 명을 태자의 배필로 삼게 했다.

왕황후는 양평후(陽平侯) 왕금(王禁)의 딸 왕정군(王政君·기원전 71~기원전 13) 등 5명을 선발한 후 시종을 통하여 태자의 의중을 알아보게 했다. 시종이 미녀 5명을 태자 앞으로 데리고 가서 태자에게 슬며시 물었다.

"어느 궁녀가 마음에 드시는지요?"

그런데 태자는 그녀들을 쳐다보지도 않고 귀찮은 듯 나지막한 소리로 대답했다.

"아무 궁녀나 괜찮다."

유석의 머릿속에는 오로지 사마양제만 있었기에 그녀들에게는 아무런 관심도 없었지만, 왕황후가 특별히 선발한 궁녀들을 거부할 수도 없는 형편이었기 때문에 그처럼 마지못해 대답했다. 시종은 태자와 가장 가까운 거리에서 앉아 있었던 왕정군을 태자가 지명한 궁녀로 착각했다. 시종의 보고를 받은 한선제와 왕황후는 왕정군을 태자비로 삼았다. 유석은 그녀를 좋아하지 않았지만 아버지의 질책이 두려워 태자비와 잠자리를 하지 않을 수 없었다.

당시 유석은 소첩 10여 명을 거느리고 있었는데 잠자리를 기피하는 바람에 자식을 낳지 못했다. 그런데 왕정군이 태자와 딱 하룻밤 운우지정을 나눈 후 회임했다는 소식이 들렸다. 감로 3년(기원전 51) 그녀는 태자의 장남 유오(劉驁·기원전 51~기원전 7)를 낳았다. 한선제는 손자 유오의 탄생에 기쁨을 감추지 못했다. 친히 손자의 이름을 '준마 오(驁) 자'로 지어 하사했다.

유오는 아버지 유석보다 할아버지 한선제의 총애를 받고 자랐다. 한선제는 어린 유오를 무릎에 앉히고 글자를 가르쳐 주었다. 유오는 영민하기 그지없었다. 하나를 들으면 열 가지를 미루어 짐작했다.

황룡 원년(기원전 49) 한선제가 세상을 떠난 후 태자 유석이 황위를 계승했다. 초원 2년(기원전 47) 유오도 4세의 나이에 태자로 책봉되었다. 태자 유오는 어린 시절에 아버지 한원제의 눈에 들기 위해 경전 공부에 열중하고 매사에 신중했다. 성품도 인자하고 침착했다.

어느 날 한원제가 태자를 급히 불러들였다. 유오는 황제의 전용 도로인 치도(馳道)를 가로질러 가지 않고 조금 먼 길로 돌아갔다. 한원제는 태자가 늦게 도착한 이유를 알고 기뻐했다. 다음부터는 치도를 이용해도 좋다고 했다. 그런데 유오는 점차 어린 티를 벗고 성년으로 성장하면서 주색잡기를 즐기기 시작했다. 생모 왕황후(왕정군)는 한원제의 총애를 받지 못했다. 아들이 잘못되면 황후의 자리도 지킬 수 없는 불안한 처지였다. 아들의 방종을 막으려고 노력했으나 아들이 말을 듣지 않았다.

건소(建昭) 3년(기원전 35) 한선제의 다섯째 아들이자 한원제의 이복동생인 중산애왕(中山哀王) 유경(劉竟)이 세상을 떠났다. 유경은 태자 유오와 함께 어린 시절을 보냈다. 이복형 한원제와의 관계도 좋았다. 한원제는 태자가 유경의 죽음에 비통함을 감추지 못할 거라고 생각했다. 하지만 유경의 장례식을 치를 때 태자는 슬퍼하는 표정을 짓지 않고 묵묵히 서 있었다. 한원제가 분노하여 말했다.

"어찌 인자하지 못한 놈이 종묘사직을 받들고 백성의 부모가 될 수 있겠느냐?"

한원제는 왕황후(왕정군)를 좋아하지 않기 때문에 그녀가 낳은 태자 유오에 대해서도 그다지 호의적이지 않았다. 태자를 보필한 적이 있었던 부마도위 사단(史丹)에게 태자의 잘못을 지적했다. 사단이 황급히 관모를 벗고 엎드려 사죄했다.

"중산애왕이 세상을 떠났다는 부음을 듣고, 신은 폐하께서 크게 상심하시어 옥체가 상하시지 않을까 두려웠습니다. 태자도 아침 일찍부터 조문을 가서 곡을 하려고 했습니다. 하지만 태자가 눈물을 흘리고 슬퍼하면 폐하께서 더욱 상심하시지 않을까 걱정하여 특별히 태자에게 곡을 하지 말라고 신신당부했습니다. 태자는 신의 권고를 따랐을 뿐입니다. 죄는 신에게 있으니 신을 죽여주소서."

사단은 한원제가 총애한 신하였다. 그는 태자 폐위를 막기 위하여 어쩔 수 없이 거짓말을 했다. 한원제는 그의 말을 사실로 믿고 태자에 대한 의구심을 거두었다. 그런데 시간이 지날수록 유오는 개과천선하지 않고 여전히 방종했다. 한원제는 총비 부소의(傅昭儀)가 낳은 둘째아들 산양왕(山陽王: 나중에 정도왕·定陶王으로 책봉됨) 유강(劉康)을 총애했다.

유강은 다재다능했으며 특히 음악에 조예가 깊었다. 한원제는 태자 유오를 폐출하고 유강을 태자로 책봉하려고 했다. 하지만 한선제의 적장손이자 자신의 장남인 유오를 내치기가 쉽지 않았다. 더구나 사단 등 조정 대신들은 태자가 큰 잘못을 저지르지 않았는데 태자 폐출을 운운하는 것은 대의에 위배된다고 주장했다.

경녕 원년(기원전 33) 한원제가 중병에 걸려 침전에서 일어나지 못했다. 왕조 시대에 군주의 임종을 지켜보는 일은 권력의 향방에 결정적인 작용을 했다. 군주가 숨을 거두기 직전에 그의 침상을 장악한 자는 얼마든지 유지(遺旨)를 조작할 수 있었다. 부소의와 유강이 침전을 지키고 있으면서 한원제가 숨이 떨어지기만을 기다렸다.

왕황후는 한원제가 가장 신임한 사단에게 태자 폐위를 막아달라고 간청했다. 자신과 태자의 운명은 오로지 사단의 손에 달려있다고 호소했다. 태자가 황위를 계승하면 사단을 친아버지처럼 받들어 모시겠다고 약속했다. 사단은 부소의와 유강이 한밤중에 잠시 자리를 비운 틈을 타서 침전으로 잠입했다. 한원제의 병상 앞에서 눈물을 주르륵 흘리며 호소했다.

"유오는 적장자로서 황태자로 책봉된 지 10여 년이 지났습니다. 그의 이름은 이미 백성들의 마음에 각인되어 있으며, 천하는 모두 그에게 귀의했습니다. 정도왕(定陶王) 유강은 평소에 폐하의 총애를 받고 있음을 알고 있습니다. 지금 국가의 미래를 위하여 태자를 바꾸겠다는 논의가 진행되고 있다는 소문이 거리에 널리 퍼져 있습니다. 만약 이 소문이 사실이라면 공경(公卿) 이하의 신하들은 죽기를 각오하고 싸우면서 폐하의 조칙을 받들지 않겠습니다. 폐하의 뜻이 정녕 그러하시다면 먼저 신하들에게 사약(死藥)을 내리소서."

죽음을 불사하고 태자 유오를 지키겠다는 사단의 비장한 의지였다. 한원제는 평소에 그가 충직한 신하임을 잘 알고 있었다. 그의 비장한 진언에 감동하여 말했다.

"나는 하루하루 기력이 쇠잔하고 있음을 느끼고 있구나. 이제 죽을 날이 얼마 남지 않았는데 태자와 두 어린 왕을 생각하면 어찌 걱정하는 바가 없겠는가? 그렇지만 태자를 바꿀 생각은 하지 않았다네. 태자의 생모 왕황후(왕정군)는 신중한 성품이며 또 선황제께서는 태자를 아끼고 사랑했었지. 내가 어찌 감히 선황제의 뜻을 저버리고 태자를 폐위하겠는가. 그런데 부마도위는 어디서 그런 소문을 들었는가?"

사단이 헛소문을 들었다고 사죄하자 한원제가 말했다.

"나는 병세가 날이 갈수록 깊어져 더 이상 살기가 어렵겠구나. 부마도위는 태자를 충심으로 보필하여 내 뜻에 위배되지 않기를 바라오."

태자 유오는 이처럼 사단의 목숨을 건 변호 덕분에 태자의 자리를 지킬 수 있었다. 경녕 원년(기원전 33) 5월 한원제 유석이 붕어한 직후에 태자 유오가 18세의 나이에 황위를 계승했다. 그가 12대 황제 한성제(漢成帝)이다.

2. 외척 왕씨가 권력을 장악하다

한성제가 즉위한 직후에 그의 생모 왕정군은 황태후로 추존되었다. 한성제의 본처 허씨(許氏)도 황후로 책봉되었다. 허황후는 한원제의 유석의 이종사촌 여동생이다. 왕정군은 남편 한원제의 사랑을 받지 못하여 구중궁궐에서 은인자중했으나, 아들이 황제가 된 후에는 황실에서 가장 지체 높은 어른이 되었다.

당시 조정에서는 환관 석현 일당과 한원제의 외척 허씨(許氏) 세력 그리고 한성제의 외가 왕씨 세력이 서로 대립하고 있었다. 한원제 시대에는 석현 일당과 허씨 세력이 당파를 결성하여 막강한 권력을 행사했다. 특히 석현은 막후에서 유오를 황제로 추대하는 데 공을 세운 까닭에 한성제가 즉위한 직후에도 황제를 보필하면서 주요 정책을 결정하는 중서령의 직책을 유지할 수 있었다. 한성제는 그를 제거하지 않고서는 황제의 권력을 강화할 수 없었다. 일단 그를 한직으로 몰아낸 후 제거할 결심을 하고 장신궁(長信宮)의 중태복(中太僕)으로 임명했다.

중태복은 태후궁의 어마(御馬)를 관리하는 관직이다. 녹봉은 2천 석을 받아 중서령이 받는 녹봉 1천 석의 2배가 되었으나 실권이 없었다. 석현이 권력을 빼앗기자 그를 탄핵하는 상소가 빗발쳤다. 결국 그는 파면되어 고향으로 돌아가는 길에 곡기를 끊고 죽었다. 그에게 뇌물을 바치고 관리가 된 자들도 모두 파면되거나 변방으로 쫓겨나 죽었다.

석현 일당을 일망타진한 한성제는 외가 왕씨를 끌어들여 친정 체제를 구축하고 싶었다. 외삼촌 왕봉(王鳳)을 대사마, 대장군 등 최고위직에 임명하고 아울러 상서(尙書)의 업무를 관장하게 했다. 왕봉은 먼저 한원제 유석의 외척을 제거한 후 왕씨 일족의 권력 장악을 시도했다. 낭야태수 풍야왕(馮野王)은 한원제의 총비 풍소의(馮昭儀)의 오빠이다. 그는 성품이 강직하

한나라 역대 황제 평전

고 신의가 있어 대신들 사이에서 신망이 높았다.

경조윤 왕장(王章)은 왕봉의 권력 남용을 탄핵하고 풍야왕을 조정으로 불러들여 그에게 중임을 맡겨야 한다고 진언했다. 한성제도 태자 시절부터 풍야왕이 능력이 뛰어난 인물임을 알고 있었다. 왕장의 건의를 받아들이려고 했으나 생모 왕태후의 반대로 뜻을 이루지 못했다. 왕봉은 왕장을 대역죄를 저지른 역신으로 몰아 감옥에서 죽게 했다. 풍야왕도 왕봉의 간계에 걸려들어 탄핵을 당하고 파면되었다. 이때부터 조정 대신들은 왕봉을 만나면 그의 위세에 눌려 똑바로 쳐다보지 못했다.

하평(河平) 2년(기원전 27) 한성제는 한날한시에 왕봉의 다섯 아우인 왕담(王譚)은 평아후(平阿侯)로, 왕상(王商)은 성도후(成都侯)로, 왕근(王根)은 곡양후(曲陽侯)로, 왕봉(王逢)은 고평후(高平侯)로 책봉했다. 사람들은 황제가 하루아침에 왕씨 형제 5명을 제후로 책봉했다고 비난했다. 한성제는 외숙들을 제후로 책봉함으로써 권력 기반을 다지려고 했으나 오히려 그들에 의해 허수아비 황제로 전락하고 말았다.

왕씨 형제들은 대저택에서 하인 수천여 명을 거느리고 황제에 버금가는 호화로운 생활을 하면서 국정을 농단했다. 조정의 요직은 말할 것도 없고 지방의 태수, 자사의 벼슬도 왕씨 문중에서 독차지했다. 뇌물과 진귀한 보물을 가지고 왕씨 집안을 찾아와서 관직을 얻으려는 자들로 문전성시를 이루었다.

승상 왕상(王商: 왕봉의 동생 왕상과 동명이인)은 한선제 생모 왕옹수(王翁須)의 오빠인 왕무(王武)의 아들이다. 한원제 시대에 우장군 관직에 있었으며 태자 유오를 황제로 추대한 공로로 한성제 시대에 들어와 승상으로 발탁되었다. 그는 충직하고 불의를 참지 못하는 성격이었다. 한성제도 그를 충신으로 여기고 존경했다.

하평(河平) 4년(기원전 25) 대장군 왕봉(王鳳)의 사돈인 낭야태수 양융(楊肜)이

다스리는 지역에 재해가 빈번히 발생하여 백성들의 피해가 심각했다. 왕상은 관리를 낭야군에 파견하여 피해 정도를 조사하게 했는데 왕봉이 그에게 조사 중지를 요구했다. 하지만 왕상은 그의 요구를 거부하고 피해 상황을 소상하게 파악한 후 양융을 파면해야 한다는 상소를 올렸다. 그런데 상소는 황제에게 간 게 아니라 왕봉의 수중으로 들어왔다.

왕봉은 즉각 반격에 나섰다. 빈양(頻陽) 사람 경정(耿定)을 사주하여 왕상을 탄핵하게 했다. 왕상은 자신의 아버지의 노비와 간통을 했으며, 왕상의 여동생은 정부(情夫)와 음란한 짓을 벌이다가 정부가 칼에 찔려 죽었다는 등 추악한 내용으로 가득한 상소였다. 한성제는 상소의 내용이 사실이 아님을 알고 있었으나 왕봉의 강압을 이기지 못하고 왕상을 파면했다. 왕상은 파면된 지 3일 만에 피를 토하고 죽었다.

광록대부 유향(劉向)의 아들 유흠(劉歆)은 유가 경전에 정통한 학자로 유명했다. 한성제는 그를 접견한 후 그의 재능과 식견을 높이 평가하여 그에게 중상시(中常侍: 황제의 고문·顧問 역할을 하는 일종의 명예직) 벼슬을 하사하려고 했다. 한성제의 곁에 있었던 대신들이 말했다.

"대장군과 아직 상의하지 않은 일입니다."

한성제는 불편한 심기를 감추지 못하고 말했다.

"이처럼 사소한 일이 대장군과 무슨 관계가 있단 말이오?"

박학다식한 유흠을 황제의 고문으로 임용하는 것이 얼마나 중요한 일이라고 대장군 왕봉에게 알릴 필요가 있겠냐는 불만이었다. 하지만 대신들은 왕봉을 두려워하여 반드시 그에게 알려야 한다고 했다. 한성제는 어쩔 수 없이 왕봉의 동의를 구했으나 거절을 당하고 말았다. 이처럼 왕봉의 위세가 황제를 능멸할 정도로 대단했다.

양삭(陽朔) 3년(기원전 22) 왕봉이 병으로 사망했다. 왕태후 왕정군의 사촌 아우인 왕음(王音)이 대사마로 책봉되어 왕봉의 권력을 승계했다. 영시(永始) 2년(기원전 15) 왕음이 사망한 후에는 성도후 왕상이 권력을 승계했으며, 원연(元延) 원년(기원전 12)에 왕상이 사망한 후에는 곡양후 왕근이 승계했다. 또 왕근이 사망한 후에는 왕태후의 조카 왕망(王莽)이 권력을 장악했다. 왕씨 일족이 얼마나 막강한 권력을 휘둘렀으면 왕조 시대에 신하가 자기 집안 사람에게 권력을 대물림하는 현상이 일어났을까. 왕망이 바로 전한(前漢)을 멸망시키고 신(新)나라의 개국 황제가 된 인물이다. 한성제의 무능과 방탕이 결국은 외척 왕씨에게 나라를 빼앗긴 원인이 된 것이다.

3. 장방을 총애하고 조비연 자매에게 농락을 당하다

한성제에게는 남자 기생 장방(張放)이 있었다. 장방의 아버지는 부평후(富平侯) 장림(張臨), 생모는 한선제 유순의 딸 경무공주(敬武公主)이다. 그가 명문거족 출신임을 알 수 있다. 용모가 기생처럼 곱게 생겼으며 성격이 명랑하고 눈치가 빨랐다.

한성제는 태자 시절에 음란한 짓을 일삼다가 폐출의 위기에 빠졌지만 부마도위 사단(史丹) 등의 도움으로 한원제 사후에 황위를 계승할 수 있었다. 제 버릇은 개 주지 못한다고 했던가. 그는 만승지존(萬乘之尊)이 된 후에 그 동안 선황제의 눈치를 보느라 억눌렀던 욕망을 마음껏 발산하기 시작했다. 장방은 남자임에도 피부가 처녀보다도 부드럽고 목소리는 옥쟁반에 은구슬 굴러가듯 청량했으며 손은 섬섬옥수, 눈썹은 초승달, 허리는 개미허리처럼 가늘었다. 한성제는 어린 시절부터 장방의 외모에 반하여 그를 마음에 두고 있었다. 등극한 후에는 아예 그를 침전으로 불러들여 동성애를 즐겼다. 두 사람은 한시라도 떨어져 있으면 불안해서 아무 일도 못했다. 한성제는 수시로 장방과 함께 변장을 하고 민간의 저자거리에 나가 놀 때면 자신을 그의 가족으로 속였을 정도로 그를 총애했다.

한성제는 사랑하는 장방에게 천자에 버금가는 대우를 해주고 싶었다. 자신의 첫 번째 황후인 허황후의 질녀(姪女)를 장방에게 아내로 맞이하게 하고 천자의 대혼을 기준으로 친히 혼례식을 집전했다. 장방은 한성제의 맹목적인 사랑을 받고 시중, 중낭장 등의 고위 관직을 역임하면서 한성제의 곁을 지켰으며 아버지가 사망한 후에는 부평후를 물려받았다.

한성제가 동성애를 즐긴다는 소문이 민간에까지 퍼졌다. 왕태후는 아들의 일탈에 더 이상 수수방관할 수 없었다. 장방이 죄를 저질렀다는 것을 구실로 삼아 그를 장안에서 멀리 떨어진 북지(北地)의 도위(都尉)로 좌천시켰다. 한성제는 눈물을 흘리며 그와 헤어질 수밖에 없었지만, 그를 너무 그리워한 나머지 몇 개월 후에 다시 조정으로 불러들였다. 왕태후는 또 장방을 천수군의 속국도위(屬國都尉)로 내쫓았다. 한성제는 장방이 지방으로 쫓겨나 있을 때면 왕태후 몰래 사자를 파견하여 안부를 묻고 자신의 애달픈 마음을 전했다. 장방도 한성제를 사모하는 마음을 서신으로 전했다. 훗날 장방은 한성제가 붕어했다는 소식을 듣고 비통에 잠겨 지내다가 죽었다.

한성제는 양성애자였다. 장방만을 사랑한 게 아니라 비빈들과도 욕정을 불태웠다. 즉위 직후에 막대한 자금을 써서 소유궁(霄游宮), 비행전(飛行殿), 운뢰궁(雲雷宮) 등 호화로운 궁궐을 짓고 음란한 짓을 일삼았다. 허황후는 1남 1녀를 낳았는데 자식들이 모두 요절했다. 한성제는 점차 허황후를 멀리하고 반첩여(班婕妤)를 총애하기 시작했다. 반첩여의 아버지 반황(班況)

은 한무제 시대에 흉노의 침략을 격퇴한 명장이다.

반첩여는 명문가 출신의 규수로서 용모가 단정했을 뿐만 아니라 문학과 경사(經史)에도 조예가 깊었다. 훗날 『한서』를 지은 역사학자 반고(班固)의 대고모이기도 하다. 그녀는 한성제의 총애를 받아 첩여(婕妤)로 책봉되었는데 비빈들 사이에서 투기하지 않고 진심으로 허황후를 존경하고 따랐다. 틈만 나면 경서를 읽고 비빈이 지켜야 할 도리를 마음에 새겼으며 시를 짓고 그림을 그렸다.

어느 날 한성제는 반첩여와 함께 호화로운 어가를 타고 외유를 떠나고 싶었다. 반첩여가 아뢰었다.

"옛날에 남긴 그림을 보면 어가를 탄 성군(聖君) 옆에는 언제나 충신으로 유명한 신하들이 있습니다. 그런데 하나라, 상나라, 주나라를 망친 걸임금, 주임금, 주유왕(周幽王) 옆에는 충신이 있는 게 아니라 임금의 총애를 받고 있는 여자가 앉아 있습니다. 그래서 세 사람은 망국의 군주가 되지 않았습니까. 소첩이 폐하의 어가를 타면 그들과 무엇이 다르겠습니까?"

한성제는 무안한 표정을 짓고 그녀와 함께 출궁하는 일을 멈추게 했다. 반첩여는 황자를 낳았지만 황자가 몇 개월 만에 요절하고 말았다. 허황후도 더 이상 황자를 낳지 못하고 한성제의 눈 밖에 벗어나 있었다. 반첩여는 한성제의 후사가 없음을 걱정하여 자기를 섬기고 있는 시녀 이평(李平)을 한성제의 후궁으로 천거했다. 한성제는 이평을 총애하여 첩여로 책봉하고 말했다.

"옛날에 한무제의 위황후(衛皇后: 한무제의 두 번째 황후 위자부·衛子夫)도 미천

한 출신이었지만 황후로 책봉되었다. 짐은 이평에게 위(衛)씨 성을 하사
하노라."

이런 연유로 이평은 위첩여(衛婕妤)가 되었다. 반첩여와 위첩여는 서로
화목하며 한성제를 지극정성으로 모셨다. 왕태후는 반첩여의 부덕을 칭
찬했다. 반첩여가 아들의 일탈을 막아줄 것을 진심으로 기대했다. 하지만
중국 4대 미인 중의 한 명이라는 조비연(趙飛燕)이 입궁한 후 호색한 한성
제는 두 첩여에게 싫증을 내기 시작했다.

조비연의 아버지는 풍만금(馮滿金)이다. 그는 강도왕부(江都王府)에서 하
인 노릇을 했다. 강도왕의 손녀 고소군주(姑蘇郡主)와 몰래 바람을 피워 조
비연을 낳았다. 풍만금과 고소군주는 갓 태어난 조비연이 죽기를 바라고
길가에 내다버렸다. 그런데 조비연은 3일이 지났는데도 죽지 않자 어쩔
수없이 그녀를 집안으로 데리고 들어와 몰래 키웠다. 고소군주의 남편이
조만(趙曼)이었으므로 조비연은 그의 성을 취하여 조씨가 되었다. 그녀는
미색이 출중한 처녀로 성장한 후 양아공주(陽阿公主) 집안의 하녀가 되어 노
래와 춤을 배웠다. 춤을 추는 자태가 마치 제비가 날아가는 모습이라 하
여 '비연(飛燕)'이라는 이름을 얻었다.

어느 날 한성제가 미복을 하고 밤거리를 돌아다니다가 양아공주의 저
택으로 갔다. 양아공주는 조비연에게 한성제 앞에서 춤을 추고 노래를 부
르게 했다. 한성제는 조비연의 현란한 가무에 홀딱 반하여 그녀를 데리고
궁궐로 돌아왔다. 밤마다 그녀를 끌어 앉고 음주가무를 즐겼다. 먼 훗날
'연수환비(燕瘦環肥)'라는 고사성어가 생겼다. "조비연은 말랐지만 미인이었
고, 양귀비(양옥환)는 뚱뚱했지만 역시 천하의 미인이었다."는 뜻이다. 한성
제는 그녀의 여동생 조합덕(趙合德)도 미모가 출중하다는 얘기를 듣고 그녀
를 궁궐로 불러들였다.

과연 조합덕도 경국지색이었다. 한성제는 조비연 자매를 첩여로 책봉했다. 조비연 자매는 하루아침에 황제의 총애를 독차지했다. 한성제는 두 사람을 하루라도 보지 못하면 안절부절못했다. 조비연 자매에게 눈이 먼 그는 허황후를 폐출하고 조비연을 황후로 책봉하고 싶었다. 허황후는 눈물로 세월을 보냈다. 그녀의 언니 허알(許謁)은 여동생의 처지를 안타깝게 생각했다. 은밀히 무녀들에게 무술(巫術)로 회임한 후궁들을 저주하게 했다. 조비연은 궁녀들을 통해 저주의 굿판을 염탐한 후 왕태후에게 고자질했다. 왕태후는 진노하여 허알 등 무술 사건에 관련된 자들을 모조리 죽이게 했다. 허황후도 폐출되어 사약을 마시고 죽었다.

한성제는 허황후의 죽음에 조금도 슬퍼하지 않고 조비연을 황후로 책봉할 생각만 했다. 왕태후에게 조비연을 황후로 책봉하겠다는 뜻을 밝혔다. 왕태후는 그녀의 집안이 미천함을 이유로 들어 반대했다. 황제가 아무리 무소불위의 권력을 행사할 수 있더라도 황후를 책봉하는 일만큼은 황실의 지엄한 어른인 태후의 뜻을 존중하지 않을 수 없었다. 조비연은 한성제의 품속에서 자기를 황후로 책봉해달라고 앙탈을 부렸다. 한성제는 자신의 무능함을 탓하며 우울한 나날을 보냈다.

왕태후의 조카이자 시중인 순우장(淳于長)은 탐욕의 화신이었다. 한성제와 조비연의 간절한 소망을 해결해주면 권력과 부귀를 거머쥘 수 있었다. 한성제와 이모 왕태후 사이를 오가며 계책을 냈다. 먼저 조비연의 의붓아버지 아버지 조림(趙臨)을 제후로 책봉하면 조비연은 자연스럽게 제후 집안 출신이 되므로 그녀를 황후로 책봉하는 데 아무런 문제가 없다고 왕태후를 설득했다.

왕태후가 조카의 계책을 받아들였다. 한성제는 조림을 성양후(成陽侯)로 책봉했다. 영시(永始) 원년(기원전 16) 마침내 조비연은 황후로, 조합덕은 소의(昭儀)로 책봉되었다. 한성제는 특별히 소양전(昭陽殿)을 조합덕에게 하사하여 거주하게 했다. 아울러 순우장에게는 관내후(關内侯), 정릉후(定陵侯) 등 작위를 하사하여 감사의 마음을 표현했다.

한성제는 조비연을 새로운 황후로 책봉한 후 거대하고 화려한 어선(御船)을 건조하게 했다. 그 배의 이름을 합궁주(合宮舟)라고 지었다. 황궁의 태액지(太液池)에서 배를 띄워놓고 조황후와 함께 음주가무를 즐길 목적이었다. 어느 날 한성제는 그녀와 함께 합궁주에 올라탔다. 조황후는 시랑 풍무방(馮無方)이 부는 생황 소리에 맞추어 춤을 추기 시작했다. 한선제는 선녀가 허공을 훨훨 날아가는 황홀경에 빠졌다. 마침 거센 바람이 불어 조황후가 넘어졌다. 풍무방은 재빨리 악기를 버리고 손으로 조황후의 두 발목을 꽉 잡았다. 조황후는 풍무방의 도움을 받고 계속 춤을 출 수 있었다. 이런 일이 있고 난 후에 "비연능작장상무(飛燕能作掌上舞: 조비연은 손바닥 위에서도 춤을 출 수 있다네.)"라는 말이 널리 회자되었다.

조황후와 조소의 자매는 번갈아가며 한성제와 잠자리를 가졌지만 황자를 낳지 못했다. 한성제는 시간이 흐를수록 조황후를 멀리하고 조소의를 더욱 총애하기 시작했다. 조황후는 질투심이 폭발하여 여동생을 해코지하려고 했으나 자칫하다간 황제의 미움을 사지 않을까 두려워하여 포기했다. 그녀는 한성제의 총애를 잃은 후 젊고 건장한 외간 남자들과 밀회를 즐겼다. 밀회가 들통이나 폐출될 위기에 처한 적도 있었다. 하지만 조소의가 언니를 적극적으로 변호한 덕분에 황후의 자리를 지킬 수 있었다.

조황후는 한성제가 소양전에서 여동생과 운우지정을 나누는 틈을 이용하여 젊은 남자를 은밀히 불러들여 동침했다. 회임하면 황자를 배었다고 속일 생각이었으나 여전히 임신 소식이 없었다. 조소의도 마찬가지였다. 백방으로 노력해도 회임이 되지 않았다.

궁녀 조위능(曹偉能)은 우연한 기회에 황제의 하룻밤의 노리개가 되어 회임했다. 그녀가 황자를 낳았을 때 조소의는 환관 전객(田客)에게 황제의 조서를 위조하여 그녀를 죽이게 했다. 갓난아이는 쥐도 새도 모르게 사라졌다.

원연(元延) 2년(기원전 11) 한성제의 비빈 허미인(許美人)이 회임했다. 한성제는 조소의의 눈을 피해 허미인에게 어의와 보약을 보냈다. 그녀가 건강한 황자를 낳아주기를 바라는 마음에서였다. 몇 달 후 조소의는 허미인이 출산했다는 소식을 듣고 한성제에게 거칠게 항의했다. 허미인은 이미 폐출된 허황후의 집안 출신이며 그녀가 낳은 아들이 훗날 황위를 계승하면 반드시 우리 조씨 자매를 죽일 거라고 말했다. 또 조씨가 낳은 아들을 태자로 삼겠다고 약속하지 않았냐고 따졌다. 당신이 진정으로 나를 사랑하면 갓난아이를 죽이라고 협박했다. 당시 한성제는 심신이 쇠약하여 제정신이 아니었다. 조소의의 비위를 맞추기 위하여 손으로 갓난아이를 눌러 죽였다. 허미인도 사약을 마시고 죽었다. "제비가 날아와 황손을 쪼아 먹는다."는 '연탁황손(燕啄皇孫)'이라는 고사성어가 이 이야기를 배경으로 나왔다.

수화(綏和) 2년(기원전 7) 봄 한성제는 향년 45세, 재위 25년 만에 조소의(조합덕)의 품에서 급사했다. 평소에 주색잡기에 빠져 지냈으나 무척 건강했다고 한다. 사망 당일 아침에 초사왕(楚思王) 유연(劉衍)과 양왕(梁王) 유립(劉立)을 접견하고자 용포를 입을 때 갑자기 혼수상태에 빠져서 죽었다. 대신들은 조소의가 황제를 독살한 게 아니냐고 의심을 품었다. 민간에서도 그녀가 황제를 죽였다는 소문이 걷잡을 수 없이 퍼졌다. 한성제의 생모 왕태후는 황제의 사망 원인을 철저하게 조사하게 했다. 조소의는 어떤 변명을 해도 소용이 없음을 깨닫고 스스로 목숨을 끊었다.

한성제는 재위 기간에 별다른 업적을 남기지 못하고 황궁 여인들의 치맛바람에 휩쓸려 자신을 망쳤다. 오늘 날 그의 시대를 논할 때면 그보다 오히려 조비연 자매에 관한 이야기가 더 많이 언급된다. 후대의 역사학자들은 한성제 유오가 전한(서한)을 멸망의 길로 몰고 간 어리석은 군주로 평가하는 데 조금도 주저하지 않는다.

한나라 역대 황제 평전

10

한애제 유흔

1. 성장 과정과 황위 계승

한성제 유오는 나이가 마흔이 되었는데도 황위를 물려줄 아들이 없음을 무척 괴로워했다. 국가의 근본인 태자를 책봉하지 않았기 때문에 천재지변이 빈번하게 발생하고 조정의 정치가 불안하다고 당시 사람들은 쑤군덕거렸다. 한성제는 비빈들이 황자를 낳아 줄 날만을 기다리며 차일피일 태자 책봉을 미루었지만 조정 대신과 백성들의 태자가 없는 황실에 대한 우려를 불식시키기 위해 결단을 내려야 했다.

한성제가 세상을 떠나기 2년 전인 원정 4년(기원전 9)에 중산왕(中山王) 유흥(劉興·?~기원전 8)과 정도왕(定陶王) 유흔(劉欣·기원전 25~기원전 1)을 장안 황궁으로 불러들였다. 두 왕 중에서 한 명을 태자로 책봉할 계획이었다. 유흥은 한원제 유석의 셋째아들이자 한성제의 이복동생이다. 어사대부 공광(孔光)이 『상서(尚書)』의 내용을 인용하여 한성제에게 아뢰었다.

"상(商)나라 왕들은 아들이 없으면 사후에 동생에게 왕위를 계승하게
했습니다. 중산왕은 한원제의 아들이자 폐하의 동생이므로 황위를 계승
할 자격이 있습니다."

이렇게 유흥은 공광의 천거로 후계자의 물망에 올랐다. 유흥은 한원
제의 손자이자 한성제의 조카이다. 아버지 정도왕 유강(劉康)이 사망한 후
에 왕위를 물려받았다. 한성제는 이복동생과 조카 중에서 제왕의 자질이
있는 자를 태자로 책봉하기로 결심하고 두 사람을 황궁으로 불러들인 것
이다.

두 왕이 입궁할 때 정도왕 유흔은 정도국의 고위 관리인 부(傅: 스승), 상
(相: 재상), 중위(中尉: 군사와 치안 담당 관리) 세 명을 데리고 왔다. 반면에 중산왕
유흥은 부(傅) 한 명만 데리고 왔다. 한성제는 유흔에게 왜 세 명을 데리고
왔냐고 물었다. 유흔은 이렇게 대답했다.

"법령에 따르면 제후와 왕이 입조할 때 그들이 다스리는 번국 관리들
가운데 녹봉을 2000석 이상 받는 고위 관리들이 반드시 제후와 왕을 수
행해야하기 때문에 신(臣)을 따라 왔습니다."

한성제는 유흔이 한나라의 법률에 통달하고 있음을 알고 기뻐했다.
아울러 유흔에게 『시경(詩經)』을 암송하게 했다. 유흔은 한 글자도 빼놓지
않고 암송했을 뿐만 아니라 뜻도 정확하게 해석했다.

다음 날 한성제는 유흥에게 똑같은 질문을 하고 『상서(尙書)』를 암송하
게 했다. 유흥은 답변을 제대로 하지 못했을 뿐만 아니라 암송도 못했다.
어쨌든 혈연을 따지면 조카보다 이복동생이 더 가까웠다. 한성제는 오랜
만에 만난 유흥을 위해 식사 자리를 마련했다. 유흥이 음식을 게걸스럽게

먹은 뒤 흐트러진 옷차림을 하고 떠나는 모습을 보고 크게 실망했다.

그런데 유흔이 입조할 때 그의 친할머니 정도태후 부씨(傅氏)도 함께 왔다. 그녀는 아들 유강이 세상을 떠난 후 어린 손자 유흔을 손수 양육했다. 오래 전부터 아들이 없는 한성제가 언젠가는 황제의 이복동생이나 조카를 후계자로 삼을 거라고 예측하고 만반의 준비를 했다. 황궁에서 조비연 자매와 대사마 겸 표기장군 왕근(王根)이 막강한 영향력을 행사하고 있으며 특히 조비연 자매가 황제를 농락하고 있음을 간파했다. 세 사람에게 정도국에서 가지고 온 엄청난 양의 재물을 바쳤다.

조비연 자매와 왕근은 한성제 사후에도 권력을 유지하기 위하여 자발적으로 찾아와 뇌물을 바친 부씨와 손을 잡았다. 세 사람은 틈날 때마다 한성제에게 정도왕 유흔이 어질고 선량하며 효성이 지극하다고 말했다. 수화(綏和) 원년(기원전 8) 한성제는 다음과 같은 조칙을 반포했다.

"짐이 태조의 대업을 계승하여 종묘를 받든 지 어느덧 25년의 세월이 흘렀다. 그 동안 짐은 국가를 편안하게 다스리지 못하여 백성들에게 원망과 한을 품게 했다. 더구나 하늘의 도움을 받지 못해 지금까지도 황위를 계승할 아들을 얻지 못했다. 그래서 재앙과 환란이 빈번하게 일어나고 있다고 생각한다. 정도왕 유흔은 짐에게는 아들뻘이 되고 성품이 자애롭고 효성이 지극하므로 황통을 이어 태묘의 제사를 받들 자격이 있다. 이에 짐은 유흔을 황태자로 삼는다."

한성제는 또 중산왕 유흥의 외삼촌 풍참(馮參)을 의향후(宜鄕侯)로 책봉하고, 유흥에게는 식읍 3만 호를 더해 주었다. 유흥이 황통을 계승하지 못한 것에 원한을 품고 딴마음을 품지 않을까 걱정하여 내린 조치였다. 수화 2년(기원전 7) 봄 한성제가 급사한 직후에 태자 유흔이 19세 나이에 황위를 계승했다. 그가 13대 황제 한애제(漢哀帝)이다. '애제(哀帝)'라는 시호에서 짐작할 수 있듯이 그는 슬프고 불행한 군주였다.

2. 왕씨와 부씨가 권력 다툼을 벌이다

한애제는 즉위한 지 다음 해인 건평(建平) 원년(기원전 6)에 한성제의 생모이자 황태후 왕정군을 태황태후로, 한성제의 황후 조비연을 황태후로 추존(推尊)했다. 당시 조정의 권력은 여전히 왕태황태후의 왕씨 가문이 장악하고 있었다. 조합덕은 한성제의 갑작스러운 죽음에 연루되어 자살했지만, 그녀의 언니 조비연은 정도왕 유흔을 황제로 추대하는 데 막후에서 영향력을 발휘했기 때문에 폐출되지 않고 오히려 황태후의 지위에 올랐다.

그런데 한애제의 입장에서 보면 황실의 최고 어른인 왕태황태후는 자기와 직접적인 혈연 관계가 없었다. 그녀는 큰아버지 한성제의 생모이지, 돌아가신 아버지 정도왕 유강의 생모가 아니었다. 정도태후 부씨(傅氏)가 유강의 생모이자 자신의 친할머니가 아닌가. 유가 경전 중의 하나인 『춘추공양전』에 '위인후자위지자(爲人後者爲之子)'라는 말이 있다. "남의 후사를 이은 사람은 남의 아들이 된다."는 뜻이다. 한나라 황실은 이 원칙을 철저하게 지켰다. 따라서 한애제의 법적인 할머니와 어머니는 왕정군과 조비연이므로 왕정군을 태황태후로, 조비연을 태후로 추존(推尊)한 것이다.

한애제는 친할머니 정도태후 부씨, 생모 정희(丁姬)와의 관계를 끊어야 했다. 부씨와 정희는 법도에 따라 장안의 황궁에 거주할 수 없으며 정도국에서 여생을 마쳐야 했다. 하지만 한애제가 친할머니와 생모를 제대로 부르지도 못하는 것이 어찌 인정에 부합하겠는가. 당시 왕태황태후는 장락궁에 거주하고 있었다. 정도태후 부씨는 정도국으로 돌아가지 않고 이런저런 이유를 들어 황궁의 정궁인 미앙궁에서 손자 한애제와 함께 지냈다. 한애제는 승상 공광(孔光)과 대사공 하무(何武)에게 이런 자문을 구했다.

"앞으로 정도태후는 어느 곳에서 지내야 하는가?"

한애제도 미앙궁에서 할머니와 함께 계속 지낼 수 없음을 알고 있었지만 할머니가 정도국으로 돌아가는 것을 원치 않았기 때문에 이런 도발적인 질문을 했다. 사실은 그가 외척 부씨 일족을 끌어들임으로써 한성제의 외척 왕씨를 견제할 목적이었다.

공광은 부씨가 권력욕이 강한 여자임을 알고 있었다. 그녀가 황궁에 거주하면 자기가 키운 젊은 황제를 농락하고 조정의 정치에 간여하지 않을까 우려했다. 한성제의 외척인 왕씨 일가의 권력 농단이 심각한 상황에서 또 한애제의 외척인 부씨 일족이 발호하면, 조정은 두 외척 간의 권력 다툼으로 난장판이 될 게 명약관화했다.

공광은 한애제와 부씨가 황궁에서 함께 거주하는 것은 법도에 맞지 않으므로 황궁 밖에 처소를 마련하여 그녀를 그곳에 거주하게 해야 한다고 주장했다. 한애제와 부씨가 황궁에서 수시로 만나는 일을 차단하기 위한 계책이었다. 하지만 하무는 한애제의 심정을 간파하고 부씨가 황궁의 북궁(北宮)에서 거주해도 문제될 게 없다고 말했다. 당연하게도 한애제는 하무의 의견을 수용했다.

북궁에는 미앙궁으로 통하는 통로가 있었다. 부씨는 수시로 미앙궁에 드나들면서 한애제에게 자신의 존호를 높이고 부씨 일족에게 관작을 하사해달라고 요구했다. 한애제는 할머니의 요청에 따라 외척에게 관작을 하사함으로써 친정 체제를 구축하려고 했으나 대사마(大司馬) 왕망(王莽)의 반대로 뜻을 이루지 못했다. 왕망은 태황태후 왕정군의 조카이자 왕씨 일족의 세력을 대표하는 권신이었다.

부씨는 한애제에게 황제라는 자가 친족에게 관작도 제대로 하사하지 못하느냐고 다그쳤다. 아울러 한애제에게 왕태황태후를 압박하여 황제의 친족에게 관작을 하사하게 했다. 왕태황태후는 부씨와의 충돌이 자칫하다가는 왕씨 일족의 몰락을 재촉하지 않을까 두려워하여 한애제의 요청을 들어줄 수밖에 없었다.

한애제는 즉위한 직후에 왕태황태후의 허락을 받아 이미 사망한 아버지 정도왕 유강의 시호(諡號)를 공왕(恭王)에서 공황(恭皇)으로 바꾸었다. 유강은 아들이 황제가 된 덕분에 시호에 황제 황(皇) 자가 들어간 영예를 누렸다. 이때 부씨의 당질녀가 한애제의 황후로 책봉되었다. 부황후(傅皇后)는 한애제가 정도왕이었을 때 부씨의 뜻에 따라 유흔의 본처가 되었다. 한애제의 아버지 유강이 공황(恭皇)으로 추존(追尊)되었으므로, 할머니 부씨는 공황태후(恭皇太后)로, 생모 정희는 공황후(恭皇后)로 추대되었다.

이에 따라 한애제의 외척 부씨(傅氏)와 정씨(丁姬)가 득세하기 시작했다. 부공황태후의 아버지는 숭조후(崇祖侯)로, 정공황후의 아버지는 포덕후(襃德侯)로 추존되었고, 부황후의 아버지는 공향후(孔鄕侯)로, 정공황후의 오빠 정명(丁明)은 양안후(陽安侯)로 책봉된 후 대사마와 표기장군 관직을 겸직했다.

부씨와 정씨 일족이 황제의 새로운 외척 세력으로 등장하자, 왕망은 병을 핑계로 사직하고 자택에서 칩거했다. 이보(二步) 전진을 위한 일보(一步) 후퇴 전략이었다. 그는 은인자중하면서 조정의 권력이 어떻게 돌아가고 있는 지 면밀히 살폈다. 한애제는 친정 체제를 구축했으나 그 동안 조정의 대소사를 관장하던 왕망의 자발적이고 갑작스러운 퇴진에 크게 당황했다. 일시에 조정의 업무가 혼란에 빠지자 왕망을 다시 조정으로 불러들였다.

어느 날 황궁에서 연회를 준비했다. 연회를 주관하는 내자령(内子令)이 한애제에게 아부하려고 부공황태후의 자리를 왕태황태후의 옆에 마련했다. 품계와 서열에 의하여 자리를 배치하는 의전에 어긋나는 행위였다. 왕망은 내자령을 호되게 꾸짖었다.

"정도태후(부공황태후)는 번국 왕의 아내가 아니냐. 어찌 감히 지존이신 태황태후의 옆에 앉을 수 있단 말이냐?"

왕망은 당장 부공황태후의 자리를 왕태황태후 자리 아래에 마련하게 했다. 당연한 조치였지만 이 '자리싸움'은 신구 외척 간의 갈등으로 번졌다. 부공황태후는 소식을 듣고 분노하여 연회에 참석하지 않았다. 한애제는 부공황태후를 두둔하며 왕망을 나무랐다. 왕망은 또 사직하고 자신의 영지인 신도(新都: 하남성 신야·新野)로 돌아가 은거했다.

한애제는 부공황태후의 지시를 받고 왕씨 세력을 일소하기로 결정했다. 성도후(成都侯) 왕황(王況)은 서민으로 강등되었으며, 이미 사망한 낙창후(樂昌侯) 왕상(王商) 등 왕씨 일족이 천거한 관리들을 모조리 쫓아냈다. 왕씨의 몰락은 부씨와 정씨의 득세를 의미했다.

건평(建平) 2년(기원전 5) 승상 주박(朱博)이 부공황태후와 정공황후의 존호를 높여야 한다고 주장하여 한애제의 윤허를 받았다. 그런데 부공황태후를 태황태후로 추대하면 황실에 왕태황태후와 함께 태황태후가 두 명이 되는 문제점이 있었다. 한애제는 꼼수를 써서 할머니 부공황태후를 제태태후(帝太太后)로, 생모 정공황후를 제태후(帝太后)로 추대했다. 제태후란 태후가 황제의 권력을 공유한다는 뜻이다.

중국 역사에서 제태태후와 제태후, 이런 존호는 이 시기에 유일하게 존재했다. 황궁에 왕태황태후, 조황태후(조비연), 부제태태후, 정제태후 등 태후 네 명이 존재하는 희한한 일이 벌어졌다. 당시 왕태황태후는 정사에 더 이상 개입하지 않고 장락궁에서 여생을 보내고 있었다. 얼마 후 부제태태후(傅帝太太后)는 다시 황태태후(皇太太后)로 추존(推尊)되었다.

왕씨 일족은 왕태황태후와 왕망을 제외하고는 모두 몰락하고 말았다. 왕씨와 부씨의 권력 다툼은 부씨의 승리로 끝났다. 하지만 한애제 사후에 왕망이 다시 권력을 장악하여 한나라의 종묘사직을 송두리째 흔들어 놓았다. 왕망이 다시 권력을 장악한 후에 조황태후(조비연)은 서인(庶人)으로 강등되자 스스로 목숨을 끊었다.

한애제가 사망하기 1년 전인 원수(元壽) 원년(기원전 2) 부황태태후(傅皇太太后)가 사망했다. 한애제 사후에 왕망은 그녀의 품계를 정도공왕모(定陶共王母)로 낮추고 부씨 일족을 쫓아냈다. 부씨는 살아생전에 태황태후의 자리에 올랐으나 죽어서는 무덤이 파헤쳐지는 치욕을 당했다. 한애제의 생모 정제태후(丁帝太后)도 사후에 왕망에 의해 무덤이 파헤쳐지고 품계가 격하되었다. 한애제 유흔은 두 외척들 간의 권력 투쟁에서 중심을 잡지 못하고 오락가락하다가 국정을 망친 것이다.

3. 동현과 동성애를 즐기다가 요절하다

한애제 유흔이 19세에 황위를 계승한 직후에 한나라는 토지와 노비가 특정 계층에게 과도하게 집중되어 빈부 격차가 심각해졌다. 토지를 빼앗긴 농민들은 일정한 거처가 없이 떠돌아다니다가 도적떼가 되어 사회 불안을 야기했다.

한애제는 젊은 나이였으나 선황제 한성제와는 다르게 근검절약을 실천하고 주색잡기를 경계했으며 음란한 음악을 멀리하여 한무제 시대에 설립한 악부(樂府: 음악을 관장하는 관청)를 폐지했다. 아울러 승상 공광 등 대신들에게 토지 겸병, 노비 증가 등 사회 문제를 해결하게 했다.

"절도를 지키고 예법을 준수하여 사치와 음란을 막는 것은 정치에서 가장 먼저 시행해야 할 일이다. 이는 어떤 왕이라도 쉽게 바꿀 수 없는 도리이다. 제후왕, 열후, 공주, 녹봉 2,000석을 받는 관리, 호족, 부자들은 많은 노비를 집안에 두고 있으며 무수한 저택과 끝없이 넓은 논밭을 소유하고 있으면서 백성들과 이익을 다투고 있다. 이에 따라 백성들은 생업을 잃어 고통을 겪고 있는데 그들은 만족할 줄 모르고 여전히 탐욕에 빠져있다. 경들은 그들이 취할 수 있는 범위를 토론하여 결정하라!"

한애제의 어명에 따라 제후왕, 열후, 공주 등은 사전(私田) 30경(頃) 이상을 소유할 수 없으며, 노비는 제후왕은 노비 200명, 열후와 공주는 100명, 관리와 부자는 30명으로 제한했다. 한애제는 또 여직공들의 수고를 덜어주기 위하여 화려한 비단 제작을 금지하게 했으며, 30세 이하의 궁녀들은 궁궐 밖으로 내보내 시집가게 했다. 음서 제도와 무고죄도 폐지하게 했다.

한애제의 이러한 일련의 개혁 조치는 일반 백성들의 환영을 받았으나 권문세가의 반발을 샀다. 특히 그의 외척인 부씨와 정씨가 가문을 이익을 지키기 위하여 젊은 황제를 거세게 압박했다. 한애제는 외척들의 지지를 받고 황제로 등극한 군주였다. 그들의 도움이 없이는 황제의 옥좌를 지킬 수 없다는 사실을 깨닫고 좌절했다. 정신적 공허함과 우울증이 그의 마음에 짙게 배었다.

동현(董賢 · 기원전 23~기원전 1)이라는 젊은 미남자가 있었다. 피부가 백옥처럼 곱고 목소리가 꾀꼬리 소리처럼 아름다웠다. 한애제가 태자였을 때 태자사인(太子舍人)이 되어 태자를 섬겼다. 태자는 그의 간드러지는 외모에 반하여 그를 곁에 두고 애인처럼 대했다. 동현은 무식하고 재능이 없었지만 애교와 아첨으로 태자의 마음을 사로잡았다.

한애제는 즉위한 직후에 정사를 돌보느라 잠시 동현의 존재를 망각했다. 동현은 미앙궁에서 황제의 시종이 되었으나 황제를 직접 모실 기회가 없었다. 어느 날 한애제가 궁궐에서 당직을 서고 있는 동현을 보고 말했다.

"너는 예전에 짐을 섬겼던 태자사인이 아니냐?"

동현이 대답했다.

"소신이 바로 동현이옵니다."

한애제는 마치 사랑했던 옛 애인을 만난 것처럼 기뻐했다. 즉시 동현을 황문시랑(黃門侍郞)으로 임명하고 자신의 곁에서 시중을 들게 했다. 또 며칠이 지난 후에는 그에게 부마도위, 시중 등의 벼슬을 하사했다. 한애제는 동현이 곁에 없으면 불안하여 아무 일도 못했다. 동현은 황제를 그림자처럼 따라다니며 섬겼다. 그가 황제를 섬긴 지 한 달도 못되는 기간에 엄청난 액수의 금전을 하사받아 조정 중신들을 경악하게 했다.

어느 날 한애제와 동현은 한 이불 속에서 동성애를 즐긴 후 낮잠을 잤다. 먼저 잠에서 깬 한애제가 일어나려고 하는데 동현이 한애제의 옷소매를 깔고 자고 있었다. 한애제는 그가 인기척에 놀라 깨지 않을까 걱정하여 시종에게 가위를 가져오게 했다. 가위로 옷소매를 자른 후 조용히 일어났다. 동현을 얼마나 사랑했으면 이런 황당무계한 일을 했겠는가. 훗날 남자들의 동성애를 지칭하는 의미인 '단수지벽(斷袖之癖)'이라는 고사성어가 이 이야기를 배경으로 생겼다.

동현은 황궁에서 밤낮을 가리지 않고 황제의 동성 애인 역할을 해주어야 했다. 한애제는 동현이 황궁 밖으로 퇴근하지 못함을 미안하게 생각했다. 동현의 아내를 황궁에서 거주하게 하고 함께 난잡한 성교를 즐겼다. 또 동현의 여동생 동씨(董氏)를 황후 다음가는 품계인 소의(昭儀)로 책봉했을 뿐만 아니라 동현의 아버지 동공(董恭)에게는 소부(小府), 관내후(關內侯), 위위(衛尉) 등을, 장인에게는 장작대장(將作大匠)을, 처남에게는 집금오(執金吾: 도성을 지키는 관직) 등의 벼슬을 하사했다. 심지어 동현 집안의 노비들에게도 후한 상을 내리기도 했다.

이뿐만이 아니었다. 한애제는 시종들에게 동현을 황제처럼 받들게 했다. 동현의 의식주는 황제와 크게 다를 바 없었다. 자신이 사후에 들어갈 능묘를 조성할 때도 능묘 옆에 동현의 능묘를 조성하게 했다. 원수 원년(기원전 2) 한애제는 동현에게 대사마, 위장군(衛將軍) 등 최고위 관직을 하사했다. 당시 동현은 나이가 21세에 불과했으나 권력의 정점에 서서 국정을 농단했다. 원수 2년(기원전 1) 정월 흉노의 선우 오손대곤미(烏孫大昆彌)가 입조하여 한애제를 알현했다. 오손대곤미는 연회석에서 황제의 옆에 앉아 있는 새파랗게 젊은 동현이 백관 중에서 최고위직에 해당하는 대사마임을 알고 의아하게 생각했다. 한애제가 역관(譯官)을 통해 말했다.

"대사마는 젊지만 능력이 출중하여 최고위직을 맡고 있소."

오손대곤미는 한애제에게 한나라에 이렇게 젊고 유능한 대신이 있으니 참으로 경하할 일이라고 아부하며 하례를 올렸다. 황제가 이렇게 동현을 맹목적으로 총애하는 상황에서 조정 중신들은 말할 것도 없고 한애제의 외척조차도 동현의 눈치를 보지 않을 수 없었다. 동현의 권력 농단이 날로 심각해졌다. 상서복야 정숭(鄭崇)은 목숨을 걸고 동현을 탄핵했다가 한애제의 분노를 사서 감옥에서 죽었다.

한애제는 동현에게 최고위직을 하사하여 자기와 함께 천하의 권세와 향락을 마음껏 누리게 했는데도 언제나 그에 대한 애정 표현이 부족하다고 생각했다. 어느 날 그는 황족, 동현 부자, 조정 대신들과 연회를 즐겼다. 그는 취기가 오르자 동현을 흠모하는 눈빛으로 바라보며 사람들에게 웃으면서 말했다.

"짐은 옛날에 요임금이 순임금에게 선양(禪讓)한 관례를 본받아 황위를 동현에게 물려주고 싶구나. 경들의 생각은 어떠한가?"

아무리 술좌석에서 술에 취한 김에 내뱉은 말이더라도 결코 해서도, 들어서도 안 되는 말이었다. 대신들은 대경실색하여 어찌할 바를 몰랐다. 중상시(中常侍) 왕굉(王閎)이 불편한 기색을 드러내며 말했다.

"천하는 고황제(한고조)의 천하이지 폐하의 소유가 아닙니다. 폐하께서는 종묘를 계승하여 자손들에게 물려주어야 합니다. 제왕의 대업을 자자손손 이어가게 해야 할 막중한 책임이 있는 천자가 그런 농담을 해서는 절대 안 됩니다."

왕굉의 반대로 양위는 무산되었다. 얼마 후 왕굉은 모함을 받고 감옥에서 죽었다. 한애제는 어렸을 적부터 팔다리가 점차 마비되는 희귀병을 앓고 있었다. 황로학(黃老學)의 비법을 전수받았다는 도사 하하량(夏賀良)이 황제에게 아뢰었다.

"한나라의 역법(曆法)은 이미 쇠퇴하였으므로 역법을 새롭게 하여 다시 천명을 받들어야 합니다. 선황제(한성제)께서 천명에 순응하지 않았기 때문에 후사를 남기지 못했습니다. 지금 폐하께서는 오랫동안 지병을 앓고 계시며 천하에는 천재지변이 그치질 않고 있습니다. 이러한 재난은 모두 하늘의 경고입니다. 폐하께서 즉시 연호를 바꾸셔야 만이 무병장수하시고 황자를 낳으실 수 있으며 온갖 재난을 그치게 할 수 있습니다.”

한애제는 하하량의 말을 믿고 건평(建平) 2년(기원전 5)을 태초원장원년(太初元將元年)으로 바꾸고, 황제의 호칭도 진성유태평황제(陳聖劉太平皇帝)로 바꾸었다. 하지만 자신의 병세가 조금도 호전되지 않고 재난도 그치지 않자, 두 달도 못되어 하하량을 혹세무민한 죄로 처형하고 연호와 황제의 호칭을 원래대로 했다. 이 사건을 '재수명(再受命)'이라고 한다. 다시 천명을 받는다는 뜻이다. 이 시기에 한애제는 천재지변과 고질병에 시달리고 있으면서 마음속으로 심한 고통을 받고 있었음을 짐작할 수 있다.

결국 한애제는 정치에 염증을 느끼고 동현과 동성애를 즐기다가 심신이 극도로 쇠약해지고 말았다. 원수 2년(기원전 1) 4월 달이 태양을 가리는 일식 현상이 나타났다. 고대인들은 임금이 실정(失政)하면 이런 재앙이 생긴다고 믿었다. 한애제는 자신의 운명이 다했음을 직감했다. 대사마 동현, 대사도 공광, 대사공 팽선(彭宣)에게 사후의 일을 부탁한 후, 특별히 동현에게 옥새를 건네주고 “다른 사람에게 함부로 넘겨주지 말라!”고 했다.

원수 2년(기원전 1) 6월 한애제 유흔은 미앙궁에서 향년 24세, 재위 7년 만에 후사를 남기지 못하고 요절했다. 집권 직후에 개혁을 시도했으나 외척과 권문세가의 반대를 극복하지 못하고 동현과 동성애를 즐기다가 몸을 망친 것이다. 대사마 동현은 한애제의 죽음에 대처할 능력이 전혀 없었다. 그도 한애제를 사랑했을 뿐이지 권력욕이 강하지 않았다. 한나라 조정은 다시 혼란의 소용돌이로 빨려 들어갔다.

11

제11장 | 한평제 유간

한평제 유간

1. 성장 과정과 황위 계승

한애제가 요절했을 때 태황태후 왕정군은 장락궁에서 여생을 보내고 있었다. 그녀는 이미 고희를 넘긴 할머니였다. 남편 한원제 유석, 아들 한성제 유오 그리고 법적으로 손자가 되는 한애제 유흔, 황제 3명의 죽음을 지켜보았다. 한애제 시대에는 황제의 외척 부씨와 정씨의 득세에 오금을 펴지 못하고 명철보신하며 지냈다. 하지만 한애제가 요절하자 황실의 최고 어른으로서 노구를 이끌고 정치의 전면에 나서지 않을 수 없었다. 옥새를 인수한 후 대사마 동현에게 한애제의 장례를 어떻게 치를 지 물었다. 동현은 아무런 대답도 하지 못한 채 쩔쩔맸다. 왕태황태후가 말했다.

"신도후(新都侯) 왕망(王莽)이 예전에 대사마였을 때 선황제의 대상(大喪)을 치른 경험이 있어서 장례식에 대한 법도와 절차를 잘 알고 있소. 그를

316   한나라 역대 황제 평전

조정으로 불러들여 경을 돕게 하겠소."

동현은 머리를 조아리며 왕태황태후의 명령에 따르겠다고 아뢰었다. 왕태황태후는 당시 신도(新都)에 은거하고 있었던 조카 왕망만이 무능하고 정치적 역량이 없는 동현을 제거하고 난국을 타계할 수 있다고 믿었다. 왕태황태후의 부름을 받고 조정으로 돌아온 왕망은 병권을 장악한 후 조정의 대소사를 직접 관장했다. 아울러 상서(尙書)에게 한애제가 중병에 걸렸을 때 동현이 직접 병수발하지 않았다는 것을 구실로 삼아 그를 탄핵하게 했다. 동현은 관모를 벗고 맨발로 사죄했다. 며칠 후 왕망은 동현에게 왕태황태후의 명의로 작성한 조서를 보냈다.

"동현은 나이가 어려 국정을 처리한 경험이 없는데도 대사마가 되었다. 이는 민심에 부합하지 않으므로 대사마의 인수(印綬)를 회수한다. 동현이 맡은 관직은 모두 파직하며 동현은 고향으로 돌아가 자숙하라!"

조서가 하달된 당일에 동현과 아내는 자살했다. 그의 가족은 보복이 두려워 밤에 몰래 시신을 매장했다. 왕망은 동현의 자살을 의심하고 묘를 파헤쳐 시신을 확인한 후 감옥에 방치하게 했다. 동현 일족은 모두 장안에서 쫓겨났으며 관부에서 동현 일족이 쌓아놓는 재물을 팔아 얻은 금액이 무려 43억 전이나 되었다. 예전에 대사마부에서 동현을 섬겼던 패군(沛郡) 사람 주후(朱詡)가 관(棺)과 수의를 장만하여 동현의 시신을 거두어 안장했다. 왕망은 그 사실을 알고 다른 구실을 잡아 주후를 살해했다. 왕태황태후와 대사도 공광 등 대신들의 지지를 받고 다시 대사마가 된 왕망은 한애제의 외척 부씨와 정씨 일족을 타도했다. 왕망은 최고 권력자가 되었으며 누구도 감히 그의 권위에 도전하지 못했다.

한애제 유흔이 황제로 추대되기 전의 일이다. 12대 황제 한성제 유오는 끝내 황위를 물려 줄 아들을 낳지 못했다. 그가 세상을 떠나기 2년 전에 이복동생 중산왕 유흥과 조카 정도왕 유흔을 장안으로 불러들였다. 두 사람 중에서 제왕의 자질이 있는 한 명을 태자로 책봉하여 황위를 계승하게 할 계획이었다. 한성제는 이복동생 유흥이 아닌 조카 유흔을 태자로 책봉했다. 결국 한성제 사후에 한애제 유흔이 13대 황제로 추대되었다.

이 시기에 유흥은 중산국으로 돌아가 조카에게 밀려난 울분을 삭히며 지냈다. 한성제 시대인 원연(元延) 4년(기원전 9)에 유흥은 아들 유기자(劉箕子·기원전 9~서기 6)를 낳았다. 유기자의 생모는 중산국 왕후 위희(衛姬)이다. 유흥은 자신의 유일한 아들의 이름을 기자(箕子)로 지었다. 기자는 상(商)나라를 망친 폭군 주왕(紂王)의 숙부가 아닌가. 그는 사후에 미자(微子), 비간(比干)과 더불어 공자에 의해 3대 대현(大賢)이자 충신으로 추앙을 받은 인물이다. 유흥은 갓 태어난 아들이 기자처럼 어질고 현명한 충신으로 성장하기를 바라는 마음에서 이름을 기자로 지은 것이다.

수화(綏和) 원년(기원전 8) 중산왕 유흥이 사망했다. 유기자는 태어난 지 2년도 안되어 중산왕을 세습했다. 그는 어렸을 때부터 간질환을 앓아 자주 혼수상태에 빠지기도 했다.

왕망과 왕태황태후는 한애제가 붕어한 직후에 유씨 황족 중에서 누구를 차기 황제로 추대해야 좋을지 고민했다. 왕망은 왕태황태후의 윤허를 받아 중산왕 유기자를 새 황제로 추대했다. 유기자가 14대 황제 한평제(漢平帝)이다.

당시 유기자는 나이가 8세에 불과한 어린아이였다. 왕망이 철부지를 황제로 추대한 이유는 자명했다. 그를 꼭두각시 황제로 삼아 자신이 직접 한나라 천하를 다스릴 계획이었다. 더구나 한원제의 직계 손자는 유기자가 유일했기 때문에 적손을 후계자로 삼아야 한다는 명분에도 부합했다.

어린아이가 황제로 등극하면 황실의 최고 어른이 수렴청정하는 것이 관례였다. 왕태황태후가 수렴청정을 시작했지만 사실상 그녀의 조카 왕망이 정국을 주도했다.

원시(元始) 2년(2) 왕망은 『춘추공양전(春秋公羊傳)』의 "성인은 사람 이름이 두 글자인 것을 비판했다. 그것은 예의에 맞지 않는다."라는 내용을 근거로 유기자의 이름을 유간(劉衎)으로 고치게 했다. 왕망은 일반 백성도 이름을 한 글자로 짓게 했다. 이름이 두 글자이면 피휘(避諱)에 어려움이 있기 때문이었다고 한다.

2. 권신 왕망에 의해 꼭두각시 황제로 전락하다

왕망은 황제의 외척이 득세하여 정치에 관여하는 일을 자신의 권력 기반을 다지는 데 가장 큰 장애로 간주했다. 한애제의 외척 부씨와 정씨를 철저하게 타도한 후에 한평제의 외척 위씨(衛氏)의 득세도 사전에 차단해야 했다. 한평제의 생모 위희(衛姬)는 아들이 황제가 되었으므로 신분이 자연스럽게 중산국 왕후에서 한나라 태후로 격상되어야 했다.

하지만 왕망은 위희가 장안 황궁으로 들어와 태후로 추대되는 것을 원치 않았다. 한평제와 위희의 혈연관계를 끊기 위한 수단으로 위희를 중산효왕후(中山孝王后)로 책봉하고 중산국에서 거주하게 했다. 왕망은 또 위희의 반발을 무마할 목적으로 그녀의 두 남동생 위보(衛寶)와 위현(衛玄)을 관내후로 책봉했다. 한평제의 세 여동생에게도 봉호 '군(君)'을 하사했다. 왕망은 겉으로는 위씨 일족을 우대했으나 그들을 모두 중산국에 거주하게 하고 입궁하여 한평제를 만나는 것을 원천적으로 차단했다.

한평제는 어린 시절에 헤어진 생모를 그리워하여 장안 황궁으로 모셔오고 싶었지만 왕망의 허락을 받지 못했다. 위중산효왕후는 아들과의 생이별을 슬퍼하며 눈물로 세월을 보냈다. 왕망의 장남 왕우(王宇)는 아버지가 한평제와 위중산효왕후 사이의 천륜을 끊는 행위에 불만을 품었다. 지금은 왕태황태후가 어린 한평제를 대신하여 수렴청정을 하고 있으나, 훗날 한평제가 어른이 되어 친정을 시작하면 왕씨 일족에게 보복을 가하지 않을까 두려웠다.

왕우는 위중산효왕후에게 상소를 종용했다. 장안 황궁에서 아들 한평제와 함께 살게 해달라고 간절히 상소하면 아버지 왕망이 차마 거절하지 못할 거라고 말했다. 위중산효왕후는 왕망에게 모자의 정을 끊지 말게 해달라고 호소했다. 하지만 왕망은 그녀의 처지를 동정하여 그녀에게 식읍(食邑)을 조금 늘려주었을 뿐이지 그녀가 장안으로 들어오는 것을 허락하지 않았다.

왕우의 스승 오장(吳章)은 왕우에게 불길한 일을 꾸며 미신을 믿는 왕망을 놀라게 하면 왕망이 위중산효왕후의 간청을 받아들일 거라고 했다. 왕우는 손위처남 여관(呂寬)에게 밤중에 몰래 왕망 저택의 대문에 짐승피를 뿌리게 했다. 왕망이 짐승피를 보고 놀라 위중산효왕후를 황궁으로 불러들이게 하겠다는 계책이었다. 하지만 왕망의 하인에게 발각되고 말았다. 분노한 왕망은 아들 왕우를 감옥에 가두고 음독자살하게 했다. 오장과 여관도 주살되었다.

마침 왕우의 아내 여씨(呂氏)는 임신 중이었다. 왕망은 며느리가 아이를 낳을 때까지 기다린 후 며느리를 죽였다. 왕망의 권력욕이 얼마나 강했으면 위중산효왕후의 가련한 처지를 동정하여 괴상한 일을 꾸민 아들과 며느리를 죽였겠는가. 정말로 그는 자기와 뜻이 조금이라도 맞지 않는 자가 있으면 설사 가족이라도 무자비하게 죽인 냉혈한이었다. 왕망은 이 사건을 빌미로 한평제의 생모 위중산효왕후를 제외한 위씨 일족을 모조리 죽였다. 훗날 위중산효왕후는 왕망이 건국한 신(新)나라에서 평민으로 강등된 후 사망했다.

왕망은 민심의 동향에 아주 예민했다. 아무리 절대 권력을 쥐고 있더라도 민심을 얻지 못하면 하루아침에 몰락할 수 있었다. 한애제 시대에 그가 고향에서 은인자중하고 있을 때 그의 둘째아들 왕획(王獲)이 집안의 노비 한 명을 때려죽인 일이 있었다. 노비는 사람 취급을 받지 못했으므로 주인의 아들에게 맞아죽었다고 해도 크게 문제될 게 없었다. 하지만 왕망은 분노하여 둘째아들을 자살하게 했다. 사람들은 그가 일개 노비의 목숨도 소중히 여기고 아들을 죽게 한 결단에 깜작 놀랐다. 그가 백성을 사랑하고 법을 공정하게 집행한다는 소문이 삽시간에 퍼졌다. 사람들은 그를 공평무사한 인물로 칭송했다.

왕망은 인심을 농락하는 데 천부적 소질을 발휘했다. 권력 기반을 확고하게 다지기 위해서는 무엇보다도 먼저 황실 종친과 공신 후예의 환심을 사야 했다. 왕망은 그들에게 열후(列侯), 관내후(關內侯), 공(公) 등의 작위를 수여했으며, 그들 가운데 아들이 없는 자는 친척이 작위를 물려받게 했다.

왕망은 교육 기관을 확장하여 재야의 유생들을 관계(官界)에 끌어들이는 일도 무척 중시했다. 한무제 시대에 장안에 설립한 태학(太學)은 한나라 최고의 고등교육기관이었다. 왕망은 태학의 시설을 확충하고 육경(六經)을 가르치는 박사를 대폭 늘렸다. 박사 아래에서 유가 경전을 배우는 박사제자(博士弟子)가 무려 1만여 명이나 되었다. 그들은 유가 경전을 익힌 후 조정에 남아 왕망의 심복이 되거나 전국 각지의 관리로 파견되었다.

원시 원년(1) 대신들은 왕망이 한나라 천하를 안정시킨 공로를 세웠으므로 그를 안한공(安漢公)으로 봉하고 봉토를 늘려주어야 한다고 왕태황태후에게 상소했다. 왕태황태후는 왕망에게 안한공과 태부의 벼슬을 하사하고 식읍 2만8천 호를 늘려주었다. 뜻밖에도 왕망은 작위와 봉토를 덥석 받지 않고 병을 핑계로 조정에 나오지 않았다. 자기가 얼마나 겸손하고 벼슬과 재물에 욕심이 없는 지 보여주기 위한 술수였다. 얼마 후 왕태황태후와 대신들의 거듭된 간청을 차마 거절하지 못하겠다는 핑계를 대고 봉토는 받지 않고 태부의 벼슬만 받았다.

한나라 변방의 서남 지방에 있는 월상씨(越常氏: 베트남 북부와 라오스 일대)라는 나라의 군주가 흰 꿩 1마리와 검은 꿩 2마리를 한나라 조정에 바친 일이 있었다. 대신들은 왕망의 공덕이 온 천하에 널리 퍼진 덕분에 풍습이 다르고 언어가 통하지 않는 월상씨에서 진귀한 금수를 바치고 신하를 칭했다고 했다. 그들은 왕망의 공덕을 입에서 침이 마르게 찬양했다. 왕태황태후는 그에게 안한공이라는 존호를 하사했다. 사실은 왕망의 사주를 받은 익주(益州)의 지방 관리가 월상씨의 군주를 뇌물로 매수하여 그렇게 하게 한 것이다.

원시 2년(2) 전국에 가뭄이 들고 메뚜기떼가 창궐했다. 굶주린 백성들이 폭도로 변했다. 왕망은 천재지변을 당하면 먼저 자신이 모범을 보여야 성난 민심을 잠재울 수 있다고 생각했다. 그는 자기가 가지고 있었던 거금과 토지를 이재민에게 나누어주게 했을 뿐만 아니라 술과 고기를 입에 대지 않고 잡곡과 푸성귀를 먹으면서 백성들과 고통을 나누었다.

최고 권력자가 이런 모습을 보이자 대신들도 그를 따라하지 않을 수 없었다. 왕망은 또 안정군(安定郡)에 있는 황실의 정원인 호지원(呼池苑)을 철폐한 후 안정군을 안민현(安民縣)으로 개칭하고 이재민들을 그곳에서 거주하게 했다. 도성 장안에도 1천여 채의 집을 지어 가난한 백성들에게 삶의 터전을 마련해 주었다.

사람들은 왕망이 상(商)나라의 개국공신 이윤(伊尹)과 주(周)나라의 개국공신 주공(周公)에 비견되는 위대한 정치가라고 치켜세웠다. 왕망은 지방의 토호 세력에게도 이권을 보장해줌으로써 그들의 지지를 이끌어냈다. 조정 중신들은 말할 것도 없고 지방 관리, 심지어 백성들도 왕망을 찬양하는 상소를 왕태황태후에게 끊임없이 올렸다. 상소한 자가 무려 48만7천여 명이나 되었다.

왕망은 이미 민심을 얻어 자기 뜻대로 국정을 운영하고 있었지만 어린 황제의 장인이 되어 그를 철저하게 통제하고 싶었다. 원시 4년(4) 장녀 왕씨(王氏·기원전 9~23)가 한평제의 황후로 책봉되었다. 황제와 황후의 나이는 13세 동갑이었다. 왕망은 한평제의 외척을 철저하게 배격했으나 스스로 황제의 외척이 되어 황제를 꼭두각시로 부렸다. 한평제는 나이가 너무 어리고 질병을 달고 살았으며 생모 위중산효왕후와 생이별한 채 고립무원의 처지에 빠져 있었기 때문에 안한공 왕망이 시키는 대로 행동할 수밖에 없었다.

3. 14세의 어린 나이에 독살을 당하다

안한공 왕망은 권력욕이 끝이 없었다. 안한공이라는 존호에 만족하지 않고 성인으로 추앙을 받고 있는 이윤, 주공과 같은 반열에 서고 싶었다. 특히 주공은 공자가 태어나기 전에 주(周)나라의 기틀을 다진 위대한 정치가이자 유학(儒學)의 기초를 세운 선각자였다. 공자는 그가 남긴 업적을 계승하여 발전시켰다.

왕망을 추종하는 8천여 명은 주공이 맡았던 관직 태재(太宰)와 이윤이 맡았던 관직 아형(阿衡)에서 한 글자씩 취하여 재형(宰衡)이라는 존호를 만들어 왕망에게 하사해야 한다고 상소했다. 한평제는 그들이 짜놓은 각본대로 윤허할 수밖에 없었다. 아울러 재형은 유씨의 제후왕보다 지위가 높고, 삼공(三公: 사마·司馬, 사도·司徒, 사공·司空)이 재형에게 정사를 아뢸 때면 반드시 "감히 말씀드립니다."라는 표현을 써야했으며, 관리들의 이름이 왕망과 함께 거명되는 것도 법으로 금했다.

원시 5년(5) 공경, 대부, 박사 등 902명은 왕망에게 구석(九錫)을 하사해야 한다고 상소했다. 구석이란 거마(車馬), 의복, 악기, 주호(朱戶: 붉은 색을 칠한 대문), 납폐(納陛: 전용 계단), 호분(虎賁), 부월(斧鉞), 궁시(弓矢), 거창(秬鬯: 술) 등 천자가 큰 공훈을 세운 제후나 공신에게 특별히 하사하는 아홉 가지 진귀한 물건을 말한다. 구석은 한나라 역사 405년 동안 왕망과 조조(曹操), 두 사람에게만 하사되었을 정도로 엄청나게 중요한 물건이었다. 훗날 구석을 받은 자는 왕조를 전복하고 새로운 황제로 등극함을 암시했다.

한평제는 왕망이 생모를 만나지 못하게 하고 외가 위씨를 멸족한 일에 울분을 품었다. 생모가 장안에서 멀리 떨어진 중산국에서 아들을 그리워하며 눈물로 세월을 보낸다는 얘기를 들을 때면 왕망에 대한 원한이 뼛속까지 사무쳤다. 하지만 어찌 하겠는가. 그처럼 어린 나이에 왕망의 하수인들에게 둘러싸인 상황에서 왕망의 절대 권력을 회수하는 것은 계란으로 바위 치기와 같은 무모한 일이었다. 그는 가끔 불편한 기색을 띠고 환관들에게 왕망에 대한 서운한 감정을 표출했을 뿐이다.

왕망도 한평제가 점차 어린 티를 벗고 성장하는 모습을 보고 불안한 마음을 떨칠 수 없었다. 지금은 황제를 자기 손아귀에 넣고 마음대로 부리고 있지만 황제가 성년이 되어 친정을 시작하면 자기에게 보복의 칼을 겨누지 않을까 두려웠다. 마침 왕망의 하수인들이 그에게 황제가 그를 원망하고 있다고 밀고했다. 왕망이 버럭 화를 냈다.

"어린 놈이 감히 나를 원망하고 있다고? 성년이 되면 어떤 일을 저지를지도 모르겠구나."

왕망은 한평제를 독살하기로 결심했다. 원시 5년(5) 12월 어느 날 한평제의 탄생일을 축하하는 연회가 열렸다. 왕망은 한평제에게 후추를 넣은 술을 마시게 했다. 다음 날 한평제가 중병에 걸려 병석에서 일어나지 못하고 있다는 소문이 황궁에 파다하게 퍼졌다. 왕망은 한평제의 건강 회복을 위하여 자기가 대신 죽겠다고 대신들에게 말했다. 충신은 마땅히 자기를 알아 준 군주를 위해 목숨을 바쳐야 한다고 주장했다.

하지만 왕망의 말을 믿은 대신은 한 명도 없었다. 그가 단지 충신 행세를 하고 있음을 알고 있었으나 감히 발설하지 못했다. 아니나 다를까, 며칠 후에 한평제는 14세의 어린 나이에 세상을 떠났다. 왕망은 통곡했다. 녹봉 600석 이상을 받는 전국의 관리들에게 3년 동안 상복을 입으라는 명령을 내렸다. 그는 한평제의 장례식을 성대하게 거행함으로써 자신의 황위 찬탈 음모를 숨기고자 했다. 오는날 한평제가 병으로 사망했다는 설과 왕망에게 독살되었다는 설이 있다. 당시 정황을 살펴보면 후자의 설이 맞는다고 본다. 재위 기간은 5년인데 왕망에 의해 꼭두각시 황제 노릇을 했기 때문에 어떤 정치적 업적도 남기지 못하고 죽었다.

12

신나라 왕망

1. 젖먹이 유영이 황태자로 책봉되다

한평제 유간의 유일한 아내는 왕망의 딸 왕황후(王皇后)이다. 한평제가 14세 때 요절한 것을 감안하면 두 사람 사이에 자식이 없었던 게 당연하다. 왕망은 아직 황위를 찬탈할 시기가 무르익지 않았다고 판단했다. 일단 유씨 종친 중에서 꼭두각시 황제로 내세울 인물을 물색해야 했다. 11대 황제 한원제 유석, 12대 황제 한성제 유오, 13대 황제 한애제 유흔 등 한평제 유간 이전의 선황제들은 모두 후손이 끊겼다. 그런데 10대 황제 한선제 유순의 혈통을 이어받은 증손들 중에서 왕이 5명, 열후는 48명이나 되었다.

왕망은 이미 성년이 된 한선제의 증손들을 황위를 계승할 황태자로 책봉하면 그들이 자기 말을 듣지 않을까 우려했다. 그들은 한평제 유간과 형제 항렬이며, 형제 항렬에 해당하는 왕이나 제후에게 황위를 계승하게 하는 것은 이치에 맞지 않음을 구실로 삼아 그들을 모두 배제하고, 한 선제의 현손(玄孫: 증손자의 아들)들 중에서 나이가 가장 어린 아이를 찾아보았다. 광척후(廣戚侯) 유현(劉顯)의 두 살 배기 아들 유영(劉嬰·5~25)이 왕망의 손 아귀에서 놀아날 꼭두각시로 결정되었다. 그런데 왕망은 유영이 너무 어리다는 것을 구실로 하여 황태자 책봉을 차일피일 미루었다.

한평제가 붕어한 지 얼마 후에 무공현장(武功縣長) 맹통(孟通)이 우물을 파다가 흰 돌을 발견했다. 그것에는 "안한공 왕망이 황제가 된다."라는 붉은 글씨가 써져 있었다. 왕망은 당시 민간에 널리 퍼져 있었던 도참설(圖讖說: 미래에 일어날 일에 대한 예언)을 이용하여 황위 계승의 정당성을 주장하기 위한 술책으로 맹통을 사주한 것이다. 그는 그것을 왕태황태후에게 바치게 했다. 하늘의 뜻에 따라 자신을 황제로 추대해달라는 요구였다.

그런데 왕태황태후는 평소에 한나라의 종묘사직은 오로지 유씨 만이 계승해야 한다고 생각했다. 오랜 세월 동안 조카 왕망을 지지한 이유는 왕씨 가문의 세도 정치를 펴기 위해서였지만, 다른 한편으로는 그가 한나라 황실을 위해 충성하고 있다고 생각했기 때문이다. 그녀는 대신들이 가지고 온 흰 돌을 보고 왕망이 황위 찬탈의 야심을 품고 있음을 알고 진노했다.

"너희들이 이것으로 천하의 백성들을 속이는구나. 절대 시행할 수 없다."

왕태황태후는 나이 80세를 바라보는 노쇠한 할머니였지만 시시비비를 분명히 가릴 줄 알았다. 왕망이 아무리 절대 관력을 쥐고 있더라도 그녀의 윤허를 받지 않고서는 황제가 될 수 없었다. 왕망의 심복이자 왕씨 가문의 일원인 태부 왕순(王舜)이 그녀에게 간곡하게 아뢰었다.

"일이 이렇게 된 이상 어찌할 방법이 없습니다. 힘으로 저지하려고 해도 할 수 없습니다. 게다가 왕망은 감히 다른 뜻을 품지 않았습니다. 다만 섭정(攝政)으로 권력을 강화하여 천하의 사람들을 복종시키고자 할 따름입니다."

왕망이 어린 유영을 대신하여 대리 황제가 되겠다는 뜻이었다. 황제가 어리면 황실의 최고 어른인 태황태후가 섭정하는 게 도리에 맞았다. 하지만 왕태황태후는 나이가 너무 많았다. 왕망의 요청을 들어주는 조서를 반포하는 수밖에 없었다.

"하늘이 백성들을 낳았는데 그들이 서로 화목하게 지낼 수 없음을 알고 군주를 세워 그들을 다스리게 했다고 들었다. 군주가 어리면 반드시 성품이 어질고 능력이 뛰어난 자에게 대리 통치를 하게 해야 한다. 그런 연후에 천명을 받들어 온 세상을 교화시킴으로써 수많은 사람들이 번영을 누리게 하는 것이다. …… 안한공 왕망은 옛날에 주공(周公)이 주성왕(周成王)을 충심으로 보필했듯이 어린 군주를 대신하여 천하를 다스리기 바란다. 아울러 무공현(武功縣)을 안한공의 봉지(封地)로 삼고 그것을 한광읍(漢光邑)이라고 칭한다."

이에 따라 왕망은 모든 면에서 천자와 같은 대우를 받았으며 그를 '섭황제(攝皇帝)'라고 불렀다. 섭황제는 어린 군주를 대신하여 국가를 다스리는 황제라는 뜻이다. 그는 섭황제로 등극한 직후에 연호를 거섭(居攝) 원년 ⑹으로 바꾸었다. 거섭 자체가 섭정한다는 뜻이다.

왕망은 한평제 유간의 황후이자 자신의 딸인 효평황후(孝平皇后) 왕씨(王氏)를 태후로 추존(推尊)했다. 왕태후가 유영의 적모(嫡母)가 되어 그를 양육했다. 이때 왕망은 유영을 황태자로 책봉하고 '유자(孺子)'라고 불렀다. 유자는 어린아이라는 뜻이다. 후대의 사람들은 그를 '유자영(孺子嬰)'이라고 부른다. 한나라에 진짜 황제가 없는 상황에서 섭황제의 성은 왕씨(王氏), 황태자의 성씨는 유씨(劉氏)라는 희한한 일이 벌어진 것이다.

왕망은 정식으로 유자영을 황제로 추대하지 않았지만 자신의 황위 찬탈 음모를 숨기기 위해 그에게 황제 대우를 했다. 이런 이유로 훗날 유자영의 신분에 대해서 많은 논쟁거리가 생겼다. 어떤 이는 그를 전한(서한)의 15대 황제로 간주하고, 어떤 이는 마지막 황제로, 또 어떤 이는 마지막 황태자로 간주하기도 한다.

2. 왕망이 반란을 일으킨 자들을 섬멸하다

섭황제 왕망은 유씨 종친과 권문세가를 후하게 대우함으로써 그들의 반발을 무마했다. 하지만 황태자 유자영을 농락하고 황제 행세를 하는 그에게 불만을 품은 자들이 없지 않았다. 성품이 강직한 대신들은 스스로 사직하고 고향으로 돌아가 은거했다. 특히 유씨 종친들 중에서 왕씨가 유씨의 사직을 찬탈했다고 비분강개한 자들이 있었다. 거섭 원년(6) 4월 안중후(安衆侯) 유숭(劉崇)이 측근 장소(張紹)에게 말했다.

"안한공 왕망이 유씨 황실을 말살하려고 하오. 천하의 모든 사람들은
그를 비난하고 있지만 뜻밖에도 그를 제거하려는 자는 한 명도 없소. 이
는 유씨 황실의 수치이오. 내가 먼저 종족을 거느리고 군사를 일으키면
전국에서 호응할 것이오."

유숭과 장소는 의용군 100여 명을 거느리고 완현(宛縣: 하남성 남양·南陽)을 공격했다. 그런데 그처럼 적은 병사로 관군과 대적하기에는 중과부적이었다. 두 사람은 싸우자마자 대패하고 죽었다. 장소의 사촌동생 장송(張竦)과 유숭의 백부 유가(劉嘉)는 연좌제에 연루되지 않을까 두려워하여 자발적으로 장안으로 와서 왕망에게 백배사죄했다. 왕망은 민심을 안정시킬 의도로 그들을 사면했다. 장송은 이미 죽은 안중후 유숭을 철저하게 응징해야 한다는 상소를 올렸다.

"제가 종실을 위하여 처음으로 제창합니다. 부자, 형제들에게 삼태기를 등에 지고 철추를 어깨에 메고 남양군으로 달려가서 천고의 역적인 유숭의 궁실을 까뭉개서 더러운 물웅덩이로 만들게 해야 합니다. 이렇게 해야 옛날에 대역죄를 저지른 자를 처벌하는 법도를 적용할 수 있습니다. 또 옛날에 주무왕이 은나라를 멸망시킨 후 은나라 땅을 다른 제후들에게 나누어주었듯이 유숭의 봉지를 모조리 빼앗아 다른 사람에게 나누어줌으로써 영원한 감계(鑑戒)로 삼아야 합니다."

왕망은 상소문을 읽고 크게 기뻐했다. 앞으로 자기에게 반기를 든 왕, 제후들에게는 그들의 사직을 말살하겠지만, 순종하는 자에게는 후한 관작을 내리겠다고 했다. 민심을 농락하기 위하여 유가는 솔예후(率禮侯)로, 그의 아들 7명은 모두 관내후(關內侯)로, 장송은 숙덕후(淑德侯)로 책봉했다. 당시 장안에는 이런 말이 유행했다.

"관작을 얻고 싶으면 장송에게 부탁해야 하며, 목숨을 걸고 싸우는 것보다 교묘한 언사로 아부하는 상소문을 올리는 게 낫다."

조정 대신들은 왕태황태후에게 아뢰었다.

"유숭 등 역적들이 감히 반역의 음모를 꾸민 것은 왕망의 권위가 여전히 낮기 때문입니다. 마땅히 그의 권위를 높여줌으로써 천하의 백성들을 복종시켜야 합니다."

왕태황태후는 왕망에게 '가황제(假皇帝)'라는 존호를 내려주었다. 가황제는 가짜 황제가 아니라 임시 황제라는 뜻이다. 왕망은 명실상부한 황제의 자리에 한 발, 한 발 다가갔다. 거섭 2년(7) 동군태수(東郡太守) 적의(翟義)가 누나의 아들 진풍(陳豊)에게 은밀히 말했다.

"신도후(왕망)가 천자의 존엄한 지위를 차지하여 천하를 호령하고 있다. 유씨 종실 중에서 나이가 어린 자를 유자(孺子)로 삼고 주공이 주성왕을 도와 섭정한 대의명분에 의탁하여 국정을 농단하고 있다. 지금 그자가 민심을 살펴보면서 호시탐탐 한나라를 멸망시킬 기회를 노리고 있다. 그런데 한나라 종실은 이미 쇠약해지고 말았다. 도성 밖에서는 천하의 백성들을 복종시킬 강대한 힘을 가진 유씨 제후가 없으며 또한 국난에 대처할 능력이 있는 자도 없다."

"나는 요행히 재상의 아들로 태어나 거대한 동군(東郡)의 태수가 되었다. 아버지와 나는 한나라의 성은을 입었으므로 국가를 위하여 도적을 토벌함으로써 사직을 안정시켜야 하는 책무가 있다. 나는 천자를 대신하여 병사를 일으켜 서쪽으로 진격하여 국정을 농단하고 있는 왕망을 주살한 후에 유씨 종실 자손 중에서 적임자를 선택하여 황제로 추대하고 싶다. 설사 내가 사명을 완수하지 못하고 한나라를 위해 죽어 이름이 묻힐

지라도, 지하에 계신 선황제들에게 부끄럽지 않은 충신으로 남고자 한다. 지금 내가 군사를 일으키고자 하는데 너는 나를 따르겠느냐?"

진풍은 혈기가 방장하고 용감한 18세의 젊은이였다. 즉시 적의와 생사를 함께 하기로 맹세했다. 적의는 동평왕(東平王) 유운(劉雲)의 아들인 엄향후(嚴鄕侯) 유신(劉信)을 황제로 추대한 후 자신은 대사마 겸 주천대장군(柱天大將軍)을 자칭하고 전국 방방곡곡에 격문을 돌렸다.

"왕망은 독주(毒酒)로 효평황제(孝平皇帝: 한평제를 지칭함)를 독살했으며 어린 천자의 존엄한 지위를 차지하고 한나라 황실을 없애려고 한다. 지금 새로운 천자가 즉위했으므로 모두 힘을 모아 역적 왕망에게 천벌을 내려야 한다."

전국의 의인, 지사들이 유신과 적의의 수하로 몰려들었다. 두 사람은 동군에서 출병하여 산양군(山陽郡: 산동성 거야현·巨野縣 동남쪽)에 이르렀을 때 그들을 따르는 병사가 10여만 명이나 되었다. 왕망은 반란군이 장안성을 향해 진격해오고 있다는 소식을 듣고 너무 당황한 나머지 밥조차도 제대로 먹지 못했다. 왕태황태후가 측근에게 탄식하며 말했다.

"사람의 마음은 서로 크게 다르지 않은 법이야. 내가 비록 늙은 여자이지만, 왕망은 반드시 이번 일로 위험에 빠지고 말 것이라는 것을 알고 있었다네."

왕태황태후는 조카 왕망의 황제 참칭을 막을 수는 없었지만 그가 종국에는 비참한 최후를 맞이할 거라고 예견했다. 그렇지만 왕망은 그렇게

한나라 역대 황제 평전

호락호락한 인물이 아니었다. 그는 밤낮으로 종묘에서 어린 유자영을 품에 안고 눈물을 흘리면서 천신과 조상신에게 도와달라고 간절히 기도했다. 아울러 민심을 농락하고자 유자영이 성년이 되면 그를 정식으로 황제로 추대한 후 자신은 고향으로 돌아가 은거하겠다고 선포했다.

왕망은 겉으로는 민심에 순응하는 태도를 보였지만 속으로는 군대를 파견하여 반란군을 진압하게 했다. 왕망의 심복 분무장군(奮武將軍) 손건(孫建), 그의 사촌아우 왕읍(王邑) 등 장수들이 이끈 관군이 어현(圉縣: 하남성 기현 · 杞縣 서남쪽)에서 반란군을 섬멸했다. 포로로 잡힌 적의는 사지가 갈기갈기 찢기는 책형(磔刑)을, 그의 삼족(三族)은 모조리 참수형을 당하고 죽었다. 이때 적의에 의해 황제로 추대된 유신은 포위망을 뚫고 달아나 행방을 감추었다. 왕망은 수색대를 보내 그를 추적했으나 끝내 찾지 못했다. 오늘날 그를 전한의 마지막 황제로 간주하는 견해도 있다.

안중후 유숭과 동군태수 적의는 한나라의 사직을 지키기 위해 군사를 일으켰으나 실패했다. 엄밀히 말하면 그들은 반란군의 두목이 아니라 한나라의 충신이다. 왕망의 관점에서 보면 반란군의 두목이다. 당시 한나라의 귀족과 관료 조직에서만 왕망에 반기를 들고 일어난 것은 아니다.

장안 부근에 사는 농민 조명(趙明: 조붕 · 趙朋이라고 칭하기도 함)과 곽홍(霍鴻)이 관군이 적의와 유신의 군대를 진압하러 간 틈을 타서 농민 봉기를 일으켰다. 농민군은 장안 근교의 관부를 불태우고 장안성으로 진격했다. 미앙궁에서도 관부가 불에 타는 모습이 보였을 정도로 사태가 심각했다.

왕망은 사촌아우 왕기(王奇), 왕급(王級) 등을 장수로 임명하고 농민군을 진압하게 했다. 농민군은 거섭 3년(8년) 봄에 이르러 진압되었다. 이제 왕망의 권위에 감히 도전할 세력은 완전히 사라졌다. 왕망은 오랜 세월 동안 마음속에 품었던 야망을 실현하기로 결심했다.

3. 선양의 방법으로 신나라를 건국하다

왕망은 더 이상 신하들이 자신을 가황제이니, 섭황제이니 그런 존호로 부르는 것을 원치 않았다. 명실상부한 황제가 되고 싶었다. 그는 먼저 연호를 거섭(居攝) 3년(8)에서 초시(初始) 원년(8)으로 바꾸었다. 섭정을 끝내고 처음부터 새롭게 시작한다는 의미였다. 그가 새로운 왕조를 건국하기 위해서는 천명에 따라 어쩔 수 없이 황제로 등극할 수밖에 없다는 '조작'이 필요했다. 그 조작은 왕망에게 잘 보여 출세하려는 자들에 의하여 꾸며졌다.

재동현(梓潼縣: 사천성 면양·綿陽) 사람 애장(哀章)은 장안에서 태학생(太學生)이었다. 평소에 품행이 불량하고 허풍떨기를 좋아했다. 그는 왕망의 속마음을 꿰뚫고 동궤(銅櫃: 구리로 만든 궤짝)를 제작했다. 그 안에『천제행새금궤도(天帝行璽金櫃圖)』와『적제행새모전여황제금책서(赤帝行璽某傳予黃帝金策書)』라는 책, 두 권을 넣어두었다.

어느 날 애장은 한고조 유방의 황릉에서 우연히 어떤 도사를 만나 이 동궤를 건네받았다고 소문을 냈다. 왕망의 측근들이 애장에게 달려가 동궤 안에 들어있는 책을 살펴보았다. 천제(天帝)와 적제(赤帝)의 옥새를 모씨(某氏)가 황제(黃帝)에게 전한다는 내용이었다. 그들은 모씨는 한고조 유방을, 황제는 왕망을 지칭한다고 했다. 이른바 '부명(符命)'에 따라 왕망이 황제로 등극해야 한다고 주장했다. 부명이란 하늘이 제왕이 될 만한 사람에게 내리는 상서로운 징조이다.

왕망은 평소에 양보를 잘 하기로 소문이 났다. 그런데 이번에는 천명을 받들어 새로운 왕조를 세워 만백성을 다스리겠다고 했다. 그는 피를 흘리지 않고 선양의 방법으로 황제가 되고 싶었다. 시건국(始建國) 원년(9) 1월 마침내 왕망은 54세의 나이에 조야 인사들의 폭넓은 지지를 받고 신

(新)나라를 건국하여 개국 황제가 되었다. 신나라의 도성은 여전히 장안이 었는데 이때 도성의 명칭이 상안(常安)으로 바뀌었다. 이로써 전한(서한)은 건국한 지 214년 만에 망했다.

왕망은 중국을 최초로 통일한 진시황제가 진귀한 옥인 화씨벽(和氏璧)으로 만든 국새를 확보해야 정통성을 확보할 수 있었다. 한고조 유방이 한나라를 건국하면서 진시황제의 국새를 인수하여 자기가 진나라를 계승한 정통 황제임을 천하에 선포했다. 한평제 유간 시대에 이르러 황제의 나이가 너무 어렸기 때문에 왕태황태후가 국새를 장락궁에서 관리하고 있었다. 왕망은 안양후(安陽侯) 왕순(王舜)을 장락궁으로 보내 왕태황태후에게 국새를 요구했다. 왕태황태후가 진노하여 왕순을 호되게 꾸짖었다.

"너희 부자(父子) 종족은 한나라 황실의 힘에 의지하여 대대로 부귀영화를 누리고 있지 않느냐? 그런데 너희 놈들은 성은에 보답은 못할망정 오히려 유씨가 어린 군주를 위해 섭정을 맡긴 기회를 이용하여 유씨의 국가를 찬탈했으니 참으로 배은망덕하도다! 너희 놈들이 먹고 남긴 음식은 개돼지조차도 먹지 않을 것이다. 천하에 어찌 너희 형제들처럼 나쁜 놈들이 또 있겠느냐? 왕망 그놈이 금궤(金櫃)를 만들어 부명(符命)으로 사기를 쳐서 새 황제가 되어 멋대로 역법(曆法)과 복식(服飾)을 바꾸었다고 들었다. 그놈이 스스로 국새를 만들어 대대손손 전하면 그만이지, 무엇 때문에 망국의 불길한 국새를 얻으려고 한단 말이냐? 나는 한나라 황실의 늙은 과부로 살날이 얼마 남지 않았다. 내가 죽거든 나와 옥새를 함께 매장해라!"

왕태황태후가 눈물을 흘리면서 유언 같은 말을 남기자 통곡하지 않는 사람이 없었다. 왕순도 비통한 심정으로 아뢰었다.

"저희들은 더 이상 드릴 말씀이 없습니다. 왕망은 기필코 국새를 얻어야 한다고 합니다. 태황태후께서는 끝내 그에게 국새를 하사하지 않으시렵니까?"

왕태황태후는 왕순의 간절한 요청에 마음이 누그러졌다. 만약 국새를 주지 않으면 조카 왕망이 무슨 해코지를 하지 않을까 두려웠다. 국새를 바닥에 내던지고 욕설을 퍼부었다.

"이제 나는 너무 늙어 조만간에 죽겠지만 훗날 너희 형제 일족은 멸족을 당할 것이다."

왕순이 손잡이가 떨어져 나간 국새를 가지고 왕망에게 바쳤다. 왕망은 감격의 눈물을 흘렸다. 미앙궁에서 성대한 연회를 열어 왕태황태후를 위로하고자 했다. 그녀가 버럭 소리를 질렀다.

"한나라가 망한 판국에 내가 어찌 연회를 즐길 수 있겠느냐?"

왕망은 그녀의 마음을 얻지 못한 채 신하들과 함께 밤새도록 환락을 즐겼다. 시건국 5년(13) 왕태황태후는 향년 83세를 일기로 조용히 숨을 거두었다. 조카 왕망의 황위 찬탈을 막지 못했으나, 한나라의 태후로서 죽는 순간까지 자존심을 지켰다.

왕망은 태자 유자영을 정안공(定安公)으로 격하한 후 궁실에 가두어 바보로 만들었다. 유자영은 왕망 사후인 갱시(更始) 3년(25) 20세의 나이에 피살되었다. 왕망의 장녀이자 한평제 유간의 황후 왕씨(王氏)는 신나라에서 품계가 정안태후(定安太后)로 바뀌었다. 왕정안태후는 아버지가 신나라 황제가 되었지만 한나라의 황후로서 정조를 지켰다. 왕망은 과부가 된 딸의 처지를 안타깝게 생각하여 그녀의 존호를 황황실주(黃皇室主)로 바꾸고 개가(改嫁)시키려고 했다. 하지만 딸의 완강한 거부에 뜻을 이루지 못했다.

지황(地皇) 4년(23) 녹림군(綠林軍)이 장안성을 함락하여 왕망을 주살할 때 황황실주는 "무슨 면목으로 한나라 황실의 어르신들을 뵐 수 있을까?"라는 말을 남기고 불속에 뛰어들어 자살했다. 왕씨 남자들은 친족 왕망을 황제로 추대하여 성이 다른 두 임금을 섬겼으나, 왕씨 여자들은 죽는 순간까지 한나라 유씨의 종부(宗婦)로서 한 임금을 섬기고 죽었다. 당시 황실 여인들이 얼마나 정조를 중시했는지 짐작할 수 있다.

4. 개혁 정책이 실패하고 주변국과의 갈등을 빚다

왕망이 국명을 '신(新)'으로 정한 것은 악법과 악습을 일소하고 부패한 귀족과 호족 세력을 타파하며 과감한 개혁을 단행함으로써 백성들의 삶을 풍족하게 하는 새로운 나라를 세우겠다는 강력한 의지에서 나왔다. 당시 가장 심각한 사회 병폐는 토지 겸병과 노비 문제였다. 시건국 원년(9) 왕망은 이런 조서를 반포했다.

"옛날에는 성인 남자 한 명이 논밭 100무(畝)를 경작하여 수확량의 10분의 1을 세금으로 바쳤다. 이에 따라 국가는 부유해지고 백성은 풍족한 생활을 누릴 수 있게 되어 임금의 덕을 찬양하는 노래가 끊이질 않았다. 그런데 진(秦)나라 시대에 이르러는 성인이 만든 제도를 훼손하고 정전제(井田制)를 폐지했기 때문에 귀족과 토호가 토지를 겸병하는 폐단이 일어나고 돈만을 탐하는 비열한 행위가 그치지 않았다. 따라서 강자는 1천 무이상의 논밭을 소유하려고 하고, 약자는 송곳을 꽂을 손바닥만 한 땅조차 없는 형편이다."

"또한 노비를 매매하는 시장을 설치하여 우마(牛馬)와 함께 가두어 놓고 관리들의 통제를 받게 하여 그들의 목숨을 멋대로 다루고 있다. 이러한 야만적 행위는 '천지의 생명체 중에서 사람이 가장 귀하다.'는 대의에 위배된다. 한나라 시대에 이르러서는 세금 감면의 조치로 수확량의 30분의 1을 바치게 했다. 하지만 언제나 다른 명목으로 거두어들이는 세금이 너무 많았다. 늙거나 병들어 일을 할 수 없는 사람도 세금을 내야 했다."

"더구나 호족은 백성을 깔보고 착취했다. 그들은 명목상으로는 소작 농민들이 수확한 곡식의 30분의 1을 세금으로 거두어들인다고 했지만, 실제로는 10분의 5를 징수했다. 따라서 부자들의 집안에는 그들이 키우는 개와 말조차도 다 먹을 수 없을 만큼 엄청나게 많은 양식이 쌓여 있었다. 그들은 권세와 부귀를 빙자하여 나날이 교만해졌으며 악행을 일삼았다. 반면에 가난한 사람들은 지게미와 쌀겨도 배불리 먹을 수 없어서 굶주림에 시달리자 어쩔 수 없이 간사한 행위를 했다. 그들은 모두 범죄를 저질렀기 때문에 그들을 형벌로 다스릴 수밖에 없었다. 지금 천하의 모든 전(田)은 '왕전(王田)'이라 명명하며, 노비는 '사속(私屬)'이라 명명한다. 앞으로는 왕전과 사속은 절대 매매할 수 없다."

왕(王)은 국가를 의미하므로 왕전이란 국가의 토지를 의미한다. 중국 최초의 토지 국유화 정책이다. 왕망은 귀족과 지주로부터 토지를 회수하여 백성들에게 나누어주고 경작하게 했다. 이른바 '경자유전(耕者有田)'의 원칙이 세금을 안정적으로 확보하고 백성의 삶을 풍요롭게 할 수 있다고 믿었다. 사속이란 주인이 노비를 소유한다는 뜻이다. 주인의 노비 소유권은 인정했지만 인신매매를 금지한 것이다.

왕망은 이밖에도 화폐 제도를 개혁했으며 오균육관(五均六筦)이라는 상공업 개혁을 단행했다. 오균이란 명산과 큰 호수에서 나오는 특산물, 소금, 철, 동전, 직물(織物) 등 민생에 중요한 다섯 가지 물건이다. 국가에서 이것들의 수요와 공급을 적절하게 통제하여 물가를 안정시켰다. 또 백성들에게 외상으로 팔고 난 후에 일정한 기간이 지나면 싼 이자를 받고 회수했다.

육관이란 오균에 주류(酒類)를 더한 것을 말한다. 육관은 국가에서만 독점 판매할 수 있었다. 오균육관은 기본적으로 사농공상(士農工商)의 백성과 국가에 이익을 주게 설계한 경제 정책이었다. 왕망은 유가 사상에 심취한 이상주의자였다. 유가 사상가들이 이상적인 국가로 생각하는 주(周)나라의 제도에 근거하여 법령과 관제를 바꾸었다. 그는 이른바 '탁고개제(托故改制)'의 방법으로 현실의 모순을 타파하고 싶었다. 탁고개제란 왕망이 주나라 『주례(周禮)』의 내용에 의거하여 제도를 고친다는 뜻이다.

하지만 왕망이 시행한 일련의 개혁 조치는 귀족, 관료, 토호 등 기득권 세력의 강한 불만을 샀다. 특히 토지 국유화는 그들의 거센 저항에 직면했다. 왕망은 왕전령(王田令)을 공포한 지 3년 만에 폐지할 수밖에 없었다. 화폐 개혁도 중심을 잡지 못하고 여러 차례 단행되는 바람에 오히려 시장을 교란하고 말았다. 왕망의 이상적인 개혁 사상이 현실에 부합하지 않은 것이 그를 조급하게 했다. 그는 자기가 추진한 법령을 어기는 자에게는 잔혹한 형벌로 다스렸다.

왕망은 신나라를 천하의 중심으로 생각했다. 당시 신나라에는 북쪽 변방에는 북해군(北海郡), 남쪽 변방에는 남해군(南海郡), 동쪽 변방에는 동해군(東海郡) 등 3개 군(郡)이 있었다. 동서남북의 사해(四海)가 있어야 비로소 중원의 신나라를 중심으로 세상이 돌아간다고 믿었다. 왕망은 서쪽 변방에 있는 청해호(青海湖) 일대에 군대를 파견하여 서해군(西海郡)을 설치했다. 서해군은 사람이 거주하기 힘든 광활한 황무지였다. 왕망은 중원의 백성들을 그곳에 보내 황무지를 개척하게 했다. 하지만 백성들은 고향을 등지고 이역만리로 떠나려고 하지 않았다. 왕망은 온갖 죄명으로 백성들을 옭아맨 후 서해군으로 추방하는 야비한 정책을 폈다. 백성들의 원성이 하늘을 찔렀다. 그들은 조정의 강제 이민 정책을 피해 유랑걸식하거나 산중으로 달아나 도적떼가 되었다.

왕망은 주변 국가들에 대한 외교도 한나라와는 다르게 강경책으로 일관했다. 특히 중원 한족의 오랜 적수인 흉노에 대한 유화책을 거두고 흉노를 일개 지방 정권으로 복종시키려고 했다. 한나라 시대에는 한나라 황제가 흉노 선우(單于)에게 '새(璽)'를 하사했다. 새는 제왕(帝王)의 국새(國璽)를 뜻한다. 한나라가 흉노를 제왕의 국가로 인정했다는 뜻이다. 하지만 왕망은 새를 '장(章)'으로 바꾸고 하사했다. 장은 제후의 도장(圖章)을 뜻한다. 또 흉노를 '공노(恭奴)'로, 선우를 '선우(善于)'로 바꾸었다. 공노는 '신나라 황제를 공손히 받드는 노예', 선우(善于)는 '신나라 황제의 말을 잘 듣는 착한 수령'이라는 뜻이다. 흉노선우(匈奴單于)라는 명칭도 '강노복우(降奴服于)'로 바꾸었다.

흉노는 왕망의 흉노에 대한 강경책에 거세게 반발했다. 살인과 약탈은 흉노 기병의 주특기였다. 그들은 신나라 서북 변방을 유린했다. 시건국 2년(10) 왕망은 입국장군(立國將軍) 소건(蘇建)에게 30만 대군을 거느리고 흉노를 공격하게 했다. 하지만 신나라 군대는 신출귀몰하는 흉노 기병의 적수가 되지 못했다. 여러 해 동안 계속된 전쟁에서 신나라가 대패했다. 안문군(雁門郡), 삭방군(朔方群) 등 변방 도시는 쑥대밭이 되었다. 왕망의 무리한 원정(遠征)은 백성들을 도탄에 빠지게 했다.

한나라 역대 황제 평전

왕망은 흉노 정벌을 준비하면서 고구려 유리왕(琉璃王·?~18)에게 은밀히 병력 지원을 요청했다. 유리왕이 거절하자 왕망은 고구려 변방 지방에 주둔하고 있는 고구려 병사들을 강제로 징집하게 했다. 고구려 병사들은 강제 징집에 반발하여 달아나 도적떼가 되었다. 왕망은 요서군(遼西郡)의 대윤(大尹) 전담(田譚)에게 그들을 추격하게 했다. 전담은 고구려 병사들과 싸우다가 전사했다.

왕망은 장수 엄우(嚴尤)에게 고구려를 공격하게 했다. 엄우는 고구려후(高句驪侯) 추(騶)의 머리를 잘라 도성 상안(장안)으로 보냈다. 왕망은 크게 기뻐하며 고구려왕을 후(侯)로, 고구려를 '하구려(下句驪)'로 격하했다. 하지만 왕망의 고구려에 대한 멸시는 오히려 고구려가 신나라에 대항하여 영토를 확장하고 강대국으로 발전하는 계기가 되게 했다. 왕망의 신나라가 망한 후 후한 광무제 유수의 시대인 건무(建武) 8년(32)에 고구려는 다시 국호를 회복했다.

신나라의 서남 지역에 구정(句町: 광서성 서림현·西林縣과 운남성 광남현·廣南縣 일대)이라는 소국이 있었다. 한성제 유오 시대에 한나라가 익주군(益州郡)에서 일어난 반란을 진압할 때 구정의 수령이 공을 세워 왕으로 책봉되었다. 왕망은 신나라를 건국한 후 구정 왕을 제후로 강등했다.

시건국 4년(12) 구정 왕 감(邯)이 책봉을 거부하고 반란을 일으켰다. 왕망은 장가군(牂牁郡: 귀주성 복천·福泉 일대)의 대윤 주흠(周歆)에게 감을 토벌하게 했다. 주흠이 감을 유인하여 살해하자, 감의 아우 승(承)이 형의 왕위를 계승하고 주흠을 살해했다. 왕망은 대군을 파견하여 구정을 정벌하게 했으나 실패했다.

천봉(天鳳) 원년(14) 구정 왕이 익주의 대윤 정륭(程隆)을 살해했다. 왕망은 풍무(馮茂)에게 서남 지방에 거주하는 백성 20여만 명을 징발하여 구정을 토벌하게 했다. 3년여 동안 지속된 토벌 전쟁에서 10만 명이 넘는 신나라 병사들이 굶주려 죽거나 풍토병에 걸려 죽었다.

왕망은 국내 정치와 외교에서 좌충우돌했다. 그의 거듭된 실정(失政)은 신나라를 걷잡을 수 없는 혼란에 빠지게 했으며 결국은 패망의 길로 몰고 갔다.

5. 농민 봉기가 일어나 신나라를 공격하다

신나라의 연이은 토벌 전쟁의 실패는 변방에 거주하는 백성은 말할 것도 없고 중원의 백성도 생활 터전을 잃고 굶주림의 도가니에 빠지게 했다. 한문제 유항 시대에는 곡식 1 석(石) 가격이 몇 십 전에 불과했는데 왕망 시대에 이르러서는 무려 2천 전이나 했다. 신나라가 망하기 직전에는 곡식 1 두(斗)의 가치가 황금 1 근(斤)에 해당했다. 게다가 해마다 가뭄, 홍수 등 천재지변이 일어났다. 백성들은 하늘이 왕망에게 노하여 천벌을 내린다고 생각했다.

천봉 4년(17) 전국 각지에서 농민 봉기가 폭발했다. 임회(臨淮: 안휘성 봉양 · 鳳陽) 사람 과전의(瓜田儀)가 회계군 장주(長洲: 강소성 소주 · 蘇州)에서 농민 봉기를 일으켰다. 그를 따르는 농민군이 1만여 명에 이르렀다. 관군과 농민군 사이에 격렬한 전투가 여러 해 동안 벌어졌다. 지황(地皇) 2년(21) 왕망은 과전의가 투항을 거부하고 사망하자 그를 추모하는 사당을 세운 후 과전상남(瓜田殤男)이라는 시호를 내렸다. 과전의의 부하들을 회유하기 위한 조치였지만, 그들은 여전히 관군에 저항했다.

낭야군 해곡현(海曲縣: 산동성 일조 · 日照)에 여육(呂育)이라는 관리가 있었다. 어느 해 낭야군에 흉년이 들었다. 관가에 세금을 납부하지 못한 농민들이 부지기수였다. 현령은 여육에게 그들을 엄하게 처벌하라고 했다. 하지만 여육은 그들이 굶주리고 있는 비참한 현실을 고려하여 차마 현령의 지시를 이행할 수 없었다. 현령은 분노하여 여육이 백성들과 짜고 반역했다는 죄목으로 그를 죽였다.

여육의 어머니(일명 여모·呂母)는 단순한 부녀자가 아니라 기백이 넘치는 여걸이었다. 그녀는 아들의 억울한 죽음에 원수를 갚기로 맹세했다. 술집을 열어 가난한 청년들에게는 무료로 술을 제공했다. 그들은 여모를 친어머니처럼 섬기고 따랐다. 여모는 가산을 털어 빈민 구제에도 앞장을 섰다. 그녀를 따르는 장정들이 날이 갈수록 늘어났다.

천봉 4년(17) 여모는 장정들에게 관청을 급습하여 아들을 죽인 현령을 죽이고 창고에 쌓아놓은 양식을 빼앗아 가난한 백성들에게 나누어주자고 호소했다. 장정들은 여모를 위해서라면 목숨을 기꺼이 내놓겠다고 했다. 천봉 4년(17) 장군을 자칭한 여모는 농민군 3천여 명을 이끌고 해곡성(海曲城)으로 진격했다. 그녀는 일거에 해곡성을 점령하고 아들을 죽인 현령을 생포했다. 성안의 관리들은 무릎을 꿇고 머리를 조아리며 여모에게 자비를 베풀어 달라고 애원했다. 여모는 그들을 호되게 질책했다.

"내 아들은 죽을죄를 짓지 않았는데 현령에게 살해되었다. 남을 죽인 자는 목숨으로 대가를 치러야하는데 무슨 동정을 구한단 말이냐?"

현령은 사람들이 지켜보는 가운데 참수를 당했다. 여모는 현령의 수급을 아들의 무덤 앞에 놓고 제사를 지냈다. 이윽고 곡식과 무기를 배에 싣고 섬으로 들어갔다. 사람들은 여장군이 나타나 부패한 관리들을 처단했다는 소식을 듣고 앞을 다투어 그녀가 있는 섬으로 몰려갔다. 여모는 병사 1만여 명을 거느리고 산동성의 여러 섬에 거점을 확보했다. 고기잡이로 병사들의 생계를 유지하면서 산동성의 여러 군현을 기습했다.

왕망은 관군이 일개 부녀자에게 연전연패를 당했다는 소식을 듣고 기겁했다. 여모에게 사자를 보내 투항하면 반란죄를 불문에 부치겠다고 했지만 농민군의 맹렬한 저항을 꺾지 못했다. 천봉 5년(18) 산동성 일대의 바다를 지배한 여모가 병으로 사망했다. 그녀는 중국 최초의 농민군 여자 지도자로 자리매김했다. 여모가 사망했지만 그녀의 부하들은 여전히 관군과 싸웠다.

이 시기에 해곡현과 인접한 거현(莒縣)에서도 농민 봉기가 일어났다. 농민군의 우두머리는 번숭(樊崇)이었다. 그는 무식했으나 용감하고 지략이 뛰어났다. 태산(泰山)을 근거지로 삼은 후 치고 빠지는 전술로 관군을 궁지에 몰아넣었다. 그의 무용담이 동부 지방에 빠르게 퍼졌다. 여모가 거느렸던 농민군, 방안(逢安), 서선(徐宣) 등 동부 지방에서 농민군을 거느린 우두머리들이 속속 번숭의 수하로 들어왔다. 번숭은 농민군이 관군과 뒤섞여 싸울 때 농민군을 식별하기가 어려움을 깨달았다. 아군을 구분하기 위하여 농민군의 눈썹에 붉은 염료를 칠하게 했다. 그래서 그의 군대는 '적미군(赤眉軍)'이라는 별칭을 가지게 되었다.

번숭은 "사람을 죽인 자는 사형에 처하며, 남에게 상처를 입힌 자는 똑같이 상처를 입힌다."라는 간단한 구호를 제창했다. 그는 무식한 농민들에게 무슨 거창한 구호를 제창하면 오히려 역효과가 난다고 보았다. 그는 또 백성들에게 피해를 끼쳐서는 안 되며 오로지 관군에 대항하여 싸워야 한다고 했다. 적미군이 지나가는 길마다 백성들이 몰려들어 합류했다. 번숭은 '삼로(三老)'를 자칭하고 수만 명을 거느린 농민군의 우두머리가 되었다.

왕망은 동부 지방이 적미군의 수중에 들어갈 위기에 처하자 태사 왕광(王匡)과 갱시장군(更始將軍) 염단(廉丹)에게 적미군을 토벌하게 했다. 두 사람은 10만 대군을 이끌고 토벌에 나섰다. 그런데 관군은 원정길에 민가를 약탈하고 부녀자를 겁탈하는 등 만행을 서슴지 않았다. 반면에 적미군은 엄정한 군기를 세워 조금도 민폐를 끼치지 않았다. 당시 민간에는 이런 말이 유행했다.

"차라리 적미군을 만나고 말지, 태사(왕광)는 만나고 싶지 않다네. 태사의 괴롭힘은 그런대로 견딜 수 있지만, 갱시(염단)는 나를 잡아 죽이네."

백성들은 천하 대란의 와중에서 포악한 짓을 일삼는 관군에게 적개심을 품었으며 적미군에게 호의를 가지고 있었음을 알 수 있는 내용이다. 처음에는 관군이 우세했으나 나중에는 민심을 얻은 적미군이 관군을 대파했다. 갱시장군 염단은 전사했으며, 태사 왕광은 달아났다. 주장(主將)을 잃은 관군은 패배한 틈을 타서 달아나거나 녹림군에 투항했다.

지황(地皇) 3년(22) 관동(關東: 함곡관·函谷關 이동 지역)에서 엄청난 메뚜기떼가 농작물을 갉아먹으며 하늘을 누렇게 덮었다. 이른바 '황재(蝗災)'가 발생한 것이다. 관동의 이재민 수십 만 명은 관중(關中)에 양식이 있다는 소문을 듣고 도성 상안을 향해 몰려갔다.

왕망은 관부의 곳간을 열고 곡식을 이재민들에게 나누어주게 했다. 하지만 탐관오리들이 중간에서 곡식을 가로채는 바람에 상안의 저자거리에서 굶어죽은 사람이 10명에 7~8명이나 되었다. 이보다 앞서 왕망은 환관 왕업(王業)에게 궁궐에서 필요한 물건을 조달하는 업무를 맡겼다. 왕업은 백성들에게 물건을 헐값에 구매했는데 거의 빼앗다시피 하여 백성들의 고통이 이만저만이 아니었다. 왕업은 구매 비용을 아낀 공로로 부성(附城: 관내후·關內侯의 이칭)에 책봉되었다. 마침 왕망이 도성 안에서 기근이 발생하여 굶어 죽은 사람이 많다는 얘기를 듣고 왕업에게 이유를 물었다. 왕업이 아뢰었다.

"굶어 죽은 자들은 모두 유랑민들입니다."

왕업은 또 시장에서 파는 쌀밥과 고깃국을 들고 와서 왕망에게 보여주고 말했다.

"도성 안의 백성들은 모두 이런 음식을 먹고 삽니다."

왕망은 안도의 한숨을 쉬며 말했다.

"도성 안의 백성들이 이렇게 잘 먹고 산다니 참으로 다행이구나!"

왕업은 왕망을 철저하게 속였다. 왕망은 젊었을 때의 영민한 왕망이 아니었다. 간신들의 감언이설에 속고 아부만하는 측근들에게 둘러싸여 세상이 어떻게 돌아가는 지 제대로 알지 못했다.

농민 봉기는 남쪽 지방에서도 폭발했다. 형주(荊州) 신시(新市: 호북성 경산·京山) 사람 왕광(王匡: 태사 왕광과 동명이인)과 왕봉(王鳳)은 초근목피로 연명하는 고향 사람들을 선동하여 농민 봉기를 일으켰다. 농민군은 경릉(竟陵: 호북성 천문·天門)과 안륙(安陸: 호북성 안륙)에서 관청을 습격하여 관리들을 죽이고 곡식과 재물을 빼앗아 빈민들에게 나누어주었다. 왕광과 왕봉을 추종하는 농민군이 일시에 5만여 명이나 되었다.

왕광과 왕봉은 농민군을 거느리고 녹림산(綠林山: 호북성 대홍산·大洪山)으로 들어가 거점을 구축했다. 지황(地皇) 3년(22) 녹림산에 역병이 돌아 매일 수백 명씩 사망했다. 두 달이 지난 후에는 5만여 명 중에서 거의 절반이나 사망하여 더 이상 녹림산에서 버틸 수 없었다. 살아남은 농민군은 녹림산에서 내려와 각자도생했다.

그 후 왕광과 왕봉은 남양(南陽: 하남성 남양)을 거점으로 세력을 넓혔다. 두 사람이 거느린 농민군을 신시병(新市兵)이라고 칭했다. 남군(南郡: 호북성 강릉·江陵)에서 웅거한 왕상(王常)과 성단(成丹)의 농민군을 하강병(下江兵)이라고 칭했으며, 평림(平林: 호북성 수현·隨縣)에서 세력을 떨친 진목(陳牧)과 요담(廖湛)의 농민군을 평림병(平林兵)이라고 칭했다. 이 세 농민군을 '녹림군'으로 통칭한다. 녹림군은 오늘날의 하남성 남부와 호북성 일대에서 관군을 무찌르고 세력을 확장했다.

적미군과 녹림군은 신나라에 가장 위협적인 세력으로 부상했다. 그들이 도성을 향해 파죽지세로 진격하고 있다는 소문이 전국 호걸들의 가슴을 뜨겁게 했다. 전국 각지에서 농민 봉기가 들불처럼 일어났다. 하북 지방에서 일어난 동마군(銅馬軍)의 위세가 하늘을 찔렀다. 훗날 동마군은 후한을 건국한 광무제 유수의 주력군으로 편입되었다

후한
(동한)

13

제13장

광무제 유수

1. 유씨 일족과 녹림군이 유현을 황제로 추대하다

　　남양군(南陽郡) 채양현(蔡陽縣: 호북성 조양·棗陽)에 유흠(劉欽·?~3)이라는 사람이 살고 있었다. 그는 한고조 유방의 8대 후손이자 장사정왕(長沙定王) 유발(劉發)의 현손(玄孫)이다. 전한 말기에 제양현령(濟陽縣令), 남돈현령(南頓縣令) 등의 관직을 역임했다. 그는 남양군의 거부 번중(樊重)의 딸 번한도(樊嫻都)를 아내로 맞이하여 유연(劉縯), 유중(劉仲), 유수(劉秀·기원전 6~57) 등 세 아들과 유황(劉黃), 유원(劉元), 유백희(劉伯姬) 등 세 딸을 두었다.

　　유수가 훗날 후한을 건국한 광무제(光武帝)이다. 그는 아버지가 제양현령이었을 때 제양현(濟陽縣: 하남성 난고현·蘭考縣)에서 태어났다. 한평제 원시(元始) 3년(3) 아버지가 남돈현령이었을 때 사망했다. 어머니 번한도는 졸지에 가세가 기울자 자식들을 데리고 유수의 숙부인 유량(劉良)이 살고 있는 남양군 채양현으로 가서 유량에게 의탁했다.

유수는 종친이었지만 황실과의 촌수가 멀었기 때문에 어떤 특혜도 받지 않고 평민으로 생활했다. 유량은 가끔 조카들에게 한나라의 황위를 찬탈한 왕망을 신랄하게 비난했다. 한나라 황실의 후예로서 언젠가는 반드시 한나라의 종묘사직을 다시 세워야 한다고 역설했다. 유수는 성격이 침착하고 근면 성실했다. 어렸을 때부터 마음속으로는 한나라 황실의 후예라는 자부심이 강했지만 겉으로는 내색하지 않고 농사와 학문에 전념했다. 유수의 큰형 유연은 성격이 호방하여 호걸들과 사귀기를 좋아했다. 그는 유수가 지나치게 소심하다고 비웃었지만, 유수는 개의치 않고 묵묵히 자기 일에만 몰두했다.

신나라 천봉 연간(14~19) 유수는 도성 상안(장안)으로 가서 태학(太學)에 입학했다. 태학은 중국 고대의 최고 학부이다. 태학생(太學生)은 유가 경전을 배운 후 관리로 임용되었다. 유수는 태학에서 당대의 저명한 유학자인 허자위(許子威)에게 유가 오경(五經) 가운데 한 경전인 『상서(尙書)』를 배웠다. 『상서』는 『서경(書經)』이라고 칭하기도 한다. 유수는 이 경전을 통해 유가의 정치 이념과 제왕의 도를 배웠다. 아울러 훗날 그를 도와 후한의 공신이 된 등우(鄧禹), 주우(朱祐) 등 장수들을 태학에서 사귈 수 있었다.

유수는 학업을 마치고 고향으로 돌아와 곡물 장사를 했다. 워낙 성실하고 부지런했던 까닭에 많은 재물을 모을 수 있었다. 학식이 풍부하고 재산이 많은 그는 고향에서 유명 인사가 되었다. 지황 3년(22) 녹림군이 남양군에서 맹위를 떨쳤다. 남양군의 호족 이일(李軼)이 사촌형 이통(李通)에게 말했다.

"지금 천하에 대란이 일어났소, 머지않아 신나라는 망하고 한나라가 다시 흥기할 것이오. 남양군의 유씨 종실 가운데 오직 유연 형제만이 도량이 넓고 인자하여 많은 사람들의 신망을 받고 있소. 우리가 그들과 함께 큰일을 도모할 수 있을 거요."

이통이 빙그레 웃으며 말했다.

"나도 그렇게 생각하고 있다네."

이 해 가을 유수는 곡식을 팔러 완성(宛城: 하남성 남양·南陽)으로 갔다가 우연히 친구 이통과 이일을 만났다. 유수는 두 사람의 얘기를 듣고 생사를 함께 하기로 맹세했다. 유수는 이일 등 자신을 따르는 호걸들과 함께 용릉(春陵: 호북성 조양 오점진·吳店鎭)으로 가서 마침 거사를 모의하고 있는 유연을 만났다. 유연은 동생이 데리고 온 호걸들을 만나자마자 기쁨을 감추지 못했다. 마침내 그는 "한고조의 위업을 부활하고 천추만세의 세월을 결정한다."라는 기치를 내걸고 봉기를 일으켰다. 유연은 용릉에서 병사 7~8천여 명을 거느리고 주천도부(柱天都部)라고 자칭했다. 유수도 형에 호응하여 이통, 이일 등과 함께 완성에서 봉기를 일으켰다.

유연이 처음 봉기를 일으켰을 때 유사(劉祉), 유량(劉良) 등 유씨 일족은 멸문의 화를 당하지 않을까 두려워하여 봉기에 가담하지 않았다. 하지만 유수가 장군 복장을 하고 농민군을 지휘하는 위풍당당한 모습을 보고서야 비로소 안심하고 가담했다. 그들은 유수의 지략과 지도력이 유연보다 뛰어나다고 생각했다. 유씨 형제가 일으킨 군대를 용릉군(春陵軍)이라고 불렀다. 처음에 용릉군은 병사도 적고 장비도 형편없었다. 유수조차도 전마가 없어서 소를 타고 병사를 지휘할 정도였다. 신야(新野: 하남성 신야현)에서 신야위(新野尉)를 겨우 참살한 끝에 자신의 전마를 얻을 수 있었다.

유연과 유수는 개전 초기에는 극양(棘陽: 하남성 신야현 부근)을 점령하는 전과를 거두었으나, 얼마 후 완성을 공격하다가 오히려 소장안취(小長安聚: 하남성 남양 남쪽에 위치)에서 신나라 장수 견부(甄阜)와 양구사(梁丘賜)에게 대패했다. 유수는 여동생 유백희와 함께 말을 타고 정신없이 달아나는 도중에 둘째누나 유원과 그녀의 딸 세 명을 만났다. 유수는 그들에게 빨리 말에 올라타라고 했다. 유원이 손사래를 치며 말했다.

"너희들이나 빨리 달아나라! 우리 가족을 구하려고 하다가는 모두 다 죽는다."

유원은 자기 가족이 유수와 함께 말을 타고 달아나면 속도가 늦어 추격병에게 잡히지 않을까 두려워한 것이다. 유수는 눈물을 머금고 말을 달렸다. 유원과 세 딸은 모두 신나라 병사가 휘두른 칼에 목숨이 달아났다. 훗날 유수는 누나를 신야절의장공주(新野節義長公主)로 추증하고 사당을 세워 추모했다.

유연 형제는 고립무원의 처지에 빠졌다. 하강병의 수령 왕상을 만나 도움을 요청했다. 왕상은 유연 형제의 인품과 능력을 잘 알고 있었다. 그들과 연합하는 것이 자신에게 유리했다. 용릉군과 하강병은 힘을 합쳐 관군에 대항하기로 결정했다. 신시병, 평림병도 농민군의 대오에 합류했다.

농민군은 난향(藍鄉: 하남성 신야현 동쪽)에서 야음을 틈타 관군을 물리친 후 비수(沘水: 하남성 남양의 당하·唐河)에서 진을 치고 있는 견부와 양구사의 10만 관군을 기습했다. 관군은 견부와 양구사가 전사하고 병사 2만여 명을 잃는 참패를 당했다. 농민군은 이 비수대첩을 통해 10만 대군으로 성장했다.

농민군 수령들은 유씨 황실 후손 가운데 한 명을 황제로 추대하여 한나라의 사직을 다시 세우자고 주장했다. 용릉군의 장수들과 하강병의 수령 왕상은 유연을 추대해야 한다고 주장했다. 그런데 신시병과 평림병의 수령들은 유수의 족형(族兄) 유현(劉玄·?~25년)을 지지했다. 예전에 유현은 동생 유건(劉鶱)을 살해한 정장(亭長)의 아들에게 복수하려고 했다가 실패하자 평림으로 달아났다. 그 후 평림병의 수령 진목(陳牧)의 수하로 들어가 안집연(安集掾)을 맡고 있었다. 안집연은 병사들을 모집하고 군영 생활을 관리하는 하급 관리이다.

평림병과 신시병의 수령들은 신망이 높고 휘하에 많은 병사들을 거느리고 있는 유연을 황제로 추대하면 자신들의 입지가 좁아질 것을 우려하여, 다루기 편하고 나약한 유현을 황제로 옹립하고자 했다. 유연과 유수는 그들의 간계에 분노했지만 내부 분열을 우려하여 유현을 황제로 추대하는 데 동의했다.

갱시(更始) 원년(23) 2월 유현은 육수(淯水: 하남성 남양 백하·白河)의 백사장에서 황제로 등극했다. 유현은 신하들을 똑바로 쳐다보지도 못하고 식은땀을 흘리며 안절부절못했다. 연호는 갱시(更始)로 정했다. 처음부터 새롭게 다시 시작한다는 뜻이다. 유현을 갱시제(更始帝)라고 칭한다. 이때부터 한나라는 다시 사직을 이어가게 되었으며, 중국 역사에서는 이를 후한(後漢) 또는 동한(東漢)이라고 칭한다.

2. 유수가 곤양대전을 승리로 이끌다

녹림군 수령들과 유연 형제는 유현을 황제로 추대한 후 갱시제 유현의 조칙을 받드는 형식으로 권력을 나누었다. 왕광과 왕봉은 국상공(國上公), 진목은 대사공(大司空), 왕상(王常)은 정위(廷尉), 유연은 대사도(大司徒), 유수는 태상편장군(太常偏將軍)으로 임명되었다. 그들끼리 관작은 적당히 분배했지만 군권은 녹림군 수령들이 장악하고 있었다. 유연과 유수는 그들과 권력 다툼을 벌일 때가 아니라고 생각했다. 어쨌든 그들은 유씨 일족을 황제로 추대하고 신하로서 충성을 맹세했으므로 그들을 제거할 명분은 말할 것도 없고 능력도 없었다. 두 사람은 일단 권력 구도에 순응하면서 역량을 기르는 길을 선택했다.

후한은 관직과 군대의 편제를 정비한 후 한나라 부흥의 기치를 내걸고 본격적으로 왕망 타도에 나섰다. 갱시제는 유수 등 장수들에게는 곤양(昆陽: 하남성 엽현·葉縣)을, 유연 등 장수들에게는 완현을 공격하게 했다. 유수는 곤양, 정릉(定陵: 하남성 무양현·舞陽縣), 언성(郾城: 하남성 언성현) 등을 연이어 공략했으며, 유연은 완성(宛城: 하남성 남양·南陽)을 포위했다.

당시 왕망은 나이 68세의 늙은 황제였다. 언제 죽을지 모르는 나이였는데 미녀들을 후궁으로 선발하여 음락(淫樂)을 즐겼다. 그는 유씨 일족이 녹림군과 연합하여 황제를 추대했다는 얘기를 듣고 경악했다. 더구나 중원의 남부 지방이 후한군의 수중에 들어가자 공포에 휩싸였다. 중원이 함락되면 신나라의 도성 상안도 위태로웠다. 그는 대사공 왕읍(王邑)과 대사도 왕심(王尋)에게 42만 대군을 이끌고 곤양과 완성을 향해 진격하게 했다. 압도적인 병력으로 이제 막 일어난 후한군을 섬멸할 계획이었다. 신나라 군은 100만 대군이라고 호칭했다.

후한 병사들은 곤양성의 망루에서 대지를 뒤덮은 신나라군을 보고 기겁했다. 100만 대군이라고 호칭했지만 실제로는 10만여 명이 곤양성으로 진격해오고 있었다. 곤양성 안에는 후한군이 겨우 9천여 명이었다. 장졸들은 전의를 상실하고 달아날 궁리만 했다. 유수는 그들에게 곤양성은 성벽이 높고 단단하여 적은 병력으로도 수성(守城)할 수 있다고 호소했다. 왕봉과 왕상이 곤양성을 지키는 동안, 자신은 성 밖으로 나가 지원병을 이끌고 오겠다고 공언했다. 장졸들은 그의 결연한 의지를 확인하고 복종했다. 유수는 야음을 틈타 기병 13기를 거느리고 성 밖으로 빠져나갔다. 정룽과 언성으로 가서 그곳을 지키고 있는 장수들에게 성을 비우고 곤양성을 구원하러 가자고 했다. 장수들은 적은 병력으로 신나라의 대군에게 포위된 곤양성을 구원할 수 없다고 했다. 그들이 출동을 거부하자 유수는 이렇게 말했다.

"나의 형님이신 대사도 유연이 이미 완성을 점령했다고 들었소, 형님이 조만간에 대군을 이끌고 우리를 도와주러 온다고 했으니, 뭐 두려울 게 있겠소?"

당시 유연이 완성을 점령했지만 유수는 그 사실을 알지 못했다. 워낙 긴박한 상황이라 지레짐작으로 말했을 뿐이다. 유수는 이렇게 장수들을 설득한 후 병사 1천여 명을 이끌고 곤양성으로 진격했다. 한편 곤양성을 포위한 왕읍은 거만하기 이를 데 없는 자였다. 대군의 위력을 믿고 호언장담했다.

"내가 거느린 백만 대군이 진격하는 곳마다 적들은 전멸을 당할 것이다. 지금 이 곤양성의 적들을 모조리 도륙한다. 적들의 피를 밟고 전진하면서 앞에서는 승전가를 부르며 뒤에서는 승리를 축하하는 춤을 추면 어찌 기쁘지 않겠는가."

신나라군은 곤양성을 겹겹이 포위하고 맹공을 퍼부었다. 곤양성의 후한군이 결사 항전할 때 유수는 성 밖에서 군진(軍陣)을 폈다. 그는 중과부적의 상황에서 자신이 먼저 죽음을 두려워하지 않고 싸워야 병사들의 사기가 오른다고 생각했다. 과감하게 출진하여 신나라 병사 몇 명을 죽였다. 그 모습을 본 장수들이 말했다.

"유장군은 평소에 소규모의 적을 만나면 겁을 먹은 것처럼 보였소. 그런데 오늘은 대군을 만나 저렇게 용감하게 싸우니 참으로 기이한 일이오. 더구나 선봉에 서서 싸우고 있소. 우리 모두 진격하여 장군을 도와줍시다."

일시에 사기가 오른 후한군은 신나라군을 맹렬하게 공격했다. 수세에 몰린 신나라군은 퇴각하기 시작했다. 유수는 병사 3천여 명을 이끌고 곤수(昆水: 하남성 휘하·輝河)를 건너 신나라군의 본진을 기습했다. 신나라군은 당황하여 우왕좌왕했다. 왕심이 직접 병사들을 지휘했다. 유수는 왕심을 집중 공격했다. 왕심이 전사하자 왕읍은 가까스로 달아났다.

후한군이 신나라군의 후미를 쫓을 때 갑자기 맹수들이 나타났다. 신나라의 거인 거무패(巨毋覇)가 호랑이, 표범 등 맹수로 조직한 맹수 부대였다. 왕망은 그를 교위(校尉)로 삼고 맹수 부대로 후한군을 공격하게 했다. 사실 맹수는 몇 십 마리에 불과했으며 병사들을 맹수로 위장한 부대였다. 어쨌든 후한군은 난생 처음 본 맹수 부대에 놀라 혼란에 빠졌다. 마침 비가 억수같이 쏟아졌다. 온몸에 물감으로 색칠한 맹수 형상이 빗물에 흘러내렸다. 맹수 부대는 졸지에 물에 빠진 생쥐 꼴이 되었다. 후한군은 그 모습을 보고 실소를 금치 못했다. 하늘의 뜻이 한나라의 부흥에 있다고 여기고 파죽지세로 맹수 부대를 섬멸했다.

곤양대전은 유수가 소수의 병력으로 신나라의 대군을 물리친 싸움이었다. 유수의 뛰어난 지략과 강한 담력이 그를 성공한 장수로 만들었다. 이때부터 유수는 후한군의 실질적인 지도자로 부상했으며, 왕망은 패망의 길로 접어들었다.

완성을 점령한 유연과 곤양에서 대승을 거둔 유수는 중원 지방에서 명성을 떨쳤다. 갱시제 유현은 완성에서 허수아비 황제 노릇을 하고 있었지만 유연 형제가 황위를 찬탈하지 않을까 두려웠다. 유연의 수하에는 유직(劉稷)이라는 심복이 있었다. 그가 전선에서 관군과 싸우고 있을 때 유현이 황제로 추대되었다는 소식을 듣고 벌컥 화를 내며 말했다.

"본래 병사를 일으켜 대사를 도모한 자는 백승(伯升: 유연의 자·字) 형제이다. 그런데 지금 갱시제라는 자는 도대체 어떤 놈이지?"

갱시제는 이 말을 전해 듣고 몹시 불쾌했다. 오위장군(五威將軍) 이일(李軼)과 갱시제의 심복인 대사마 주유(朱鮪)도 유연 형제의 위세와 명성이 날로 높아지는 것에 내심 불만을 품었다. 특히 이일은 유연의 심복이었지만 은밀히 주유와 당파를 결성하여 유연 형제를 견제했다. 유수는 형님 유연에게 이일이 딴마음을 품고 있으니 조심하라고 여러 차례 충고했다. 하지만 유연은 동생의 충고를 귀담아듣지 않았다.

갱시제는 이일, 주유와 짜고 유직을 어명을 어긴 죄로 참수형에 처했다. 유연도 유직을 부추겼다는 누명을 쓰고 살해되었다. 당시 유수는 완성에 머무르지 않고 계속 남진하여 신나라 군대와 싸웠기 때문에 화를 피할 수 있었다. 그는 형님의 억울한 죽음에 분노했으나 속마음을 철저하게 감추었다. 즉시 완성으로 달려가 갱시제를 배알했다. 형님이 어명을 거역하여 죽은 것은 지극히 당연한 일이라고 말하며 충성을 맹세했다. 형님이 죽었는데도 상복을 입지 않고 웃는 얼굴로 사람들을 대했다. 권력 다툼에서 살아남기 위한 처절한 몸부림이었다.

3. 후한군이 신나라를 멸망시키다

갱시 원년(23) 여름 후한군은 신나라의 도성 상안과 동도(東都) 낙양으로 진격했다. 왕망은 신나라의 주력군이 곤양에서 궤멸되자 도성을 수비하고 있는 장수 9명에게 '호랑이 호(虎) 자'가 들어간 장군 칭호를 하사한 후 금위군 수만 명을 이끌고 후한군과 싸우게 했다. 왕망은 이른바 '구호장군(九虎將軍)'이 어명에 복종하지 않을까 두려워하여 그들의 가족을 성안으로 옮기고 인질로 삼았다. 왕망은 궁중에 황금 60여만 근을 비축하고 있었다. 돈, 비단 등 진귀한 물건도 산더미처럼 쌓여있었다. 그는 백척간두의 위기를 당하여 그것들을 병사들에게 아낌없이 풀어 사기를 진작해야 했다. 하지만 그는 재물을 조금 하사하고 생색만 내었다. 장졸들은 왕망을 원망하며 적극적으로 싸울 의지를 보이지 않았다.

석현(析縣: 하남성 서협현·西峽縣) 사람 우광(于匡)과 등엽(鄧曄)이 석현에서 농민 봉기를 일으키고 후한군에 호응했다. 우광은 보한우장군(輔漢右將軍)으로, 등엽은 보한좌장군(輔漢左將軍)으로 자칭하고 구호군(九虎軍)을 섬멸했다. 등엽은 도성으로 들어가는 관문인 무관(武關: 섬서성 상낙현·商洛縣)을 점령한 후 관문을 열고 서병대장군(西屏大將軍) 신도건(申屠建)과 승상사직(丞相司直) 이송(李松)이 거느린 후한군의 입관을 환영했다.

홍농군연(弘農郡掾) 왕헌(王憲)도 신나라를 배반하고 후한의 교위가 되어 상안으로 진격했다. 대세가 후한으로 기울고 있음을 간파한 농민군 수령들은 다투어 후한 장군을 자칭했다. 후한군이 도성으로 거센 파도처럼 밀려오자 왕망은 감옥에 갇혀있는 죄수들을 석방했다. 그리고 자신의 두 번째 황후인 사황후(史皇后)의 아버지 갱시장군(更始將軍) 사심(史諶)에게 그들을 이끌고 후한군의 공격을 막게 했다. 하지만 죄인들은 싸우기도 전에 모두 도망가 버렸다. 사심은 낙담한 채 홀로 돌아올 수밖에 없었다.

후한군은 도성 근교에 있는 왕망의 가족묘를 모조리 파헤치고 신나라 종묘에 불을 질러 잿더미로 만들었다. 같은 해 9월 후한군은 도성에 입성하여 대사공 왕읍 등 신나라 대신들을 닥치는 대로 살해했다. 황궁의 정원인 태액지(太液池)에 숨어 있었던 왕망은 달려든 병사들에게 사지가 갈기갈기 찢기고 죽었다. 왕망의 시신을 조각내어 차지하려고 싸우다가 죽은 자가 수십 명이나 되었다. 동해군 사람 교위 공빈취(公賓就)가 왕망의 수급을 갱시제가 있는 완성으로 보냈다. 갱시제는 왕망의 수급을 보고 기뻐하며 말했다.

"왕망이 제왕의 자리를 훔치지 않았다면, 그 공로가 곽광(霍光)과 같았을 것이다."

곽광은 한소제 유불능과 한선제 유순을 충심으로 보필하여 한나라를 부국강병으로 이끈 공신이다. 갱시제의 총희 한부인(韓夫人)이 웃으면서 말했다.

"왕망이 그렇게 행동하지 않았다면, 폐하께서는 어떻게 그의 수급을 얻을 수 있겠습니까?"

갱시제는 그녀의 말을 듣고 박장대소했다. 왕망의 수급을 저자거리에 매달아놓게 했다. 백성들이 달려들어 난도질을 가했다. 심지어 어떤 이는 왕망의 혀를 잘라 먹기도 했다. 왕망은 이렇게 68세의 나이에 비참하게 죽었다. 그가 세운 신나라는 15년 만에 망했다. 왕헌은 아수라장으로 변한 황궁에서 옥새를 손에 넣자마자 엉뚱한 생각을 했다. 자신을 한실대장군(漢室大將軍)으로 칭하고 장락궁에 머물면서 천자 행세를 했다. 신도건,

이송 등 후한 장수들이 뒤늦게 입성하여 왕헌에게 옥새를 요구했다. 왕헌이 옥새를 주지 않고 버티자 후한 장수들은 그를 살해했다.

고대의 역사학자들은 유가 사상에 입각하여 왕망을 천고의 역적이자 간신으로 매도했다. 하지만 오늘날 그에 대한 평가는 다양하다. 중국의 저명한 사상가 호적(胡適·1891~1962)은 그를 중국 최초의 사회주의자로 긍정 평가했다. 우리나라의 단재(丹齋) 신채호(申采浩·1880~1936) 선생은 그가 정전법(井田法)을 통하여 토지를 백성들에게 균등하게 분배하여 계급을 없앰으로써 공산주의의 이상적 세계관을 실현하려고 했던 군주라고 칭찬했다. 대체적으로 왕망은 실패한 개혁 군주라고 평가한다.

4. 갱시제가 적미군에게 피살되다

갱시제는 동도 낙양도 함락되었다는 소식을 듣고 낙양 천도를 결정했다. 그런데 낙양의 궁실은 전쟁통에 완전히 파괴되었다. 갱시제는 유수를 사례교위로 임명하고 낙양의 궁실을 복구하게 했다. 그는 유수를 잠재적인 위험 인물로 간주했기 때문에 그의 병권을 회수하고 낙양으로 보내 복구공사를 하게 한 것이다. 유수는 갱시제의 숨은 의도를 알고 있었지만 자신을 철저하게 낮추어야 했다. 인부들과 함께 궁실을 복구하는 데 전심전력을 다했다. 갱시제는 공사판에서 소처럼 일하는 유수의 모습을 보고 그에 대한 의심을 거두었다.

갱시 2년(24) 갱시제는 도성을 다시 낙양에서 장안으로 옮긴 후 비로소 천하의 진정한 주인이 되었다고 생각했다. 미희들을 끼고 음주가무를 즐기는 일로 세월을 보냈다. 조맹(趙萌)의 딸을 부인(夫人)으로 맞이한 후에는 아예 장인 조맹에게 정사를 위임하고 조부인, 한부인과 술에 절어 살았다. 대신들이 갱시제를 배알하고 싶어도 술에 곯아떨어져 자고 있는 그를 깨울 수 없었다. 장수들이 긴급히 전황을 아뢸 일이 있다고 하면, 그는 시중(侍中)을 장막 뒤에 앉히고 자신을 대신하여 대답하게 했다. 장수들은 황제의 목소리가 아님을 알고 밖으로 나와 그를 원망했다.

"아직도 싸움의 승패가 결정되지 않았는데 황제가 어찌 그처럼 방종할 수 있단 말인가?"

한부인은 여자 술고래였다. 갱시제를 모시고 술을 마실 때마다 상시(常侍: 황제를 곁에서 모시는 환관)가 공문서를 가지고 들어오면 언제나 버럭 소리를 질렀다.

"마침 황상께서 나와 술을 마시고 있다. 너는 왜 하필이면 이 시간에 나타나서 일을 아뢰려고 하느냐?"

한부인은 술자리를 박차고 일어나 공문서를 바닥에 내동댕이쳤다. 조맹은 전권을 장악하고 국정을 좌지우지했다. 낭이(郎吏) 중에서 조맹을 탄핵한 자가 있었다. 갱시제는 칼을 뽑아 그를 찔러 죽였다. 이때부터 누구도 감히 직언을 하는 자가 없었다. 조맹은 매관매직으로 막대한 부를 축적했다. 오위장군 이일(李軼)과 갱시제의 심복인 대사마 주유(朱鮪)는 산동(山東) 지방에서, 비양왕(比陽王) 왕광(王匡)과 회양왕(淮陽王) 장앙(張卬)은 삼포(三輔: 도성 장안과 경기 지역) 지방에서 전횡을 휘둘렀다. 그들에게 뇌물을 바치면 상인, 요리사, 도축업자도 관작을 얻을 수 있었다. 장안에서는 이런 말이 유행했다.

"부뚜막에서 요리하는 자는 중랑장(中郞將)에, 양의 위를 삶는 자는 기도위(騎都尉)에, 양의 머리를 삶는 자는 관내후(關內侯)에 임명되었다네."

나라가 이 지경이 되었으니 어찌 천하 대란이 일어나지 않겠는가. 갱시 3년(25) 번숭(樊崇)과 서선(徐宣)이 적미군(赤眉軍)을 이끌고 관중 지방으로 진격했다. 적미군의 수령들은 민심을 잃은 갱시제를 타도하기 위해서는 유씨 성을 가진 황족을 새로운 황제로 추대해야 했다. 수소문 끝에 성양경왕(城陽景王) 유장(劉章)의 후손인 유분자(劉盆子)를 찾았다.

당시 유분자는 목동 노릇을 하고 있는 어린아이였다. 그의 행색은 거지와 다를 바 없었다. 적미군의 수령들이 그에게 엎드려 절을 하자 그는 깜짝 놀라 울음을 터뜨렸다. 번숭은 그를 겨우 달래어 황제의 옥좌에 앉게 했다. 유분자는 졸지에 황제가 되었으며 서선은 승상, 번숭은 어사대부가 되었다.

같은 해 9월 적미군은 허수아비 황제 유분자를 앞세우고 장안으로 진격했다. 적미군이 장안 근처 고릉(高陵)에 이르렀을 때 비양왕 왕광이 장안성에서 빠져나와 적미군에게 투항했다. 그는 적미군의 앞잡이가 되어 장안성 공격을 도왔다. 갱시제는 승상 이송(李松)에게 대항하게 했다. 이송은 대패하고 포로로 잡혔다. 이송의 동생 이범(李氾)은 성문을 지키는 교위였다. 적미군은 이범에게 사자를 보내 말했다.

"성문을 열면 너의 형을 살려주겠다."

이범이 성문을 열자 적미군이 물밀듯 입성했다. 갱시제는 단기필마로 도망갔다. 우보도위 엄본(嚴本)이 고릉에서 갱시제를 보호한다는 명목으로 감금했다. 적미군이 갱시제에게 서찰을 보냈다.

"성공(聖公: 갱시제를 지칭함)이 항복하면 장사왕(長沙王)으로 책봉하겠소. 다만 20일이 지난 후에는 항복을 받아주지 않겠소."

갱시제는 유분자에게 옥새를 바치고 투항한 후 장사왕으로 책봉되었다. 그런데 적미군이 장안성을 접수한 후 백성들의 재물을 약탈하고 온갖 만행을 저질렀다. 사람들은 적미군이 갱시제보다 더 나쁜 놈들이라고 원망했다. 적미군은 민심이 갱시제에게 쏠릴 것을 우려하여 그를 살해했다.

갱시제 유현은 사후에 황제의 묘호(廟號)와 시호(諡號)를 받지 못했기 때문에 그를 황제로 인정하지 않는다. 갱시(更始)라는 호칭도 시호가 아니고 연호이다. 편의상 그를 갱시제라고 부른다. 하지만 그가 갱시 원년(23)부터 갱시 3년(25)까지 황제로 재위한 것은 분명한 사실이다. 훗날 광무제 유수는 그를 회양왕(淮陽王)으로 추증했다.

5. 유수가 하북 지방을 평정하고 황제로 등극하다

유수는 곤양에서 대승을 거두었지만 갱시제와 그의 측근들은 유수를 황제의 권력에 위협이 되는 인물로 간주하고 유수의 군권을 박탈했다. 유수는 자기 형 유연을 죽인 갱시제에게 철저하게 복종했다. 갱시제는 유수의 족형(族兄)이다. 유수의 형을 죽였는데도 그가 자기에게 굴종하는 모습을 보고 그에게 미안한 마음이 들었다. 갱시제는 유수를 달래기 위하여 그에게 포로대장군(破虜大將軍)과 무신후(武信侯) 관작을 하사했다.

당시 왕망의 신나라는 멸망했지만 전국 각지에서 일어난 농민군의 수령들은 갱시제에게 복종하지 않고 형세를 관망하면서 활로를 모색했다. 특히 하북삼왕(河北三王)과 동산황독(東山荒禿)이 이끄는 동마군(銅馬軍), 우래(尤

來)가 이끄는 우래군(尤來軍) 등 하북(河北) 지방에서 일어난 농민군들이 가장 위협적인 세력이었다. 갱시제는 측근 장수를 하북 지방으로 보내 농민군들을 위무하려고 했다. 대사도 유사(劉賜)가 아뢰었다.

"남양(南陽)의 유씨 집안 자제들 중에서 유수가 적임자입니다."

그런데 대사마 주유(朱鮪) 등 갱시제의 측근들은 유수를 하북 지방으로 파견하는 것을 반대했다. 그에게 병사들을 거느리고 하북 지방으로 가게 하면, 그가 향후에 그 지방에서 세력을 규합하여 반란을 일으킬지도 모른다는 두려움 때문이었다. 갱시제도 불안한 생각이 들어 유수를 파견하는 일을 결정하지 못했다.

그런데 유수의 측근 풍이(馮異)는 유수가 도성을 떠나 하북 지방으로 들어가야 자립할 수 있다고 확신했다. 유수에게 갱시제의 총애를 받고 있는 좌승상 조경(曹竟)과 그의 아들 상서 조후(曹詡)를 뇌물로 매수하자고 했다.

유수는 조경 부자에게 뇌물을 바치고 두 사람과 한편이 되었다. 조경은 갱시제에게 유수를 하북 지방으로 파견해야 한다고 아뢰었다. 갱시제가 불쾌한 표정을 지으며 말했다.

"경은 유수의 능력을 모르고 있는가? 만약 그가 반란을 일으키면 경과 짐이 제일 먼저 화를 당할 것이오."

조경이 웃으며 말했다.

"폐하께서는 너무 걱정하실 필요 없습니다. 유수 집안의 모든 목숨은 폐하의 손에 달려있습니다. 그가 담력이 아무리 세다고 해도 감히 모반을 일으키지 못할 것입니다."

조경의 설득에 넘어간 갱시제는 갱시 원년(23) 10월에 유수를 대사마로 임명하고 하북 지방으로 파견했다. 이는 유수가 도성에서 빠져나와 자립할 수 있는 결정적 계기가 되었다. 유수는 하북의 한단(邯鄲) 지방에서 한창 민심을 수습하고 있었을 때 등우(鄧禹)가 그를 만나러 왔다. 등우는 유수보다 나이가 일곱 살 적었는데 태학(太學)에서 함께 공부한 적이 있었다. 두 사람은 의기가 투합하고 지향하는 바가 같은 동지였다. 유수는 그를 만나자마자 반가움을 표시하고 물었다.

"나는 관리를 임용할 수 있는 특권을 황제에게 부여받았다네. 자네가 먼 곳에서 불원천리하고 나를 찾아왔으니 무슨 관직이라도 맡고 싶은 생각인가?"

등우가 말했다.

"형님! 무슨 관직을 원해서 찾아온 게 아닙니다."

"그러면 앞으로 무슨 일은 하고 싶은가?"

"형님의 위엄과 덕행이 온 세상을 덮기를 바랍니다. 다만 저는 형님을 위해 견마지로를 다하여 청사에 이름을 남기고 싶을 따름입니다.

등우가 유수를 도와 황제로 만들겠다는 얘기였다. 유수는 크게 기뻐하며 주위 사람들에게 그를 등장군(鄧將軍)으로 부르게 했다. 이때부터 풍이와 등우는 유수의 핵심 측근이 되어 한나라 천하를 얻을 계략을 짰다. 당시 한단에는 유림(劉林)이라는 한나라의 또 다른 종실이 있었다. 유수는 유림을 만나 어떻게 하면 하북 지방을 안정시킬 수 있냐고 물었다.

유림은 황하의 제방을 터서 물길을 황하의 동쪽으로 돌리면 산동 지방에 있는 적미군을 수장시킬 수 있다고 했다. 유수는 적미군을 토벌하고자 황하의 제방을 파괴하면 오히려 백성들에게 막대한 피해를 입힐 수 있다고 보고 그의 건의를 받아들이지 않았다.

유림은 유수에게 실망하여 그를 제왕의 재목으로 여기지 않았다. 유수가 진정(眞定: 하북성 정정·正定)으로 떠나자, 유림은 한단에서 동지들을 규합하여 거사를 일으킬 준비를 했다. 이보다 앞서 왕망의 신나라 시대에 어떤 자가 자신을 한성제 유오의 아들 유자여(劉子輿)라고 사칭했다가 주살당한 일이 있었다. 그런데 점쟁이 왕랑(王郎)이라는 자가 유림을 만나 말했다.

"내 어머니는 원래 한성제(漢成帝)의 가녀(歌女)였소. 어느 날 천자의 기운이 어머니의 몸을 감쌌소. 그래서 임신하여 나를 낳았지요. 조비연이 어머니를 해치려고 했소. 어머니는 나를 다른 아이로 바꿔치기해서 내가 가까스로 살아남을 수 있었소. 나는 오랫동안 촉(蜀) 지방에서 살다가 하북 지방에 천자의 기운이 서린 것을 보고 왔소. 내가 바로 유자여이오."

유림은 그의 말을 사실로 믿었다. 이육(李育), 장삼(張參) 등 조나라의 호족과 연합하여 왕랑을 황제로 추대했다. 유림 등이 왕랑을 황제로 추대하여 세운 나라를 '조한(趙漢)'이라고 부른다. 망한 한나라를 그리워하는 백성들이 조한으로 몰려들었다. 왕랑은 유림을 승상으로, 이육을 대사마로, 장삼을 대장군으로 임명했다. 조한군이 유주(幽州: 북경 일대)와 기주(冀州: 하북성 일대)를 점령했다. 조나라 이북과 요동(遼東) 이서 지역이 왕랑의 수중으로 들어왔다. 왕랑이 조서를 반포했다.

"유수의 수급을 짐에게 바치는 자에게는 식읍 10만 호를 하사하겠다."

왕랑은 백성들 사이에서 신망이 높은 유수를 잡아 죽이지 않으면 황제의 권위를 세울 수 없었다. 조한의 병사들이 유수의 행방을 추적했다. 궁지에 몰린 유수는 신도태수(信都太守) 임광(任光)이 신도(新都: 하북성 형대·邢臺 서남쪽)에서 왕랑에게 복종하지 않고 저항하고 있다는 얘기를 들었다. 임광은 예전에 유수의 수하에서 곤양 전투를 승리로 이끈 장수였다. 그는 한나라 사직을 다시 일으킬 유씨 종친은 오직 유수뿐이라고 생각했다. 유수는 그의 충직한 성품을 잘 알고 있었다. 그에게 도움을 받고자 풍이 등 측근들과 함께 풍찬노숙하며 가까스로 신도로 달아났다.

임광, 신도도위 이충(李忠), 신도령 만수(萬脩) 등 장수들이 성문을 열고 유수 일행을 환영했다. 신도성의 관민들은 유수를 보자마자 만세를 불렀다. 유수가 민심을 잃지 않았다는 증거였다. 유수와 임광은 이런 대화를 나누었다.

"백경(伯卿: 임광을 지칭)! 지금 우리의 세력은 너무 미약하오. 나와 함께 군사를 많이 거느리고 있는 성두자로(城頭子路)와 역자도(力子都)의 부대에 의탁하여 후일을 도모하는 게 어떻겠소?"

"그들은 병사를 많이 거느리고 있지만 도적의 무리에 불과합니다. 그들에게 의탁해서는 절대 안 됩니다."

"하지만 그대가 거느린 병사가 적은 상황에서 무슨 묘수가 있겠소?"

한나라 역대 황제 평전

"즉시 분명병(奔命兵)을 모집하여 주변 현(縣)들을 공격하게 해야 합니다. 만약 투항하지 않은 성읍이 있으면 분명병에게 성읍을 함락한 후 재물을 약탈하게 해야 합니다. 재물을 탐하지 않는 사람은 없습니다. 이렇게 하면 많은 사람들이 재물을 얻고자 달려와 분명병이 될 것입니다."

'분명병'이란 국가가 위기에 처했을 때 조정의 명령을 받고 급히 달려온 병사들을 의미한다. 대체로 그들은 날래고 용감한 장정들이다. 전공을 세우면 신분에 관계없이 관작과 재물을 받을 수 있었다. 재물을 탐하는 그들에게 함락한 성읍을 약탈하게 하면 병사들을 쉽게 모집할 수 있다는 일종의 고육지책이었다. 유수는 임광의 묘책을 받아들였다. 얼마 후 임광의 예측대로 분명병들이 몰려들었다. 화성태수(和成太守) 비동(邳彤)도 병사들을 이끌고 유수에게 왔다.

유수는 임광을 좌대장군으로, 비동을 후대장군으로, 이충을 우대장군으로, 만수를 편장군으로 임명했다. 당시 진정왕(眞定王) 유양(劉楊)은 왕랑에게 귀부하여 10만 대군을 거느리고 있었다. 유수는 그의 도움을 받지 않고서는 왕랑을 무찌를 자신이 없었다. 유씨 종실인 그를 끌어들이기 위하여 또 다른 종실인 효기장군(驍騎將軍) 유식(劉植)을 그에게 보냈다.

유식은 유양에게 같은 종실끼리 힘을 합해 왕랑을 타도하자고 했다. 유양은 유식의 언변에 설복을 당하여 유수의 진영에 가담했다. 유수는 천군만마를 얻은 것처럼 기뻤다. 얼마 후 그는 진정군(眞定郡: 하북성 정정현·定正縣)의 토호 세력인 곽창(郭昌)의 딸이자 진정왕 유양의 생질녀인 곽성통(郭聖通·6~52)을 아내로 맞이했다. 유수는 이렇게 곽창, 유양의 집안과 혼인 동맹을 맺은 것이다.

갱시 2년(24) 5월 유수는 조한의 도성 한단으로 진격했다. 유수와 왕랑은 20여 일 동안 대접전을 벌였다. 이때까지만 해도 유수는 갱시제가 임명한 대사마 신분이었다. 갱시제도 상서령 사궁(謝躬)과 진정왕 유양에게 유수를 돕게 했다. 마침내 유수가 한단성을 함락했다. 왕랑은 야음을 틈타 달아나는 도중에 피살되었다. 왕랑이 세운 조한은 건국한지 5개월 만에 망했다.

한단의 궁궐에서 왕단에게 충성을 맹세한 문서들이 쏟아져 나왔다. 하북 지방의 관리들이 보낸 것이었다. 부하 장수들은 문서를 보낸 관리들을 모조리 색출하여 죽이자고 했다. 하지만 유수는 그것을 불에 태우게 했다. 부하 장수들은 배신자들을 색출할 절호의 기회를 놓치지 말아야 한다고 했다. 유수가 말했다.

"이 문서들을 모조리 없애버려야 사람들이 안심하고 우리를 따를 수 있지 않겠소?"

부하 장수들은 그의 심모원려에 찬탄을 금치 못했다. 갱시제는 장안에서 유수가 왕랑을 무찔렀다는 소식을 듣고 기뻤으나 한편으로는 불안한 마음을 억누를 수 없었다. 유수의 세력이 너무 강대해진 것이다. 유수에게 사자를 보내 그를 소왕(蕭王)으로 책봉하고 장안으로 오게 했다. 유수가 장안에 오면 병권을 회수하고 그를 죽일 계책이었다.

유수는 갱시제가 이미 장안에서 민심을 잃었음을 알고 있었다. 왕랑을 제거했지만 하북 지방이 아직 평정되지 않았다는 것을 구실로 어명을 거부했다. 사실상 유수가 갱시제에게 반기를 든 것이다. 그는 하북 지방을 완전히 장악하고 싶었다. 하북 지방에서 일어난 농민군 가운데 동산황독이 거느린 동마군(銅馬軍)이 병사가 가장 많고 강했다. 유수는 동마군을 격파한 후 동마군의 잔여 병력 수만 명을 휘하에 거느렸다. 사람들은 그를 '동마황제(銅馬皇帝)'라고 부르며 추종했다.

갱시 3년(25) 번숭과 서선이 적미군을 이끌고 관중 지방으로 진격했다. 유수는 갱시제의 운명이 다했음을 직감했다. 등우에게는 관중 지방으로 진격하여 적미군을 공격하게 하고, 풍이와 구순(寇恂)에게는 갱시제의 심복인 대사마 주유가 지키고 있는 낙양을 공격하게 했다. 유수 본인은 군사를 이끌고 조나라와 연나라를 평정하러 떠났다.

당시 장안성은 적미군에게 함락되기 일보 직전이었다. 촉(蜀) 지방의 성도(成都)에서는 공손술(公孫述)이라는 자가 황제를 칭하고 성가(成家: 또는 대성·大成, 성·成 등으로 칭하기도 함)라는 나라를 세웠다는 소식이 관중 지방에 퍼졌다. 풍이와 구순은 낙양성을 포위하고 있었다. 풍이 등 장수들은 유수에게 사신을 보내 그가 하루빨리 황제로 등극하기를 바랐다. 유수는 그들의 간청을 여러 차례 거절했다. 같은 해 6월 그가 호성(鄗城: 하북성 백향현·柏鄕縣)에 이르렀을 때 풍이를 만나 각지의 동정을 물었다. 풍이가 대답했다.

"유현은 반드시 패배할 것입니다. 종묘사직의 존망은 오로지 대왕의
어깨에 달려 있습니다. 장수들의 건의를 수용하시기 바랍니다."

유수는 부하들이 추대한다고 해서 냉큼 황제의 옥좌에 앉는 경솔한 인물이 아니었다. 천명을 받들어 어쩔 수 없이 황제로 등극한다는 정당성이 필요했다. 마침 유생 강화(強華)가 관중에서 찾아와 참언(讖言)을 쓴 『적복부(赤伏符)』라는 예언서를 바쳤다. 그것에는 이런 글귀가 있었다.

"유수가 군사를 일으켜 대역무도한 왕망을 사로잡으니 사방의 오랑캐
들이 모여들어 용호상박하는구나. 280년의 세월이 흐르는 동안 망한 한
나라가 다시 흥성하는구나."

한나라가 건국한 지 280년이 지나면서 쇠퇴했지만, 유수가 사방의 오랑캐들을 제압하고 다시 한나라를 부흥시킨다는 뜻이다. 부하 장수들은 이 내용을 근거로 다시 유수에게 황제 등극을 촉구했다. 유수는 "천명에 순응하는 자는 흥하고 거역하는 자는 망한다."는 이치에 따라 그들의 강력한 권고를 받아들이지 않을 수 없었다. 사실 무슨 천명이 있겠는가. 강화는 장안의 태학에서 유수와 함께 공부한 사이였다. 유수의 부하들과 짜고 천명을 날조한 것이다. 우매한 백성들의 마음을 사로잡고 그들을 복종시키기 위해 '천명'이라는 단어보다 더 좋은 것은 없었던 시대였다.

건무(建武) 원년(25) 6월 유수는 마침내 호성의 천추정(千秋亭)에서 황제로 등극했다. 이때 그의 나이는 31세였다. 그가 후한(後漢)의 광무제(光武帝)이다. 즉위한 직후에 연호는 건무로 정했으며 국호는 바꾸지 않았다. 그의 관점으로는 한나라는 망하지 않았으며 천고의 역적 왕망에게 잠시 사직이 짓밟혔을 따름이었다. 같은 해 10월 낙양을 도성으로 정했다. 이 시기에 갱시제 유현은 장안성을 함락한 적미군에게 살해되었다. 이제 유씨 종실 중에서 황제로 등극한 인물은 광무제와 양나라에서 천자를 자칭한 유영(劉永) 두 사람뿐이었다.

중국 역사에서는 광무제가 건국한 한나라를 후한이라고 칭한다. 후한 이전의 한나라를 전한(前漢)이라고 칭한다. 전한의 도성 장안은 관중을 중심으로 서쪽에, 후한의 도성은 동쪽에 위치했으므로 전한을 서한(西漢)으로, 후한을 동한(東漢)으로 칭하기도 한다.

6. 군웅을 평정하고 다시 한나라를 통일하다

건무 원년(25) 8월 광무제는 황제로 즉위한 직후에 오한(吳漢) 등의 장수들에게 낙양성을 사수하고 있는 주유(朱鮪)를 공격하게 했다. 후한군은 주유의 결사 항전에 부딪쳐 낙양성을 함락하지 못했다. 광무제는 예전에 주유의 부하였던 잠팽(岑彭)을 낙양성으로 보내 주유에게 투항을 권고하게 했다. 잠팽과 주유는 성벽을 사이에 두고 이런 대화를 나누었다.

"내가 예전에 장군의 은혜를 입은 적이 있지요. 항상 은혜에 보답할 생각을 하고 있습니다. 지금 유현은 이미 패망했으며 황제께서는 만백성의 마음을 얻어 천하를 다스리고 있어요. 그런데도 장군은 성을 사수하고 있는데 도대체 무슨 의미가 있겠습니까?"

"나는 예전에 황제의 형님인 대사도 유연을 살해한 일에 가담한 적이 있었소. 또 황제(갱시제)에게 소왕(유수)을 하북 지방으로 보내면 안 된다고 주장했소. 내가 지은 죄가 무거워 감히 투항하지 못하겠소."

잠팽이 돌아와 주유의 말을 광무제에게 전했다. 광무제가 말했다.

"큰일을 하려면 작은 원한에 얽매여서는 안 되오. 주유가 투항하면 그의 관작을 그대로 유지할 수 있게 해주겠소. 짐이 어찌 그를 죽이겠소? 이곳에 흐르는 황하를 증거로 삼겠소. 짐은 결코 식언을 하지 않소."

주유는 밧줄로 몸을 스스로 묶고 광무제에게 항복했다. 광무제는 친히 밧줄을 풀어주며 그를 위로했다. 그 후 주유는 평적장군(平狄將軍), 부구후(扶溝侯) 등의 관작을 하사받았다. 광무제는 자기 형을 죽인 주유에게 끝까지 약속을 지켰다. 한나라 천하를 다시 통일하고 국태민안을 이루려면 사적인 원한 따위는 그에게 중요하지 않았던 것이다. 광무제는 낙양성을 접수한 후 도성으로 삼았다. 이 시기부터 후한의 낙양 시대가 시작되었다.

광무제의 다음 목표는 선황제들의 영혼이 서려있는 장안이었다. 당시 장안성을 점령한 적미군은 녹림군의 세력을 흡수하여 30만 대군으로 성장했다. 적미군의 수령들은 허수아비 황제 유분자를 앞세우고 온갖 만행을 자행했다. 광무제는 적미군이 한나라 역대 황제들의 능묘를 파헤치고 진귀한 부장품들을 도굴했다는 소식을 듣고 피눈물을 흘렸다. 봉건 시대에는 조상의 무덤이 훼손되는 것보다 더 치욕적인 일은 없었다. 성안의 백성들은 오히려 갱시제 유현의 시대가 좋았다고 자조하며 적미군의 만행에 이를 갈았다. 광무제는 등우에게 관중 지방으로 진격하게 했다. 마침 장안 일대에 대기근이 들었다. 장안성은 사람이 사람을 잡아먹는 지옥으로 변했다.

적미군은 군량이 바닥나자 군량을 구하고자 장안을 떠나 농서(隴西: 감숙성 농산·隴山, 육반산·六盤山 이서 지역과 황하 이동 일대.) 지방으로 진격했다가 농서 지방에서 웅거하고 있는 외오(隗囂)의 군대에게 대패했다. 마침 북풍한설이 몰아쳤다. 얼어 죽은 병사가 수만 명이나 되었다. 한때 병사가 30여만 명에 달했던 적미군은 막대한 타격을 입고 장안으로 다시 회군했다. 등우는 장안성에서 적미군과 맞서 싸우다가 대패했다.

광무제는 풍이를 장안으로 보내 등우를 구원하게 했다. 풍이는 효저(崤底: 하남성 영보·靈寶 양점진·陽店鎮)에서 병사들을 적미군으로 위장하고 적미군 진영으로 잠입하게 했다. 적미군은 자기들과 똑같이 눈썹에 붉은 색을 칠한 후한군을 구별하지 못했다. 풍이가 그들을 향해 투항하라고 소리쳤다. 적미군으로 위장한 후한군이 줄줄이 투항했다. 적미군은 순식간에 와해되어 8만여 명이 투항했다.

적미군의 수령 번숭은 포위망을 뚫고 동쪽으로 달아나다가 의양(宜陽)에서 광무제가 친히 이끈 후한군의 포위망에 걸려들었다. 번숭은 유분자와 함께 광무제를 배알하고 옥새를 바쳤다. 한나라 선황제들의 능묘를 파헤친 자들은 보복이 두려워 어찌할 바를 몰랐다. 광무제는 주동자 몇 명만 처벌하고 적미군 병사들에게는 어떤 죄도 추궁하지 않겠다고 약속했다. 적미군 10여만 명이 광무제를 천명을 받은 진정한 천자라고 찬양하며 그의 휘하로 들어왔다. 광무제는 번숭에게 관작을 하사했지만, 얼마 후 번숭은 또 반란을 일으켰다가 실패하여 살해되었다.

광무제는 종친 유분자를 죽이지 않고 우대했다. 그를 자신의 숙부인 조왕(趙王) 유량(劉良)의 낭중으로 임명했다. 훗날 유분자는 병이 들어 두 눈이 실명했다. 광무제는 그의 처지를 불쌍하게 생각했다. 형양(滎陽)의 관전(官田)에서 거두어들이는 조세로 그를 죽을 때까지 보살피게 했다. 건무 3년(27) 광무제는 마침내 장안성을 수복했다.

한나라의 또 다른 종실 유영(劉永·?~27)은 양나라의 도성 수양(睢陽: 하남성 상구·商丘)에서 기반을 다지고 주변의 제음군(濟陰郡) 등을 공격하여 성읍 28개를 차지했다. 그도 광무제에 뒤지지 않는 야심가였다. 동해군(東海郡)에서 웅거하고 있는 동헌(董憲)을 익한대장군(翼漢大將軍)으로, 제(齊)나라의 12개 군을 차지하고 있는 장보(張步)를 보한대장군(輔漢大將軍)으로, 산양군(山陽郡) 서방(西防)에서 웅거하고 있는 교강(佼強)을 횡행장군(橫行將軍)으로 임명하고 세력을 확장했다. 유영은 갱시제 유현이 살해되었다는 소식을 듣고 천자를 자칭했다.

광무제와 유영의 충돌은 불가피했다. 건무 2년(26) 광무제는 호아대장군(虎牙大將軍) 개연(蓋延)에게 수양을 공격하게 했다. 수양이 후한군에게 함락되자 유영은 우현(虞縣: 하남성 우성현·虞城縣)으로 달아났다. 우현의 백성들은 대세가 후한군에 기운 것을 보고 유영을 살해하려고 했다. 유영은 어머니와 처자식이 살해당하는 와중에서 초나라의 초현(譙縣: 안휘성 박주·亳州)으로 달아났다. 그 후 소무(蘇茂), 교강(佼彊), 주건(周建) 등 지방 호족들의 도움을 받아 수양성으로 돌아와 재기를 노렸다.

건무 3년(27) 광무제는 오한, 개연 등 장수들에게 다시 수양성을 포위 공격하게 했다. 유영은 성안의 양식이 떨어지자 또 달아났다. 부하 장수 경오(慶吾)가 그를 살해한 후 수급을 광무제에게 바치고 투항했다. 광무제는 경오를 열후(列侯)로 봉했다. 이제 광무제만이 한나라의 종실의 정통성을 계승한 유일한 군주가 되었다.

갱시제 유현의 치하에서 어양태수(漁陽太守)와 편장군(偏將軍) 관직을 맡았던 팽총(彭寵)이 대사마 유수에게 귀부했다. 당시 유수는 아직 황제를 칭하지 않았는데 어양군(漁陽郡: 지금의 북경 일대)을 실질적으로 지배하고 있었던 팽총의 귀부에 감동하여 그를 건충후(建忠侯)로 봉하고 대장군 관직을 하사했다. 그 후 팽총은 유수가 왕랑의 조한(趙漢) 정부를 무너뜨리는 데 큰 공을 세웠다. 그런데 유수는 팽총의 관작을 높여주지 않았다. 팽총은 유수에게 불만을 품었다.

유수가 황제를 칭한 이후에 팽총은 어양군을 잘 다스려서 군민들의 신망을 받았다. 유주목(幽州牧) 주부(朱浮)가 광무제에게 팽총이 모반을 획책하고 있다고 모함했다. 광무제는 팽총에게 입조를 요구했으나 팽총은 주부의 간계임을 간파하고 반란을 일으켰다. 건무 3년(27) 팽총은 미녀와 채색 비단을 흉노에 바치고 화친을 요청했다. 흉노는 좌남장군(左南將軍)에게 기병 7~8천여 기를 이끌고 가서 팽총을 돕게 했다. 팽총은 또 제나라의 12개 군을 차지하고 있는 장보(張步)와 인질을 교환하고 연합하여 주부가 지키고 있는 계성(薊城: 천진 · 天津 일대)을 함락한 후 연왕(燕王)으로 자립했다.

건무 5년(29) 광무제는 대장군 경엄(耿弇)에게 계성을 공격하게 했다. 팽총은 경엄에게 대패하여 계성을 포기하고 어양성(漁陽城)으로 후퇴했다. 후한군이 어양성으로 진격해오자 팽총은 신경 쇠약에 시달렸다. 그는 관부의 재실(齋室)에서 홀로 천지신명에게 제사를 지내며 나오지 않았다. 팽총의 가노 자밀(子密)이 흉계를 꾸며 팽총 부부를 죽였다. 그는 두 사람의 수급을 마대에 담아 낙양으로 달려가 광무제에게 바치고 관작을 요청했다. 광무제는 가노 따위가 주군을 시해한 행위에 분개했으나, 그의 요청을 들어주지 않으면 다른 지역의 반란을 진압하는 데 불리하게 작용하지 않을까 우려했다. 고민 끝에 그를 불의후(不義侯)로 책봉했다. 정의롭지 못한 제후라는 뜻이다.

같은 해 여름 하서(河西) 지방을 통치하고 있었던 두융(竇融)은 광무제가 천하의 민심을 얻었음을 인정하고 그에게 귀부했다. 광무제는 그에게 황금 200 근을 하사하고 양주목(涼州牧)으로 임명했다. 건무 3년(27) 회남(淮南) 지방을 다스리고 있었던 이헌(李憲)이 천자를 자칭하고 백관을 설치했다. 광무제는 양무장군 마성(馬成) 등에게 이헌을 토벌하게 했다. 건무 6년(30) 이헌은 서현(舒縣: 안휘성 서성·舒城)에서 대패하여 도망가다가 시위(侍衛) 백의(帛意)에게 피살되었다. 광무제는 백의를 한어포후(漢漁浦侯)로 책봉했다.

광무제는 중원 지방을 거의 평정한 후에 어느 정도 여유를 찾을 수 있었다. 이제 광무제에게 가장 위협적인 세력은 농서 지방의 외오와 촉 지방의 공손술이었다. 외오는 농서 지방의 명문가 출신이다. 학식과 덕망을 갖추어 농서 지방에서 명망이 높았다. 왕망의 신나라 시대에 국사(國師) 유흠(劉歆)의 속관으로 있었다. 유흠이 왕망을 시해하려는 음모가 발각되어 자살한 일이 있었다. 외오는 고향으로 달아나 지사와 병사들을 규합한 후 천수군(天水郡: 감숙성 천수·天水)의 평양성(平襄城)을 점령했다. 그는 농서 지방에서 상장군(上將軍)을 자칭하고 세력을 확장했다. 갱시제 유현의 시대에 이르러서는 유현에게 복종하여 장안에서 우장군, 어사대부 등의 관작을 받았다. 광무제가 즉위한 후에는 천수군으로 돌아와 서주대장군(西州大將軍)을 자칭했다.

한편 공손술은 이미 촉 지방에서 황제를 칭하고 성가(成家)라는 나라를 세웠다. 한나라 천하는 중원 지방의 광무제와 농서 지방의 외오 그리고 촉 지방의 공손술이 패권을 다투는 형국으로 변했다. 세 세력 가운데 외오의 세력이 가장 약했다. 외오는 광무제와 공손술 사이에서 어느 쪽과 동맹을 맺어야 자기에게 유리한지 저울질했다. 처음에는 광무제의 편에 서서 공손술에게 대항했다.

건무 3년(27) 광무제는 태중대부 내흡(來歙)을 외오에게 보내 자기와 힘을 합해 공손술을 토벌하자고 했다. 공손술을 토벌한 후 그를 제후로 책봉하겠다고 공언했다. 외오는 공손술이 망하면 오히려 자기에게 불리하다고 판단했다. 세 사람이 천하를 삼등분하여 차지한다는 이른바 '삼분정족(三分鼎足)'이 그의 전략이었다. 그는 자기가 거느리고 있는 군사가 너무 약하고 더구나 흉노로 달아난 서평왕(西平王) 노방(盧芳)의 침입에도 대비해야하기 때문에 공손술을 정벌할 여력이 없다고 했다. 그 후에도 광무제의 거듭된 제안을 이런저런 이유를 들어 거절했다.

건무 6년(30) 공손술이 남군(南郡)을 공격했다. 광무제는 다시 외오에게 함께 공손술을 공격하자고 했다. 외오가 또 거절하자 광무제는 정서대장군 풍이에게 그를 토벌하게 했다. 외오는 싸움에 패하여 궁지에 몰리자 공손술에게 투항했다. 공손술은 외오를 삭녕왕(朔寧王)으로 책봉했다. 외오는 실지를 회복하고 재기를 노렸다. 건무 8년(32) 광무제는 친히 군사를 거느리고 서정(西征)을 단행했다.

태중대부 왕준(王遵)은 원래 외오의 부하 장수였다. 광무제의 투항 권고를 받고 향의후(向義侯)로 책봉되었다. 그는 광무제가 친히 외오를 토벌하러 떠난 상황에서 외오는 반드시 패배할 것이라고 확신했다. 외오의 부하 장수 우한(牛邯)에게 서신을 보내 광무제에게 투항하는 일만이 살길이라고 했다. 우한은 10여 일 동안 고민하다가 광무제에게 투항하여 태중대부 관직을 받았다. 광무제에게 투항하면 관직을 받을 수 있다는 소문이 외오

진영의 장수들 사이에서 퍼졌다. 외오 수하의 장수 13명, 병사 10여만 명, 군현 16개가 광무제의 수중으로 들어왔다.

외오는 서성(西城: 감숙성 천수 남쪽)으로 달아났다. 공손술은 병사들을 상규(上邽: 감숙성 천수)로 급파하여 외오를 구원하게 했다. 광무제는 외오의 아들을 인질로 잡고 외오에게 투항을 권고했다. 하지만 외오가 끝내 거절하자 그의 아들을 죽여 버렸다. 광무제는 장수들에게 서성과 상규를 포위하게 하고 낙양으로 돌아갔다. 얼마 후 정남대장군 잠팽(岑彭)에게 서신 한 통을 보냈다.

"서성과 상규, 두 성을 함락하면 즉시 병사들을 이끌고 남쪽으로 진격하여 촉 지방의 역적들을 토벌하시오. 원래 사람은 만족을 모르는 결점이 있소. 나도 마찬가지이오. 농우(농서) 지방을 평정하니 촉 지방도 얻고 싶구려. 병사들이 싸우러 나갈 때마다 내 머리카락과 수염이 하얗게 변하는구려."

이른바 '득롱망촉(得隴望蜀)'이라는 고사가 바로 여기서 나왔다. "농(隴) 지방을 얻고 나니 촉(蜀) 지방도 갖고 싶다."는 뜻으로 인간의 끝없는 욕망을 비유한다. 건무 9년(33) 외오는 성안에서 고립된 채 굶주림과 울화병에 시달리다가 죽었다.

이제 광무제의 마지막 남은 적수는 촉 지방에서 성가(成家)를 건국하고 천자를 자칭한 공손술이었다. 광무제는 낙양성을 축조할 때 궁궐에서 필요한 물건들을 전부 만들게 하지 않았다. 공손술이 성도에서 만든 것들을 가지고 오면 된다고 말했다. 공손술을 반드시 토벌하겠다는 의지의 표현이었다.

건무 11년(35) 광무제는 정남대장군 잠팽(岑彭) 등 장수들에게 세 방향으로 성가를 공격하게 했다. 공손술도 임만(任滿), 왕원(王元), 환안(環安) 등 장수들에게 후한군과 맞서 싸우게 했다. 잠팽은 임만이 거느린 대군을 무찌르고 성도로 진격했다. 성도에 이르는 길에 있는 성읍의 성주들은 모두 성문을 열고 잠팽에게 백기 투항했다. 광무제는 공손술에게 서신을 보내 투항하면 그를 왕후(王侯)로 책봉하겠다고 했다. 공손술은 장륭(張隆) 등 신하들에게 서신을 보여주며 대책을 물었다. 신하들이 투항을 권유하자 공손술은 단호히 말했다.

"국가의 흥성과 패망은 천명에 의해 결정되오. 어찌 투항하는 천자가 있겠는가?"

공손술이 결사 항전의 의지를 보이자 신하들은 아무 말도 하지 못했다. 공손술은 자객을 보내 내흡과 잠팽을 암살하여 국면 전환을 시도했다. 환안은 내흡을 찔러 죽였으며 공손술이 보낸 자객은 잠팽을 암살했다. 공손술은 동생 공손회(公孫恢)에게 병사들을 지휘하게 하고 마지막 희망을 걸었다.

건무 12년(36) 공손회의 군대도 후한의 대사마 오한에게 전멸을 당했다. 성가의 장졸들은 도망가거나 반란을 일으켰다. 공손술은 배반자들의 가족을 몰살했지만 대란을 막지 못했다. 광무제는 다시 공손술에게 서신을 보냈다.

"예전에 짐은 그대에게 여러 차례 조서를 보내 투항하면 은총을 베풀어주겠다고 약속했소. 그대가 내습과 잠팽을 죽인 일로 짐이 그대에게 은총을 베풀어주지 않을까 의심하지 마오. 지금 그대가 정해진 시간에 투항하면 그대의 가족은 모두 안전할 것이오. 만약 그대가 미혹에 빠져

짐의 뜻을 헤아리지 못하면, 그것은 고깃덩어리를 호랑이 입에 넣어주는 것과 같소. 그때가 되어서 괴로워한들 무슨 소용이 있겠소? 그대의 장수들은 이미 지쳐있으며 병사들은 오로지 고향으로 돌아갈 생각만 할 뿐, 더 이상 성읍을 사수하려고 하지 않소. 앞으로 그대는 짐이 친히 쓴 조서를 더 이상 얻지 못할 것이오. 짐은 식언을 싫어하오."

마지막으로 투항할 기회를 주겠으니 따르라는 얘기였다. 따르지 않으면 멸족하겠다는 협박이었다. 공손술은 끝내 투항을 거부했다. 얼마 후 오한이 성도를 포위했다. 공손술은 대사마 연잠(延岑)에게 대책을 물었다. 연잠이 대답했다.

"사내대장부가 절체절명의 위기에 처해있으면 살길을 모색해야지 어찌 앉아서 죽기를 기다리겠습니까? 재물은 언제라도 다시 쉽게 모을 수 있습니다. 지금 재물을 아낌없이 풀어 병사들을 규합하기 바랍니다."

공손술은 재물을 풀어 결사대 5천여 명을 조직한 후 오한에게 반격을 가했다. 처음에는 오한을 궁지에 몰아넣었지만 시간이 흐르자 중과부적으로 패했다. 부상을 당한 공손술은 연잠에게 후일을 맡기고 숨을 거두었다. 오한은 성을 함락한 후 공손술과 연잠 일족을 모조리 주살했다. 성안의 백성들도 후한군의 도륙을 피할 수 없었다. 광무제는 공손술이 죽었다는 소식을 듣고 기뻐했다. 하지만 만행을 저지른 오한을 호되게 질책했다. 무고한 백성들을 죽였다는 이유였다.

광무제는 황제를 칭한 지 12년 만에 이렇게 한나라를 다시 통일했다. 그는 무력 진압만이 능사가 아니라는 것을 알고 있었다. 그것은 최후의 수단이었다. 싸움에 승리했어도 패배한 장수를 가급적이면 죽이지 않고 자기편으로 끌어들이는 수완을 발휘했다. 백성들의 목숨과 가산을 소중하게 여기고 보호하는 것이 천하의 민심을 얻는 지름길이라고 생각했다. 제왕을 참칭하거나 반란을 일으킨 자들에게는 먼저 회유 정책을 폈는데 투항하면 그들의 기득권을 인정했다. 또 한 번 약속하면 반드시 지켰다. 그의 이런 장점이 군웅과 백성의 마음을 움직였으며 그들로 하여금 그를 황제로 받들게 했다. 어느 날 태자가 광무제에게 전쟁에 대한 이야기를 듣고 싶었다. 광무제가 이렇게 말했다.

"옛날에 위령공(衛靈公)이 공자에게 군사와 진법(陣法)에 관해서 물었지만, 공자는 아무 말도 하지 않았다. 이런 것은 네가 알 필요가 없다."

광무제는 태자가 정복 군주가 아닌 선정을 베푸는 군주가 되기를 바라는 마음에서 이런 말을 했을 것이다. 그가 한나라를 다시 통일한 후 정복 전쟁이 거의 없었던 것은 바로 광무제의 이런 인식에서 비롯되었다.

7. 후한을 반석 위에 올려놓다

광무제 유수는 남양군(南陽郡) 채양현(蔡陽縣: 호북성 조양·棗陽 서남쪽)에서 망한 한나라 황실의 후예로 태어나 평민과 다를 바 없는 생활을 했다. 왕망의 신나라 말기에 농사를 짓고 장사를 하면서 전쟁에 휘말린 백성들의 삶이 얼마나 고통스럽고 참담한 지 두 눈으로 직접 볼 수 있었다. 그는 젊어서부터 왕망을 타도하고 망한 한나라를 재건해야겠다는 원대한 야망을 품은 것은 아니었다. 그래서 큰형 유연에게 지나치게 소심하다는 비웃음을 사기도 했다. 광무제는 다만 고향을 떠나 더 넓은 세상으로 나가 학문을 연마하고 싶었다. 그는 신나라의 도성 상안의 태학에서 수학하면서 유가의 나라를 다스리는 도리를 이해했을 뿐만 아니라 뜻이 맞는 인사들과도 교유했다. 이는 훗날 그가 황제로 등극하는 데 중요한 자산이 되었다.

광무제는 학업을 마치고 고향으로 돌아온 이후에도 여전히 고향 사람들과 동고동락했다. 유씨 황실의 후예임에도 조금도 거만하지 않고 남의 고난을 자기의 고난처럼 여기고 남을 도왔다. 고향 사람들은 그를 진심으로 존경하고 따랐다. 신나라가 망하고 천하가 군웅할거의 시대로 접어들었을 때 그가 군웅을 제압하고 천하를 다시 통일할 수 있었던 가장 중요한 역량은, 권모술수가 아니라 어진 덕을 베풀어 민심을 얻는 것에서 나왔다. 그는 한나라의 어떤 선황제들보다도 성품이 어질고 백성의 목숨과 가산을 소중하게 생각한 군주였다.

건무 17년(41) 광무제가 고향의 장릉(章陵)으로 행차하여 종묘를 중건하고 제사를 지낸 후에 종친들에게 연회를 베풀었다. 왁자지껄 떠들면서 분위기가 무르익자, 종실의 백모와 숙모들이 술에 거나하게 취하여 이구동성으로 말했다.

"문숙(文叔: 광무제를 지칭)은 젊었을 때 매사에 조심하고 신의를 지켰지. 교유할 때에는 사람들을 호들갑스럽게 상대하지 않고 오로지 솔직하고 부드럽게 상대했을 뿐이었지."

광무제는 웃으며 말했다.

"나는 유도(柔道)로 천하를 다스리고자 할 뿐입니다."

유도란 따뜻하고 겸허하며 공손한 도(道)를 말한다. 백성들을 형벌이 아닌 정치의 유연함과 사랑으로 다스리겠다는 뜻이다. 이를 달리 표현하면 법가가 아닌 유가의 통치 사상으로 국가를 다스리겠다는 뜻이다.

광무제는 즉위 직후부터 전쟁통에 분실한 전적(典籍)과 도서(圖書)들을 다시 수집하고 출간하게 했다. 또 도성 낙양에 태학을 설치하고 오경박사를 두어 유가 경전을 가르치게 했다. 전국의 수많은 유생들이 다시 태학으로 몰려와 학업을 연마했다. 광무제는 수시로 태학을 방문하여 그들과 함께 담소를 나누고 격려했으며 학문이 뛰어난 자는 관리로 임용했다. 공자의 고향 노나라를 순행할 때는 대사공(大司空)에게 공자묘에 제사를 지내게 했다. 그 후 공자의 16대 후손 공지(孔志)를 포성후(褒成侯)로 책봉하고 식읍 2,000호를 하사했다. 이는 그가 공자가 창도한 유가 사상을 통치 이념으로 삼겠다는 의미였다.

황제가 유가를 숭상하는 어진 군주라는 소문이 전국에 퍼졌다. 입신양명을 꿈꾸는 사람들은 반드시 유가 경전을 공부해야 했다. 이에 따라 지방에서도 관학(官學)은 말할 것도 없고 사학(私學)도 크게 흥성했다. 유가의 학술은 통치 질서를 유지하고 사회를 안전하게 하는 데 가장 적합했다.

하지만 광무제가 유생들을 우대했다고 해서 모든 사람들이 그에게 복종한 것은 아니었다. 신나라 말기에 난세를 당하여 산중으로 들어가 은거하면서 지조를 지키는 사람도 있었다. 태원군(太原郡) 광무현(廣武縣) 사람 주당(周黨)은 인품이 고결하고 의협심이 있어서 사람들의 존경을 받았다. 광무제는 그를 조정으로 불러들여 황제의 자문역인 의랑(議郞)으로 임명했다. 하지만 주당은 병을 핑계로 관직을 받지 않고 민지(澠池: 하남성 민지현·澠池縣)로 들어가 나오지 않았다.

그 후 주당은 광무제의 거듭된 어명을 거역하지 못하고 조정으로 들어가야 했다. 그는 소매가 짧은 포의(布衣)를 입고 볏짚으로 만든 모자를 쓰고 광무제를 배알했다. 광무제에게 이름을 밝히지 않았을 뿐만 아니라 어떤 관직도 원하지 않는다고 말했다. 광무제도 그의 완고한 고집을 꺾을 수 없었다. 박사 범승(范升)이 주당을 탄핵하는 상소를 올렸다. 예복을 입지 않고 황제 앞에서 무례하고 오만하게 행동했기 때문에 그에게 중벌을 내려야 한다고 주장했다. 광무제가 말했다.

"자고이래로 성군(聖君)이나 현군(賢君)에게도 그들을 위해 신하가 되기를 원하지 않은 사람들이 있었소. 은나라의 충신 백이와 숙제는 주나라의 곡식을 먹지 않고 수양산으로 들어가 절개를 지켰소. 주당이 봉록을 받지 않는 것도 그 나름대로 깊은 뜻이 있을 것이오. 그에게 비단 40필을 하사하오."

광무제는 주당이 어명을 거역했지만 "충신은 두 임금을 섬기지 않는다."는 지조를 높이 평가하여 상을 내렸다. 이는 다른 신하들의 충성을 이끌어내기 위한 고차원적인 정치 행위였다.

후한 건국 초기에는 오랜 전란으로 인하여 백성 10명 중에서 2명만이 생존해 있을 정도로 상황이 심각했다. 농민들이 조세 부담이 없이 안정적으로 농업 생산 활동에 종사하여 처자식을 부양할 수 있어야 인구가 늘어난다고 광무제는 생각했다. 건무 6년(30) 그는 수확량의 30분의 1만 조세로 납부하는 이른바 '삼십세일(三十稅一)'의 조세 정책을 실시하게 했다. 또 천재지변이 일어난 지역은 조세와 요역을 감면해주었으며, 홀로된 노인, 과부, 고아 등 혼자의 힘으로 살아갈 수 없는 사람들에게는 관부에서 곡식을 풀어 그들을 구휼하게 했다.

광무제는 '인권' 문제에도 깊은 관심을 가졌다. "천지의 생명체 중에서 사람이 가장 귀하다."는 인식을 가지고 노비의 인권을 보호했다. 관리와 지주들이 노비를 함부로 살해하는 만행을 엄격하게 금했다. 통치 기간 중

여러 차례 노비들을 평민으로 격상했으며 죄수들 중에서 개전의 정을 보이고 형기를 충실하게 채운 자에게는 사면령을 내려 서민으로 살게 했다. 사실 노비의 인권 문제는 신나라의 왕망이 처음 제기하고 개선책을 내놓았다. 왕망은 급진적으로 개혁을 단행하여 실패했지만, 광무제는 사회 질서와 안정을 추구하면서 폐단을 고쳤으므로 성공할 수 있었다.

이른바 '운대이십팔장(雲臺二十八將)'은 광무제를 황제로 만든 공신들이었다. 광무제 사후인 한명제(漢明帝) 영평(永平) 3년(60)에 한명제 유장(劉莊)이 낙양 남궁의 운대각(雲臺閣)에 광무제를 황제로 만든 공신 28명의 초상화를 그리게 했다. 그것을 운대이십팔장이라고 한다. 어느 제왕도 자신을 위해 헌신한 공신들이 없었다면 제왕의 옥좌에 오를 수 없었을 것이다. 절대 권력자가 된 자는 논공행상을 통해 공신들에게 권력을 나누어주어야 했다. 공신들도 자신들의 공적을 과시하며 권세를 누리는 것은 당연하다고 생각했다.

한고조 유방이 한나라를 건국했을 때 그를 도운 공신들을 왕이나 제후로 책봉했다. 그런데 적지 않은 공신들은 부귀영화를 누리다가 토사구팽을 당했다. 한나라 건국 초기의 3대 명장인 회음후 한신, 회남왕 영포, 양왕 팽월 등이 성격이 변덕스러운 유방에게 의심을 사서 비참하게 죽은 것이 전형적인 사례이다.

하지만 광무제는 신의가 있는 군주였다. 자신을 황제로 만든 공신들을 끝까지 우대하고 중용함으로써 임금과 신하 사이의 의리를 지켰다. 운대이십팔장은 바로 이런 상황에서 탄생했다. 어느 날 광무제가 연회석에서 공신들과 술을 마시다가 그들에게 이런 질문을 했다.

"만약 경들이 짐을 만나지 않았다면, 지금 경들은 어떤 작위와 봉록을 받았을까?"

28명의 공신 중에서 서열 1위인 고밀후(高密侯) 등우(鄧禹)가 먼저 말했다.

"신은 젊었을 때 구학의 길에 들어선 적이 있었습니다. 지금까지 계속 공부했다면 아마 군(郡)의 문학박사(文學博士) 정도는 되지 않았을까 생각합니다."

광무제는 그가 너무 겸손하다고 여기고 말했다.

"경은 명문가 등씨(鄧氏) 집안의 자제로서 의지가 고상하고 품행이 단정한데 어찌 주군(州郡)의 공조(功曹)가 되지 못할까 걱정할 필요가 있겠소?"

공조는 주군(州郡)에서 인사와 정무를 담당하는 관직이다. 군의 문학박사보다 지위가 높았다. 광무제는 등우의 능력을 높이 평가하여 그렇게 말한 것이다.

마무(馬武)는 서열이 15번째였다. 원래 그는 녹림군 출신으로 무식했지만 아주 용맹했다. 유수가 하북 지방을 평정할 때 그의 수하에 들어가 많은 전공을 쌓았다. 유수가 황제로 등극한 후 그를 시중, 기도위 등 관직을 하사하고 양허후(楊虛侯)로 봉했다. 마무는 이렇게 대답했다.

"신은 일자무식이지만 날쌔고 용감하므로 수위(守衛)가 되어 도적이나 잡았을 것입니다."

광무제가 웃으며 말했다.

"경은 도적이 안 된 것이 천만다행이야. 경의 능력으로는 정장(亭長) 정도는 될 수 있었을 거야.”

정장은 오늘날의 파출소 소장에 해당하는 관직이다. 임금과 신하 모두 박장대소했다. 군신(君臣) 간의 관계가 이처럼 격의 없이 친했다. 설사 신하들이 취중에 실수를 해도 광무제는 웃어넘기는 아량을 보였다.

광무제는 공신들을 우대하고 친구처럼 대했지만 병권만큼은 그들에게 절대 위임하지 않았다. 그들이 병권을 쥐고 있으면 반란을 일으키지 않을까 두려워했기 때문이다. 당시 재관(材官: 보병), 기사(騎士: 기병), 누선(樓船: 수군) 등 지방군이 있었다. 지방 군현의 도위(都尉)가 지방군을 지휘했다. 광무제는 지방군의 병사들을 모두 고향으로 돌려보내 농업에 종사하게 했다. 또 도성에 남북군(南北軍)을 두어 전국의 병권을 관장하게 했다. 광무제가 직접 병권을 통제할 목적이었다.

광무제는 황제 중심의 권력 구조를 완성하기 위하여 태위(太尉), 사도(司徒), 사공(司空) 등 삼공(三公)의 권한을 제한하고 상서대(尙書臺)를 설치했다. 상서대는 황제의 통제를 받으며 전국의 정사를 관장했다. 광무제는 또 중상시(中常侍), 황문시랑(黃門侍郞), 소황문(小黃門), 중황문(中黃門) 등 황제 측근에서 어명을 전달하는 관직을 설치했다. 대체적으로 환관들이 이런 관직에 임용되었다. 그는 환관을 통해서 관리들을 효과적으로 통제할 수 있었다. 하지만 광무제 사후에 환관의 세력이 발호하여 국정이 혼란에 빠진 폐단을 낳았다.

광무제는 사치를 싫어하고 근검절약했으며 음주가무를 즐기지 않았다. 민폐를 끼치는 일을 경계하고 어떻게 하면 백성들의 삶이 나아질 수 있을까 고민했다. 백성들에게는 한없이 인자하고 관대했지만, 잘못을 저지른 관리들에게는 지위고하를 막론하고 엄한 형벌을 내렸다.

대사도 구양흡(歐陽歙)은 여남군(汝南郡) 태수였을 때 농지 조사를 엉터리로 하고 뇌물을 1천만 전이나 받은 범죄가 드러났다. 광무제는 그를 감옥에 가두고 문초하게 했다. 그런데 구양흡 집안은 8대에 걸쳐 『상서(尙書)』를 가르친 박사를 배출한 명문가였다. 구양흡도 학식과 명망이 높은 학자였다. 그의 제자 1천여 명이 황궁으로 몰려들어 선처를 호소했다. 심지어 나이가 17세에 불과한 제자 예진(禮震)은 스승을 대신하여 죽겠다고 했다. 하지만 광무제는 끝내 구양흡을 사면하지 않고 죽였다.

대사도 대섭(戴涉)은 그의 추천으로 태창령(太倉令)이 된 관리가 금전을 훔친 죄에 연루되어 옥사(獄死)했다. 대사도는 국가의 재정을 담당하는 최고위직이다. 대섭은 범죄와 직접적인 관련이 없었으나, 광무제는 그에게 관리를 잘못 추천한 책임을 물어 죽였다. 관리들은 광무제가 신나라 왕망처럼 가혹한 정치를 한다고 두려워했다. 그렇지만 관리들에게 엄격한 잣대를 들이댄 것은 관료 사회에 만연한 부패를 일소하고 민폐를 줄이는 효과를 얻을 수 있었다.

광무제의 누나 호양공주(湖陽公主)는 젊은 나이에 과부가 되었다. 누나의 처지를 안타깝게 생각한 광무제는 중매를 서려고 그녀에게 마음에 드는 남자가 있냐고 넌지시 물었다. 그녀가 대사공 송홍(宋弘)을 마음에 두고 있음을 알았다. 어느 날 광무제는 그녀를 병풍 뒤에 앉히고 송홍에게 말했다.

"속담에 '지위가 높아지면 친구를 바꾸고 부자가 되면 아내를 바꾼다.'고 했소. 이 말은 인지상정에 합당한가?"

송홍이 대답했다.

"신은 '빈천할 때 사귄 친구는 잊을 수 없고, 조강지처(糟糠之妻)는 집안에서 쫓아낼 수 없다.'고 들었습니다."

광무제가 병풍 뒤에 앉아 있는 호양공주를 바라보며 말했다.

"누님! 중매를 서려고 그랬는데 이루어지지 않았네요."

'지게미와 쌀겨로 끼니를 이을 때의 아내'라는 조강지처라는 성어가
바로 여기서 나왔다. 광무제는 절대 권력을 쥔 황제였음에도 멋대로 일을
처리하지 않고 신하의 뜻을 존중한 것이다.

호양공주가 부리는 사내종이 대낮에 사람을 죽인 일이 있었다. 관리
가 호양공주의 저택을 찾아가 사내종을 처벌하려고 했다. 하지만 호양공
주는 사내종을 내주지 않았다. 외출할 때면 그를 수레에 태우고 나갔다.
낙양현령 동선(董宣)이 호양공주와 사내종이 수레를 타고 나온 틈을 이용
하여 사내종을 체포했다. 호양공주에게 잘못을 책망하고 그 사내종을 때
려죽였다.

호양공주는 광무제에게 달려가 동선이 자기를 무시했다고 비난했다.
광무제는 진노하여 동선을 불러 채찍으로 때려죽이려고 했다. 동선이 말
했다.

"폐하께서는 성덕(聖德)으로 중흥하였는데 사내종이 사람을 죽인 것을
방종했습니다. 장차 무엇으로 천하를 다스리겠습니까? 신은 채찍을 맞
아 치욕을 당하고 죽기보다는 차라리 자살하겠습니다."

동선은 말을 마치자마자 궁전 기둥으로 돌진했다. 광무제는 피범벅이
된 동선의 얼굴을 보고 깜짝 놀랐다. 내시에게 동선을 잡고 진정시키게

한 후 공주에게 머리를 조아리고 사죄하게 했다. 사죄하면 일을 적당히 무마할 생각이었다. 하지만 내시가 동선의 목을 잡아 머리를 조아리게 해도, 그는 끝내 머리를 숙이지 않았다. 절대 사죄할 수 없다는 입장이었다. 광무제가 난감해하자 호양공주가 말했다.

"문숙(광무제)은 평민이었을 때 도망 온 사람을 감추어주고 죽을죄를 저지른 사람을 숨겨주면서 죄인을 잡으러 온 관리가 감히 대문에 오지도 못하게 했소. 이제 천자가 되었는데도 권력이 일개 현령에게조차도 미치지 못하시오?"

광무제가 웃으며 말했다.

"천자와 평민은 똑같을 수 없지요."

광무제가 치국(治國)의 도(道)를 깊이 이해했다는 증거이다. 그는 '목이 뻣뻣한' 동선의 공평무사한 법집행을 치하하고 그에게 30만 전을 하사했다.

건무 13년(37) 봄 어느 날 광무제가 사냥을 나갔다가 밤늦게 낙양으로 돌아왔는데 상동문(上東門)이 굳게 닫혀 있었다. 한밤중에는 성문을 닫고 출입을 막게 되어 있었다. 시종들은 상동문후(上東門候) 질운(郅惲)에게 성문을 열라고 했다. 질운은 성문을 개방할 시간이 아직 안되었다고 말하며 거절했다. 광무제는 시종에게 성문 틈 사이에서 질운을 보고 황제가 왔으니 빨리 성문을 열어 달라고 말하게 했다. 질운이 말했다.

"지척을 분간할 수 없는 밤중이라 정말로 천자가 오셨는지 확인할 수 없소."

광무제는 어쩔 수 없이 동중문(東中門)을 통해 성안으로 들어갔다. 다음 날 아침 질운이 상소했다.

"옛날에 주나라 문왕이 사냥의 즐거움에 빠지지 않았던 것은 오로지 백성들을 잘 다스리기 위해서였습니다. 그런데 폐하께서는 멀리 떨어진 산중으로 수렵을 나가시어 밤늦게 돌아오시는 일이 빈번합니다. 폐하의 이러한 수렵 활동이 종묘사직에 무슨 좋은 점이 있겠습니까?"

광무제는 부끄러워서 아무 말도 못했다. 질운에게는 포(布) 100필을 하사하고 동중문을 열어 준 동중문후는 참봉위(參奉尉)로 강등시켰다. 질운은 광무제가 성 밖에서 기다리고 있음을 알고 있었지만, 그의 잦은 수렵 활동을 억제할 목적으로 고의로 성문을 열어주지 않았던 것이다. 성문을 담당하는 관리의 직책이 높다고는 할 수 없다. 그럼에도 불구하고 질운은 황제의 어명을 거부했다. 광무제는 이런 신하를 무척 아꼈다. 성군(聖君)이 있으니 충신이 나오는 법이다.

흉노는 한나라의 영원한 숙적이었다. 건무 27년(51) 낭릉후(朗陵侯) 장궁(臧宮)과 양허후(揚虛侯) 마무(馬武)가 흉노가 분열한 틈을 타서 흉노를 멸망시켜 만세에 길이 빛나는 공로를 비석에 새기자고 상소했다. 광무제가 말했다.

"지금 국가는 선정(善政)이 실행되지 않았으며 천재지변이 끊임없이 일어나고 있고 백성들은 아직도 궁핍한 생활을 하고 있소. 국가의 상황이 이처럼 위중한데 또 멀리 떨어진 변방 밖의 일을 하려고 하는가? 군사를

동원하여 원정길에 오르는 일은 백성들을 편히 쉬게 하는 일보다 못하
오."

광무제는 백성들의 안위를 걱정하여 분열된 흉노를 화친 정책으로 포
용했다. 신나라 황제 왕망이 고구려를 '하구려'로 폄하하고 고구려왕을 제
후로 격하한 이후에 중원 왕조와 고구려는 대립과 갈등을 지속했다. 건무
8년(32) 광무제는 동북 지방에서 날로 강성해지는 고구려와의 관계를 정
상화하기 위하여 고구려의 국명과 3대 왕 대무신왕(大武神王)의 왕호(王號)를
인정했다.

건무중원(建武中元) 2년(57) 광무제는 세상을 떠나기 직전에 오늘날의 일
본에서 온 사신을 접견했다. 사신은 광무제에게 한나라의 번국이 되겠으
니 나라 이름을 지어달라고 부탁했다. 광무제는 일본 사람들이 키가 너무
작은 모습을 보고 '왜국(倭國)'이라는 국명을 하사했다. 이 시기부터 일본은
왜(倭)로, 일본인은 왜인(倭人)으로 불렀다.

8. 곽황후를 폐위하고 음려화를 황후로 책봉하다

신나라 말기에 광무제 유수가 고향에서 반란이 일어나고 기근이 들
자 남양군 신야(新野: 하남성 신야현·新野縣)에 살고 있는 누나의 집으로 피난을
간 적이 있었다. 매형 등신(鄧晨)은 신야의 호족이었다. 당시 신야에는 춘
추 시대의 유명한 재상 관중(管仲)의 후예인 음륙(陰陸)이 살고 있었다. 관중
의 7대 손자 관수(管修)가 제나라에서 초나라로 이주한 후 음대부(陰大夫)로
책봉되었기 때문에 관씨(管氏) 성씨를 음씨(陰氏)로 바꾸었다. 음씨 집안은
토지, 노비, 거마(車馬) 등 재산이 신나라에서 책봉된 왕후(王侯)가 보유하고

있는 것만큼이나 많은 명문 호족이었다.

음륙에게는 가히 경국지색이라 부를 만큼 아름다운 딸 음려화(陰麗華·5~64)가 있었다. 명문가 자제들이 그녀를 아내로 삼기 위해 백방으로 노력했지만, 그녀는 그들에게 눈길 한 번 주지 않았다. 유수도 소문을 듣고 그녀를 만나고 싶었다. 어느 날 매형 집안과 인척 관계였던 음씨의 저택에서 음려화를 만났다. 자기보다 열한 살 어린 음려화를 보자마자 그녀의 미모에 반하여 넋을 잃었다. 그런데 혼담이 오고간 자리가 아니었기 때문에 가슴앓이만 하고 돌아왔다. 그 후 유수는 신나라의 도성 상안으로 가서 태학생으로 신분으로 공부했다. 하루는 거리에서 집금오(執金吾: 도성을 지키는 관리)가 병사들을 거느리고 위풍당당하게 지나가는 모습을 보고 찬탄해마지 않았다.

"관리가 되려면 집금오처럼 명성과 위세가 드높은 관리가 되어야 하고, 아내를 얻으려면 음려화처럼 예쁜 아내를 얻어야 하겠네."

갱시(更始) 원년(23) 유수는 곤양에서 대승을 거둔 후 오랫동안 마음속으로 그리워했던 음려화를 아내로 맞이했다. 유수의 나이는 29세, 음려화는 꽃다운 나이 18세였다. 유수는 혼인한 지 3개월 만에 갱시제의 어명을 받들어 음려화를 신야의 처갓집으로 보내고 낙양으로 떠나야 했다. 얼마 후 갱시제는 또 유수를 대사마로 임명하고 하북 지방으로 보내 현지 백성들을 위무하게 했다. 이는 유수가 갱시제의 감시에서 벗어나 독립할 수 있는 계기가 되었다.

유수는 하북 지방에서 조한(趙漢)을 세운 왕랑과 충돌했다. 그는 병력이 부족하여 왕랑을 무찌를 자신이 없었다. 왕랑 수하에서 10만 대군을 거느리고 있는 진정왕(眞定王) 유양(劉楊)을 자기편으로 끌어들이고 싶었다. 유양

한나라 역대 황제 평전

에게 효기장군 유식(劉植)을 보내 종실끼리 힘을 합해 왕랑을 타도하자고 했다. 유양도 점쟁이 출신 황제인 왕랑에게 충성하는 것보다는 같은 종친인 유수와 협력하여 권력을 나누는 게 훨씬 떳떳했다. 유수와 유양은 혼인 동맹을 맺어 결속을 다지고자 했다.

갱시 2년(24) 유수는 진정군의 토호 세력인 곽창의 딸이자 유양의 생질녀인 곽성통을 두 번째 아내로 맞이했다. 유수는 사랑하는 아내 음려화를 고향에 두고 있었지만 곽성통과의 관계도 좋았다. 그는 처가 집안의 도움으로 하북 지방을 평정할 수 있었다.

건무(建武) 원년(25) 6월 유수는 마침내 호성(鄗城: 하북성 백향현·柏鄉縣)의 천추정(千秋亭)에서 황제로 등극했다. 이 해에 곽성통은 광무제의 장남 유강(劉疆·25~58)을 낳았다. 곽성통은 귀인(貴人)으로 책봉되었다. 그런데 광무제는 헤어진 음려화를 잊지 않았다. 시중 부준(傅俊)을 신야로 보내 그녀를 낙양으로 데리고 오게 했다. 음려화는 전쟁통에 죽은 줄만 알았던 남편이 황제가 되어 부준에게 자신을 낙양으로 데리고 오라는 얘기를 듣고 기쁨의 눈물을 흘렸다. 광무제는 음려화를 곽성통과 마찬가지로 귀인으로 책봉했다.

건무 2년(26) 1월 진정왕 유양은 참서(讖書)를 날조하여 자기가 천명에 따라 황제가 된다는 소문을 냈다. 아울러 면만현(綿曼縣)에서 암약하는 도적의 무리와 결탁하여 세력을 확장했다. 광무제는 유양이 모반을 획책하고 있음을 감지했다. 고양후(高陽侯) 경순(耿純)을 진정군으로 보내 유양을 토벌하게 했다. 곽귀인은 외삼촌 유양이 주살된 후 연좌제에 걸려 처벌을 받지 않을까 두려웠다.

광무제는 유양의 모반 음모 사건과 아무런 관련도 없는 곽귀인에게 어떤 책망도 하지 않았으며 그녀를 폐출시키지 않았다. 같은 해 6월 신하들이 광무제에게 황후 책봉을 건의했다. 유수가 이미 황제로 등극했으므로 하루빨리 황후도 책봉해야 한다는 주장이었다. 광무제는 음귀비와 곽귀비 중에서 누구를 선택해야 할지 고민했다. 음귀비가 첫 번째 부인이므로 그녀를 선택하는 게 이치에 맞았다. 더구나 그녀는 광무제의 총애를 한몸에 받고 있었다. 하지만 이때까지만 해도 그녀는 광무제의 아들을 낳지 못했다.

반면에 곽귀비는 황자를 낳았을 뿐만 아니라 광무제의 총애도 받고 있었다. 음귀비를 지지하는 대신들과 곽귀비를 지지하는 대신들 사이에서 암투가 벌어졌다. 광무제는 은근히 음귀비에게 마음을 두고 있었다. 뜻밖에도 음귀비가 황후의 자리를 사양했다. 자기가 황제의 곁에 없는 동안 곽귀비가 황제의 아들을 낳았으며 황제와 함께 고난을 겪었다는 것을 이유로 들었다. 광무제와 신하들은 음귀비의 선량한 마음 씀씀이에 감동했다.

건무 2년(26) 6월 곽귀비는 황후로, 그녀가 낳은 아들 유강은 태자로 책봉되었다. 사실은 광무제가 곽귀비를 선택한 이유는 그녀 집안의 영향력이 막강했기 때문이다. 진정왕 유양을 주살한 후 그의 아들 유득(劉得)을 진정왕으로 책봉한 것도 진정군에서 세력을 떨치고 있는 종친 유씨와 처가 곽씨 세력을 회유하기 위해서였다.

하지만 음귀인이 건무 4년(28)에 광무제의 넷째아들 유양(劉陽)을 낳은 후에는 광무제와 곽황후 사이에 미묘한 감정의 변화가 일어났다. 광무제는 첫사랑 음귀인을 더욱 총애했다. 곽황후는 질투를 느끼기 시작했다. 곽황후가 광무제의 면전에서 투기를 부리는 일이 잦았다. 광무제는 점차 곽황후를 멀리했다.

건무 17년(41) 광무제는 곽황후가 원망하는 마음을 오랫동안 품고 있으며 한고조의 황후 여치(呂雉)와 한선제의 황후 곽성군(霍成君)처럼 악독하다는 이유를 들어 그녀를 폐위했다. 사실 광무제는 이 시기에 한나라를 다시 통일하여 정국의 안정을 이루었기 때문에 곽황후를 지지하는 정치 세력이 없었다. 그래서 마음 놓고 그녀를 폐위하고 음귀비를 황후의 자리에 앉혔다.

그런데 광무제는 곽황후를 폐위했지만 태자 유강을 폐위하지는 않았다. 폐위된 곽황후에 대한 대우도 나쁘지 않았다. 그녀가 낳은 둘째아들 유보(劉輔)를 중산왕으로 책봉한 후 그녀를 중산태후로 책봉했다. 곽씨 일족에게도 높은 관작을 하사했다. 곽중산태후의 남동생 곽황(郭況)은 구경(九卿) 가운데 하나인 대홍려(大鴻臚)에 제수되었다. 광무제는 수시로 곽씨 일족에게 연회를 베풀고 많은 재물을 하사했다. 광무제가 곽씨 일족에게 얼마나 많은 재물을 하사했던 지 사람들은 곽황의 저택을 '금혈(金穴)'이라고 불렀다. 훗날 '곽가금혈(郭家金穴)'이라는 성어가 생겼다. 이는 거부(巨富)의 집안을 뜻한다.

광무제는 사랑하는 음려화를 황후로 책봉하기 위해 크게 잘못을 저지르지 않은 곽성통에게 누명을 씌워 그녀를 폐위했다. 아마 그도 마음속으로는 곽성통에게 대단히 미안했을 것이다. 그래서 그녀와 그녀의 친족에게 많은 재물을 하사한 게 아닌가 한다. 곽성통은 부귀영화를 누렸으나 남편에게 버림받은 상처는 씻을 수 없었다. 건무 28년(52) 우울증을 앓다가 남편보다 먼저 세상을 떠났다.

광무제는 건무중원 2년(57)에 재위 32년, 향년 62세를 일기로 붕어했다. 그가 통치한 시대는 정복 전쟁이 거의 없었으며 백성들은 생업에 종사하며 풍요를 누릴 수 있었다. 후대의 사람들은 그가 위대한 군주였음을 인정하고 그의 통치 기간을 광무중흥(光武中興) 또는 건무성세(建武盛世)라고 평가했다. 광무제 사후에 그의 위대한 업적을 찬양한 유명 인사들은 아주 많다.

당태종 이세민은 "짐이 옛날에 난세를 평정하여 태평한 세상을 만든 군주들을 살펴보니 그들은 모두 나이 40세가 넘었다. 오직 광무제만이 나이 33세였다."라고 평했다. 광무제가 젊은 나이에 중국을 다시 통일한 위대한 업적을 이루었다는 찬양이다. 중화인민공화국의 건국자인 모택동은 그를 이렇게 평가했다.

"광무제 유수는 황제들 중에서 가장 학문이 깊고 싸움을 잘했으며 용인술도 뛰어났다. '지식인들은 우유부단하고 겁이 많아 큰일을 이루고자 10년 동안 노력해도 성취할 수 없다.'는 얘기가 있다. 내가 생각할 때 유수만은 예외이다. 그는 10년 동안 소리를 내지 않고 조용히 때를 기다리다가 한 번 소리를 내어 천하의 사람들을 놀라게 했다. 그는 집에서 공부하면서 분수에 만족하고 본분을 지키다가 하루아침에 반란을 일으켜 천하를 뒤엎었다."

광무제 유수는 한고조 유방의 '카리스마'가 없었지만 유방과는 다르게 생명 존중 사상을 가지고 있었다. 지략은 조조만 못했지만 조조와는 다르게 간교한 술책을 부리지 않았다. 영웅적 풍모는 당태종 이세민에게 미치지 못했지만 이세민과는 다르게 형제들을 죽이지 않았다. 그는 황제였음에도 잘난 체하지 않고 신하들과 토론하기를 좋아했으며 여민동락(與民同樂)했다. 물론 그도 결점이 없지 않았다. 늘그막에 도참설에 빠졌으며 환관들에게 과도한 권한을 주었고 지방 호족들을 제대로 통제하지 못했다. 하지만 이런 결점들은 그가 이룩한 업적에 비하면 옥에 티이다.

제14장 | 한명제 유장

한명제 유장

1. 성장 과정과 황위 계승

건무 4년(28) 5월 음귀인이 광무제의 넷째아들 유양(劉陽·28~75)을 낳았
다. 갓난아이의 얼굴이 붉은 빛깔을 띠고 제왕의 관상을 타고 났다고 하
여 그의 이름을 '양(陽)'으로 지었다. 광무제는 사랑하는 음귀인에게서 얻
은 넷째아들을 애지중지했다. 유양은 10세 때 유가 경전 중의 하나이자
노(魯)나라의 역사서인 『춘추(春秋)』의 심오한 뜻을 이해하여 사람들을 놀라
게 했다. 광무제는 유양의 막힘없는 대답을 듣고는 "오공자(吳公子) 계찰(季
札)이 다시 세상에 태어났구나."라고 말하며 기뻐했다.

계찰은 춘추 시대에 오(吳)나라의 위대한 정치가이자 사상가로 추앙을
받은 인물이다. 오왕 수몽(壽夢)의 막내아들로 태어났는데 인품이 고상하
고 학식이 뛰어나 일찌감치 아버지에 의해 왕위 계승권자로 지명되었다.
하지만 그는 형들에게 왕위를 양보하고 오나라를 부국강병으로 이끌었

다. 그는 또 제(齊)나라, 정(鄭)나라, 진(晉)나라 등 여러 나라를 다니면서 제나라 재상 안영(晏嬰), 정나라 재상 자산(子産), 진나라 재상 숙향(叔向) 등 당대의 유명한 정치가들과 정치와 역사에 대한 논쟁을 벌여 명성을 얻었다. 광무제는 유양이 계찰처럼 위대한 정치가가 되기를 바라는 마음에서 그렇게 말했을 것이다.

건무 15년(39) 유양은 11세의 나이에 동해공(東海公)으로 책봉되었다. 당시 토호 세력의 토지 겸병 문제가 심각했다. 광무제는 '도전령(度田令)'을 반포했다. 도전령이란 전국 주군(州郡)의 관리들에게 관할 지역의 토지 현황과 호구(戶口)를 상세하게 파악하여 조정에 보고하라는 명령이다. 이는 새로 개간한 토지 면적을 정확하게 파악하고 정확한 호구(戶口)에 근거하여 조세와 부역을 공평하게 부과할 목적이었다. 아울러 토지 겸병 문제를 해결함으로써 토호 세력을 약화시키고 국가의 조세 수입을 늘릴 목적이었다.

하지만 전국의 자사, 태수들은 토호와 지주의 재산은 보호하면서 토지 측량을 구실로 삼아 농민들의 가산을 빼앗았다. 농민들은 그들이 마을에 들이닥치면 길을 막고 통곡하며 항의했다. 어쨌든 전국의 주군에서 낙양으로 관리를 보내 관내 현황을 보고했다. 그런데 광무제는 진류군(陳留郡)의 관리가 보고한 공문 가운데 이런 내용을 읽어 보았다.

"영천군(潁川郡)과 홍농군(弘農郡)에서는 물어 볼 수 있는데 하남군(河南郡)과 남양군(南陽郡)에서는 물어 볼 수 없다."

광무제는 진류군의 관리에게 무슨 뜻이냐고 따졌다. 관리는 자기도 그 내용이 무슨 뜻인지 모르겠으며 다만 낙양의 장수가(長壽街)에서 들은 얘기를 적은 것이라고 말했다. 광무제는 그의 책임을 회피하는 태도에 진노했다. 마침 휘장 뒤에 있었던 동해공 유양이 말했다.

"관리는 군수의 지시에 따라 다른 군(郡)에서 토지를 측량한 현황과 비교했을 뿐입니다."

광무제가 말했다.

"그렇다면 어째서 하남군과 남양군에서는 물어 볼 수 없다고 하였느냐?"

동해공 유양이 대답했다.

"하남군은 천자가 거주하는 제성(帝城)이 있는 곳이므로 천자와 가까운 권신들이 많습니다. 남양군은 천자의 고향이므로 천자와 가까운 친척들이 많습니다. 그들은 모두 규정을 어기고 많은 토지와 저택을 보유하고 있습니다. 관리는 그들의 위세를 두려워하여 제대로 조사할 수 없었을 것입니다."

광무제는 호분중랑장(虎賁中郎將)에게 진류군의 관리를 조사하게 했다. 진류군의 관리도 동해공 유양과 똑같은 말을 했다. 광무제는 나이 12세에 불과한 동해공 유양의 식견에 감탄을 금치 못하고 더욱 그를 총애했다.

건무 17년(41) 유양은 동해왕(東海王)으로 책봉되었다. 건무 19년(43) 선신(單臣), 부진(傅鎭) 등 무당들이 장군을 자칭하고 반란을 일으켜 원무성(原武城: 하남성 원양현·原陽縣)을 점령했다. 광무제는 태중태부 장궁(臧宮)에게 원무성을 포위 공격하게 했다. 장궁은 여러 차례 공세를 펼쳤으나 성을 함락하지 못하고 사상자만 늘어났다. 광무제는 공경, 왕후들을 소집하여 토벌 계책을 물었다. 그들은 모두 거금을 현상금으로 내걸면 쉽게 토벌할 수 있다고 아뢰었다. 동해왕 유양만이 이렇게 말했다.

"지금 간사한 무당들이 성을 점령하고 노략질하고 있지만 세력이 오래 가지는 못할 것입니다. 저놈들 중에서 반드시 후회하고 달아나는 놈이 있을 것입니다. 그런데 군사가 성 밖에서 겹겹이 포위하고 공격하면 오히려 도망가고 싶어도 도망갈 수 없게 할 것입니다. 포위망을 조금 느슨하게 하여 저놈들이 도망갈 수 있게 해야 합니다. 도망가는 놈들이 늘어나면 간사한 도적의 무리는 저절로 와해될 것입니다. 그러면 정장(亭長) 한 명이 반란을 일으킨 주동자들을 모조리 체포할 수 있을 것입니다."

광무제는 장궁에게 동해왕 유양의 계책을 쓰게 했다. 아니나 다를까, 마침내 반란을 손쉽게 평정할 수 있었다. 그런데 황제가 동해왕 유양을 총애할수록 태자 유강의 마음은 더욱 착잡했다. 생모 곽성군이 폐위되었기 때문에 자기도 언제 폐위될지 모른다는 불안감에 시달렸다. 자신이 능력에 있어서도 이복동생 동해왕 유양보다 못한 것을 자책했다. 상동문후(上東門候) 질운(郅惲)이 그에게 충고했다.

"의심을 받는 자리에 오랫동안 앉아 있으면 위로는 부모에게 효도하지 못하고, 아래로는 위태로운 상황에 가까워질 뿐입니다. 이는 자리를 사양하고 생모를 봉양하는 것만 못합니다."

계속 태자의 자리에 앉아 있으면 결국 폐위되어 참담한 꼴을 당할 수 있으니 차라리 태자의 자리를 포기하고 생모 곽성군을 봉양하는 것이 명철보신할 수 있다는 충고였다. 태자 유강은 그의 충고를 받아들였다. 건무 19년(43) 6월 광무제는 조서를 반포했다.

"태자 책봉은 『춘추(春秋)』의 대의에 의하면 존귀함을 근거로 결정하는 것이지 나이의 많고 적음으로 결정하는 것이 아니다. 동해왕 유양은 음황후의 아들이므로 대통을 계승해야 한다. 태자 유강은 오래 전부터 태자의 자리를 사양하고 번국(藩國)으로 돌아가기를 바랐다. 하지만 짐은 부자의 정을 생각하여 그의 바람을 들어주지 못했다. 이제 유강을 동해왕으로 책봉하며, 유양을 황태자로 책봉한다. 아울러 유양의 이름을 유장(劉莊)으로 개명한다."

유강이 태자의 자리를 양보했다고 했지만 사실은 광무제가 넷째아들 유양을 후계자로 삼기 위하여 그를 폐위시킨 것이다. 광무제는 피를 흘리지 않고 평화적인 방법으로 일을 처리하는 데 달인이었다. 그가 건무중원 2년(57)에 세상을 떠나자 유장이 31세의 나이에 황위를 계승했다. 그가 후한의 2대 황제 한명제(漢明帝)이다. 다음 해부터 연호를 영평(永平)으로 정했다.

2. 관리를 혹독하게 다스리고 백성에게 선정을 베풀다

한명제 유장은 광무제 유수의 넷째아들이었지만 태자이자 큰형인 유강을 제치고 황위를 계승했다. 광무제는 여러 아들 중에서 넷째아들이 능력이 가장 뛰어나고 황제의 자질을 갖추었기 때문에 그를 후계자로 결정했다. 또 그가 자신이 사랑하는 음려화가 낳은 아들이었던 것도 그에게 대권을 이양하는 결정적 계기가 되었을 것이다. 한명제는 즉위 직후인 건무중원 2년(57)에 이런 조서를 반포했다.

"나는 선황제의 어린 아들로서 성업(聖業)을 계승했다. 선황제의 위업에 손상을 입히는 일을 하지 않을까 밤낮으로 두려워하면서 정사를 돌보는 데 조금도 나태하지 않았다. 선황제께서는 천명(天命)을 받아 한나라를 중흥시켰다. 고대의 위대한 제왕들과 마찬가지로 어질고 너그러운 행실로 백성들을 다스리고 주변의 여러 나라와는 싸우지 않고 화합하며 윗사람과 아랫사람이 서로 화목하게 지낼 수 있게 했다. 또 천지신명에게 제사를 지내 온갖 신령들을 편안하게 하고 홀아비와 과부에게도 성은을 베풀었다. 짐은 국가의 대운(大運)을 이어받아 선황제께서 이루어놓은 정치 체제를 계승하고 문덕(文德)을 지켜나갈 것이다."

이는 한명제가 아버지 광무제의 업적을 계승하겠다는 다짐이다. 같은 해 그는 또 조서를 반포했다.

"지금은 바야흐로 사람들이 밭갈이와 누에치기에 한창 바쁠 때인 봄철이다. 관리들은 계절에 순응하여 백성들이 농사에 힘쓰게 해야지 민폐를 끼치는 일은 절대 해서는 안 된다. 지금 인재를 관리로 선발하고 추천하는 제도가 부실하여 간사한 관리들이 아직 제거되지 않았다. 앞으로 관리를 잘못 추천하는 자가 있으면 그에게 죄를 묻겠다. 또 권력자들이 부패하여 백성들의 원성이 자자한데도 그들의 잘못을 숨기면 관계 기관에서 엄격하게 조사하여 처벌하겠다."

백성들이 조세와 부역의 부담이 없이 농사에 전념해야 국태민안을 이룰 수 있다고 한명제는 생각했다. 그에게는 백성들을 우대하고 빈민을 구휼하는 일이 대단히 중요했다. 보통 남자에게는 작위 2급(級)을, 삼노(三老: 교화를 관장하는 지방 관리), 효자, 우애가 돈독한 형제, 농사에 힘쓴 사람 등에게는 3급을 하사했다. 홀아비, 과부, 고아, 중병을 앓고 있는 사람 등에게는 곡식 10곡(斛: 1곡은 10두·斗)을 나누어주었다. 자신이 황제로 등극하기 이전에 범죄를 저질러 감옥에 갇힌 자들에게도 사면령을 반포하여 평민으로 살게 했다. 이런 일련의 백성들에 대한 우대 조치는 광무제 시대와 크게 다르지 않았다.

관리들은 직접 백성들을 다스리는 사람들이다. 한명제는 그들이 부패하고 민폐를 끼치면 사직이 위태로워질 수 있다고 보았다. 특히 조정 중신들에 대해서는 광무제와는 다르게 특권을 인정하지 않았으며 그들이 잘못을 저지르면 가차 없이 처벌했다. 조정 중신들 중에서 한명제에게 매를 맞지 않은 자가 없었을 정도였다.

호강교위(護羌校尉) 두림(竇林)의 집안은 공(公) 한 명, 제후 두 명, 공주 세 명을 배출한 명문가이다. 두림이 강족(羌族: 중국 서남부 지역에 거주)을 다스릴 때 강족의 추장인 전오(滇吾)의 동생 전안(滇岸)이 그에게 항복했다. 두림은 한명제에게 전안이 강족의 추장이라고 보고했다. 한명제는 전안에게 귀의후(歸義侯), 한대도위(漢大都尉) 등 관작을 하사했다. 그 후 전오가 진짜 추장임을 알고 진노하여 두림을 추궁했다. 두림이 전안에게 뇌물을 받고 거짓으로 보고했다는 사실이 드러났다. 한명제는 두림에게 임금을 속인 죄를 물어 그를 죽였다.

광무제의 장녀 무양공주(舞陽公主)의 남편인 능향후(陵鄕侯) 양송(梁松)은 태복(太僕)에 임명되어 조정의 중책을 맡았다. 그런데 그가 군현의 관리들에게 여러 차례 사신을 보내 청탁한 일이 문제가 되어 감옥에 갇혀 죽었다.

한명제는 관리들의 사소한 실수도 용납하지 않았다. 어느 날 한명제는 투항한 호인(胡人)에게 비단 10필을 하사하게 했다. 그런데 정무를 관장하는 상서(尙書)에서 10필을 100필로 잘못 기재했다. 한명제는 착오를 확인하고 진노했다. 즉시 상서랑을 소환하여 친히 매질을 가하려고 했다.

상서령 종리의(鍾離意)가 달려와 머리를 조아리며 말했다.

"보통 사람들은 남의 실수를 너그럽게 용서해줍니다. 상서랑이 일을 꼼꼼하게 처리하지 못한 것을 과오로 간주하여 징계한다면 직위가 높은 신의 죄가 무겁고, 직위가 낮은 상서랑의 죄는 가볍습니다. 신이 먼저 처벌을 달게 받겠습니다."

종리의는 의복을 벗고 형틀에 누워 매를 맞을 준비를 했다. 한명제는 종리의가 워낙 강직하고 청렴한 신하임을 알고 있었기 때문에 상서랑의 잘못을 더 이상 추궁하지 않았다. 한명제는 성격이 까다롭고 신하들의 결점을 추궁하는 것을 좋아했다. 어느 날 상서랑 약숭(藥崧)이 잘못을 저질러 한명제의 분노를 샀다. 한명제가 지팡이로 그를 때리려고 했다. 약숭은 잽싸게 침상 밑으로 기어 들어갔다. 한명제가 소리쳤다.

"상서랑은 빨리 나와라! 빨리 나오지 않겠느냐?"

약숭이 말했다.

"천자는 위엄이 있고 온화하므로 사방의 제후들이 따르고 존경합니다. 제후는 천자의 은총을 입어 광채를 드러냅니다. 백성들의 주인이 된 군주가 상서랑을 친히 지팡이로 때렸다는 얘기를 신은 아직 듣지 못했습니다."

천자는 천자답게 행동해야지 일개 관리가 사소한 잘못을 저질렀다고 하여 친히 지팡이를 들고 때리는 일을 해서는 안 된다는 비아냥거림이다. 한명제는 그를 용서했다. 그렇지만 그가 이렇게 관리들을 엄격하게 다루었기 때문에 관료 조직의 부패를 막을 수 있었다.

상서령 송균(宋均)은 청빈하고 백성을 자식처럼 사랑했다. 한명제와도 뜻이 잘 맞아 황제의 총애를 받았다. 한번은 그가 공문의 일부 내용을 삭제하고 한명제에게 올렸다. 한명제는 그가 사악한 마음을 품지 않았을까 의심했다. 상서의 관리들은 모두 두려워하며 머리를 조아리고 사죄했다. 하지만 송균은 정색을 하고 말했다.

"충신은 의리를 목숨보다 소중하게 여기며 두 마음을 품지 않습니다. 만약 폐하의 위세를 두려워하여 공정함을 잃는다면, 신은 죽을지언정 소신을 바꾸지 않겠습니다."

한명제는 의심이 많은 성격이었다. 하지만 충신을 알아보는 능력이 있었다. 송균의 강직한 성품을 칭찬하고 그를 사례교위(司隸校尉)로 승진시켰다.

한명제는 아버지 광무제처럼 유학을 숭상하여 도성의 남궁(南宮)에 태학을 설치했다. 황태자, 황후, 외척, 공경대부의 자제(子弟) 등 모두 태학에서 유가 경전을 공부하게 했다. 지방의 향교에서도 공부하는 유생들이 아주 많았다. 학문이 뛰어난 유생들은 추천 형식을 통하여 적재적소에 임명되었다. 영평 연간(58~75)에 배출한 인재가 전한(前漢) 시대보다 열배나 많았다.

한명제는 유가의 경전들 중에서 유독 『효경(孝經)』을 중시했다. 효(孝)로써 천하를 다스리겠다는 의지의 표명이었다. 신하들은 말할 것도 없고 황궁을 수비하는 금위군들도 『효경』을 암송해야 했다. 심지어 흉노의 자제들도 태학에 와서 유가 경전을 배우기도 했다.

한명제는 생모 음태후(陰太后: 음려화)를 지극정성으로 모셨다. 음태후가 영평 7년(64) 향년 59세를 일기로 세상을 떠나자 그녀에게 광렬(光烈)이라는 시호(諡號)를 내렸다. 중국 역대 왕조에서 황후에게 내린 최초의 시호였다. 훗날 한명제가 중국 최초로 인도에서 불경과 불상을 가지고 오게 한 일도 돌아가신 어머니를 너무 그리워하다가 꿈속에서 부처님을 만난 것이 인연이 되었다.

3. 형제, 외척, 종친 등의 세력을 엄격하게 통제하다

산양왕(山陽王) 유형(劉荊·?~67년)은 한명제의 친동생인데 야심가였다. 그는 한명제가 즉위한 직후에 태자의 자리에서 물러난 동해왕 유강에게 사신을 보내 병사를 일으켜 한나라의 천하를 쟁취하자고 꼬드겼다. 유강은 즉시 사신을 체포하여 도성 낙양으로 압송했다. 한명제는 유형의 모반 음모를 알아차렸지만 그가 친동생이었기 때문에 죄를 추궁하지 않고 그의 동태를 감시하기만 했다.

영평 원년(58) 유형은 점성술에 능한 사람을 은밀히 만나 변고가 일어나기를 바랐다. 한명제는 그가 또 모반을 획책하고 있음을 간파하고 그를 광릉왕(廣陵王)으로 책봉한 후 광릉(廣陵)으로 떠나게 했다. 그는 친동생이 광릉에서 자숙하기를 바랐다. 하지만 유형은 개과천선하지 않고 여전히 황위 찬탈을 노렸다. 영평 9년(66) 그는 점쟁이에게 이런 말을 했다.

"내 외모가 선황제(광무제)를 닮았다고 하오. 선황제께서는 30세에 천하를 얻었소. 올해 나도 30세인데 병사를 일으킬 수 있겠소?"

점쟁이는 유형이 모반의 뜻을 품고 있음을 알고 깜짝 놀랐다. 자칫하다가는 자기도 연루되어 참형을 피할 수 없었다. 즉시 관부로 달려가 이

실직고했다. 유형은 문초를 두려워하여 스스로 감옥에 들어가 용서를 구했다. 한명제는 또 그에게 관용을 베풀었지만 그가 거느린 병사와 시종들을 회수하고 낙양에서 파견한 관리들에게 광릉왕부를 지키게 했다. 그 후 유형이 또 무당에게 황제를 저주하는 굿판을 벌이게 한 일이 발각되었다. 장수교위(長水校尉) 번조(樊儵) 등 대신들은 유형을 주살해야 한다고 아뢰었다. 한명제가 불같이 화를 냈다.

"경들은 광릉왕이 내 아우인데 그를 죽여도 좋다는 말이냐. 만약 그가 내 아들이라면 경들이 감히 그렇게 말할 수 있겠느냐?"

번조가 대답했다.

"한나라 천하는 한고조의 천하이지 폐하의 천하가 아닙니다. 『춘추』의 대의에 따르면 군주와 부모에 대해서는 반역의 마음을 품을 수 없습니다. 만약 반역의 마음을 품었다면 반드시 주살해야 합니다. 유형이 폐하의 친동생이고 폐하께서 그를 측은하게 생각하시고 있기 때문에 저희들은 부득이하게 주살을 청했습니다. 만약 그가 폐하의 아들이라면 저희들이 당장 주살했을 것입니다."

한명제는 하늘을 우러러보며 길게 탄식했다. 유형을 죽여도 좋다는 뜻이었다. 유형은 어명이 전달되기 전에 스스로 목숨을 끊었다.

광무제의 첫 번째 황후였던 곽성통은 동해왕(東海王) 유강(劉疆), 패왕(沛王) 유보(劉輔), 제남왕(濟南王) 유강(劉康), 부릉왕(阜陵王) 유연(劉延), 중산왕(中山王) 유언(劉焉) 등 다섯 아들을 낳았다. 원래 태자였던 유강(劉疆)과 유보는 한명제에게 굴종의 자세로 일관하면서 명철보신했다. 유강(劉康)과 유연은

한나라 역대 황제 평전

모반 혐의로, 유언은 자기 첩을 교살한 죄로 봉지를 삭감당했다.

광무제와 허미인(許美人) 사이에서 태어난 초왕(楚王) 유영(劉英·?~71)은 초나라의 도성 팽성(彭城: 강소성 서주·徐州)에서 빈객들과 어울리기를 좋아하고 방사(方士)들을 초청하여 황로(黃老)의 학문을 즐겨 토론했다. 영평 13년(70) 방사들은 부서(符瑞: 천명을 받아 제왕이 된다는 징조)를 꾸며 유영이 천자가 될 것이라는 소문을 냈다. 또 금으로 만든 거북이와 옥으로 만든 두루미를 유영에게 바치고 역모를 꾀했다. 연광(燕廣)이라는 자가 역모를 고발하자 유영은 스스로 목숨을 끊었다.

한명제는 외척에 대해서도 엄격하게 통제했다. 영평 3년(60) 광무제를 황제로 만든 공신 28명을 선정할 때 복파장군(伏波將軍) 마원(馬援)을 배제했다. 마원은 혁혁한 전공을 세운 일등공신으로서 당연히 운대일십팔장(雲臺二十八將)에 기록되어야 했다. 하지만 한명제는 그가 마황후(馬皇后)의 아버지이자 자신의 장인이라는 이유를 들어 공신록(功臣錄)에 오를 수 없게 했다. 호분중랑장 마료(馬廖), 황문시랑 마방(馬防), 황문시랑 마광(馬光) 등 마황후의 오빠들도 직책을 벗어난 어떤 월권 행위도 못하게 했다. 한명제는 마황후를 진심으로 사랑하고 존경했지만 "황후의 집안은 제후로 책봉되어 정치에 간여할 수 없다."는 원칙을 지켰다.

한명제의 외삼촌 신양후(信陽侯) 음취(陰就)는 학식이 뛰어났다. 대신들과 논쟁을 벌일 때면 그를 능가할 자가 없었다. 그런데 그는 고집이 세고 오만하여 평판이 나빴다. 한명제는 그를 소부(少府)로 삼고 국가의 재정을 담당하게 했다. 음취의 아들 음풍(陰豐)은 광무제의 딸 역읍공주(酈邑公主) 유수(劉綬)를 아내로 맞이했다. 음씨 가문은 세도가 대단했다.

어느 날 음취는 초야에서 은거하고 있는 주휘(朱暉)가 현자라는 소문을 들었다. 주휘의 집을 방문하여 그를 만나고자 했다. 하지만 주휘는 대문을 걸어 잠그고 그를 만나주지 않았다. 음취는 그에게 후한 예물을 보내

다시 만나기를 요청했지만 거절을 당했다. 주희는 그가 오만방자한 사람이라는 소문을 듣고 그를 만나고 싶지 않았던 것이다.

그 후 주휘는 표기장군(驃騎將軍) 겸 동평왕(東平王) 유창(劉蒼)의 왕부에서 관리가 되었다. 어느 해 정월 초하루 유창은 입조하여 황제를 배알하고 새해 축하 인사를 드려야 했다. 입조하려면 소부에서 발급하는 옥벽(玉璧)을 소지해야 했다. 그런데 소부의 관리들은 음취처럼 오만하기 그지없었다. 그들은 고의로 시간을 끌고 옥벽을 발급하지 않았다. 유창은 당황하여 어쩔 줄 몰랐다. 주휘는 소부의 주박(主簿)이 옥벽을 가지고 있음을 알았다. 기지를 발휘하여 옥벽을 빼앗아 유창에게 건네주었다. 한명제는 주휘가 외척 음취의 위세를 두려워하지 않고 주군 유창을 위해 일을 한 것을 높이 평가하고 그를 위사령(衛士令)으로 임명했다.

음풍과 그의 아내 유수는 사이가 아주 나빴다. 음풍은 여색을 밝혔을 뿐만 아니라 성격도 조급했다. 유수도 아주 오만하고 질투심이 강했다. 어느 날 두 사람은 부부 싸움을 격렬하게 했다. 음풍은 흥분하여 아내를 칼로 찔러 죽였다. 한명제는 음풍을 참수형에 처하게 했다. 음취 부부는 스스로 목숨을 끊었다. 한명제는 아무리 외척이라도 법을 어기면 가차 없이 처벌했다.

영평 15년(72) 한명제는 셋째아들 유공(劉恭) 등 여섯 아들을 왕으로 책봉했다. 그는 그들의 봉토를 초왕(楚王)과 회양왕(淮陽王) 봉토의 절반으로 책정했다. 마황후가 말했다.

"아들들에게 현(縣) 몇 개를 봉토로 하사한 것은 법제에 근거하면 너무 적지 않습니까?"

한명제가 대답했다.

"내 아들들이 어찌 선황제의 아들과 똑같을 수 있겠소? 해마다 그들에
게 식봉(食俸)으로 2천만 전을 주면 충분하오."

한나라의 관례에 따르면 일반적으로 왕에게는 현 9~10개를 기준으로
삼아 봉토로 하사했다. 하지만 한명제는 아들들에게 현 4~5개만 하사했
다. 표면적으로는 그들의 봉토를 줄여 분에 넘치는 호화로운 생활을 억제
한다는 이유였지만, 사실은 황제 중심의 중앙 집권 체제를 구축함으로써
그들을 효과적으로 통제하기 위한 목적이었다.

영평 18년(75) 어느 날 광무제의 셋째 딸 관도공주(館陶公主) 유홍부(劉紅夫)
가 한명제에게 자기 아들을 낭(郎)으로 임명해달라고 부탁했다. 한명제는 그
녀의 청탁을 거절하는 대신에 1천만 전을 하사한 후에 신하들에게 말했다.

"낭관(郎官)은 하늘의 별자리와 상응하여 도성 100리 안의 땅을 다스려
야 하오. 만약 적임자를 임명하지 않으면 백성들이 그 재앙을 입을 것이
오. 그래서 이 관직은 신중히 임명해야 하오."

한명제는 공주의 아들이라고 해서 그에게 관직을 하사하는 것은 백성
들에게 재앙을 안겨 줄 수 있다고 보았다. 관리를 임용하는 데 공사(公私)
를 엄격하게 구분하고 적재적소의 원칙을 지켰다. 한명제가 통치한 18년
동안 형제, 외척, 종친 등 권문세가가 국정을 농단하지 못했던 이유는 그
의 이러한 인사 원칙이 있었기 때문이다.

황제가 매사에 솔선수범하고 애민 사상을 실천한 덕분에 관리들도 백
성들에게 선정을 베풀지 않을 수 없었다. 후한은 연평 12년(69)에 이르러
태평성대에 접어들었다. 백성들은 조세와 부역에 시달리지 않았으며 해
마다 풍년이 들어 창고에 곡식이 넘쳐나고 재물은 더욱 넉넉해졌다. 곡식

1곡(斛) 가격은 30전에 불과했으며 소떼와 양떼가 들판을 덮었다.

4. 서역을 개척하고 불교를 받아들이다

　　광무제 유수는 한나라를 다시 통일한 후 피폐한 국가를 재건하고 무너진 사회 질서를 복원하고자 내치에 전념할 수밖에 없었다. 한나라의 숙적인 흉노에 대해서는 화친 정책으로 일관함으로써 변방 지역의 안정을 도모했다. 그런데 한명제의 통치 말기에 이르러 국력을 회복하자 흉노 정벌 문제가 다시 대두되었다.

　　영평 16년(73) 한명제는 부마도위 경병(耿秉)과 봉거도위 두고(竇固)에게 북흉노를 토벌하게 했다. 두고는 천산(天山)에서 호연왕(呼衍王)의 군대를 대파한 후 이오로성(伊吾盧城: 신강성 하밀·哈密)에 군대를 주둔시켰다. 이때 두고를 따라왔던 가사마(假司馬) 반초(班超·32~102)가 종사(從事) 곽순(郭恂)과 함께 서역에 사신으로 파견되었다. 반초는 『한서(漢書)』를 저술한 역사학자 반고(班固)의 동생이다. 그의 아버지 반표(班彪)도 저명한 역사학자이다. 반초는 역사에 통달했을 뿐만 아니라 정치와 군사 분야에도 일가견을 이루었다.

　　반초 일행이 선선국(鄯善國: 신강성 약강·若羌 일대)에 도착했다. 선선국 왕 광(廣)은 그들을 극진하게 대접했다. 그런데 얼마 후 광은 태도를 바꾸고 반초 일행을 푸대접하기 시작했다. 반초가 자기 관속(官屬)에게 말했다.

　　"광이 왜 갑자기 우리를 푸대접하지?"

　　관속이 대답했다.

"호인(胡人)들은 원래 사신을 오랜 시간 극진하게 접대하지 않습니다. 아마 다른 뜻은 없을 것입니다."

반초가 말했다.

"아니다. 지금 흉노의 사자가 온 게 분명하다. 광은 누구에게 복종해야 좋을지 몰라 망설이고 있기 때문이다. 사리에 밝은 자는 일이 발생하기 전에 기미를 잘 살핀다고 한다. 하물며 일이 이미 드러났는데 광이 왜 우리를 박대하는지 모른다는 것은 말도 안 된다."

반초는 선선국의 시종을 불러 이렇게 말했다.

"흉노의 사신 일행이 며칠 전에 왔다는 소리를 들었는데 지금 그들은 어디에 있소?"

사실은 반초가 흉노의 사신이 정말로 왔는지 모르고 있었다. 일부러 아는 척하고 물어보았을 뿐이다. 선선국의 시종이 깜작 놀라 말했다.

"그들은 3일 전에 왔는데 이곳에서 30리 떨어진 곳에 머무르고 있습니다."

반초는 그를 감금한 후 자기를 따라온 관속 36명을 모아놓고 말했다.

"지금 여러 분들과 나는 우리나라에서 아주 멀리 떨어진 곳에 있소. 흉노의 사자가 며칠 전에 이곳에 왔기 때문에 선선국 왕이 우리를 대접해

주지 않고 있소. 만약 그가 우리를 사로잡아 흉노 땅으로 보낸다면, 우리는 영원히 승냥이와 이리의 밥이 되는 신세로 전락할 것이오. 장차 어찌하면 좋겠소?"

그들은 이구동성으로 대답했다.

"지금 우리는 사지(死地)에 있습니다. 사마(司馬) 어르신과 생사를 함께하겠습니다.

반초가 결연하게 말했다.

"호랑이 굴에 들어가지 않고 어찌 호랑이 새끼를 얻을 수 있겠는가?"

반초 일행은 야음을 틈타 흉노의 사신 일행을 기습했다. 흉노인 30여 명의 목을 베고 수백 명을 불에 태워 죽였다. 반초가 흉노 사신의 수급을 선선국 왕 광에게 보여주었다. 광은 반초에게 머리를 조아리고 한나라에 복속하겠다고 다짐했다. 반초가 낙양으로 떠날 때 아들을 인질로 데려가게 했다. 두고는 반초의 공적을 한명제에게 알렸다. 한명제는 뛸 듯이 기뻐했다. 두고는 또 한명제에게 다른 신하를 사신으로 선발하여 서역에 파견하자고 건의했다. 한명제가 말했다.

"반초처럼 유능한 관리가 있는데 어찌 그를 보내지 않고 다른 신하를 선발하여 파견할 필요가 있겠는가? 반초를 군사마(軍司馬)로 임명한다. 그에게 사신 업무를 수행하게 하라!"

두고는 반초에게 사절단과 병사를 대규모로 조직하고 많은 예물을 가지고 우전국(于闐國: 신강성 화전·和田)에 사신으로 가게 했다. 반초가 두고에게 아뢰었다.

　　"우전국은 광대할 뿐만 아니라 아주 먼 곳이기도 합니다. 사절단의 규모가 크다고 해서 한나라의 위력을 떨치는 것은 아닙니다. 만약 예기치 못한 상황이 발생하면 사절단 인원이 많은 것이 오히려 부담이 될 수 있습니다. 제가 지난번에 데리고 간 36명이면 충분합니다."

　　두고는 반초가 임기응변에 뛰어난 사람임을 알고 있었기 때문에 그의 말에 동의했다. 당시 우전국 왕 광덕(廣德)은 흉노에서 파견한 사신과 병사들의 감시를 받고 있었다. 우전국은 흉노의 속국이나 다름이 없었다. 광덕은 반초 일행을 접견했는데 마음이 착잡했다. 흉노에 계속 복종하는 게 유리할지 아니면 한나라에 투항하는 게 좋을지 갈팡질팡했다. 영험하기로 이름난 무당을 불러 점을 치게 했다. 무당은 신들린 듯 춤을 추더니 신령의 말투로 광덕에게 말했다.

　　"신(神)이 진노했소. 당신은 무슨 까닭에 한나라에 투항하려고 하는가? 한나라 사자가 주둥아리가 검은 황마(黃馬)를 가지고 있다고 하오. 빨리 그것을 구해 와서 제물로 삼아 나에게 제사를 지내시오"

　　광덕은 국상(國相) 사래비(私來比)를 반초에게 보내 그 말을 구해 오게 했다. 반초는 이미 저간의 사정을 소상하게 파악하고 있었다. 황마를 주겠으니 무당이 직접 와서 가지고 가라고 했다. 얼마 후 무당이 왔다. 반초는 즉시 무당의 목을 칼로 베었으며 사래비를 잡아 매질을 가했다. 아울러 무당의 수급을 광덕에게 보내고 그를 꾸짖었다. 광덕은 겁에 질려 흉노의 사신을 죽이고 반초에게 투항했다. 그도 선선국 왕 광처럼 아들을 한나라에 인질로 보내 교육을 받게 했다. 반초는 광덕 등 우전국 신하들에게 후한 상을 내렸다.

영평 17년(74) 경병(耿秉)과 두고(竇固)가 포류해(蒲類海: 신강성 파리곤호·巴里坤湖)에서 북흉노의 군대를 격퇴한 후 구자(龜茲: 신강성 고차·庫車)와 차사(車師: 신강성 투루판·吐魯番)에 다시 서역도호(西域都護)와 무기교위(戊己校尉)를 설치했다. 이 시기에 선선국과 우전국이 한나라에 투항했으며 한나라를 섬기면 많은 재물을 얻을 수 있다는 소문이 서역에 퍼졌다. 서역의 여러 나라 왕들은 한나라에 아들을 인질로 보내 신하의 나라를 자처했다. 서역의 여러 나라와 한나라는 65년 동안 단절되어 있다가, 이 시기부터 다시 교역을 시작했다. 한무제 시대에 장건이 서역을 개척한 이래 한명제 시대의 반초에 이르러 동서 문명의 교류가 다시 활발하게 진행되었다.

영평 7년(64) 한명제는 생모 광렬황후 음여화가 세상을 떠나자 깊은 시름에 잠겼다. 어느 날 꿈속에서 금인(金人)을 보았다. 금인의 정수리에는 밝고 환한 빛이 번쩍거렸다. 한명제는 어디에서 온 누구냐고 물었다. 금인은 미소를 띤 채 아무 말도 하지 않고 서쪽으로 사라졌다. 한명제는 꿈에서 본 금인이 누구인지 몹시 궁금했다. 예전에 서방에 부처님이라는 신이 있다는 얘기를 들은 적이 있었다. 그는 그 금인이 바로 부처님이 아닐까 생각하고 대신들에게 물었다.

"어젯밤 꿈속에서 금인을 보았소. 그가 말로만 듣던 부처님이 아닌가 하오."

태사 부의(傅毅)가 아뢰었다.

한나라 역대 황제 평전

"서방에는 신(神)이 있다고 하는데 그 이름은 불타(佛陀)라고 합니다. 폐하께서 꿈속에 본 그 금인은 바로 불타입니다."

한명제는 부처님이 꿈속에 나타난 것을 아주 상서로운 일로 생각했다. 낭중 채음(蔡愔) 등 12명을 서역으로 보내 불상과 불경을 구해오게 했다. 채음 일행은 천신만고 끝에 대월지(大月氏)에 도착했다. 그곳에서 천축(天竺: 인도를 지칭함) 고승 축법란(竺法蘭)과 가섭마등(迦葉摩騰)을 만나 한나라 황제의 뜻을 전했다.

영평 10년(67) 채음, 축법란, 가섭마등 등은 말 여러 필에 불경과 불상을 싣고 낙양으로 돌아왔다. 한명제는 낙양 부근에 백마사(白馬寺)를 건설하고 불경과 불상을 모시게 했다. 불경과 불상을 백마(白馬)에 싣고 왔다고 하여 사찰 이름을 백마사로 정했다. 백마사는 중국 최초의 사찰이다. 이 시기부터 불교는 중국 전역에 전파되기 시작했으며 수세기에 걸쳐 한국, 일본 등 동아시아 국가들로 퍼졌다.

석가모니(기원전 560년경~기원전 480년경)는 대략 기원전 6세기경에 불교를 창시했다. 불교는 인도 아소카왕(기원전 304~기원전 232) 시대에 번창했다.

한무제 시대에 표기장군 곽거병(霍去病 · 기원전 140~기원전 117)이 흉노를 정벌하고 장건(?~기원전 114)이 중국 최초로 서역으로 진출하여 실크로드를 개척할 때 중국 한족은 이미 인도에 불교라는 종교가 있다는 소문을 들었을 것이다. 따라서 중국 한족이 불교를 알게 된 시기는 대략 지금부터 2,100년경으로 추정한다. 그 후 한명제 시대인 영평 10년(67)에 인도의 승려들이 불경과 불상을 가지고 왔으므로 불교가 지금부터 1,955년 전에 정식으로 중국에 전파되었음을 알 수 있다. 석가모니가 불교를 창시한 지 대략 430년 만이다. 참고로 우리나라는 삼국 시대인 4세기 후반부터 중국으로부터 불교를 받아들였다.

불교가 중국 한족의 사유(思惟) 체계에 쉽게 스며들 수 있었던 가장 큰 이유는 불교 사상과 유사한 도교(道敎)와 노장(老莊) 철학이 이미 그들의 사고(思考)의 한 영역을 차지하고 있었기 때문이다. 또 한나라 황실에서 불교를 적극적으로 수용했으며 아울러 불교가 본질적으로 타종교에 대하여 배타적 종교관을 펴지 않은 것도 중요한 이유이다.

영평 18년(75) 한명제는 재위 18년, 향년 47세를 일기로 붕어했다. 그는 아버지 광무제 유수와 생모 광렬황후 음려화와는 다르게 성격이 조급하고 의심이 많은 군주였다. 광무제는 자기와 험난한 세월을 함께 보낸 공신들을 친구처럼 대하고 끝까지 우대했다. 하지만 한명제는 창업 군주가 아니었다. 그에게는 아버지가 가지고 있었던 절대적 권위가 없었다. 그래서 아버지 시대의 공신과 세도가들이 딴마음을 품지 않을까 두려워했기 때문에 그들을 끊임없이 의심하고 견제했다. 황제의 권력을 강화하기 위한 어쩔 수 없는 선택이었다. 그는 관리들에게는 엄한 군주였지만 백성들에게는 한없이 자애로운 군주였다.

한명제는 광무제의 업적을 계승하여 발전시키는 데 혼신의 노력을 했다. 늦은 밤까지 정사를 돌본 후 잠자리에 들어도 어김없이 다음 날 새벽에 일어나 다시 국정을 살피는 일이 다반사였다. 그는 광무제가 이루어놓은 업적을 바탕으로 다시 서역을 개척하여 국력을 크게 신장시켰다. 불교가 한명제 시대에 중국에 공식적으로 전래된 것도 그의 서역 개척에 따른 성과였다. 훗날 불교는 동아시아 사상사에서 유교, 도교와 더불어 가장 큰 영향력을 발휘했으며, 지식인들에게 '유불선(儒佛仙) 합일(合一)'이라는 대명제를 제시했다.

한명제는 성격이 조급하고 의심이 많았지만 워낙 성실하였고 시시비비를 분명히 가리는 능력이 있었으며 애민 사상을 실천에 옮겼기 때문에 성공한 군주가 될 수 있었다.

15

한장제 유달

1. 성장 과정과 황위 계승

한명제 유장의 유일한 황후는 명덕황후(明德皇后) 마씨(馬氏·39~79)이다. 그녀는 광무제 수하에서 혁혁한 전공을 세운 복파장군(伏波將軍) 마원(馬援)의 딸이다. 건무 28년(52) 13세의 나이에 유장의 태자비로 간택되었다. 그녀는 성품이 어질고 온순하며 효성이 지극했다. 시어머니 음태후(陰太后)를 지극정성으로 섬겼을 뿐만 아니라 아랫사람들에게도 언제나 진심으로 대했다. 그녀는 또 무속 신앙을 믿지 않았으며 근검절약이 몸에 배어 있었다. 궁중에서 그녀를 칭찬하지 않는 사람이 없었다.

건무중원 2년(57) 유장이 황제로 즉위한 직후에 마씨는 귀인(貴人)으로 책봉되었다. 그런데 유장이 황제로 즉위하기 1년 전인 건무중원 원년(56년)에 후궁 가씨(賈氏)가 유장의 다섯 번째 아들 유달(劉炟·56~88)을 낳았다. 그녀는 마씨의 배다른 언니의 딸이다. 그녀도 마씨와 함께 귀인으로 책봉되었다. 그런데 마귀인은 한명제의 아들을 낳지 못했다. 어느 날 한명제는 그녀에게 이런 말을 했다.

"사람은 반드시 자기 아들을 낳아야 하는 것은 아니오. 다만 남의 아들을 양자로 받아들여 잘 키우지 못할까 걱정할 따름이오."

가씨가 낳은 유달을 양자로 삼아 잘 키우라는 뜻이었다. 마귀인은 기쁨의 눈물을 흘리며 어린 유달을 지극정성으로 키우겠다고 맹세했다. 영평 3년(60) 대신들이 한명제에게 황후 책봉 문제를 거론했다. 한명제는 생모 음태후(음려화)에게 자문을 구했다. 음태후가 말했다.

"마귀인의 인품과 덕행이 비빈들 중에서 으뜸이오. 당연히 마귀인을 황후로 책봉해야지요."

마침내 마귀인은 황후로 책봉되었다. 이때 유달도 4세의 나이에 태자로 책봉되었다. 마황후는 태자 유달에게 친모도 할 수 없을 만큼 많은 애정을 쏟았다. 태자도 마귀인에게 효도를 다했다. 모자지간에는 어떤 갈등도 없었다.

영평 13년(70) 한명제의 이복형제인 초왕 유영이 역모를 꾸몄다가 발각되어 자살한 일이 있었다. 한명제는 역모 혐의가 있는 자들을 모조리 잡아들여 옥사(獄事)를 일으켰다. 역모와 무관한 자들도 잡혀와 모진 고문을 당하고 죽었다. 강직한 신하들조차 감히 한명제에게 직언을 하지 못했다. 마황후는 남편에게 시시비비를 가리지 않고 무고한 사람을 죽여서는 절대 안 된다고 간절하게 호소했다. 한명제는 아내의 말을 듣고 옥사를 중지했다. 마황후는 친정 마씨 일족의 이권 개입을 철저하게 차단했다. 마씨 일족은 그녀의 현명한 처신 덕분에 한명제의 의심을 피하고 살아남을 수 있었다.

태자 유달은 적모(嫡母)인 마황후의 각별한 사랑을 받으며 성장했다. 성품이 선량하고 도량이 넓었으며 유가의 학문을 숭상했다. 한명제는 유달을 총애했다. 영평 18년(75) 한명제가 세상을 떠난 직후에 유달이 19세의 나이에 황위를 계승했다. 그가 후한의 3대 황제 한장제(漢章帝)이다. 다음 해부터 연호를 건초(建初)로 정했다. 마황후는 황태후로 추대된 후인 건초 4년(79)에 향년 40세를 일기로 세상을 떠났다. 마태후는 남편 한명제의 일상 생활을 기록한 『현종기거주(顯宗起居注)』를 저술했다. 훗날 이 책은 황제의 일거수일투족을 기록하는 '기거주(起居注)'라는 일종의 역사서의 시초가 되었다.

한편 한장제의 생모 가귀인은 친아들이 황제로 등극했으나 품계가 여전히 귀인이었을 뿐이지 태후로는 추대되지 못했다. 법통과 대의명분을 중시하는 왕조 시대에는 생모(生母) 가귀인보다 적모(嫡母) 마태후가 법적으로 한장제의 엄연한 어머니였기 때문이다. 아들을 빼앗긴 가귀인의 심정이 어떠했을지 짐작이 간다. 밤마다 눈물로 지새웠지만 아들과 마태후를 원망하지 않았다. 오히려 아들을 황제로 만들어 준 마태후를 존경했다. 마태후는 그녀를 따뜻하게 품고 세심하게 배려했다. 같은 여자로서 그녀의 처지를 이해하고 동정했을 것이다. 가귀인은 후궁에서 편안하게 살다가 세상을 떠났다. 한장제가 생모를 어떻게 대우하고 그녀가 언제 사망했는지에 대한 기록이 없다. 어쨌든 그녀는 조용히 사라져야 할 운명이었으므로 그녀를 언급하는 게 불편했을 것이다.

2. 직언을 받아들이고 어진 정치를 펴다

한장제의 아버지 한명제 유장은 의심이 많아 관리들의 약점을 캐는 일을 좋아했다. 그들이 잘못을 저지르면 엄한 형벌로 처벌했으며 사소한 실수를 한 관리도 처벌이 두려워 전전긍긍했다. 한명제의 관리들에 대한 엄격한 통제와 처벌이 관료 조직의 부패를 막은 효과가 있었지만 부작용도 적지 않았다. 관리들은 자신의 책임을 모면하기 위하여 서로 고발을 일삼았으며 때로는 무고한 사람이 억울하게 희생되는 일도 빈번했다.

한장제 유달이 등극한 지 1년도 안 지난 건초 원년(76)에 대가뭄이 연주(兗州), 예주(豫州), 서주(徐州) 등지를 덮쳤다. 굶어 죽은 사람의 시체가 즐비하고 기아에 허덕이는 유랑민이 정처 없이 떠돌았다. 한장제는 구휼미를 풀어 백성들을 구제하게 했지만 역부족이었다. 옛날 사람들은 황제가 부덕하고 정사를 올바르게 펴지 못하기 때문에 하늘이 노하여 천재지변을 일으킨다고 생각했다. 한장제가 사도 포욱(鮑昱)에게 물었다.

"어떻게 해야 한재(旱災)를 없앨 수 있겠소?"

포욱이 아뢰었다.

"폐하께서는 천자로 등극하신 지 얼마 안 되어 약간의 과오와 성과가 있었지만, 그것이 재앙을 일으킬 만한 원인은 아닙니다. 신이 예전에 여남태수(汝南太守)였을 때 초왕(楚王) 유영(劉英)의 역모 사건을 처리한 적이 있었습니다. 당시 연루된 자가 1천여 명이나 되었으며, 신은 역모 사건을 제대로 처리하지 못할까 두려웠습니다. 큰 옥사(獄事)을 일으키면 억울한 누명을 쓴 자가 반을 넘기 마련입니다. 또 형벌을 받고 쫓겨난 사람들은 가족과 영원히 이별하여 죽어서도 제삿밥을 얻어먹을 수 없습니다. 폐하께서 누명을 쓰고 쫓겨난 사람들을 모두 가족의 품으로 돌려보내고 금고(禁錮)를 폐지하여 죽은 자와 살아 있는 자 모두 제 위치를 찾게 해야 비로소 천하가 화평하여 안정될 것입니다.”

상서 진총(陳寵)도 아뢰었다.

“정치는 거문고나 비파의 줄을 조정하는 것과 같습니다. 대현(大絃)에 맞추어 너무 죄면 소현(小絃)이 끊어집니다. 폐하께서는 옛날의 어진 임금의 정치를 본받아 까다롭고 엄격한 법률을 폐지하고 형벌을 완화하여 백성들을 편안하게 하고 아울러 폐하의 성덕(聖德)을 두루 펼치시어 하늘의 뜻에 부응하시기 바랍니다.”

진총은 또 잔혹한 고문을 없애고 형벌을 남용하는 것을 엄격하게 금해야 한다고 주장했다. 건초 2년(77) 대사공 제오륜(第五倫)이 상소했다.

“광무제께서 왕망이 남긴 유산을 계승하여 엄격하고 혹독한 정치를 폈습니다. 후대의 사람들은 그것을 당연한 것으로 여기고 따라 하여 급기야는 그것이 시대의 풍조를 이루었습니다. 군국(郡國)에서 천거된 자들은 대부분 일반 사무를 처리하는 속리(俗吏)들입니다. 그들은 관대한 정치를 하지 못하고 엄한 형벌로만 백성들을 다스리기 때문에 폐하의 뜻에 조금도 부합하지 못하고 있습니다. 진류현령(陳留縣令) 유예(劉豫)와 관군현령(冠軍縣令) 사협(馴協)은 인정머리 없는 태도로 가혹한 정치를 하고 있습니다. 관민들은 원망하는 마음을 품고 있으며 그들을 증오하지 않는 자가 없습니다. 하지만 오늘날 정치를 논하는 자들은 오히려 그들이 능력이 뛰어난 관리라고 생각합니다. 이는 하늘의 뜻에 위배하고 경전의 올바른 의미에 어긋납니다. 유예와 사협의 죄를 다스려야 할 뿐만 아니라 두 사람을 추천한 자에게도 죄를 물어야 합니다. 어질고 현명한 사람을 선발하여 그에게 시정(時政)을 맡기면 관리 몇 명만 있어도 풍속은 자연스럽게 교화될 수 있습니다."

"신(臣)이 예전에 역사서를 읽은 적이 있습니다. 진(秦)나라는 잔혹한 형벌 때문에 그처럼 빨리 망했으며, 왕망도 가혹한 형법 때문에 자멸했다는 사실을 알게 되었습니다. 따라서 부지런하고 성실하게 국가를 다스려야 하는 이유가 바로 이 점에 있습니다. 또 여러 왕들, 공주, 귀족 등은 정해진 법도를 초과하여 오만하고 사치를 일삼는다고 들었습니다. 특히 도성에서 심하다고 합니다. 한나라가 이처럼 부패했는데 어찌 멀리 떨어진 곳에서 사는 사람들에게 보여 줄 게 있겠습니까? 그래서 '그 몸이 단정하지 못하면 법령을 반포해도 시행되지 못한다.'라고 말하는 것입니다. 먼저 자기 몸을 바르게 한 후 다른 사람을 가르치면 다른 사람은 복종합니다. 말로만 다른 사람을 가르치는 것은 다른 사람이 논쟁을 벌일 뿐이지 복종하지 않습니다."

제오륜은 광무제 이래 황제들이 엄한 형벌로 백성을 다스린 것에 불만을 품었다. 요컨대 정치의 요체는 엄한 형벌에 있는 것이 아니라 어진 정치를 펴는 것에 있다는 주장이다. 한장제는 태자 시절에 아버지 한명제가 지나치게 법치에 의존하여 생긴 부작용을 알고 있었다. 황위를 계승하면 형벌이 아닌 인정(仁政)으로 백성들을 다스려 천하태평을 이루겠다고 다짐했다. 그래서 포욱과 진총 그리고 제오륜의 간언을 진심으로 받아들이고 정사에 반영했다. 이 시기부터 백성들을 공포로 몰아넣었던 잔혹한 형벌이 완화되고 연좌제 등이 폐지되었다.

한장제는 신하들이 옳은 말을 하면 설사 그것이 귀에 거슬리더라도 너그럽게 받아들일 줄 아는 군주였다. 원화(元和) 원년(84) 태학생 공희(孔僖)와 최인(崔駰)은 친한 친구 관계였다. 어느 날 두 사람은 태학에서 함께『춘추』를 공부할 때 춘추 시대에 활약한 오왕(吳王) 부차(夫差)에 대하여 토론한 적이 있었다. 공희가 탄식하며 말했다.

"오왕 부차는 정말로 호랑이를 그리려다가 오히려 개를 그리고 만 꼴
이 되었다네."

부차는 오나라의 마지막 군주이다. 월나라의 구천(句踐)을 물리치고 패권을 장악했지만 결국은 와신상담한 구천에게 방심하다가 패하여 자살했다. 공희는 부차의 어리석음을 지적한 것이다. 최인이 말했다.

"옳은 말이야. 옛날에 한무제께서는 나이 18세에 천자가 되어 성인의
도를 숭상하고 선왕(先王)의 가르침을 배워서 5~6년 만에 한문제와 한경
제를 능가하는 업적을 이루었지. 하지만 훗날 그는 제멋대로 행동하여
젊었을 때 행한 선정(善政)을 망각해버렸어."

공희가 말했다.

"책에 그러한 일이 많이 기록되어 있다네."

한무제가 처음에는 선정을 베풀었다가 나중에는 초심을 잃고 정사를 망친 사례가 책에 많이 수록되어 있다는 의미였다. 또 다른 태학생 양욱

(梁郁)이 두 사람의 말을 듣고 말했다.

"그렇다면 한무제도 개였다는 말이오?"

두 사람은 묵묵부답으로 일관했다. 화가 난 양욱은 그들이 선황제를 비방하고 세상을 풍자했다고 고소했다. 죄인이 관아로 끌려가 심문을 당하자 공희가 한장제에게 직접 상소했다.

"신의 어리석은 소견으로는 비방했다고 하는 말은 사실이 아니며 허무맹랑한 소리에 불과합니다. 한무제의 공적과 과오는 이미 한나라 역사에 해와 달처럼 명명백백하게 드러나 있습니다. 책에 수록된 사실을 말하는 것은 비방이 아닙니다. 무릇 제왕이 먼저 선량해야지 천하의 선량함이 모두 그에게 돌아가는 법입니다. 반면에 제왕이 선량하지 않으면 천하의 악행이 그에게 집중될 것입니다. 이는 모두 그렇게 된 원인이 있는 것이므로 다른 사람에게 죄를 추궁해서는 안 됩니다."

"더구나 폐하께서는 즉위한 이래로 정치와 교화에 과오가 없었으며 백성들에게 은택(恩澤)을 베풀고 있음은 천하의 백성들이 알고 있는 바입니다. 따라서 저희들이 무엇 때문에 비방을 하겠습니까? 만약 비방한 내용이 사실이라면 폐하께서는 잘못을 고치면 됩니다. 사실이 아니라면 관용을 베풀면 되지 어찌하여 죄를 추궁하시려고 합니까? 저희들은 형벌을 받고 죽으면 그만입니다. 하지만 천하의 사람들은 반드시 폐하에 대한 생각을 바꾸고 폐하의 심기를 살피며 눈치만 볼 것입니다. 폐하께서 저희들을 형벌로 다스리면, 앞으로는 사람들이 부당한 일을 목격해도 감히 사실을 밝히지 않을 것입니다."

왕조 시대에 이런 직언을 할 수 있었다는 게 놀랍다. 한무제는 한나라에서 한고조 유방 다음으로 추앙을 받은 황제이다. 공희는 한무제도 공적과 과오가 있었음은 역사적 사실이라고 주장했다. 조금도 틀린 말이 아니다. 그는 한장제에게 감히 '언론'의 자유를 요구한 것이다. 한장제는 공희의 직언을 높이 평가하고 그를 난대영사(蘭臺令史)로 임명했다. 만약 한장제가 편협한 군주였다면 공희와 최인은 멸문의 화를 당했을 것이다. 원화 2년(85) 한장제는 다음과 같은 조서를 반포했다.

"법령에 의하면 '자식을 낳은 백성에게는 산부(算賦: 한나라 시대의 인두세) 3년 치를 면제해준다.' 지금 임신한 여자에게는 곡식 3곡(斛)을 하사하여 태아를 건강하게 자라게 하며, 그의 남편에게는 산부 1년 치를 면제해준다. 앞으로는 이 조서를 법령으로 정한다."

또 삼공(三公)에게 별도로 조서를 내렸다.

"요즘 관리들이 백성들을 가혹하게 다루는 이유는 법률을 제대로 살폈기 때문이라고 생각하고, 각박하게 대하는 이유는 업무를 분명하게 처리했기 때문이라고 생각한다. 또 가볍게 대하는 이유는 어진 덕을 베풀었기 때문이라고 생각하며, 무겁게 대하는 이유는 위엄을 보였기 때문이라고 생각한다. 하지만 이 네 가지가 흥하면 백성들은 원망하는 마음을 품게 된다. 내가 여러 차례 조서를 내려 신하들을 전국 각지로 파견했지만 관치(官治)는 제대로 행해지지 않고 백성들은 생업을 잃었다. 도대체 그 허물은 누구에게 있다는 말인가? 이미 반포한 법령을 잘 살펴서 짐의 뜻에 부합하는 일을 해야 한다."

이처럼 백성들의 안락한 삶을 보장해주기 위해 노력하는 군주가 있으면, 현명하고 능력이 뛰어난 관리가 많이 배출되는 법이다. 건초 6년(81) 무도태수(武都太守) 염범(廉范)이 촉군태수(蜀郡太守)로 전근을 갔다. 당시 촉군의 성도(成都)에는 백성들이 많고 산물이 풍부했으며 크고 작은 가옥들이 빗살처럼 줄지어 빽빽하게 늘어서 있었다. 화재가 발생하면 순식간에 잿더미로 변하곤 했다. 그래서 염범이 부임하기 전에는 화재를 방지하기 위하여 야간에는 일을 못하게 하는 법령이 시행되고 있었다.

염범은 화재 위험 때문에 밤중에 일을 하지 못하게 하는 것은 이치에 맞지 않다고 생각했다. 곳곳에 방화수를 충분히 준비하고 불씨를 잘 관리하면 밤중에도 얼마든지 일할 수 있었다. 그는 그 불합리한 법령을 폐지하고 백성들에게 마음껏 일하게 했다. 백성들은 소득이 늘어나자 그를 칭송하기 시작했다.

"염범 나리께서는 어째서 이제야 늦게 성도에 오셨는가? 이제 우리는 밤중에도 마음껏 일할 수 있다네. 전에는 저고리 한 벌 없었는데 이제는 바지가 다섯 벌이나 된다네."

건초 8년(83) 하비(下邳) 사람 주우(周紆)가 낙양령(洛陽令)으로 임명되어 부임하면서 수레에서 내리자마자 먼저 낙양의 권문세가가 누구인지 물었다. 하급 관리들은 마을에서 떵떵거리며 살고 있는 부자 몇 명의 이름을 알려주었다. 그는 화를 벌컥 내며 그들을 꾸짖었다.

"내가 알려고 하는 사람은 마씨(馬氏), 두씨(竇氏) 등과 같은 황제의 외척들이지 어찌 채소나 팔아서 부자가 된 자들이겠느냐?"

하급 관리들은 주우의 뜻을 짐작하고 매사를 원리원칙대로 처리했다. 황제의 외척들도 그가 이른바 '성역(聖域)'을 인정하지 않고 부정부패를 척결하겠다는 의지에 놀라 행동거지를 조심하지 않을 수 없었다.

원화 원년(84) 전국의 지방 장관들이 지방 관리를 잘못 천거하여 사회문제가 된 적이 있었다. 한장제는 대신들에게 어떻게 하면 우수한 인재를 관리로 임용할 수 있는 지 물었다. 대홍려 위표(韋彪)가 아뢰었다.

"국가는 현명한 사람을 선발하는 일을 중요한 업무로 삼아야 합니다. 현명한 사람은 효도를 가장 중요하게 생각하므로 충신을 구하려고 하면 반드시 효자의 가문에서 구해야 합니다. 국가에 충성하고 부모에게 효도하는 사람은 마음씀씀이가 중후하며, 행정 업무에만 단련된 관리는 마음씀씀이가 경박합니다."

요컨대 행정의 '달인'보다는 충효를 실천하는 사람이 관리로 임용되는 게 더 낫다는 주장이다. 유가의 관점에서 보면 충성과 효도는 관리의 가장 중용한 덕목이다. 한장제는 위표의 건의를 수용했다. 그의 통치술은 기본적으로 유가 사상에 바탕을 두고 있었다. 한나라의 문물과 제도를 정비할 때도 유가 경전에 근거했다.

건초 4년(79) 교서랑 양종(楊終)은 학자들이 유가 경전의 장구(章句)에만 매달리고 있을 뿐이지 근본적인 의미를 파악하지 못하고 있다고 비판했다. 한장제는 유생들에게 백호관(白虎觀: 한나라 시대에 있었던 궁전 이름)에서 오경(五經)의 여러 판본을 대조 분석하여 정확한 의미를 연구하게 했다. 이때 유가 경전에 대한 학자들의 활발한 토론이 진행되었다. 이를 '백호관회의(白虎觀會議)'라고 하는데 한장제도 참여했다.

한장제는 내치뿐만 아니라 외치에도 일정한 성과를 올렸다. 그가 즉위했을 무렵에 서역의 여러 나라들이 북흉노와 연합하여 변방을 침입하는 일이 잦았다. 대규모 병력을 동원하여 원정(遠征)에 나서면 백성들에게 막대한 피해를 입힐 수밖에 없었다. 한장제는 심사숙고 끝에 서역 경영을 포기하고 서역에 나가 있는 관리와 병사들을 모두 귀국하게 했다.

한명제 시대에 서역을 개척한 반초(班超·32~102)는 소륵국(疏勒國: 신강성 카스·喀什 일대)에서 머무르고 있었다. 그는 소륵국이 북흉노의 침입을 막는 데 큰 도움을 주었다. 소륵국 사람들은 그를 존경했다. 소륵국 도위 여엄(黎弇)은 반초가 어명을 받들어 귀국을 준비하고 있다는 얘기를 듣고 눈물을 흘리며 말했다.

"한나라 사신들이 우리를 버리면 우리는 결국 구자국(龜茲國)에게 망하고 말 것이오. 나는 차마 한나라 사신들이 떠나는 모습을 볼 수 없소."

그는 하늘을 우러러보며 길게 탄식한 후 칼로 목을 찔러 자살했다. 반초는 가슴이 찢어지는 듯 아팠지만 귀국하라는 어명을 거역할 수 없었다. 반초 일행이 우전국에 이르렀을 때 우전국 왕과 백성들은 대성통곡하며 말했다.

"우리가 한나라 사신들에게 의지하는 것은 마치 어린아이가 부모에게 의지하는 것과 같소. 여러 분들은 우리를 버리고 한나라로 돌아갈 수 없소."

어떤 사람들은 반초가 탄 말의 다리를 감싸고 그를 떠나지 못하게 했다. 반초는 그들의 간절한 요청에 귀국을 포기하고 서역에 남았다. 그 후 그는 서역의 여러 나라들과 연합하여 북흉노의 침입을 효과적으로 막아냈다. 구자국을 제외한 서역의 여러 나라들이 다시 한나라에 신하를 칭하고 복종했다.

건초 6년(83) 반초는 한장제에게 서찰을 보내 이이제이(以夷制夷) 책략으로 흉노의 오른팔인 구자국을 제압하자고 했다. 한장제는 그의 전공과 책략에 기쁨을 감추지 못했다. 평릉(平陵) 사람 서간(徐干)을 가사마(假司馬)로 임명한 후 병사 1천여 명을 이끌고 가서 반초를 돕게 했다. 반초와 서간은 구자국을 정벌하기 위해서는 오손국(烏孫國)의 힘을 빌려야 했다. 반초는 한장제에게 서찰을 보냈다.

"오손국은 대국입니다. 병사가 10여만 명이나 됩니다. 옛날에 한무제께서 오손국을 끌어들이기 위하여 강도왕(江都王) 유건(劉建)의 딸 유세군(劉細君)을 오손국 왕에게 시집을 보낸 적이 있었습니다. 그 후 한선제 시대에 이르러 마침내 혼인 동맹의 효과를 얻을 수 있었습니다. 지금 사신을 오손국으로 보내 오손국 왕과 함께 동맹을 맺기를 바랍니다."

한장제는 반초의 건의에 따라 오손국에 사신을 보내 오손국 왕에게 많은 예물을 하사했다. 오손국 왕도 후한에 사신을 보내 후한과 우호 관계를 맺었다. 한장제는 반초를 장병장사(將兵長史)로 임명하고 서역을 경영하게 했다. 후한과 서역의 여러 나라들은 다시 활발한 교역을 시작했다. 반초는 한장제가 사망한 후에도 소륵국, 월지국, 구자국 등을 정벌하여 복종시켰다. 이 시기에 50여 개의 크고 작은 나라들이 후한 조정에 사신을 보내고 귀부했다. 훗날 반초는 정원후(定遠侯)로 책봉되었으며 후한을 떠난 지 30여 년 만인 영원(永元) 14년(102)에 귀국했다. 낙양 조정에서 사성교위(射聲校尉) 관직을 맡고 있다가 향년 70세를 일기로 세상을 떠났다.

3. 종친, 외척을 지나치게 우대하여 화근을 만들다

한명제는 종실의 여러 왕들과 외척들을 엄격하게 통제했다. 유씨 왕들 중에서 빈객들과 활발하게 교제한 왕은 모반의 누명을 쓰고 죽었다. 그들이 사당(私黨)을 조직하여 왕권을 남용하고 급기야는 황제의 권력에 도전하지 않을까 하는 우려 때문이었다. 상서령 종리의(鍾離意)는 "유씨 왕들의 골육상잔 때문에 생긴 해악이 날이 갈수록 심각하다."고 우려했다. 심지어는 "황제가 종실의 화목에 역행하는 일을 벌여서 재앙이 일어난다."라는 극단적인 주장까지 했다. 종리의가 워낙 강직하고 청렴하여 관민들의 존경을 받은 인물이었으므로 한명제도 그를 처단할 수 없었다. 한명제는 마황후를 사랑하고 존경했지만 마씨 일족의 권력 남용을 엄격하게 금했다. 외척이 발호하면 종묘사직이 위험에 빠질 수 있다는 이유에서였다.

반면에 한장제는 인정이 많고 도량이 넓은 군주였다. 아버지 한명제가 종친과 외척에게 엄격한 법의 잣대를 적용한 것이 화합과 조화를 해친다고 생각했다. 한나라의 법률에 의하면 번국의 왕으로 책봉된 유씨는 반드시 번국으로 돌아가야 했다.

건초 3년(78) 광평왕(廣平王) 유선(劉羨), 거록왕(鉅鹿王) 유공(劉恭), 낙성왕(樂成王) 유당(劉黨) 등은 왕으로 책봉되었는데 번국으로 돌아가지 않았다. 한 대신이 그들을 번국으로 돌려보내야 한다고 상주했다. 하지만 한장제는 이복형제들과 헤어지는 게 너무 아쉬워 법률을 어기고 그들을 계속 도성 낙양에서 살게 했다. 그들에 대한 대우도 아주 파격적이었다. 양왕(梁王) 유창(劉暢)에게는 식읍으로 8개 현(縣)을, 하비왕(下邳王) 유연(劉衍)에게는 17개 현을 늘려주었다. 자신의 숙부인 동평왕 유창에게 하사한 돈은 1억 전, 면포는 9만 필이나 되었다.

한장제는 한명제 시대에 법도를 어기고 빈객들과 교유했다는 죄명으로 5개 현을 삭탈당한 제남왕(濟南王) 유강(劉康)에게는 봉토를 다시 돌려주었다. 또 역모의 혐의를 쓰고 자살한 초왕(楚王) 유영(劉英)의 아들 유종(劉種)을 초후(楚侯)로 책봉했다. 아울러 유영의 유해를 수습하여 팽성(彭城)에서 다시 장례를 치르게 하고 그를 초려후(楚厲侯)로 추증했다. 한장제의 이러한 종실에 대한 우대 정책은 그가 어질고 선량한 군주라는 칭송이 끊이질 않게 했으나 부작용도 적지 않았다. 낙성왕 유당, 제남왕 유강, 낭야왕 유경 등은 사치와 방종을 일삼아 번국의 백성들에게 많은 민폐를 끼쳤다.

한장제의 황후는 두씨(竇氏·?~97)이다. 그녀는 대사공 두융(竇融)의 증손녀이다. 그녀의 어머니는 동해왕(東海王) 유강(劉彊)의 딸 비양공주(沘陽公主)이다. 그녀는 용모가 빼었을 뿐만 아니라 5세 때 글자를 깨우치고 문장을 지어 사람들을 놀라게 했다. 건초 2년(77) 여동생과 함께 장락궁에 입궁했다. 한장제는 그녀가 미모의 재원이라는 소문을 듣고 그녀를 불러들였다. 그녀를 보자마자 한눈에 반하고 말았다. 한장제의 생모 마태후도 천성이 기민한 그녀에게 호감을 가졌다. 건초 3년(78) 두씨는 황후로, 그녀의 여동생은 귀인으로 책봉되었다.

두씨가 황후로 책봉된 후에 두씨 일족은 승승장구하기 시작했다. 두황후의 오빠 두헌(竇憲)은 시중, 호분중랑장 등 관직을 맡았다. 남동생 두독(竇篤)은 황문시랑으로 임명되어 한장제의 수족이 되었다. 한장제는 수시로 처남들에게 후한 상을 내렸다. 두 사람은 한장제의 총애를 받으면서 사치와 향락을 마음껏 즐겼다. 두씨 저택에는 벼슬을 얻으러 온 자들로 문전성시를 이루었다. 건초 8년(83) 대사공 제오륜은 두헌이 황제의 외척임에도 불구하고 근신하지 않고 불량한 인사들과 어울린다고 상소했지만, 한장제는 별다른 조치를 취하지 않았다.

두헌의 전횡이 날로 심해지자 왕, 공주, 선황제의 외척인 음씨(陰氏),

마씨(馬氏) 등 귀족들도 모두 그를 두려워했다. 어느 날 두헌은 한명제의 딸 심수공주(沁水公主)를 협박하여 그녀의 농장을 헐값에 사들였다. 그 후 한장제가 우연히 그 농장을 지나가다가 농장의 주인이 심수공주가 아니냐고 물었다. 두헌은 은밀히 시종들에게 대답을 하지 못하게 했다. 한장제는 환궁하여 사실을 파악한 후 진노하여 두헌을 호되게 꾸짖었다.

"짐이 얼마 전에 네가 빼앗은 심수공주의 농장을 지나가면서 주인을 알고 싶었을 때 너는 어찌하여 조고(趙高)가 사슴을 가리켜 말이라고 한 거짓말보다 더 나쁜 거짓말을 했느냐? 네가 한 거짓말은 생각할수록 사람을 두렵게 하는구나. 영평(永平) 연간에는 음당(陰黨), 음박(陰博), 등첩(鄧疊) 등 세 사람에게 서로 번갈아가며 감시하게 하여 천자의 인척들이 감히 범죄를 저지르지 못했다. 그런데 지금 지위가 높고 귀한 공주마저도 너에게 땅을 빼앗긴 처지가 되었으니, 하물며 일반 백성들은 더 말할 나위가 있겠느냐? 국가에서 너를 버림은 작은 새 한 마리와 썩은 쥐 한 마리를 버리는 것과 같다."

황제를 속인 죄를 저지른 두헌은 중형을 피할 수 없었다. 하지만 두 황후가 평복으로 갈아입고 눈물을 흘리며 사죄하자 한장제는 두헌을 용서했다. 그가 외척 두씨를 총애하지 않았다면 결코 있을 수 없는 일이었다. 『자치통감』의 저자인 사마광(司馬光·1019~1086)은 이 사건을 이렇게 평가했다.

"신하의 죄 중에서 군주를 속인 죄보다 큰 죄는 없다. 그래서 현명한 군주는 그것을 극도로 경계하고 싫어했다. 한장제가 두헌의 거짓말이 지록위마와 다르지 않다고 꾸짖은 것은 옳다. 하지만 끝내 그에게 죄를 묻지 않았으니 간신들을 어떻게 처단할 수 있었겠는가?"

장화(章和) 2년(88) 한장제 유달은 재위 13년, 비교적 젊은 나이인 향년 31세를 일기로 붕어했다. 그는 여느 황제보다도 어질고 도량이 넓었고 제왕의 도를 충실히 실천했으며 백성들에게 선정을 베풀었다. 하지만 그가 외척을 지나치게 감싸고 돈 일은 훗날 후한이 외척의 발호로 망하게 되는 계기가 되었다. 그래서 명말청초(明末淸初)의 저명한 사상가 왕부지(王夫之 · 1619~1692)는 "동한(東漢)의 쇠망은 한장제부터 시작되었다."라고 비평한 것이다.

16

제16장

한화제 유조

1. 성장 과정과 황위 계승

건초 3년(78) 한장제 유달이 대사공 두융의 증손녀 두씨를 황후로 책봉
했을 무렵에, 마태후의 외척인 송양(宋楊)의 두 딸과 당대의 저명한 문학가
인 양송(梁竦)의 두 딸도 귀인으로 책봉되었다. 한장제는 두황후를 총애했
지만 두황후는 황자를 낳지 못했다. 두 송귀인(宋貴人) 중에서 언니인 대송
귀인(大宋貴人)이 귀인으로 책봉된 해인 건초 3년(78)에 한장제의 셋째아들
유경(劉慶·78~107)을 낳았다.

건초 4년(79) 두 양귀인(梁貴人) 중에서 여동생인 소양귀인(小梁貴人)이 한
장제의 넷째아들 유조(劉肇·79~106)를 낳았다. 유경과 유조가 태어나기 전
에 한장제에게는 장남 유항(劉伉·?~93년)과 차남 유전(劉全·?~79)이 있었다.
그런데 장남과 차남은 생모가 누구인지, 그리고 언제 태어났는지 역사
기록이 없다. 부득이하게 생모를 밝힐 수 없는 상황이었다면, 아마 두 사

람은 한장제가 태자 시절에 동궁의 시녀들과 사통하여 난 아들이 아닌가한다.

19세의 나이에 황위를 계승한 한장제는 젊은 나이였음에도 불구하고 태자 책봉 문제에 관심을 가졌다. 그가 어째서 태자를 서둘러 책봉하려고 했는지는 알 수 없지만, '국본(國本)'이 하루라도 빨리 정해져야 종묘사직이 안정된다고 생각했던 것 같다. 건초 4년(79) 초 그는 태자를 책봉하기로 결심했다. 당시 그에게는 장남 유항과 셋째아들 유경이 있었다. 유항이 태자로 책봉되는 게 순리였지만 두 살배기에 불과한 유경이 태자로 책봉되었다. 아마 유항은 생모가 비천한 시녀 출신이었기 때문에 배제된 게 아닌가 한다. 같은 해 차남 유전이 사망하고 넷째아들 유조가 태어났다.

한장제는 아들을 낳지 못한 두황후에게 소양귀인(小梁貴人)이 낳은 넷째 아들 유조를 양자로 받아들여 키우게 했다. 두황후는 갓난아이 유조를 친아들로 여기고 정성을 다해 키웠다. 그런데 그녀는 태자 유경을 폐위하고 유조를 태자로 책봉해야, 훗날 한장제가 세상을 떠나면 황태후가 될 수 있다는 야심을 품었다. 태자 유경을 낳은 대송귀인이 그녀에게는 눈엣가시였다. 그녀를 모함하여 제거해야 태자 유경을 폐위할 수 있었다.

원래 한장제의 적모(嫡母) 마태후는 대송귀인이 품성이 선량하고 부덕을 갖추었다고 생각하여 한장제로 하여금 그녀가 낳은 유경을 태자로 책봉하게 했다. 더구나 대송귀인의 아버지 송양은 그녀의 외척이 아닌가. 대송귀인은 자기 아들을 태자로 책봉하게 한 마태후를 지극정성으로 섬겼다. 마태후와 대송귀인은 어머니와 딸처럼 다정하게 지냈다.

두황후는 마태후와 대송귀인의 다정한 모습을 보고 피눈물을 흘렸다. 대송귀인을 해칠 기회를 노렸지만 지엄한 마태후가 육궁의 안주인인 상황에서는 손을 쓸 수 없었다. 건초 4년(79) 마태후가 향년 40세를 일기로 세상을 떠났다. 대송귀인은 마태후의 보호를 받을 수 없게 되자 도마 위의 고기 신세로 전락했다.

두황후는 어머니 비양공주, 오빠 두헌, 남동생 두독 등과 짜고 대송귀인과 태자를 모함하기 시작했다. 한장제에게 대송귀인은 황후의 자리를 노리고 있으며, 태자는 심성이 거칠고 천방지축이라고 비난했다. 또 송양은 태자의 외할아버지라고 말하고 다니면서 위세를 부린다고 했다. 그녀의 말은 전혀 사실이 아니었다. 한장제는 처음에는 두황후의 말을 믿지 않았으나 그녀의 거듭된 모함에 의심을 품기 시작했다.

건초 7년(82) 어느 날 대송귀인이 병에 걸렸다. 산 토끼를 탕약으로 달여 먹으면 효험이 있다는 얘기를 들었다. 친정에 서찰을 보내 산 토끼를 구해달라고 부탁했다. 그런데 서찰이 곽황후가 포섭한 궁중 시녀를 통해 그녀의 수중으로 들어가고 말았다. 곽황후는 한장제에게 대송귀인이 토끼를 제물로 삼아 자신을 저주하는 굿판을 벌이려고 했다고 모함했다. 대송귀인이 황후가 되면 반드시 태자를 황제의 옥좌에 앉히려고 음모를 꾸밀 거라고 했다.

한장제는 동궁에서 거주하고 있는 태자 유경을 승록관(承祿觀)으로 보내 근신하게 했다. 같은 해 여름 한장제가 조서를 반포했다.

"황태자는 성격이 종잡을 수 없으며 미혹에 빠지는 일이 잦아서 종묘사직을 제대로 받들 수 없다. 대의를 지키기 위해서는 냉정하게 육친의 정(情)도 끊어야 하거늘, 태자 폐위가 무슨 문제가 되겠는가? 지금 태자 유경을 청하왕(淸河王)으로 강등한다. 황자 유조는 갓난아이 때부터 두황후의 품속에서 보살핌을 받고 자랐다. 두황후는 유조를 훈육하고 교화하여 성군의 길로 인도했다. 이에 따라 유조를 황태자로 책봉하여 그에게 종묘사직을 성실히 지키게 하라!"

이때 태자 유경은 나이가 겨우 세 살이었다. 세 살배기 어린아이가 무슨 세상물정을 알았겠는가. 한장제가 두황후에게 홀려 태자를 폐위했을 뿐이다. 한장제는 송귀인 자매를 병사(丙舍: 궁전 정실·正室 옆에 있는 별실·別室)로 거처를 옮기게 했다. 아울러 소황문(小黃門: 황제의 수발을 드는 관직. 내시와 같은 뜻) 채륜(蔡倫)에게 송귀인 자매의 죄를 추궁하게 했다. 송귀인 자매는 두황후가 쳐 놓은 덫에서 빠져나올 수 없음을 한탄하고 음독자살했다. 송양은 삭탈관직을 당한 후 고향에서 은거하다가 죽었다. 유경은 나이가 너무 어렸던 까닭에 죽음을 모면할 수 있었다.

두황후의 계략이 성공하여 두 살배기 유조가 태자로 책봉되었다. 그의 생모 소양귀인은 흥분을 감추지 못했다. 두황후가 자기 아들을 빼앗아 길렀지만 어쨌든 자기는 태자의 생모가 아닌가. 태자가 황제로 등극하면 그녀의 집안은 하루아침에 부귀영화를 누릴 수 있다고 자랑했다. 그런데 그녀는 두황후가 얼마나 무서운 여자인지 모르고 있었다.

건초 8년(83) 두황후는 소양귀인이 황후의 자리를 노리고 있다는 소문을 듣고 분노했다. 한장제에게 소양귀인이 자기 분수를 모르고 감히 황후를 능멸한다고 눈물로 호소했다. 한장제는 소양귀인을 호되게 꾸짖었다. 두황후는 또 소양귀인의 아버지 양송이 패악질을 저질렀다고 측근에게 익명으로 투서하게 했다. 양송은 누명을 쓰고 옥사하고 그의 가족은 머나먼 구진군(九眞郡: 베트남 중부)으로 쫓겨났다. 양귀인 자매는 우울증을 앓다가 죽었다. 이제 두황후에게 방해가 되는 비빈은 아무도 없었다. 한장제는 송귀인 자매와 양귀인 자매가 두황후의 모함을 받고 자살했는데도 변함없이 두황후 만을 총애했다.

장화 2년(88) 한장제 유달이 세상을 떠난 직후에 태자 유조가 9세의 나이에 황위를 계승했다. 그가 후한의 4대 황제 한화제(漢和帝)이다. 두황후는 유조의 적모로서 황태후로 추존되어 수렴청정을 시작했다. 다음 해부터 연호를 영원(永元)으로 정했다.

2. 두태후가 수렴청정하면서 두씨가 국정을 농단하다

　　한화제 유조는 이복형인 청하왕 유경의 처지를 동정했다. 두 사람의 나이 차이는 겨우 한 살에 불과했다. 유경이 태자의 자리에서 폐위되지 않았다면 자신이 황제가 될 수 없었음을 알고 있었다. 한화제는 그를 친한 친구처럼 대했다. 궁실에 들어갈 때나 어가를 탈 때면 그의 곁에는 언제나 유경이 있었다. 그런데 한화제는 마음씨가 선량했을 뿐이지 냉혹한 정치의 세계를 알기에는 나이가 너무 어렸다. 두태후는 두 어린이가 정겹게 지내는 모습을 보고 만족했다. 임조칭제를 빙자하여 한나라 천하를 마음껏 주무를 수 있었기 때문이다.

　　두태후는 섭정을 하자마자 오빠 호분중랑장 두헌(竇憲)을 시중으로 임명하여 그에게 궁내의 기밀을 다루고 조서를 반포하는 중요한 일을 맡게 했다. 그리고 남동생 황문시랑 두독(竇篤)을 호분중랑장으로 임명하여 황궁의 금위군을 장악하게 했다. 또 다른 남동생 두경(竇景)과 두환(竇環)은 중상장(中常將)이 되어 조서를 전달하고 문서를 관리하는 직책을 맡았다. 두태후는 두씨 형제들을 황제 주변의 핵심 요직에 배치함으로써 조정의 권력을 장악했다. 황제의 명의로 반포하는 조서나 전국 각지에서 올라 온 모든 문서는 두씨 형제의 손에 들어가 처리되었다.

　　특히 그들의 맏형인 두헌은 여동생 두태후의 비호 아래 전권을 휘둘렀다. 그는 수하에 많은 자객을 길러 은밀히 정적을 살해하는 데 활용했다. 한명제 유장 시대에 두헌의 아버지 두훈(竇勳)이 범죄를 저지른 적이 있었다. 당시 한우(韓紆)가 두훈의 죄상을 밝혀 그를 죽였다. 두태후가 섭정을 시작한 후에 두씨 일족은 아버지를 죽인 한우를 죽이려고 했지만, 한우는 이미 저 세상 사람이었다. 두헌은 자객을 한우의 아들에게 보내 머리를 잘라 가지고 오게 했다. 자객이 가지고 온 수급을 아버지의 영전 앞에 바치고 제사를 지냈다. 누구든 자기에게 장애가 되는 인물이라면 거리낌 없이 자객을 보내 살해했다.

두태후는 조정의 권력은 장악했지만 지방의 호족 세력이 반발하지 않을까 두려웠다. 그들에게 줄 '당근'이 필요했다. 한무제 유철의 시대부터 소금을 생산하고 철을 제련하는 일은 국가가 독점했다. 당시 한무제는 국가 재정을 확보하고 호족 세력을 약화시키기 위하여 그들이 가지고 있었던 제염과 제철의 특권을 박탈했다. 하지만 두태후는 호족의 지지를 받기 위하여 제염과 제철의 이권을 그들에게 넘겨주었다. 이는 두태후 일족의 권력 유지에 도움이 되었으나 국가 재정에 막대한 타격을 주었다.

도향후(都鄕侯) 유창(劉暢)은 광무제의 맏형인 유연(劉縯)의 증손자이다. 그는 두태후의 정부(情夫)이다. 한장제 유달의 국상을 치르러 낙양으로 왔다. 그런데 얼마 후 국상이 끝났는데 돌아가지 않고 두태후의 처소를 들락날락했다. 두헌은 그가 두태후의 총애를 받고 요직을 맡으면 자신의 입지가 좁아지지 않을까 두려웠다. 자객을 보내 유창을 살해한 후 그의 동생 이후(利侯) 유강(劉剛)을 암살범으로 몰았다.

하지만 두태후가 진상을 파악하고 대노하여 두헌을 감금하게 했다. 두헌이 아무리 친오빠라고 해도 자신의 정부이자 황족인 유창을 암살한 행위는 용서해줄 수 없었다. 궁지에 몰린 두헌은 활로를 찾아야 했다. 한장제가 세상을 떠난 지 몇 개월 후인 장화 2년(88) 7월에 남흉노의 선우가 낙양으로 사신을 보내 말했다.

"북흉노가 대기근으로 혼란에 빠진 틈을 타서, 한나라 군대가 저희와 연합하여 북흉노를 멸망시키면, 저희들은 하나의 나라를 이룰 수 있으며, 한나라는 더 이상 북방에서 침략을 당하는 일은 없을 것입니다."

남흉노가 한나라와 연합하여 북흉노를 정벌하자는 제안에 대하여 두태후는 조정 대신들에 의견을 물었다. 집금오 경병(耿秉)은 북흉노가 분열한 틈을 타서 이이제이 전법으로 북흉노를 정벌하자고 주장했다. 반면에 상서 송의(宋意)는 한나라가 건국된 이래 여러 차례 흉노를 정벌했지만 이익보다도 손실이 컸기 때문에 광무제가 흉노에게 시행한 화친 정책을 계속 유지해야 한다고 주장했다. 대신들 사이에서 북흉노 정벌에 대한 찬반 양론이 분분했다.

두헌은 속죄할 목적으로 북흉노를 정벌하여 전공을 세우겠다고 두태후에게 아뢰었다. 두태후는 유창을 암살한 오빠가 전공을 세우면 유씨 종친의 반발을 잠재울 수 있다고 생각했다. 두헌을 거기장군(車騎將軍)으로, 집금오 경병을 부장(副將)으로 임명한 후 남흉노, 강족(羌族)과 연합하여 북흉노를 정벌하게 했다.

영원 원년(89) 두헌은 계락산(稽洛山: 몽골 서남부에 있는 아이찰박극다산·阿爾察博克多山)에서 북흉노 군대를 대파했다. 그는 승리의 여세를 몰아 제해(鞮海: 몽골의 오포소호·烏布蘇湖·Uvs Nuur) 일대를 점령한 후 변경 밖 3천여 리까지 진격하여 북흉노의 81개 부족, 20여만 명을 후한에 복속시키고 가축 100여만 두를 노획하는 대첩을 거두었다. 한고조 유방 이래 흉노와의 수백 년 동안 지속된 싸움에서 거둔 가장 큰 승리였다. 두헌은 연연산(燕然山: 몽골의 항애산·杭愛山)에 올라가 중호군(中護軍) 반고(班固)에게 북흉노를 섬멸한 자신의 공적을 비석에 새기게 했다.

두태후는 당시 오원현(五原縣: 내몽골 파언뇨이·巴彥淖爾)에서 병사를 거느리고 주둔하고 있었던 두헌을 대장군으로 임명하고 무양후(武陽侯)로 책봉했으며 그에게 식읍 2만 호를 하사했다. 두헌은 무양후 작위는 사양했다. 두헌이 개선장군이 되어 도성 낙양으로 돌아오자 조정 대신과 백성들은 열광했다. 한나라의 300년 숙적 흉노를 섬멸한 두헌을 위대한 영웅으로 찬양했다.

두헌이 한화제를 배알하러 입조했을 때 조정 대신들은 두헌을 향해 '만세'를 부르는 일을 의논했다. 만세는 오로지 황제를 향해 부르는 구호였다. 신하를 향해 만세를 외치는 일은 상상도 할 수 없었다. 상서 한릉(韓稜)이 정색을 하고 말했다.

"무릇 윗사람을 사귈 때는 윗사람에게 아첨을 하지 말아야 하며, 아랫사람을 사귈 때는 아랫사람을 업신여기지 말아야 하오. 신하에게 만세를 칭하는 제도는 예법에 없소."

한릉은 두태후조차도 그를 함부로 대할 수 없을 정도로 강직한 신하였다. 그에게 호된 질책을 당한 대신들은 모두 부끄러워하며 얼굴을 들지 못했다. 그렇지만 당시 두헌의 위세가 얼마나 대단했는지 알 수 있다.

두헌의 동생 두독은 위위(衛尉)로, 두경과 두환은 시중으로 승진했다. 조정의 요직을 독차지한 두씨 형제들은 기고만장했다. 어린 황제 유조를 어르고 달래면서 국정을 농단했다. 두씨 형제들의 전횡이 날로 심각해졌다.

특히 두헌의 셋째동생 두경은 휘하에 기병 200여 기를 거느리고 다니면서 온갖 악행을 저질렀다. 두경의 패거리는 마음에 드는 물건이 있으면 강탈하기 일쑤였다. 심지어 두경의 하인들조차도 예쁜 부녀자를 보면 겁탈하는 만행을 저질렀다. 그들이 거리에 나타나면 상인들은 마치 도적떼를 만난 듯 두려워하여 황급히 문을 걸어 잠그고 숨었다. 그들의 악행에 항의하는 자는 터무니없는 죄명으로 감옥에 갇혔다.

두경은 또 변경 지방의 여러 군(郡)에 격문을 띄어 현지에서 주둔하고 있는 기병들을 자기가 거주하고 있는 곳으로 오게 했다. 어명이 없이는 병사들을 이동시킬 수 없는데 그는 멋대로 그들을 자기 휘하에 두었다. 지방 관리들은 그의 위세에 눌려 말 한 마디도 못하고 그가 시키는 대로 했다. 사도 원안(袁安)이 두경의 월권 행위에 분노하여 그를 탄핵했다.

"두경은 변방에서 주둔하는 있는 병사들을 멋대로 소집하여 관리와 백성들을 혼란에 빠뜨렸습니다. 녹봉 2,000석을 받는 관리들은 조정에서 보낸 부신(符信)을 무시하고, 두경이 개인적으로 보낸 격문을 받들고 있습니다. 이는 국기 문란 행위입니다. 마땅히 그들을 주살해야 합니다."

원안은 목에 칼이 들어와도 바른 말을 하는 충신이었다. 두태후는 평소에 그를 미워했지만 그의 명성이 워낙 높았기 때문에 파직하면 오히려 역풍이 불지 않을까 적정하여 제거하지 못했다. 원안은 아무런 반응이 없자 또 상소했다.

"사례교위 하남윤(河南尹)은 군주의 인척(姻戚)에게 아부하여 부귀영화를 누리면서 두경의 죄상을 탄핵하지 않았습니다. 그를 파직하고 처벌하기 바랍니다."

하지만 원안이 연이어 올린 상소문은 모두 방치된 채 보고되지 않았다. 두씨 일당이 중간에서 차단했기 때문이다. 영원 2년(90) 두태후는 두헌에게 군사를 이끌고 양주(凉州: 감숙성 진안현·秦安縣)로 가서 주둔하게 했다. 한편 북흉노의 선우는 두헌에게 부하 장수들을 보내 후한에 신하를 칭하겠다는 뜻을 전했다. 두헌은 반고 등에게 그들을 영접하게 했다. 그런데 남흉노의 선우가 국력이 쇠약해진 북흉노를 완전히 섬멸한 후에 후한에 귀부하겠다고 했다. 두헌은 일단 남흉노와 북흉노의 싸움을 관망했다. 이이제이 전법으로 북흉노를 섬멸할 계획이었다. 남흉노가 북흉노를 대파하자 두헌은 북흉노의 잔여 세력에 결정적인 타격을 가할 결심했다.

영원 3년(91) 두헌은 좌교위 경기(耿夔), 사마 임상(任尚) 등 장수들에게 거연새(居延塞: 내몽골 액제납기·額濟納旗에 있는 요새)에서 나와 북흉노 군대를 추격하게 했다. 후한군은 금미산(金微山: 내몽골 아이태산맥·阿爾泰山脈)에서 북흉노 병사 5천여 명을 죽이고 선우의 어머니 알씨(閼氏)를 사로잡는 대승을 거두었다. 후한군에게 괴멸에 가까운 참패를 당한 북흉노의 선우는 서쪽으로 달아나 자취를 감추었다. 이때 후한군은 요새를 벗어나 5천여 리까지 진격했다. 이는 한나라가 건국된 이래 여러 차례 흉노 정벌 중에서 가장 멀리까지 진격한 성과였다. 이 시기부터 북흉노는 망국의 길을 걸었다.

두헌이 북흉노를 완전히 평정하자 그의 명성은 하늘을 찔렀다. 부하 장수들은 그를 황제처럼 섬겼다. 반고(班固), 부의(傅毅) 등 문인들은 막부를 설치하고 두헌의 명의로 공문을 하달했다. 두헌은 이미 대장군의 신분에서 벗어나 조정의 정치를 좌지우지했다. 자사, 군수, 현령 등 지방의 고위직은 대부분 두씨 가문이 차지했다. 그들은 백성들에게 멋대로 조세를 징수했다. 두씨 일족이 아닌 자가 벼슬을 얻으려면 반드시 그들에게 뇌물을 바쳐야 했다. 매관매직이 성행하여 두씨 집안에는 재물이 산더미처럼 쌓였다.

급기야 두헌을 황제로 추대하자는 소문이 파다하게 퍼졌다. 당시 한화제의 나이는 12세였다. 권력의 속성을 알기에는 어린 나이였으나, 두헌 등 외삼촌들의 권력 농단에 두려움을 느끼고 있었다. 그런데 조정 중신, 환관 등 모두 두헌에게만 아부하고 충성한 것은 아니었다.

3. 환관과 충신들의 도움으로 두씨를 제거하다

영원 3년(91) 상서복야 낙회(樂恢)가 두헌의 전횡에 이를 갈고 상소했다.

"폐하께서는 어린 나이에 제왕의 대업을 계승하셨습니다. 외삼촌들을
왕실의 일에 간여하지 못하게 함으로써 천하 백성들의 이익을 위해 일하
고 있다는 것을 보여주셔야 합니다. 폐하께서는 위로는 정의로써 조정의
정치를 결정하며, 아래로는 겸손으로써 자신을 단속해야 합니다. 외삼촌
네 명은 작위와 봉토를 받은 영광을 영원히 누리게 하고, 황태후는 한나
라 종묘사직을 잘 보존하여 선황제들에 대한 부끄러움이 없게 해야 합니
다. 이렇게 하는 것이 가장 좋은 방법입니다."

요컨대 외척 두씨들에게 부귀영화를 영원히 누리게 하되, 그들이 정
치에는 간여하지 못하게 해야 한다는 주장이다. 하지만 낙회의 충언은 한
화제에게 전달되지 못했다. 낙회는 상소가 받아들여지지 않자 병을 핑계
로 사직하고 고향 장릉현(長陵縣)으로 돌아가 은거했다.

두헌은 현령에게 은밀히 서찰을 보내 낙회를 죽이게 했다. 낙회가 핍
박을 받아 죽은 후에 조정 대신들은 어명보다 두헌의 명령을 더 받들었
다. 사도 원안은 황제가 어리기 때문에 두씨 외척이 국정을 농단한다고
보았다. 한화제를 배알할 때마다 눈물을 흘리며 두씨 외척을 통렬하게 비
판했다. 한화제는 원안을 진심으로 존경했으나 두헌 일당의 감시 때문에
그를 가까이 하지 못했다. 영원 4년(92) 6월 하늘에 일식 현상이 일어났다.
사도 정홍(丁鴻)이 상소했다.

"옛날에 여씨(呂氏) 일족이 권력을 남용하여 황위가 제대로 계승되지 못

한 일이 있었습니다. 그 후 한애제(漢哀帝), 한평제(漢平帝) 말기에 이르러 급기야는 종묘사직이 끊기고 말았습니다. 주(周)나라 성왕(成王)을 보필하여 천하를 안정시킨 주공(周公)과 같은 친척일지라도 미덕(美德)이 없는 자라면 그에게 국사를 관장하게 해서는 안 됩니다. 지금 대장군 두헌은 몸과 마음을 닦고 스스로 자신을 통제하면서 감히 월권행위를 하지 않는다고 말하지만, 천하의 신하들은 모두 그의 위세와 무력에 겁을 먹고 그의 명령을 따르고 있습니다. 하늘의 도는 강건하지 않을 수 없습니다. 강건하지 않으면 해와 달 그리고 별이 빛을 발하지 못합니다. 임금은 강하지 않을 수 없습니다. 강하지 않으면 재상, 심지어 말단 관리들도 제멋대로 행동합니다. 따라서 폐하께서는 천문(天文)의 변화에 맞추어 정치를 개혁하고 과오를 바로잡아 하늘의 뜻에 부합해야 합니다."

한나라 초기에 유씨의 외척인 여태후 일족이 권력을 농단하였기 때문에 한평제 시대에 이르러 왕망에게 한나라를 빼앗겼다는 논리이다. 정홍은 천문의 변화를 근거로 외척을 처단하고 황제의 권력을 강화해야 하늘의 뜻에 부합한다고 주장했다.

두헌 일당은 강직한 대신들의 연이은 상소에 불안한 마음이 들었다. 양후(穰侯) 등첩(鄧疊), 등첩의 동생인 보병교위 등뢰(鄧磊), 두헌의 사위인 사성교위 곽거(郭擧), 곽거의 아버지인 장락소부 곽황(郭璜) 등은 황제를 시해하고 두헌을 새 황제로 추대할 음모를 꾸몄다. 당시 두헌은 양주에 있었다. 한화제는 궁궐에서 일이 돌아가는 낌새가 심상치 않음을 알아차리고 대신들과 대책을 세우려고 했다. 하지만 두헌 형제들이 대신들과의 접촉을 차단하는 바람에 한화제는 고립무원의 처지에 빠졌다.

하지만 한화제는 좌절하지 않고 위기를 돌파할 방법을 모색했다. 그의 곁에는 황제의 시중을 드는 환관들만 있었다. 환관들 중에서 구순령

(鉤盾令: 황실의 화원을 관리하는 관직) 정중(鄭衆)이라는 자가 있었다. 그는 사람됨이 신중하고 머리가 기민하여 상황 판단을 정확하게 했다. 대신들 대부분 두헌 일당에게 빌붙었지만, 정중만큼은 직분에 충실하며 황제를 섬겼다.

한화제는 자신의 뜻을 정중에게 넌지시 알렸다. 정중은 그를 위하여 목숨을 바칠 각오를 하고 있다고 말했다. 정중은 황제의 명의로 양주에 있는 두헌에게 황제를 보필하라는 조서를 보냈다. 일단 그를 낙양으로 불러들인 후 기회를 보아 제거하고자 했다. 두헌은 어린 황제가 마침내 자기에게 '대권'을 넘겨준다고 생각했다. 기쁜 마음을 감추지 못하고 등첩 등 부하 장수들을 이끌고 낙양을 향해 떠났다. 두헌이 낙양 근교에 이르자 한화제는 대홍려(大鴻臚: 조정에서 제후 및 번국의 일을 관장하는 관직)에게 두헌을 성대하게 영접하게 했다. 아울러 두헌의 부하 장수들에게 후한 상을 내려 그들의 노고를 위로했다.

한화제는 두헌을 안심시킨 후 황궁에 머무르고 있는 청하왕(淸河王) 유경(劉慶)에게 『한서·외척전』을 몰래 구해오게 했다. 그는 그 책을 읽고 선황제들이 어떻게 외척들을 제거했는지 알고 싶었다. 유경은 천승왕(千乘王) 유항(劉伉)을 통해 그 책을 구해 한화제에게 바쳤다. 한화제는 또 정중에게 외척들을 주살한 사례를 수집하게 했다. 정중은 두씨 일당을 제거할 계획을 한화제에게 아뢰었다.

영원 4년(92) 6월 23일 밤 두헌은 부하들을 거느리고 황궁에 도착했다. 한화제는 다음 날 아침에 두헌을 접견하겠다고 했다. 두헌은 대장군부에서 그를 떠받드는 대신들과 함께 술을 마시며 여독을 풀었다. 한화제는 두헌이 방심한 틈을 타서 북궁으로 행차했다. 즉시 집금오(執金吾), 북군오교위(北軍五校尉) 등 황궁을 수비하는 장수들에게 남궁과 북궁을 장악하고 성문을 닫게 했다. 또 정홍에게 대장군부를 포위하게 했다. 두헌은 졸지에 독 안에 든 쥐 신세가 되었다. 한화제는 등첩, 등뢰, 곽거, 곽황 등 곽헌을 위해 황위 찬탈의 음모를 꾸민 일당을 모조리 체포하게 했다. 그들은 감옥에서 모진 고문을 당하고 죽었다.

두헌은 하룻밤 사이에 측근들을 잃고 대장군부에 갇혔다. 한화제는 차마 외삼촌들을 죽일 수 없었다. 그들의 병권을 회수한 후 그들을 도성 낙양에서 쫓아내기로 결정했다. 그는 알자복야(謁者僕射)를 두헌에게 보내 대장군의 인수(印綬)를 회수하게 했다. 아울러 두헌을 관군후(冠軍侯)로 책봉한 후 두독, 두경 등 동생들과 함께 각자의 번국(藩國)으로 돌아가게 했다. 두헌은 장락궁에 있는 두태후를 몰래 만나 활로를 찾으려고 했다. 하지만 장락궁도 이미 금위군에게 장악되어 두태후를 배알할 수 없었다. 두헌은 처자식을 데리고 번국으로 돌아가지 않을 수 없었다.

한화제는 두태후가 자신을 키워 준 은혜를 고려하여 두헌 형제를 죽이지 않았다. 하지만 그들이 반란을 일으키지 않을까 두려워하여 그들을 철저하게 감시하게 했다. 신하들은 한화제에게 두헌 형제를 죽이지 않으면 그들이 또 무슨 작당을 할지 모르니 주살해야 한다고 주장했다. 얼마 후 두헌 형제는 모두 핍박에 못 이겨 자살했다.

두헌 형제의 몰락은 한화제의 친정(親政)을 의미했다. 한화제는 만 13세의 나이에 환관과 충신들의 도움으로 두헌 형제를 제거하고 비로소 명실상부한 황제가 되었다. 그는 총명하고 사리를 판단하는 능력이 뛰어나며 결단력이 있었으므로 그처럼 어린 나이에 '대권'을 거머쥐었다. 하지만 그가 환관 정중에게 지나치게 의존한 것은 훗날 환관 정치의 엄청난 폐단을 일으키게 된 원인(遠因)이 되었다.

한편 두태후는 장락궁에 거주하면서 오빠와 남동생들이 권력을 남용하고 급기야는 황위 찬탈을 시도하다가 자살한 사건을 묵묵히 지켜 볼 수밖에 없었다. 물론 그녀도 친정 두씨의 전횡에 책임이 막중했다. 그녀가 두씨 일족을 조정으로 끌어들여 두씨 천하를 구축했기 때문에 결국은 두씨 일족의 몰락을 자초했다. 그런데 그녀는 한화제의 엄연한 적모(嫡母)였다. 한화제는 자신을 양육한 그녀에게 책임을 물을 수 없었다. 오히려 그녀를 더욱 극진하게 모셨다.

4. 영원 시대의 융성함을 이룩하다

한화제는 외척 두씨의 세력을 일소한 후 친정을 시작했다. 그는 어린 황제였지만 치국(治國)의 도(道)를 깨우쳤다. 사도 원안, 사도 정홍, 상서 한릉 등 충신들이 그를 성심껏 보살폈다. 한화제는 밤낮을 가리지 않고 국정을 살피면서 관용을 베풀고 형벌을 완화하는 것을 주요 정책으로 삼았다.

한화제는 대장군 두헌의 미움을 받아 지방의 한직으로 쫓겨난 진총(陳寵)을 정위(廷尉: 사법 기관의 최고위직)로 중용했다. 진총은 형사 사건이 터질 때마다 경전에 의거하여 죄인에게 관용을 베풀어야 한다고 주장했다. 한화제가 그를 적극 지지한 덕분에 사형을 언도받았지만 살아남은 자가 아주 많았다. 그는 죄인들은 교화의 대상이지, 처벌의 대상이 아니라고 여기고 그들에게 가혹한 형벌을 내리지 못하게 했다. 황제가 형벌을 완화하는 정책을 펴자 백성들은 오히려 국법에 위배되는 행동을 하지 않았다. 이에 따라 중범죄를 저질러 가혹한 형벌을 받는 형사 사건이 많이 줄어들었다.

영원 9년(97) 두태후가 서거했다. 한화제는 그녀의 시호(諡號)를 장덕황후(章德皇后)로 정하고 국상을 치르게 했다. 그런데 두태후의 죽음은 한화제의 생모 소양귀인의 남은 가족에게는 축복이었다. 한장제 시대에 한화제의 외할아버지 양송은 두태후의 모함으로 억울한 누명을 쓰고 죽었으며, 소양귀인도 우울증을 앓다가 죽었지 않았던가. 두태후는 양씨 가족에게

한나라 역대 황제 평전

는 철천지원수였다.

양씨 가족은 오랜 세월 동안 숨을 죽이고 살고 있다가 두태후가 사망했다는 소식을 듣고 눈물을 흘리며 기뻐했다. 당시 한화제는 외할아버지와 생모가 어떻게 사망했는지 알지 못했다. 두태후가 섭정을 할 때 누가 감히 한화제의 생모에 대하여 언급할 수 있었겠는가. 하지만 이제 그녀가 사망했으므로 양씨 가족은 어떻게 해서라도 황제에게 그들의 억울한 사연을 알려야 했다. 소양귀인의 언니 양예(梁嬞)가 상소했다.

"소첩의 아버지 양송은 누명을 쓰고 감옥에서 죽었습니다. 아직도 아버지의 유골을 수습하여 매장하지 못하고 있습니다. 나이 70세가 넘은 어머니, 남동생 양당(梁棠) 등 가족은 오래 전에 모두 변방의 구석진 곳으로 쫓겨났습니다. 지금 그들의 생사조차 알 수 없습니다. 소첩이 아버지의 시신을 거두어 매장하고 가족이 살아있다면 그들이 고향으로 돌아올 수 있게 성은을 베풀어주소서."

한화제는 양예를 궁궐로 불렀다. 양예는 눈물을 흘리며 자초지종을 낱낱이 털어 놓았다. 한화제는 비로소 소양귀인이 생모라는 사실을 알게 되었다. 생모를 죽인 두태후를 어떻게 추증하고 그의 장례를 어떻게 치러야 하는지 고민하지 않을 수 없었다.

삼공(三公)의 대신들은 두태후의 살아생전의 행적을 문제삼았다. 옛날에 광무제가 한고조 유방의 본처인 여태후(呂太后)의 존호를 격하한 전례에 따라, 두태후도 존호를 격하하고 그녀의 시신은 한장제와 합장해서는 안 된다고 주장했다. 대신들 대부분 삼공의 의견에 동조했다. 한화제가 조서를 내렸다.

"두헌 형제는 법도를 지키지 않았지만, 두태후는 언제나 겸손하고 신중하였소. 짐은 두태후를 10여 년 동안 모셨소. 대의를 깊이 생각하고 예법을 준수하면, 신하된 자가 감히 신분이 존귀한 어르신을 폄하할 수 없소. 짐은 은정(恩情)을 저버릴 수 없고 도의(道義)를 훼손할 수 없소. 옛날에 한소제(漢昭帝)의 황후였던 상관태후(上官太后)의 아버지 상관안(上官安)과 연왕(燕王) 유단(劉旦)이 모반을 획책했다가 피살된 일이 있었소. 당시 상관태후는 나이가 너무 어리고 대장군 곽광(霍光)의 외손녀였던 까닭에 폐출되지 않았소. 짐은 상관태후의 전례에 따라 두태후의 존호를 격하하지 않겠소. 경들은 더 이상 이 문제를 거론하지 마오."

한화제도 어찌 생모를 죽음으로 몰고 간 두태후에 대하여 원망하는 마음을 품지 않았겠는가. 하지만 그는 대의를 위하여 그녀를 감쌌다. 두태후는 사후에 한화제의 배려 덕분에 남편 한장제의 황릉인 경릉(敬陵)에 합장될 수 있었다. 한화제는 생모의 누명을 벗겨주고 그녀를 공회황후(恭懷皇后)로 추증했다. 또 외할아버지 양송을 포친민후(褒親愍侯)로 추증하고, 외삼촌 양당(梁棠)에게는 낙평후(樂平侯), 대홍려(大鴻臚) 등의 관작을, 또 다른 외삼촌 양옹(梁雍)에게는 승씨후(乘氏侯), 소부(少府) 등의 관작을 하사함으로써 양씨 외가를 파격적으로 우대했다. 양씨 집안은 이때부터 번창하기 시작했다. 한화제가 두태후의 과오를 지적하지 않고 그녀의 장례를 격식에 맞게 치르게 하면서도 그녀에게 피해를 입은 외가에 대해서도 성은을 베푼 것은, 그의 통치술이 화합과 조화에 있었음을 짐작하게 한다.

대장군 두헌의 막부에서 책사 역할을 했던 역사학자 반고(班固·32~92)도 역모 혐의를 쓰고 감옥에 갇혔다. 사실 그는 두헌의 심복들이 획책한 모반 사건에 아무런 관련이 없었다. 하지만 낙양령 종경(種競)이 그에게 사적인 원한을 품고 누명을 씌웠다.

영원 4년(92) 반고는 60세의 나이에 가혹한 고문을 이기지 못하고 자살했다. 그는 자살하기 전에 『한서』를 기술하고 있었다. 이 책이 미완의 저작으로 남게 되자, 한화제는 반고의 여동생 반소(班昭)가 재능과 학식이 뛰어난 여류 문인이라는 얘기를 듣고 그녀에게 이 역사서를 완성하게 했다. 사마천의 『사기』와 쌍벽을 이루는 『한서』는 반고의 아버지 반표(班彪)에서 시작하여 반고를 거치고 반소에 이르러 마침내 완성되었다. 한화제의 혜안과 관용이 없었다면, 이 책은 세상에 나오지 못했을 것이다.

영원 8년(96) 메뚜기떼가 도성 낙양 지역을 덮쳤다. 이른바 황재(蝗災)가 발생한 것이다. 메뚜기떼가 휩쓸고 지나간 전답에는 쭉정이만 남았다. 한화제는 급히 조서를 반포했다.

"아무런 이유 없이 발생하는 황재는 거의 없다. 전국 각지에서 일어난
과오는 모두 나 한 사람의 잘못으로 생긴 것이다."

한화제는 재해가 일어났다고 해서 관민을 탓하지 않고 스스로 자신을 반성했다. 그는 국가의 최고 통치자로서 백성들에 대한 무한 책임을 가지고 있었음을 알 수 있다. 관부의 창고에 보관한 곡식을 풀어 이재민을 구휼하게 한 일에만 그치지 않고 어선(御膳)의 가짓수를 줄이게 했으며 몸소 근검절약함으로써 백성들에게 모범을 보였다.

영남 지방에서는 해마다 특산물 용안(龍眼), 여지(荔支) 등 신선한 과일을 낙양으로 진상했다. 과일을 최대한 빨리 운송하여 상하지 않게 해야 했다. 그래서 십리마다 역(驛)을 설치하고, 오리마다 후(堠: 흙을 쌓아 만든 이정표) 한 곳을 만들었다. 역부(驛夫)들은 밤낮을 가리지 않고 운반했다. 영원 15년(103) 임무현(臨武縣) 장여남(長汝南) 사람 당강(唐羌)이 상소했다.

"지위가 높은 사람은 진귀하고 맛있는 음식을 맛보는 것을 미덕으로 삼지 않으며, 지위가 낮은 사람은 지방 특산품을 진상하는 일을 공로로 여기지 않는다고 신은 들었습니다. 교지주(交趾州)의 7개 군(郡)에서 역부들이 과일을 실은 수레를 끌고 황급히 낙양으로 달려가는 모습은 마치 날아가는 새들이 놀라 지저귀고 갑자기 바람이 이는 것처럼 소란합니다. 남방의 여러 주(州)는 기후가 덥고 습하며 해충과 맹수가 들끓고 있습니다. 낙양으로 가는 길에 과일을 운반하다가 죽은 자를 보지 않은 경우가 없습니다. 죽은 사람은 다시 살릴 수 없지만, 산 사람은 구제할 수 있습니다. 이러한 신선한 과일들을 황궁에 바친다고 해도, 그것을 먹는 사람이 반드시 오래 산다고는 할 수 없을 것입니다."

교통수단이 말과 수레 그리고 작은 선박뿐이었던 시대에 중국 남부 지방의 특산물인 용안, 여지 등 진귀한 과일을 중원의 낙양까지 운반하기가 참으로 어렵고 고통스러운 일이었다. 그래서 운반하다가 죽은 사람들이 속출한 것이다. 한화제가 조서를 내렸다.

"먼 지방에서 보내는 진귀한 조공품은 본래 종묘에서 제사용으로 사용하는 것이다. 백성들에게 피해를 입힌다면 어찌 백성을 사랑한다고 하겠는가. 태관(太官)은 더 이상 먼 지방에서 온 진귀한 물건을 진상품으로 받지 말라!"

한화제가 백성들을 아끼지 않았다면 이런 조서를 내리지 않았을 것이다. 그는 국가가 안정을 이루려면 무엇보다도 백성들을 직접 다스리는 관리의 역할을 중요하다고 생각했다. 관리가 무능하고 부패하면 백성들이 가장 큰 고통을 당하기 마련이다. 그는 능력이 뛰어나고 청렴하며 애민 사상을 가진 관리를 선발하는 일을 아주 중요하게 생각했다. 당시에는 과거 제도가 없었기 때문에 전국 각지에 조서를 반포하여 현자(賢者)를 적극 추천하게 했다. 대체적으로 유가 경전을 공부하고 효행이 지극하다고 소문이 난 유생들이 천거되었다.

그런데 후한 시기에 들어와서는 북쪽 변방의 관료 조직이 붕괴하여 북방 유목 국가의 침략에 효과적으로 대처하지 못했다. 변방에 거주하는 백성들은 삶의 터전을 버리고 유랑했다. 영원 13년(101) 한화제가 조서를 반포했다.

"변방 유주(幽州), 병주(并州), 양주(凉州) 등은 호구(戶口)가 날로 감소하고 요역(徭役)이 너무 많으며 그곳으로 부임하는 관리들은 길이 너무 좁고 위험하여 고난을 겪고 있다. 동북방의 오랑캐들을 상대하고 달래려면 능력이 뛰어난 자를 관리로 선발하는 일이 아주 중요하다. 인구 10만 명 이상이 되는 변방의 군(郡)에서는 해마다 효렴(孝廉) 1명을, 인구가 10만 명 이하인 군에서는 2년마다 1명을, 5만 명 이하인 군에서는 3년마다 1명씩 천거하라!"

효렴으로 추천된 자들은 변방 지역의 안정에 큰 기여를 했다. 같은 해 겨울 선비족이 우북평(右北平)을 침입하여 어양(漁陽: 북경의 동북부 일대)까지 진격했다. 어양태수(漁陽太守)가 선비족을 격퇴하고 동북방 변경 지방을 안정시켰다.

한화제 시대에는 대외 교류도 활발했다. 서역도호 반초는 30여 년 동안 서역에 머물고 있으면서 무려 50여 개의 크고 작은 나라들과 교역을 했다. 영원 9년(97) 감영(甘英)은 반초의 명령을 받들어 대진(大秦: 로마제국)에 사신으로 갔다. 감영 일행은 구자(龜茲: 신강성 구차·庫車)에서 출발하여 오늘날의 이란 등 여러 나라를 거쳐 페르시아 만으로 갔다. 그들은 대진에는 도착하지 못했으나, 서방 세계에 대한 이해의 폭을 넓혔다.

이 시기에 환관 채륜(蔡倫)이 중국인의 4대 발명품 중의 하나인 종이를 최초로 만들었다. 이른바 '채후지(蔡侯紙)'는 훗날 각국에 전파되어 종이를 이용한 지식 보급에 엄청난 영향을 끼쳤다. 한화제 시대에 이르러 후한은 짧은 기간이나마 번영을 이루었다. 한화제가 재위 17년, 향년 26세를 일기로 세상을 떠난 해인 원흥(元興) 원년(105)에 개간하여 논밭으로 만든 면적은 732만 경(頃), 호적 인구는 5,325만 명에 달했다. 한화제의 시대를 '영원지륭(永元之隆)'이라고 칭하는데 후한의 마지막 성세(盛世)였다.

한화제는 제왕의 자질이 대단히 뛰어나고 여느 황제보다도 모범을 보였다. 그런데도 어째서 그가 세상을 떠난 후에 후한은 망국의 길로 접어들었을까. 한화제가 젊은 나이에 세상을 떠난 것이 결정적인 원인은 아니었다. 한화제를 충심으로 보필한 원안, 정홍 등 충신들이 젊은 황제를 남겨두고 세상을 떠났다.

그가 정력적으로 국정을 살필 때 가장 믿고 의지할 수 있는 신하들은 정중을 중심으로 한 환관들이었다. 정중은 한화제가 외척 두씨를 타도하고 친정을 시작하는 데 결정적인 공훈을 세웠다. 한화제는 그의 공로를 치하하여 그에게 높은 관작과 많은 예물을 하사하려고 할 때마다, 그는 언제나 자신의 공로를 낮추고 겸손해마지 않았다. 황제가 하사한 예물이 너무 많다고 여기고 예물을 사양한 적이 한 두 번이 아니었다. 한화제는 그를 진정한 충신으로 여겼다.

한화제는 황궁의 정원을 관리하던 정중을 대장추(大長秋)로 승진시켰다. 한나라 시대에 황후는 장추궁(長秋宮)에서 거주했다. 대장추는 황후가 거느린 환관들의 우두머리인데 녹봉을 2,000석이나 받은 실세였다. 황제의 신임을 받는 자가 아니면 대장추가 될 수 없었다. 대장추는 궁중의 비밀스러운 일을 전담했다. 한화제는 언제나 정중과 함께 국가의 대소사를 의논했다. 정중은 많은 계책을 내면서 정치에 깊숙하게 간여했다. 그가 아무리 좋은 계책을 냈더라도 환관의 본분을 벗어난 문제점이 있었다.

하지만 한화제는 정중의 정치 참여를 조금도 개의하지 않았다. 영원 14년(102) 그는 또 정중을 소향후(鄸鄕侯)로 책봉하고 그에게 식읍 1,500호를 하사했다. 한화제는 정중의 도움을 받아 황제 중심의 권력 체제를 구축했다. 이는 그가 사망한 후에 환관들이 발호하여 후한을 망치는 계기가 되었다. 그래서 훗날 역사학자들은 "후한 말기에 이르러 환관들의 국정 농단은 정중부터 시작했다."고 비평한 것이다.

5. 음황후를 폐위하고 등귀비를 황후로 책봉하다

한화제의 첫 번째 황후는 음씨(陰氏·80~103)이다. 그녀의 증조부는 광무제의 황후 음려화(陰麗華)의 오빠인 음식(陰識)이며, 부친은 음강(陰綱), 어머니는 광무제 시대에 공신이었던 등우(鄧禹)의 손녀 등씨(鄧氏)이다. 음씨가 명문거족 출신임을 알 수 있다. 영원 4년(92) 그녀는 12세의 나이에 후궁으로 간택되었다. 총명하고 아름다웠으며 다재다능했다. 한화제는 그녀를 무척 총애하여 귀인(貴人)으로 책봉했다.

원래 음씨는 혼자만 후궁으로 간택된 것이 아니었다. 호강교위(護羌校尉) 등훈(鄧訓)의 딸인 등수(鄧綏·81~121)도 같은 시기에 후궁으로 간택되었다. 그녀는 등우의 손녀이기도 하다. 그녀도 음씨와 마찬가지로 명문거족 출신이다. 천성이 착하고 효성이 지극하며 예의범절을 준수했다. 그녀가 다섯 살 때의 일이다. 어느 날 어머니가 칼로 그녀의 머리카락을 자르다가 실수로 이마에 상처를 냈는데도 그녀는 아프다는 소리를 내지 않았다. 주위 사람들이 그녀에게 어째서 아픔을 참았냐고 묻자 그녀가 이렇게 대답했다.

　　"아프지 않은 것은 아니었어요. 태부인(太夫人: 어머니를 지칭함)께서 나를 사랑하시어 내 머리카락을 자르다가 노안 때문에 실수하셨어요. 내가 아프다는 소리를 내면 태부인의 마음이 상할까 봐 참았어요."

　　등수는 또 낮에는 부덕(婦德)을 쌓았으며 밤에는 경전을 공부했다. 사람들은 그녀를 '제생(諸生)'이라고 칭했다. 제생이란 태학(太學) 등 여러 학교에서 공부하는 유생들을 뜻한다. 그녀가 여자였음에도 남자 유생들처럼 수신(修身)하고 학문에 매진했다는 것이다.

　　그런데 등수가 입궁하기 직전에 아버지 등훈이 세상을 떠나는 바람에 삼년상을 치르고 입궁했다. 이런 이유로 그녀는 음씨보다 3년 늦게 한화제를 모시기 시작했다.

　　영원 8년(96) 한화제는 어느덧 나이 17세의 건장한 황제로 성장했다. 그는 이미 외척 두씨의 세력을 일소하고 본격적으로 국정을 관장하고 있었다. 그가 가장 의지한 신하는 대장추 정중이었다. 정중은 한화제에게 황후의 자리는 마냥 비워둘 수 없으므로 서둘러 황후를 책봉해야 한다고 아뢰었다. 한화제는 정중에게 황후 책봉의 일을 맡겼다. 정중은 음귀인(陰貴人)을 적임자로 추천했다. 같은 해 음귀인이 16세의 나이에 황후로 책봉되었다. 이와 동시에 등수도 15세의 나이에 귀인으로 책봉되었다.

　　두 사람의 나이 차이는 한 살에 불과했으나, 등귀인은 음황후를 지극정성으로 모셨다. 귀인으로서 법도에 어긋나는 어떤 행동도 하지 않고 음황후의 지시를 철저하게 따랐다. 그녀는 궁녀와 시종들에게도 하대하지 않았으며 언제나 그들의 노고를 치하하고 은혜를 베풀었다. 한화제는 부덕을 갖춘 등귀인을 입이 마르도록 칭찬했다.

영원 14년(102) 어느 날 등귀인이 병을 앓았다. 한화제는 등귀인의 어머니와 형제자매들에게 약을 가지고 입궁하여 등귀인을 돌보게 했다. 원래 외척이 입궁하면 정해진 기간 동안 머무르고 있다가 반드시 출궁해야 했다. 하지만 한화제는 등귀인의 친정 식구들에게 기간을 정하지 않고 계속 머물게 하는 특전을 베풀었다. 등귀인이 한화제에게 말했다.

"궁궐은 지극히 중요한 곳이므로 외부 사람들은 함부로 출입 할 수 없습니다. 그런데도 폐하께서 소첩의 가족을 궁내에 오래 머무르게 하셨습니다. 이는 위로는 폐하께서 특정인을 편애한다는 비난을 받게 될 것이며, 아래로는 소첩이 만족을 모르는 귀인이라고 모함을 당하는 결과를 초래할 것입니다. 이렇게 되면 윗사람과 아랫사람 모두 상처를 입을 것입니다. 소첩은 이런 일이 벌어지지 않기를 간절히 바랍니다."

한화제가 대답했다.

"다른 사람들은 모두 입궁을 영광으로 여기는데 등귀인은 오히려 근심으로 여기는구려."

한화제의 비빈들은 궁궐에서 연회가 열릴 때마다 화려한 치장을 하고 황제 앞에서 온갖 아양을 떨었다. 그런데 등귀인은 언제나 검소한 차림으로 다소곳이 앉아 있었다. 간혹 그녀가 입은 복장의 색깔이 음황후의 복장 색깔과 같으면 황급히 옷을 벗었다. 감히 음황후와 같은 색깔의 복장을 입을 수 없다는 이유에서였다. 음황후와 함께 한화제를 배알할 때면 언제나 음황후의 뒤에 앉아 고개를 들지 않았다. 한화제가 질문할 때면 음황후 앞에서는 대답하지 않았다. 행여 자신의 행동이 음황후의 권위와 체면에 손상을 입히지 않을까 걱정했기 때문이다. 아울러 그녀에게 철저하게 복종한다는 의미였다.

음황후는 몸이 왜소하여 의식을 치를 때 가끔 실수했다. 주위 사람들은 손으로 입을 막고 웃었다. 그런데 등귀인은 그녀를 가로막고 마치 자기가 실수한 것처럼 행동했다. 한화제는 그녀의 음황후를 위한 마음씀씀이에 감탄하여 말했다.

"등귀비가 마음과 행실을 바르게 닦아 수양하는 노고가 이처럼 힘들다는 말인가."

환화제는 점차 음황후를 멀리하고 등귀비를 가까이하기 시작했다. 음황후의 눈에는 질투의 핏발이 섰다. 등귀비는 음황후의 모함을 피하기 위하여 더욱 그녀에게 복종하고 근신했다. 한화제가 등귀비를 침소로 부르면 그녀는 병을 핑계로 나가지 않았다. 그녀가 음황후에게 굴종의 자세를 보이고 자신을 낮출 때마다, 한화제는 오히려 그녀를 더욱 총애했다. 음황후는 등귀비에게 원한을 품었다. 등귀비가 살아있는 한 황후 자리를 제대로 지킬 수 없다고 생각했다.

영원 13년(101) 여름 한화제가 이질에 걸려 병상에서 일어나지 못했다. 한 달이 지난 후에는 병세가 더욱 악화되었다. 대신들은 모두 한화제가 일어날 가망이 없다고 생각하고 황위 계승 문제를 걱정하기 시작했다. 당시 가덕궁(嘉德宮)에 거주하고 있었던 등귀비는 날마다 황제의 병을 낳게 해달라고 천지신명에게 간절히 기도했다.

한편 음황후는 한화제가 붕어하면 자신이 수렴청정하여 등귀비에게 복수할 마음을 품고 측근에게 이렇게 말했다.

"만약 내가 뜻을 얻으면 등씨 일족은 한 놈도 남겨두지 않고 모조리 죽여서 씨를 말리겠다."

등귀비는 음황후의 저주를 전해 듣고 공포에 떨었다. 차라리 자기 혼자 자살하면 가족은 지킬 수 있다고 생각했다. 그녀는 자살을 시도했으나 주위 사람들의 만류로 죽지 못했다. 그 후 예기치 않게 한화제의 병세가 빠른 속도로 회복되었다. 한화제가 다시 정사를 돌보았다. 음황후의 야망은 일장춘몽이 되고 말았다.

영원 14년(102) 여름 음황후의 외할머니 등주(鄧朱)가 몰래 황후가 거주하는 궁전으로 들어왔다. 그녀는 외손녀 음황후에게 등귀비를 저주하는 굿판을 벌여 죽이자고 했다. 음황후가 고개를 끄덕였다. 음황후 일가가 비밀리에 무녀를 고용하여 주술을 부렸다는 소문이 퍼졌다. 어떤 사람이 조정에 밀고했다.

한화제는 중상시 장신(張慎)과 상서 진포(陳褒)에게 진상을 파악하게 했다. 두 사람은 음황후의 일족을 대역무도의 죄명으로 탄핵했다. 등주의 두 아들, 봉(奉)과 의(毅) 그리고 음황후의 남동생 음보(陰輔)가 감옥에서 모진 고문을 당하고 죽었다. 음황후는 폐위된 후 동궁(桐宮)에 유폐되었다. 영원 15년(103) 그녀는 22세의 나이에 그곳에서 우울증을 앓다가 죽었다. 그녀의 아버지 음강도 자살했다.

등귀인은 음황후가 동궁에서 유폐되었을 때 음황후를 위해 구명 운동을 벌였지만 받아들여지지 않았다. 영원 14년(102) 겨울 한화제는 등귀인을 불러 황후로 책봉하겠다는 뜻을 밝히고자 했다. 하지만 등귀인은 황제의 뜻을 전하러 온 시종에게 병을 핑계로 자신은 황후가 될 수 없다고 말하고 대문을 걸어 잠그고 나오지 않았다. 그 후 그녀는 한화제의 거듭된 어명을 거역할 수 없었다. 마침내 한화제의 두 번째 황후로 책봉되었다.

등황후는 육궁의 안주인이 된 후에 전국 각지에서 진상한 진귀한 공물들을 육궁에서 받지 못하게 했다. 1년에 네 번 종이와 먹을 조공품으로 받으면 그만이었다. 한화제는 그녀의 가족에게 관작을 하사하려고 할 때마다 그녀의 반대로 번번이 뜻대로 하지 못했다. 한화제 시대에 그녀의 가족 중에서 오빠 등즐(鄧騭)만이 호분중랑장(虎賁中郎將)을 맡았을 뿐이다. 등황후는 한화제 사후에 어린 황제를 대신하여 후한을 다스리는 통치자로 부상한다.

한나라 역대 황제 평전

17

제17장 | 한안제 유호

한안제 유호

1. 유륭이 황위를 계승하고 등태후가 수렴청정하다

원흥(元興) 원년(105) 12월 한화제 유조는 낙양의 장덕전전(章德前殿)에서 향년 26세를 일기로 붕어했다. 일반적으로 황후가 낳은 황자(皇子)가 태자로 책봉된 후 황위를 계승하는 게 원칙이었다. 그런데 음황후와 등황후는 모두 황자를 낳지 못했으므로 한화제가 세상을 떠났을 당시에 황위를 계승할 태자가 없었다.

등황후와 조정 대신들은 큰 혼란에 빠졌다. 도대체 누구를 새로운 황제로 추대해야 하는가. 그런데 한화제에게 아예 아들이 없었던 것은 아니었다. 그와 비빈, 궁녀들 사이에서 아들 여러 명이 태어났으나 대부분 요절하고 말았다. 한화제는 여러 아들을 연이어 잃자 환관이나 외척이 자기 아들을 죽이지 않았을까 의심했다. 아울러 권모술수가 난무하는 궁궐은 아들을 키우기에 적합하지 않은 흉지(凶地)라고 생각했다. 또 아들이 태어나면 아들을 궁궐 밖의 민가에서 키워야 요절하지 않을 거라고 확신했다. 그 후 궁녀가 낳은 아들을 비밀리에 민가로 보내 키우게 했다.

등황후는 민가에서 황제의 아들을 키운다는 소문을 들었다. 환관들을 보내 황제의 아들을 찾게 했다. 마침내 장남 유승(劉勝·?~113)과 차남 유륭(劉隆·105~106), 두 황자를 찾았다. 등황후는 두 사람 중의 한 사람을 선택해야 했다. 장남 유승이 태자로 책봉되는 게 순리였다. 하지만 그녀는 유승이 고질병을 앓고 있다는 이유를 들어 그를 배제하고, 태어난 지 100일 밖에 안 된 유륭을 태자로 선택했다. 이때 유승은 평원왕(平原王)으로 책봉되었다. 등황후가 갓난아이를 선택한 이유는 그를 황제로 추대한 후 자신은 태후가 되어 한나라 천하를 다스리고자 하는 욕망을 품었기 때문이 아닌가 한다.

어쨌든 갓난아이 유륭은 태자로 책봉된 날 밤에 바로 황제로 추대되었다. 그가 바로 후한의 5대 황제 한상제(漢殤帝)이다. 등황후는 황태후로 추대되어 수렴청정을 시작했다. 다음 해부터 연호를 연평(延平)으로 정했다. 원평 원년(106) 등태후는 오빠 호분중랑장 등즐(鄧騭)을 거기장군으로 승진시키고 그의 직급을 삼공(三公)과 같게 했다. 또 황문시랑 등회(鄧悝)는 호분중랑장으로, 등홍(鄧弘)과 등창(鄧閶)은 시중으로 임명했다. 등태후는 오빠와 남동생들을 요직에 임명함으로써 친정 체제를 강화했다.

등태후는 사치와 낭비를 싫어했다. 같은 해 5월 태관(太官: 천자의 어선·御膳을 관장하는 관리), 도관(導官: 천자의 어미·御米를 관리하는 관리), 상방(尚方: 천자의 기물·器物을 관리하는 관리), 내서(內署: 궁궐에서 필요한 의복을 담당하는 관청) 등 관리와 관청에 엄명을 내렸다.

"화려한 복장, 산해진미, 정교하게 만든 귀중품 등은 대폭 줄여야 한다. 곡식도 종묘의 제사용으로 사용하는 것을 제외하고는 정선(精選)해서는 안 된다. 고기반찬은 하루에 한 끼만 먹으면 충분하다."

등태후가 수렴청정하기 전에 태관(太官)과 탕관(湯官: 황궁에서 필요한 술을 관장하는 관리)이 쓰는 경비는 1년에 2억 전에 달했지만 이때부터 몇 천만 전으로 감소했다. 등태후는 전국 각지에서 보내는 진상품을 절반 이상 줄이게 했을 뿐만 아니라 황실의 정원인 상림원(上林苑)에서 키우는 매, 사냥개 등 금수도 더 이상 키우지 못하게 했으며 그것들을 전부 민간에 내다팔게 했다. 그녀는 또 액정(掖庭)에서 일하는 궁녀와 종실 중에서 죄를 지어 노비로 전락한 자들을 모두 사면하여 평민으로 살게 했다. 등태후가 매사에 솔선수범하고 근검절약하자 문무백관도 따라하지 않을 수 없었다. 이에 따라 조정에는 사치와 낭비를 배격하는 분위기가 조성되었다. 도성의 백성들은 이구동성으로 등태후를 찬양했다.

등태후는 갓난아이 한상제를 품안에 안고 키웠다. 그런데 한상제는 발육이 더디고 병치레가 잦았다. 등태후의 근심은 이만저만이 아니었다. 만약 한상제가 요절하면 또 유씨 종실 중에서 황위를 계승할 사람을 찾아야 했다. 성년을 황제로 추대하면 자신이 섭정을 할 수 없으므로 미리 어린아이를 찾아 만반의 준비를 했다.

청하왕(淸河王) 유경(劉慶·78~107)은 한장제 유달의 셋째아들인데 한장제 시대에 태자였다. 건초 7년(82)에 두태후의 모함을 받아 신분이 태자에서 왕으로 격하되었다. 유경은 두태후와 두헌 형제가 국정을 농단할 때에는 숨을 죽이고 살았지만, 한화제가 외척 두씨의 세력을 일소할 때 공로를 세워 황제의 총애를 받았다. 그는 성품이 인자하고 효성이 지극하기로 소문이 났다. 등태후는 그의 인품을 높이 평가하고 우대했다.

연평 원년(106년) 3월 그 동안 도성 낙양에 머무르고 있었던 청하왕 유경, 북제왕 유수, 하간왕 유개, 상산왕 유장 등 왕들은 각자 번국으로 돌아가야 했다. 등태후는 청하왕 유경의 아들 유호(劉祜·94~125)와 그의 적모(嫡母) 경희(耿姬)를 계속 낙양에 거주하게 했다. 만약 한상제가 요절하면 유호를 후계자로 세울 계획이었다. 같은 해 9월 한상제는 태어난 지 1년도 못되어 등태후의 품에서 숨을 거두었다. 젖을 떼기도 전에 죽은 것이다. 한상제는 중국 역사에서 가장 어린 나이에 황제가 되어 죽은 군주로 기록되었다.

2. 유호가 황위를 계승하고 등태후의 수렴청정이 지속되다

연평 원년(106) 9월 등태후는 한상제 유륭이 사망한 직후에 등줄, 등회 등 오빠와 남동생들을 황태후전으로 불러 청하왕 유경의 아들 유호를 황제로 추대하겠다는 뜻을 밝혔다. 당시 유호의 나이는 12세였다. 나이가 어린 그를 황제로 추대해야 만이 등씨 가문이 계속 권력을 유지할 수 있었다. 대장추 정중, 중상시 채륜, 강경(江京) 등 환관들도 등태후의 편에 서서 은밀하게 그녀를 도왔다.

등줄은 등태후의 조칙을 받들어 유호를 숭덕전(崇德殿)으로 모시고 왔다. 등태후는 그를 장안후(長安侯)로 책봉한 후 한상제의 대를 이을 아들로 입적(入籍)하게 했다. 이윽고 유호는 등태후의 뜻에 따라 황제로 추대되었다. 그가 후한의 6대 황제 한안제(漢安帝)이다. 등태후는 한안제가 아직 어리다는 이유를 들어 다시 섭정을 시작했다.

그런데 등태후가 유호를 황제로 추대하는 과정에서 대신들의 불만이 없었던 것은 아니었다. 사공(司空) 주장(周章)은 한상제가 죽었으므로 마땅히 그와 한 핏줄인 평원왕 유승이 황위를 계승해야 도리에 맞는다고 보았다. 유승은 병세가 그리 심각하지 않았는데도 등태후가 권력을 장악할 목적으로 그를 정신병자로 몰아 매장시켰다고 주장은 생각했다. 더구나 그는 정중 등 환관들이 황제를 추대하는 일에 개입한 것에 분개했다.

영초 원년(107) 겨울 주장은 자신과 뜻을 함께 하는 대신들과 등질 형제를 살해하고 등태후를 남궁(南宮)에 유폐시킨 후 유승을 황제로 추대할 음모를 꾸몄다. 하지만 대장추 정중 등 환관들이 사전에 모반 음모를 알아차리고 주장의 거처를 급습했다. 주장은 궁지에 몰리자 자살했다.

등태후는 어렸을 적부터 경전과 역사서를 탐독하여 정치가 얼마나 비정하고 위험한 것인지 잘 알고 있었다. 특히 외척의 권력 남용이 어떤 후과를 초래하는지 책을 통해 간접 경험을 했다. 권력 유지를 위하여 가장 믿을 수 있는 사람은 등씨 일족이었지만, 그들이 권력을 남용하면 멸문의 화를 당할 수 있다는 두려움을 느꼈다. 그녀는 등질 형제들을 요직에 등용했어도 항상 그들에게 직분을 벗어난 행동을 하지 못하게 했다.

등질도 여동생 등태후와 마찬가지로 겸손하고 신중한 사람이었다. 행여 자신의 일거수일투족이 등씨 외척이 국정을 농단한다는 비난의 구실이 되지 않을까 우려했다. 그는 등태후에게 더 이상 궁궐에 머무르지 않고 사가(私家)로 돌아가겠다고 여러 차례 간청했다. 등태후는 그가 남의 구설수를 피해 사가로 돌아가려는 이유를 알았기 때문에 윤허했다.

등태후는 한안제를 황제로 추대하는 데 공훈을 세운 등질 형제, 태부 장우(張禹), 태위 서방(徐防) 등을 열후(列侯)로 책봉하고 그들에게 각각 식읍 1만호를 하사했다. 그리고 가장 많은 공훈을 세운 거기장군 등질에게는 3,000호를 더 하사했다. 하지만 등질은 자신을 상채후(上蔡侯)로 책봉하고 식읍 1만 3천호를 하사한다는 내용이 담긴 조서를 가지고 온 사신을 만나주지 않았다. 그는 사신의 눈을 피해 궁궐로 달려가 등태후에게 관작과 식읍을 받을 수 없다고 상소했다. 무슨 대단한 공훈을 세우지도 않았는데 그처럼 높은 관작과 많은 식읍을 받는 것은 법도에 맞지 않는다고 했다. 등태후는 처음에는 그의 간청을 들어주지 않았지만 그가 계속해서 상소하자 그의 고집을 꺾을 수 없었다. 얼마 후 등태후는 그를 대장군으로 임명하여 그에게 군권을 장악하게 했다. 영초 원년(107) 12월 상서랑 번준(樊準)이 상소했다.

"지금 학문을 익히는 자들은 날로 줄어들고 있습니다. 특히 먼 지방에서는 더욱 심각합니다. 박사는 강좌를 개설하지 않으며 유생들은 화려하고 천박한 것에만 쟁론을 벌이고 있습니다. 그들은 진심으로 군주에게 충성하는 것을 망각하고 아부를 잘하여 출세할 수 있는 방법만 추구하고 있습니다. 신의 어리석은 소견으로는 황태후께서 초야에서 은거하고 있는 학식이 뛰어난 학자들을 널리 구하며 고상하고 올곧은 선비들을 존중하겠다는 조서를 반포하시기 바랍니다. 그들은 나중에 성상(聖上)께서 제왕의 도를 학습하실 때 스승이 될 수 있을 것입니다."

등태후는 번준을 치하하고 조서를 내렸다.

"삼공(三公), 구경(九卿), 중이천석(中二千石) 관리들은 각자 은사(隱士)와 대유(大儒)를 관리로 천거하여 그들에게 고상한 덕행을 행하게 함으로써 후진을 양성하게 해야 한다. 아울러 박사를 엄선하여 그 사람의 능력을 다하게 해야 한다."

등태후는 등질 형제들을 중용했어도 친족은 아니지만 성품이 어질고 능력과 학문이 뛰어난 인재들을 적극적으로 등용했다. 대장군 등질도 등태후의 뜻을 받들어 하희(何熙), 양침(羊浸), 이합(李郃) 등을 천거하여 그들과 함께 국정을 살폈다. 그들은 등태후를 충심으로 보필하여 그녀의 섭정 기간에 다시 정국의 안정을 이루었다.

등태후는 유씨 종실과 등씨 가문 자녀의 교육에도 심혈을 기울였다.

원초 6년(119) 북제왕 유수, 하간왕 유개의 자녀 중에서 나이가 5세 이상인 자 40여 명과 등씨 가문의 자손 30여 명을 낙양으로 불러들였다. 그들을 교육시키기 위하여 학교를 짓고 그들에게 경서를 가르치게 했다. 그들이 시험을 볼 때면 등태후가 친히 감독했다. 어쩌면 중국 역사에서 이때 등태후가 설립한 학교가 최초의 남녀 공학이었는지도 모른다. 등태후는 하남윤(河南尹) 등표(鄧豹), 월기교위(越騎校尉) 등강(鄧康) 등에게 이런 말을 했다.

"국가가 망할 때가 되면 종실과 귀족 그리고 녹봉을 받는 가문은 비단과 솜으로 만든 따뜻한 옷을 입고 산해진미를 먹으며 견고하게 만든 수레와 좋은 말을 타고 다닌다. 하지만 그들은 학업에 힘쓰지 않아 무식하기가 마치 벽을 마주보고 있는 것과 같으며 선과 악을 구분하지 못한다. 이는 결국 국가를 망하게 하는 화근이 된다."

등태후는 여느 황제에 뒤지지 않는 통찰력과 국정 철학을 가지고 있었다. 그녀는 또 백성들이 천하의 근본임을 깨닫고 자연재해가 발생할 때마다 이재민 구휼에 전력을 다했다. 후한은 한장제 유달 이후에 점차 몰락의 길을 걸었으나, 등태후가 섭정한 16년 동안은 평화의 시대였다.

하지만 등태후는 뛰어난 업적을 이루었음에도 불구하고 대장추 정중 등 환관들을 견제하지 못한 실수를 했다. 사공 주장이 모반을 획책한 것도 등태후가 지나치게 환관들에게 의지했기 때문이다. 어쩌면 등태후는 남자 대신들을 직접 상대하기가 곤란했을지도 모른다. 황태후전에서 그들을 만나 일일이 지시를 내리기가 불편했을 것이다. 그래서 남자도 여자도 아닌 환관들을 통해 자신의 뜻을 대신들에게 전하게 했다. 그런데 대장추 정중은 단순한 환관이 아니었다. 계책이 심오하고 먼 장래를 내다볼 줄 아는 식견이 있었다. 그는 누구보다도 등태후의 마음을 꿰뚫었다.

등태후는 한 치의 흐트러짐도 없는 그를 신뢰했다.

　등태후는 한안제가 성년이 되었는데도 그에게 권력을 이양하지 않았다. 이는 한안제에게 깊은 상처가 되었다. 더구나 등태후는 한안제가 황제로서 행실에 어긋난 행동을 해도 그를 방치했다. 황태후로서 그를 성군의 길로 이끌어야 하는 책무가 있었는데도 소홀히 했다. 한안제는 권력욕에 사로잡힌 그녀에게 불만을 품은 채 제멋대로 행동했다.

　건광(建光) 원년(121) 3월 등태후가 향년 40세를 일기로 붕어했다. 비로소 한안제의 시대가 열렸다. 당시 그는 가장 정력적으로 활동할 수 있는 나이인 27세였다.

3. 외척과 환관을 총애하여 국정을 망치다

　원초 6년(119) 등태후가 유씨 종실 자제들을 낙양의 학교에서 공부하게 했을 때 하간왕 유개의 아들 유익(劉翼)을 유달리 총애했다. 유익은 용모가 단정하고 언행에 절도가 있었다. 등태후는 그를 평원왕(平原王)으로 책봉했다. 한안제의 유모 왕성(王聖)은 등태후가 한안제를 폐위하고 유익을 황제로 추대하지 않을까 의심했다. 그녀는 이윤(李閏), 강경(江京) 등 황제를 곁에서 모시는 환관들과 함께 한안제에게 등태후가 권력을 돌려주지 않고 섭정을 계속하는 이유는 유익을 총애하기 때문이라고 비난했다. 한안제는 분노했지만 등씨 일족이 조정의 권력을 장악한 상황에서 섣불리 행동할 수 없었다.

　이제 등태후가 사라진 세상에서 한안제는 등씨 일족에게 복수할 기회만 노리고 있었다. 예전에 잘못을 저질러서 처벌을 받은 궁인들은 한안제의 심리를 꿰뚫고 있었다. 그들은 등회, 등홍, 등창 등 등씨 형제가 등태후의 비호 아래 상서 등방(鄧訪)과 결탁하여 한안제를 폐위하고 평원왕 유익을 황제로 추대하려는 음모를 꾸민 적이 있다고 모함했다.

한안제는 형부의 관리에게 등씨 일족을 대역무도의 죄명으로 처벌하게 했다. 이때부터 등씨 일족은 몰락의 길을 걸었다. 등씨 가운데 열후로 책봉된 자들은 모두 서인(庶人)으로 강등된 후 자살하거나 변방으로 쫓겨났다. 대장군 등질은 아들 등봉(鄧鳳)과 함께 단식을 하다가 죽었다. 사실 등씨 일족은 등태후의 비호 아래 권력을 행사했지만 남용하거나 국정을 농단하지 않았으며 오히려 정국의 안정에 일정한 역할을 했다.

하지만 한안제의 등태후에 대한 사적인 원한이 등씨 일족을 몰락하게 했다. 등씨 일족이 억울하게 희생되었다는 소식은 민심을 들끓게 했다. 대사농 주총(朱寵)은 상반신을 드러낸 채 관(棺)을 끌고 궁궐로 가서 등씨 일족이 죄를 짓지 않았는데 불행을 당했다고 상소했다. 한안제는 비로소 자기 잘못을 깨닫고 등씨 자제들을 낙양으로 돌아오게 했다. 평원왕 유익은 도향후(都鄉侯)로 강등되어 고향 하간(河間)으로 돌아갔다. 그는 대문을 걸어 잠그고 빈객들의 방문을 철저하게 막고 명철보신한 덕분에 살아남을 수 있었다.

한안제는 친정을 시작한 직후에 이미 세상을 떠난 아버지 청하왕 유경(劉慶)은 효덕황(孝德皇)으로, 생모 좌소아(左小娥)는 효덕후(孝德后)로, 조모 대송귀인(大宋貴人)은 경은황후(敬隱皇后)로 추존했다. 아버지는 황제가 아니었기 때문에 황제(皇帝) 두 글자로 추존하지 못하고 황(皇) 자 한 글자만 썼다. 생모도 황후(皇后) 두 글자가 아닌 후(后) 한 글자로 추존한 것도 같은 이유에서였다. 그렇지만 대송귀인은 어쨌든 한장제의 비빈이었으므로 황후로 추존한 것이다.

한안제는 황제로서 정확한 판단력과 냉철한 결단력이 부족했다. 등태후가 그를 꼭두각시 황제로 만든 것이 원인이었다. 그는 예전에 한장제의 두황후가 환관 채륜을 사주하여 자신의 조모 대송귀인을 죽인 일을 들추

한나라 역대 황제 평전

어냈다. 채륜은 세계 최초로 종이를 만들어 인류 문명사에 엄청난 공헌을 했지만, 한안제에게 보복을 당하자 음독자살했다.

한안제는 송연(宋衍), 송준(宋俊), 송개(宋蓋), 송섬(宋暹) 등 아버지의 외척들을 열후로 책봉했다. 외척 송씨 중에서 공경(公卿), 교위(校尉), 시중대부(侍中大夫), 알자(謁者), 낭이(郎吏) 등 관직에 임용된 자가 10여 명에 달했다. 송씨 일족은 별다른 공훈을 세우지 않았지만 한안제 아버지의 외척이라는 이유만으로 하루아침에 득세했다.

한안제의 유일한 황후는 염희(閻姬·?~126)이다. 보병교위 염장(閻章)의 손녀이자 북의춘후(北宜春侯) 염창(閻暢)의 딸이다. 원초 원년(114)에 입궁하여 한안제의 총애를 받아 귀인으로 책봉된 후 원초 2년(115)에 황후로 책봉되었다.

염황후는 악독하고 교활한 여자였다. 남편 한안제가 성격이 소심하고 남에게 의지하는 경향이 있다는 것을 알았다. 남편을 농락하여 한나라 천하의 실질적인 주인이 되고 싶었다. 한안제는 아내의 능수능란한 처신에 넘어갔다. 원초 4년(117) 북의춘후 염창이 세상을 떠나자 그의 장남 염현(閻顯)이 북의춘후 작위를 물려받았다. 한안제가 친정을 시작한 이후에 염현(閻顯), 염경(閻景), 염요(閻耀), 염안(閻晏) 등 염씨 일족은 조정의 요직과 금위군을 장악했다. 연광(延光) 원년(123) 염황후의 오빠 염현은 장사후(長社侯)로 책봉되어 조정의 정치를 좌지우지했다.

염황후는 등태후처럼 친정 체제를 구축하여 후한의 실질적인 통치자가 되고 싶었다. 염씨 일족이라면 나이와 능력을 따지지 않고 등용했다. 나이 7~8세에 불과한 염씨 조카들을 황제를 지근거리에서 모시는 황문시랑(黃門侍郎)에 임용하기도 했다. 한안제는 외척 염씨 일족이 자신에게 충성한다고 생각하고 더욱 그들을 총애했다.

한안제를 황제로 추대하는 데 공훈을 세운 환관들도 출세의 가도를 달렸다. 한안제는 강경(江京)에게는 중상시, 대장추, 도향후 등의 관작을,

이윤(李閏)에게는 중상시, 옹향후 등의 관작을 하사했다. 중상시 번풍(樊豊), 황문령 유안(劉安), 구순령 진달(陳達) 등 환관들에게도 후한 상을 내렸다. 또 자기를 키워 준 유모 왕성(王聖)은 야왕군(野王君)으로, 그녀의 딸 백영(伯榮)은 중사(中使)로 임명했다.

환관들과 왕성 모녀는 은밀히 사당(私黨)을 조직하여 조정 안팎에서 막강한 영향력을 행사했다. 그들은 부패한 관리들과 짜고 매관매직을 일삼았으며 국고(國庫)에 쌓아놓은 재화를 빼돌려 치부했을 뿐만 아니라 음란한 짓을 즐기고 사치와 방종에 빠져 지냈다. 심지어 그들은 범죄 사실을 적시한 주장(奏狀)을 감추고 황제의 조칙을 조작하는 대담성을 보이기도 했다. 특히 백영은 궁궐을 출입하면서 온갖 비리를 저질렀다. 관리가 그녀에게 뇌물을 바치지 않으면 한직으로 밀려나기 일쑤였으며, 무식쟁이도 뇌물을 바치면 벼슬을 얻을 수 있었다. 사도 양진(楊震)이 왕성 모녀의 비리를 참다못해 상소했다.

"유모 왕성은 출신이 비천한데도 천재일우의 기회를 만나 폐하를 봉양했습니다. 폐하께서는 그녀의 노고를 치하하여 여러 차례 그녀에게 은총을 베풀었습니다. 하지만 그녀는 분에 넘치는 성은을 입었음에도 불구하고 탐욕에 빠져 만족을 모릅니다. 게다가 신하들과 결탁하여 조정의 정치에 관여하면서 천하를 어지럽히고 있습니다. 이는 청명한 조정에 피해를 끼치고 일월(日月)을 오염시키는 행위입니다. 여자와 소인은 가까이 하면 득의양양하고 멀리하면 원망하기 때문에 참으로 그들을 상대하기가 어렵습니다. 폐하께서는 유모 왕성을 궁궐 밖에서 거주하게 함으로써 백영과의 왕래를 끊게 해야 합니다. 이렇게 해야 폐하의 은덕이 궁궐 안팎으로 널리 퍼져서 윗사람과 아랫사람들이 모두 화목하게 지낼 수 있습니다."

왕성 모녀가 국정에 간여하지 못하게 해야 한다는 주장이다. 당연한 주장이었는데도 한안제는 사리를 분별하지 못하고 오히려 상소문을 왕성 모녀에게 보여주었다. 왕성 모녀는 양진에게 원한을 품고 그를 해코지할 기회만 호시탐탐 노렸다.

백영은 음란하기 그지없는 여자였다. 이미 고인이 된 조양후(朝陽侯) 유호(劉護)의 사촌형인 유괴(劉瑰)와 간통했다. 유괴는 백영을 아내로 삼은 덕분에 조양후 작위를 하사받고 관직이 시중(侍中)에 이르렀다. 아무런 공훈도 세우지 못한 유괴가 황제가 총애하는 백영을 아내로 삼은 이유만으로 열후에 책봉되고 시중 벼슬을 얻은 것은 법도에 어긋나는 일이라고 양진은 신랄하게 비판했다. 하지만 한안제는 들은 척도 안했다.

연광 3년(124) 한안제는 태산(泰山)이 있는 동쪽으로 순행(巡幸)을 나갔다. 중상시 번풍(樊豊), 시중 주광(周廣), 호분중랑장 사운(謝惲) 등은 황제가 황궁을 비운 틈을 타서 조서를 조작하여 국고에 비축한 금전과 재물을 빼돌렸다. 그들은 엄청난 금액과 대규모의 인력을 동원하여 자신들의 저택, 장원, 연못, 분묘 등을 거대하고 호화롭게 조성했다. 양진이 국고가 텅 빈 사실을 알고 그들을 여러 차례 탄핵했지만 오히려 모함을 당하자 독주를 마시고 자살했다.

상서 적포(翟酺)는 한안제에게 예전에 외척 두태후와 등태후가 섭정할 때 한나라가 거의 망국의 상황에 처했던 일을 거론하며 간절히 호소했다.

"폐하께서는 충신과 어진 선비를 널리 구하고 간사하고 아첨하는 무리를 주살하거나 멀리해야 하며 정욕의 쾌락과 연회의 즐거움을 끊어야 합니다. 또 마음속으로는 언제나 역대 왕조의 망국의 원인을 생각해야 하며 아울러 국가를 태평성대로 이끈 성군들의 업적을 생각함으로써 국정에 반영해야 합니다. 이렇게 하면 재앙은 거의 일어나지 않을 것이며 해마다 풍년이 들 것입니다."

적포의 충언도 한안제에게는 마이동풍에 불과했다. 결국 적포도 모함을 당하고 죽었다. 한안제는 귀에 거슬리는 충언은 듣지도, 따르지도 않았다. 충직한 신하들이 올린 상소는 환관들의 손에서 사라졌다. 한안제가 외척과 환관들에게 휘둘려 제정신이 아니라는 소문이 파다하게 퍼졌다. 도성의 관리들은 너 나 할 것 없이 모두 국고의 재화를 빼돌리는 데 혈안이 되었다. 지방 관리들도 백성들에게 온갖 구실을 붙여 가혹한 세금을 부과했다. 이에 따라 온 나라에 부정부패가 만연했으며 백성들은 착취의 대상에 불과했다. 더구나 자연재해가 거의 해마다 발생하여 굶어죽은 자들이 백골이 되어 들판을 덮었는데도 한안제는 수수방관했다. 결국 한안제의 무능과 실정은 후한의 패망을 재촉하는 후과를 낳았다.

연광 4년(125) 3월 한안제는 염황후와 귀족들을 거느리고 남방으로 순행을 나갔다. 순행 도중에 갑자기 중병에 걸려 도성으로 돌아오다가 엽현(葉縣: 하남성 엽현)에서 재위 19년, 향년 31세를 일기로 급서했다. 염황후는 한안제의 죽음을 극비에 부치고 환궁한 후에야 비로소 부고를 알리고 대상(大喪)을 치르게 했다.

한안제의 재위 기간 중 등태후가 섭정한 15년을 제외하면, 그가 직접 통치한 기간은 4년에 불과하다. 한안제 유호는 무능하고 옹졸하며 분별력이 없었을 뿐만 아니라 의타심도 강한 못난이 군주였다. 원래 한안제는 미래에 황위를 계승할 준비된 태자가 아니었다. 어쩌면 본인도 황제가 되리라고는 꿈에도 생각하지 못했을 것이다. 등태후의 정치적 결정에 따라 갑자기 황위를 계승했기 때문에 국가를 다스리는 요체를 알지 못했다. 등태후가 섭정을 지속할 목적으로 그에게 제왕의 도를 전수하지 않은 것도 그를 실패한 군주로 만들었다.

18

한순제 유보

1. 성장 과정과 황위 계승

한안제 유호의 유일한 황후는 염희(閻姬·?~126)이다. 염황후는 한안제의 총애를 받았으나 황자를 낳지 못했다. 황녀도 낳지 못한 것을 보면 아마 그녀에게 불임증이 있었던 것 같다. 원초 2년(115) 궁인(宮人) 이씨(李氏)가 한안제의 유일무이한 아들 유보(劉保·115~144)를 낳았다. 후한 시대에 궁인은 궁녀가 아니라 황제의 비빈 등급 가운데 세 번째 등급에 해당한다.

염황후의 심정은 참담했다. '모이자위귀(母以子爲貴: 어머니는 아들에 의해서 귀해진다.)'라는 말이 있지 않은가. 아무리 황제의 총애를 받고 있는 황후라도 황제의 아들을 낳지 못하면 언젠가는 황후의 자리가 위태로워질 수 있었다. 염황후는 궁인 이씨와 갓 태어난 유보를 저주했다. 유보가 황위를 계승하면 생모 이씨가 득세하지 않을까 두려웠다. 하루라도 빨리 이씨를 죽이고 싶었다. 염황후는 음모를 꾸며 출산 후에 몸조리를 하고 있었던 이씨에게 독약을 탄 술을 마시게 하여 살해했다. 염황후의 손아귀에서 놀아나고 있었던 한안제는 이씨가 살해당했는데도 사인을 규명하지 않고 유야무야 덮어버렸다.

염황후는 또 유보를 살해하려고 음모를 꾸몄다. 하지만 유보가 한안제의 유일무이한 아들이며, 조모 등태후가 그를 곁에 끼고 지냈기 때문에 염황후는 그를 죽일 기회를 찾지 못했다. 영녕 원년(120) 등태후의 결정에 따라 유보는 5세의 어린 나이에 황태자로 책봉되었다. 유보가 황태자로 책봉된 지 다음 해인 건광 원년(121년) 3월에 등태후가 붕어했다. 그녀의 죽음을 마음속으로 가장 기뻐한 사람은 한안제와 염황후였다. 한안제는 더이상 등태후의 눈치를 살피지 않고 국사를 마음대로 결정하고 엉망으로 처리했다.

염황후는 한안제를 농락하면서 눈엣가시인 태자 유보를 해칠 기회만 호시탐탐 노렸다. 연광 3년(124) 한안제의 유모 왕성, 환관 강경, 번풍 등이 태자의 유모 왕남(王男)과 동궁의 주감(廚監: 주방을 담당하는 관직) 병길(邴吉) 등을 모함하여 죽인 적이 있었다. 태자 유보는 날마다 그들을 그리워하며 탄식했다. 왕성 등은 태자가 황위를 계승하면 자기들에게 보복하지 않을까 두려웠다.

그들은 염황후도 태자를 증오하고 있음을 알고 그녀와 함께 태자와 동궁의 관리들이 황제의 옥좌를 노리고 있다는 소문을 냈다. 또 날조한 문서를 황위 찬탈의 근거로 삼았다. 당시 겨우 나이 9세에 불과한 어린아이 유보가 무슨 야망을 품었겠는가. 하지만 한안제는 분노하여 시시비비를 가리지 않고 대신들에게 태자 폐위를 논의하게 했다. 태복 내력(內歷), 태상 환언(桓焉), 정위 장호(張皓) 등 대신들은 태자 폐위를 반대하는 상소를 했다.

"경전(經典)에 의하면 나이가 15세 미만인 자가 과오를 저지르면 그에게 책임을 물을 수 없습니다. 더구나 왕남과 병길이 음모를 꾸몄다고는 하지만, 나이가 어린 태자는 아무 것도 몰랐을 것입니다. 폐하께서는 어질고 현명한 신하를 태자의 스승으로 선발하여 태자에게 예의를 가르치게 해야 합니다. 태자를 폐위하는 일은 참으로 중요한 일입니다. 폐하께서 성은을 베풀 때 반드시 이 점을 유의해야 합니다."

한안제는 그들의 주장을 받아들이지 않았다. 장호가 다시 상소했다.

"옛날에 적신(賊臣) 강충(江充)이 문서를 조작하여 태자 유거(劉據)를 해친 일이 있었습니다. 한무제는 태자가 누명을 쓰고 죽은 후에야 비로소 사실을 파악했습니다. 태자를 죽게 한 과오를 후회했지만 상황을 돌이킬 수 없었습니다. 지금 태자는 나이가 겨우 열 살 남짓입니다. 아직 스승의 가르침을 제대로 받지 못했는데 갑자기 그에게 죄를 물을 수 있겠습니까?"

태자 유거는 한무제 유철의 적장자로서 적법한 절차를 거쳐 태자로 책봉되었다. 하지만 그는 간신 강충의 모함을 받아 한무제의 의심을 사게 되자 강충을 죽이고 거병했다. 한무제는 태자가 반란을 일으켰다고 오판하고 그를 토벌하게 했다. 유거는 자신이 거느린 군대가 대패하자 스스로 목숨을 끊었다. 그 후 한무제는 강충에게 속아 태자를 죽게 한 일을 후회했다. 사자궁(思子宮)을 건립하게 하고 죽은 아들을 추모했다. 장호는 이 비극적 사건을 거론함으로써 한안제에게 어린 태자를 폐위해서는 안 된다고 주장했다.

하지만 한안제는 끝내 충신들의 충고를 듣지 않고 태자 유보를 제음왕(濟陰王)으로 격하한 후 덕양전(德陽殿)의 서종루(西鍾樓) 아래에서 거주하게 했다. 연광 4년(125) 3월 한안제가 남방을 순행하던 도중에 갑자기 죽었다. 염황후는 황제의 죽음을 극비에 부치고 염현 형제. 환관 강경, 번풍 등에게 말했다.

"황상께서 붕어했소. 황상이 세상을 떠났다는 소식이 도성에 전해지면 절대 안 되오. 만약 도성 안에 있는 제음왕이 공경대부들의 추대로 황위를 계승하면 장차 우리는 큰 화를 입을 것이오."

염황후는 황제가 중병에 걸려 어가에 누워 있다고 속이고 매끼마다 마치 산 사람에게 음식을 바치듯 했다. 염황후는 나흘 만에 환궁하여 황제의 붕어를 알렸다. 그녀는 황태후로 추대된 후 염현을 거기장군으로 임명하여 도성의 금위군을 장악하게 했다. 그녀와 염현 형제는 유씨 종실 중에서 어린아이를 찾아 허수아비 황제로 세우기로 결정했다.

연광 4년(125) 5월 제북왕(濟北王) 유수(劉壽)의 어린 아들인 북향후(北鄉侯) 유의(劉懿·?~125)가 황제로 선택되었다. 그가 후한의 7대 황제 한소제(漢少帝)이다. 그는 꾸어다 놓은 보릿자루에 불과했다. 염태후와 염현 형제가 국정을 좌지우지했다. 그런데 같은 해 12월 한소제가 중병에 걸려 사경을 헤맸다. 중상시(中常侍: 황제의 조칙을 관장하는 환관) 손정(孫程)이 제음왕 유보의 알자(謁者)인 장흥거(長興渠)에게 말했다.

"대왕(제음왕)은 선황제의 적장자이오. 원래 그는 아무런 잘못도 없었는데도 선황제께서 참언(讒言)을 믿었기 때문에 태자의 자리에서 쫓겨났소. 만약 북향후(한소제)가 죽으면 우리가 힘을 합해 강경과 염현의 무리를 제거하고 대왕을 황제로 추대하고 싶소. 우리가 뜻을 함께하면 거사는 반드시 성공할 것이오."

손정의 말에 동조한 장흥거는 왕강(王康), 왕국(王國) 등 예전에 태자 유보를 섬겼던 신하들을 은밀히 규합하기 시작했다. 환관 강경도 한소제의 수명이 거의 다했음을 직감하고 염현에게 말했다.

"북향후의 병세가 심각합니다. 황위를 계승할 후계자를 때에 맞게 결정해야 합니다. 그런데 어째서 유씨 왕자들 중에서 후계자를 선택하지 않고 있습니까?"

염현은 자신을 따르는 무리에게 한소제의 죽음에 대비하여 만반의 준비를 하게 했다. 며칠 후 한소제가 등극한지 7개월 만에 세상을 떠났다. 염태후는 황제의 붕어를 비밀에 부치고 제북왕과 하간왕의 왕자들을 도성으로 불러들였다. 또 그들 중에서 한 명을 황제로 추대하여 허수아비로 부릴 계획이었다. 아울러 염현 형제들에게 궁궐의 대문을 닫고 궁궐을 수비하게 했다.

이때 환관 19명은 덕양전의 서종루에서 비밀리에 회합했다. 그들은 중상시 손정을 우두머리로 삼고 궁중 정변을 일으켰다. 장대문(章臺門)을 급습하여 강경, 유안, 진달 등 염태후의 수족들을 살해하고 황궁을 장악한 후 전격적으로 제음왕 유보를 황제로 추대했다. 이때 유보의 나이는 10세였다. 유보가 후한의 8대 황제 한순제(漢順帝)이다.

염현 형제들도 손정 등 환관들에게 일격을 당하고 살해되었다. 염태후는 이궁(離宮)으로 유폐된 후인 영건(永建) 원년(126)에 우울증을 앓다가 사망했다. 한소제 사후에 염태후를 추종하는 세력과 환관 손정을 따르는 당파와의 권력 다툼은 결국 후자의 승리로 끝났다. 손정 등 환관 19명은 모두 열후로 책봉되었다. 아울러 그들에게 양자를 들이게 하여 관작을 세습하게 했다. 이는 후한 말기에 환관들이 득세하게 되는 결정적 계기가 되었다. 또 손정은 식읍 1만호를 하사받았으며 나머지 환관들도 공로에 따라 많게는 9천호를, 적게는 1천호를 하사받았다. 이 시기부터 환관들이 또 국정의 주도 세력으로 등장했다.

2. 환관과 외척이 번갈아가며 국정을 좌지우지하다

손정 등 환관 19명은 궁정 정변을 일으켜 어린아이 유보를 꼭두각시 황제로 추대했다. 한순제는 제왕의 대업을 수행할만한 역량을 전혀 갖추지 못했다. 우선 나이가 너무 어린 문제가 있었고 성격이 유약하고 자기 나름의 뚜렷한 주관도 없었다.

영건(永建) 6년(131) 한순제가 16세 때의 일이다. 이제 황제가 어린 티를 벗고 청년이 되었으므로 조정에서 황후 책봉 문제가 거론되었다. 당시 그에게는 귀인(貴人) 네 명이 있었다. 그들은 모두 황제의 총애를 받고 있었다. 한순제는 그들 중에서 누구를 황후로 책봉해야할지 몰라 난감했다. 고민 끝에 천신(天神)을 모신 사당에 귀인 네 명의 이름을 적어 놓고 제비뽑기 방법으로 황후를 간택하기로 결정했다. 대신들은 이러한 황당무계한 일에 당황하여 어쩔 줄을 몰랐다. 상서복야 호광(胡廣), 상서 곽건(郭虔), 사창(史敞) 등이 상소했다.

"황후를 책봉하는 일은 국가의 대사입니다. 황상께서는 성품이 겸손하여 스스로 결정하지 않고 제비뽑기 방법으로 신령(神靈)이 결정해주기를 바라고 있습니다. 이는 참으로 천부당만부당한 일입니다. 서적의 기록과 조상의 전고(典故)를 낱낱이 살펴보아도 이런 전례는 없습니다."

그들은 또 한순제에게 황후를 선발하는 원칙을 알려주었다.

"먼저 지체와 교양이 있는 집안 출신의 여자를 선발해야 합니다. 그리고 덕행을 갖추었는지 살펴야하며, 모두 덕행을 갖추었다면 나이를 따져야 하며, 모두 나이가 같다면 용모를 살펴야 합니다. 아울러 폐하께서는 경전의 내용을 참고하시어 스스로 결정해야 합니다."

옛날에 대신들이 어떤 여자가 가장 황후에 적합하다고 생각했는지 짐작할 수 있는 내용이다. 한순제는 자신의 황후조차도 스스로 결정할 수 없었을 정도로 줏대가 없었다. 결국 승씨후(乘氏侯) 양상(梁商)의 딸 양납(梁妠)이 황후로 책봉되었다. 훗날 양황후(梁皇后)는 한순제 사후에 한충제(漢沖帝) 유병(劉炳), 한질제(漢質帝) 유찬(劉纘), 한환제(漢桓帝) 유지(劉志) 등을 대신하여 섭정하면서 후한 후기의 조정에 막강한 영향력을 행사했다.

한순제는 여러모로 한안제 유호를 닮았다. 한안제는 자기를 키워 준 유모 왕성(王聖)을 야왕군(野王君)으로 책봉하여 그녀가 환관들과 짜고 국정을 농단하게 한 잘못을 저질렀다. 일개 유모에게 군(君)으로 책봉한 일은 이때가 처음이었다. 한순제는 한안제의 잘못을 타산지석으로 삼지 못하고 한안제처럼 자신을 키워 준 송아(宋娥)를 산양군(山陽君)으로 책봉한다는 조서를 반포했다. 순전히 사적인 감정의 발로였다. 양가(陽嘉) 2년(133) 상서령 좌웅(左雄)이 상소했다.

"옛날에 한고조(漢高祖)와 신하들은 유씨(劉氏)가 아니면 왕으로 책봉하지 않으며, 공훈을 세우지 않은 자는 열후로 책봉하지 않는다고 굳게 약속했습니다. 하지만 한안제는 조종(祖宗)이 제정한 법률을 어기고 환관 강경, 유모 왕성 등을 열후와 군왕으로 책봉했습니다. 이에 하늘이 노하여 지진이 일어났습니다. 영건(永建) 2년(127) 폐하께서는 음모를 꾸민 환관들을 열후로 책봉한 잘못을 저질러서 일식(日食)이 일어나게 했습니다. 또 술수(術數)를 부리는 방사(方士)들은 죄를 지었음에도 불구하고 작위를 하사받았습니다. 지금 청주(淸州) 지방에는 가뭄이 들어 백성들이 굶주리고 있으며 도적떼가 끊이질 않고 있습니다. 폐하께서는 작은 은혜만을 그리워할 때가 아닙니다. 끝내 고집을 꺾지 않고 유모를 군왕으로 책봉하면, 이는 국가 대사에 엄청난 해악을 끼칠 것입니다."

한순제는 좌웅의 충언을 묵살했다. 좌웅은 굴하지 않고 계속 상소했다. 송아마저도 좌웅의 서릿발 같은 직언을 두려워하여 사양했다. 하지만 한순제는 끝내 그녀를 산양군으로 책봉했다. 충신 이고(李固)도 한순제를 격렬하게 비판했다. 한순제는 마지못해 송아를 사가(私家)로 돌아가게 했다. 하지만 송아는 환관들과 결탁하여 이고를 끊임없이 모함했다. 그 후 한순제는 그녀를 그리워하여 다시 환궁하게 했다. 송아는 한순제의 비호 아래 매관매직을 일삼아 막대한 부를 쌓았다. 영화(永和) 2년(137) 그녀는 환관들과 놀아나고 황제를 속인 죄로 작위를 박탈당하고 고향으로 돌아가 죽었다.

환관은 생식 기능을 상실한 불구자이다. 천자(天子)는 글자 그대로 하늘의 아들이다. 보통 사람, 심지어 조정 중신들조차도 지존인 천자를 알현하기가 쉽지 않았다. 그래서 천자와 그들 사이에 일종의 매개체가 필요했다. 남자도, 여자도 아닌 환관이 매개체가 되었다.

또 수많은 궁녀들은 한평생 궁궐에서 천자를 섬겨야 했다. 그들도 인간의 본능인 성욕을 억제하기가 아주 어려웠을 것이다. 신체가 정상인 남자들이 궁궐에서 업무상 그들과 접촉하면 사통할 가능성이 매우 높았다. 이런 문제도 원천적으로 차단하기 위하여 환관이라는 존재가 필요했다. 유가의 사대부들은 그들을 사람으로 취급하지 않았다. 그들과 같이 앉아 있고 대화를 나누는 것도 치욕으로 생각할 정도였다.

환관들도 어찌 울분이 없었겠는가. 그들은 대부분 엄청난 재산을 축적하고 황제의 수족이 되어 정치에 간여하는 일을 인생의 즐거움으로 삼았다. 특히 권모술수가 판치는 구중궁궐에서 황위 계승 문제에 깊숙이 간여하여 성공하면 왕후장상에 비견할 관작을 얻고 부귀영화를 누릴 수 있었다.

한순제는 자기를 황제로 추대한 환관들을 파격적으로 대우했다. 양가 4년(135) 그는 환관에게 양자(養子)를 들이게 하고 환관이 사망하면 작위를 양자에게 물려주게 했다. 아울러 환관들을 국정에 참여하게 했다. 사대부의 관점에서 보면 경천동지의 대사건이었다. 어사 장강(張綱)은 황제가 총애하는 환관이 있으면 그에게 약간의 금전을 하사하면 되지, 관작을 하사하는 것은 백성을 사랑하지 않고 하늘의 도리를 어기는 행위라고 비판했다. 하지만 한순제는 자신의 뜻을 거두지 않았다. 환관들은 자기들끼리 결속을 다지고 조정 정치의 중심축을 형성했다.

사대부들도 환관의 세력을 인정하지 않을 수 없었다. 때에 따라서는 환관의 도움을 받아야 했다. 사례교위 우후(虞詡)는 비리를 저지른 자가 있으면 권문세가, 환관 등을 가리지 않고 탄핵했다. 그의 강직한 성품과 엄격한 법집행을 두려워하지 않는 관리가 없었다. 우후는 중상시 장방(張防)을 뇌물수뢰죄로 탄핵했다. 하지만 한순제가 아무런 조치도 취하지 않자 스스로 자기 몸을 밧줄로 묶은 후 정위(廷尉)의 감옥에 들어갔다. 그는 감옥에서 여러 차례 상소했지만, 한순제는 오히려 장방을 두둔하고 우후를 문책했다.

장방은 우후에게 모진 고문을 가했다. 옥리가 우후에게 가혹한 고문을 당하고 어차피 죽을 바에는 차라리 자살하는 게 낫지 않겠냐고 말했다. 우후가 말했다.

"차라리 형장에서 망나니가 휘두른 칼을 맞고 죽음으로써 온 천하에 나의 절개와 의리를 보이는 게 낫소. 내가 슬피 울면서 자살하면 누가 시시비비를 가릴 수 있단 말인가?"

우후의 아들 우의(虞顗)와 그의 제자 100여 명은 중상시 고범(高梵)의 수레를 막고 머리를 땅바닥에 찧으면서 우후의 누명을 벗겨달라고 애원했다. 그들의 이마에는 피가 낭자했다. 자존심을 버리고 환관 고범에게 매달린 것이다. 환관의 우두머리 손정도 우후가 충신임을 주장했다. 우후는 환관들의 적극적인 규명 덕분에 목숨을 지킬 수 있었으며 나중에는 손정의 추천으로 의랑(議郞)에 제수되었다. 오랜 세월 동안 '형여지인(刑餘之人: 궁형·宮刑을 당해 쓰레기 같은 사람이 되었다는 뜻)'이라는 치욕을 당했던 환관들이 한순제 시대에는 당당히 권력의 중심에 선 것이다.

한순제의 황후는 양황후(梁皇后) 양납(梁妠·116~150)이다. 그녀는 9세 때『논어』를 암송하고『시경』을 공부했을 정도로 향학열이 높았다. 성품이 온화하고 침착했으며 길쌈, 바느질, 의복 재단 등 여자가 익혀야 하는 일에도 뛰어난 솜씨를 발휘했다. 12세 때 귀인으로 책봉된 후에 한순제를 모셨다. 한순제는 비빈들 중에 양납만을 자주 침전으로 불러들였다. 어느 날 그녀는 한순제에게 이런 말을 했다.

"무릇 천자는 널리 성총을 베푸는 것을 덕행으로 삼으며, 황후는 천자의 총애를 독점하지 않는 것을 의리로 삼습니다. 이렇게 하면 천자의 자손이 번성하고 종묘사직이 흥하게 됩니다. 폐하께서는 운우지정(雲雨之情)을 모든 비빈들에게 균등하게 나누어주시기를 진심으로 바랍니다. 비빈들은 물고기처럼 순서에 의하여 폐하를 모실 것이며, 소첩은 비빈들에게 비방을 당하는 죄에 연루되지 않을 것입니다.”

아내가 남편의 사랑을 독차지하는 것은 당연한 일이다. 하지만 봉건왕조 시대에 군주는 적지 않은 부인을 거느렸다. 황후는 황제의 정부인으로서 육궁의 안주인이다. 비빈들은 황후의 말에 절대 복종해야 했다. 하지만 황제가 황후를 멀리하고 비빈들을 총애한 일이 비일비재했다. 이는 황후와 비빈들 간의 갈등과 싸움으로 번졌으며 급기야는 왕조가 쇠망하는 원인 중의 한 가지가 되기도 했다.

양납은 이 역사적 교훈을 깊이 성찰하여 한순제에게 자기만 총애하지 말고 비빈들에게 사랑을 골고루 나누어주게 했다. 한순제는 그녀의 깊은 식견과 남을 배려할 줄 아는 행동에 감동했다. 양가 원년(132) 양납은 16세의 나이에 황후로 책봉되었다.

한순제는 환관뿐만 아니라 처가 양씨 일족도 우대했다. 외척 우대는 세력이 비대해진 환관들을 견제할 목적이기도 했다. 양가 3년(134) 장인 양상을 대장군으로 임명했다. 하지만 양상은 병을 핑계로 관직을 사양했다. 사실은 황제의 외척이 아무런 전공도 세우지 않았는데 후한의 군대의 ‘최고사령관’에 해당하는 대장군이 되면 타인의 질시와 비난을 받지 않을까 우려하여 사양한 것이다.

다음 해 한순제가 그에게 관리를 보내 대장군의 인수(印綬)를 하사하자 그는 어명을 받들어 부임하는 수밖에 없었다. 그는 무척 겸손하고 신중한 사람이었다. 강직하고 능력이 뛰어난 선비를 천거하는 일을 좋아했다. 이고(李固), 주거(周擧) 등이 그의 추천으로 등용되었다. 도성의 선비와 관민은 그를 '황제와 사직을 충심으로 보좌하는 어진 재상'이라고 찬양했다.

양상은 인품은 훌륭했으나 소심하고 결단력이 부족했다. 급사중랑 이고는 환관 세력과 일부 외척이 결탁하여 국정을 혼란에 빠트리자 양상에게 소인배를 척결하여 조정의 기강을 바로세우자고 했다. 하지만 양상은 환관들의 반격을 두려워하여 이고의 제의를 거절했다. 그는 오히려 아들 양기(梁冀)와 양불의(梁不疑)에게 소황문(小黃門) 조절(曹節), 왕보(王甫) 등 환관들과 교유하게 했다. 실세 환관들과 유대 관계를 형성함으로써 명철보신할 목적이었다. 조절은 한순제의 총애를 등에 업고 조정의 정치를 좌지우지했다. 환관들은 권력을 독점하자 자기들끼리 권력 다툼을 벌였다. 영화(永和) 3년(138) 중상시 장규(張逵), 거정(蘧政), 양정(楊定) 등 환관들은 한순제에게 대장군 양상과 중상시 조등(曹騰), 맹분(孟賁) 등 환관들을 모함했다.

"대장군 양상 등은 군국(郡國)의 왕들을 소집하여 황제를 폐위할 음모를 꾸미고 있습니다. 당장 저들을 잡아들여 문초하게 하소서."

한순제가 말했다.

"대장군 부자(父子)는 내 외척이며 조등, 맹분 등은 내가 총애하는 환관들이다. 그들이 모반을 꾸밀 리가 없다. 다만 너희들이 그들을 시기하고 있을 뿐이다."

장규 등은 한순제가 모함에 속아 넘어가지 않자 보복을 두려워했다. 먼저 손을 쓰는 수밖에 없었다. 조서를 위조하여 조등, 맹분 등을 체포하고 감옥에 가두었다. 한순제는 소식을 듣고 진노했다. 환관 이흡(李歙)에게 조등, 맹분 등을 석방하고 장규 등을 옥에 가두게 했다. 영화 4년(139) 장규 등은 형장의 이슬로 사라졌다. 그런데 홍농태수 장봉(張鳳)과 안평상(安平相) 양호(楊皓)가 장규가 일으킨 모반에 연루되어 죽임을 당했다. 또 조정 대신 몇 명도 혐의를 받고 있었다. 양상은 조정에서 대옥(大獄)을 일으키면 무고한 사람들이 희생되지 않을까 우려하여 상소했다.

　　"『춘추』의 대의에 의하면 전공(戰功)은 싸움터에서 가장 많은 공을 세운 원수(元帥)에 있으며, 처벌은 범죄의 주모자인 수괴(首魁)에게만 한정한다고 합니다. 대옥(大獄)이 일어나면 누명을 쓰고 처벌을 받는 사람들이 많아지며, 사형수들은 오랜 세월 동안 감옥에 갇혀 지낼 것입니다. 사소한 일이 큰 죄로 변하는 것은 화기(和氣)에 순응하는 것이 아니며 교화를 완성하는 방법도 아닙니다. 마땅히 빠른 시일 안에 사건을 종결지어 더 이상 무고한 사람을 체포하는 일을 하지 말아야 합니다."

　　한순제는 양상의 충고를 받아들였다. 이에 양상의 명성은 더욱 높아졌다. 이 시기부터 외척 양씨 세력이 환관 세력을 대체하기 시작했다. 양상은 여전히 자중자애하며 지냈다. 그는 수시로 양기(梁冀), 양불의(梁不疑), 양몽(梁蒙) 등 세 아들에게 권력과 부귀영화를 탐하지 말고 근검절약하며 살아야 한다고 강조했다. 외척이 어느 날 황제의 총애를 잃으면 멸문의 화를 당할 수 있다는 훈계도 잊지 않았다. 한순제가 양불의를 보병교위로 임명하려고 했다. 양상은 양불의의 나이가 너무 어리다는 것을 이유로 들어 사양했다. 한순제는 양상의 사양에도 아랑곳하지 않고 양불의를 시중과 봉거도위로 임명하고 더욱 총애했다.

　　영화 6년(141) 8월 양상은 임종 직전에 세 아들에게 자신의 장례를 간소하게 치르게 했다. 한순제와 양황후는 그의 죽음을 너무나 애석하게 생각했다. 막대한 장례비용을 하사하여 장례식을 성대하게 치르게 했다. 한순제는 그에게 시호 충(忠)을 하사했다. 양상은 그다지 유능한 인물은 아니었으나 현자를 알아보고 천거한 공로가 있었으며 안분지족하며 살다가 세상을 떠났다.

그런데 그의 장남 양기는 아버지와는 판이하게 달랐다. 무식했지만 정치적 야망이 대단하고 권모술수에 능했다. 양상 사후에 양기는 아버지 대장군 작위를 물려받았다. 둘째아들 양불의는 하남윤(河南尹)에, 막내아들 양몽은 정중랑(殿中郞)에 임명되었다. 외척 양씨의 천하가 열리기 시작했다.

3. 유병, 유찬이 연이어 꼭두각시 황제로 추대되다

한순제 유보의 황후 양황후는 황제의 총애를 받았음에도 불구하고 황자를 낳지 못했다. 한순제는 우미인(虞美人), 두귀인(竇貴人), 복귀인(伏貴人), 양귀인(梁貴人) 등 비빈 4명을 거느리고 있었다. 그들 중에서 양귀인은 대장군 양상의 여동생이자 양납의 고모이다. 따라서 양상은 한순제의 손위 처남이자 장인이 된다.

우미인은 어린 나이에 양가자(良家子: 집안이 좋거나 청빈한 선비의 자녀)의 신분으로 궁궐의 액정(掖庭)에 들어왔다. 어느 날 그녀는 한순제의 눈에 띄어 황제의 장녀인 무양장공주(舞陽長公主) 유생(劉生)을 낳았다. 한안(漢安) 2년(143) 그녀는 또 황자 유병(劉炳·143~145)을 낳았다. 유병이 한순제의 유일한 아들이다.

한순제는 장남을 낳자마자 태자 책봉을 서둘렀다. 당시 그는 한창 나이인 28세였는데도 병치레가 잦았다. 태자를 책봉하지 않고 세상을 떠나면 큰 혼란이 일어나지 않을까 걱정했다. 한순제는 유병을 태자로 책봉한 후인 건강(健康) 원년(144) 4월에 재위 19년, 향년 29세를 일기로 붕어했다. 그는 후한 말기의 혼란한 정치와 민생고가 극심한 상황을 타개하려 하지 않고 권력을 환관과 외척에게 위임함으로써 자신의 안위(安慰)만을 추구했다. 그의 정치에 대한 방관적 태도는 현실 안주의 나약성을 드러나게 했다.

한순제의 통치 기간에는 남흉노, 선비족, 강족 등 북방 유목 국가들의 침탈이 빈번했으며 도적떼가 전국 각지에서 들끓었다. 영화 6년(141) 서강(西羌)의 한 부족인 공당강(鞏唐羌)이 농서(隴西) 지방을 침략하여 삼보(三輔: 도성 일대의 경기 지방)까지 진격했다. 한나라의 일부 황릉과 장원이 잿더미로 변했지만 한순제는 속수무책이었다. 그의 시호(諡號)를 '순제(順帝)'로 정한 이유는 그가 현실에 순응하면서 그럭저럭 살았기 때문이다.

한순제가 젊은 나이에 세상을 떠나자 문무백관의 시선은 온통 양황후에게 쏠렸다. 태자 유병은 겨우 만 1세였지만 어쨌든 태자였으므로 황위를 계승해야 했다. 태자의 적모(嫡母)인 양황후는 황태후가 되어 수렴청정하는 것이 법도에 맞았다. 유병은 양태후의 품에 안긴 채 황제로 등극했다. 그가 후한의 9대 황제 한충제(漢冲帝)이다. 조정의 실권자는 양태후의 오빠인 대장군 양기였다. 그는 성격이 포악하고 오만방자했으며 음주, 호색, 도박 등 주색잡기와 수렵이라면 사족을 못 쓰고 좋아했다. 양태후가 이런 자에게 실권을 위임한 것은 엄청난 과오였다.

영가(永嘉) 원년(145) 정월 한충제는 겨우 두 살의 나이에 요절했다. 젖먹이 아이가 아무 것도 모른 채 황제로 추대되었다가 죽은 것이다. 당시 양주(揚州), 서주(徐州) 등 지역에서 도적떼가 창궐하여 민심이 극도로 악화되었다. 양태후는 황제의 죽음을 백성들에게 알리면 엄청난 혼란이 오지 않을까 두려웠다. 일단 비밀에 부치고 군국의 왕들을 궁궐로 불러들인 후 대상(大喪)을 치를 계획이었다. 하지만 태위 이고(李固)가 강하게 반대했다.

"황제는 어린아이이지만 어쨌든 천하 백성들의 아버지입니다. 지금 황제께서 붕어하시어 사람과 귀신들 모두 슬퍼하고 있는데 어찌하여 신하된 자들은 황제의 붕어를 숨길 수 있겠습니까? 옛날에 진시황제가 순행 도중에 붕어했을 때 환관 조고가 사구(沙丘)에서 음모를 꾸민 일과 20여 년 전에 북향후(한소제)가 붕어했을 때의 일은 모두 황제의 죽음을 비밀로 하여 대상을 치르지 않은 것과 관계가 있습니다. 이는 천하의 도리와 인심에 크게 위배되는 행위이므로 절대 그렇게 해서는 안 됩니다."

양태후는 평소에 충직한 이고를 존경했다. 그의 건의를 받아들여 황제의 붕어를 공식적으로 알리고 대상을 치르게 했다. 청하왕 유산(劉蒜·?~147)과 낙안왕 유홍(劉鴻)의 아들인 유찬(劉纘·138~146)이 양태후의 어명을 받들어 도성 낙양으로 왔다. 청하왕 유산은 사람됨이 엄숙하고 행동거지가 법도에 맞았다. 조정 중신들은 그가 황제로 추대되기를 은근히 바랐다. 이고는 대장군 양기에게 유산을 황제로 추대하여 한문제를 추대한 주발(周勃)과 한선제를 추대한 곽광(霍光)처럼 종묘사직을 구한 공신이 되라고 권했다.

하지만 대장군 양기는 그의 권고를 거절했다. 누이동생 양태후에게 대신들이 지지하는 유산을 추대하면 양씨 가문이 몰락할 수 있다고 말했다. 두 사람은 상의 끝에 나이가 어린 유찬을 선택했다. 유찬은 건평후(建平侯)로 책봉된 직후에 황제로 추대되었다. 유찬이 후한의 10대 황제 한질제(漢質帝)이다. 당시 그의 나이는 겨우 7세였다. 양태후는 계속 수렴청정했다. 그녀는 이고가 건의한 정책은 대부분 수용했다. 특히 사악한 짓을 일삼은 환관들은 이고의 탄핵을 당하고 쫓겨났다. 양태후가 이고를 지지하지 않았다면 불가능한 일이었다.

대장군 양기는 사사건건 옳은 말을 하는 이고를 미워했다. 그를 해칠 기회만 호시탐탐 엿보았다. 한질제는 나이는 어렸지만 총명했다. 대장군 양기가 황제인 자신을 무시하고 멋대로 행동하는 모습을 보고 의기소침했다. 본초(本初) 원년(146) 5월 어느 날, 한질제는 조회(朝會)에서 그를 쳐다보며 말했다.

"이 사람이 발호장군(跋扈將軍)이구나."

양기를 대장군이 아니라 발호장군으로 칭했다. 발호(跋扈)란 "권세나 세력을 제멋대로 부리며 함부로 날뛴다."는 뜻이다. 어린아이 한질제가 그의 전횡을 얼마나 두렵고 심각하게 생각했으면 이런 말을 했겠는가. 대신들 앞에서 망신을 당한 양기는 마음속으로 생각했다.

'이 어린놈이 크면 양씨 일족을 잡아먹겠구나. 당장 죽여 버려야겠다.'

얼마 후 양기는 환관을 시켜 독약을 넣은 떡을 한질제에게 먹이게 했다. 한질제는 떡을 먹고 온몸이 마비되는 증세를 느꼈다. 황급히 태위 이고를 입궁하게 했다. 이고가 한질제에게 무슨 일이 있었느냐고 물었다. 한질제가 말했다.

"방금 떡을 먹었는데 갑자기 배가 부풀어 오르네요. 물을 마시면 살 수 있을 것 같아요."

마침 황제의 곁에 있었던 양기가 이고의 말을 가로채고 말했다.

"물을 마시면 토사광란이 날 수 있으므로 참아야 합니다."

한나라 역대 황제 평전

양기가 물을 못 마시게 하자 한질제는 그만 숨을 거두고 말았다. 그의 나이 겨우 만 8세였다. 이고는 어의를 불러 사인을 규명하게 했다. 어의는 한질제가 독살당한 것을 확신했지만 감히 말하지 못했다. 이고는 양기를 의심했으나 증거가 없었다. 양기는 언젠가는 반드시 이고를 죽여야겠다고 결심했다.

19

한환제 유지

1. 성장 과정과 황위 계승

본초 원년(146) 6월 한질제 유찬이 독살을 당한 직후에 조정 대신들은 또 누구를 새로운 황제로 추대해야 하는지 고민했다. 황제를 추대하는 결정권은 양태후와 대장군 양기가 쥐고 있었지만, 태위 이고 등 대신들은 근년에 이르러 황제 세 명이 연이어 사망한 불행에 충격을 받고 이번에는 자신들의 의견을 적극 반영하려고 했다.

그들은 대장군 양기에게 서찰을 보내 공경대부의 의견을 널리 구하여 차기 황제를 추대해야, 위로는 천심에 순응하고 아래로는 백성들의 소망에 일치한다고 주장했다. 그들은 또『맹자』의 "천하를 다른 사람에게 넘겨주는 일은 쉬우나, 천하를 위해 현명한 군주를 구하는 일은 참으로 어렵다."라는 구절을 인용하여 양기에게 현명하고 능력이 뛰어난 군주를 선택해야 한다고 역설했다. 이는 사실상 양기에게 사심을 버리고 자기들의 의견을 반영해달라는 요구였다.

양기는 실권을 쥐고 있었지만 여론을 무시할 수 없었다. 마지못해 대신들에게 황제 추대 문제를 논의하게 했다. 대신들은 인품이 훌륭하고 덕행을 갖춘 청하왕 유산(劉蒜·?~147)을 적극 지지했다. 그런데 중상시 조등(曹騰)은 예전에 유산을 알현한 적이 있었다. 유산은 그가 환관이라고 하여 깔보았다. 조등은 유산이 황제가 되면 환관들을 배척하지 않을까 두려웠다.

한편 양태후는 한질제가 독살을 당하기 전에 여동생 양녀영(梁女瑩)을 여오후(蠡吾侯) 유지(劉志·132~168)에게 시집보내기로 결정했다. 유지는 한장제(漢章帝) 유달(劉炟)의 증손이다. 양가 원년(132) 기주(冀州)의 여오국(蠡吾国: 하북성 박야현·博野縣)에서 태어나 아버지 여오후 유익(劉翼)이 사망한 후에 관작을 물려받았다. 양태후는 유지를 도성의 하문정(夏門亭)으로 와서 혼사를 준비하게 했다. 마침 한질제가 사망하자 조등은 밤중에 양기를 찾아가 말했다.

"대장군 집안은 대대로 황제의 외척입니다. 양씨 가문은 오랜 세월 동안 국정을 다스리고 있으며 양씨 가문을 추종하는 빈객도 아주 많습니다. 권력을 잡고 부귀영화를 누리다보면 많은 과오가 있게 마련입니다. 청하왕 유산은 성품이 엄격하고 분명합니다. 만약 그가 황제로 추대된다면 장군께서는 머지않아 큰 화를 당할 수 있습니다. 대장군 여동생의 남편으로 간택된 여오후 유지를 추대해야 영원히 부귀영화를 누릴 수 있을 것입니다."

양기는 조등의 말에 크게 공감했다. 다음 날 그는 대신들에게 엄포를 놓았다.

"여오후를 천자로 추대하겠다."

호광(胡廣), 조계(趙戒) 등 대신들은 양기의 위세에 눌려 머리를 조아리며 말했다.

"저희들은 대장군의 명령을 받들겠습니다."

하지만 이고는 청하왕 유산을 추대해야한다는 소신을 굽히지 않았다. 양기는 사사건건 물고 늘어지는 이고를 증오했다. 양태후에게 이고를 당장 파면하지 않으면 그가 장차 양씨 가문에 해를 끼칠 것이라고 말했다. 양태후는 이고를 존경했지만 양씨 가문의 이익을 지키기 위하여 그를 파면하지 않을 수 없었다.

마침내 여오후 유지는 양태후의 결정에 따라 15세의 나이에 황제로 추대되었다. 그가 후한의 11대 황제 한환제(漢桓帝)이다. 외척 양씨 가문이 만들어 낸 황제였다. 양태후는 황제가 아직 어리다는 이유를 들어 계속 수렴청정했다. 조정의 권력은 완전히 대장군 양기의 손으로 들어갔다.

2. 대장군 양기가 국정을 농단하다

한환제는 즉위 후에 자기를 황제로 추대한 대장군 양기에게 식읍(食邑) 1만3천호를 늘려주었다. 그리고 양기의 동생 양불의는 영양후(潁陽侯)로, 양몽은 서평후(西平侯)로, 양기의 아들 양윤(梁胤)은 양읍후(襄邑侯)로 책봉되었다. 또 호광, 조계 등 양기의 명령에 복종한 대신들과 중상시 유광(劉廣)도 열후로 책봉되었다. 대사농 두교(杜喬)가 양기 가족과 그의 수하들이 아무런 공로도 없는데 열후로 책봉된 것을 보고 분노하여 상소했다.

"폐하께서는 번신(藩臣)으로서 황위를 계승하셨기 때문에 천하 백성들의 마음을 하나로 모아야 합니다. 그런데 충직하고 현명한 인재를 널리 구하는 일에는 힘쓰지 않고 먼저 폐하의 측근들을 열후로 봉하는 일에만 급급합니다. 양씨 가족과 미천한 환관들은 모두 공을 세우지 않았는데 열후로 책봉되어 공신들의 봉토를 분할하여 차지했습니다. 어찌 그들이 저지른 과오를 말로 다 표현할 수 있겠습니까?"

두교는 양기 일당의 득세에 강하게 반발했지만, 한환제는 양기의 눈치를 보느라 어떤 시정 조치도 내리지 않았다. 건화(建和) 원년(147) 한환제는 양태후의 결정에 따라 양녀영을 황후로 책봉할 준비를 했다. 양기는 황후 책봉 의식을 성대하게 거행함으로써 양씨 가문의 위세를 사방에 떨치고 싶었다. 하지만 두교가 전례를 들어 반대했다. 양기는 그를 몹시 증오했다.

어쨌든 얼마 후 양녀영은 황후로 책봉되었다. 그녀는 양태후와 양기의 여동생이 아닌가. 따라서 양기는 양태후의 오빠이자, 양황후의 오빠이기도 했다. 양태후는 태후로서 섭정을 했지만 여자의 몸으로 대신들을 만나서 국정을 논의하기가 쉽지 않았다. 그녀의 생각과 결정은 대부분 양기를 통해서 그들에게 전해졌다. 양기는 양태후의 어명을 빙자하여 조정의 정치를 좌지우지했다. 한환제는 양기를 무척 두려워했다. 그가 자신을 황제로 만들어 주었지만 그의 비위에 거슬리는 행동을 하면, 한질제 유찬처럼 독살을 당하지 않을까 하는 공포를 느꼈다.

양녀영은 얼굴이 못생겼을 뿐만 아니라 덕행과 재능도 없었지만 언니와 오빠 덕분에 황후가 되었다. 더구나 양황후는 사치가 심했으며 언니와 오빠의 권세를 믿고 오만방자하게 행동했다. 한환제는 그녀를 싫어하여 가까이 하지 않았다. 그녀는 황자를 낳지 못하자 다른 비빈들이 황자를 낳지 않을까 두려웠다. 한환제의 총애를 받거나 황자를 임신한 비빈들은 그녀에 의해 살해당했다. 한환제는 그녀에 대하여 분노의 마음을 품었으나 대장군 양기가 무서워 감히 표출하지 못했다.

양기는 자신의 권력 행사에 가장 큰 장애물인 이고와 두교를 제거할 결심을 했다. 환관 당형(唐衡)과 좌관(左悺)에게 두 사람을 모함하게 했다. 두 환관은 한환제에게 이렇게 말했다.

"폐하께서 즉위하기 전에 두교와 이고는 폐하께서 한나라 종묘의 제사를 모실 능력이 없다고 여기고 즉위를 반대했습니다."

한환제는 두교와 이고에 대하여 원한을 품기 시작했다. 당시 공교롭게도 낙양에서 지진이 일어났다. 양기의 사주를 받은 사람들은 태위 두교가 정치를 잘못하여 지진이 일어났다고 상소했다. 양기는 양태후에게 두교를 파면하게 했다.

건화 원년(147) 11월 청하(淸河) 사람 유문(劉文)과 남군(南郡)의 요망한 도적 유유(劉鮪)가 결탁하여 "청하왕 유산이 천하를 통치해야 한다."라는 망언을 하며 유산을 황제로 추대할 음모를 꾸몄다. 그런데 얼마 후 음모가 발각되었다. 양기는 그들이 사전에 이고, 두교와 짜고 모반을 꾸몄다고 양태후에게 모함했다.

양태후는 이고와 두교가 충직한 신하임을 알고 있었다. 처음에는 양기가 두 사람을 처벌해야 한다는 주장을 수용하지 않았다. 하지만 양기의 집요한 설득에 넘어가 두 사람을 감옥에 가두게 했다. 결국 후한 시대를 대표하는 충신이었던 이고와 두교는 감옥에서 자살했다.

화평(和平) 원년(150) 1월 양태후는 중병에 걸려 병석에서 일어나지 못했다. 그녀는 자신의 운명이 다했음을 직감하고 한환제에게 환정(還政)한 직후에 향년 35세(일설에는 45세)를 일기로 세상을 떠났다. 양태후는 남편 한순제 유보가 세상을 떠난 후 한충제, 한질제, 한환제 등 어린 황제 3명을 대신하여 수렴청정을 하면서 나름대로 충신을 알아보고 요직에 등용함으로써 국정을 바로잡으려고 했다. 하지만 양씨 가문의 국정 농단을 방관하여 후한 조정을 혼란에 빠뜨렸다. 특히 오빠 양기에게 휘둘리고 환관들을 제대로 통제하지 못한 과오는 그녀를 후한을 패망으로 몰고 간 황태후로 낙인이 찍히게 했다.

한환제는 18세의 나이에 친정을 시작했지만 여전히 대장군 양기의 손아귀에 있었다. 양기는 양태후 사후에 오히려 더 막강한 권력을 행사했다. 이제 그를 견제할 사람은 아무도 없었다. 한환제는 양기에게 식읍 1만 호를 또 늘려주었다. 양기가 이전에 받은 식읍을 포함하면 무려 3만 호나 되었다. 후한 시대에 신하들 중에서 양기보다 많은 식읍을 받은 사람은 단 한 명도 없었다. 양기는 입조할 때 종종걸음으로 걷지 않아도 되며 허리에 칼을 찰 수 있고 황제를 배알할 때 자기 이름을 스스로 부르지 않는 특권을 누렸다. 또 그에 대한 모든 예우는 한고조 유방의 최측근이었던 소하(蕭何)에 대한 예우와 같게 했다. 이처럼 양기는 파격적 대우를 받았음에도 불구하고 만족하지 않고 불만을 토로했다.

한환제는 양기의 아내 손수(孫壽)를 양성군(襄城君)으로 책봉하고 양적현(陽翟縣)에서 징수하는 조세를 모두 차지하게 했다. 손수는 해마다 양적현에서 5천만 전을 거두어들였다. 한환제는 또 손수에게 붉은 색의 인신(印信)과 인끈을 특별히 하사하고 그녀의 지위를 장공주(長公主)와 동등하게 했다.

손수는 요염하고 사악한 여자였다. 그녀는 평소에 몸을 치장하는 데 관심이 많았다. 독특한 화장 방법과 화장 도구를 개발하여 자신을 여신처럼 꾸미고 남편 양기를 농락했다. 권문세가의 남자들은 그녀의 요염한 자태를 보고 넋이 빠졌으며 그들의 아내들은 다투어 그녀를 모방했다.

양기는 손수를 총애했지만 한편으로는 두려워했다. 두 사람은 탐욕에 눈이 멀었다. 서로 경쟁이나 하듯 사치와 방탕한 생활을 마음껏 즐겼다. 양기가 대규모 토목 공사를 일으켜 거대한 저택을 지었다. 손수도 맞은편 부지에 똑같은 저택을 지었다. 저택 안에는 금은보화가 가득했다. 두 사람은 또 거대한 농원을 조성하고 흙을 쌓아 인공 산을 축조했으며 십리(十里) 안에 구릉 9개와 계곡을 조성하여 마치 산수가 빼어난 자연 환경을 그대로 옮겨놓은 듯 했다. 진귀한 금수들을 그 안에 풀어 놓고 뛰어 놀게 했다.

양기 부부가 호화로운 가마를 타고 유람할 때면 광대, 악공, 기녀들이 무리를 지어 뒤를 따라갔다. 가는 길마다 밤이 새도록 음주와 풍악을 즐겼다. 양기를 알현하려는 빈객은 먼저 문지기에게 뇌물을 바쳐야 비로소 알현할 수 있었다. 양씨 집안에서는 문지기조차도 천금(千金)을 모을 수 있었다.

양기는 또 하남성(河南城) 서쪽에 길이가 수십 리나 되는 토끼 농장을 조성하고 토끼 수만 마리를 키웠다. 토끼마다 일련번호를 매기고 토끼를 해치는 자가 있으면 사형에 처할 수 있게 했다. 서역에서 온 상인 호씨(胡氏)가 이러한 사정을 모르고 토끼 한 마리를 죽인 적이 있었다. 양기는 당장 범인을 색출하게 했다. 서역 상인들끼리 서로 책임을 전가하다가 10여 명이 처형되었다.

부풍(扶風) 사람 사손분(士孫奮)은 부자였는데 인색하기로 소문이 났다. 양기는 말 한 필과 수레 한 대를 그에게 주고 5천만 전을 빌려달라고 했다. 사손분은 그가 자신의 재산을 강탈할 목적으로 돈을 빌려달라고 했다고 생각했다. 거절하자니 대장군에게 보복을 당하지 않을까 두려웠다. 고민 끝에 3천만 전만 빌려주었다.

양기는 대노하여 사손분의 어머니가 양씨 집안 창고를 관리하는 하녀인데 백주(白珠) 10 두(斛)와 자금(紫金) 10 근(斤)을 훔쳐 달아났다고 군현의 관리에게 알리게 했다. 양기는 군현의 관리에게 사손분 형제를 잡아들여 감옥에 가두게 했다. 사손분 형제는 감옥에서 피살되었으며, 양기는 사손분 형제의 재산 1억7천여만 전을 몰수했다. 전국 각지와 외국에서 진귀한 공물들을 보내면, 양기는 먼저 그것들을 자기 집 마당에 펼쳐놓고 마음에 드는 것을 챙긴 후 나머지를 황제에게 진상했다.

지방의 고위직에 임용된 자는 반드시 양기를 알현하여 뇌물을 바치고 그의 지시를 들은 후 임지로 떠나야 했다. 만약 그렇게 하지 않은 자는 양기가 보낸 자객에게 암살당했다. 하비(下邳) 사람 오수(吳樹)는 완현(宛縣) 현령에 임용되었다. 그는 임지로 떠나기 전에 관례에 따라 양기를 알현했다. 당시 완현은 양기 일당이 활개치고 있었다. 양기는 오수에게 완현에 가면 자기 수족들을 잘 돌보아달라고 부탁했다. 오수가 말했다.

"소인배가 악행을 저지르면 모조리 주살해야겠지요. 장군께서는 황후의 오라버니로서 대장군의 중책을 맡으셨으므로 어질고 능력이 뛰어난 인재를 천거함으로써 조정의 부족한 부분을 채워야 합니다. 완현은 많은 선비들이 활동하는 대도시입니다. 제가 대장군을 옆에서 모신 이래로 대장군께서 현자(賢者)를 한 명이라도 칭찬하는 얘기는 듣지 못했으며, 저에게 소인배만 많이 부탁하셨습니다. 저는 감히 대장군의 부탁을 들어 줄 수 없습니다."

양기는 오수의 옳은 말에 말문이 막혔지만 마음속으로는 분노했다.

오수는 완현에 부임한 후 백성들을 해친 양기 일당 수십 명을 주살했다. 양기는 소식을 듣고 오수에게 원한을 품었다. 그 후 오수는 형주자사로 임용되어 부임지로 떠나기 전에 또 양기를 알현했다. 오수는 연회석에서 양기가 건네 준 독주를 마신 후 수레를 타고 가다가 죽었다. 요동태수 후맹(侯猛)은 양기를 알현하지 않고 부임지로 가버렸다. 양기는 다른 구실을 잡아 그에게 요참(腰斬) 형벌을 내려 죽였다. 이에 양기를 두려워하지 않는 관리는 거의 없었다.

여남(汝南) 사람 원저(袁著)는 19세의 젊은 나이에 낭중(郎中)이 되었다. 양기의 포악한 정치에 분노를 품고 그를 탄핵하는 상소를 했다. 양기는 비밀리에 원저를 생포하게 했다. 양기의 수족들이 원저를 생포하러 왔다. 원저는 이름을 바꾸고 중병에 걸려 죽은 척했다. 그의 가족은 그를 관에 넣어 성 밖으로 내보내게 했다. 하지만 양기의 수족에게 들키고 말았다. 양기는 원저를 채찍으로 때려 죽였다.

양기는 포악하기 그지없는 자였지만 아내 손수에게는 쩔쩔맸다. 손수는 양기에게 손씨 일족에게 관직을 내려달라고 앙탈을 부렸다. 손씨 일족 10여 명이 시중(侍中), 경(卿), 교(校), 군수(郡守), 장리(長吏) 등 관직을 차지했다. 그들은 모두 재물을 갈취하는 데 혈안이 된 자들이었다. 각자 자기가 다스리는 지역에서 부자들을 파악한 후 그들에게 누명을 씌워 감옥에 가두었다. 그들에게 모진 고문을 가한 후 돈으로 속죄하게 했다. 속죄금을 적게 낸 자는 몽둥이에 맞아 죽였다.

예전에 양기의 아버지 양상이 한순제에게 우통기(友通期)라는 미녀를 바친 적이 있었다. 우통기는 궁궐에서 잘못을 저질러 쫓겨난 신세가 되었다. 양기는 그녀를 도성 서쪽에 살게 하고 아내의 눈을 피해 그녀와 밀회를 즐겼다. 어느 날 남편이 바람을 피우고 있음을 알아차린 손숙은 분기탱천하여 하인들을 데리고 우통기의 집에 들이닥쳤다. 우통기의 머리카락을 자르고 얼굴에 상처를 냈다. 양기는 아내가 너무 무서워 집에 들어가지 못하고 장인과 장모에게 통사정한 끝에 겨우 위기를 모면했다. 아내 앞에서 무릎을 꿇고 다시는 그런 짓을 하지 않겠다고 맹세했다.

하지만 양기의 우통기를 그리워하는 정은 사그라지지 않았다. 또 우통기와 사통하여 양백옥(梁伯玉)이라는 사생아를 낳았다. 손수는 아들 양윤(梁胤)에게 우통기와 우씨 일족을 몰살하게 했다. 또 양백옥을 죽이려고 그의 행방을 추적했다. 양기는 양백옥을 벽장에 숨겨 두었다. 훗날 양기 일족과 손수 일족이 멸족을 당할 때 한환제는 여러 해 동안 벽장에 숨어서 자란 양백옥의 처지를 동정하여 그를 사면했다.

손수는 남편이 하면 나도 한다는 여자였다. 양기는 가노 진궁(秦宮)을 태창령(太倉令)으로 삼고 양씨 가문의 재산을 관장하게 했다. 손수는 집안의 업무를 상의한다는 명목으로 진궁을 침실로 끌어들였다. 두 사람은 틈나는 대로 욕정을 불태웠다. 한낱 가노에 불과했던 진궁은 하루아침에 대장군 아내의 정부가 되어 권세를 누리기 시작했다. 그에게 뇌물을 바치고 출세하려는 자들로 문전성시를 이루었다.

양기와 손수 부부는 권력욕, 탐욕, 물욕, 성욕, 부패의 화신이 되었다. 양기의 수족들에게 둘러싸인 한환제는 허수아비 황제로 전락하여 양기가 요구하는 일이라면 모두 들어주었다. 양기 일족은 한순제, 한충제, 한질제, 한환제 시대에 이르러 제후 7명, 황후 3명, 귀인 6명. 대장군 2명, 식읍을 하사받고 군(君)으로 책봉된 부인과 딸 7명, 공주를 아내로 삼은 양씨 남자 3명, 기타 경(卿), 장(將), 윤(尹), 교(校) 57명을 배출했다. 한나라 역사에서 양기 가문처럼 많은 관작을 하사받은 가문은 없었다. 후한 천하는 가히 유씨의 천하가 아니라 양씨의 천하가 된 것이다.

3. 환관들을 끌어들여 양기 일족을 멸족시키다

양기의 아내 손수는 황제와 황후 사이에 냉기가 흐르고 있음을 알고 있었다. 한환제는 양태후가 사망한 후에는 더욱 양황후를 멀리 했다. 양씨 가문은 황제에 비견할 만한 권세를 누렸지만, 남편의 사랑을 받지 못한 양황후는 우울증에 시달렸다. 손수는 한환제가 양황후를 폐위하지 않을까 두려웠다. 한환제에게 미녀를 바쳐서 황제의 환심을 사고 싶었다.

손수의 외삼촌 양기(梁紀)에게는 의붓딸 등맹녀(鄧猛女)가 있었다. 등맹녀는 용모가 수려하고 교태를 잘 부렸다. 손수는 몰래 그녀를 자기 집안으로 데리고 왔다. 그녀의 성을 양씨(梁氏)로 고치고 자기 딸로 삼았다. 손수는 그녀를 궁궐의 액정으로 보내 채녀(采女: 궁녀의 품계를 지칭하거나 그 품계의 궁녀)가 되게 했다. 어느 날 그녀는 한환제의 눈에 띄어 황제를 모시고 시침(侍寢)했다. 한환제는 그녀의 방중술과 애교에 녹아났다. 얼마 후 그녀를 귀인으로 책봉했다.

연희(延熹) 2년(159) 양황후가 우울증을 앓다가 세상을 떠났다. 한환제는 양귀인(등맹녀)을 두 번째 황후로 책봉할 생각을 했다. 사람들은 양귀인이 양기와 손수 사이에서 태어난 딸인 줄만 알았다. 하지만 양귀인은 자기가 등씨(鄧氏)이며 생모 선(宣: 성·姓은 알려지지 않았으며, 이름이 선이다.)이 궁궐 밖에 거주하고 있음을 알고 있었다. 손수는 양귀인과 선이 내통하지 않을까 우려했다. 남편 양기에게 자객을 보내 선을 암살하자고 했다. 그런데 선이 거주하는 집은 중상시 원사(袁赦)의 집과 연결되어 있었다. 자객이 원사의 집 지붕에서 선의 집으로 잠입하려다가 원사에게 들키고 말았다. 원사의 도움으로 가까스로 암살을 면한 선은 궁궐로 달려가 피습을 당할 뻔했다고 양귀인에게 하소연했다.

양귀인은 한환제에게 생모 선을 살려달라고 눈물로 호소했다. 본초 원년(146) 한환제는 15세의 나이에 황제로 추대된 이래 10년이 넘는 세월 동안 대장군 양기의 눈치를 살피면서 전전긍긍했다. 환관, 궁녀 등 측근에서 시중을 드는 사람들은 대부분 양기의 수족이나 다름이 없었다. 그들은 양기의 명령을 하늘처럼 받들고 한환제의 일거수일투족을 감시했다. 한환제는 양기 가문이 어떤 악행을 저질러도 모르는 척했다. 섣불리 양씨 가문을 제거하려 했다가 오히려 화를 당하지 않을까 두려워했다. 그렇지만 그는 10여 년 동안 꼭두각시 황제 노릇을 하면서 양기에 대한 원한이 뼈에 사무쳤다.

연희 2년(159년) 여름 어느 날 환관 당형(唐衡)이 혼자서 한환제를 모시고 변소에 들어갔다. 한환제가 둘만 있는 틈을 타서 당형에게 슬며시 물었다.

"환관들 중에서 황후 집안과 사이가 안 좋은 자가 누구인가?"

당형이 대답했다.

"중상시 선초(單超), 소황문사 좌관(左悺)은 대장군 양기의 동생 양불의와 원수지간입니다. 중상시 서황(徐璜), 황문령 구원(具瑗)은 황후 집안이 온갖 패악질을 저지르고 있는 것에 마음속으로 분노하고 있지만 보복이 두려워 감히 말하지 못할 뿐입니다."

한환제는 환관 선초와 좌관을 은밀히 불러 말했다.

"양장군 형제가 조정의 정치를 농락하면서 내외 대신들을 협박하고 있다. 공경(公卿) 이하의 관리들은 모두 양기의 명령이라면 따르지 않는 자가 없다. 짐은 그를 죽이려고 하는데 너희들은 어떻게 생각하는가?"

두 사람이 대답했다.

"양기는 국가의 간악한 도적입니다. 진작 그를 죽여야 했지만 저희들
은 세력이 미약하고 아울러 폐하의 성지(聖旨)가 어떤지 몰라 계책을 세우
지 못했습니다."

한환제가 말했다.

"짐은 오래 전부터 이 일을 심각하게 고려하고 있다. 중상시는 비밀리
에 양기를 제거할 계책을 세우시오."

선초가 말했다.

"계책을 세우는 일은 어렵지 않습니다. 다만 폐하께서 마음이 흔들리
지 않을까 걱정입니다."

한환제가 말했다.

"국가를 망치고 있는 간신을 처벌하는 일에 무엇이 두려워서 망설이겠
는가?"

선초와 좌관은 한환제의 결연한 의지를 확인한 후 서황, 구원, 당형
등 환관들과 양기 일족을 제거할 계책을 짰다. 환관 5명의 목숨을 건 작

전이 시작되었다. 한환제는 선초의 팔뚝을 입으로 물어뜯었다. 팔뚝에서 흘러나온 피로 혈서를 썼다. 환관들이 양기를 제거하면 그들을 후(侯)로 책봉하겠다는 약속이었다. 환관들도 황제를 위해 목숨을 바치겠다고 맹세했다.

연희 2년(159) 가을 양기는 선초 등 환관들의 수상한 움직임을 포착했다. 측근 환관인 중황문 장운(張惲)에게 무장한 병사들을 데리고 입궁하여 변고에 대비하게 했다. 구원은 궁궐 밖에 있는 장운이 갑자기 입궁하여 음모를 꾸미려고 했다는 죄명으로 관리들에게 그를 체포하게 했다. 한환제는 친히 대전(大殿)으로 나와 상서들을 소집했다. 상서령 윤훈(尹勳)에게 궁문을 지키는 관리들을 장악하게 했다. 아울러 구원에게 금위군 1천여 명을 거느리고 사례교위 장표(張彪)와 함께 양기의 저택을 포위하게 했다.

양기는 졸지에 독 안에 든 쥐 신세로 전락했다. 한환제는 양기의 대장군 인수를 회수하고 그를 비경현(比景縣)의 도향후(都向侯)로 책봉했다. 비경현은 오늘날의 베트남 지역에 있는데 한나라 시대의 유배지이다. 비경현으로 유배를 간 왕공, 귀족은 대부분 현지에서 사약을 마시고 죽거나 암살을 당했다.

양기, 손수, 양불의, 양몽 등 양씨 가문의 핵심 실세는 모두 자살했다. 양씨와 손씨 일족은 남녀노소를 막론하고 모두 처형되었다. 양씨 가문에 빌붙어 패악질을 한 고위 관리 수십 명도 형장의 이슬로 사라졌다. 양기와 연루되어 파직을 당한 조정 관리가 300여 명이나 되었다. 조정이 일시에 텅 비어 있었을 정도로 결원이 심각했다.

백성들 중에서 양씨 가문이 멸족을 당했다는 소식을 듣고 기뻐하지 않은 자가 없었다. 몰수한 양기 일족의 재산이 무려 30억 전이나 달했다. 국가에서 1년 동안 징수하는 조세의 절반에 해당하는 엄청난 금액이었다. 한환제는 양기 일족의 재산을 싼값에 백성들에게 팔게 했다. 아울러 양기 일족이 보유한 거대한 장원과 토지를 농민들에게 나누어주고 경작하게 했다. 한환제는 27세의 나이에 비로소 양기 일족을 처단하고 명실상부한 황제가 되었다.

한환제는 양씨 일족을 멸족시킨 직후에 양귀인(등맹녀)을 황후로 책봉했다. 그는 양씨라면 이가 갈렸다. 양황후의 성을 박씨(薄氏)로 고치게 했다. 훗날 박황후가 낭중이었던 등향(鄧香)의 딸이라는 사실을 알고 성을 다시 등씨(鄧氏)로 바꾸게 했다. 이런 이유로 등맹녀는 양귀인, 양황후, 박황후, 마지막에는 등황후로 명칭이 바뀐 것이다.

4. 다시 환관들의 세상이 되다

오랜 세월 동안 폭정에 시달린 백성들은 양씨 일족을 멸족시킨 한환제가 선정을 펴기를 기대했다. 하지만 한환제는 백성들의 고통은 아랑곳하지 않고 양씨 일족을 때려잡은 선초, 서황, 구원, 좌관, 당형 등 환관 5명을 현후(縣侯)로 책봉했다. 아울러 선초에게는 식읍 2만호를, 나머지 네 명에게는 각기 식읍 1만호를 하사했다. 사람들은 그들을 '오후(五侯)'라고 칭했다.

중상시 후람(侯覽)은 한환제에게 비단 5천 필을 바쳤다. 한환제는 그를 충신으로 여기고 관내후로 책봉했다. 얼마 후에는 후람이 양기를 주살하는 데 공을 세웠다고 하여 그를 다시 고향후(高鄉侯)로 책봉했다. 환관들의 우두머리인 신풍후(新豐侯) 선초는 한환제에게 소황문 유보(劉普), 장양(張讓), 조충(趙忠) 등 환관들도 공로가 있다고 아뢰었다. 한환제는 또 유보 등 환관 8명을 향후(鄉侯)로 책봉했다. 이 시기부터 후한 조정의 권력은 환관들의 수중으로 들어갔다.

상서령 진번(陳蕃)은 한환제에게 어진 정치를 펴리라는 일말의 기대를 걸었다. 예장 사람 서치(徐稚), 팽성 사람 강굉(姜肱), 여남 사람 원굉(袁閎), 경조 사람 위저(韋著), 영천 사람 이담(李曇) 등 명망이 높은 선비 5명을 천거했다. 한환제는 수레와 비단을 보내어 예를 갖추고 그들을 도성으로 불렀다. 하지만 그들은 모두 간교한 환관들이 우글거리는 궁궐에 들어가고 싶지 않았다. 농사를 지으면서 제자들을 양성한다는 핑계를 대고 응하지 않았다.

진번은 또 안양 사람 위환(魏桓)을 천거했다. 한환제는 관리를 보내 위환을 모셔오게 했다. 위환의 친구들은 황제의 어명을 받고 낙양에 가서 벼슬살이하는 일은 영광이 아니냐고 말했다. 위환이 말했다.

"무릇 벼슬길에 나아감은 자신의 정치적 이상을 펼치기 위함이오. 지금 천자가 거느린 후궁은 수천 명이나 되는데 과연 내가 벼슬길에 나간다고 해서 후궁의 인원을 줄일 수 있겠소? 궁궐에서 기르는 말이 1만 필이나 된다고 하는데 그 숫자를 줄일 수 있겠소? 천자 주변에는 환관과 권문세가가 활개를 치고 있는데 그들을 제거할 수 있겠소?"

다들 이구동성으로 대답했다.

"불가능한 일이지."

위환은 길게 탄식하며 말했다.

"내가 살아서 궁궐로 들어가 죽어서 나오면, 여러분의 마음은 어떨까?

위환의 친구들은 더 이상 그에게 출사(出仕)를 권하지 않았다. 백마현령(白馬縣令) 이운(李雲)은 한환제가 환관들을 지나치게 우대하여 조정의 정치와 민심이 날로 나빠졌다는 상소를 올렸다. 한환제는 진노하여 당장 그를 감옥에 가두고 잔혹한 형벌로 다스렸다. 홍농현의 오관연(五官掾: 지방의 관직) 두중(杜衆)은 이운이 충언을 하다가 감옥에 갇혀 모진 고문을 당하고 있음을 알고 상소했다.

"신은 이운과 같은 날에 사형을 당해 죽고 싶습니다."

한환제는 두중의 자극적인 말에 더욱 진노했다. 두중도 감옥에 갇혀 고문을 당했다. 진번 등 대신들은 두 사람을 용서해달라는 상소를 연명으로 올렸다. 한환제는 이번 기회에 황제의 지엄한 권위를 세우고 싶었다. 진번 등을 파면하고 이운과 두중을 처형했다.

연희 2년(159) 겨울 한환제는 선초가 병이 들었는데도 그를 거기장군(車騎將軍)으로 임명했다. 거기장군은 대장군(大將軍), 표기장군(驃騎將軍)과 더불어 한나라 3대(大) 장군 중의 하나이다. 군사에 대하여 문외한인 환관 선초가 이런 최고위직을 맡게 되었으니 당시 후한 조정의 인사(人事)가 얼마나 엉망이었는지 짐작할 수 있다. 선초 등 환관 5명은 한환제의 비호 아래 온갖 악행을 자행했다. 당시 민간에는 "대장군 양기가 죽으니 다섯 장군이 나타났네."라는 말이 유행했다.

선초가 사망한 후에는 서황, 구원, 좌관, 당형 등 네 사람의 국정 농단이 극심했다. 관직을 얻기 위하여 그들을 '아버지'라고 부르며 따르는 유생들도 적지 않았다. 태수, 현령 등 지방의 고위직은 대부분 환관들의 수족들이 차지했다. 그들이 백성들의 재산을 약탈하는 일은 다반사였다.

중상시 후람(侯覽)과 소황문 단규(段珪)는 제북국(濟北國) 변방에 전답을 가지고 있었다. 그런데 두 사람의 하인과 식객들이 길을 지나가는 사람들의 재물을 약탈하는 일이 잦았다. 제북국 승상 등연(滕延)이 그들을 잡아들여 몇 십 명을 처형한 후 시체를 거리에 늘어놓았다. 남의 물건을 약탈한 자는 극형에 처하겠다는 경고였다. 후람과 단규는 한환제에게 등연이 무고한 사람을 죽였다고 모함했다. 한환제는 등연을 조정의 정위(廷尉)로 소환하여 문초를 받게 했다. 등연은 파직을 당하고 쫓겨났다.

상채후(上蔡侯) 겸 중상시 좌관(左悺)의 큰형인 좌승(左勝)은 일자무식이었지만 동생 덕분에 하동태수로 임용되었다. 피씨현(皮氏縣) 현령 조기(趙岐)는 좌승을 상사로 모신다는 게 부끄러워 관직을 버리고 서쪽으로 떠났다. 여양후(汝陽侯) 겸 중상시 당형의 큰형인 당현(唐玹)도 동생 덕분에 경조윤(京兆尹)이 되었다. 그는 평소에 성품이 강직한 조기를 증오했다. 낙양에 있는 조기의 가족과 친척들을 모함하여 모조리 죽였다. 당현은 부하들에게 달아난 조기를 찾아 죽이게 했다. 조기는 이름을 숨기고 이곳저곳으로 도망다니다가 북해군(北海郡)의 어느 길가에서 떡을 만들어 팔면서 생계를 도모했다. 안구(安丘) 사람 손숭(孫崇)은 조기가 떡장사나 하는 평범한 사람이 아님을 알았다. 조기의 사연을 듣고 그를 집으로 데려와 숨겨주었다. 그 후 조기는 당형 형제가 살해된 후에야 세상에 나올 수 있었다.

무원후(武原侯) 겸 중상시 서황(徐璜)은 포악하기 그지없는 자였다. 사람들을 그를 '서와호(徐臥虎)'라고 부르며 두려워했다. 서황의 조카 서선(徐宣)은 하비현(下邳縣) 현령이었다. 하비현 백성들을 가노(家奴)처럼 다루었다. 이미 세상을 떠난 여남태수 이숭(李暠)의 집은 하비에 있었다. 서선은 이숭에게 미모가 출중한 딸이 있음을 알고 그녀를 첩으로 삼으려고 했다. 이숭의 집으로 하인을 보내 자신의 뜻을 전했다. 하지만 이숭의 집안에서는 딸을 첩으로 보낼 수 없다고 했다. 이숭의 딸은 서선이 얼마나 포악한 자인지 잘 알고 있었다. 그의 첩이 되느니 차라리 죽겠다고 말했다.

서선은 하인들에게 이숭의 딸을 잡아오게 했다. 그는 이숭의 딸을 감언이설로 유혹했지만 그녀는 그를 경멸했다. 그는 이숭의 딸을 묶어 놓고 과녁으로 삼은 후 술을 마시며 화살을 여러 발 쏘았다. 그녀는 온몸이 벌집이 된 채 죽었다. 이숭의 가족은 관리들을 찾아가 딸의 억울한 죽음을 호소했지만 누구도 감히 나서지 않았다. 당시 하비현은 동해국(東海國)에 속해 있었다. 이숭의 가족은 동해국 재상 황부(黃浮)를 찾아가 마지막으로 호소했다. 황부는 불의를 참지 못하는 성격이었다. 당장 서선을 잡아오게 했다. 서선은 오히려 황부에게 큰소리쳤다.

"당신은 내 숙부가 누구인지 모르고 있는가? 나를 건드리면 당신은 반란죄로 처형되고 말거야."

황부의 부하들도 서선을 죽이면 서황이 반드시 보복할 거라고 말하며 만류했다. 황부가 말했다.

"이 놈은 국가에 해악을 끼쳤다. 오늘 이 도적놈을 죽이면, 나는 내일 죽어도 여한이 없겠다."

황부는 사람들이 지켜보는 가운데 서선의 목을 베게 했다. 길가에 버려진 서선의 시신을 보고 마음속으로 기뻐하지 않은 사람은 없었다. 서황은 한환제에게 황부가 뇌물을 받고 조카를 죽였다고 호소했다. 한환제는 시시비비를 가리지 않고 황부를 감옥에 가두고 문초를 받게 했다. 황부는 삭발을 당하는 형벌을 받고 우교(右校)로 끌려가 중노동을 했다.

연희 6년(163) 상서 주목(朱穆)은 환관들의 전횡이 날로 심각하여 국정이 파탄의 지경에 이르자 한환제에게 상소했다.

"한나라의 옛날 제도에 의하면 사대부만 중상시에 임용될 수 있었습니다. 그런데 건무(建武: 광무제 유수의 연호) 이후에는 환관만 임용되었습니다. 연평(延平: 한상제 유륭의 연호) 이래로 환관들의 지위는 날로 높아졌습니다. 그들은 담비 꼬리와 금은으로 치장한 모자를 쓰고 시중 벼슬을 차지했습니다. 조정의 대사는 모두 그들의 손에서 처리되고 그들의 권력은 천하를 움직이게 하며 그들이 황제의 총애를 받음은 한도가 없습니다. 또 그들의 자제와 친척은 모두 요직에 임용되어 온갖 만행을 저지르고 있는데 그들을 저지할 방법이 없습니다. 이에 천하는 더욱 곤궁해지고 백성은 절망에 빠졌습니다."

주목은 한환제에게 환관 세력을 일소하고 유능한 인재를 등용하여 혁신 정치를 펴야한다고 주장했다. 하지만 한환제는 들을 척도 안했다. 주목은 한환제를 배알할 때 또 환관의 권력이 군주의 권력을 능가하고 있음을 지적하고 환관을 배척해야 한다고 엎드려 호소했다. 한환제는 진노하여 그에게 "당장 나가라!"고 소리쳤다. 주목이 꿈쩍도 않자 시종들에게 그를 대전 밖으로 끌어내게 했다. 주목도 분노가 극에 달했다. 그 후 우울증에 시달리다가 등창이 악화되어 죽었다.

연희 7년(164) 한환제의 총애를 받고 부귀영화를 누리며 전횡을 일삼은 당형과 서황이 세상을 떠났다. 이제 환관 '오후(五侯)' 가운데 좌관과 구원만 남았다. 연희 8년(165) 사례도위 한연(韓演)은 좌관과 그의 큰형인 남향후(南鄕侯) 좌칭(左稱)이 세금을 착복하고 관민의 재산을 빼앗은 죄로 두 사람을 탄핵했다. 두 사람은 가혹한 고문을 두려워하여 자살했다.

한연은 또 상소하여 구원의 큰형인 패국(沛國) 재상 구공(具恭)의 죄상을 낱낱이 밝혔다. 구공은 조정의 정위(廷尉)로 소환되어 처벌을 받았다. 구원도 정위에 제 발로 걸어 들어가서 죄를 시인하고 동무후(東武侯)의 인신을 반납했다. 한환제는 그의 공로를 감안하여 그를 도향후로 강등시킨 후 고향으로 돌아가게 했다. 한환제는 내친김에 선초, 서황, 당형의 관작을 물려받은 자들을 모두 향후(鄕侯)로 강등시키고 그들에게 하사한 봉토를 회수했다. 환관들의 전횡은 이렇게 끝났지만 그들의 세력이 완전히 제거된 것은 아니었다.

한환제는 왜 환관들을 지나치게 총애하고 우대했을까. 외척 양씨를 타도하는 데 그들의 결정적인 도움을 받았기 때문이다. 그는 환관들의 공로를 인정하지 않을 수 없었으며 오히려 그들을 심복으로 삼아 대신들을 견제하는 도구로 활용했다. 그는 또 지독한 호색한이었다. 양황후, 등황후 등 황후와 비빈 8명을 거느리고 있었지만 만족하지 못했다. 환관들은 수시로 전국 각지에서 미녀들을 선발하여 황제의 성적 노리개가 되게 했다. 그가 거느린 후궁이 무려 5~6천여 명이나 되었다. 그는 자신의 성욕을 끝없이 채워주는 환관들에게 빠져들 수밖에 없었다.

5. 제1차 당고의 화: 사대부들이 환관들의 모함으로 몰락하다

환관들이 국정을 농단하고 한환제가 실정을 저지르는 암울한 상황에서도 환관과 황제를 신랄하게 비판한 사대부들이 없었던 것은 아니었다. 그들은 진심으로 국가의 장래를 걱정한 대신들이었다. 한무제 유철이 동중서의 건의를 받아들여 국가의 최고 교육 기관인 태학(太學)을 설립한 후, 한환제 시대에 이르러서는 태학에서 유가 경전을 공부하는 태학생이 무려 3만여 명이나 되었다. 그들은 사례교위 이응(李膺), 태위 진번(陳蕃), 상서령 왕창(王暢), 태복 두밀(杜密), 태학생 곽태(郭泰), 가표(賈彪) 등을 존경하여 따랐다.

연희 8년(165) 환관 장양(張讓)의 아우인 야왕현(野王縣) 현령 장삭(張朔)은 상습적으로 백성들의 재물을 갈취했다. 장삭에게 재물을 빼앗기지 않으려고 저항하는 자가 있으면 그를 범죄자로 몰아 죽였다. 장삭은 형의 위세를 믿고 잔악무도한 짓을 서슴지 않은 것이다. 야왕현 백성들의 원성이 이응의 귀에 들어왔다. 이응은 평소에 일벌백계로 관리들의 기강을 바로잡았다. 장삭은 이응에게 문초를 당하지 않을까 두려워하여 낙양에 있는 형 장양의 집으로 달아나 숨었다.

이응은 장양의 집을 샅샅이 뒤져 장삭을 생포했다. 장삭의 죄상이 백일하에 드러났다. 장양은 이응에게 동생을 선처해달라고 부탁했다. 하지만 이응은 그의 부탁을 냉정하게 거절하고 장삭을 죽였다. 장양은 한환제에게 이응이 무고한 동생을 죽였다고 호소했다. 한환제는 이응을 소환하여 문책했다.

이응은 옛날에 공자가 노(魯)나라의 사구(司寇) 관직을 맡았을 때 악인 소정묘(少正卯)를 죽인 일을 거론하면서 장삭과 같은 도적들을 모조리 제거할 수 있다면 자신은 팽형(烹刑)을 당해도 좋다고 아뢰었다. 한환제는 그의 단호한 태도에 놀라 더 이상 그를 나무라지 못했다. 이때부터 환관들은 이응을 두려워하여 기를 펴지 못했으며 쉬는 날에도 감히 궁궐 밖으로 나가지 못했다. 하지만 그들의 마음속에는 이응에 대한 원한이 날로 깊어졌다.

연희 9년(166) 하내(河內) 지방에 거주하는 장성(張成)은 '풍각술(風角術)'로 점을 쳤다. 풍각술이란 사방(四方)과 네 모퉁이의 바람을 궁(宮). 상(商). 각(角). 치(徵). 우(羽)의 오음(五音)으로 감별(鑑別)하여서 길흉(吉凶)을 점치는 방술(方術)이다. 어느 날 그는 점을 쳐보니 감옥에 갇힌 자가 사면령을 받고 풀려난다는 점괘가 나왔다고 아들에게 말했다. 아들은 아버지의 말만 믿고 평소에 증오한 사람을 죽였다. 이응은 장성의 아들을 체포하여 감옥에 가

두었다. 그런데 얼마 후 아니나 다를까, 사면령이 반포되었다. 장성은 의기양양하여 주위 사람들에게 말했다.

"여러분, 내가 예언한 대로 사면령이 반포되지 않았소? 사례교위는 조만간에 내 아들을 석방할 것이오."

사람들은 장성이 용한 점쟁이라고 여기고 그에게 몰려들었다. 사실은 장성이 평소에 친분이 있었던 환관 후람에게 조만간 조정에서 사면령을 반포할 것이라는 얘기를 사전에 듣고 혹세무민한 것이다. 이응은 장성의 얘기를 듣고 분노하여 말했다.

"장성은 사면령이 반포될지 미리 알고 아들에게 살인을 저지르게 한 놈이다. 왕법(王法)을 멸시한 놈은 아무리 사면령이 반포되었더라도 살려 둘 수 없다."

이응은 장성의 아들을 살인죄로 처형했다. 그런데 장성은 오래 전부터 환관들에게 점을 쳐주어 그들의 환심을 샀다. 한환제도 점을 좋아했다. 장성은 후람, 장양 등 환관들과 이응을 해칠 음모를 꾸몄다. 그들은 장성의 제자 뇌수(牢修)를 사주하여 이응을 탄핵하게 했다.

"이응 등 대신들은 태학생과 떠돌이 유생들을 문하생으로 키우면서 전국 각지의 유생들과 결탁했습니다. 그들은 서로 끌어주고 도움을 주면서 당파를 결성하여 날마다 조정과 폐하를 비방하고 풍속을 어지럽히고 있습니다."

환관들은 또 자기들이 증오하는 사대부들의 이름이 적힌 명단을 별도로 작성했다. 이른바 '당인(黨人)'이었다. 한환제는 평소에 직언을 서슴지 않는 대신들을 미워했다. 이번 기회에 그들을 제거하고 싶었다. 당인 명단을 보고 즉시 삼부(三府)에 조서를 내려 당인들을 체포하게 했다. 태위 진번이 아뢰었다.

"지금 혐의를 받고 있는 자들은 모두 나라 안에서 백성들의 존경을 받고 있으며 진심으로 국가의 장래를 걱정하고 군주에게 충성을 다하는 신하들입니다. 훗날 그들의 십세(十世) 후손들이 죄를 지어도 그들을 용서해야 합니다. 하물며 죄명이 드러나지 않았는데 어찌 그들을 가두어 문초할 수 있겠습니까?"

진번이 어명을 거역하자 한환제는 더욱 진노했다. 한환제는 이응 등을 파직하고 환관들이 관장하고 있는 황문북사(黃門北寺)의 감옥에 가두게 했다. 아울러 태복 두밀, 어사중승 진상(陳翔), 진실(陳實), 범방(范滂) 등 당인으로 지목된 200여 명을 체포하게 했다. 당인들 가운데 도망간 자들도 있었다. 조정에서는 현상금을 내걸고 형리들에게 방방곡곡을 뒤지게 했다. 진실은 "내가 하옥되지 않으면 사람들은 의지할 사람이 없을 것이오."라고 말하고 스스로 감옥에 들어갔다. 범방도 자수하고 제 발로 감옥에 들어갔다. 형리는 다른 사람들은 도망가기에 급급한데 범방은 오히려 찾아와 감옥에 들어간 것을 의아하게 생각하고 물었다.

"이번 사건에 연루된 자들은 모두 고도(皋陶)에게 제사를 지내고 있다고 하는데 대인께서는 어찌하여 자수를 하셨습니까?"

고도는 중국 전설상의 동이족 수령인데 형벌(刑罰)과 옥사(獄事)를 관장했다고 한다. 당인들은 고도에게 제사를 지내며 살려달라고 빌었다는 뜻이다. 범방이 대답했다.

"고도는 옛날에 강직한 신하였소. 만약 나에게 아무런 죄도 없음을 알게 되면 천제(天帝) 앞에서 나를 위해 변호할 것이오. 반면에 내가 죄를 지었다면 그에게 제사를 지낸들 무슨 소용이 있겠소?"

사람들은 범방의 분명한 사리 분별에 깨달은 바가 있어 더 이상 도고에게 제사를 지내지 않았다. 태위 진번은 또 상소하여 당인들을 변호했다. 한환제는 그가 당인들과 당파를 결성하지 않을까 두려워하여 그를 파면했다.

영강(永康) 원년(167년) 진번이 파면된 후 조정에는 더 이상 당인들을 변호하는 대신이 없었다. 당시 영천(穎川)에서 거주하고 있었던 가표(賈彪)가 이 사건을 전해 듣고 주변 사람들에게 말했다.

"내가 도성 낙양에 가지 않으면 이 큰 재앙을 없애지 못하겠구려."

가표는 낙양으로 달려가 성문교위 두무(竇武), 상서 곽서(霍諝) 등을 만나 당인들은 천하의 어진 선비들이므로 그들을 석방해야 한다고 호소했다. 당시 두무는 유숙(劉淑), 진번과 함께 '삼군(三君)'으로 칭송을 받고 있는 저명한 학자이자 정치가였다. 그가 한환제에게 상소했다.

"폐하께서는 등극하신 이래로 선정을 베푸시지 않으셨습니다. 최근에는 상시(常侍), 황문(黃門) 등 환관의 무리가 사악한 술책을 부려서 소인배가 관작을 차지하게 하는 지경에 이르렀습니다. 간악한 자들이 권력을 장악하여 결국은 서경(西京: 전한의 도성 장안을 지칭함)이 망했음을 신은 기억하고 있습니다. 지금 지난 역사에서 교훈을 얻지 못하고 또 과거의 전철을 밟고 있습니다. 진(秦)나라의 환관 조고(趙高)가 진이세(秦二世)를 겁박하여 국가를 망하게 한 일이 또 반복되지 않을까 신은 두렵습니다."

"얼마 전에 간신 뇌수가 당송(黨訟)을 일으켰습니다. 전(前) 사례교위 이응 등 수백 명이 감옥에 갇혀 혹독한 문초를 당하고 있습니다. 그들을 근 1년 동안 구금하고 고문했지만 아무런 증거도 나오지 않았습니다. 이응 등은 모두 폐하와 국가를 위해 충성을 다하는 신하들입니다. 하루빨리 난신적자(亂臣賊子)에게 모함을 당한 그들을 석방하여 민심을 수습해야 합니다."

한환제도 진시황제의 진나라가 왜 그렇게 빨리 망했는지 모르고 있지는 않았을 것이다. 두무의 목숨을 건 직언에 마음이 누그러졌지만 당인들을 석방하지 않았다. 한편 감옥에 갇힌 이응은 환관들에게 반격을 가할 궁리를 하고 있었다. 환관 자제들도 당인들과 어울린다는 소문을 냈다. 또 그들이 저지른 온갖 악행을 폭로했다. 당인을 처벌하려면 환관 자제들도 처벌해야 한다고 주장했다.

환관들은 이응의 역공에 말려들었다. 자신들에게도 불행이 닥칠까 두려워하여 한환제에게 시의 적절하게 사면령을 내려 천하의 민심을 얻어야 한다고 아뢰었다. 한환제는 평소에 환관의 말이라면 대부분 수긍했다. 감옥에 갇힌 당인들을 모두 석방하고 고향으로 돌아가게 했다. 아울러 그들의 이름을 삼부(三府)에 기록하여 영원히 관직에 오르지 못하게 했다. 삼부는 태위부(太尉府)와 사도(司徒府) 그리고 사공부(司空府)를 지칭한다. 한나라 시대의 최고 행정 기관이다. 한환제 시대에 일어난 이 사건을 '제1차 당고지화(黨錮之禍)'라고 칭한다.

한환제 유지는 당고지화가 일단락된 직후인 영강 원년(167) 12월에 덕양전전(德陽前殿)에서 재위 21년, 향년 35세를 일기로 붕어했다. 그는 재위 전반기에는 외척 양씨에게 농락을 당하고 후반기에는 환관에게 휘둘렸다. 어떤 포부도 없고 무능하며 나약하고 본능에만 충실한 군주였다. 궁녀 5~6천여 명을 거느리고 향락에 젖어 지냈다. 어느 날 그는 연회석에서 술기운이 오르자 궁녀 수천여 명에게 옷을 벗게 했다. 그리고 자기가 총애하는 신하들에게 그들과 함께 난잡한 성행위를 벌이게 했다. 그가 역사에 남긴 것은 '호색천자(好色天子)'라는 오명뿐이었다.

20

한영제 유굉

1. 성장 과정과 황위 계승

한환제 유지의 첫 번째 황후는 양녀영(梁女瑩)이며, 양황후가 세상을 떠난 후 등맹녀(鄧猛女)가 두 번째 황후로 책봉되었다는 얘기는 앞서 말했다. 한환제는 등황후를 총애하여 이미 세상을 떠난 그녀의 아버지 등향(鄧香)을 표기장군, 안양후(安陽侯) 등 관작을 추봉했다. 또 그녀의 어머니 선(宣)은 곤양군(昆陽君)으로, 큰오빠 등연(鄧演)은 남돈후(南頓侯)로, 조카 등강(鄧康)은 비양후(汃陽侯)로 책봉되었다. 등씨 일가는 한환제가 등황후를 총애한 덕분에 하루아침에 부귀영화를 누렸다.

그런데 한환제는 등황후만 총애하지 않았다. 그는 궁녀 5~6천여 명을 거느린 호색한이 아닌가. 연희 6년(163) 채녀(采女: 궁녀의 품계를 지칭하거나 그 품계의 궁녀)로 입궁한 곽씨(郭氏)가 한환제의 총애를 받아 귀인으로 책봉되었다. 한환제는 곽귀인을 등황후보다 더 우대했다. 육궁의 안주인은 엄연히 등황후인데도, 곽귀인은 황제의 총애를 등에 업고 황후 행세를 했다. 등황후는 곽귀인의 무례한 행위에 분노하여 한환제에게 여러 차례 그녀를 처벌해야 한다고 호소했다. 하지만 한환제는 오히려 등황후가 투기를 한다고 여기고 그녀를 멀리하기 시작했다. 등황후와 곽귀인은 서로 헐뜯고 모함하여 불구대천의 원수 관계가 되었다.

연희 8년(165) 한환제는 등황후가 투기를 하고 비빈들을 모함했다는 것을 구실로 삼아 그녀를 폐위한 후 액정(掖庭) 안에 있는 폭실(暴室)에 가두었다. 폭실이란 궁궐에서 염색한 천을 햇빛에 말리는 장소인데 죄를 지은 황후나 비빈들을 이곳에 구금했다. 등황후는 폭실에서 원한을 품은 채 죽었다.

한환제는 또 세 번째 황후를 책봉해야 했다. 그에게는 곽귀인 이외에도 성문교위 두무(竇武)의 딸인 두귀인(竇貴人) 두묘(竇妙), 채녀(采女) 전성(田聖) 등 여러 비빈들이 있었다. 비빈들의 품계와 가문을 따지면, 두귀인이 황후로 책봉되는 게 합당했다. 하지만 한환제는 두귀인을 좋아하지 않았다. 곽귀인에 대한 사랑도 이미 식어버렸다. 최근에 자기가 총애하는 채녀 전성을 황후로 책봉하려고 했다.

사례교위 응봉(應奉)은 전성이 가문이 비천한 출신이며 품계가 낮다는 이유를 들어 그녀를 황후로 책봉하는 것을 반대했다. 반면에 유생과 관리들의 존경을 받고 있는 두무의 딸인 두귀인이 책봉되어야 한다고 주장했다. 대신들 대부분 응봉의 주장에 동조했다. 당시 한환제는 중병을 앓고 있었다. 대신들과의 마찰을 피하기 위해 두귀인을 황후로 책봉하지 않을 수 없었다.

그런데 한환제는 그처럼 많은 비빈들과 잠자리를 했음에도 아들을 얻지 못했다. 그가 양안공주(陽安公主) 유화(劉華), 영음공주(潁陰公主) 유견(劉堅), 양적공주(陽翟公主) 유수(劉脩) 등 세 딸을 낳은 것을 보면 생식기에 문제가 있는 고자는 아니었던 것 같다. 영강 원년(167) 12월 한환제는 끝내 아들을 얻지 못하고 세상을 떠났다.

　두황후가 임시로 국정을 살폈다. 조정에서는 황위 계승자 문제를 놓고 격론이 벌어졌다. 두황후의 아버지 두무가 전면에 나섰다. 그는 하간국(河間國: 하북성 창주·滄州 일대에 있었던 번국·蕃國) 종실 출신인 시어사 유조(劉儵)를 불렀다.

　　"하간국 종실 중에서 누가 가장 현명한 인물이오? 시어사가 천거한 인
　　물을 천자로 추대하고 싶소."

　유조는 해독정후(解瀆亭侯) 유굉(劉宏·156~189)을 천거했다. 유굉은 한장제(漢章帝) 유달(劉炟)의 현손(玄孫)이자 하간왕 유개(劉開)의 증손이다. 아버지 해독정후 유장(劉萇)이 사망한 후에 작위를 물려받았다. 생모는 동씨(董氏)이다. 훗날 그녀는 두태후 두묘가 세상을 떠난 후에 황태후로 추대되어 국정을 어지럽혔다.

　건녕(建寧) 원년(168) 1월 두황후는 두무의 건의를 받아들여 유굉을 황제로 추대했다. 당시 유굉의 나이는 12세였다. 그가 후한의 12대 황제 한영제(漢靈帝)이다. 두황후는 황태후로 추존되어 섭정을 시작했다.

　두태후와 두무는 시어사 유조의 천거로 나이 어린 유굉을 추대했다고 했다. 사실은 두 사람이 배후 세력이 없는 유굉을 꼭두각시 황제로 내세우고 권력을 장악할 속셈이었다. 두무는 대장군에 임명되고 문희후(聞喜侯)로 책봉되었다. 또 그의 아들 두기(竇機), 조카 두소(竇紹), 두소의 동생 두정(竇靖) 등 두씨 일족은 열후로 책봉되고 동시에 시중, 금위군 등의 요직에 임용되었다. 이때부터 두씨 가문이 조정의 정치와 군권을 장악한 것이다.

2. 제2차 당고의 화: 환관들이 올곧은 사대부들을 제거하다

대장군 두무는 황제의 외척이었지만 훌륭한 인품과 뛰어난 학문을 겸비했을 뿐만 아니라 청빈한 생활을 하고 가난한 백성들을 구제하는 일에도 소홀히 하지 않아 명성이 자자했다. 그는 또 천하의 어진 선비들과 교제하는 일을 좋아했다. 그는 평소에 환관들의 정치 개입을 증오했다. 두 씨 가문이 조정의 권력을 장악한 후 환관들을 제거하기로 결심했다. 그는 한환제 시대에 당고의 화를 당하여 쫓겨난 진번, 이응 등 이른바 '청류당(淸流黨)' 인사들을 다시 조정으로 불러들여 중용했다. 그의 정치적 동지이자 강직하기로 유명한 태위 진번도 환관들의 전횡에 이를 갈았다. 어느 날 진번이 조당(朝堂)에서 두무에게 은밀히 말했다.

"조절(曹節), 왕보(王甫) 등 환관들은 선황제 시대부터 국정을 농단하여 온 나라를 어지럽히고 있소. 지금 그놈들을 주살하지 않으면 훗날 상상 하기조차 힘든 환난을 당할 것이오."

두 사람은 생사를 함께 하기로 맹세했다. 상서령 윤훈(尹勛) 등 대신들과 은밀히 회합하여 환관들을 척결할 계책을 세웠다. 건녕 원년(168년) 5월 마침 하늘에 일식 현상이 일어났다. 고대인들은 천문 변화를 변고가 일어날 조짐으로 간주했다. 진번이 두무에게 말했다.

"옛날 한원제(漢元帝) 시대에 어사대부 소망지(蕭望之)가 환관 석현(石顯) 의 모함을 받고 자살한 적이 있었소. 지금은 석현 같은 환관이 수십 명이 오. 그놈들을 척결하기가 어찌 쉬운 일이겠소? 나는 언제 죽을지 모르는 80세 노인이오. 그렇지만 장군을 위하여 해악을 제거하고 싶소. 지금 일식이 일어난 일을 기회로 환관들을 모조리 죽여서 하늘의 변고를 없애야 하오."

진번의 말에 공감한 두무는 두태후에게 환관들을 주살하여 조정의 정치를 깨끗하게 해야 한다고 아뢰었다. 두태후가 말했다.

"한나라가 건국된 이래로 환관이 없었던 시대는 없었습니다. 환관이 죄를 지으면 그를 처벌하면 그만이지, 하필이면 그들을 모두 없애려고 합니까?"

당시 두태후는 환관들의 꼬임에 넘어간 상태였다. 환관들은 두태후의 비위를 맞추는 일이라면 무슨 일이든 가리지 않고 했다. 특히 중상시 조절은 한영제의 유모 조요(趙嬈)와 결탁하여 두태후에게 금은보화를 바치고 신임을 얻었다. 두태후는 환관들을 충신으로 착각했다. 두무, 진번 등 대신들은 두태후가 결단을 내리지 못하고 망설이자 서둘러 거사를 준비했다.

건녕 원년(168) 7월 7일 두무는 만반의 준비를 끝낸 후 대장군부로 돌아갔다. 그런데 궁중의 문서를 관장하는 자가 두무, 진번 등 대신들의 거사 계획을 눈치채고 장락궁(長樂宮)의 오관사(五官史)인 환관 주우(朱瑀)에게 고자질했다. 주우가 분노하여 소리를 질렀다.

"환관이 방종하여 불법을 저지르면 그를 죽이면 되지 않겠는가. 우리 환관들이 무슨 죄가 있다고 우리들을 멸족시키려고 한단 말이냐? 진번과 두무는 황태후에게 상소하여 어린 천자를 폐위하려고 한다. 참으로 대역무도한 놈들이다."

주우는 공보(共普), 장량(張亮) 등 신체 건장한 환관 17명을 규합하여 혈서를 쓰고 두무 일당을 주살하기로 맹세했다. 이윽고 그들은 또 조절, 왕보 등과 결탁하여 궁중 정변을 일으켰다. 그들은 먼저 한영제의 신병을 확보하고 궁궐 대문을 폐쇄한 후 궁궐을 장악했다. 상서(尚書)의 관리들을 칼로 위협하여 왕보를 황문령(黃門令)에 임명한다는 가짜 조서를 쓰게 했다. 또 두태후를 협박하여 옥새를 탈취한 후 조서를 조작하여 두무 등을 체포하게 했다.

두무는 조서가 가짜임을 눈치채고 조카 두소와 함께 도정(都亭: 역참·驛站에 설치한 객사)에서 북군의 병사 수천 명을 소집하고 그들에게 말했다.

"환관들이 반란을 일으켰다. 그들을 주살한 자에게는 관작과 후한 상을 내리겠다."

진번도 변란이 일어났다는 소식을 듣고 부하 관리들과 태학생 80여 명을 이끌고 승명문(承明門)으로 달려가 소리쳤다.

"대장군 두무는 충심으로 국가를 보위하고 있는데 환관들이 반란을 일으켰다. 환관들은 어찌하여 두무를 대역무도한 죄인이라고 하는가?"

왕보가 진번을 보고 꾸짖었다.

"선황제께서 붕어하신지 얼마 되지 않아 아직 능묘도 완공되지 않았다. 두씨가 도대체 무슨 공을 세웠다고 두씨 형제, 부자 세 사람이 동시에 제후로 책봉되었는가. 또 두씨는 툭하면 성대한 주연을 베풀어 환락을 즐기고 액정의 많은 궁녀들을 첩으로 삼았으며 10일 만에 억만금의 재물을 긁어모았다. 이런 대신을 어찌 사악한 놈이라고 하지 않을 수 있겠는가. 공(公)은 재보(宰輔)의 신분으로서 어린 천자를 보필할 생각은 하지 않고 구차하게 당파를 결성하여 무슨 도적을 잡는다고 날뛰고 있는가?"

왕보는 진번을 체포하게 했다. 진번은 환관이 관리하는 북사(北寺)의 감옥으로 끌려갔다. 환관이 그를 발로 짓밟으면서 욕설을 퍼부었다.

"이 죽어야 마땅한 늙은 놈아! 네놈이 감히 우리의 인원을 감축하고 녹봉을 깎으려고 했느냐?"

당일 진번은 환관들에게 맞아죽었다. 진번의 친구 주진(朱震)은 죽음을 무릅쓰고 진번의 시신을 수습했으며 그의 아들 진일(陳逸)을 숨겨주었다. 하지만 얼마 후 적발되어 온 가족이 체포되었다. 주진은 혹독한 고문을 당하고도 끝내 입을 열지 않았으므로 진일은 달아나 목숨을 구할 수 있었다.

마침 호흉노중랑장(護匈奴中郎將) 장환(張奐)이 조정의 부름을 받고 낙양으로 돌아왔다. 그는 궁중 정변의 내막을 모르고 있었다. 왕보는 조서를 위조하여 소부(少府) 주정(周靖)을 그에게 보내 오영교위(五營校尉)의 병사들을 거느리고 두무를 토벌하게 했다. 다음 날 아침 왕보는 호분무사, 우림군 등 금위군 1천여 명을 이끌고 가서 두무가 머무르고 있는 도정을 겹겹이 포위했다.

두무의 병사들은 전세가 일방적으로 불리해지자 달아나기에 급급했다. 결국 두무와 두소는 자살했다. 두 사람의 수급은 높은 장대에 매달렸다. 대장군부의 관리 호등(胡騰)은 두무의 훼손된 시신을 수습하여 장례를 치렀다가 구금을 당했다. 당시 두무의 손자 두보(竇輔)는 겨우 두 살이었다. 호등은 두보를 자기 아들이라고 속이고 영사(令史) 장창(張敞)과 함께 두보를 영릉(零陵)에 숨겨 살려냈다.

건녕 2년(169) 겨울 환관의 우두머리인 대장추 조절은 사법 기관의 관리를 사주하여 이응(李膺), 두밀(杜密) 등 사대부들을 구당(鉤黨)을 결성하여 국정을 어지럽힌 죄로 탄핵하게 했다. 당시 한영제는 아직 세상물정을 모르는 나이인 13세였다. 그와 조절과 나눈 대화 내용은 이러했다.

"구당이 무슨 뜻이오?"

"구당은 사악한 자들이 모여 결성한 당인(黨人) 집단입니다."

"당인 집단이 무슨 잘못을 저질렀기에 그들을 주살하려고 하는가?"

"그들은 서로 천거하여 무리를 이루어 법도에 어긋난 일을 하려고 합니다."

"그들은 무슨 법도에 어긋난 짓을 하려고 하는가?"

"사직(社稷)을 도모하려고 합니다."

사직은 곧 국가를 뜻하므로 당인들이 한나라를 멸망시키고 새로운 왕조를 세울 음모를 꾸미고 있다는 모함이었다. 한영제는 깜짝 놀라 이응 등 사대부들을 체포하게 했다. 당시 고향 양성현(襄城縣)에서 은거하고 있었던 이응(李膺)은 유생들의 존경을 받고 있었다. 환관들은 형리들을 보내 그를 체포하게 했다. 고향 사람들은 그에게 피신을 권유했다. 이응이 말했다.

> "군주를 섬길 때는 재난을 사양하지 않으며 죄를 지으면 형벌을 피하
> 지 않음은 신하의 절개이오. 나는 이미 60세가 넘었소. 이제 죽고 사는
> 일은 하늘의 뜻에 따라 결정되는데 내가 어디로 도망갈 수 있겠소?"

이응은 스스로 감옥에 들어가 혹독한 고문을 당하고 죽었다. 환관들은 두무, 진번 일족과 사대부들을 무자비하게 죽였다. 살해되거나 변방으로 쫓겨나거나 폐출되거나 금고형을 받은 자가 6~700여 명이었다. 한편 두태후는 남궁에 유폐되어 지내다가 죽었다. 환관들에 속아 국정을 망친 대가였다. 두무와 진번의 천거로 관리가 된 자들은 모두 파면되어 유배를 당했다. 두 사람을 지지했던 태학생 1천여 명도 체포되었다. 이 사건을 '제2차 당고의 화'라고 칭한다. 후한 말기에 양심적인 사대부들이 몰락하고 환관 세력이 국정을 완전히 장악한 계기가 되었다.

이때 조절은 장락위위(長樂衛尉)로 승진하고 육양후(育陽侯)로 책봉되었다. 왕보는 중상시로 승진하고 황문령 관직을 계속 맡았다. 주우, 공보, 장량 등 6인은 열후로 책봉되고 또 다른 환관 11명은 관내후로 책봉되었다. 환관들이 한영제를 협박하여 얻어낸 결과였다. 이처럼 환관들이 관작을 전리품처럼 나누어 가지자 사대부들은 어지러워진 세상을 한탄하며 슬퍼했다.

황제의 외척 세력도 이 시기에 몰락했다. 후한 시대에는 사대부 집단과 환관 그리고 외척 세력이 번갈아가며 조정의 정치를 주도했다. 하지만 '제2차 당고의 화' 이후에는 환관들의 독무대가 되었다. 그들을 견제할 세력이 없었기 때문이다. 후한 말기에 후한을 패망으로 몰고 간 이른바 '십

상시(十常侍)'가 이때 등장한다.

3. 십상시가 국가를 파탄으로 몰고 가다

원래 중상시는 진(秦)나라 시대부터 황제 신변에서 조령(詔令) 전달과 문서 관리를 담당한 시종(侍從) 관직이었다. 사대부나 환관이 이 관직을 맡았다. 후한 시기에 들어와서는 환관이 중상시를 독점했으며 인원도 4명에서 10명으로 늘어났다.

이른바 '십상시(十常侍)'란 한영제 시대에 국정을 농단한 환관 집단을 말한다. 『후한서』의 기록에 따르면 십상시는 장양(張讓), 조충(趙忠), 하운(夏惲), 곽승(郭勝), 손장(孫璋), 필람(畢嵐), 율숭(栗嵩), 단규(段珪), 고망(高望), 장공(張恭), 한회(韓悝), 송전(宋典) 등 12명이다. 그들은 모두 중상시(中常侍)를 맡은 적이 있었으므로 십상시라고 통칭한다.

그런데 『삼국지연의』에는 십상시가 10명으로 기록되어 있으며 구성원도 약간 다르다. 이 책은 후한 멸망 이래 1천여 년의 세월이 지난 후인 명나라 시대에 나관중이 저술한 역사 소설이므로 정사인 『후한서』의 기록이 정확할 것이다.

십상시의 두목 장양(?~189)은 한순제 시대에 입궁하여 중상시 조등(曹騰)의 수하에서 잡일을 했다. 그는 머리가 기민하고 행동이 민첩하여 조등의 총애를 받았다. 십상시의 부두목 조충(?~189)은 성문교위 조연(趙延)의 형이다. 장양과 조충은 한환제 시대에 대장군 양기 일족을 타도하는 데 공을 세워 함께 중상시로 승진했으며 아울러 향후(鄕侯)로 책봉되었다.

장양과 조충은 나이 어린 한영제 유굉을 돌보았다. 한영제는 장양을 아버지로, 조충을 어머니로 부르며 따랐다. 두 사람은 당고지화를 일으켜 사대부들을 몰락시킨 조절, 왕보 등 실세 환관들과 긴밀한 유대 관계를 유지했다. 조절이 사망한 후에는 조충이 대장추 관직을 겸임했다.

장양의 대저택 앞에는 관직을 얻으려고 수레에 뇌물을 싣고 장양을 배알하러 오는 자들로 문전성시를 이루었다. 아무리 많은 뇌물을 가지고 와도 장양의 재산을 관리하는 하인과 결탁하지 않으면 장양을 배알하기가 쉽지 않았다.

부풍(扶風) 사람 맹타(孟佗)는 갑부였다. 그도 장양에게 뇌물을 바치고 관직을 얻고 싶었는데 장양을 좀처럼 만날 수 없었다. 고심 끝에 기발한 생각을 했다. 먼저 장양의 하인을 친구로 사귄 후 자기가 가지고 있는 진귀한 재물을 그에게 아낌없이 주었다. 하인은 감격하여 맹타에게 물었다.

"당신은 무슨 바라는 것이 있소? 내가 당신을 위해 힘을 쓰겠소."

맹타가 말했다.

"내가 대저택을 방문할 때 장양 어르신의 하인들이 나에게 공손히 절을 한번하면 좋겠소."

하인은 그렇게 하겠다고 약속했다. 얼마 후 맹타가 호화로운 수레를 타고 대저택의 대문 앞에 이르렀다. 하인들은 그에게 절을 하며 맞이했다. 맹타는 하인들의 호위를 받으면서 대저택 안으로 들어갔다. 장양을 만나려고 장시간 대기하고 있었던 사람들은 맹타를 장양의 절친한 친구로 생각했다. 맹타에게 선을 대면 장양을 쉽게 만날 수 있다고 보았다. 그들은 앞을 다투어 맹타를 찾아가 진귀한 보물들을 바쳤다. 맹타는 그것들의 반을 장양에게 바쳤다. 장양은 크게 기뻐하여 그를 양주자사(凉州刺史)

에 임용했다. 맹타는 장양의 위세를 이용하여 돈도 벌고 관직도 얻은 것이다.

십상시는 그들의 아버지, 아들, 형제, 친척, 하수인 등을 전국 각지의 지방 관리로 임용했다. 그들은 수단과 방법을 가리지 않고 가렴주구를 일삼으면서 닥치는 대로 재물을 긁어모았다. 조세를 내지 못한 백성들은 삶의 터전을 빼앗기고 유랑민으로 전락하여 전국을 떠돌다가 도적떼로 변했다. 마침 여러 해 동안 대기근이 들어 굶어 죽은 자가 속출했으며 백골이 들판을 하얗게 덮었다.

희평(熹平) 5년(176) 영창태수(永昌太守) 조란(曹鸞)이 금고형을 받고 있는 당인들을 석방하여 난국을 타개해야 한다는 상소를 올렸다. 환관들의 손아귀에 놀아나고 있었던 한영제는 상소문을 읽어 보고 진노하여 조란을 때려죽이게 했다.

십상시는 한영제를 사치와 주색에 빠진 군주로 만들었다. 한영제 주변에는 언제나 환관들로 득실거렸다. 그들은 한영제에게 천하의 백성들이 영명한 황제 덕분에 태성성대를 누리고 있다고 속였다. 황제에게 직언하는 신하가 있으면 그를 모함하여 죽였다. 그들은 또 천하의 미인들을 선발하여 한영제에게 바치고 그를 음락에 젖어 지내게 했다. 백성들에게 갈취한 엄청난 재화로 호화로운 전각을 지어 황제에게 바쳤다. 한영제는 십상시를 진정한 충신으로 여기고 그들이 원하는 것이면 모두 들어주었다.

중평(中平) 원년(184) 십상시는 한영제의 비호 아래 매관매직으로 모은 재화로 궁궐의 전각을 모방한 대저택을 지었다. 환관 따위가 이런 궁궐처럼 호화로운 대저택에서 거주하는 것은 상상도 할 수 없는 일이었다. 어느 날 한영제는 영안궁(永安宮)의 높은 전각에 올라가 도성 낙양을 조망하고 싶었다. 십상시는 황제가 자신들의 호화로운 대저택을 보고 진노하지 않을까 두려웠다. 중대인(中大人: 나이가 많고 황제의 총애를 받는 궁인·훌人) 상단(尚但)으로 하여금 황제에게 간언하게 했다.

  "무릇 천자는 높은 곳에 올라가지 않는 법입니다. 올라가시면 백성들
  이 놀라 달아납니다."

한영제는 그의 말을 믿고 올라가지 않았다. 그가 이렇게 어리석었기 때문에 십상시의 전횡은 날이 갈수록 심각해졌다. 당시 환관들 중에서 충신이 없었던 것은 아니었다. 중상시 여강(呂强)은 한영제에게 당인들을 석방하고 탐관오리를 발본색원해야 한다고 아뢰었다. 그런데 탐관오리는 대부분 십상시와 결탁한 자들이었다. 십상시는 여강을 모함했다.

  "여강은 당인들과 조정의 일을 의논하면서 여러 차례 『한서(漢書)·곽광
  전(霍光傳)』을 읽었습니다. 그리고 여강의 형제들이 관리로 있는 곳은 부
  정부패가 횡행합니다."

대장군 곽광은 한나라 초기에 창읍왕 유하를 폐위하고 한선제 유순을 황제로 추대한 후 실권을 장악한 권신이 아닌가. 십상시는 여강이 당인들과 짜고 곽광처럼 황제를 폐위하려는 음모를 꾸미고 있다고 모함한 것이다. 한영제는 환관들에게 무장을 하고 여강을 체포하게 했다. 여강은 황제가 자신을 체포하라는 조서를 내렸다는 소식을 듣고 분노하여 말했다.

  "대장부는 국가에 충성을 다하고 죽을 따름이다. 어찌 옥리에게 문초
  를 당할 수 있겠는가."

여강이 자살했는데도 십상시는 또 그를 모함했다.

　"여강은 천자의 조서를 읽어보고 소환되면 어떤 질문을 받을지 모르는데 서둘러 밖에서 자살했습니다. 이는 그가 간사한 짓을 했다는 명백한 증거입니다."

　한영제는 여강의 친족을 모조리 체포하고 그들의 재산을 몰수하게 했다. 환관이 환관의 전횡을 고발하는 지경에 이르렀으니 당시 환관의 폐해가 얼마나 심각했는지 짐작할 수 있다. 더구나 환관들과 토호 세력의 토지 겸병은 농민들을 노예로 전락하게 했으며 농촌 사회를 붕괴하게 했다. 전국 각지에서 크고 작은 반란이 연이어 일어났다. 한나라의 사직은 점차 패망의 구렁텅이로 빠져들어 갔다.

4. 황건군이 농민 봉기를 일으키다

　한영제 시대에 회계군(會稽郡) 장구(句章: 절강성 영파·寧波 자계현·慈溪縣)에 허생(許生)이란 농민이 살고 있었다. 희평 원년(172) 11월 그는 관리들의 폭정을 견디지 못하고 아들 허소(許昭) 등과 함께 장구에서 농민 봉기를 일으켰다. 기아에 허덕이던 농민들이 일시에 허씨 부자의 수하로 모여들었다. 허생은 대오를 정비한 후 지방 관청을 습격하여 관리들을 처단하고 빼앗은 곡식과 재물을 농민들에게 나누어주었다. 순식간에 허씨 부자를 따르는 농민군이 1만여 명이나 되었다.

　허소는 대장군을 자칭하고 아버지를 월왕(越王)으로 추대한 후 월나라의 성읍 여러 곳을 점령했다. 그 후 허소는 황제를 참칭하고 자칭 양명황제(陽明皇帝)라고 했다. 그가 이끄는 농민군은 오나라를 향해 북진했다. 양주자사 장민(臧旻), 단양태수 진인(陳夤), 오군사마 손견(孫堅) 등이 농민군을 협공하여 섬멸했다. 결국 허씨 부자는 참수를 당했으며 관군의 승리로 끝났지만, 후한 조정은 농민군의 반란을 진압하는 데 3년이나 걸렸다. 아울러 농민군의 반란은 천하 대란의 시작이기도 했다. 이 시기부터 오나라와 월나라는 조정의 통제권이 미치지 않는 무법천지로 변했으며 수많은 호걸들이 나타나 패권 다툼을 벌이기 시작했다.

중평 원년(184) 전후 무렵에 거록군(鉅鹿郡: 하북성 영진 · 寧晋)에 장각(張角), 장보(張寶), 장량(張梁) 등 삼형제가 살고 있었다. 큰형 장각은 황로(黃老) 사상에 심취한 지식인이었다. 그는 의술(醫術)에 나름대로 비법이 있었다. 이른바 '부수료병(符水療病)'이라는 치료법으로 환자를 치료했다. 부수료병이란 부적을 불에 태워서 만든 재를 물 또는 술에 타서 환자에게 마시게 하여 병을 치료한다는 의미이다. 황당하기 그지없는 요술(妖術)이었지만 그에게 치료를 받고 완쾌된 환자가 적지 않았다. 가난한 환자가 찾아오면 동전 한 푼 받지 않고 치료해주었다. 그가 신의(神醫)라는 소문이 꼬리에 꼬리를 물고 퍼졌다. 사방에서 그의 제자가 되겠다고 찾아오는 자들로 문전성시를 이루었다.

장각은 신묘한 황로술(黃老術)과 영험한 치료법을 접목시켜 종교 단체를 결성하기로 결심했다. 그는 황천(黃天)을 최고의 신으로 섬기고 동시에 황제와 노자를 숭배하는 태평도(太平道)를 창시했다. 그는 자신을 태평도인(太平道人)이라고 불렀다. 사람들은 그를 태평진인(太平眞人)이라고 부르며 교주로 섬겼다. 그는 사람들에게 태평도를 믿으면 누구나 영원히 태평한 삶을 누릴 수 있다고 가르쳤다. 태평도에 입교한 교인들은 교주의 가르침을 받고 방방곡곡으로 가서 전도했다.

원래 종교는 사회가 혼란할수록 융성하는 법이다. 한영제 시대의 극도로 혼란한 상황에서 태평도는 절망에 빠진 백성들의 마음을 사로잡았다. 유랑민들은 너나 할 것 없이 태평도에 입교했다. 가산을 팔고 태평도에 입교하는 사람들도 부지기수였다. 태평도는 10여 년의 세월이 흐르는 동안 청주(靑州), 서주(徐州), 유주(幽州), 기주(冀州), 형주(荊州), 양주(揚州), 연주(兗州), 예주(豫州) 등 8개 주에서 교세를 확장했다. 신도가 수십만 명에 이르렀다.

지방 관리들은 백성들이 왜 태평도에 열광하고 있는지 알지 못했다. 다만 백성들이 장각이 펼친 선도(善道)에 감화되어 그를 따르고 있다고 짐작할 뿐이었다. 그런데 사도 양사(楊賜), 사도연 유도(劉陶) 등은 장각을 혹세무민하는 사악한 집단의 수령으로 간주하고 잡아들여야 한다고 상소했다. 하지만 한영제는 장각의 세력을 애써 무시하고 어떤 조치도 취하지 않았다.

장각은 신도들을 36개 방(方: 태평도의 군대 편제)으로 편성했다. 대방(大方)에는 1만여 명, 소방(小方)에는 6~7천여 명이 소속되었다. 각 방(方)마다 수령 한 명을 두었다. 장각이 최고 통수권자가 되었다. 그들은 전국에 이런 유언비어를 퍼뜨렸다.

"창천(蒼天)은 이미 죽었으니, 황천(黃天)이 천자가 되어야 한다. 갑자년(甲子年)에 천하가 대길(大吉)할 것이다."

창천은 후한의 한영제를, 황천은 장각을 지칭한다. 장각은 오행(五行)의 상생, 상극의 운행 원리에 근거하여 화덕(火德)인 한나라는 토덕(土德)에 의해 대체되어야 한다고 주장했다. 흙은 누런색이므로 장각은 자신을 황천으로 칭했다. 그들이 봉기를 일으킬 때 머리에 황건(黃巾)을 두른 까닭도 오행에 순응하고 천운(天運)에 응한다는 의미이다.

갑자년은 한영제 중평 원년(184)에 해당한다. 그들은 도성 낙양과 전국의 주군(州郡) 곳곳에 백토(白土)로 갑자(甲子)라는 두 글자를 쓰고 농민 봉기를 유도했다. 대방의 수령 마원의(馬元義)는 형주와 양주에서 농민 수만 명을 끌어 모으고 업성(鄴城: 하북성 한단·邯鄲)에서 회합하기로 했다. 그는 또 도성을 드나들면서 중상시 봉서(封諝), 서봉(徐奉) 등 환관들과 은밀히 접촉했다. 그들은 3월 5일에 내외가 호응하여 봉기를 일으키기로 약속했다.

하지만 장각의 제자 당주(唐州)가 밀고하는 바람에 마원의가 포로로 잡혔다. 마원의는 낙양에서 사지가 찢기는 거열형(車裂刑)을 당하고 죽었다. 이때 연루되어 살해된 자가 1천여 명이나 되었다. 한영제는 장각 형제를 잡아들이라는 조서를 내렸다.

장각은 봉기 날짜를 앞당길 수밖에 없었다. 자신은 천공장군(天公將軍)이라고 칭하고 장보를 지공장군(地公將軍)으로, 장량을 인공장군(人公將軍)으로 임명했다. 이른바 '삼공장군(三公將軍)'은 농민군 수십 만 명을 거느리고 봉기했다. 그들은 모두 머리에 황건(黃巾)을 동여매고 있었기 때문에 그들을 황건군(黃巾軍)이라고 칭했다.

황건군은 거록군, 영천군, 남양군 등지에서 관군을 대파하고 성읍 곳곳을 함락했다. 탐관오리로 지목된 관리와 악덕 토호들은 모조리 처형되었으며, 그들에게 빼앗은 재물은 모두 황건군의 차지가 되었다. 황건군의 기세에 놀란 지방 관리들은 조정에 급보를 보내 변란을 알렸다.

한영제는 황건군이 낙양을 향해 진격해오고 있다는 첩보를 듣고 기겁했다. 금고형을 받고 있는 당인(黨人)들을 사면하여 사대부들의 마음을 얻고, 중장(中藏)에 비축한 재화와 서원(西園)에서 기르는 군마(軍馬)를 관군에게 내주어 황건군을 토벌하게 해야 한다고 대신들은 주장했다. 한영제는 그들의 주장을 수용했다. 아울러 처남 하진(河進)을 대장군으로 임명하고 낙양을 철저하게 지키게 했다. 이윽고 황건군을 토벌하라는 조칙이 반포되

었다. 북중랑장(北中郞將) 노식(盧植), 좌중랑장(左中郞將) 황보숭(皇甫嵩), 기도위
(騎都尉) 조조(曹操·155~220), 병주자사(幷州刺史) 동탁(董卓) 등 장수들이 조칙을
받들고 황건군 토벌에 나섰다.

황건군은 처음에는 파죽지세로 진격했지만 시간이 흐를수록 약점을
드러냈다. 그들은 대부분 농민과 유랑민 출신이었다. 병력은 많았으나 전
투 경험이 부족했으며 전국 각지에서 산발적으로 일어난 까닭에 지휘 체
계가 제대로 확립되지 않았다. 관군과 여러 차례 격렬한 전투를 벌인 끝
에 대패했다.

천공장군 장각은 패잔병을 이끌고 정산(精山: 하남성 남양 북쪽에 있는 산)으로
퇴각했다. 중평 원년(184) 8월 설상가상으로 장각이 병으로 사망하자 군심
이 요동쳤다. 인공장군 장량은 광종(廣宗: 하북성 위현·威縣)에서 반격을 시도
했다. 황보숭은 야음을 틈타 황건군의 주둔지를 급습했다. 졸지에 기습을
당한 황건군은 와해되었다. 장량과 병사 3만여 명이 전사했다. 황보숭은
이미 죽은 장각을 부관참시하고 그의 수급을 낙양으로 보냈다. 지공장군
장보가 이끈 황건군 10만여 명도 하곡양현(下曲陽縣: 하북성 진주·晉州)에서 전
멸했다.

장각 삼형제의 죽음으로 황건군의 주력 부대는 거의 전멸했다. 황건
군의 수령 한충(韓忠)은 패잔병을 수습하여 완성(宛城: 하남성 남양·南陽)에서 저
항했지만, 우중랑장 주준(朱儁)에게 대패하여 포로로 잡힌 후에 남양태수
진힐(秦頡)에게 살해되었다. 황건군의 또 다른 수령인 손하(孫夏)도 1만여 명
을 이끌고 정산(精山)에서 최후까지 저항하다가 전사했다. 황건군은 봉기
를 일으킨 지 1년여 만에 진압되었다.

한영제와 조정 대신들은 황건군을 도적 집단으로 규정하고 황건적(黃
巾賊)으로 칭했다. 전국에 걸쳐 황건적에 대한 잔혹한 보복이 시작되었다.
군(郡)마다 황건적으로 몰려 피살된 자가 몇 천 명이나 되었다. 봉건 왕조

의 관점에서 보면 황건군의 농민 봉기는 도적떼의 반란이다. 그래서 오늘날에도 '황건적의 반란'이라고 표현하기도 한다.

하지만 객관적 관점에서 보면 장각은 태평도를 창도한 교주로서 황건군을 조직하여 썩어문드러진 한나라를 타도하고 온 백성이 태평성대를 누릴 수 있는 이상 사회를 건설하고자 했다. 그는 자신의 소망을 이루지 못하고 죽었지만, 중국 역사에 끼친 영향은 지대했다. 황건군의 농민 봉기는 중국 최초의 종교 반란이었다. 그 후 중국은 군주가 무능하고 관리들이 부패하여 백성들이 도탄에 빠질 때마다 신흥 종교가 나타나 체제 전복을 시도했다. 그래서 역대 왕조의 군주들은 신흥 종교의 출현을 가장 두려워했으며 그것을 사교(邪敎)로 규정하고 철저하게 탄압했다. 이는 오늘날에도 마찬가지일 것이다.

황건군의 봉기는 진압되었지만 이때부터 후한의 붕괴는 오히려 더 가속화되었다. 한영제는 여전히 정신을 차리지 않고 탐욕과 쾌락의 늪에서 헤어나지 못했다. 환관과 탐관오리도 온갖 방법으로 수탈만 일삼을 뿐이었다. 후한은 또 천하 대란의 소용돌이로 빠져들었다.

이 시기부터 중국 역사는 후한 시대에서 그 유명한 조조(曹操)의 위(魏)나라, 유비(劉備·161~223)의 촉(蜀)나라, 손권(孫權·182~252) 오(吳)나라의 삼국 시대로 들어간다.

황건군의 봉기와 연관하여 빼놓을 수 없는 인물은 조조이다. 조조의 아버지는 조숭(曹崇)이다. 그는 중상시 조등(曹騰)의 양자이다. 조조는 머리가 영민하고 권무술수에 능했다. 젊어서부터 생업에 종사하지 않고 협객들과 어울리며 호탕한 생활을 했다. 사람들은 그가 환관 가문의 출신이며 장래성이 없는 사람이라고 무시했다. 하지만 태위 교현(橋玄)은 그가 보통 인물이 아님을 알아차렸다. 어느 날 그는 조조를 만나 말했다.

"천하가 장차 대란에 빠지려고 하오. 세상을 다스리는 재능을 가진 사람이 아니면 이 난세를 구제할 수 없을 것이오. 내 생각에는 당신이야말로 천하를 안정시킬 수 있을 것이오."

교현은 조조에게 인물 평가를 잘하기로 유명한 허소(許劭)를 한번 만나보라고 권유했다. 어느 날 조조는 허소를 만나 다짜고짜 물어보았다.

"당신이 보기에 나는 어떤 사람인 것 같소?"

허소는 건방지게 생긴 조조의 당돌한 질문에 기분이 상해 대답하지 않았다. 하지만 잠시 후 조조의 강압에 못 이겨 마지못해 대답했다.

"당신은 잘 다스려지는 세상에서는 능력을 발휘하는 신하가 되겠지만, 난세에는 간사한 영웅이 될 것이오."

조조의 앞날을 예견하는 말이었다. 조조는 호탕하게 웃고 떠났다.

5. 매관매직을 일삼고 온갖 기행을 벌인 끝에 붕어하다

한영제는 해독정후(解瀆亭侯: 해독정은 하북성 안국현·安國縣에 있는 지명)였을 때 한 지방의 땅을 차지한 제후였음에도 불구하고 항상 가난하여 부귀영화를 제대로 누리지 못하고 있다고 한탄했다. 광화 원년(178) 친히 관직을 판 돈으로 남의 눈치를 안보고 마음껏 즐기기로 결심했다. 서원(西園) 안에 있는 서저(西邸)에서 공개적으로 관직을 팔았다. 녹봉 2000 석을 받는 관직은 2천만 전, 400석을 받는 관직은 4백만 전을 받고 팔았다. 덕행이 뛰어나 관리로 선발된 자에게도 일정 금액의 절반 또는 삼분의 일을 바치게 했다.

한영제는 또 환관들에게 공경(公卿)의 관직도 팔게 했다. 공(公)은 1천만 전, 경(卿)은 5백만 전을 받고 팔았다. 공경(公卿)은 조정의 고위직이지만 직접 백성들을 다스리면서 재물을 갈취하는 관직이 아니었으므로 지방의 고위직에 비해 가격이 저렴했다.

기주(冀州)의 명문가 출신인 최열(崔烈)은 태수, 정위 등 요직을 역임하면서 청렴함으로 명성을 얻었다. 중평 2년(185) 삼공(三公: 사도·司徒, 사공·司空, 태위·太尉를 지칭함) 관직을 판다는 얘기를 들었다. 사도가 되고 싶었는데 가격이 1천만 전이었다. 한영제의 보모인 정부인(程夫人)에게 선을 대어 반값인 5백만 전만 내고 사도에 임용되었다.

최열에게 사도 벼슬을 내리는 어느 날, 문무백관이 도열한 가운데 벼슬 수여식이 한창 진행되고 있는데 한영제는 측근을 돌아보고 말했다.

"가격을 너무 많이 깎아 준 게 참으로 후회가 되는구나. 1천만 전을 받을 수 있었는데 ……."

정부인이 옆에서 그의 말을 듣고 말했다.

"최공(崔公)은 기주(冀州)의 유명한 인사인데 어찌 돈으로 관직을 사겠습니까? 다만 나의 알선으로 그렇게 한 것인데 폐하께서는 아직도 만족하지 않으십니까?"

이런 일이 있고 난 후에 최열의 명성은 예전만 못했다. 그는 사람들이 자기가 돈으로 관직을 샀다고 비난하지 않을까 걱정했다. 하루는 아들 호분중랑장 최균(崔鈞)과 이런 대화를 나누었다.

"나는 삼공의 지위에 올랐는데 사람들이 나를 어떻게 평가하는지 궁금하구나."

"아버님께서는 젊어서부터 뛰어난 재능을 발휘하시고 청렴한 삶으로 명성이 자자했습니다. 그래서 태수, 공경 등 요직을 역임하셨지요. 사람들은 모두 아버님은 관직이 삼공(三公)에 이를 것이라고 기대했습니다. 그런데 오늘날 아버님은 사도가 되셨는데 뜻밖에도 사람들은 아버님에 대하여 실망하고 있습니다."

"나는 사람들이 생각한대로 삼공 중의 하나인 사도가 되었는데 왜 나에 대하여 실망하고 있단 말이냐?"

"사람들은 아버님의 몸에서 돈 썩은 냄새가 난다고 생각하기 때문입니다."

최열이 능력이 출중한데도 돈으로 관직을 산 것에 대한 비난이었다. 최열은 분노하여 몽둥이로 아들을 때리려고 달려들었다. 최균이 황급히 달아나자 최열은 아들을 쫓아가면서 소리쳤다.

"저런 죽일 놈이 …, 아버지가 몽둥이로 때리려 한다고 도망가는 게 효자가 할 도리이냐?"

최균이 뒤를 돌아보고 말했다.

"순(舜)임금도 아버지가 작은 몽둥이로 때리면 맞았지만 큰 몽둥이로 때리면 도망갔어요. 순임금이 불효자라고 할 수 있습니까?"

최열은 부끄러워 더 이상 아들을 쫓지 않았다. 최열과 같은 능력이 뛰어나고 청렴한 관리도 돈으로 관직을 사는 지경에 이르렀으니 당시 매관매직이 얼마나 성행했는지 짐작할 수 있다.

중평(中平) 2년(185) 남궁(南宮)에서 화재가 발생하여 건물들이 소실되었다. 장양, 조충 등 환관들은 토지에 조세를 부과할 때 1 무(畝)마다 10 전을 징수하여 궁실을 다시 짓고 동인(銅人)을 주조하는 비용으로 충당하자고 한영제에게 건의했다. 낙안태수 육강(陸康)이 상소했다.

"옛날에 노(魯)나라 선공(宣公)은 징수한 토지세를 황재(蝗災)로 피해를 입은 백성들을 구제하는 데 사용했습니다. 반면에 노나라 애공(哀公)은 조세를 늘려서 공자에게 비평을 당했습니다. 지금 폐하께서는 어찌하여 백성의 재물을 빼앗아 쓸모없는 동인(銅人)을 주조하려고 합니까? 이는 성인의 교훈을 버리고 나라를 망친 군주의 과오를 본뜨는 행위입니다."

환관들은 육강이 망국의 군주를 예로 들어 영명한 황제를 비판했다고 말하며 그를 탄핵했다. 육강은 정위(廷尉)에 끌려와 사형 선고를 받았다. 그는 시어사 유대(劉岱)의 적극적인 변호 덕분에 가까스로 목숨은 건졌지만 파직을 당하고 낙향했다.

한영제는 또 궁궐을 호화롭게 짓기 위하여 전국의 주군(州郡)에서 나오는 목재와 아름다운 석재를 도성 낙양으로 실어오게 했다. 지방 관리들이 이것들을 싣고 오면, 환관들은 언제나 품질이 나쁜 것들을 가지고 왔다고 꾸짖고 원래 가격의 10분의 1로 매입했다. 환관들은 이렇게 해서 거두어들인 목재를 주군의 관리들에게 다시 비싼 값에 팔았다. 주군의 관리들이 울며 격자 먹기로 매입한 목재들을 또 바치면, 환관들은 그것들의 품질을 문제 삼아 받지 않았다. 이런 일이 반복되다보니 쌓아 놓은 목재가 썩기 시작했으며 여러 해가 지나도 궁궐은 완공되지 않았다.

지방의 자사, 태수들은 조정에서 백성들에게 요구한 조세를 징수했을 뿐만 아니라 별도로 조세를 징수하여 사리사욕을 채웠다. 백성들의 원성이 하늘을 덮고 고통이 이만저만이 아니었다. 환관들은 황제의 어명을 빙자하여 서원(西園)의 황실 기사(騎士)들을 전국의 주군으로 파견했다. 기사들은 조세 납부를 독촉하고 황궁에서 필요한 물건들을 거두어들였다. 지방 관리들은 백성들에게 재물을 빼앗아 그들에게 뇌물로 주었다.

자사, 녹봉 2천 석을 받는 관리, 무재(茂才), 효렴(孝廉) 등은 승진하거나 다른 관직으로 임용될 때는 군비(軍費)와 궁궐을 짓는 데 필요한 경비의 일부를 부담해야 했다. 면적이 넓고 인구가 많은 군(郡)으로 부임하는 관리는 2~3천만 전을 내야 했다. 새로 임명된 관리들은 부임지로 떠나기 전에 반드시 서원에 가서 상납해야 할 금액을 환관들과 상의하여 결정한 후 떠날 수 있었다. 대체적으로 1년 녹봉의 25배에 해당하는 금액을 바쳐야 했다.

이 엄청난 금액을 '주관비(做官費)'라고 칭했다. 관리가 되는 데 필요한 경비라는 뜻이다. 주관비를 바치고 관리가 된 자는 백성들의 가산을 빼앗지 않을 수 없었다. 적어도 자기가 쓴 주관비 이상의 금액을 회수해야 했기 때문이다. 일부 청렴한 관리들은 사직을 하고 낙향을 원했지만 환관들의 강압을 이기지 못하고 부임지로 갈 수밖에 없었다.

거록군(巨鹿郡) 태수에 임용된 사마직(司馬直)은 청빈한 관리로 유명했다.

한영제는 그의 명성을 고려하여 3백만 전을 깎아 주었다. 사마직은 조서를 받고 탄식하며 말했다.

"백성의 부모된 자가 오히려 백성의 재산을 갈취하여 조정에 바칠 돈
을 충당하고 있다. 이는 차마 못할 짓이다."

그는 병을 핑계로 부임하지 않았다. 하지만 조정에서 그에게 당장 부임지로 떠나라고 재촉했다. 그는 맹진(孟津: 하남성 낙양의 맹진구·孟津區)에 이르렀을 때 시대의 병폐를 적나라하게 파헤친 상소를 올린 후 독약을 먹고 자살했다.

광화(光和) 5년(182) 한영제는 상인처럼 장사를 하고 싶었다. 궁궐의 후궁에 점포를 짓게 하고 궁녀들에게 물건을 팔게 했다. 일렬로 늘어선 점포에는 각종 물건들이 가득했다. 궁녀들은 황제의 눈길을 끌기 위하여 물건들을 기발한 상술로 팔았다. 한영제는 수시로 상인으로 분장을 하고 궁녀들과 함께 물건을 팔면서 희희낙락거렸다. 도성 안의 백성들은 그가 황제인 줄 모르고 물건 값을 깎으려고 그에게 무례하게 대했지만 그는 오히려 더 즐거워했다.

한영제는 또 서원(西園)에서 개를 데리고 노는 일을 아주 좋아했다. 개의 머리에는 진현관(進賢冠: 옛날에 유생들이 머리에 쓴 검은 색의 갓)을 씌우고 허리에는 인수(印綬)를 차게 한 개를 '구관(狗官)'이라고 칭했다. 그는 구관에게 어명을 내리고 즐거워했다. 사실은 대신들을 개 취급하는 행위였다. 어느 날 그는 말이 끄는 어가를 타는 일에 싫증이 났다. 나귀가 끄는 수레를 친히 몰고 싶었다. 대신들은 황제의 비위를 맞추기 위하여 나귀들을 바쳤다. 그는 나귀 네 마리가 이끄는 수레를 몰고 사방으로 미친 듯 달렸다. 도성의 백성들은 다투어 그 모습을 흉내 냈다. 졸지에 나귀 한 마리 가격

이 올라 말 한 필 가격과 같았다.

중평 3년(186) 한영제는 구순령(鉤盾令: 황실의 화원을 관리하는 관직) 송전(宋典)에게는 남궁의 옥당(玉堂)을 중수하게 했으며, 액정령(掖庭令: 비빈, 궁녀 등 궁정 여인들의 일을 관리하는 관직) 필람(畢嵐)에게는 동인(銅人) 네 개와 곡식 2천 곡(斛)을 담을 수 있는 거대한 동종(銅鐘) 네 개를 주조하게 했다. 구순령과 액정령은 환관이 맡았다.

한영제는 또 입에서 물을 뿜는 천록(天祿)과 두꺼비를 만들게 하여 그것을 평문(平門) 밖에 있는 다리 동쪽에 설치하게 했다. 천록은 신화에 나오는 영험한 동물인데 재앙을 없앤다고 한다. 천록과 두꺼비의 입에서 뿜어져 나오는 물은 궁궐 안으로 흘러들어오게 했다. 다리 서쪽에도 수차(水車)와 갈오(渴烏: 고대의 급수기의 일종)를 설치하여 남북의 도로에 물을 뿌리게 했다. 이런 호화로운 분수대를 만드는 데 엄청난 재화를 낭비했는데 백성들이 도로에 물을 뿌리는 비용을 아끼기 위해서였다고 둘러댔다.

한영제는 서원에 나유관(裸游館)을 짓게 했다. 나유관이란 황제와 궁녀들이 나체로 물속에 들어가 음란한 짓을 하며 노는 거대한 화원(花園)이다. 방이 무려 1천여 칸이나 되었다. 황제와 환락을 즐기는 궁녀는 나이 14세 이상, 18세 이하로 한정했다. 궁녀들은 실오라기 하나 걸치지 않은 알몸이 되어 황제와 나뒹굴었다. 인공으로 조성한 도랑의 물이 나유관 안에서 흘렀다. 우산처럼 넓은 연잎이 가득했다. 한영제는 배를 띄워놓고 궁녀들에게 노를 젓게 했다. 한여름에는 고의로 배를 가라앉히고 물에 빠진 궁녀들을 보며 음악을 연주하게 했다.

한영제는 서역의 여러 나라에서 진상한 물건들을 좋아했다. 호인(胡人)의 복장을 착용하고 호나라 황제처럼 행동했다. 호인의 악기와 음악을 애호했을 뿐만 아니라 호나라 음식도 즐겨 먹었다. 낙양 도성에는 일시에 호나라 풍습이 유행했다.

한영제는 궁녀들에게 서역에서 진상한 인지향(茵墀香)을 넣고 끓인 물에 들어가 목욕을 하게 했다. 궁녀들의 몸에 바른 화장품의 향기와 인지향이 물에 씻겨 도랑으로 흘러들어 갔다. 사람들은 그 도랑을 '유향거(流香渠)'라고 불렀다. 한영제는 매일 낮과 밤을 가리지 않고 궁녀들과 환락에 젖어 지내면서 영원히 살기를 바랐다.

"1만 년 동안 이렇게 살 수 있다면 하늘의 신선이 아니겠는가."

중평 6년(189) 한영제 유굉은 재위 21년, 향년 33세를 일기로 붕어했다. 그는 사부(詞賦)에 능하여 「황희편(皇羲篇)」, 「추덕부(追德賦)」, 「영의송(令儀頌)」, 「초상가(招商歌)」 등의 작품을 남겼다. 문인의 기질은 있을지언정 황제의 자질은 전혀 없었다. 그도 어렸을 적에는 황제가 되고 싶지 않았을 것이다. 후한 말기의 혼란기에 그는 타의에 의해 꼭두각시 황제가 되었다. 황제로서 외척 두씨와 환관들 사이에서 중심을 잡지 못하고 한평생 향락에 젖어 지내다가 요절한 것이다. 후한 말기의 유명한 권신(權臣)이었던 동탁은 그를 이렇게 평가했다.

"천하의 주인이 된 자는 현명해야 하거늘, 한영제를 생각할 때마다 분노가 치밀어 오른다."

삼국지 시대의 또 다른 영웅 제갈량은 「전출사표(前出師表)」에서 유비의 아들이자 촉(蜀)나라 황제인 유선에게 이런 말을 했다.

"현명한 신하를 가까이 하고 소인을 멀리한 것은 전한(前漢)이 흥성한 원인이 되었습니다. 반면에 소인을 가까이 하고 현명한 신하를 멀리한 것은 후한(後漢)이 쇠퇴한 원인이 되었습니다. 선제(先帝: 유비를 지칭함)께서 활동하실 때 신(臣)과 한나라가 망한 일을 논의할 때마다 한환제(漢桓帝)와 한영제(漢靈帝)의 실정(失政)을 너무 원통하게 생각하여 탄식하지 않은 적이 없었습니다."

한나라는 무능하고 방탕한 두 황제 때문에 망국의 길로 들어섰다는 주장이다. 청나라의 6대 황제 건륭제도 한영제에 대하여 말 한마디 남겼다.

"한영제가 환관을 아버지와 어머니로 부른 일은 천고의 기이한 일이다. 이런 행동을 하고도 국가를 망치지 않은 자는 아직 없도다."

21

한헌제 유협

1. 유변이 황제로 추대되고 십상시가 반란을 일으키다

한영제 유굉의 첫 번째 황후는 집금오 송풍(宋酆)의 딸인 송씨(宋氏·?~178)이다. 그녀는 성격이 온순하고 미모가 뛰어났으며 매사에 조심성이 있고 얌전했다. 건녕(建寧) 3년(170) 입궁한 후 귀인으로 책봉되었으며 다음 해에 황후로 책봉되었다. 송황후는 난잡한 성생활을 즐기는 남편의 총애를 받지 못했지만 황후로서 품위를 잃지 않았다. 황제의 총애를 받는 비빈들은 송황후를 끌어내리려고 온갖 험담을 늘어놓았다.

한환제 유지의 시대인 건화(建和) 원년(147)에 발해왕 유홍(劉鴻)이 아들이 없이 세상을 떠났다. 한환제는 친동생 여오후(蠡吾侯) 유회(劉悝)를 발해왕으로 책봉하여 그에게 유홍의 대를 잇게 했다. 연희(延熹) 8년(165) 유회는 모반을 꾸민 죄로 탄핵을 당했다. 한환제는 차마 친동생을 죽이지 못하고 영도왕(癭陶王)으로 강등한 후 그에게 영도현(癭陶縣: 하북성 영진현·寧晉縣)만을 봉토로 주고 그곳에서 살게 했다.

유회는 발해 지방의 광활한 봉토를 잃은 것이 후회막급이었다. 다시 발해왕이 되려고 중상시 왕보(王甫)에게 은밀히 부탁했다.

> "내가 다시 발해왕으로 책봉되는 데 도움을 주면 사례금으로 5천만 전을 주겠소."

왕보는 도와주겠다고 약속했다. 영강(永康) 원년(167) 12월 한환제가 붕어했다. 그가 남긴 유조(遺詔)에는 유회를 발해왕으로 책봉한다는 내용이 있었다. 유회는 형의 유지(遺旨)에 따라 자신이 다시 발해왕으로 책봉되었다고 생각하고 왕보에게 약속한 사례금 5천만 전을 주지 않았다. 왕보는 이 일로 유회에게 원한을 품었다.

희평(熹平) 원년(172) 왕보가 한영제에게 발해왕 유회가 역모를 꾸몄다고 모함했다. 한영제는 그의 말을 사실로 믿고 유회를 잡아들이게 했다. 유회는 감옥에서 자살했으며 그의 아내 송왕비(宋王妃)도 감옥에서 죽었다. 그런데 송왕비는 송황후의 고모였다.

광화(光和) 원년(178) 왕보는 송황후가 자신을 원망하지 않을까 두려워하여 태중태부 정아(程阿)와 함께 유언비어를 퍼뜨려 송황후를 모함하기로 결심했다. 왕조 시대에 황후를 모함하는 가장 상투적인 방법은 황후가 무술(巫術)로 황제의 총애를 받고 있는 비빈들에게 저주를 내리게 했다는 것이다. 송황후가 투기가 심하여 비빈들과 황제를 저주하는 굿판을 벌인다는 소문이 삽시간에 퍼졌다. 한영제는 그렇지 않아도 송황후를 미워하고 있었던 터라 폐위하고 폭실(暴室)에 가두게 했다. 얼마 후 그녀는 폭실에서 울분을 견디지 못하고 죽었다.

한영제의 두 번째 황후는 하씨(何氏·?~189)이다. 그녀는 가축을 도축하는 일을 하는 천민 집안 출신이었다. 궁녀로 입궁하여 궁중의 잡일을 하다가 우연한 기회에 한영제의 눈에 띄어 시침을 들었다. 희평 5년(176) 그녀는 한영제의 장남 유변(劉辯·176~190)을 낳았다. 유변이 태어나기 전에 여러 황자들이 있었지만 모두 요절하는 바람에 황제의 적장자가 되었다. 한영제는 유변도 요절하지 않을까 걱정하여 그를 궁궐 밖에 거주하는 도사 사자묘(史子眇)의 집에서 키우게 했다. 사자묘 집안에서는 감히 유변의 이름을 부르지 못하고 그를 사후(史侯)라고 칭했다.

하씨는 유변을 낳은 후 귀인으로 책봉되었다. 하귀인은 영악한 여자였다. 황제에게 요염한 자태로 애교를 부리면서 비빈들을 험담했다. 비빈들도 황제의 총애를 받는 일이라면 수단과 방법을 가리지 않았다. 한영제는 하귀인을 총애하여 그녀의 오빠 하진(何進)을 낭중에 임명했다. 그 후 하진은 여동생 덕분에 호분중랑장, 영천태수, 시중 등 요직을 역임했다.

송황후가 폐위된 후인 광화 3년(180)에 조정에서 황후 책봉 문제가 거론되었다. 하귀인은 천민 집안 출신이었지만 황제의 장남 유변의 생모였던 까닭에 황후로 책봉되었다. 그런데 천하의 호색한이었던 한영제는 한 여자만 총애하는 군주가 아니었다.

오관중랑장 왕포(王苞)의 손녀인 왕영(王榮·?~181)은 양가자(良家子: 집안이 좋거나 청빈한 선비의 자녀) 출신으로서 입궁하여 미인으로 책봉되었다. 한영제는 용모가 단정하고 교양이 있는 그녀를 총애했다. 어느 날 왕미인이 회임했다는 소식이 궁녀들 사이에서 퍼졌다. 하황후는 왕미인이 황자를 낳으면 그녀에게 황제의 총애를 빼앗기지 않을까 두려웠다. 왕미인에 대한 질투와 분노가 솟구쳤다. 왕미인도 하황후가 얼마나 악독한 여자인지 알고 있었다. 황자를 낳으면 오히려 더 큰 불행이 닥칠 거라 예감했다. 한영제에게 회임 사실을 알리지 않고 낙태약을 먹고 태아를 지우려고 시도했다. 하지만 약효가 없었던지 광화 4년(181)에 그녀는 한영제의 차남 유협(劉

協·181~234)을 낳았다.

하황후는 출산 소식을 듣고 분노가 폭발했다. 비밀리에 측근에게 왕미인을 독살하게 했다. 왕미인은 출산 직후에 독이 들어있는 탕약을 마시고 즉사했다. 한영제는 사망 원인을 밝히게 했다. 하황후가 독살했다는 사실을 알고 진노했다. 그는 하황후를 당장 폐위하려고 했다.

그런데 하황후는 이미 황제의 총애를 받고 있는 조절(曹節) 등 환관들에게 거금을 주고 그들을 자기편으로 끌어들인 상황이었다. 사실 한영제는 환관들의 손아귀에서 놀아나고 있는 허수아비 황제였다. 환관들은 황후 폐위의 부당함을 역설했다. 한영제는 하황후를 용서하지 않을 수 없었다.

한영제는 하황후가 또 갓 태어난 유협을 죽이지 않을까 두려웠다. 친히 그를 품에 안고 영락궁(永樂宮)으로 갔다. 영락궁에는 한영제의 생모 동태후(董太后·?~189)가 거주하고 있었다. 동태후에게 유협을 양육해달라고 부탁한 후에야 마음을 놓을 수 있었다. 유협은 할머니 동태후의 보살핌을 받고 자랐다. 외가에서는 그를 동후(董侯)라고 불렀다.

광화 6년(183) 한영제는 하황후의 모친 흥(興)을 무양군(舞陽君)으로 책봉했다. 다음 해에는 황건군의 봉기를 진압하는 데 전공을 세운 하황후의 오빠인 대장군 하진을 신후(慎侯)로 책봉했다. 외척 하씨가 권력의 중심으로 들어왔다. 하황후는 아들 유변을 태자의 자리에 앉히고 싶었다. 황제의 적장자인 유변이 태자로 책봉되는 것은 당연했다. 조정 중신들은 한영제에게 유변을 태자로 책봉해야 한다고 아뢰었다.

하지만 한영제는 행동거지가 경박하고 위엄이 없는 유변을 좋아하지 않았다. 차남 유협이 제왕의 재목감이라고 생각했다. 유협이 어느 정도 나이가 들면 그를 태자로 책봉할 계획이었다. 하지만 유변이 적장자이며 하황후의 소생이자 군권을 쥐고 있는 대장군 하진의 조카가 아닌가. 한영제는 유변을 책봉하지 않으면 외척 하씨가 반발하지 않을까 걱정했다. 중평 6년(189) 그는 두 아들 가운데 한 명을 태자로 책봉하지 못하고 세상을 떠났다.

유변은 13세의 나이에 한영제가 세상을 떠난 지 이틀 후에 황위를 계승했다. 중국 역사서에는 그에 대한 본기(本紀)가 없었기 때문에 옛날 사람들은 그를 황제로 인정하지 않았다. 하지만 그는 적법한 절차에 의하여 황제로 등극했으므로 오늘날 그를 황제로 간주하고 있다. 그가 후한의 13대 황제 한소제(漢少帝)이다. 후한의 7대 황제 유의(劉懿·?~125)도 한소제(漢少帝)라고 칭한다. 일반적으로 어린 나이에 폐위되거나 꼭두각시 황제로 있다가 요절한 황제를 '소제(少帝)'라고 칭한다.

한소제 유변의 생모 하황후가 태후로 추대되어 수렴청정을 시작했다. 그런데 당시 육궁의 안주인은 한영제의 생모 동태후였다. 동태후는 손자 유협을 친히 양육하지 않았던가. 그녀는 한영제가 세상을 떠나기 전에 유협을 태자로 책봉하라고 여러 차례 권유했지만 한영제의 우유부단한 성격 때문에 뜻을 이루지 못했다. 하태후는 시어머니 동태후에게 원한을 품었다.

며느리와 시어머니 사이에 권력 투쟁이 벌어졌다. 하태후의 오빠인 대장군 하진이 병사를 동원하여 동태후의 조카인 표기장군 동중(董重)의 장군부를 포위했다. 동중은 포로로 잡혀 관직을 박탈당하자 자살했다. 중평 6년(189) 6월 동태후는 영락궁에서 갑자 중병에 걸려 죽었다. 민간에서는 그녀가 며느리에게 독살을 당했다는 소문이 퍼졌다. 며느리와의 권력 투쟁에서 패한 동태후는 어쨌든 죽을 수밖에 없는 운명이었을 것이다.

대장군 하진은 하태후의 수렴청정 아래에서 어린 황제를 보필하는 책무를 맡으면서 권력의 중심에 다가갔다. 그는 환관 세력을 완전히 쓸어버리고 권력을 장악하고 싶었다. 건석(蹇碩)은 환관이었음에도 무예가 뛰어나고 담략이 있었다. 한영제 시대에 황제의 총애를 받아 서원팔교위(西園八

校尉)의 우두머리인 상군교위(上軍校尉)에 임명되었다. 그는 중군교위(中軍校尉) 원소(袁紹), 전군교위(典軍校尉) 조조(曹操) 등 쟁쟁한 장수들을 부하로 거느렸다. 원래 그는 유협을 황제로 추대하고 싶었으나 뜻대로 되지 않았다.

건석은 하진을 위험 인물로 간주했다. 중상시 조충(趙忠), 곽승(郭勝) 등 환관들에게 서찰을 보내 하진를 제거하자고 했다. 그런데 곽승은 하진과 고향이 같았다. 평소에 하씨 일족과 끈끈한 관계를 유지하고 있었다. 그는 서찰을 하진에게 보내 건석이 역모를 꾸미고 있다고 알렸다. 하진은 즉시 황문령(黃門令)에게 건석을 체포하게 했다. 건석은 주살을 당했다. 이 시기에 원소, 조조 등 서원팔교위 소속의 장수들이 하진의 수하로 들어왔다. 원소는 천하의 민심을 얻으려면 십상시를 제거해야 한다고 하진에게 말했다. 하진도 그와 같은 생각이었다. 하태후에게 환관 제도를 폐지하자고 했다. 하태후가 말했다.

"환관이 황궁을 관리하는 일은 아주 먼 옛날부터 시작하여 지금에 이르렀습니다. 한나라도 마찬가지이므로 환관 제도를 폐지할 수 없습니다."

하태후의 단호한 반대에 하진도 물러설 수밖에 없었다. 하지만 원소는 십상시를 제거하지 않으면 훗날 감당할 수 없는 불행이 닥칠 거라고 하진에게 여러 차례 설득했다. 지방에서 병사들을 거느리고 있는 장수들을 도성 낙양으로 불러들여 하태후를 압박하자고 했다.

하진은 원소의 건의를 받아들였다. 원소를 사례교위로 임명하고 도성 안팎을 장악하게 했다. 원소는 낙양의 방략무이(方略武夷)에게 환관들의 동태를 감시하게 한 후 병주목(幷州牧) 동탁(董卓·?~192) 등 장수들에게 군대를 이끌고 평락관(平樂觀)으로 진격하게 했다.

하태후는 비로소 사태의 심각성을 깨달았다. 측근 환관 몇 명만 궁궐에 남겨두고 중상시, 소황문 등 대다수 환관들을 파면한 후 각자의 거처로 돌아가게 했다. 환관들은 하진에게 가서 살려달라고 애원했다. 하진이 그들에게 말했다.

"지금 천하의 민심이 흉흉한 까닭은 너희들이 잘못을 저질렀기 때문이다. 지금 동탁 장군이 군대를 이끌고 도성으로 오고 있다. 너희들은 어찌하여 아직도 고향으로 돌아가지 않고 있는가?"

하진은 환관들을 고향으로 돌려보냄으로써 사태를 진정시키려고 했다. 하지만 원소는 하진에게 이번 기회에 환관들을 모조리 죽이자고 여러 차례 건의했다. 하진은 끝내 동의하지 않았다. 원소는 하진의 명령을 위조하여 전국 주군의 장관들에게 서찰을 보내 환관들의 친척을 잡아들이게 했다.

십상시의 우두머리격인 중상시 장양은 하진과 원소가 환관들의 씨를 말리려 한다고 생각했다. 장양의 며느리는 하태후의 여동생이다. 장양은 며느리에게 머리를 조아리고 이렇게 말했다.

"이 늙은 신하는 죄를 지었으니 마땅히 며느리와 함께 사가(私家)로 돌아가야겠지요. 다만 나는 여러 대에 걸쳐 황은(皇恩)을 입은 몸이오. 이제 황궁을 떠나려고 하니 황태후와 폐하를 그리워하는 마음을 금할 수 없네요. 떠나기 전에 입궁하여 황태후와 폐하를 잠시라도 섬기고 난 후에 고향으로 돌아갈 수 있으면 죽어도 여한이 없겠네요."

장양의 말을 전해들은 하태후는 감동했다. 다시 중상시들을 궁궐로 불러들여 환관의 업무를 보게 했다. 하진은 중상시들이 복직했다는 소식을 듣고 입궁하여 하태후에게 그들을 처벌해야 한다고 강력하게 주장했다. 하지만 하태후는 여전히 그들을 감싸고 돌았다.

중평 원년(189년) 8월 중상시 장양과 단규(段珪)는 하태후의 조서를 위조하여 하진을 가덕전(嘉德殿) 앞으로 유인했다. 하진이 함정에 걸려들었다. 상방감(尙方監) 거목(渠穆)이 그를 칼로 찔러 죽였다.

환관들은 하태후와 한소제의 신변을 지키면서 궁정 반란을 일으켰다. 오신(吳臣), 장장(張章) 등 하진의 부하 장수들은 하진이 피살되었다는 소식을 듣고 황궁을 포위했다. 궁문이 굳게 닫혔다. 호분중랑장 원술(袁術)과 오광(吳匡)이 궁문을 부수고 진격했다. 황궁 곳곳이 불길에 휩싸였다. 장양 등 환관들은 하태후에게 대장군 하진이 반란을 일으켰다고 거짓말했다. 하태후는 너무 놀라 어찌할 바를 몰랐다. 환관들은 하태후와 한소제 유변 그리고 진류왕 유협을 데리고 북궁(北宮)으로 피신했다.

이때 원소도 군사를 이끌고 북궁으로 쳐들어왔다. 북궁의 대문을 걸어 잠그고 환관 수색에 나섰다. 원소의 부하에게 붙잡혀 죽은 환관이 무려 2천여 명에 달했다. 심지어 환관이 아닌데도 수염이 나지 않아 환관으로 오인되어 피살된 사람도 적지 않았다.

그런데 장양과 단규가 보이지 않았다. 두 사람은 야음을 틈타 한소제 형제를 데리고 소평진(小平津: 하남성 맹진·孟津 동북쪽에 있는 나루터)으로 달아났다. 황제를 수행하는 대신은 한 명도 없었다. 상서 노식(盧植)과 하남중부연(河南中部掾) 민공(閔貢)이 병사들을 이끌고 소평진으로 달려가 장양을 만나 꾸짖었다.

"지금 네가 당장 죽지 않으면 내가 너를 죽이겠다."

노식이 칼로 환관 몇 명을 찔러 죽였다. 장양은 더 이상 피할 길이 없었다. 한소제에게 머리를 조아리며 말했다.

"신(臣) 등은 자살하겠습니다. 부디 폐하께서는 자중자애하소서."

장양, 단규 등 환관들은 황하의 물속으로 뛰어들어 자살했다. 환관들이 일으킨 궁정 정변은 삼일천하로 끝났다. 이로써 후한 시대에 망령처럼 끈질기게 사람들을 괴롭혔던 환관들은 완전히 몰락했다. 이 사건을 '십상시의 반란'이라고 칭한다.

2. 동탁이 유협을 황제로 추대하고 하태후와 한소제를 죽이다

동탁(董卓·?~192)은 농서군(隴西郡) 임조(臨洮: 감숙성 민현·岷縣) 사람이다. 성격이 화끈하고 힘이 장사였으며 말을 타고 화살을 쏘는 솜씨가 신기에 가까울 정도였다. 그는 농서군에서 싸움을 잘하고 지략이 뛰어나며 재물을 아낌없이 쓰는 호걸로 명성이 자자했다. 호걸들과 교류하면서 천하의 대세를 즐겨 논했다. 그의 명성을 듣고 찾아와 부하가 되고자 하는 자가 적지 않았다. 심지어 변방에 거주하는 소수 민족인 강족(羌族)의 수령들도 그를 만나 도움을 요청했다.

동탁은 젊었을 때 농서군에서 치안을 담당하는 지방 관리였다. 한환제 시대에 흉노의 침략을 격퇴한 공로로 낙양에서 우림랑이 되었다. 연희 9년(166) 선비족과 강족이 연합하여 침입했을 때 동탁은 호흉노중랑장 장환(張奐)의 군사마(軍司馬)가 되어 혁혁한 전공을 세웠다. 그 후 강족의 반란을 진압한 공로로 병주자사, 하동군태수 등 관직을 역임했다.

한나라 역대 황제 평전

한영제 중평 원년(184) 장각의 황건군이 봉기를 일으켰을 때 동탁은 황건군에 패배하여 파면되었다. 같은 해 겨울 한수(韓遂), 변장(邊章) 등이 양주(凉州)에서 "환관을 토벌한다."라는 기치를 내걸고 반란을 일으켜 삼포(三輔: 도성 장안을 둘러싼 경기 지역) 지방까지 진격했다. 후한 조정은 좌거기장군 황보숭(皇甫嵩)에게 반란군을 진압하게 했다. 이때 동탁도 중랑장으로 복직되어 참전했는데 전공을 세워 파로장군으로 승진했다.

중평 2년(185) 11월 반란군이 양주의 금성군(金城郡) 유중현(榆中縣)으로 퇴각했다. 거기장군 장온(張溫)은 주신(周慎)에게 반란군을 추격하게 했다. 아울러 동탁에게는 선령강(先零羌: 서강족·西羌族의 일족)을 토벌하게 했다. 그런데 주신은 반란군 토벌에 실패했으며, 동탁도 위수(渭水)에서 선령강에게 포위되었다. 동탁은 기지를 발휘하여 포위망을 뚫고 우부풍(右扶風: 삼포를 다스리는 관직명이자 삼포의 한 지역)으로 갔다. 당시 장온은 주신, 동탁 등 부하 장수 6명에게 여섯 갈래의 길에서 진격하게 했다. 동탁만이 패하지 않고 병사 3만 명을 이끌고 무사히 회군했다. 한영제는 동탁의 공로를 인정하여 그를 태양후(鮿鄕侯)로 책봉하고 식읍 1천호를 하사했다.

중평 6년(189) 동탁은 진창(陳倉: 섬서성 보계·寶鷄)에서 반란군을 토벌하여 명성을 떨쳤다. 한영제는 동탁의 세력이 날로 커지고 있음을 두려워하여 그를 병주목(幷州牧)에 임용한 후, 그가 거느린 병사들을 좌장군 황보숭의 휘하에 두게 했다. 하지만 동탁은 어명을 거역하고 하동군에 머물면서 낙양의 형세를 관망했다. 같은 해 4월 한영제가 붕어했다.

하진과 원소는 지방에 주둔하고 있는 장수들을 낙양으로 불러들였다. 동탁은 병사들을 이끌고 낙양으로 진군하는 도중에 멀리서 황궁이 불타고 있는 모습을 보고 변란이 일어났음을 직감했다. 낙양 근교의 현양원(顯陽苑)에 이르러서야, 한소제가 북망산(北芒山: 하남성 낙양 북쪽에 있는 망산·邙山)에 머무르고 있다는 사실을 알았다. 황제의 신병을 제일 먼저 확보해야 권력을 장악할 수 있었다. 황급히 군사를 이끌고 북망산으로 달려가 한소제를 배알했다. 당시 한소제의 나이는 13세였다. 그는 동탁의 군사를 보자마자 너무 놀라 울음을 터뜨렸다.

동탁은 한소제에게 변란의 자초지종을 물었다. 한소제는 제대로 답변하지 못하고 벙어리처럼 행동했다. 반면에 진류왕 유협은 한소제보다 다섯 살 어렸지만 변란이 일어난 정황을 구체적으로 설명했다. 그는 어린아이답지 않게 행동이 의젓했다. 게다가 그는 동태후가 양육한 인연으로 이름을 '동후(董侯)'라고 칭하기도 했다. 동탁과 동태후는 친척 관계는 아니었지만 성씨가 같았다. 동탁은 동태후에게 일종의 동족 의식을 느꼈다. 유협을 새 황제로 추대하는 게 자신의 권력 기반을 다지는 데 여러모로 유리했다.

동탁이 한소제 일행을 호위하고 낙양 도성으로 입성했을 때 그가 거느린 병사는 3천여 명에 불과했다. 원소, 원술과 집금오 정원(丁原)이 거느린 병사는 동탁보다 10배 많은 3만여 명에 달했다. 동탁은 매일 밤 도성 안에 주둔하고 있는 병사들을 몰래 밖으로 이동하게 한 후 아침마다 위풍당당하게 행진을 하면서 도성 안으로 들어오게 했다. 백성들은 며칠 동안 연이어 입성하는 동탁의 병사들을 보고 동탁 장군이 대군을 거느리고 있다고 생각했다. 동탁이 원소를 만나 말했다.

"천하의 주인이 된 자는 현명해야 하거늘, 한영제를 생각할 때마다 분노가 치밀어 오르오. 동후(董侯: 유협)는 천자가 될 만한 능력이 있소. 오늘 나는 그를 천자로 추대하고 싶은데 그가 사후(史侯: 유변)보다 낫지 않겠소?"

원소는 동탁이 흑심을 품고 있음을 알아차리고 대답했다.

"한나라 황실의 군주들이 천하를 다스린 지 400여 년이 되었소. 선황제들이 베푼 은혜와 덕택이 미치지 않은 곳이 없소. 그래서 모든 백성들은 한나라를 떠받들고 있는 것이오. 지금 주상의 나이가 너무 어린 까닭에 아직은 천하에 무슨 잘못을 저지르지 않았소. 그런데도 공(公)은 적자(嫡子)를 폐위하고 서자(庶子)를 추대하려고 하오. 나는 사람들이 공의 의견을 따르지 않을까 걱정이오."

동탁은 분노하여 칼을 빼들고 소리쳤다.

"이 어린놈이 감히 내 앞에서 헛소리를 지껄이는구나. 천하의 일은 오로지 내가 결정하는 거야! 내가 원해 결정한 일에 누가 감히 복종하지 않겠느냐. 너는 동탁의 칼이 얼마나 예리한지 모른단 말이냐?"

원소도 발끈하여 말했다.

"어찌 동공(董公)만이 천하의 영웅호걸이겠소?"

너 이외에도 천하의 영웅호걸들이 많다는 의미이다. 동탁은 그를 죽이고 싶었지만 그가 명문거족 출신임을 알고 포기했다. 원소는 사례교위의 부절(符節)을 상동문(上東門)에 걸어놓은 후 기주(冀州: 하북성 형수·衡水)로 달아났다. 중평 원년(189) 9월 동탁은 숭덕전전(崇德前殿)에서 대신들이 도열한 가운데 하태후를 협박하여 작성한 조서를 반포했다.

"황제는 대상(大喪)을 치르는 기간에 효자의 마음으로 선황제를 애도하지 않았다. 또 그는 군주다운 행동을 하지 않았으며 권위도 없었다. 지금 그를 폐위하여 홍농왕(弘農王)으로 삼으며, 진류왕 유협을 황제로 추대하노라."

이렇게 진류왕 유협은 8세의 나이에 동탁에 의해 황제로 추대되었다. 그가 후한의 마지막 황제 한헌제(漢獻帝)이다. 동탁은 유협을 황제로 세운 후 하태후의 죄상을 밝혔다.

"하태후는 시어머니 동태후를 핍박하여 죽음에 이르게 했다. 이는 며느리가 시어머니를 모시는 인륜에 크게 위배되는 행위이다."

동탁은 하태후를 영안궁(永安宮)에 가두었으며 며칠 후에 그녀를 독살했다. 이 시기부터 동탁의 폭정이 시작되었다.

3. 동탁이 어린 황제를 끼고 폭정을 일삼다

동탁은 어린이 유협을 꼭두각시 황제로 추대한 후 스스로 태위가 되어 전장군(前將軍) 관직을 겸직했다. 또 얼마 후 한헌제를 압박하여 자기에게 부절(符節), 부월(斧鉞), 호분(虎賁) 등을 하사하고 미후(郿侯)로 책봉하게 했다. 부절이란 대나무, 옥, 금속 등의 물건에 조정의 명령을 써놓은 일종의 증명서이다. 부월은 무기나 형구로 사용하는 도끼인데 군권과 통치권의 상징이다. 호분은 고대에 황제가 공훈을 세운 신하에게 특별히 하사하는 구석(九錫) 가운데 한 가지 예물이다.

한헌제가 동탁에게 부절, 부월, 호분 등을 하사했다는 것은 동탁이 권력을 장악했음을 뜻한다. 동탁은 또 상국(上國)과 태사(太師) 관직을 차지하여 삼공(三公)보다 높은 지위에 올랐다. 그는 입조할 때 종종걸음으로 걸을 필요가 없고 몸에 칼을 찰 수 있었으며 황제를 배알할 때 이름을 밝히지 않는 특권을 누렸다.

이 시기에 환관들에게 살해된 대장군 하진을 따르던 장졸들이 모두 동탁의 수하로 들어왔다. 또 당시 군웅 중의 한 명이었던 여포(呂布·?~199)가 집금오 정원을 죽이고 동탁의 의붓아들이 되었다. 도성 낙양과 조정은 완전히 동탁의 수중으로 들어왔다.

동탁은 아주 포악하고 탐욕스러운 인물이었다. 권력을 장악하자마자 본성을 마음껏 드러내기 시작했다. 하태후를 독살한 후 그녀의 시신을 한영제의 능묘인 문릉(文陵)에 합장하는 틈을 타서 부하들에게 매장한 금은보화를 도굴하게 했다. 부하들이 낙양 부호들의 재산을 강탈하고 부녀자들을 닥치는 대로 강간해도 모른 척했다. 낙양이 무법 천지로 변했다. 시어사 요룡종(擾龍宗)은 몸에 칼을 찬 채 동탁을 배알하는 실수를 저질렀다. 동탁은 그를 때려죽이게 했다. 또 이미 사망한 하태후의 오빠 하묘(何苗)의 시신을 무덤에서 꺼내어 토막을 낸 후 원림에 버렸다. 그의 어머니 무양군(舞陽君) 흥(興)도 살해된 후 나무 울타리 아래에 버려졌다.

조정 중신들은 동탁의 만행에 엄청난 충격을 받았다. 말 한마디 잘못했다가는 목이 달아났다. 동탁이 낙양에서 어린 황제를 끼고 폭정을 일삼는다는 소문이 전국에 퍼졌다. 전국의 군웅은 동탁을 타도하여 홍농왕 유변을 다시 황제로 복위시키고자 병사를 일으켰다.

초평(初平) 원년(190) 동탁은 그들과 유변의 접촉을 두려워하여 낭중령 이유(李儒)에게 유변을 살해하게 했다. 유변은 이유가 건네 준 짐주(鴆酒)를 마시고 죽었다. 그의 나이 겨우 14세였다.

동탁은 낙양의 민심이 흉흉해지자 장안으로 천도할 결심을 했다. 장안으로 천도하기 전에 낙양을 초토화했다. 낙양에서 약탈한 수많은 금은

보화를 수레에 싣고 장안으로 떠났다. 한헌제와 낙양의 백성 수십 만 명도 강제로 끌려갔다. 초평 2년(191) 4월 동탁은 푸른 덮개에 금장식을 두른 수레를 타고 장안에 입성했다. 그 화려함과 위세가 마치 천자와 같았다.

동탁은 친정 체제를 구축할 목적으로 동생 동민(董旻)은 좌장군으로, 조카 동황(董璜)은 시중과 중군교위로 임용했을 뿐만 아니라, 동씨 일족도 조정으로 불러들여 고위 관직에 임용했다. 이때 생모는 지양군(池陽君)으로, 손녀 동백(董白)은 위양군(渭陽君)으로, 심지어 시첩의 뱃속에 든 태아도 제후로 책봉된 것을 보면 동탁의 권력 남용과 위세가 얼마나 대단했는지 짐작할 수 있다.

공경 대신들은 동탁을 만나면 모두 말에서 내려 무릎을 꿇고 절을 해야 했다. 조정의 고위 관리들은 동탁이 머무르고 있는 태사부(太師府)에 가서 업무를 보고하고 지시를 받아야 했다. 당시 나이 10세에 불과한 한헌제는 동탁이 하라는 대로 할 수밖에 없었다. 사실상 동탁이 천자 행세를 했다.

동탁은 자신의 봉토인 미현(郿縣: 섬서성 보계에 속한 현·縣)에 궁궐처럼 거대한 성채를 쌓고 '만세오(萬歲塢)'라고 칭했다. 당시 사람들은 그것을 '미오(郿塢)'라고 불렀다. 민간에서 선발한 미녀 1천여 명이 만세오에서 거주하면서 동탁의 성적 노리개가 되었다. 동탁은 갈취한 엄청난 분량의 금은보화와 양식을 그곳에 쌓아두게 했다. 쌓아둔 양식이 얼마나 많았던지 30년 동안 먹어도 부족하지 않을 정도였다. 동탁은 거대한 만세오를 보고 말했다.

"내가 관동(關東) 지방을 평정하면 천하에서 웅거할 수 있을 거야. 설령
실패한다고 해도 이 만세오를 굳건히 지키면 한평생 부귀영화를 누릴 수
있겠구나."

어느 날 동탁이 만세오로 떠날 때 공경 대신들은 장안성의 횡문(橫門) 밖에서 그를 송별하기 위한 연회에 참석했다. 동탁은 연회석에서 투항한 북지군(北地郡)의 장졸 수백 명을 살해했다. 연회에 참석한 사람들은 너무 놀라 수저와 젓가락을 떨어뜨렸지만 동탁은 태연자약하게 음식을 먹었다. 그는 주연을 베풀 때마다 죄인을 끌고 와 혀와 팔다리를 자르거나 눈을 도려내기도 하고 큰 솥에 삶는 극악무도한 짓을 저지르기도 했다. 관중 지방의 토호들이 자신의 명령을 따르지 않으면 그들에게 반역죄를 씌워 참살했다.

동탁은 또 화폐를 개혁한다는 명목으로 당시 유통되고 있었던 오수전(五銖錢)과 낙양과 장안에 있는 동인(銅人) 등 각종 구리 제품을 녹여 작은 동전으로 만들었다. 그런데 작은 동전의 품질이 얼마나 조악했던지 도무지 돈 같지 않았다. 백성들은 그것을 사용하지 않았기 때문에 물가가 폭등하여 시장을 혼란에 빠뜨렸다. 억울하게 죽임을 당한 사람이 부지기수이며 나라가 극도의 혼란에 빠지자 동탁을 암살하려는 자들이 나타났다.

사도 왕윤(王允), 사례교위 황완(黃琬), 상서복야 사손서(士孫瑞), 상서 양찬(楊瓚) 등이 은밀히 동탁 암살을 모의했다. 동탁도 자신이 사람들을 함부로 죽이기 때문에 암살을 당하지 않을까 두려워했다. 어디를 가든 항상 자기가 가장 신임하는 의붓아들인 중랑장 여포에게 신변을 지키게 했다. 어느 날 여포와 동탁은 사소한 일로 마찰을 빚은 적이 있었다. 성질이 포악한 동탁은 창으로 여포를 찔러 죽이려고 했다. 여포는 황급히 사과하여 목숨을 건졌지만 동탁의 난폭함에 두려움을 느꼈다.

또 어느 날 동탁은 여포에게 중각(中閣: 궁궐의 소문·小門)을 지키게 했는데 여포는 중각에서 동탁이 총애하는 시녀와 사통했다. 훗날 여포와 사통했다는 그 시녀는 『삼국지연의』에서 중국의 4대 미녀 중의 한 명이라는 초선(貂蟬)으로 형상화된다. 소설의 내용에 따르면 그녀는 원래 왕윤 집안의 의녀(義女)였다. 왕윤은 그녀를 동탁의 시녀로 들어가게 하여 동탁과 여포 사이를 갈라놓게 했다. 이른바 '미인계'를 이용한 것이다. 사실 초선은 소설 속의 인물에 불과하다. 어쨌든 여포는 여포의 시녀와 사통한 일로 불안했다.

어느 날 여포는 왕윤을 찾아와 자기가 동탁에게 죽을 뻔했다는 사실을 털어놓았다. 예전부터 두 사람은 서로 마음을 터놓고 얘기하는 관계였다. 왕윤은 여포에게 동탁을 암살하자고 했다. 여포가 말했다.

"동탁과 나는 아버지와 아들 관계인데 어찌 내가 그를 죽일 수 있겠소?"

왕윤이 대답했다.

"그대의 성씨는 여씨(呂氏)가 아닌가요? 본래 동탁과 골육 관계는 아니지요. 지금 그대가 언제 동탁에게 죽임을 당할지 몰라 근심하고 있는데 무슨 부자(父子) 관계를 운운합니까? 동탁이 창을 들고 그대를 죽이려고 했을 때 어찌 부자의 정이 있었겠습니까?"

여포는 왕윤과 뜻을 함께 하기로 결심했다. 초평 3년(192) 4월 23일 동탁은 수레를 타고 궁궐로 들어가는 도중에 여포에게 살해되었다. 동탁의 시신은 저잣거리에 버려졌다. 어떤 사람이 뚱보 동탁의 배꼽에 심지를 꽂고 불을 붙이자 며칠 동안 계속 탔다고 한다. 동탁의 지방으로 가득한 비만한 몸을 상징하는 장면이다. 동탁이 살해되었다는 소식이 사방으로 퍼졌다. 병사들은 모두 만세를 불렀으며 백성들은 서로 얼싸안고 춤을 추었다. 동탁 일족은 모두 도륙을 피할 수 없었다.

4. 군웅의 패권 다툼 속에서 고난의 세월을 보내다

한헌제는 동탁을 제거하는 데 가장 큰 공을 세운 사도 왕윤을 녹상서사(錄尙書事)로, 중랑장 여포를 분위장군(奮威將軍)으로 임명하고 두 사람에게 조정의 정치를 위임했다. 선비 출신인 왕윤은 충직하고 불의를 참지 못하는 성격으로 유명했다. 동탁을 제거한 후에는 그의 명성이 날로 높아졌다. 신하와 백성들 사이에서 그를 칭송하는 소리가 끊이질 않았다. 왕윤은 점차 오만해지기 시작했다. 천하의 대도적인 동탁을 죽인 그에게는 더 이상 무서울 것이 없었다. 그는 예전과는 다르게 다른 사람의 의견을 존중하지 않았다. 자기가 옳다고 판단한 일이면 반드시 밀어붙였다. 그는 동탁의 잔당을 소탕하고 싶었다.

당시 민간에는 왕윤이 양주(涼州)에 있는 동탁의 잔당을 토벌할 계획이라는 소문이 퍼졌다. 동탁의 부하 장수였던 이각(李傕)과 곽사(郭汜)는 양주 사람이다. 두 사람은 장안에 측근을 보내 사면을 요청했지만 왕윤에게 거절을 당했다. 이각 등은 각자 고향으로 달아나려고 했다. 토로교위(討虜校尉) 가후(賈詡)가 그들에게 말했다.

"여러 분이 병사들을 버리고 혼자 달아나면, 정장(亭長) 한 명의 힘으로도 여러 분을 체포할 수 있을 것이오. 여러 분이 각자 도망가기 보다는 병사들을 이끌고 서진(西進)하여 장안을 점령한 후 동공(董公)을 위해 복수하는 게 좋겠소. 성공하면 천자를 받들어 천하를 바로잡을 수 있으며, 실패하면 그때 달아나도 늦지 않을 것이오."

이각 등은 가후의 말이 옳다고 여기고 번조(樊稠), 장제(張濟) 등 동탁의 예전 부하들을 끌어들였다. 초평 3년(192) 5월 이각 등은 10만 대군을 이끌고 장안으로 진격하여 장안성을 포위했다. 장안성을 지키는 여포와 치열한 접전을 벌였다. 여포가 장안성을 수비한 지 8일째 되는 날 그의 군영에서 촉나라 출신 병사들이 반란을 일으켰다. 이각 등은 반란군의 안내로 장안성에 입성할 수 있었다. 여포는 이각 등과 맞서 싸우다가 패배하자 기병 수백 기를 이끌고 성 밖으로 탈출하여 남양(南陽)에서 웅거하고 있는 원술에게 투항했다. 이각 등은 태복 노규(魯馗) 등 관민 1만여 명을 학살했다.

왕윤은 한헌제를 모시고 선평문(宣平門)으로 올라가 병화를 피했다. 이각 등은 선평문 아래에서 엎드린 채 머리를 조아리고 있었다. 한헌제가 그들에게 물었다.

"경들은 병사들을 풀어 소란을 일으키고 있는데 원하는 것이 무엇인가?"

이각 등이 대답했다.

"동탁은 폐하에게 충성을 다했는데 아무런 잘못도 없이 여포에게 피살되었습니다. 신(臣) 등은 동탁을 위해 원수를 갚으려고 병사를 일으켰을 뿐이지 절대 역모를 꾸민 게 아닙니다. 원수를 갚으면 스스로 정위(廷尉)에 가서 처벌을 받겠습니다."

이각 등은 선평문을 포위한 채 왕윤을 나오게 했다. 왕윤이 모습을 드러내자 이각 등은 그에게 소리쳤다.

"태사 동탁이 무슨 죄를 지었단 말이오?"

한나라 역대 황제 평전

왕윤은 아무 말도 하지 못하고 성문 아래로 내려와 그들을 만났다. 다음 날 한헌제는 대사면을 반포하고 이각을 양무장군(揚武將軍)으로, 곽사를 양렬장군(揚烈將軍)으로, 번조 등을 중랑장으로 임명했다. 이각은 왕윤을 죽이려고 했지만 왕윤의 심복 좌풍익(左馮翊) 송익(宋翼)과 우부풍(右扶風) 왕굉(王宏)의 반격을 두려워하여 손을 쓰지 못했다. 얼마 후 가짜 조서로 송익과 왕굉을 궁궐로 유인하여 죽인 후 왕윤과 그의 일족을 살해했다.

한헌제는 또 이각과 곽사 등 신하들에게 부림을 당하는 처지로 전락했다. 그렇지만 그는 어린 나이임에도 무능한 군주는 아니었다. 동탁이 나라를 망친 후과는 심각했다. 설상가상으로 흥평(興平) 원년(194)에 삼포(三浦) 지방에 대가뭄이 들었다. 장안성에서 곡식 1곡(斛) 가격이 50만 전이나 했으며, 사람이 사람을 잡아먹는 참상이 벌어졌다. 한헌제는 시어사 후문(侯汶)에게 태창(太倉)에 비축해 놓은 곡식을 죽으로 끓여 기아에 허덕이는 백성들을 구제하게 했다. 하지만 여전히 굶어 죽는 자들이 줄어들지 않았다. 그는 곡식 공급에 문제가 있지 않을까 의심했다. 쌀과 콩 각각 5 승(升)을 어전에서 직접 죽으로 끓이게 했다. 그는 끓인 죽이 큰 양동이 두 개에 가득 찬 것을 보고 관리들이 곡식을 빼돌린 사실을 알았다. 후문에게 곤장 50 대의 형벌을 내린 후에야 굶어 죽는 자가 줄어들었다.

흥평 원년(194) 한헌제는 이각을 거기교위 겸 사례교위로, 곽사를 후장군(後將軍)으로, 번조를 우장군으로, 장제를 표기장군으로 임용하고 네 사람을 열후로 책봉했다. 아울러 이각, 곽사, 번조 등 세 사람에게는 조정의 정치를 관장하게 하고, 장제에게는 홍농군(弘農郡: 하남성 영보·靈寶 동북쪽)으로 가서 그곳을 다스리게 했다.

이각은 수시로 곽사를 자신의 저택으로 초청하여 주연을 베풀었다. 가끔은 곽사를 저택에서 여러 날 동안 머무르게 했다. 그런데 곽사의 아내는 남편이 이각의 시첩과 놀아나지 않을까 걱정했다. 이간계로 이각과 곽사의 사이를 끊어 놓고자 했다. 어느 날 이각이 곽사의 저택에 음식물을 보냈다. 곽사의 아내는 된장을 독약으로 속이고 곽사에게 보여주면서 말했다.

"둥지 하나에는 수탉 두 마리가 들어 갈 수 없지요. 장군께서는 이공(李
公)을 너무 믿고 있는 게 아닌가 걱정이 되네요."

어느 날 이각이 또 곽사를 초대하여 함께 술을 마셨다. 곽사는 대취하자 이각이 술에 독을 타지 않았을까 의심했다. 술에 똥물을 섞어서 마셨다. 옛날 사람들은 똥물이 해독 작용이 있다고 생각했다. 이각은 그 모습을 보고 분노했다. 두 사람은 이때부터 서로 의심하기 시작했으며 끝내는 무력 충돌로 비화되었다.

홍평 2년(195) 이각과 곽사는 서로 격렬하게 싸우면서 한헌제의 신병 확보에 혈안이 되었다. 곽사가 한헌제를 자기 군영으로 데리고 갈 음모를 꾸몄다. 곽사의 의도를 눈치챈 이각이 먼저 한헌제를 자기 군영으로 데리고 갔다. 아울러 궁궐 안에 있는 모든 재물을 자기 군영으로 옮기게 한 후 궁궐을 잿더미로 만들었다. 장안성은 순식간에 폐허로 변했다.

곽사는 야음을 틈타 이각의 군영을 공격했다. 곽사의 병사들이 쏜 화살이 한헌제 처소의 휘장에 꽂히고 이각의 왼쪽 귀를 관통했다. 이각은 황급히 한헌제를 데리고 북오(北塢)로 달아났다. 성채의 문을 걸어 잠그고 외부와의 연락을 끊었다. 성채에 비축해 놓은 양식이 바닥을 드러냈다. 한헌제를 모시고 있는 신하들이 굶주린 얼굴빛을 보였다. 한헌제는 이각에게 쌀 5 두(斗)와 소뼈 5 구(具)를 신하들에게 내려달라고 부탁했다. 이각이 말했다.

한나라 역대 황제 평전

"아침저녁으로 밥을 제공하는데 무슨 쌀이 필요하오?"

이각은 한헌제에게 썩은 소뼈 몇 구를 보냈다. 한헌제는 대노하여 이각을 꾸짖으려고 했으나 시중 양기(楊琦)의 만류로 그만 두었다. 당시 한헌제가 얼마나 무기력한 군주였는지 알 수 있는 일화이다. 그 후 한헌제는 이각과 곽사 사이에서 중재를 시도했지만 뜻대로 되지 않았다. 이각과 곽사는 서로 싸우느라 막대한 손실을 입었다. 마침 이각의 부하 장수 양봉(楊奉)이 반란을 일으켰다. 이각의 세력이 급속하게 쇠퇴했다.

진동장군(鎭東將軍) 장제(張濟)가 섬현(陝縣)에서 군사를 이끌고 장안으로 와서 이각과 곽사에게 화해를 종용했다. 두 사람이 화해하지 않으면 무력으로 진압하겠다는 뜻을 은근히 밝혔다. 한헌제도 두 사람에게 여러 차례 사신을 보내 싸움을 그치게 했다. 두 사람은 각자 아들을 인질로 보내고 화해하기로 결정했다. 그런데 이각의 아내가 아들을 너무 사랑하여 인질로 보낼 수 없다고 버텼다. 우여곡절 끝에 서로 딸을 인질로 보내기로 하고 화해했다.

이각은 병사들을 이끌고 장안을 떠나 지양(池陽)에 주둔했다. 한헌제는 장제를 표기장군으로 임명하고 삼공(三公)과 똑같이 부서를 설치하게 했다. 곽사도 거기장군에 임용되었다. 곽사는 한헌제를 고릉(高陵: 섬서성 서안 고릉구)으로 데리고 가고 싶었다. 하지만 장제는 그를 홍농군(弘農郡)으로 모시고 가야 한다고 주장했다. 한헌제도 종묘에서 가까운 홍농군으로 가고 싶었다. 곽사가 황제의 뜻을 따르지 않았다. 한헌제는 하루 종일 식사를 거부하며 곽사를 압박했다. 황제가 신하에게 자신의 뜻을 관철시키기 위하여 단식 투쟁을 하는 초유의 사태가 벌어진 것이다.

곽사는 또 한헌제를 협박하여 장안성에서 가까운 미현(郿縣)으로 데리고 가려고 음모를 꾸몄다. 시중 종집(種輯)이 음모를 알아차렸다. 후장군 양정(楊定), 흥의장군 양봉(楊奉), 안집장군 동승(董承) 등 장수들에게 신풍(新豐: 섬서성 임동·臨潼)에서 회합하여 곽사의 군대를 저지하자고 했다. 곽사는 음모가 탄로 나자 남산(南山)으로 도망갔다.

얼마 후 한헌제는 비로소 이각과 곽사의 통제에서 벗어나 양봉, 동승 등 장수들의 호위를 받고 동쪽 홍농군으로 떠났다. 이각과 곽사는 한헌제를 동쪽으로 돌아가게 한 것을 후회했다. 다시 연합하여 병사들을 이끌고 한헌제 일행을 추격했다. 한헌제는 추격을 피해 달아나면서 풍찬노숙하지 않은 날이 거의 없었다.

한헌제 일행은 가까스로 홍농군에 도착했으나, 이각과 곽사의 연합군이 끝까지 추격해왔다. 양봉, 동승 등 한헌제를 호위한 장수들이 연합군에 맞서 싸웠지만 대패했다. 흥평 2년(195) 12월 양봉 등은 한헌제를 데리고 황하를 건너 안읍(安邑: 산서성 하현·夏縣)으로 피신했다. 한헌제는 군웅의 패권 다툼 속에서 이해 관계에 따라 이리저리 끌려 다니는 가련한 신세가 되었다. 이때 그의 나이 14세였다. 군웅을 제압하고 황제의 권력을 행사하기에는 너무나 어린 나이였다.

5. 조조의 보호를 받으면서 꼭두각시 황제로 전락하다

한헌제는 안읍에서 한숨 돌릴 수 있었다. 대신들의 건의에 따라 연호를 건안(建安)으로 정하고 대사면을 반포했다. 한헌제는 허수아비였지만 어쨌든 명목상의 천자였다. 한헌제의 측근 장수들은 그를 이용하여 전국의 군웅을 통제하고 싶었다.

건안 원년(196) 봄 양봉, 한섬(韓暹) 등은 한헌제를 호위하고 낙양으로 떠났다. 낙양은 권신 동탁에 의해 폐허로 변했지만, 한나라 역대 황제들의 영혼이 깃든 도읍지였다. 안국장군 장양(張楊)이 수레에 양식을 싣고 와서 한헌제 일행을 맞이했다. 한헌제는 낙양에 도착했으나 거처할 만한 궁실이 없었다. 예전에 중상시였던 조충(趙忠)의 집에서 지내는 수밖에 없었다. 장양은 남궁(南宮)의 허물어진 전각을 수리한 후 양안전(楊安殿)이라고 칭했다. 자신이 황제를 호위하여 편안하게 했다는 의미를 담은 호칭이다. 얼마 후 한헌제는 양안전으로 거처를 옮겼다. 장양이 장수들에게 말했다.

"천자는 마땅히 천하의 모든 사람들이 받들어 모시는 천자가 되어야하오. 조정의 일은 공경대신들이 처리해야 하오. 나는 장수로서 도성 밖으로 나가 외환(外患)을 막아야겠소."

장양은 병사들을 이끌고 야왕(野王: 하남성 심양·沁陽)으로 돌아갔다. 양봉도 병사들을 이끌고 양현(梁縣)으로 가서 주둔했다. 한섬과 동승은 낙양에 남아 도성 수비를 맡았다. 당시 낙양의 궁궐은 폐허로 변했기 때문에 신하들이 거주할만한 곳이 거의 없었다. 그들은 무너진 집 사이에서 천막을 치고 기거했다. 전국의 주군(州郡)은 이미 군웅의 각축장으로 변했다. 지방 관리들은 관할 지역을 다스리는 장수들에게 충성했을 뿐이다. 낙양의 황제와 조정에 조공을 바치는 자가 거의 없었다. 상서랑 이하 관리들은 들판에서 약초를 뜯어먹고 배고픔을 견뎠으며, 조정 중신들조차도 굶주림을 피할 수 없었다. 굶어죽거나 병사들에게 피살당하는 관리도 있었다. 낙양은 그야말로 아수라장이었다.

한편 한헌제가 장안에서 동쪽 낙양으로 떠날 무렵에 조조는 정도(定陶), 늠구(廩丘), 연주(兗州) 등 산동 지역을 평정하여 명성을 떨쳤다. 한헌제는 그를 연주목(兗州牧)으로 임명했다. 조조는 산동 지방의 강력한 패자(霸者)로 떠올랐다. 건안 원년(196) 2월 조조는 여남(汝南), 영천(潁川) 일대에서 하의(何

儀), 유벽(劉辟) 등 황건군의 잔당을 소탕한 공로로 건덕장군(建德將軍)에 임명되었다. 또 몇 개월이 지난 후에는 진동장군(鎭東將軍)에 임명되고 아버지 조승의 비정후(費亭侯) 작위를 물려받았다. 조조는 허현(許縣: 하남성 허창·許昌)에서 한헌제가 낙양으로 떠났다는 소식을 듣고 군대를 파견하여 그를 영접하려고 했다. 하지만 조조의 부하들은 산동 지방이 아직 평정되지 않았고 아울러 양봉, 한섬, 장양 등 한헌제를 호위하고 있는 장수들을 제압하기 어렵다는 이유를 들어 한헌제 영접을 반대했다. 조조의 책사인 순욱(荀彧)은 그들과 다른 의견을 냈다.

"지금 천자가 돌아오고 있습니다. 동경(東京: 낙양을 지칭)은 폐허로 변하여 잡초만 무성하지만 의로운 선비는 근본을 보존하고자 하며, 백성은 예전에 번창했던 도읍지를 생각하며 슬퍼하고 있습니다. 이번 기회에 주상(主上)을 받들어 사람들의 간절한 소망에 부합하는 것이 가장 시의적절한 행동이며, 일을 공평무사하게 처리하여 천하의 사람들을 복종시키는 것이 가장 정확한 책략입니다. 또 대의를 널리 선양하여 영걸들을 끌어모으는 것이 가장 큰 덕행입니다."

순욱은 또 조조에게 한헌제를 끼고 천하를 호령해야 군웅을 제압할 수 있다고 주장했다. 조조는 순욱의 주장에 공감했다. 중랑장 조홍(曹洪)에게 군사를 이끌고 서진(西進)하여 한헌제를 영접하게 했다. 하지만 동승과 원술의 부하 장수인 장노(萇奴)의 저지로 뜻을 이루지 못했다.

건안 원년(196) 여름 한헌제 일행이 마침내 낙양에 당도했다. 동승, 한섬, 장양 등 한헌제를 호위한 장수들끼리 권력 다툼을 벌였다. 동승은 한섬의 세력에 대항하기 위하여 비밀리에 조조를 낙양으로 끌어들였다. 조조는 낙양에 도착한 후 한헌제에게 한섬과 장양의 죄행을 상주했다. 한섬은 피살되지 않을까 두려워하여 단기필마로 거기장군 양봉(楊奉)이 있는 양현(梁縣)으로 달아났다. 한헌제는 한섬과 양봉이 자신을 낙양으로 호송한 공로가 있다고 여기고 두 사람의 죄를 추궁하지 못하게 했다.

조조는 사례교위와 녹상서사 관직을 제수받아 실권을 장악했다. 한헌제를 압박하여 상서 풍석(馮碩) 등 세 사람을 죽이고 동승 등 13명을 열후로 책봉하게 했다. 어느 날 조조는 의랑 동소(董昭)에게 이렇게 물었다.

"지금 내가 낙양에 왔는데 앞으로 어떻게 해야겠소?"

동소가 대답했다.

"지금 낙양에 있는 장수들은 각자 딴 마음을 품고 있습니다. 그들이 반드시 장군에게 복종한다고는 볼 수 없습니다. 장군께서 낙양에서 계속 천자를 보좌하면 형세가 대단히 불리할 것입니다. 천자를 장군의 영지인 허현으로 모시고 가는 게 좋겠습니다."

조조는 동소가 자신의 속마음을 꿰뚫고 있음을 알고 크게 기뻐했다. 건안 원년(196) 9월 조조는 한헌제를 데리고 허현으로 갔다. 한헌제는 조조의 뜻에 따라 허현을 도성으로 정했다. 아울러 조조에게 대장군, 무평후(武平侯) 등 관작을 하사했다.

당시 양현(梁縣)에 주둔하고 있었던 거기장군 양봉이 조조가 한헌제를 허현으로 데리고 갔다는 소식을 듣고 분노했다. 병사를 이끌고 조조를 공격했지만 대패하여 원술이 다스리고 있는 회남(淮南) 지방으로 달아났다. 한헌제는 또 조조를 사공으로 임명하고 거기장군의 업무를 대행하게 했다. 이 시기부터 조조는 '천자를 끼고 제후들에게 명령을 내리는' 실질적인 통치자로 부상했다.

조조는 아주 영리한 사람이었다. 한헌제를 함부로 다루면 군웅에게 꼬투리를 잡힐 게 분명했다. 그를 천자로 예우해주면서 풍족하게 생활하게 했다. 그를 배알할 때는 언제나 신하가 지켜야 하는 예의와 법도를 준수했다. 하지만 조정의 정치에서는 철저하게 그를 배제했다. 한헌제는 하루 종일 즐겁게 노는 일로 시간을 보냈다. 조조는 그를 꼭두각시 황제로 만들고 난 후 어명을 빙자하여 반대파를 제거했다.

태위 양표(楊彪)와 사공 장희(張喜)는 한헌제의 충신이었는데 조조에게 밉보여 파직을 당했다. 의랑 조언(趙彦)은 조조 일당이 한헌제의 일거수일투족을 감시하며 농락하는 모습을 보고 분개했다. 목숨을 걸고 한헌제에게 난국을 타개할 시책(時策)을 올렸다. 조조는 그를 증오하여 살해했다. 그와 관련이 있는 자들도 모두 도륙을 당했다.

당시 중원 지방에서 조조와 쌍벽을 이루고 있던 장수는 원소(袁紹)였다. 그는 거기장군을 자칭하며 동탁 토벌에 전공을 세웠다. 그 후 기주(冀州), 청주(青州), 병주(并州), 유주(幽州) 등을 점령하며 하북 지역의 최대 군벌이 되었다. 건안 5년(200) 원소와 조조는 관도(官渡: 하남성 중모현·中牟縣 동북쪽)에서 일대 결전을 벌였다. 원소의 군사는 10여 만 명, 조조의 군사는 8천여 명이었다. 원소가 압도적 우위를 점했는데도 조조의 기습 작전에 말려들어 대패했다. 조조는 이 '관도대전(官渡大戰)'의 승리로 중원 지방의 패자(霸者)가 되어 훗날 북방을 통일할 수 있는 결정적 역량을 가졌다.

한편 한헌제는 어느덧 어린 티를 벗고 성년이 되었다. 그는 자의식이 강한 군주였다. 조조가 자신을 아무리 극진하게 대우해주고 있어도 자신은 허수아비 황제에 불과하다는 사실을 한시도 잊지 않았다. 언젠가는 권신 조조를 제거하여 황제의 권력과 위상을 되찾고 싶었다. 한헌제의 비빈 동귀인(董貴人)은 거기장군 동승의 딸이다. 동승은 조조가 낙양에서 권력을 장악하는 데 도움을 주었기 때문에 두 사람의 관계가 나쁘지 않았다. 한헌제는 장인 동승에게 자신의 처지를 하소연했다.

건안 4년(199) 겨울 어느 날 한헌제는 손가락의 피를 내어 쓴 조서가 들어있는 허리띠를 몰래 동승에게 전달하게 했다. 이른바 '의대조(衣帶詔)'이다. 간신 조조를 제거하라는 어명이었다. 동승은 좌장군 유비(劉備·161~223), 장수교위 종집(種輯), 장군 오자란(吳子蘭), 왕복(王服) 등과 조조를 제거할 음모를 꾸몄다. 다음 해 봄 음모가 발각되었다. 조조는 동승 등 음모에 가담한 자들을 모조리 살해했다. 당시 등귀인은 임신 중이었다. 한헌제가 조조에게 선처를 베풀어달라고 호소했지만 등귀인도 살해되었다. 유비는 음모가 발각되기 전에 원술을 격퇴하라는 조조의 명령을 받고 도성을 떠난 덕분에 극적으로 살아남을 수 있었다.

한헌제의 첫 번째 황후는 복수(伏壽)이다. 복황후(伏皇后)는 조조가 닥치는 대로 사람을 살상하는 만행에 치를 떨었다. 아버지 둔기교위(屯騎校尉) 복완(伏完)에게 비밀리에 서찰을 보내 조조의 만행을 고발하고 그를 제거해달라고 요청했다. 복완은 조조를 두려워하여 감히 거사를 감행하지 못했다. 복완이 사망한 후인 건안 19년(219)에 이르러서야, 조조는 복황후가 자기를 죽이려고 했다는 사실을 알게 되었다. 조조는 분노하여 한헌제에게 복황후를 당장 폐위하라고 했다.

한헌제는 우물쭈물 망설였다. 조조는 어사대부 치려(郗慮)에게는 복황후의 도장과 인끈을 회수하게 하고, 상서령 화흠(華歆)에게는 복황후를 체포하게 했다. 복황후는 궁문을 걸어 잠그고 숨었지만 화흠에게 발각되어 끌려 나왔다. 그녀는 머리를 풀어헤치고 맨발로 걸어가면서 한헌제를 보고 흐느끼며 말했다.

"폐하께서는 정녕 소첩의 목숨을 구할 수 없습니까?"

한헌제는 침통한 표정을 지으며 대답했다.

"나도 목숨이 언제 끝날지 모르겠소."

한헌제는 또 치려를 돌아보며 말했다.

"치공(郗公), 천하에 어찌 이런 사악한 일이 벌어질 수 있소?"

한헌제가 조조를 원망하는 말이다. 복황후는 폭실(暴室)에 유폐되어 지내다가 사망했다. 그녀가 낳은 황자 두 명은 독살되고 그녀의 일족 100여 명이 피살되었다. 조조는 한헌제를 철저하게 통제할 목적으로 조절(曹節), 조헌(曹憲), 조화(曹華) 등 자신의 딸 3명을 한헌제의 비빈으로 삼게 했다. 조절은 복황후가 폐위되어 피살당한 후에 한헌제의 두 번째 황후로 책봉되었다. 조헌과 조화는 귀인으로 책봉되었다. 조조는 조정에서 절대 권력을 행사했을 뿐만 아니라 황제의 장인으로서 대단한 위세를 부렸다.

건안 13년(208) 조조는 조정 권력의 핵심이었던 삼공(三公)의 관직을 폐지하고 승상부(丞相府)를 설치한 후 스스로 승상(丞相)이 되었다. 같은 해 7월 조조는 대군을 이끌고 남정(南征)을 단행했다. 장강(長江)의 적벽(赤壁: 호북성 적벽시 서북쪽에 위치)에서 손권(孫權·182~252)과 유비의 연합군에게 대패했다. 이 '적벽대전(赤壁大戰)'은 위(魏)나라와 오(吳)나라 그리고 촉(蜀)나라의 삼국이 병립하는 결정적 계기가 되었다.

건안 18년(213) 5월 한헌제는 조조를 위공(魏公)으로 책봉하고 기주(冀州)의 10개 군(郡)을 봉토로 하사했다. 또 조조에게 구석(九錫)과 천자가 쓰는 각종 어물(御物)을 하사했다. 건안 21년(216) 여름 한헌제는 또 조조를 위왕(魏王)으로 책봉하고 업성(鄴城: 하북성 한단·邯鄲과 하남성 안양·安陽 일대)을 위나라의 도성으로 정하게 했다. 조조는 여러 왕들 가운데 지위가 가장 높았다. 한헌제에게 일을 아뢸 때는 신(臣)을 칭하지 않았으며 조칙을 받을 때는 절을 하지 않았다. 그가 사용하는 모든 물건은 천자의 것과 같았다. 그는 명의상 천자는 아니었지만 사실상 천자의 권력과 위세를 부렸다.

6. 위문제 조비에게 나라를 바치다

건안 24년(219) 위왕 조조는 오(吳) 지방에서 패권을 장악한 손권을 표기 장군으로 임명하고 형주목(荊州牧)을 겸직하게 했으며 남창후(南昌侯)로 책봉 했다. 손권은 교위 양우(梁寓)를 조조에게 보내 조공품을 진상하고 신하를 칭했다. 아울러 그에게 천명에 순응하여 황제를 칭하라고 권고했다. 조조 는 손권의 상주문을 신하들에게 보여주고 말했다.

"이 어린놈이 나를 부뚜막에 올려놓고 불에 구워 먹으려고 하는구나."

시중 진군(陳群) 등이 이구동성으로 말했다.

"한나라의 국운은 이미 끝나서 현재의 시국(時局)에 맞지 않습니다. 전 하의 공덕은 높고 위대하여 모든 백성이 우러러보고 있습니다. 따라서 손권이 먼 남방 지방에서 신하를 칭한 것입니다. 이는 하늘과 사람의 교 감(交感)이며 성씨가 다른 사람들이 모두 한마음으로 찬양하는 것입니다. 전하께서는 마땅히 대위(大位)에 오르셔야 하는데 어찌하여 아직도 망설 이고 계십니까?"

조조가 대답했다.

"천명이 나에게 있다면 나는 주문왕(周文王)이 될 것이다."

주문왕 희창(姬昌)은 주(周)나라를 건국한 주무왕(周武王) 희발(姬發)의 아버지이다. 주무왕은 아버지가 이루어 놓은 업적을 바탕으로 상(商)나라를 멸망시키고 주나라를 건국했다. 조조가 이 말을 한 의도는 분명했다. 아들 조비(曹丕·187~226)가 개국 황제가 될 것이라는 것이다.

건안 25년(220) 조조는 향년 65세를 일기로 낙양에서 병사했다. 그는 훗날 간웅의 대명사가 되었지만 지모가 뛰어나고 성품이 호방하며 인재를 알아보고 적재적소에 등용했으며 천리(天理)에 민감했을 뿐만 아니라 시문(詩文)에도 능한 희대의 천재였다. 그는 한헌제 유협을 꼭두각시 황제로 부리면서 얼마든지 황위를 찬탈할 수 있었다. 하지만 그는 한헌제의 신하로서 최소한의 양심을 가지고 있었기 때문에 죽을 때까지 한헌제를 폐위하지 않았다.

한헌제는 위왕 조조가 사망하자 황제의 권력을 되찾을 수 있다고 생각하여 새로운 마음으로 연호를 황초(黃初)로 바꾸었다. 하지만 그는 위왕 조조를 계승한 조비가 얼마나 뛰어나고 위험한 인물인지 몰랐다.

조조는 살아생전에 조비 등 아들을 무려 25명이나 두었다. 조비는 한영제 시대인 중평 4년(187)에 패국(沛國) 초현(譙縣: 안휘성 박주·亳州)에서 태어났다. 그는 천부적인 재능을 타고난 인재이자 영웅이었다. 유가의 경전과 제자백가의 학설을 꿰뚫었을 뿐만 아니라 병법과 군사에도 일가견을 이루었다.

조비가 위나라 세자 시절에 지은 『전론(典論)·논문(論文)』은 문학이론과 비평에 대한 중국 최초의 저서이다. "문장은 나라를 다스리는 위대한 사업이며, 영원히 변하지 않는 성대한 일이다.(蓋文章, 經國之大業, 不朽之盛事)", "문학은 기(氣)를 위주로 한다. 기의 맑고 탁함은 본래 그 근본이 있기 때문에 억지로 얻을 수 없다.(文以氣爲主, 氣之淸濁有體, 不可力强而致)" 등의 문학 주장은 후대 사람들의 문학에 대한 인식과 비평에 엄청난 영향을 끼쳤다.

조비는 오관중랑장(五官中郞將) 등 여러 관직을 역임했으며 건안 22년(217)에 위나라 세자로 책봉되었다. 건안 25년(220) 조조가 사망한 직후에 승상과 위왕 관작을 물려받았다. 조조는 아버지와는 다르게 처음부터 한헌제를 황제로 모실 생각이 없었다. 하루빨리 그를 폐위하고 자신이 황제로 등극하여 새로운 시대를 열고 싶었다. 그는 부하들에게 위나라가 천명에 따라 한나라를 대체하여 백성들을 다스려야 태평성대를 이룰 수 있다는 내용이 담긴 참서(讖書)를 전국 곳곳에 숨겨놓게 했다. 물론 그것은 조작한 것이었다. 사람들은 우연히 그것을 발견하는 방식으로 찾아내어 위왕 조비가 천자가 된다는 소문을 냈다. 황초 원년(220) 가을 좌중랑장 이복(李伏)과 태사승 허지(許芝)가 위왕 조비에게 표(表)를 올렸다.

"위나라가 한나라를 대체하여 천하를 다스려야 한다는 도참서가 많이 발견되었습니다."

대신들도 이구동성으로 위왕 조비에게 천명과 민심에 순응하여 천자로 등극해야 한다고 주장했다. 조비는 몇 차례 거절한 후에 마지못해 받아들이는 형식을 취했다. 한헌제는 또 연호를 연강(延康)으로 바꾸고 재기를 도모했지만 황제를 위해 목숨을 바칠 신하가 없었다. 그의 곁에는 온통 조비의 하수인들뿐이었다. 조비의 심복 화흠(華歆)은 한헌제를 만나 위왕에게 선양(禪讓)하라고 종용했다. 선양하지 않으면 죽이겠다는 협박도 서슴지 않았다.

같은 해 겨울 한헌제는 한고조 유방의 종묘에서 제사를 지낸 후 어사대부 장음(張音)으로 하여금 국새와 선양의 뜻을 밝힌 조칙을 위왕 조비에게 전해 주게 했다. 위왕 조비는 세 차례 거절한 후 마침내 황제로 등극했다. 그가 위나라를 황제 국가로 만든 위문제(魏文帝)이다. 그는 아버지 조조를 태조무황제(太祖武皇帝)로 추증했다. 이로써 유방이 건국한 한나라는 역대 황제 29명, 405년 만에 역사 속으로 사라졌다.

　　위문제는 한나라의 마지막 황제가 된 유협을 산양공(山陽公)으로 책봉했다. 자기에게 선양한 그를 죽이지 않고 우대했다. 유협은 천자에서 공(公)의 신분으로 전락했지만 위문제의 배려 덕분에 전임 천자의 예우를 받았다. 유협은 두 딸을 위문제에게 시집보내 황제의 장인이 되었다. 위명제(魏明帝) 조예(曹叡·204~239)의 시대인 청룡(靑龍) 2년(234)에 향년 53세를 일기로 파란만장한 삶을 마감했다. 유협은 무능하거나 어리석은 군주는 아니었다. 망해가는 한나라의 국권을 회복하려고 필사적으로 노력했지만 역사의 도도한 흐름을 역류시킬 수 있는 역량이 없었다.

　　한나라가 멸망한 후에 중국은 조위(曹魏·220~266)와 촉한(蜀漢·221~263) 그리고 동오(東吳·229~280)의 삼국 정립(鼎立)의 시대로 접어든다. 삼국 시대부터 위진남북조(220~589) 시대에 이르는 369년 동안 중국은 최악의 전쟁 시기를 겪는다. 그 후 수나라(581~618)가 중원을 통일함으로써 중국 사람들은 전쟁의 참상과 공포에서 벗어난다. 하지만 수나라도 건국한지 37년 만에 망하여 중국은 또 천하대란의 혼란에 빠진다. 당나라(618~907)가 건국한 직후에야 중국은 비로소 안정을 찾는다. 중국 역사는 전쟁의 역사라고 말해도 지나친 표현이 아니다. 중국인은 끊임없는 전쟁 속에서 복잡한 인생관을 형성하고 다양한 삶의 지혜를 터득하며 살아온 사람들이다.

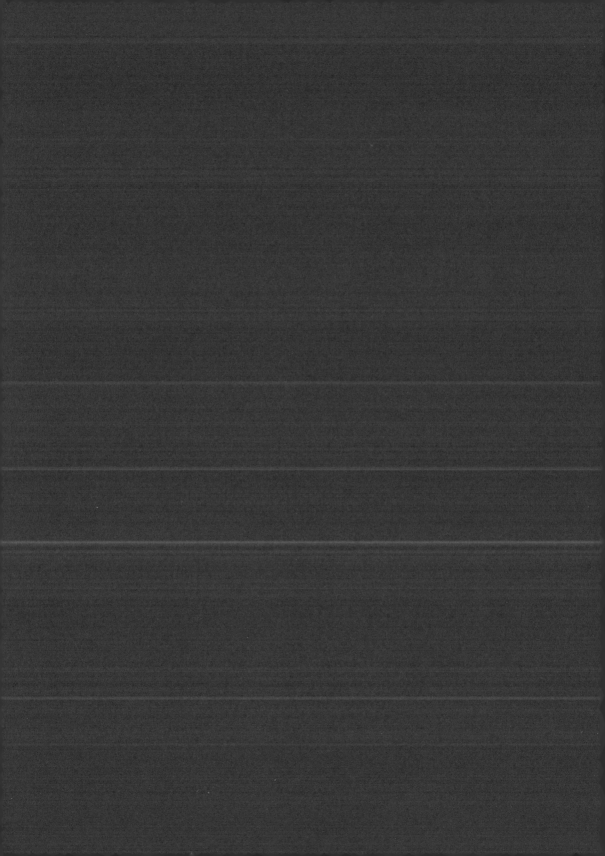